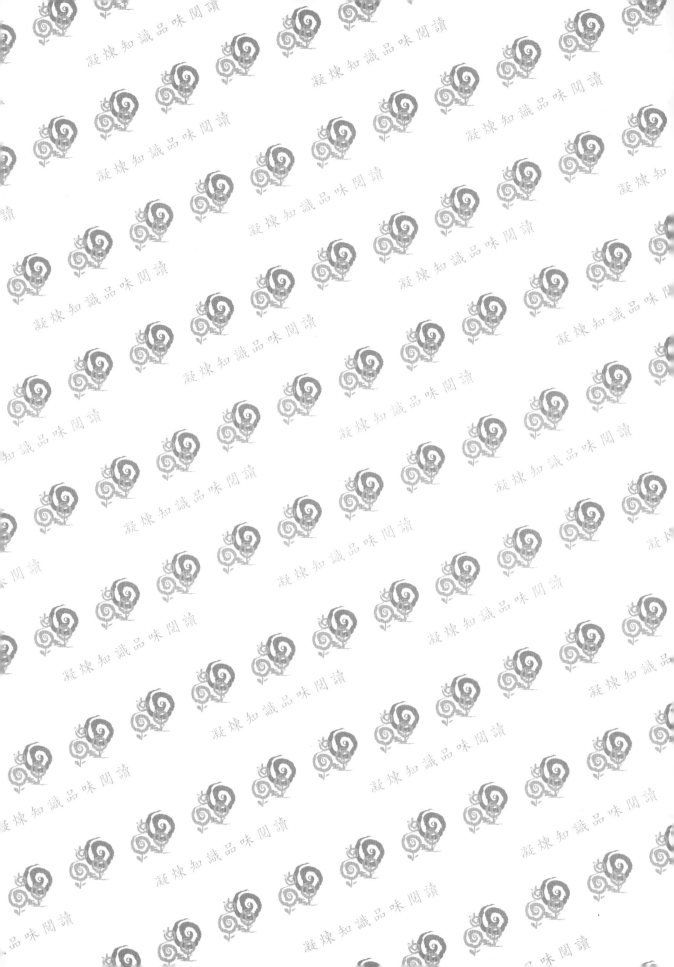

# R軟體統計進階分析實務

吳明隆、張毓仁 合著

五南圖書出版公司 印行

# 序　言

　　《R 軟體統計進階分析實務》是 R 軟體統計分析系列叢書之二，其內容接續《R 軟體統計應用分析實務》一書內容，由於「R 軟體」可以下載開放原始碼與免費，已成為量化統計分析的主流軟體之一。R 軟體安裝簡易，軟體安裝字型可以選取適合研究者專屬的語言類型。R 軟體有強大的統計分析功能、可以進行各種函數運算、有多元的繪圖功能，同時具備計算與繪圖環境的語言，有立即互動模式視窗、也有可以編寫一系列語法指令的 R 編輯器視窗。R 軟體結合繪圖、數理統計、計算等特性，研究者除可直接使用內定函數進行統計分析與繪製圖形外，也可以自行撰寫語法指令列進行快速的分析程序。

　　本書從使用者觀察出發，從實務的角度論述，包括 R 軟體命令器視窗界面的詳細解說，命令器視窗類似 SPSS 統計軟體的視窗界面，是一個友善化的套件。此外，書籍內容包括 R 軟體於多變量變異數分析的應用、觀察值與題項變數的各種集群分析方法、單一計量變數與雙計量變數轉換的技巧、遺漏值的處理與各種置換方法。書中詳細的介紹 R 軟體於 SEM 的應用，包括驗證性因素分析、徑路分析、多群組分析、潛在變數的徑路分析等，結構方程模式的驗證除可採用 AMOS 統計軟體外，使用免付費的 R 軟體也十分簡便。書中的最後一章介紹 R 軟體中平行分析法的函數應用，其中包括了二系列相關與四分相關分析的函數。

　　本書得以順利出版，要感謝五南圖書公司的鼎力支持與協助，尤其是侯家嵐主編與劉祐融責編的行政支援與幫忙。作者於本書的撰寫期間雖然十分投入用心，但恐有能力不及或論述未周詳之處，這些疏漏或錯誤的內容，盼請讀者、各方先進或專家學者不吝斧正。

吳明隆、張毓仁　謹識

2016 年 8 月

# 目 次

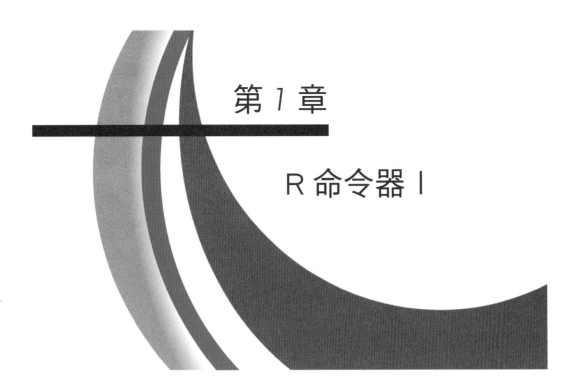

第 1 章

R 命令器 I

**R**Commander（R 命令器）是一種圖形使用者界面（graphical user interface；
[GUI]），界面操作類似統計軟體（如 SPSS、Minitab 等），各項統計程序直
接執行對應功能表即可完成，R Commander 圖形界面是 R 軟體中函數語法的轉換
應用。

## 壹 R Commander 的啟動與界面

　　R Commander 的套件為「Rcmdr」，在 R 軟體中必須先安裝 Rcmdr 套件，於
R 主控台中執行「>library（Rcmdr）」函數語法，即能啟動 R Commander 套件，
開啟圖形使用者界面（如圖 1-1）。

　　要啟動 Rcmdr 套件必須先於 R 軟體中安裝，執行功能表列「程式套件」/「安
裝程式套件」程序，開啟「HTTPS CRAN mirror」對話視窗（如圖 1-2），內定選
項為「0-Cloud[https]」，選項為鏡射位置，按「確定」鈕，開啟「Package」對話視窗。

　　於「Package」（套件）對話視窗中選取「Rcmdr」選項，按「確定鈕」（如
圖 1-3）。

　　R Commander（R 命令器）視窗界面如下，第一列功能列包括檔案、編輯、資

```
R R Console

R 是免費軟體，不提供任何擔保。
在某些條件下您可以將其自由散布。
用 'license()' 或 'licence()' 來獲得散布的詳細條件。

R 是個合作計劃，有許多人為之做出了貢獻。
用 'contributors()' 來看詳細的情況並且
用 'citation()' 會告訴您如何在出版品中正確地參照 R 或 R 套件。

用 'demo()' 來看一些示範程式，用 'help()' 來檢視線上輔助檔案，或
用 'help.start()' 透過 HTML 瀏覽器來看輔助檔案。
用 'q()' 離開 R。

[Previously saved workspace restored]

> library(Rcmdr)
Loading required package: splines
Loading required package: RcmdrMisc
Loading required package: car
Loading required package: sandwich

Rcmdr 版本 2.2-1

> |
```

🍎 圖 1-1　R Commander 套件的圖形使用者界面

🍎 圖 1-2　開啟「HTTPS CRAN mirror」對話視窗

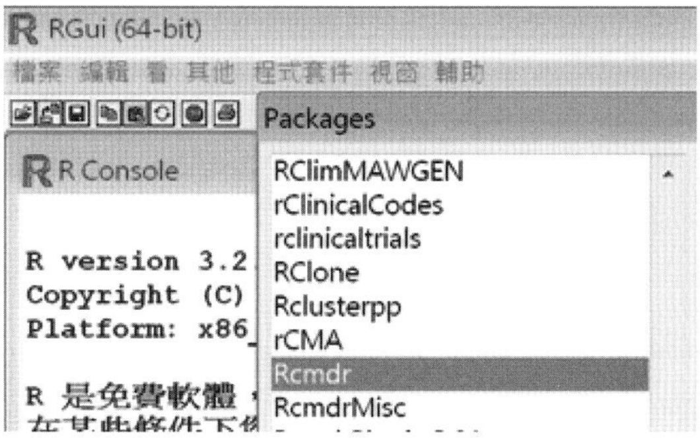

**圖 1-3** 選取「Rcmdr」選項，按「確定鈕」

料、統計量、繪圖、模型、機率分布、工具與說明。

第二列包括資料集（內定提示語 < 未載入任何資料集 >）、編輯資料集、檢視資料集、模型（內定提示語 < 尚未使用任何模型 >）等選單。

第三區空白區域為 R 語法檔存放處，第四區空白處為 Output 輸出結果呈現處，最下面的訊息區在於相關提示的說明。繁體字圖形視窗界面起始畫面如圖 1-4。

英文圖形視窗界面起始畫面則如圖 1-5。

**圖 1-4** R Commander 繁體字圖形視窗界面起始畫面

■ 圖 1-5　R Commander 英文圖形視窗界面起始畫面

## 貳　R Commander 功能表與工具鈕

　　R Commander 功能表選項主要有檔案（File）、編輯（Edit）、資料（Data）、
統計量（Statistics）、繪圖（Graphs）、模型（Models）、機率分布（Distributions）、
工具（Tools）與說明（Help）等九個，工具鈕主要有資料集（Data set）的選取鈕、
編輯資料集鈕（Edit data set）、檢視資料集鈕（View data set）、模型（Model）選
取鈕。

 一、功能表列

　　「說明」功能表選單（如圖 1-6）包括 Commander 說明、R Commander 入門、
R Commander 官網、關於 Rcmdr、使用中資料集的說明、開啟 R 說明系統、R 官網、
使用 R Markdown 等。

　　「工具」功能表選單（如圖 1-7）包括載入 R 套件、載入 Rcmdr 增益集、選項、
Save Rcmdr options（儲存 Rcmdr 選項）、Install auxiliary sofrware（安裝附屬輔助

軟體）等。

　　功能表「機率分布」選單（如圖 1-8）包括「Set random number generator seed」（設定隨機數值產生器種子）、連續型分布、離散型分布等。「離散型分布」次選單包含二項式分布、Poisson 分布（卜瓦松分布）、幾何分布、超幾何分布、

圖 1-6　「說明」功能表選單

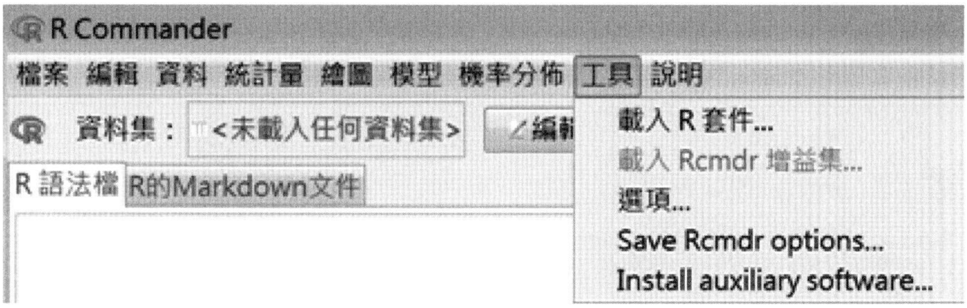

圖 1-7　「工具」功能表選單

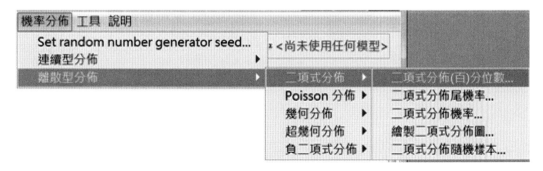

圖 1-8　「機率分布」功能表選單

負二項式分布等子選單。各分布子選單的細項選單包含分布百分位數、分布尾機率、分布機率、繪製分布圖、分布隨機樣本等。以二項式分布子選單為例，細項選單有：二項式分布（百）分位數、二項式分布尾機率、二項式分布機率、繪製二項式分布圖、二項式分布隨機樣本等。

功能表「機率分布」選單中「連續型分布」次選單（如圖1-9）包括的子選單有：常態分布、t分布、卡方分布、F分布、指數分布、均勻分布、Beta分布、Cauchy分布、Logistic分布、對數常態分布、Gamma分布、Weibull分布、Gumbel分布等。子選單的細項選單包括分布（百）分位數、分布機率、繪製分布圖、分布隨機樣本等。以「常態分布」子選單的細項選單為例，細項選單包括常態分布（百）分位數、常態分布機率、繪製常態分布圖、常態分布隨機樣本。

「模型」功能表選單（如圖1-10）包括選擇使用的模型、模型估計結果摘要、新增觀察值統計量至資料中、Akaike資訊準則（AIC）、Bayesian資訊準則（BIC）、逐步模型選擇方法、子集合模型選擇方法、信賴區間、假設檢定、診斷數值、繪圖等。假設檢定、診斷數值、繪圖三個主選單還有子選單，以「診斷數值」選單為例，子選單包括變異數膨脹因素、Breusch-Pagan異質變異檢定、Durbin-Watson自相關檢定、RESET非線性檢定、Bonferroni離群值檢定等。

「繪圖」功能表的選單內容（如圖1-11）包括調色盤、索引圖、點陣圖、直方圖、密度估計、莖葉圖、盒鬚圖、分量比較（QQ）圖、散布圖、散布矩陣圖、折線圖、

圖1-9　「連續型分布」次選單

模型　機率分佈　工具　說明

選擇使用的模型...
模型估計結果摘要
新增觀察值統計量至資料中...

Akaike資訊準則 (AIC)
Bayesian資訊準則 (BIC)
逐步模型選擇方法...
子集合模型選擇方法...

信賴區間...
假設檢定　　　　　　　▶

診斷數值　　　　　　　▶　　變異數膨脹因素
繪圖　　　　　　　　　▶　　Breusch-Pagan 異質變異檢定...
　　　　　　　　　　　　　　Durbin-Watson 自相關檢定...
　　　　　　　　　　　　　　RESET 非線性檢定...
　　　　　　　　　　　　　　Bonferroni 離群值檢定

模型：  RegModel.1

 圖 **1-10**　「模型」功能表選單

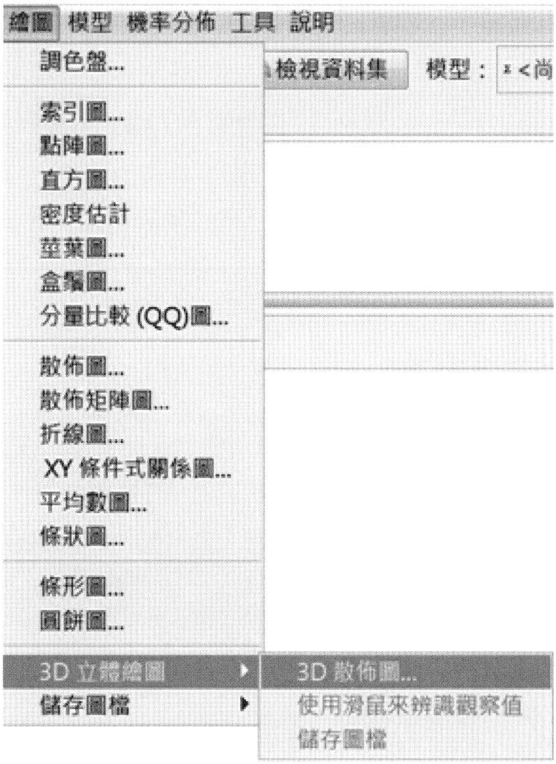

繪圖　模型　機率分佈　工具　說明

調色盤...　　　　　　　檢視資料集　模型： <尚

索引圖...
點陣圖...
直方圖...
密度估計
莖葉圖...
盒鬚圖...
分量比較 (QQ)圖...

散佈圖...
散佈矩陣圖...
折線圖...
XY 條件式關係圖...
平均數圖...
條狀圖...

條形圖...
圓餅圖...

3D 立體繪圖　　　　　▶　　3D 散佈圖...
儲存圖檔　　　　　　　▶　　使用滑鼠來辨識觀察值
　　　　　　　　　　　　　　儲存圖檔

 圖 **1-11**　「繪圖」功能表選單

XY 條件式關係圖、平均數圖、條狀圖、條形圖、圓餅圖、3D 立體繪圖、儲存圖檔等。

「資料」功能表選單（如圖 1-12）包括新資料集、載入資料集、合併資料集、匯入資料、R 套件中的附帶資料集、使用中的資料集、管理使用中資料集的變數。其中「匯入資料集」主選單包括的次選單有「匯入文字檔，剪貼簿或 URL 檔」、「匯入 SPSS 格式資料」、「匯入 SAS 格式資料」、「匯入 Minitab 格式資料」、「匯入 STATA 格式資料」、「匯入 Excel 格式資料」（試算表原始檔案，不用轉換為 .csv 格式類型）等。

「統計量」功能表主選單（如圖 1-13）包括摘要、列聯表、平均數、比例、變異數、無母數檢定、多變量方法、模型適配。

「統計量」功能表中「摘要」主選單包括的次選單有：使用中的資料集、數據摘要、次數分配、計算遺漏的觀察值個數、統計量表、相關矩陣、相關性檢定、Shapiro-Wilk 常態分布檢定等。

「統計量」功能表中「列聯表」主選單包括的次選單有雙向關係表（Two-way table）、多向關係表（Multi-way table）、輸入並分析雙向關係表（two-way table），選單功能可以進行二個以上間斷變數（因子變數）交叉表之次數（百分比）分析。

「統計量」功能表中「平均數」主選單包括的次選單有：單一樣本 T 檢定、獨立樣本 T 檢定、成對樣本 T 檢定、單因素＜因子＞變異數分析（One-Way ANOVA）、多因素＜因子＞變異數分析（Multi-Way ANOVA），選單功能進行單因子、多因子計量變數平均數間的差異檢定。

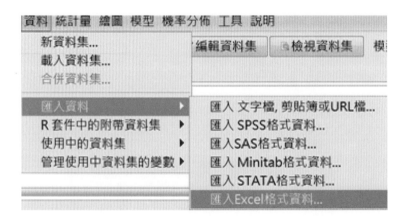

🍎圖 1-12 「資料」功能表選單

「統計量」功能表中「比例」主選單包括的次選單有：單一樣本比例檢定、雙樣本比例檢定，選單功能進行單一樣本百分比檢定或雙群組百分比差異檢定。

「統計量」功能表中「變異數」主選單包括的次選單有：雙變異數 F 檢定、Bartlett 檢定、Levene 檢定，選單功能進行二個或多個群組變異數相等性檢定。

「統計量」功能表中「無母數檢定」主選單包括的次選單有：雙樣本 Wilcoxon 檢定、單一樣本 Wilcoxon 檢定、成對樣本 Wilcoxon 檢定、Kruskal-Wallis 檢定、Friedman 等級和檢定，選單功能進行無母數檢定。

「統計量」功能表中「多變量方法」主選單包括的次選單有尺度信度、主成分分析（PCA）、因子分析（Factor Analysis）、驗證式因子分析（CFA）、集群分析（Cluster analysis）等。

「統計量」功能表中「模型適配」主選單（如圖 1-13）包括的次選單有：線性迴歸、線性模型、廣義線性模型（GLM）、Multinomial logit 模型（多名義邏輯模型）、次序（Ordinal）迴歸模型。

「編輯」功能表選單（如圖 1-14）包括有編輯 R Markdown 文件、移除最近 Markdown 命令區塊、剪下、複製、貼上（R 語法檔視窗或 Output 視窗內的資料可以直接複製貼上至 Word 文書處理軟體中）、刪除、尋找、全選、復原、重做、清空視窗內容（選項功能可以清空 R 語法檔視窗或 Output 視窗內的資料）等。

「檔案」功能表選單（如圖 1-15）包括以下幾項：變更工作目錄、開啟語法檔、

⌘圖 **1-13** 「統計量」功能表中「模型適配」主選單

儲存語法檔、另存語法檔、開啟 R Markdown 檔案、儲存 R Markdown 檔案、另存
R Markdown 檔案、儲存 R 工作空間、另存 R 工作空間、離開。

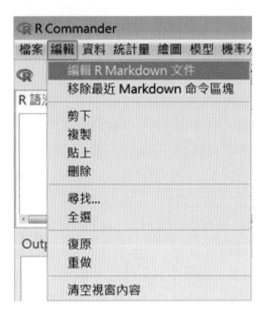

 圖 **1-14**　「編輯」功能表選單

 圖 **1-15**　「檔案」功能表選單

## 二、工具列鈕

匯入 SPSS 格式型態之資料檔,檔案路徑與名稱為「D:/R2/academic.sav」。

資料檔匯入 R Commander 對話視窗的畫面如圖 1-16。最下方「訊息」提示區出現:「[4] 注意:此 Dataset 資料集有 240 個列 11 個欄」,表示資料檔有 11 個變數、樣本觀察值有 240 個。

按工具列「檢視資料集」鈕可以開啟已匯入 R Commander 視窗內的資料檔(如圖 1-17),範例資料檔名稱為「Dataset」(內定選項),「檢視資料集」鈕只能查看資料檔內容,不能修改資料檔中的變數名稱與增刪樣本觀察值資料。

● 圖 1-16　資料檔匯入 R Commander 對話視窗

● 圖 1-17　工具列「檢視資料集」鈕可以開啟已匯入 R Commander 視窗內的資料檔

● 圖 **1-18** 工具列「編輯資料集」鈕可以開啟已匯入 R Commander 視窗內的資料檔

　　按工具列「編輯資料集」鈕可以開啟已匯入 R Commander 視窗內的資料檔（使用中的資料集，如圖 1-18），開啟視窗名稱為「資料編輯器:Dataset」，對話視窗功能表有「檔案」、「編輯」、「說明」，「編輯」功能表選單包括刪除列（刪除樣本觀察值）、刪除行（刪除變數）、新增列（新增樣本觀察值）、新增行（新增變數）、剪下格子、複製格子、貼上格子（編輯資料集視窗的操作方法與試算表 Excel 大致相同）。

## 參 資料檔的匯入與編修

　　執行功能表列「資料」/「匯入資料」程序，可以匯入外部建立的資料檔（如圖 1-19）。如「匯入 Excel 格式資料」次選單可以直接匯入試算表儲存的資料檔，在「匯入 Excel 格式資料」對話視窗中，「請輸入資料集的名稱：」提示語右方框內定的資料集名稱為「Dataset」，內定選項為「☑ 資料表中首列的變數名稱」、「☑ 將類別變數轉成因子」，表示試算表資料檔的第一列為變數名稱，變數中的水準群組如為文字標記變數屬性為因子型態，按「OK」鈕。

　　如果原先 R Commander 視窗內已匯入資料檔，資料檔的資料集名稱也為 Dataset，則按「OK」鈕後，會出現是否以新的資料檔將原先資料集覆蓋，對話視窗提示語為「資料集 Dataset 已存在。是否要覆蓋資料集？」對話視窗的二個按鈕選項為「是」、「否」，按「是」鈕新資料檔會覆蓋原先已匯入的資料檔（如圖 1-20）。

　　執行功能表列「資料」/「匯入資料」/「匯入 SPSS 格式資料」程序，開啟「匯

入 SPSS 格式資料」視窗（如圖 1-21），對話視窗可以匯入 SPSS 統計軟體建立的
資料檔，副檔名為「.sav」。

● 圖 **1-19** 執行功能表列「資料」/「匯入資料」程序，可以匯入外部建立的資料檔

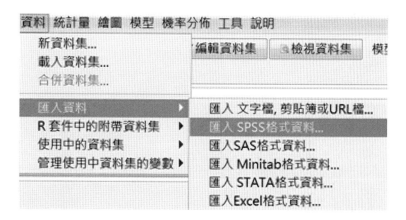

● 圖 **1-20** 是否以新的資料檔將原先資料集覆蓋的對話視窗

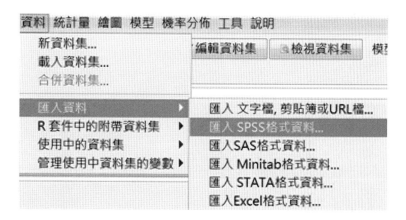

● 圖 **1-21** 執行功能表列「資料」/「匯入資料」/「匯入 SPSS 格式資料」程序

「匯入 SPSS 格式資料」對話視窗內定的資料集名稱為「Dataset」（如圖 1-22），此資料集名稱可以更改，資料集名稱在 R 主控台視窗中為資料框架物件，內定的選項為「☑ 轉換數值標記為因子變數之層次」（選項只適用類別變數中的水準群組標記為文字）、「☑Convert variable names to lower case」（將變數名稱轉換為小寫），按「OK」鈕選取 SPSS 格式資料存放的路徑與標的檔名。

「匯入 SPSS 格式資料」對話視窗中按「OK」鈕，開啟「開啟舊檔」對話視窗（如圖 1-23），視窗內只能選取統計軟體 SPSS 建立的資料檔，副檔名為「*.sav」。

圖 1-22 「匯入 SPSS 格式資料」對話視窗

圖 1-23 「開啟舊檔」對話視窗

　　範例「匯入 SPSS 格式資料」對話視窗，「請輸入資料集名稱：」右方框內容，將內定資料集名稱「Dataset」改為「tempdata」（如圖 1-24），按「OK」鈕後，於「開啟舊檔」對話視窗，選取「academic.sav」檔案。

　　SPSS 資料檔「academic.sav」匯入「R Commander」視窗後，視窗中的資料集提示語右方的資料檔名稱為「tempdata」，表示作用中的資料集為「tempdata」（匯入的資料檔會被設定為標的資料集或作用中的資料集，如圖 1-25）。

　　「R Commander」視窗的「資料集：」提示語右方的資料檔名稱「tempdata」，表示作用中的資料集，點選作用中資料集名稱鈕，可以開啟「選擇資料集」對話視窗，「資料集」（選取 1 個，如圖 1-26）下方框會呈現所有匯入 R Commander 內

●圖 **1-24**　將內定資料集名稱「Dataset」改為「tempdata」

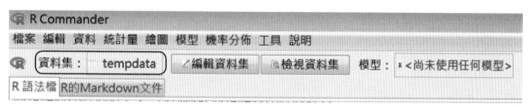

●圖 **1-25**　視窗中的資料集提示語右方的資料檔名稱為「tempdata」

●圖 **1-26**　「選擇資料集」對話視窗

的資料集，其中資料集「temp.data」是內定的資料集名稱物件，沒有作用，選取一個資料集名稱後按「OK」鈕，被選取的資料集為標的資料集，標的資料集為現行進行分析的資料集或使用中的資料集（active data set）。

R Commander 視窗中若同時匯入多個資料檔，要選取使用中的資料集（作用中的資料集）也可以執行功能表列「資料」（Data）/「使用中的資料集」（Active data set）/「選擇欲使用的資料集」（Select active data set）程序，程序也會開啟上述「選擇資料集」（Select Data Set）對話視窗。

「資料編輯器：tempdata」視窗（如圖 1-27）表示作用中的資料集（標的資料檔）為 tempdata，變數個數有 11 個，按「資料編輯器」鈕後，可以進行 tempdata 資料檔內容的編修，包括變數的增刪、觀察值的增刪，範例按「新增行」鈕後於第 12 直欄新增一個變數，內定變數名稱為「V12」，內定觀察值內容為 NA（遺漏值），儲存格操作與試算表 Excel 操作相同。

「資料編輯器：tempdata」對話視窗更改第 12 直欄的變數名稱為樣本觀察值的自我效能（Efficacy，R 軟體中的變數大小寫是有區別的），輸入前幾筆資料測量值的範例視窗界面如圖 1-28。

原始資料檔如為文字檔，變數與變數間可用空白鍵（blank）、定位鍵（Tab）隔開，空白鍵一個或多個均可以，範例 3score.txt 文字檔為十二位樣本學生三科成績的資料檔，資料檔中的第一列為變數名稱（variable names），以記事本開啟的視窗界面如圖 1-29。

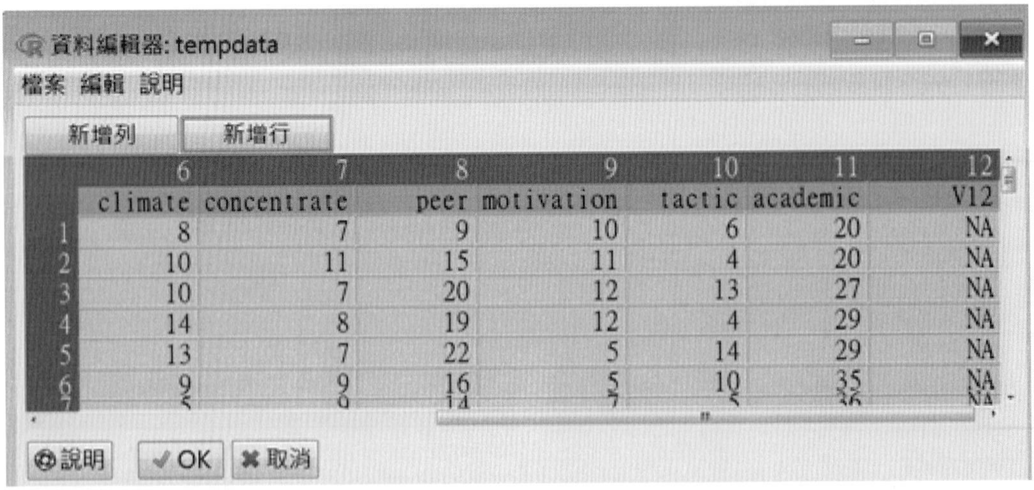

● 圖 1-27　「資料編輯器：tempdata」視窗

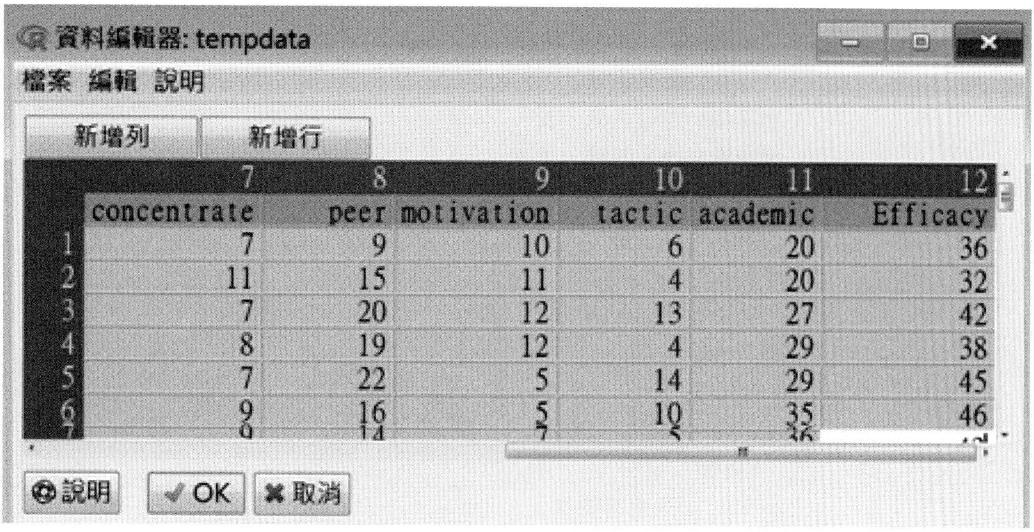


| | 7 concentrate | 8 peer | 9 motivation | 10 tactic | 11 academic | 12 Efficacy |
|---|---|---|---|---|---|---|
| 1 | 7 | 9 | 10 | 6 | 20 | 36 |
| 2 | 11 | 15 | 11 | 4 | 20 | 32 |
| 3 | 7 | 20 | 12 | 13 | 27 | 42 |
| 4 | 8 | 19 | 12 | 4 | 29 | 38 |
| 5 | 7 | 22 | 5 | 14 | 29 | 45 |
| 6 | 9 | 16 | 5 | 10 | 35 | 46 |

圖 1-28　輸入前幾筆資料測量值的範例視窗界面

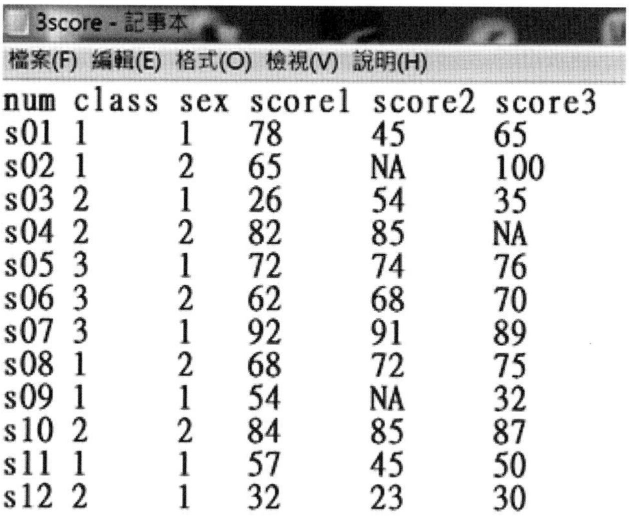


| num | class | sex | score1 | score2 | score3 |
|---|---|---|---|---|---|
| s01 | 1 | 1 | 78 | 45 | 65 |
| s02 | 1 | 2 | 65 | NA | 100 |
| s03 | 2 | 1 | 26 | 54 | 35 |
| s04 | 2 | 2 | 82 | 85 | NA |
| s05 | 3 | 1 | 72 | 74 | 76 |
| s06 | 3 | 2 | 62 | 68 | 70 |
| s07 | 3 | 1 | 92 | 91 | 89 |
| s08 | 1 | 2 | 68 | 72 | 75 |
| s09 | 1 | 1 | 54 | NA | 32 |
| s10 | 2 | 2 | 84 | 85 | 87 |
| s11 | 1 | 1 | 57 | 45 | 50 |
| s12 | 2 | 1 | 32 | 23 | 30 |

圖 1-29　以記事本開啟的視窗界面

執行功能表列「資料」/「匯入資料」/「匯入文字檔，剪貼簿或 URL 檔」程序，匯入 3score.txt 文字檔，匯入 R Commander 之資料集名稱設定為 score3。「讀取文字檔，剪貼簿或 URL 檔」視窗（如圖 1-30），「遺漏資料標示符號：」內定符號為 NA；「欄位分隔字元」方盒內定選項為空白鍵（其餘三個選項為逗號、Tab 鍵、其他鍵），範例視窗採內定選項，資料集名稱方框輸入為「score3」，按「OK」鈕。

按工具列「檢視資料集」鈕，開啟的資料集內容如圖 1-31。

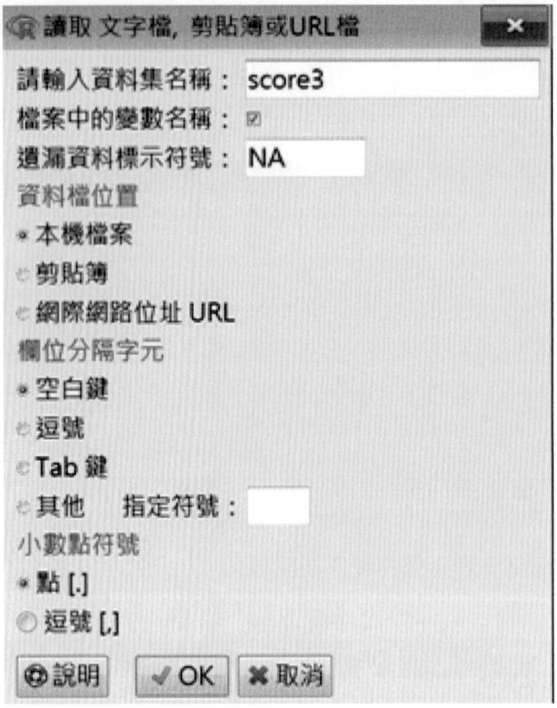


**圖 1-30** 「讀取文字檔，剪貼簿或 URL 檔」視窗

score3

| | num | class | sex | score1 | score2 | score3 |
|---|---|---|---|---|---|---|
| 1 | s01 | 1 | 1 | 78 | 45 | 65 |
| 2 | s02 | 1 | 2 | 65 | NA | 100 |
| 3 | s03 | 2 | 1 | 26 | 54 | 35 |
| 4 | s04 | 2 | 2 | 82 | 85 | NA |
| 5 | s05 | 3 | 1 | 72 | 74 | 76 |
| 6 | s06 | 3 | 2 | 62 | 68 | 70 |
| 7 | s07 | 3 | 1 | 92 | 91 | 89 |
| 8 | s08 | 1 | 2 | 68 | 72 | 75 |
| 9 | s09 | 1 | 1 | 54 | NA | 32 |
| 10 | s10 | 2 | 2 | 84 | 85 | 87 |
| 11 | s11 | 1 | 1 | 57 | 45 | 50 |
| 12 | s12 | 2 | 1 | 32 | 23 | 30 |

**圖 1-31** 按工具列「檢視資料集」鈕，開啟的資料集內容

執行功能表列「資料」/「新資料集」程序，開啟「開新資料集」對話視窗（如圖 1-32），視窗可以建立空白的資料集，直接於 R Commander 視窗中增列編修變數與樣本觀察值。「開新資料集」中，「請輸入資料集名稱:」右方框為新資料集（新

資料檔）的名稱，範例視窗設定為「newdata」，按「OK」鈕，開啟「資料編輯器：
newdata」次視窗。

　　「資料編輯器：newdata」次視窗中內定的變數有 1 個（變數名稱為 V1）、樣
本觀察值有 1 位，樣本觀察值在變數 V1 的數值為 NA（如圖 1-33）。

　　執行功表列「資料」/「新資料集」程序，「開新資料集」對話視窗中，新
資料集（新資料檔）的名稱輸入為「testdata」，按「OK」鈕，於「資料編輯器：
testdata」次視窗中按二次「新增行」鈕，增列二個直欄變數，初始的直欄變數為
V1，增列的二個直欄變數依序為 V2、V3（如圖 1-34）。按四次「新增列」鈕可以

🍎圖 **1-32**　「開新資料集」對話視窗

🍎圖 **1-33**　「資料編輯器：newdata」次視窗

🍎圖 **1-34**　於「資料編輯器：
testdata」次視窗中按二次「新增
行」鈕，增列二個直欄變數

增加四個橫列（增加 4 筆觀察值），初始的樣本觀察值有一列，新增四個觀察值，rowname 欄的數值編號依序為 1 至 5。如要儲存增列編修的資料集 testdata 內容，執行「檔案」/「退出並儲存」程序（資料編輯器視窗第一直欄變數名稱 rowname 為內定，直欄內容為橫列觀察值編號，變數名稱可以更改）。

「資料編輯器：testdata」次視窗中的直欄變數名稱 V1、V2、V3、V4 依序修改為 sex（學生性別）、year（學生年級）、score（學生成績）、press（學生學習壓力），編修樣本觀察值對應變數儲存格的內容（或數值），儲存時也可直接按「OK」鈕（如圖 1-35）。

R 命令器也可以匯入套件中的資料集，執行功能表列「資料」/「R 套件中的附帶資料集」/「R 套件中附帶的資料集列表」程序，會開啟「R data sets」（R 資料集）視窗，列出各套件中的所有資料集名稱（如圖 1-36）。

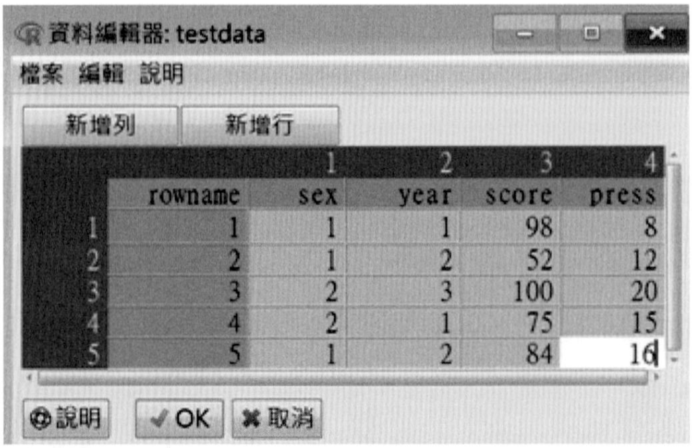

圖 1-35　在「資料編輯器：testdata」次視窗中修改直欄變數名稱

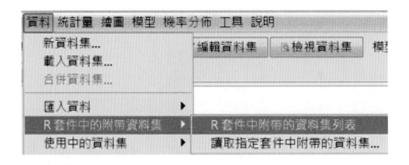

圖 1-36　R 命令器也可以匯入套件中的資料集

範例為「R data sets」（R 資料集）視窗中部分的資料檔（如圖 1-37），左邊為資料集名稱，右邊為資料集內容的簡要說明。

執行功能表列「資料」/「R 套件中的附帶資料集」/「讀取指定套件中附帶的資料集」程序，可以匯入套件中的資料集。

「讀取程式套件中的資料」對話視窗中（如圖 1-38），左邊「程式套件」為套件名稱，點選滑鼠左鍵一下可以選取方框中的套件，點選滑鼠左鍵二下會於右邊「資料集」方框中出現所有套件中的資料檔。

範例視窗於「程式套件」下的方框中，於 car 套件點選滑鼠左鍵二下，car 套件中所有資料檔呈現於「資料集」方框中，再於 AMSsurvey 資料集點選滑鼠左鍵二下，下方「請輸入資料集的名稱：」右邊方框會自動填入「AMSsurvey」資料集

```
R  R data sets

Data sets in package 'car':

AMSsurvey          American Math Society Survey Data
Adler              Experimenter Expectations
Angell             Moral Integration of American Cities
Anscombe           U. S. State Public-School Expenditures
Baumann            Methods of Teaching Reading Comprehension
Bfox               Canadian Women's Labour-Force Participation
Blackmore          Exercise Histories of Eating-Disordered and
```

🍎圖 1-37　「R data sets」（R 資料集）視窗中部分的資料檔

🍎圖 1-38　「讀取程式套件中的資料」對話視窗

名稱，按「OK」鈕（如圖 1-39）。

　　回到 R 命令器主視窗，按「檢視資料集」鈕，「AMSsurvey」資料集部分內容如圖 1-40。

　　執行功能表列「檔案」/「變更工作目錄」程序，「R 語法檔」方框出現「setwd（"D:/R2"）」函數語法；執行功能表列「資料」/「使用中的資料集」/「使用中資料集裡的變數」程序，「R 語法檔」方框出現「> names（tempdata）」函數語法（使用中的資料集為 tempdata），並出現資料集中所有的變數名稱，「R 語法檔」方框

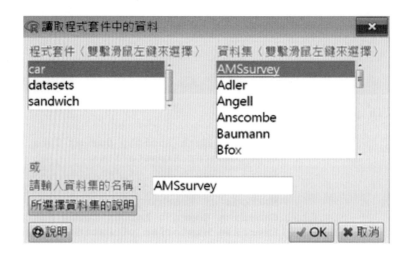

●圖 1-39　在「程式套件」對話視窗下的方框點選 car 套件

| | type | sex | citizen | count | count11 |
|---|---|---|---|---|---|
| 1 | I(Pu) | Male | US | 132 | 148 |
| 2 | I(Pu) | Female | US | 35 | 40 |
| 3 | I(Pr) | Male | US | 87 | 63 |
| 4 | I(Pr) | Female | US | 20 | 22 |
| 5 | II | Male | US | 96 | 161 |
| 6 | II | Female | US | 47 | 53 |
| 7 | III | Male | US | 47 | 71 |
| 8 | III | Female | US | 32 | 28 |
| 9 | IV | Male | US | 71 | 89 |
| 10 | IV | Female | US | 54 | 55 |

●圖 1-40　「AMSsurvey」資料集部分內容

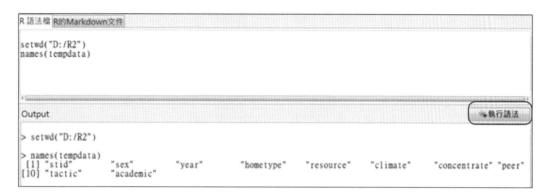

● 圖 **1-41**　「R 語法檔」方框與「執行語法」結果的「Output」方框

相當於 R 編輯器視窗,「Output」方框功能類似於 R 主控台視窗,按「Output」方框右邊的「執行語法」鈕可以執行「R 語法檔」中的函數語法,執行結果會呈現於「Output」方框內(如圖 1-41)。

　　執行功能表列「檔案」/「開啟語法檔」程序,可以開啟 R 編輯器視窗輸入的函數指令,視窗為按「Output」方框右邊「執行語法」鈕,執行「R 語法檔」方框內語法指令的結果範例。

　　R 編輯器視窗之語法函數為雙變數的分類,函數語法名稱為「leadertype.R」:

```
varx=c(5,1,2,2,3,4,5,5,4,4,3,5,5,4,2,1)
vary=c(2,2,5,5,4,2,4,5,2,1,3,5,4,2,5,2)
ltype=rep(0,16)
for(i in 1:length(varx))
if varx[i] >3 && vary[i] >3) {ltype[i]=" 積極奮發取向 "
} else if (varx[i] >3 && vary[i] <3) {ltype[i]=" 人性關注取向 "
} else if (varx[i] <3 && vary[i] >3) {ltype[i]=" 工作倡導取向 "
} else if (varx[i] <3 && vary[i] <3) {ltype[i]=" 消極忽視取向 "
} else { ltype[i]=" 不明確型取向 "
}
table(ltype)
```

　　執行功能表列「檔案」/「開啟語法檔」程序,於「開啟舊檔」對話視窗中,選取「leadertype.R」R 語法檔類型，按「開啟舊檔」鈕，如圖 1-42。

「leadertype.R」語法檔匯入 R Commander 視窗界面如圖 1-43。

滑鼠在「R 語法檔」方框中點選一下，執行功能表列「編輯」/「全選」程序，按 Output 方框最右邊的「執行語法」鈕，可以執行語法函數列，結果會出現在 Output 方框內（此時 Output 方框類似 R 主控台視窗界面，如圖 1-44）。

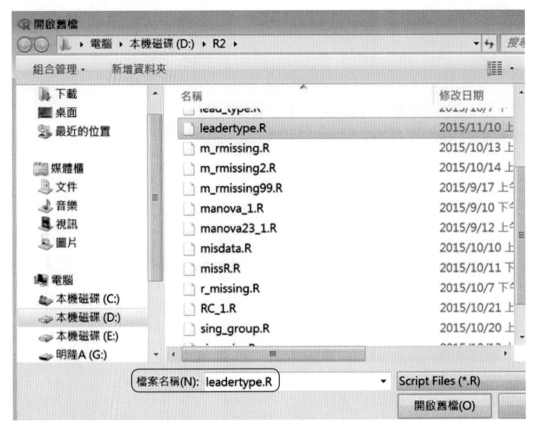

● 圖 1-42　開啟「leadertype.R」R 語法檔

● 圖 1-43　「leadertype.R」語法檔匯入 R Commander 視窗界面

　　執行功能表列「資料」/「使用中的資料集」/「儲存使用中的資料集」程序，可以將 R Commander 中的資料集（資料檔）儲存，如圖 1-45。

　　「另存新檔」視窗，存檔類型為「R Data Files（*.RData）」，範例存檔的檔名設定為「tempdata」，按「存檔」鈕，可將使用中資料集存成 R Commander 視窗

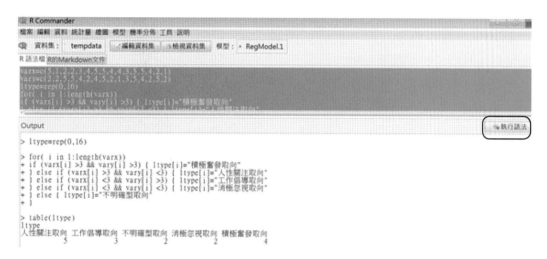

● 圖 **1-44**　「執行語法」鈕，可以執行語法函數列，結果會出現在 Output 方框內

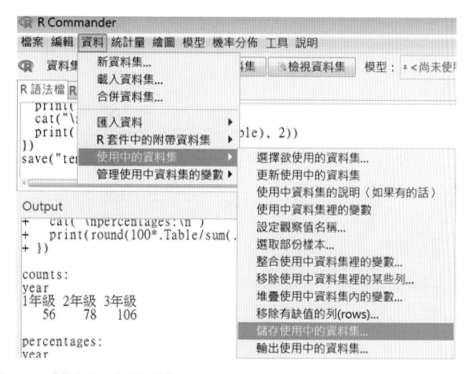

● 圖 **1-45**　「儲存使用中的資料集」程序

界面直接開啟的資料檔（R 命令器視窗內定的資料檔類型，如圖 1-46）。

執行功能表列「資料」/「載入資料集」程序，可以開啟 R Commander 類型的資料檔，副檔名為「*.RData」、「*.rda」、「*.Rda」，範例視窗開啟的 R Commander 資料集名稱為「tempdata.RData」，如圖 1-47。

假定變更工作目錄為 D 磁碟機中的資料夾「R2」，執行功能表列「資料」/「載入資料集」程序，對應的語法檔為「setwd（"D:/R2"）」、「load（"D:/R2/tempdata.RData"）」，如圖 1-48。

使用中的資料集若要匯出為文字檔或試算表「.csv」檔案，執行功能表列「資料」/「使用中的資料集」/「輸出使用中的資料集」程序，開啟「輸出使用中的資料集」對話視窗，如圖 1-49。

「輸出使用中的資料集」視窗，勾選「☑Write variable names」（寫入變數名稱）、「☑Quotes around character values」（儲存為文字檔時，水準群組為文字標記增列雙引號），「欄位分隔字元」方盒選單內定選項為空白，範例視窗選取「◉逗號」，按「OK」鈕，開啟「另存新檔」對話視窗，如圖 1-50。

 **圖 1-46** 使用中資料集存成 R Commander 視窗界面直接開啟的資料檔

●圖 1-47　執行功能表列「資料」/「載入資料集」程序，開啟 R Commander 檔案

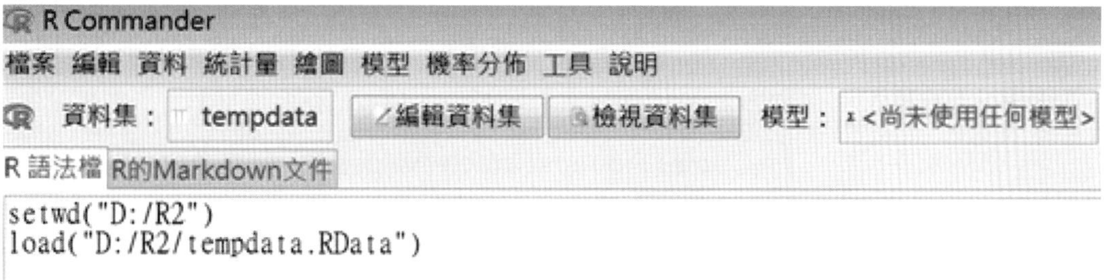

●圖 1-48　變更工作目錄為 D 磁碟機中的資料夾「R2」

　　「另存新檔」對話視窗中，檔案名稱右方框輸入「tempdata.csv」，按「存檔鈕」。（如果沒有輸入副檔名，儲存的檔案類型為文字檔，副檔為 .txt），如圖 1-51。

　　使用中資料集匯出為試算表「tempdata.csv」類型資料檔後，使用 Excel 開啟檔案，部分樣本觀察值資料與格式如圖 1-52。

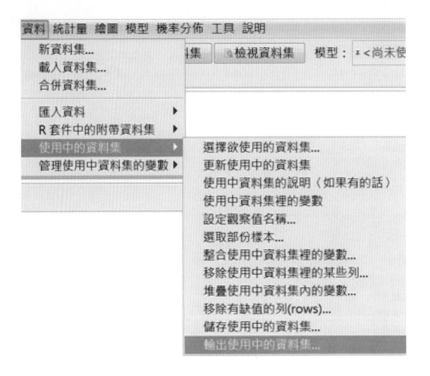

● 圖 1-49 開啟「輸出使用中的資料集」對話視窗

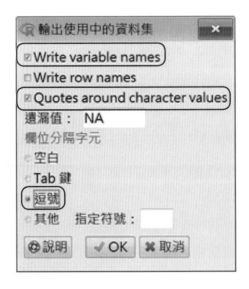

● 圖 1-50 「輸出使用中的資料集」視窗

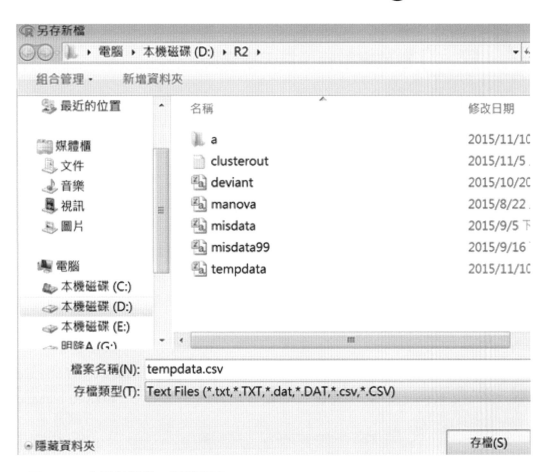

🍎圖 **1-51**　「另存新檔」對話視窗

🍎圖 **1-52**　使用 Excel 開啟檔案，部分樣本觀察值資料與格式

## 肆　數值變數轉換為因子變數

　　執行功能表列「統計量」/「摘要」/「次數分配」程序，開啟「次數分配」對話視窗，視窗功能可以求出因子變數的次數分配，如圖 1-53。

　　原資料集中的因子變數為性別 sex、年級 year、家庭結構 hometype，三個因子變數的水準群組編碼為「數值」，當變數屬性為數值類型（數值向量），資料檔匯入 R Commander 視窗後，資料集未界定因子變數前，會把這些因子變數（間斷變數）視為連續變數（計量變數），如果變數屬性為文字型態（文字向量），或水準群組標記為文字，匯入 R Commander 視窗後之資料集會自動將這些變數視為因子變數。範例中「次數分配」視窗的標的變數只能為因子變數，由於未界定因子變數，因子只有學生編號變數 stid（文字向量）可以選取，學生編號變數只是文字向量的流水編號，不是資料集的變數之一（R 軟體的因子變數為間斷變數，常見者如人口變數或背景變數），如圖 1-54。

　　執行功能表列「資料」（Data）/「管理使用中資料集的變數」（Manage variables in active data set）/「將數值變數轉換為因子變數」（Convert numeric

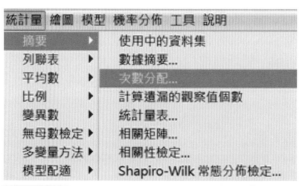

●圖 1-53　執行功能表列「統計量」/「摘要」/「次數分配」程序

●圖 1-54　「次數分配」視窗的標的變數

variables to factors）程序，開啟「將數值變數轉換為因子變數」視窗，如圖 1-55。

在「將數值變數轉換為因子變數」視窗中（如圖 1-56），左側「變數（選取 1 個或多個）」方盒中選取 1 個或多個要轉換為因子類型的變數，範例中選取 hometype（三分類別變數）、sex（二分類別變數）、year（三分類別變數）三個人

 圖 **1-55**　開啟「將數值變數轉換為因子變數」視窗

 圖 **1-56**　「將數值變數轉換為因子變數」視窗

口變數，右邊「因子變數的層次」方盒內定選項為「⊙ 指定層次名稱」（標記水準數值的群組名稱），另一個選項為「⊙ 只使用數值」（使用原水準數值編碼），選取變數後按「OK」鈕。

標記變數 hometype 水準數值的群組名稱前會先出現提示語「變數 hometype 已存在，是否要覆蓋變數？」（因子變數的層次方盒不論選「⊙ 指定層次名稱」或「⊙ 只使用數值」，均會出現提示的對話視窗），選項有「是」、「否」二個，按「是」鈕，如圖 1-57。

在「層級名稱 hometype」次對話視窗，於「數值層次名稱」下方框中輸入水準數值對應的群組名稱，範例水準數值 1 為「單親家庭」群組、水準數值 2 為「隔代教養」群組、水準數值 3 為「完整家庭」群組，按「OK」鈕，如圖 1-58。

標記變數 year 水準數值的群組名稱前出現提示語「變數 year 已存在，是否要覆蓋變數？」，選項按「是」鈕，如圖 1-59。

圖 1-57　標記變數 hometype 水準數值的群組名稱前會先出現提示語

圖 1-58　「層級名稱 hometype」次對話視窗

圖 1-59　標記變數 year 水準數值的群組名稱前出現提示語

在「層級名稱 year」次對話視窗，於「數值層次名稱」下方框中輸入水準數值對應的群組名稱，範例水準數值 1 為「1 年級」、水準數值 2 為「2 年級」、水準數值 3 為「3 年級」，按「OK」鈕，如圖 1-60。

標記變數 sex 水準數值的群組名稱前出現提示語「變數 sex 已存在，是否要覆蓋變數？」，選項按「是」鈕，如圖 1-61。

在「層級名稱 sex」次對話視窗，於「數值層次名稱」下方框中輸入水準數值對應的群組名稱，範例水準數值 1 為「男生」群組、水準數值 2 為「女生」群組，按「OK」鈕，如圖 1-62。

功能表列「資料」/「管理使用中資料集的變數」/「將數值變數轉換為因子變數」程序，選取選項為「⊙ 只使用數值」，對應的函數語法為 as.factor( )，以性別為例，語法為「sex <- as.factor(sex)」，學生年級為「year <- as.factor(year)」。

⌘圖 **1-60**　「層級名稱 year」次對話視窗

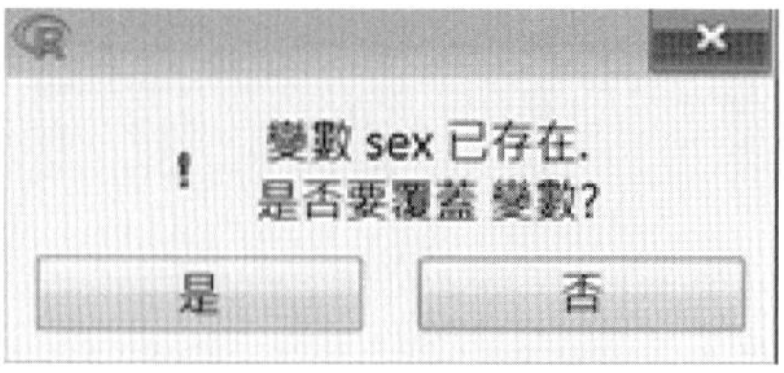

⌘圖 **1-61**　標記變數 sex 水準數值的群組名稱前出現提示語

⌘圖 **1-62**　「層級名稱 sex」次對話視窗

Output 方框之輸出結果如下：

```
> tempdata <- within(tempdata, {
+   hometype <- as.factor(hometype)
+   sex <- as.factor(sex)
+   year <- as.factor(year)
+ })
```

資料集三個人口變數 sex、year、hometype 的水準數值轉換為群組名稱的部分資料檔內容如圖 1-63（按「檢視資料集」鈕可以查看資料檔的內容）。

R 命令器視窗也可以將數值變數編碼為間斷變數（因子變數）。按功能列「檢視資料集」鈕查看「Dataset」資料集的內容，資料檔中的數學成績（mscore）、英文成績（escore）、學習動機（motivation）為計量變數，如圖 1-64。

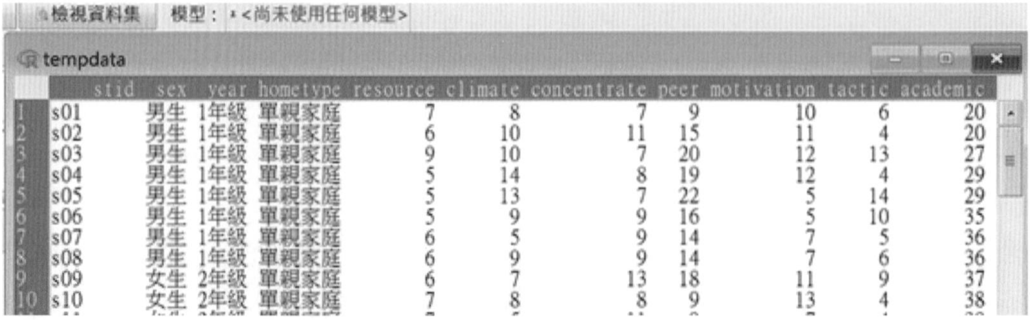


| | stid | sex | year | hometype | resource | climate | concentrate | peer | motivation | tactic | academic |
|---|---|---|---|---|---|---|---|---|---|---|---|
| 1 | s01 | 男生 | 1年級 | 單親家庭 | 7 | 8 | 7 | 9 | 10 | 6 | 20 |
| 2 | s02 | 男生 | 1年級 | 單親家庭 | 6 | 10 | 11 | 15 | 11 | 4 | 20 |
| 3 | s03 | 男生 | 1年級 | 單親家庭 | 9 | 10 | 7 | 20 | 12 | 13 | 27 |
| 4 | s04 | 男生 | 1年級 | 單親家庭 | 5 | 14 | 8 | 19 | 12 | 4 | 29 |
| 5 | s05 | 男生 | 1年級 | 單親家庭 | 5 | 13 | 7 | 22 | 5 | 14 | 29 |
| 6 | s06 | 男生 | 1年級 | 單親家庭 | 5 | 9 | 9 | 16 | 5 | 10 | 35 |
| 7 | s07 | 男生 | 1年級 | 單親家庭 | 6 | 5 | 9 | 14 | 7 | 5 | 36 |
| 8 | s08 | 男生 | 1年級 | 單親家庭 | 6 | 9 | 9 | 14 | 7 | 6 | 36 |
| 9 | s09 | 女生 | 2年級 | 單親家庭 | 6 | 7 | 13 | 18 | 11 | 9 | 37 |
| 10 | s10 | 女生 | 2年級 | 單親家庭 | 7 | 8 | 8 | 9 | 13 | 4 | 38 |

圖 1-63　按「檢視資料集」鈕可以查看資料檔的內容

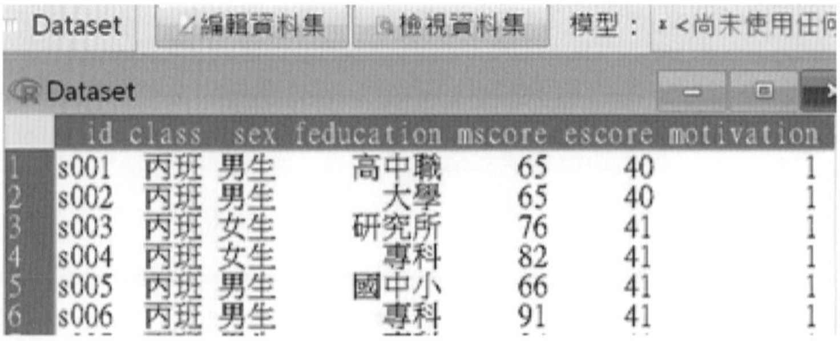


| | id | class | sex | feducation | mscore | escore | motivation |
|---|---|---|---|---|---|---|---|
| 1 | s001 | 丙班 | 男生 | 高中職 | 65 | 40 | 1 |
| 2 | s002 | 丙班 | 男生 | 大學 | 65 | 40 | 1 |
| 3 | s003 | 丙班 | 女生 | 研究所 | 76 | 41 | 1 |
| 4 | s004 | 丙班 | 女生 | 專科 | 82 | 41 | 1 |
| 5 | s005 | 丙班 | 男生 | 國中小 | 66 | 41 | 1 |
| 6 | s006 | 丙班 | 男生 | 專科 | 91 | 41 | 1 |

圖 1-64　按功能列「檢視資料集」鈕查看「Dataset」資料集的內容

執行功能表列「資料」/「管理使用中資料集的變數」/「以區間分隔數值變數」程序，開啟「以區間（bin）分隔數值變數」對話視窗，如圖 1-65。

在「以區間（bin）分隔數值變數」對話視窗中，「將變數轉換為區間（bin）（選取一個）」提示語下之變數清單選取一個計量變數，視窗界面選取「數學成績」變數（mscore）、右邊「新變數名稱」提示下方框內定的名稱為「變數」，視窗界面修改為「msg3」，如圖 1-66。

「層次名稱」方盒採用內定選項「⊙ 指定名稱」；「裝箱法（Binning Method）」方盒選項採用內定選項「⊙ 相等寬度區間（bins）」（依照平均比例分

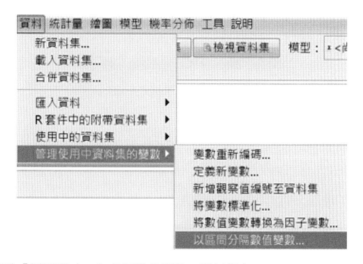

⚫圖 1-65　開啟「以區間（bin）分隔數值變數」對話視窗

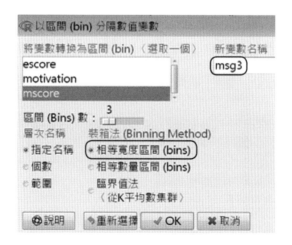

⚫圖 1-66　「以區間（bin）分隔數值變數」對話視窗

組、分為二組時寬度區間各為50%、分為四組時寬度區間各為25%），按「OK」鈕，開啟「區間（Bin）名稱」對話視窗，視窗中左邊區間數值為分組水準編碼，右邊「名稱」下的方框可輸入群組對應之文字說明（群組名稱），範例採用內定的數值，按「OK」鈕，如圖 1-67。

資料集「Dataset」增列一個組別變數「msg3」，「msg3」為三分類別變數，水準數值為 1（低分組）、2（中分組）、3（高分組），如圖 1-68。

將數學成績分成二組，水準數值 1 為「低數學成就組」、水準數值 2 為「高數學成就組」，「區間（Bins）數」訊息右拉曳框向左移動，將數值 3 變成 2，如圖 1-69。

「區間（Bin）名稱」對話視窗中，水準數值 1 區間方框名稱輸入「低數學成就」、水準數值 2 區間方框名稱輸入「高數學成就」，如圖 1-70。

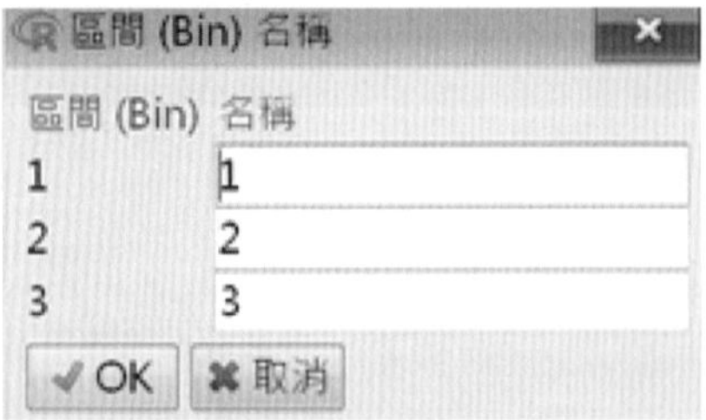

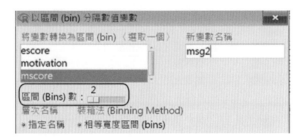

圖 1-67　開啟「區間（Bin）名稱」對話視窗

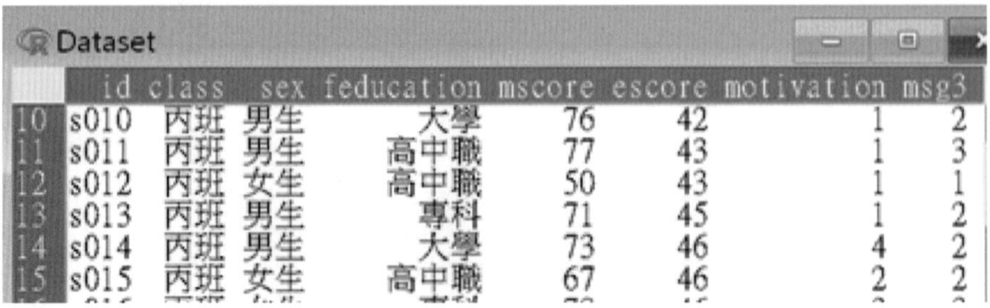

| | id | class | sex | feducation | mscore | escore | motivation | msg3 |
|---|---|---|---|---|---|---|---|---|
| 10 | s010 | 丙班 | 男生 | 大學 | 76 | 42 | 1 | 2 |
| 11 | s011 | 丙班 | 男生 | 高中職 | 77 | 43 | 1 | 3 |
| 12 | s012 | 丙班 | 女生 | 高中職 | 50 | 43 | 1 | 1 |
| 13 | s013 | 丙班 | 男生 | 專科 | 71 | 45 | 1 | 2 |
| 14 | s014 | 丙班 | 男生 | 大學 | 73 | 46 | 4 | 2 |
| 15 | s015 | 丙班 | 女生 | 高中職 | 67 | 46 | 2 | 2 |

圖 1-68　資料集「Dataset」增列一個組別變數「msg3」

圖 1-69　「區間（Bins）數」：數值 3 變成 2

　　「以區間（Bin）分隔數值變數」對話視窗中，「裝箱法（Binning Method）」方盒選項選取「⊙ 相等數量區間（bins）」選項，表示設定各分組的觀察值人數相等。「區間（Bins）數」訊息右拉曳框的數值為 3，如圖 1-71。

　　「區間（Bin）名稱」對話視窗中，1、2、3 三個水準數值的名稱分別界定為「低分組」、「中分組」、「高分組」，如圖 1-72。

　　執行功能列「統計量」/「摘要」/「次數分配」程序，求出 emsg3、msg2、msg3 三個因子變數的次數分配表，如圖 1-73。

●圖 **1-70**　輸入「區間（Bin）名稱」

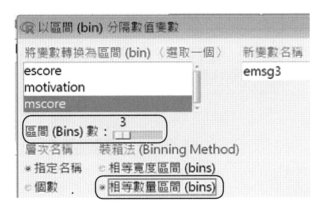

●圖 **1-71**　選取「 相等數量區間（bins）」選項

●圖 **1-72**　輸入區間（Bin）名稱

●圖 **1-73**　次數分配

Output 輸出結果如下：

---

```
counts:
emsg3
低分組  中分組  高分組
    34      33      33
```

**[說明]**：「⊙ 相等數量區間（Bins）」選項的區間等於 3 時，低分組（低數學成就組）、中分組（中數學成就組）、高分組（高數學成就組）的群組人數為 34、33、33，三組觀察值人數大致相等。

---------------------------------------------------------------

```
counts:
msg2
低數學成就  高數學成就
        32          68
```

**[說明]**：區間分隔選項為「⊙ 相等寬度區間（Bins）」，區間數等於 2，低數學成就、 高數學成就二個群組樣本觀察值人數為 32、68。

---------------------------------------------------------------

```
counts:
msg3
 1   2   3
10  56  34
```

**[說明]**：區間分隔選項為「⊙ 相等寬度區間（Bins）」，區間數等於 3，低數學成就組、 中數學成就組、高數學成就組三個群組樣本觀察值人數為 10、56、34。

---

## 伍　「摘要」統計量

### 一、使用中的資料集

執行功能表列「統計量」/「摘要」/「使用中的資料集」列程序，可以求出作用中資料集變數的基本統計量。

出現提示訊息視窗「共有 11 個變數在 tempdata 資料集中。您確定要進行運算嗎？」，要輸出基本統計量按「OK」鈕，否則按「取消」鈕，如圖 1-74。

提示訊息視窗按「OK」鈕後，Output 方框之輸出結果如圖 1-75。

● 圖 **1-74**　提示訊息視窗

```
        stid        sex         year       hometype     resource       climate        concentrate       peer          motivation
s01      : 1   男生:112   1年級: 56   單親家庭:88   Min.   : 5.00   Min.   : 4.00   Min.   : 7.00   Min.   : 9.00   Min.   : 5.00
s02      : 1   女生:128   2年級: 78   隔代教養:76   1st Qu.:10.00   1st Qu.:11.00   1st Qu.:16.00   1st Qu.:20.00   1st Qu.:10.00
s03      : 1              3年級:106   完整家庭:76   Median :12.00   Median :13.00   Median :20.00   Median :23.50   Median :12.00
s04      : 1                                        Mean   :12.05   Mean   :12.90   Mean   :19.55   Mean   :23.17   Mean   :11.76
s05      : 1                                        3rd Qu.:14.00   3rd Qu.:14.25   3rd Qu.:24.00   3rd Qu.:26.25   3rd Qu.:15.00
s06      : 1                                        Max.   :24.00   Max.   :35.00   Max.   :32.00   Max.   :40.00   Max.   :17.00
(Other) :234
    tactic         academic
Min.   : 4.00   Min.   :20.00
1st Qu.: 8.00   1st Qu.:47.00  |
Median :10.00   Median :52.00
Mean   :10.48   Mean   :56.66
3rd Qu.:12.00   3rd Qu.:68.00
Max.   :20.00   Max.   :98.00
```

● 圖 **1-75**　輸出結果

學習策略與學習成就變數的描述性統計量如下：

| tactic | academic | [ 變數名稱 ] |
|---|---|---|
| Min.   : 4.00 | Min.   :20.00 | [ 最小值 ] |
| 1st Qu.: 8.00 | 1st Qu. :47.00 | [ 第一個四分位數 ] |
| Median :10.00 | Median :52.00 | [ 中位數 ] |
| Mean   :10.48 | Mean   :56.66 | [ 平均數 ] |
| 3rd Qu.:12.00 | 3rd Qu.:68.00 | [ 第三個四分位數 ] |
| Max.   :20.00 | Max.   :98.00 | [ 最大值 ] |

資料集中的因子變數（間斷變數）sex、year、hometype 等三個呈現水準群組的次數，就性別變數 sex 而言，男生群組有 112 位、女生群組有 128 位；就年級變數 year 而言，「1 年級」群組有 56 位、「2 年級」群組有 78 位、「3 年級」群組有 106。計量變數（連續變數）呈現各變數的最小值、第一個四分位數、中位數、平均數、第三個四分位數、最大值，以「學習成就」（academic）變數分數而言，最小值 = 20.00、第一個四分位數 = 47.00、中位數 = 52.00、平均數 = 56.66、第三個四分位數 = 68.00、最大值 = 98.00。

 二、數據摘要

數據摘要選項可以求出計量變數的描述性統計量。

執行功能表列「統計量」/「摘要」/「數據摘要」列程序，開啟「數據摘要」對話視窗，如圖 1-76。

「數值摘要」視窗二個選項鈕為「資料」、「統計量」，「資料」選項可以選取變數、「統計量」選項可以勾選計量變數要輸出的統計量數。「以群組來進行摘要」鈕可以選取因子變數，進行各水準群組之數值摘要分析。

範例視窗之變數選取「academic」（學習成就）、「climate」（班級氣氛）、「motivation」（學習動機）三個，如圖 1-77。

「統計量」選項包括平均數、標準差、平均數之標準誤、分量間距、變異係數、偏態、峰度、百分位數（數值為 0、0.25、0.50、0.75、1，百分等級為 25 之百分位數即為第一個四分位數 $Q_1$、百分等級為 50 之百分位數即為第二個四分位數 $Q_2$、百分等級為 75 之百分位數即為第三個四分位數 $Q_3$），內定三個統計量數為「☑ 平均

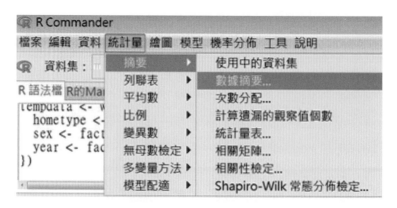

🍎圖 1-76　「數據摘要」對話視窗

數」、「☑ 標準差」、「☑ 分量間距」，範例視窗中勾選所有的統計量數，按「OK」
鈕，如圖 1-78。

「academic」（學習成就）、「climate」（班級氣氛）、「motivation」（學習
動機）三個計量變數的統計量數中的平均數分別為 56.66、12.90、11.76，標準差
分別為 15.75、4.71、3.08。

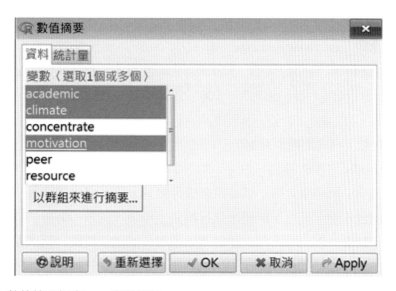

 圖 **1-77**　數值摘要視窗──資料選項

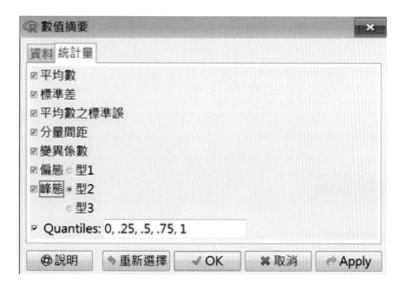

 圖 **1-78**　數值摘要視窗──統計量選項

| | mean | sd | se(mean) | IQR | cv | skewness | kurtosis | 0% | 25% | 50% | 75% | 100% | n |
|---|---|---|---|---|---|---|---|---|---|---|---|---|---|
| academic | 56.65833 | 15.750936 | 1.0167185 | 21.00 | 0.2779986 | 0.4946223 | 0.4207307 | 20 | 47 | 52 | 68.00 | 98 | 240 |
| climate | 12.90000 | 4.706268 | 0.3037883 | 3.25 | 0.3648269 | 2.5915019 | 10.6384516 | 4 | 11 | 13 | 14.25 | 35 | 240 |
| motivation | 11.75833 | 3.075061 | 0.1984943 | 5.00 | 0.2615218 | -0.2368256 | -0.9651707 | 5 | 10 | 12 | 15.00 | 17 | 240 |

　　量數的第一列符號 mean 為平均數、sd 為標準差、se（mean）為平均數標準誤、IQR 為四分全距（interquartile range = $Q_3-Q_1$）、cv 為變異係數（標準差與平均數的比值）、skewness 為偏態係數、kurtosis 為峰度係數；0%、25%、50%、75%、100% 為百分等級第 0、25、50、75、100 位數、n 為有效觀察值個數。以學習成就變數而言，$Q_1=47$、$Q_2=52$、$Q_3=68$、IQR = $Q_3-Q_1$ = 68−47 = 21，偏態係數 = 0.49、峰度係數 = 0.42、有效觀察值 = 240。

　　R Commander 之視窗界面，如圖 1-79。

　　「數值摘要」視窗中，按「以群組來進行摘要」鈕，可以選取因子變數，求出各群組的描述性統計，按「以群組來進行摘要」鈕後，開啟「群組」次對話視窗，「群組變數（選取一個）」方框之變數清單選取一個因子變數，範例點選學生性別（sex）變數，按「OK」鈕，回到「數值摘要」視窗，如圖 1-80。

```
R 語法檔  R的Markdown文件
numSummary(tempdata[,c("academic", "climate", "motivation")], statistics=c("mean", "sd", "se(mean)", "IQR", "quantiles", "cv",
    "skewness", "kurtosis"), quantiles=c(0,.25,.5,.75,1), type="2")



Output                                                                               執行語法
> numSummary(tempdata[,c("academic", "climate", "motivation")], statistics=c("mean", "sd", "se(mean)", "IQR", "quantiles", "cv",
+   "skewness", "kurtosis"), quantiles=c(0,.25,.5,.75,1), type="2")
              mean       sd se(mean)   IQR        cv skewness    kurtosis 0% 25% 50%   75% 100%   n
academic  56.65833 15.750936 1.0167185 21.00 0.2779986 0.4946223 0.4207307 20  47  52 68.00   98 240
climate   12.90000  4.706268 0.3037883  3.25 0.3648269 2.5915019 10.6384516  4  11  13 14.25   35 240
motivation 11.75833  3.075061 0.1984943  5.00 0.2615218 -0.2368256 -0.9651707  5  10  12 15.00   17 240
```

圖 1-79　R Commander 之視窗界面

圖 1-80　「群組」次對話視窗

 圖 **1-81**　摘要依據：sex

　　「數值摘要」視窗中的原先按鈕會變成「摘要依據：sex」鈕，表示會根據性別變數各水準群組輸出描述性統計量，按「OK」鈕，如圖 1-81。
　　範例「統計量」方盒選項勾選「☑ 平均數」、「☑ 標準差」、「☑ 分數間距」（IQR）、「☑ 變異係數」（cv）四個，Output 方框之輸出結果如下：

Variable: academic

|  | mean | sd | IQR | cv | n |
|---|---|---|---|---|---|
| 男生 | 50.78571 | 12.88859 | 8.25 | 0.2537838 | 112 |
| 女生 | 61.79688 | 16.26859 | 22.00 | 0.2632591 | 128 |

Variable: climate

|  | mean | sd | IQR | cv | n |
|---|---|---|---|---|---|
| 男生 | 12.14286 | 2.584978 | 4.00 | 0.2128805 | 112 |
| 女生 | 13.56250 | 5.907089 | 4.25 | 0.4355457 | 128 |

Variable: motivation

|  | mean | sd | IQR | cv | n |
|---|---|---|---|---|---|
| 男生 | 10.58929 | 2.846061 | 4 | 0.2687680 | 112 |
| 女生 | 12.78125 | 2.907870 | 5 | 0.2275106 | 128 |

## 三、次數分配

　　執行功能表列「統計量」/「摘要」/「次數分配」程序，開啟「次數分配」對話視窗，視窗功能可求出因子變數（間斷變數）的次數分配，範例視窗選取家庭結構（hometype）、學生年級（year）二個人口變數，按「OK」鈕，如圖 1-82。

　　Output 方框之輸出結果如下：

---

ounts:

hometype

| 單親家庭 | 隔代教養 | 完整家庭 |
|---|---|---|
| 88 | 76 | 76 |

percentages:

hometype

| 單親家庭 | 隔代教養 | 完整家庭 |
|---|---|---|
| 36.67 | 31.67 | 31.67 |

**[說明]**：家庭結構變數三個群組的次數與百分比，單親家庭、隔代教養家庭、完整家庭的觀察值人次分別為 88、76、76；百分比分別為 36.67%、31.67%、31.67%。

---

counts:

year

**圖 1-82**　「次數分配」對話視窗

```
1 年級     2 年級     3 年級
   56        78        106
percentages:
year
1 年級     2 年級     3 年級
23.33    32.50     44.17
```

[ 說明 ]：學生年級三個群組的次數與百分比，1 年級、2 年級、3 年級三個年級群組的觀察值人次分別為 56、78、106；百分比分別為 23.33%、32.50%、44.17%。

---

　　執行功能表列「統計量」/「摘要」/「次數分配」程序，開啟「次數分配」對話視窗，範例視窗只選取家庭結構（hometype）一個人口變數，「變數（選取 1 個或多個）」下變數清單若只選取一個間斷變數，變數間水準群組或分類選項間可進行卡方適合度檢定，範例增列勾選「☑ 卡方適合度檢定（僅限一個變數）」選項，按「OK」鈕，如圖 1-83。

　　Output 方框結果如下：

---

```
counts:
hometype
單親家庭     隔代教養     完整家庭
    88          76          76
```

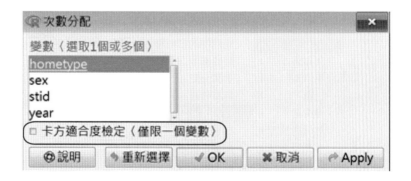

圖 1-83　選取家庭結構（hometype）一個人口變數

---

```
percentages:
hometype
單親家庭    隔代教養    完整家庭
  36.67       31.67       31.67
    Chi-squared test for given probabilities
data:  .Table
X-squared = 1.2, df = 2, p-value = 0.5488
```

　　三個水準群組人數的百分比分別為 36.67%、31.67%、31.67%，卡方適合度檢定統計量 = 1.2，自由度 = 2，顯著性 $p$ 值 = 0.549 > 0.05，未達統計顯著水準，接受虛無假設（$p_1 = p_2 = p_3$），三個水準群組的百分比值間沒有顯著不同。

 四、統計量表

　　執行功能表列「摘要」/「統計量表」程序，開啟「統計量資料表」對話視窗，視窗功能可求出一個以上因子變數在計量變數之群組統計量，如圖 1-84。

　　「統計量資料表」對話視窗可以求出因子變數在依變數之群組統計量，統計量量數的選項有平均數（內定選項）、中位數、標準差、分量間距、其他（指定）（如方框輸入 var 求出變數的變異數、max 求出變數的最大值），「統計量」方盒選項每次只能選取一個。範例視窗的因子變數為學生性別（sex）、依變數為學習成就（academic）、班級氣氛（climate）變數，統計量選項選取「⊙ 平均數」，按「OK」鈕，如圖 1-85。

| 統計量 | 繪圖 | 模型 | 機率分佈 | 工具 | 說明 |
|---|---|---|---|---|---|
| 摘要 ▶ | | 使用中的資料集 | | | |
| 列聯表 ▶ | | 數據摘要… | | | |
| 平均數 ▶ | | 次數分配… | | | |
| 比例 ▶ | | 計算遺漏的觀察值個數 | | | |
| 變異數 ▶ | | 統計量表… | | | |
| 無母數檢定 ▶ | | 相關矩陣… | | | |
| 多變量方法 ▶ | | 相關性檢定… | | | |
| 模型配適 ▶ | | Shapiro-Wilk 常態分佈檢定… | | | |

● 圖 1-84　「統計量資料表」對話視窗

☀ 圖 **1-85**　「統計量資料表」視窗──一個因子變數，二個依變數

「Output」方框輸出結果如下：

---

```
> # Table for academic:
> with(tempdata, tapply(academic, list(sex), mean, na.rm=TRUE))
   男生      女生
50.78571 61.79688
```

[ **說明** ]：性別變數中二個水準群組在學習成就變數的平均數，男生群組平均
數 =50.79、女生群組平均數 = 61.80。

---

```
> # Table for climate:
> with(tempdata, tapply(climate, list(sex), mean, na.rm=TRUE))
   男生        女生
12.14286    13.56250
```

[ **說明** ]：性別變數中二個水準群組在班級氣氛（知覺班級氛圍）變數的平均數，
男生群組平均數 =12.14、女生群組平均數 = 13.56。

---

範例視窗的因子變數為 hometype（家庭結構）、sex（性別）、依變數為 academic（學習成就）、motivation（學習動機），resource（家庭文化資源），統計量選項選取「⊙ 平均數」，按「OK」鈕，如圖 1-86。

「Output」方框輸出結果如下：

```
> # Table for academic:
> with(tempdata, tapply(academic, list(hometype, sex), mean,
na.rm=TRUE))
              男生        女生
單親家庭  39.54545    50.77273
隔代教養  51.63636    60.06250
完整家庭  69.83333    72.19231
```

[說明]：家庭結構變數與性別變數交叉表之細格平均數，就學習成就分數而言，單親家庭中的男生群組、女生群組平均數分別為 39.55、50.77；隔代教養家庭中的男生群組、女生群組平均數分別為 51.64、60.06；完整家庭中的男生群組、女生群組平均數分別為 69.83、72.19。

● 圖 1-86　「統計量資料表」視窗——二個因子變數，三個依變數

```
> # Table for motivation:
> with(tempdata, tapply(motivation, list(hometype, sex), mean,
na.rm=TRUE))
```

|  | 男生 | 女生 |
|---|---|---|
| 單親家庭 | 8.363636 | 10.72727 |
| 隔代教養 | 10.909091 | 12.18750 |
| 完整家庭 | 14.083333 | 14.88462 |

**[ 說明 ]**：家庭結構因子變數與性別因子變數在學習動機變數交叉表之細格平均數。

--------------------------------------------------------------------------

```
> # Table for resource:
> with(tempdata, tapply(resource, list(hometype, sex), mean,
na.rm=TRUE))
```

|  | 男生 | 女生 |
|---|---|---|
| 單親家庭 | 10.27273 | 11.18182 |
| 隔代教養 | 11.40909 | 12.06250 |
| 完整家庭 | 17.00000 | 12.53846 |

**[ 說明 ]**：家庭結構因子變數與性別因子變數在家庭文化資源變數交叉表之細格平均數。

 五、相關矩陣

執行功能表列「摘要」/「相關矩陣」程序，開啟「相關性矩陣」對話視窗，視窗可以求出變數間的相關，「相關性類型」方盒選項有三種：Pearson 積差（內定選項）、Spearman 等級、偏相關（Partial），使用之觀察值（Observations to Use）方盒選項有二種：「⊙ 完整之觀察值」（內定選項）、「○ 成對完整之觀察值」。範例視窗「變數（選取 2 個或多個）」下變數清單選取 academic（學習成就）、climate（班級氣氛）、concentrate（學習專注）、motivation（學習動機）、peer（同儕關係）五個計量變數，「相關性類型」方盒選取「⊙Pearson 積差」選項、勾選「☑ 成對 $p$ 值」選項（呈現配對相關係數對應之顯著性 $p$ 值），按「OK」鈕，如圖 1-87。

●圖 1-87　「相關性矩陣」對話視窗——五個計量變數

「Output」方框輸出結果如下：

```
>rcorr.adjust(tempdata[,c("academic","climate","concentrate",
"motivation","peer")], type="pearson", use="complete")
 Pearson correlations:

            academic climate concentrate  motivation   peer
academic     1.0000  0.5860    0.6226       0.7080     0.5356
climate      0.5860  1.0000    0.4287       0.3256     0.5352
concentrate  0.6226  0.4287    1.0000       0.4545     0.5643
motivation   0.7080  0.3256    0.4545       1.0000     0.3434
peer         0.5356  0.5352    0.5643       0.3434     1.0000
```

[說明]：數值為變數間的積差相關矩陣表，對角線數值為 1.00，量數為變數本身間的積差相關係數。climate（班級氣氛）、concentrate（學習專注）、motivation（學習動機）、peer（同儕關係） 與 academic（學習成就）間的相

關係數分別 0.59、0.62、0.71、0.54。

----------------------------------------------------------------------

Number of observations: 240

**[說明]**：有效觀察值的個數（N=240）。

----------------------------------------------------------------------

Pairwise two-sided p-values:

|  | academic | climate | concentrate | motivation | peer |
|---|---|---|---|---|---|
| academic |  | <.0001 | <.0001 | <.0001 | <.0001 |
| climate | <.0001 |  | <.0001 | <.0001 | <.0001 |
| concentrate | <.0001 | <.0001 |  | <.0001 | <.0001 |
| motivation | <.0001 | <.0001 | <.0001 |  | <.0001 |
| peer | <.0001 | <.0001 | <.0001 | <.0001 |  |

**[說明]**：配對變數積差相關係數對應的顯著性機率值 $p$，配對變數之顯著性 $p$ 值均小於 0.001，達到統計顯著水準，表示配對變數間均有顯著相關存在，由於相關係數均大於 0，配對變數間均有顯著正相關。

----------------------------------------------------------------------

Adjusted p-values (Holm's method)

|  | academic | climate | concentrate | motivation | peer |
|---|---|---|---|---|---|
| academic |  | <.0001 | <.0001 | <.0001 | <.0001 |
| climate | <.0001 |  | <.0001 | <.0001 | <.0001 |
| concentrate | <.0001 | <.0001 |  | <.0001 | <.0001 |
| motivation | <.0001 | <.0001 | <.0001 |  | <.0001 |
| peer | <.0001 | <.0001 | <.0001 | <.0001 |  |

**[說明]**：量數為採用 Holm's 方法調整顯著性 $p$ 值，調整後的顯著性 $p$ 值顯示，配對變數積差相關係數對應的顯著性均小於 0.001，表示配對變數間的相關均達顯著。

「相關性矩陣」對話視窗中選取 academic（學習成就）、motivation（學習動機）、resource（家庭文化資源）三個計量變數，「相關性類型」方盒選取「⊙ 偏相關（Partial）」選項（排除第三個變數影響後，二個變數間的淨相關），勾選「☑ 成對 $p$ 值」選項，按「OK」鈕，如圖 1-88。

● 圖 1-88　「相關性矩陣」對話視窗──三個計量變數

「Output」方框輸出結果如下：

```
>partial.cor(tempdata[,c("academic","motivation","resource")]
,tests=TRUE, use="complete")
 Partial correlations:
          academic motivation resource
academic   0.00000    0.64402   0.32116
motivation 0.64402    0.00000   0.07643
resource   0.32116    0.07643   0.00000
```

[說明]：量數為二個變數間的淨相關係數（偏相關係數），排除家庭文化資源變數的影響後，學生學習動機與學習成就變數間的淨相關係數 = 0.64（二個變數的積差相關係數 $r = 0.71$），排除學習成就變數的影響後，學生家庭文化資源與學習動機變數間的淨相關係數 = 0.08（二個變數的積差相關係數 $r = 0.39$）。

-------------------------------------------------------------------

```
Pearson correlations:
```

```
         motivation resource
motivation     1.000     0.391
resource       0.391     1.000
 Number of observations: 240
 Pairwise two-sided p-values:
         motivation resource
motivation            <.0001
resource   <.0001
```

**[說明]**：量數為學習動機變數與家庭文化資源變數間的積差相關係數（$r = 0.39$）與顯著性（$p < 0.001$）。

----------------------------------------------------------------------------

```
 Number of observations: 240
 Pairwise two-sided p-values:
         academic motivation resource
academic            <.0001     <.0001
motivation <.0001              0.2391
resource   <.0001   0.2391
```

**[說明]**：偏相關係數對應的顯著性 $p$ 值，排除學習成就（academic）變數的影響後，家庭文化資源（resource）與學習動機（motivation）間的偏相關係數（＝ 0.076）顯著性 $p = 0.239 > 0.05$，未達統計顯著水準，表示偏相關係數顯著等於 0。排除家庭文化資源（resource）變數的影響後，學生學習動機（motivation）與學習成就（academic）變數間的淨相關係數（＝ 0.64）對應的顯著性 $p < 0.001$，達統計顯著水準。

----------------------------------------------------------------------------

```
 Adjusted p-values (Holm's method)
         academic motivation resource
academic            <.0001     <.0001
motivation <.0001              0.2391
resource   <.0001   0.2391
```

**[說明]**：採用 Holm's 方法進行顯著性 $p$ 值的調整，估計值為調整後偏相關係數對應的顯著性 $p$ 值。

## 六、相關性檢定

　　執行功能表列「摘要」/「相關性檢定」程序，開啟「相關性檢定」對話視窗，視窗可以求出二個變數間之相關係數。「變數（選取 2 個）」方盒下之變數清單選取 academic（學習成就）、motivation（學習動機）二個。「相關性類型」選項有三個：「⊙Pearson 積差」（內定選項）、「○Spearman 等級」（等級相關）、「○Kendall's tau」（等級相關）；對立假設內定選項為「⊙雙邊」（雙尾檢定），另二個選項為單尾檢定，「○相關性＜0」（單尾左側檢定）、「○相關性＞0」（單尾右側檢定），「相關性類型」選項與對立假設方盒選單均選取內定選項，按「OK」鈕，如圖 1-89。

　　「Output」方框輸出結果如下：

```
>with(tempdata, cor.test(academic, motivation,
alternative="two.sided", method="pearson"))
    Pearson's product-moment correlation
data:  academic and motivation
t = 15.468, df = 238, p-value < 2.2e-16
alternative hypothesis: true correlation is not equal to 0
```

🍎 **圖 1-89**　「相關性類型」選項與對立假設方盒選單

```
95 percent confidence interval:
 0.6386650   0.7659863
sample estimates:
cor
0.7080334
```

　　academic（學習成就）與 motivation（學習動機）之積差相關係數 $r = 0.71$，顯著性檢定統計量 $t = 15.468$、自由度 $df = 238$、顯著性 $p$ 值 $= 0.000 < 0.05$（$p = 2.2e-16 = \dfrac{2.2}{10^{16}} = 0.000$），達到統計顯著水準，學生的學習動機與學習成就有顯著正相關，由於相關係數絕對值大於 0.700，表示二個變數間的相關程度為高度相關。相關係數估計值 95% 信賴區間值為 [0.639, 0.766]，未包含數值點 0，表示估計值為 0 的可能性很低，有足夠證據拒絕虛無假設，二個變數間有顯著相關。

　　「相關性類型」選項分別選取「⊙Spearman 等級」（等級相關）、「⊙Kendall's tau」（等級相關），求出學習成就與學習動機二個變數間之等級相關（測量值排序後等級一致性的程度）：

```
>with(tempdata, cor.test(academic, motivation,
alternative="two.sided", method="spearman"))
    Spearman's rank correlation rho
data:  academic and motivation
S = 431100, p-value < 2.2e-16
alternative hypothesis: true rho is not equal to 0
sample estimates:
    rho
0.812889
```

**[說明]**：學習成就變數與學習動機變數間之 Spearman 等級相關係數 $\rho = 0.81$，檢定統計量 $S = 431100$、顯著性 $p$ 值 $= 0.000 < 0.05$，拒絕虛無假設（$\rho = 0$），接受對立假設（$\rho \neq 0$），Spearman 等級相關係數 $\rho$ 顯著不等於 0，樣本觀察值在學習成就的等級（名次）與學習動機分數的等級有很高的一致性。

----------------------------------------------------------------

```
>with(tempdata,cor.test(academic,motivation,alternative="two.
sided", method="kendall"))
    Kendall's rank correlation tau
data:  academic and motivation
z = 14.292, p-value < 2.2e-16
alternative hypothesis: true tau is not equal to 0
sample estimates:
      tau
0.6612335
```

**[說明]**：學習成就變數與學習動機變數間之 Kendall 等級相關係數 $\tau = 0.66$，檢定統計量 $z = 14.292S$、顯著性 $p$ 值 $= 0.000 < 0.05$，拒絕虛無假設（$\tau = 0$），Kendall 等級相關係數 $\tau$ 顯著不等於 0，樣本觀察值在學習成就的等級（名次）與學習動機分數的等級有很高的一致性。

 ## 七、Shapiro-Wilk 常態分配檢定

執行功能表列「摘要」/「Shapiro-Wilk 常態分布檢定」程序，開啟「Shapiro-Wilk 常態分配檢定量」對話視窗，視窗可以進行計量變數之常態性檢定。「變數（選取 1 個）」方盒下選取的變數為 academic（學習成就分數），按「OK」鈕，如圖 1-90。
「Output」方框輸出結果如下：

**圖 1-90** 「Shapiro-Wilk 常態分配檢定量」對話視窗

```
> with(tempdata, shapiro.test(academic))
      Shapiro-Wilk normality test
data:  academic
W = 0.95339, p-value = 5.503e-07
```

Shapiro-Wilk 常態性檢定統計量 $W = 0.953$，顯著性 $p$ 值 $= 0.000 < 0.05$，達到統計顯著水準，拒絕虛無假設（資料型態＝常態分布），academic（學習成就分數）變數測量值的分布不是常態分布。統計分析程序對於數值資料常態性檢定的顯著水準 $\alpha$ 一般會設定較為嚴格些，如 $\alpha$ 等於 0.01 或 0.001。

 八、計算遺漏的觀察值個數

「摘要」主選單中的「計算遺漏的觀察值個數」次選單，可以計算各變數中遺漏值的個數，以文字檔 3score.txt 資料檔為例：

| num | class | sex | score1 | score2 | score3 |
|-----|-------|-----|--------|--------|--------|
| s01 | 1 | 1 | 78 | 45 | 65 |
| s02 | 1 | 2 | 65 | NA | 100 |
| s03 | 2 | 1 | 26 | 54 | 35 |
| s04 | 2 | 2 | 82 | 85 | NA |
| s05 | 3 | 1 | 72 | 74 | 76 |
| s06 | 3 | 2 | 62 | 68 | 70 |
| s07 | 3 | 1 | 92 | 91 | 89 |
| s08 | 1 | 2 | 68 | 72 | 75 |
| s09 | 1 | 1 | 54 | NA | 32 |
| s10 | 2 | 2 | 84 | 85 | 87 |
| s11 | 1 | 1 | 57 | 45 | 50 |
| s12 | 2 | 1 | 32 | 23 | 30 |

**[說明]**：資料檔中編號 s02、s09 在 score2（第二次考試成績）變數為遺漏值、s04 在 score3（第三次考試成績）變數為遺漏值。

執行功能表列「統計量」/「摘要」/「計算遺漏的觀察值個數」程序，Output 方框之輸出結果如下：

```
> sapply(score3, function(x)(sum(is.na(x)))) # NA counts
   num   class    sex  score1   score2   score3
     0       0      0       0        2        1
```

[說明]：變數 score2（第二次考試成績）遺漏值觀察值個數為 2、變數 score3（第三次考試成績）遺漏值觀察值個數為 1。

如果樣本觀察值 N 很大，研究者想把有遺漏值的觀察值（橫列資料）從資料集中移除。執行功能表列「資料」/「使用中的資料集」/「移除有缺值的列（rows）」（Remove cases with missing data）程序，開啟「清除遺漏值」（Remove Missing Data）對話視窗。「變數（選一個或多個）」方框之變數清單點選有遺漏值的變數 score2、score3，「新資料集名稱」下方框輸入新資料集的名稱 newscore3，按「OK」鈕，如圖 1-91。

按工具列「檢視資料集」鈕，資料集 newscore3 的樣本觀察值為 9 位（刪除三筆有遺漏值的觀察值），被排除的樣本觀察值為編號 s02、s04、s09 三位，如圖 1-92。

🍎圖 1-91　「清除遺漏資料」對話視窗

newscore3

| | num | class | sex | score1 | score2 | score3 |
|---|---|---|---|---|---|---|
| 1 | s01 | 1 | 1 | 78 | 45 | 65 |
| 3 | s03 | 2 | 1 | 26 | 54 | 35 |
| 5 | s05 | 3 | 1 | 72 | 74 | 76 |
| 6 | s06 | 3 | 2 | 62 | 68 | 70 |
| 7 | s07 | 3 | 1 | 92 | 91 | 89 |
| 8 | s08 | 1 | 2 | 68 | 72 | 75 |
| 10 | s10 | 2 | 2 | 84 | 85 | 87 |
| 11 | s11 | 1 | 1 | 57 | 45 | 50 |
| 12 | s12 | 2 | 1 | 32 | 23 | 30 |

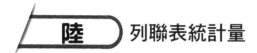

**圖 1-92**　檢視資料集 newscore3

## 陸　列聯表統計量

### 一、雙向關係表

執行功能表列「統計量」（Statistics）/「列聯表」（Contingency tables）/「雙向關係表（Two-way table）」程序，開啟「雙向關係表（Two-Way Table）」對話視窗，視窗功能可求出二個因子變數交叉表的細格次數，並進行二個因子變數間關聯性檢定，如圖 1-93。

「雙向關係表（Two-Way Table）」視窗之「資料」方盒，左邊「列變數（選取一個）」方框之變數清單選取一個間斷變數，範例點選學生性別（sex）變數；

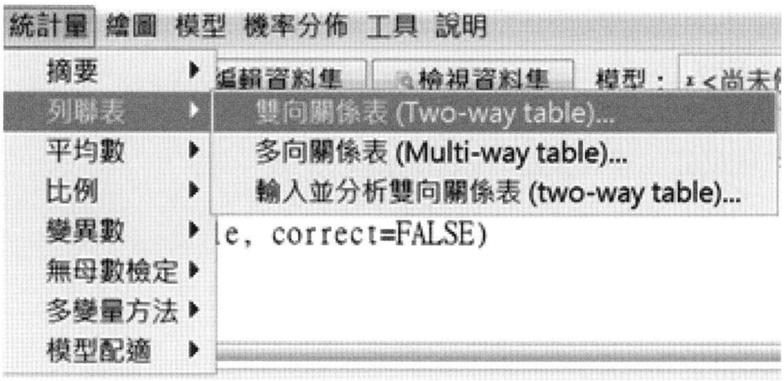

**圖 1-93**　「雙向關係表（Two-Way Table）」對話視窗

●圖 1-94　「雙向關係表」視窗之「資料」方盒

右邊「欄變數（選取一個）」方框之變數清單選取一個間斷變數，範例點選學生家庭結構（hometype）變數，如圖 1-94。

　　點選「統計量」鈕開啟「統計量」方盒，方盒中「計算百分比」次方盒有四個選項：列百分比、欄百分比、總百分比、「⊙ 不顯示百分比」（內定選項）；「假設檢定」次方盒有四個選項：「⊙ 獨立性之卡方檢定」（Chi-square test of independence）（內定選項）、卡方統計量的成分、列出次數期望值、Fisher 精確性檢定，範例視窗勾選「⊙ 獨立性之卡方檢定」選項，按「OK」鈕。

　　學生性別、家庭結構二個間斷變數之交叉表如下：

```
Frequency table:
hometype
sex     單親家庭  隔代教養  完整家庭
男生        44      44      24
女生        44      32      52
    Pearson's Chi-squared test
data:  .Table
X-squared = 11.194, df = 2, p-value = 0.00371
```

卡方值統計量 = 11.194、自由度 *df* = 2、顯著性 *p* 值 = 0.004 < 0.05，達到統計顯著水準，二個變數具有關聯性存在，或是男生群組中家庭結構三個類型的百分比與女生群組中家庭結構三個類型的百分比有顯著不同。

　　學生年級因子變數與學生家庭結構變數之獨立性考驗，列變數點選學生年級 year、欄變數選取家庭結構 hometype，「統計量」方盒中，「計算百分比」次方盒選取「⊙ 列百分比」選項；「假設檢定」次方盒勾選「⊙ 獨立性之卡方檢定」（Chi-square test of independence）、「⊙ 卡方統計量的成分」（Components of chi-square statistics），按「OK」鈕。

　　Output 方框之輸出結果如下：

```
Frequency table:
       hometype
year    單親家庭 隔代教養 完整家庭
  1 年級     40      2      14
  2 年級     24     38      16
  3 年級     24     36      46
```

**[說明]**：3×3 細格的次數。

```
Row percentages:
       hometype
year    單親家庭 隔代教養 完整家庭 Total Count
  1 年級   71.4    3.6    25.0   100    56
  2 年級   30.8   48.7    20.5   100    78
  3 年級   22.6   34.0    43.4   100   106
```

**[說明]**：細格的橫列百分比，分母為橫列的邊緣次數，如「1 年級」群體中，單親家庭、隔代教養家庭、完整家庭三個群組的人次分別為 40、2、14，橫列的邊緣次數 = 40 + 2 + 14 = 56，細格的百分比分別為 40/56（= 0.714）、2/56（0.036）、14/56（0.250）。

```
    Pearson's Chi-squared test
data:  .Table
```

X-squared = 54.634, df = 4, p-value = 3.876e-11

**[說明]**：獨立性考驗之卡方檢定統計量 = 54.634、自由度 $df$ = 4、顯著性 $p$ 值 = 0.000 < 0.05，達到統計顯著水準，學生年級與家庭結構變數間不是獨立的，二個變數間有某種程度的關聯性存在。

------------------------------------------------------------------------

Chi-square components:

| year | hometype 單親家庭 | 隔代教養 | 完整家庭 |
|---|---|---|---|
| 1 年級 | 18.46 | 13.96 | 0.79 |
| 2 年級 | 0.74 | 7.16 | 3.06 |
| 3 年級 | 5.69 | 0.18 | 4.61 |

**[說明]**：細格卡方成分值，將細格卡方成分值加總為整體卡方統計量（54.634），細格卡方值成分＝（細格次數－期望次數）的平方除以期望次數（理論次數）。

------------------------------------------------------------------------

「假設檢定」次方盒中勾選「⊙ 列出次數期望值」選項，可以輸出細格的期望次數：

Expected counts:

| year | hometype 單親家庭 | 隔代教養 | 完整家庭 |
|---|---|---|---|
| 1 年級 | 20.53333 | 17.73333 | 17.73333 |
| 2 年級 | 28.60000 | 24.70000 | 24.70000 |
| 3 年級 | 38.86667 | 33.56667 | 33.56667 |

**[說明]**：期望次數為橫列邊緣次數 × 直欄邊緣次數再除以總次數，如 $p_{11}$ = (56*88)/240 = 20.53333 、$p_{32}$ = (106*76)/240 = 33.56667。

## 二、多向關係表

執行功能表列「統計量」/「列聯表」/「多向關係表（Multi-way table）」程序，開啟「多向關係表（Multi-Way table）」對話視窗。

範例視窗中「列變數（選取一個）」方框之變數清單點選學生「性別」（sex）

圖 **1-95**　「多向關係表」對話視窗

變數、「欄變數（選取一個）」方框之變數清單點選學生「家庭結構」（hometype）變數、「控制變數（選取一個或多個）」方框之變數清單點選學生「年級」（year）變數，「計算百分比」選項包括列百分比、欄百分比、不顯示百分比，選取內定選項「⊙ 列百分比」，按「OK」鈕，如圖 1-95。

　　Output 方框之輸出結果如下：

```
Frequency table:
, , year = 1 年級
hometype
sex      單親家庭  隔代教養  完整家庭
男生          26        2        0
女生          14        0       14
```

**[說明]**：以年級為控制變數，會以年級變數 year 的水準群組作為層次，分別呈現列變數與欄變數之交叉表。量數為一年級的群組中，性別變數與家庭結構變數構成的交叉表細格人數。

------------------------------------------------------------------------

```
, , year = 2 年級
hometype
```

| sex | 單親家庭 | 隔代教養 | 完整家庭 |
|---|---|---|---|
| 男生 | 0 | 12 | 10 |
| 女生 | 24 | 26 | 6 |

**[說明]**：量數為二年級的群組中，性別變數與家庭結構變數構成的交叉表細格人數。

---

, , year = 3 年級

hometype

| sex | 單親家庭 | 隔代教養 | 完整家庭 |
|---|---|---|---|
| 男生 | 18 | 30 | 14 |
| 女生 | 6 | 6 | 32 |

**[說明]**：量數為三年級的群組中，性別變數與家庭結構變數構成的交叉表細格人數。

---

Row percentages:

, , year = 1 年級

hometype

| sex | 單親家庭 | 隔代教養 | 完整家庭 | Total | Count |
|---|---|---|---|---|---|
| 男生 | 92.9 | 7.1 | 0 | 100 | 28 |
| 女生 | 50.0 | 0.0 | 50 | 100 | 28 |

**[說明]**：橫列百分比之細格百分比的分母為橫列的邊緣次數，男生群組共有 28 位，單親家庭、隔代教養、完整家庭的觀察值各有 26、2、0 位，百分比分別為 92.9%（＝26/28＝0.929）、7.1%（＝2/28＝0.071）、0%（＝0/28＝0.000）。

---

, , year = 2 年級

hometype

| sex | 單親家庭 | 隔代教養 | 完整家庭 | Total | Count |
|---|---|---|---|---|---|
| 男生 | 0.0 | 54.5 | 45.5 | 100 | 22 |
| 女生 | 42.9 | 46.4 | 10.7 | 100 | 56 |

**[說明]**：二年級樣本觀察值中，學生性別與家庭結構變數之細格橫列百分比，男生群體的分母為 22、女生群體的分母為 56。

---

, , year = 3 年級

hometype

| sex | 單親家庭 | 隔代教養 | 完整家庭 | Total | Count |
|-----|------|------|------|-------|-------|
| 男生 | 29.0 | 48.4 | 22.6 | 100.0 | 62 |
| 女生 | 13.6 | 13.6 | 72.7 | 99.9 | 44 |

**[說明]**：三年級樣本觀察值中，學生性別與家庭結構變數之細格橫列百分比，男生群體的分母為 62、女生群體的分母為 44。

---

「計算百分比」方盒選取「⊙ 欄百分比」選項之輸出結果如下：

Frequency table:

, , year = 1 年級

hometype

| sex | 單親家庭 | 隔代教養 | 完整家庭 |
|-----|------|------|------|
| 男生 | 26 | 2 | 0 |
| 女生 | 14 | 0 | 14 |

**[說明]**：一年級樣本觀察值中，學生性別與家庭結構變數之細格次數。

---

, , year = 2 年級

hometype

| sex | 單親家庭 | 隔代教養 | 完整家庭 |
|-----|------|------|------|
| 男生 | 0 | 12 | 10 |
| 女生 | 24 | 26 | 6 |

**[說明]**：二年級樣本觀察值中，學生性別與家庭結構變數之細格次數。

---

, , year = 3 年級

hometype

| sex | 單親家庭 | 隔代教養 | 完整家庭 |
|-----|------|------|------|
| 男生 | 18 | 30 | 14 |
| 女生 | 6 | 6 | 32 |

**[說明]**：三年級樣本觀察值中，學生性別與家庭結構變數之細格次數，3 年級男生群組中，單親家庭、隔代教養家庭、完整家庭的人次分別有 18、30、14 位；三年級女生群組中，單親家庭、隔代教養家庭、完整家庭的人次分別有 6、6、32 位。

----------------------------------------------------------------

```
Column percentages:
, , year = 1 年級
hometype
```

| sex | 單親家庭 | 隔代教養 | 完整家庭 |
|-----|-----|-----|-----|
| 男生 | 65 | 100 | 0 |
| 女生 | 35 | 0 | 100 |
| Total | 100 | 100 | 100 |
| Count | 40 | 2 | 14 |

**[說明]**：欄百分比選項的百分比值之分母為交叉表直欄的邊緣次數。就一年級群組為例，單親家庭樣本觀察值共有 40 位，其中男生樣本有 26 位、女生樣本有 14 位，男生群體的百分比 = 26/40 = 0.65、女生群體的百分比 = 14/40 = 0.35；隔代教養家庭樣本觀察值共有 2 位，其中男生樣本有 2 位、女生樣本有 0 位，男生群體的百分比 = 2/2 = 1.00、女生群體的百分比 = 0/2 = 0.00。

----------------------------------------------------------------

```
, , year = 2 年級
hometype
```

| sex | 單親家庭 | 隔代教養 | 完整家庭 |
|-----|-----|-----|-----|
| 男生 | 0 | 31.6 | 62.5 |
| 女生 | 100 | 68.4 | 37.5 |
| Total | 100 | 100.0 | 100.0 |
| Count | 24 | 38.0 | 16.0 |

**[說明]**：二年級樣本觀察值中，學生性別與家庭結構變數細格次數佔直欄邊緣總數的比例，細格中的量數為百分比。

----------------------------------------------------------------

```
, , year = 3 年級
hometype
```

| sex | 單親家庭 | 隔代教養 | 完整家庭 |
|-----|-----|-----|-----|

| | | | |
|---|---|---|---|
| 男生 | 75 | 83.3 | 30.4 |
| 女生 | 25 | 16.7 | 69.6 |
| Total | 100 | 100.0 | 100.0 |
| Count | 24 | 36.0 | 46.0 |

**[說明]**：二年級樣本觀察值中，學生性別與家庭結構變數細格次數佔直欄邊緣總數的比例，細格中的量數為百分比。

 ### 三、輸入並分析雙向關係表

執行功能表列「統計量」/「列聯表」/「輸入並分析雙向關係表（Two-Way Table）」程序，開啟「輸入雙向關係表（Two-Way Table）」對話視窗，視窗可進行已分類資料交叉表的統計分析。

「輸入雙向關係表（Two-Way Table）」視窗內定的列數為 2、欄數為 2，交叉表為 2×2，「輸入數字：」提示語下之交叉表方框可輸入細格的次數，如圖 1-96。

研究問題：44 位高工作壓力員工，沒有喝提醒飲料者有 12 位、有喝提醒飲料者有 32 位；38 位低工作壓力員工，沒有喝提醒飲料者有 28 位、有喝提醒飲料者有 10 位，請問工作壓力與喝提醒飲料間是否有顯著關係？

● 圖 **1-96**　「輸入雙向關係表」對話視窗

　　範例視窗中第 1 列第 1 欄方格輸入 12、第 1 列第 2 欄方格輸入 32；第 2 列第 1 欄方格輸入 28、第 2 列第 2 欄方格輸入 10，如圖 1-97。

　　按「統計量」鈕，開啟「統計量」方盒，方盒中「計算百分比」次方盒有四個選項：「列百分比」、「欄百分比」、「總百分比」、「⊙ 不顯示百分比」（內定選項），範例視窗選取「⊙ 列百分比」選項。「假設檢定」次方盒有四個選項：「⊙ 獨立性之卡方檢定」（內定選項）、「卡方統計量的成分」、「列出次數期望值」、「Fisher 精確性檢定」，範例視窗勾選 「⊙ 獨立性之卡方檢定」、「⊙ 列出次數期望值」選項，按「OK」鈕，如圖 1-98。

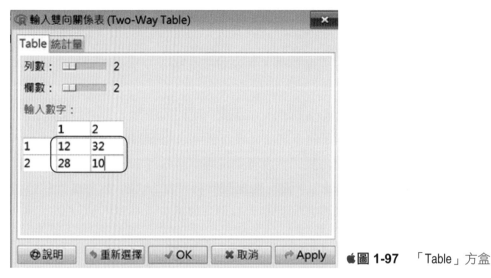

**圖 1-97**　「Table」方盒

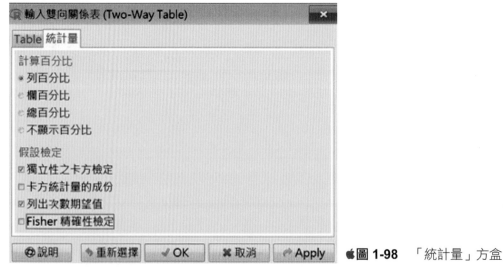

**圖 1-98**　「統計量」方盒

Output 方框之輸出結果如下：

```
> .Table   # Counts
    1    2
1  12   32
2  28   10
```

[說明]：量數為細格的次數。
--------------------------------------------------------------------
```
>rowPercents(.Table) # Row Percentages
     1    2 Total Count
1 27.3 72.7   100    44
2 73.7 26.3   100    38
```

[說明]：量數為橫列百分比與橫列的加總次數。
--------------------------------------------------------------------
```
> .Test <- chisq.test(.Table, correct=FALSE)
> .Test
    Pearson's Chi-squared test
data:  .Table
X-squared = 17.579, df = 1, p-value = 2.756e-05
```

[說明]：卡方獨立性檢定之卡方值統計量 = 17.579、自由度 $df$ = 1、顯著性 $p$ 值 = 0.000 < 0.05，達到統計顯著水準，工作壓力變數與喝提醒飲料變數間不是獨立的，二個變數有某種程度的關聯存在。
--------------------------------------------------------------------
```
> .Test$expected # Expected Counts
         1         2
1  1.46341  22.53659
2 18.53659  19.46341
```

[說明]：量數為細格的期望次數（理論次數）。

研究者想探究高職一年級、二年級、三年級學生對四種衣服樣式（樣式 A、樣

● 圖 1-99　「輸入雙向關係表」視窗之表格設定為 3×4

式 B、樣式 C、樣式 D）喜愛程度的百分比是否有顯著不同，三個年級的有效樣本觀察值分別為 71、82、81，樣本總數 N = 234。

　　「輸入雙向關係表（Two-Way Table）」視窗之表格設定為 3×4，列數個數為 3、欄數個數為 4，統計量方盒選取「◉列百分比」選項、勾選「◉獨立性之卡方檢定」，按「OK」鈕，如圖 1-99。

　　Output 方框之輸出結果如下：

```
> .Table  # Counts
   1  2  3  4
1 20 16 15 20
2 28 14 17 23
3 23 18 19 21
```

[說明]：量數為細格的次數。
--------------------------------------------------------------------
```
>rowPercents(.Table) # Row Percentages
     1    2    3    4 Total Count
1 28.2 22.5 21.1 28.2 100.0    71
```

```
2 34.1 17.1 20.7 28.0  99.9     82
3 28.4 22.2 23.5 25.9 100.0     81
```

**[ 說明 ]**：量數為橫列百分比，三個年級的有效觀察值分別為 71、82、81。

------------------------------------------------------------------------

```
> .Test <- chisq.test(.Table, correct=FALSE)
> .Test

    Pearson's Chi-squared test
data:  .Table
X-squared = 1.5846, df = 6, p-value = 0.9537
```

**[ 說明 ]**：百分比同質性檢定統計量之卡方值 = 1.585、自由度 $df$ = 6、顯著性 $p$ 值 = 0.954 > 0.05，未達統計顯著水準，接受虛無假設（$p_1 = p_2 = p_3 = p$），三個年級群體對四種衣服樣式喜愛之百分比沒有顯著差異存在。

## 柒　繪圖功能表

功能表列繪圖可以繪製相關的統計圖表。

執行功能表列「繪圖」/「直方圖」程序，開啟「直方圖」對話視窗。

直方圖視窗之「資料」方盒選取計量變數，「變數（選取 1 個）」方框之變數清單點學生數學成績 mscore，如圖 1-100。

**圖 1-100**　「直方圖」對話視窗

　　直方圖視窗之「選項」方盒選取圖形相關屬性、增列圖形標籤,「軸線尺度」次方盒有三個選項:次數統計(內定選項)、百分比、密度,繪製標籤之內定標記為＜自動＞,範例視窗界定「X軸標記」為「數學成績」、「Y軸標記」為「次數統計」、「圖檔標題」為「數學成績直方圖」,按「OK」鈕,如圖1-101。

　　數學成績直方圖呈現R圖形視窗,切換到R主控台視窗才可看到,如圖1-102。

**圖 1-101**　直方圖視窗之「選項」方盒

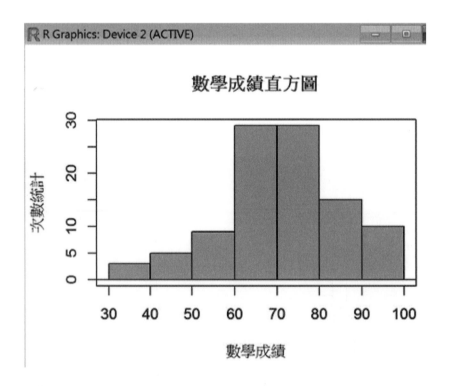

**圖 1-102**　數學成績直方圖

　　「直方圖」視窗中的「依據群組繪製圖表」鈕可以點選因子變數，根據因子變數的水準群組繪製直方圖。按「依據群組繪製圖表」鈕，開啟「群組」次視窗，「群組變數（選取 1 個）」方框之間斷變數清單點選學生「性別」（sex）變數，按「OK」鈕，回到「直方圖」視窗，如圖 1-103。

　　「直方圖」視窗中的「依據群組繪製圖表」鈕會變成「繪圖依據 :sex」鈕，表示選取的因子變數為學生「性別」（sex）變數，如圖 1-104。

　　執行功能表列「繪圖」/「盒鬚圖」程序，開啟「盒鬚圖」（盒形圖）對話視窗。

　　盒鬚圖視窗之「資料」方盒選取計量變數，「變數（選取 1 個）」方框之變數清單點學生數學成績（mscore）變數，如圖 1-105。

● 圖 1-103　「群組」次視窗

● 圖 1-104　「直方圖」視窗之「資料」方盒

● 圖 1-105　「盒鬚圖」（盒形圖）對話視窗

　　盒鬚圖視窗之「選項」方盒採用內定選項，「Identify Outliers」（確認極端值）次方盒內定選項為「Automatically」（自動判別），按「OK」鈕，如圖 1-106。

　　樣本觀察值數學成績測量值之盒形圖（盒鬚圖），如圖 1-107。

　　執行功能表列「繪圖」/「散布圖」程序，開啟「散布圖」對話視窗，視窗功能可以繪製二個計量變數的散布圖。

　　「資料」方盒之「x 變數（選取 1 個）」方框之變數清單選取「英文成績」（escore）、「y 變數（選取 1 個）」方框之變數清單選取「數學成績」（mscore），如圖 1-108。

　　「散布圖」視窗之「選項」方盒可進一步設定散布圖的圖形屬性，分布點大小（圖記符號大小）、軸線上的文字大小（軸線標記的文字大小內定的數值為 1）；範例視窗採用內定選項，勾選「☑ 顯示 x 變數的座標擾動（Jitter）」、「☑ 顯示 y

●圖 1-106　盒鬚圖視窗之「選項」方盒

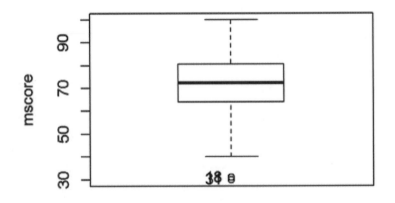

●圖 1-107　數學成績測量值之盒形圖（盒鬚圖）

變數的座標擾動（Jitter）」選項，顯示圖形的方格線，按「OK」鈕，如圖 1-109。

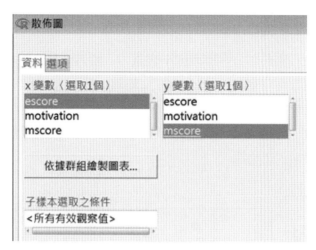

●圖 1-108　「散布圖」視窗之「資料」方盒

●圖 1-109　「散布圖」視窗之「選項」方盒

樣本觀察值之英文成績與數學成績測量值間之散布圖如圖 1-110。

執行功能表列「繪圖」/「條形圖」程序，開啟「條形圖」對話視窗，視窗功能可以繪製間斷變數的長條圖。

條形圖視窗之「資料」方盒選取因子變數，「變數（選取 1 個）」方框之變數清單點學生「父親教育程度」（feducation）變數，按「OK」鈕，如圖 1-111。

父親教育程度變數之長條圖如圖 1-112。

執行功能表列「繪圖」/「圓餅圖」程序，開啟「圓餅圖」對話視窗，視窗功能可以繪製間斷變數的圓餅圖。

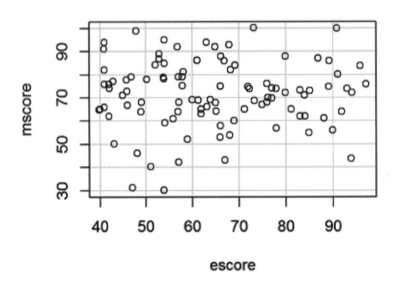

 圖 **1-110** 英文成績與數學成績測量值間之散布圖

 圖 **1-111** 條形圖視窗之「資料」方盒

　　圓餅圖視窗選取因子變數，「變數（選取 1 個）」方框之變數清單點學生父親教育程度（feducation）變數，「圖檔標題」右方框輸入「父親教育程度變數圓餅圖」，按「OK」鈕，如圖 1-113。

　　父親教育程度變數圓餅圖如圖 1-114。

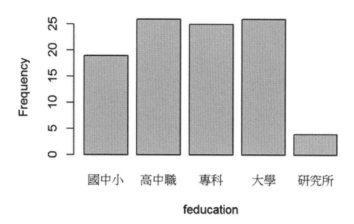

● 圖 1-112　父親教育程度變數長條圖

● 圖 1-113　「圓餅圖」視窗

## 父親教育程度變數圓餅圖

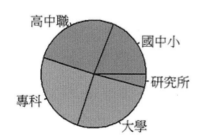

● 圖 1-114　父親教育程度變數圓餅圖

# 第 2 章

# R 命令器 II

## 壹　匯入試算表資料

　　試算表 Excel 建立的資料檔檔案可以直接匯入 R 命令器視窗界面，不用轉存副檔名為「.csv」的檔案。

　　試算表資料檔「t_test₁.xlsx」前十筆觀察值的資料如表 2-1（第一橫列為變數名稱）：

**表 2-1　試算表資料檔「t_test1.xlsx」前十筆觀察值的資料**

| | A | B | C | D | E | F | G | H | I | J | K |
|---|---|---|---|---|---|---|---|---|---|---|---|
| 1 | num | sex | school | reading | phyfitness | writing | typa | typb | typc | pass_a | pass_b |
| 2 | s01 | 1 | 1 | 56 | 62 | 52 | 6 | 1 | 6 | 1 | 1 |
| 3 | s02 | 2 | 1 | 54 | 58 | 58 | 8 | 3 | 9 | 1 | 1 |
| 4 | s03 | 1 | 1 | 65 | 64 | 68 | 10 | 7 | 9 | 1 | 0 |
| 5 | s04 | 1 | 2 | 67 | 74 | 72 | 8 | 7 | 8 | 0 | 0 |
| 6 | s05 | 1 | 2 | 68 | 82 | 74 | 7 | 4 | 4 | 0 | 1 |
| 7 | s06 | 2 | 2 | 70 | 45 | 68 | 6 | 3 | 7 | 0 | 1 |
| 8 | s07 | 1 | 2 | 87 | 80 | 52 | 6 | 3 | 9 | 1 | 1 |
| 9 | s08 | 2 | 1 | 59 | 56 | 63 | 5 | 6 | 4 | 1 | 1 |
| 10 | s09 | 2 | 1 | 45 | 61 | 54 | 5 | 3 | 9 | 1 | 0 |
| 11 | s10 | 2 | 2 | 87 | 57 | 50 | 7 | 4 | 8 | 1 | 1 |

執行功能表列「資料」/「匯入資料」/「匯入 Excel 格式資料」程序，開啟「匯入 Excel 格式資料」對話視窗。

「匯入 Excel 格式資料」視窗中，「請輸入資料集的名稱：」右邊的方框輸入資料集名稱，範例為「data_t」，內定選項為「☑ 資料表中首列的變數名稱」、☑「將類別變數轉成因子」（選項只適用於變數為文字向量），按「OK」鈕，如圖 2-1。

「開啟舊檔」對話視窗，選取試算表 Excel 檔案格式的資料檔，範例為選取「t_test₁.xlsx」，按「開啟舊檔」鈕，如圖 2-2。

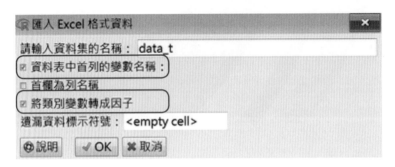

⌘圖 2-1 「匯入 Excel 格式資料」視窗

⌘圖 2-2 「開啟舊檔」對話視窗

按「開啟舊檔」鈕後，會出現「「選擇」對話視窗。「選擇」對話視窗之「選擇其中一個工作表」方盒選項選取資料檔所存放的工作表，範例資料檔儲存在工作表「Sheet1」（工作表 1）中，點選「Sheet1」（工作表 1）選項，按「OK」鈕，如圖 2-3。

按工具列「檢視資料集」鈕，開啟使用中資料集「data_t」，資料集部分的觀察值資料如圖 2-4。

查看資料集中的所有變數名稱，執行功能表列「資料」/「使用中的資料集」/「資料集中的變數」（Variables in active data set）程序，輸出結果為：

```
> names(data_t)
[1] "num"       "sex"       "school"      "reading"     "phyfitness"
"writing"    "typa"       "typb"        "typc"
[10] "pass_a"       "pass_b"
```

● 圖 2-3　「選擇」對話視窗之「選擇其中一個工作表」方盒

| | num | sex | school | reading | phyfitness | writing | typa | typb | typc | pass_a | pass_b |
|---|---|---|---|---|---|---|---|---|---|---|---|
| 1 | s01 | 1 | 1 | 56 | 62 | 52 | 6 | 1 | 6 | 1 | 1 |
| 2 | s02 | 2 | 1 | 54 | 58 | 58 | 8 | 3 | 9 | 1 | 1 |
| 3 | s03 | 1 | 1 | 65 | 64 | 68 | 10 | 7 | 9 | 1 | 0 |
| 4 | s04 | 1 | 2 | 67 | 74 | 72 | 8 | 7 | 8 | 0 | 0 |
| 5 | s05 | 1 | 2 | 68 | 82 | 74 | 7 | 4 | 4 | 0 | 1 |
| 6 | s06 | 2 | 2 | 70 | 45 | 68 | 6 | 3 | 7 | 0 | 1 |
| 7 | s07 | 1 | 2 | 87 | 80 | 52 | 6 | 3 | 9 | 1 | 1 |
| 8 | s08 | 2 | 1 | 59 | 56 | 63 | 5 | 6 | 4 | 1 | 1 |
| 9 | s09 | 2 | 1 | 45 | 61 | 54 | 5 | 3 | 9 | 1 | 0 |
| 10 | s10 | 2 | 2 | 87 | 57 | 50 | 7 | 4 | 8 | 1 | 1 |

● 圖 2-4　資料集「data_t」，部分的觀察值資料

　　num 變數名稱為觀察值流水編號、sex 變數為學生性別（二分類別變數）、school 變數為學校群組（二分類別變數）、reading 變數為學生閱讀能力分數（計量變數）、phyfitness 為學生體適能分數（計量變數）、writing 變數為學生寫作能力分數（計量變數）、typa、typb 、typc 三個計量變數為觀察值對 A、B、C 三種冷飲品牌喜愛程度測量值，測量值愈大表示觀察值喜愛程度愈高；pass_a（A 類證照考試）、pass_b（B 類證照考試）二個變數為二分類別變數（數值 0 為未通過、數值 1 為通過）。

　　建檔時因子變數的水準群組均以數值表示，因而匯入 R Commander 視窗界面後，須界定因子變數，執行功能表列「資料」/「管理使用中資料集的變數」/「將數值變數轉換為因子變數」程序，開啟「將數值變數轉換為因子變數」對話視窗。

　　「將數值變數轉換為因子變數」視窗中，「變數（選取 1 個或多個）提示訊息下之變數清單點選 pass_a（A 類證照考試）、pass_b（B 類證照考試）、school（學校）、sex（性別），「因子變數的層次」方盒選取內定選項「⊙ 指定層次名稱」，「指定轉換後的新變數名稱或前置字串」內定選項為＜與變數相同＞，按「OK」鈕，如圖 2-5。

　　「指定轉換後的新變數名稱或前置字串」內定選項為＜與變數相同＞，如果＜與變數相同＞方框內輸入前置字串，如輸入「factor_」，點選的變數為 sex、school，則增列的因子變數名稱為「factor_sex」、「factor_school」。

　　pass_a（A 類證照考試）變數為二分類別變數，水準數值 1 為「通過」、水準數值 0 為「未通過」，如圖 2-6。

　　pass_b（B 類證照考試）變數為二分類別變數，水準數值 1 為「通過」、水準數值 0 為「未通過」，如圖 2-7。

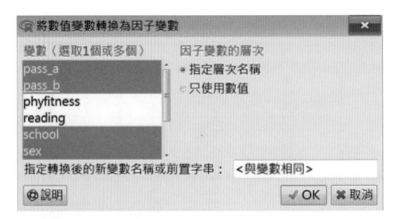

圖 2-5　「將數值變數轉換為因子變數」視窗

　　學校 school 為二分類別變數，水準數值 1 為「甲校」、水準數值 2 為「乙校」，如圖 2-8。

　　性別 sex 為二分類別變數，水準數值 1 為「男生」群體、水準數值 2 為「女生」群體，如圖 2-9。

　　按「檢視資料集」鈕查看資料集 data_t 的內容，sex、school、pass_a、pass_b 四個變數的水準數值均標記為群組或文字，如圖 2-10。

　　執行功能表列「資料」/「使用中的資料集」/「儲存使用中的資料集」程序，開啟「另存新檔」對話視窗，如圖 2-11。

　　「另存新檔」對話視窗中，存檔檔名輸入「data_t」，「存檔類型」為「R Data Files（*.RData, *.rda, *.Rda, *.RDA）」，按「儲存」鈕（完整的檔名為 data_t.RData），如圖 2-12。

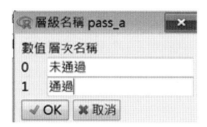

🍎圖 **2-6**　層級名稱 pass_a

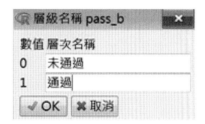

🍎圖 **2-7**　層級名稱 pass_b

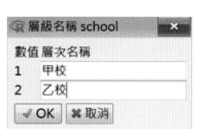

🍎圖 **2-8**　層級名稱 school

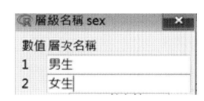

🍎圖 **2-9**　層級名稱 sex

| num | sex | school | reading | phyfitness | writing | typa | typb | typc | pass_a | pass_b |
|---|---|---|---|---|---|---|---|---|---|---|
| 1 s01 | 男生 | 甲校 | 56 | 62 | 52 | 6 | 1 | 6 | 通過 | 通過 |
| 2 s02 | 女生 | 甲校 | 54 | 58 | 58 | 8 | 3 | 9 | 通過 | 通過 |
| 3 s03 | 男生 | 甲校 | 65 | 64 | 68 | 10 | 7 | 9 | 通過 | 未通過 |
| 4 s04 | 男生 | 乙校 | 67 | 74 | 72 | 8 | 7 | 8 | 未通過 | 未通過 |
| 5 s05 | 男生 | 乙校 | 68 | 82 | 74 | 7 | 4 | 4 | 未通過 | 通過 |
| 6 s06 | 女生 | 乙校 | 70 | 45 | 68 | 6 | 3 | 7 | 未通過 | 通過 |

🍎圖 **2-10**　檢視資料集

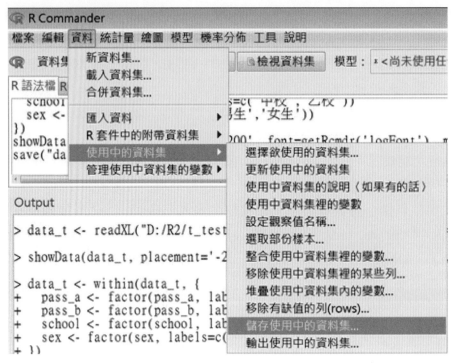

● 圖 **2-11** 儲存使用中的資料集

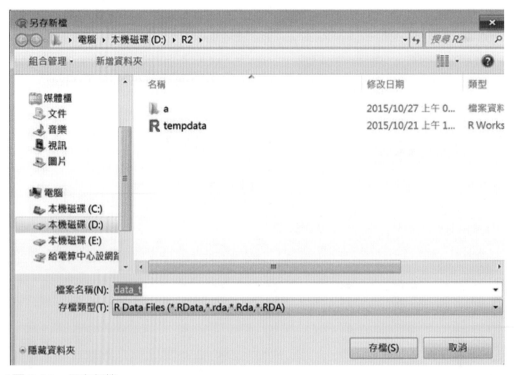

● 圖 **2-12** 另存新檔

## 貳　單一樣本 T 檢定

單一樣本 T 檢定程序在於考驗樣本測量值平均數與常模參數值是否有顯著差異。

### 一、雙尾檢定

**研究問題：**樣本學生的體適能是否與常模體適能平均分數 60 分有顯著不同？

執行功能表列「統計量」/「平均數」（Means）/「單一樣本 T 檢定」（Single-sample t-test）程序，開啟「單一樣本 T 檢定」對話視窗，如圖 2-13。

「單一樣本 T 檢定」對話視窗中，「變數（選取 1 個）」下變數清單選取 phyfitness 變數（體適能），「對立假設」方盒有三個選項：「◉ 母體平均數不等於 mu」（雙尾檢定，為內定選項）、「○ 母體平均數 < mu」（單尾左側檢定）、「○ 母體平均數 > mu」（單尾右側檢定），「虛無假設：mu =」右側為檢定母群（常模）平均值、內定信賴水準為 0.95，對應的顯著水準 $\alpha = 0.05$，範例「虛無假設：mu =」（檢定平均值）右方框的數值輸入 60，選取雙尾檢定「◉ 母體平均數不等於 mu」選項，按「OK」鈕。（如圖 2-14）

Output 方框之輸出結果如下：

```
> with(data_t, (t.test(phyfitness, alternative= 'two.sided',
mu= 60, conf.level= .95)))

    One Sample t-test
```

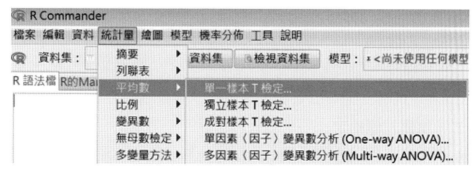

● 圖 **2-13**　執行功能表列「統計量」/「平均數」/「單一樣本 T 檢定」

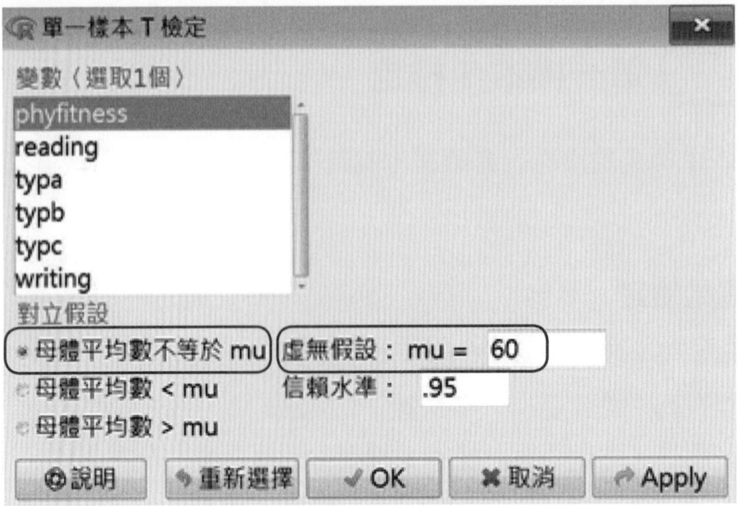

**圖 2-14** 「對立假設」方盒選取「母體平均數不等於 mu」選項

```
data:   phyfitness
t= 1.2853, df= 39, p-value= 0.2063
alternative hypothesis: true mean is not equal to 60
95 percent confidence interval:
 58.62297   66.17703
sample estimates:
mean of x
     62.4
```

　　對立假設為真實平均數不等於 60（$\mu \neq 60$），檢定統計量 $t$ 值 = 1.285、自由度 $df$ = 39、顯著性 $p$ 值 = 0.206 > 0.05，未達統計顯著水準，接受虛無假設（$\mu$ = 60）；95% 信賴區間值為 [58.62, 66.18]，包含數值點 60，表示結果為虛無假設（真實平均數等於 60）的可能性很高，樣本學生的體適能測量值與常模分數 60 沒有顯著不同（樣本學生的體適能與常模體適能情況沒有顯著差異）。

## 二、單尾左側檢定

**研究問題**：樣本學生的閱讀能力平均分數是否顯著低於常模閱讀能力分數 70 分？

　　「單一樣本 T 檢定」對話視窗中，「變數（選取 1 個）」下變數清單選取

reading（閱讀能力）變數，「對立假設」方盒選取「⦿ 母體平均數 < mu」選項（單尾左側檢定），「虛無假設：mu =」（檢定平均值）右方框的數值輸入 70，按「OK」鈕，如圖 2-15。

　　Output 方框之輸出結果如下：

```
>  with(data_t, (t.test(reading, alternative= 'less', mu= 70,
conf.level= .95)))
     One Sample t-test
data:  reading
t= -2.8487, df= 39, p-value= 0.003487
alternative hypothesis: true mean is less than 70
95 percent confidence interval:
     -Inf 67.12998
sample estimates:
mean of x
   62.975
```

　　對立假設為真實平均數小於 70（$\mu < 70$）、虛無假設為 $\mu \geq 70$，樣本觀察值閱讀能力分數的平均值 = 62.975，檢定統計量 $t$ 值 = −2.849、自由度 $df$ = 39、顯著性

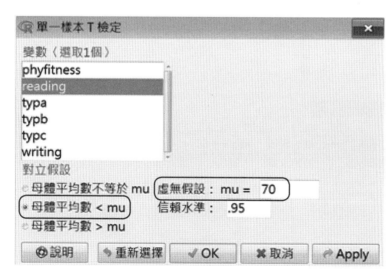

●圖2-15　「對立假設」方盒選取「母體平均數 < mu」選項

$p$ 值 = 0.003 < 0.05，達到統計顯著水準，拒絕虛無假設（$\mu \geq 70$），對立假設（$\mu < 70$）得到支持，樣本學生的閱讀能力平均值顯著低於常模分數 70 分。

 ## 三、單尾右側檢定

**研究問題：**樣本學生的寫作能力平均數是否顯著高於常模寫作能力分數 60 分？

「單一樣本 T 檢定」對話視窗中，「變數（選取 1 個）」下變數清單選取 writing（寫作能力）變數，「對立假設」方盒選取「⊙ 母體平均數 > mu」選項（單尾右側檢定），「虛無假設：mu =」（檢定平均值）右方框的數值輸入 60，按「OK」鈕，如圖 2-16。

Output 方框之輸出結果如下：

```
>  with(data_t, (t.test(writing, alternative= 'greater', mu=
60, conf.level= .95)))
    One Sample t-test
data:  writing
t= 0.78839, df= 39, p-value= 0.2176
alternative hypothesis: true mean is greater than 60
```

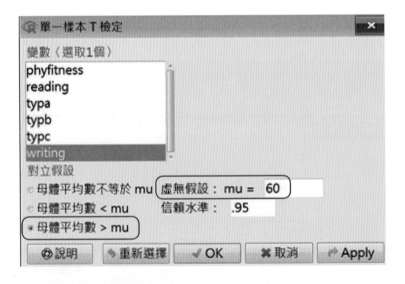

📧圖 2-16　「對立假設」方盒選取「母體平均數 > mu」選項

```
95 percent confidence interval:
 58.5502     Inf
sample estimates:
mean of x
   61.275
```

　　對立假設為真實平均數大於（高於）60（$\mu > 60$）、虛無假設為 $\mu \leq 60$，樣本觀察值寫作能力分數的平均值 = 61.275，檢定統計量 $t$ 值 = 0.788、自由度 $df$ = 39、顯著性 $p$ 值 = 0.218 > 0.05，未達統計顯著水準，接受虛無假設（$\mu \leq 60$），對立假設（$\mu > 60$）無法得到支持，樣本學生的寫作能力平均值並沒有顯著高於常模分數 60 分。

##  變異數相等性檢定

　　變異數相等性檢定程序在於考驗二個群組（或三個以上群組）在計量變數之變異數是否同質？

###  一、雙變異數 F 檢定

　　執行功能表列「統計量」（Statistics）/「變異數」（Variances）/「雙變異數 F 檢定」（Two-variance F-test）程序，開啟「雙變異數 F 檢定」對話視窗，視窗功能可以進行雙變數的變異數相等性檢定（變異數同質性檢定），如圖 2-17。

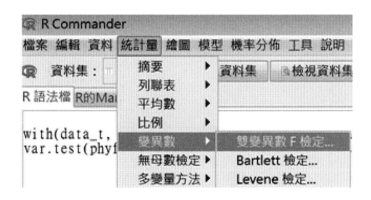

🍎圖 **2-17**　執行功能表列「統計量」/「變異數」/「雙變異數 F 檢定」

　　「雙變異數 F 檢定」對話視窗中，「資料」方盒可選取因子變數與依變數、「選項」方盒可界定對立假設的假設型態，範例「資料」方盒之「群組（選取 1 個）」下變數清單點選「性別」變數（sex）、「依變數（反應變數）（選取 1 個）」下變數清單選取樣本觀察值「體適能」測量值變數（phyfitness），如圖 2-18。

　　按「選項」鈕，開啟「選項」方盒，「選項」方盒中的「對立假設」內定選項為「⊙雙邊」（雙尾檢定），另二個選項為「○ 差異＜0」（單尾左側檢定）、「○ 差異＞0」（單尾右側檢定），內定的信賴水準為 0.95（對應的顯著水準 $\alpha = 0.05$），「選項」鈕方盒採用內定選項，按「OK」鈕（二個獨立群組變異數相等性檢定一般都是進行雙尾考驗，對立假設為 $\sigma_1^2 \neq \sigma_2^2$），如圖 2-19。

　　Output 方框之輸出結果如下：

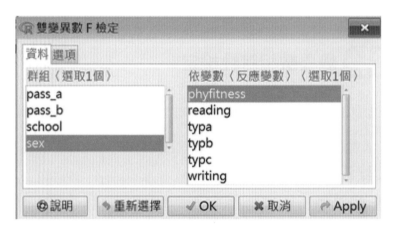

◆圖 2-18　「資料」方盒

◆圖 2-19　「選項」方盒

```
> with(data_t, tapply(phyfitness, sex,  var, na.rm= TRUE))
男生       女生
51.35065    57.12418
> var.test(phyfitness ~ sex, alternative= 'two.sided', conf.
level= .95, data= data_t)
     F test to compare two variances
data:  phyfitness by sex
F= 0.89893, numdf= 21, denomdf= 17, p-value= 0.8068
alternative hypothesis: true ratio of variances is not equal
to 1
95 percent confidence interval:
 0.3457451    2.2322982
sample estimates:
ratio of variances
     0.8989301
```

　　男生、女生二個群組在 phyfitness（學生體適能）變數的變異數統計量分別為 51.35、57.12，變異數比值 = $51.35 \div 57.12 = 0.899$，變異數相等性檢定的對立假設為真實變異數比值不等於 1（$\frac{\sigma_1^2}{\sigma_2^2} \neq 1$），虛無假設為真實變異數比值等於 1（$\frac{\sigma_1^2}{\sigma_2^2} = 1$）。統計檢定量 $F$ 值 = 0.899、自由度分別為 21、17，顯著性 $p$ 值 = $0.807 > 0.05$，接受虛無假設（$\frac{\sigma_1^2}{\sigma_2^2} = 1$），二個群組變異數比值等於 1（二個群組的變異數相等）。

　　樣本變異數比值 = 0.899，比值 95% 信賴區間值為 [0.346, 2.232]，包含數值點 1，表示變異數比值統計量等於 1 的機率很高，沒有足夠證據拒絕虛無假設，接受虛無假設：二個群組的變異數相等（變異數同質）。

##  二、Bartlett 檢定

　　執行功能表列「統計」/「變異數」/「Bartlett 檢定」程序，開啟「Bartlett 檢定」對話視窗，視窗功能可以進行多個群組的變異數相等性檢定（變異數同質性檢定）。範例「因子變數（選取 1 個或多個）」訊息下變數清單點選學生 sex 變數（性別因子變數）、「依變數（反應變數）（選取 1 個）」訊息下變數清單點選 phyfitness 變數（樣本觀察值體適能），按「OK」鈕，如圖 2-20。

🍎圖 **2-20** 「Bartlett 檢定」視窗

Output 方框之輸出結果如下：

```
>  with(data_t, tapply(phyfitness, sex, var, na.rm= TRUE))
男生         女生
51.35065   57.12418
> bartlett.test(phyfitness ~ sex, data= data_t)
     Bartlett test of homogeneity of variances
data:  phyfitness by sex
Bartlett's K-squared= 0.052112, df= 1, p-value= 0.8194
```

Bartlett 檢定統計量 $K$ 平方值 = 0.052、自由度 $df$ = 1、顯著性 $p$ 值 = 0.819 > 0.05，接受虛無假設（$\sigma_1^2 = \sigma_2^2$），群組間的變異數相等。

 三、Levene 檢定

執行功能表列「統計」/「變異數」/「Levene 檢定」程序，開啟「Levene 檢定」對話視窗，視窗功能可以進行多個因子變數的變異數相等性檢定（變異數同質性檢定）。範例「因子變數（選取 1 個或多個）」訊息下變數清單點選學生性別變數 sex、「依變數（反應變數）（選取 1 個）」訊息下變數清單點選 phyfitness（樣本觀察值體適能），按「OK」鈕，如圖 2-21。

Output 方框之輸出結果如下：

```
> with(data_t, tapply(phyfitness, sex, var, na.rm= TRUE))
男生        女生
51.35065    57.12418
> leveneTest(phyfitness ~ sex, data= data_t, center= "median")
Levene's Test for Homogeneity of Variance (center= "median")
Df  F value  Pr(> F)
group  1  0.1018   0.7515
       38
```

Levene 檢定統計量 $F$ 值 = 0.102、分子、分母自由度 $df$ 為 1、38，顯著性 $p$ 值 = 0.752 > 0.05，接受虛無假設，群組間的變異數相等（二個群組的變異數同質）。

使用 Levene 檢定統計量，進行「性別」因子變數（sex）二個群組在閱讀能力（reading）、寫作能力（writing）二個依變數之變異數同質性檢定：

```
> with(data_t, tapply(reading, sex, var, na.rm= TRUE))
男生        女生
285.1797    205.4379
> leveneTest(reading ~ sex, data= data_t, center= "median")
```

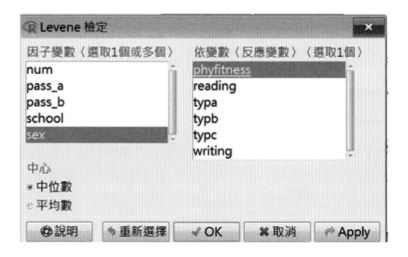

 圖 **2-21**　「Levene 檢定」視窗

```
Levene's Test for Homogeneity of Variance (center= "median")
      Df    F value   Pr( > F)
group  1   0.1312     0.7192
       38
```

**[說明]**：因子變數性別二個水準群組在閱讀能力依變數變異數相等性檢定的 *F* 值統計量 = 0.13、顯著性 *p* 值 = 0.719 > 0.05，未達統計顯著水準，接受虛無假設，二個群組的變異數同質。

------------------------------------------------------------

```
> with(data_t, tapply(writing, sex, var, na.rm= TRUE))
男生      女生
114.1667  89.9085
 > leveneTest(writing ~ sex, data= data_t, center= "median")
Levene's Test for Homogeneity of Variance (center= "median")
      Df   F value  Pr(> F)
group  1  0.4814    0.492
       38
```

**[說明]**：因子變數性別二個水準群組在寫作能力依變數變異數相等性檢定的 *F* 值統計量 = 0.48、顯著性 *p* 值 = 0.492 > 0.05，未達統計顯著水準，接受虛無假設，二個群組的變異數同質。

性別變數 sex 二個群組在 phyfitness（體適能）依變數、reading（閱讀能力）依變數、writing（寫作能力）依變數的變異數均相等（變異數同質）。

## 肆 獨立樣本 T 檢定

獨立樣本 T 檢定程序用於檢定二個獨立群體在計量變數之平均數差異值是否顯著相等？

進行獨立樣本 T 檢定程序前，必須先考驗二個獨立群組（因子變數）在依變數之變異數是否相等檢定，若是檢定結果之群組變異數相等，則「是否假設變異數相等？」選項選取「⊙是」，否則選取「⊙否」。

## 一、性別變數在體適能、閱讀能力與寫作能力之差異

執行功能表列「統計量」/「平均數」/「獨立樣本 T 檢定」（Independent samples t-test）程序，開啟「獨立樣本 T 檢定」對話視窗，視窗功能可進行二個獨立群組平均數的差異檢定。

「資料」方盒（如圖 2-22）之「群組（選取 1 個）」提示語下之變數清單選取一個因子變數（二分類別變數），範例選取學生性別變數 sex；「依變數（反應變數）（選取 1 個）」提示語下之變數清單選取一個依變數（計量變數），範例選取學生體適能變數 phyfitness。

「選項」方盒（如圖 2-23）中的對立假設檢定有三種選項：雙邊（雙尾檢定）、差異 < 0（單尾左側檢定）、差異 > 0（單尾右側檢定），內定選項為「⊙ 雙邊」；是否假設變數異數相等？內定選項鈕為「⊙ 否」，因為性別變數在體適能變數的變異數相等性檢定結果，二個群組的變異數相等（變異數同質），「是否假設變數

⚫圖 2-22 「資料」方盒

⚫圖 2-23 「選項」方盒

異數相等？」方盒改選取為「⊙ 是」選項，按「OK」鈕。

Output 方框輸出結果如下：

```
> t.test(phyfitness~sex, alternative= 'two.sided', conf.level=
.95, var.equal= TRUE, data= data_t)
    Two Sample t-test
data:  phyfitness by sex
t= 7.9283, df= 38, p-value= 1.416e-09
alternative hypothesis: true difference in means is not equal
to 0
95 percent confidence interval:
 13.77999   23.23011
sample estimates:
mean in group 男生    mean in group 女生
      70.72727              52.22222
```

男生群組平均數為 70.73、女生群組平均數為 52.22，對立假設為真實平均數的差異值不等於 0（$\mu_男 - \mu_女 \neq 0$），平均數差異值檢定 $t$ 值統計量 = 7.93、自由度 $df$ = 38、顯著性 $p$ 值 = 0.000 < 0.05，達到統計顯著水準，拒絕虛無假設（$\mu_男 - \mu_女 = 0$），二個群組的平均數差異值顯著不等於 0。

平均數差異值 95% 信賴區間為 [ 13.78, 23.23]，未包含數值點 0，表示平均數差異值等於 0 的機率很低，有足夠證據拒絕虛無假設，對立假設得到支持。

性別變數在閱讀能力 reading、寫作能力 writing 的差異比較如下，「選項」方盒中的對立假設選取內定選項「⊙ 雙邊」，「是否假設變異數相等？」方盒均選取「⊙ 是」鈕（群組變異數相等）選項。

Output 方框之輸出結果如下：

```
> t.test(reading~sex, alternative='two.sided', conf.level= .95,
var.equal=TRUE, data=data_t)
    Two Sample t-test
```

```
data:  reading by sex
t = 0.15191, df = 38, p-value = 0.8801
alternative hypothesis: true difference in means is not equal
to 0
95 percent confidence interval:
 -9.400276   10.925528
sample estimates:
mean in group 男生    mean in group 女生
      63.31818              62.55556
```

[說明]：就閱讀能力分數而言，男生群組平均數 = 63.32、女生群組平均數 = 62.56，檢定統計量 $t$ 值 = 0.15、自由度 $df$ = 38、顯著性 $p$ 值 = 0.880 > 0.05，未達統計顯著水準，接受虛無假設（$\mu_{男} = \mu_{女}$），性別變數二個群組之閱讀能力平均數沒有顯著不同。

---

```
> t.test(writing~sex, alternative= 'two.sided', conf.level=
.95, var.equal= TRUE, data= data_t)
    Two Sample t-test
data:  writing by sex
t= -1.221, df= 38, p-value= 0.2296
alternative hypothesis: true difference in means is not equal
to 0
95 percent confidence interval:
 -10.484143   2.595254
sample estimates:
mean in group 男生    mean in group 女生
    59.50000              63.44444
```

[說明]：就寫作能力分數而言，男生群組平均數 = 59.50、女生群組平均數 = 63.44，檢定統計量 $t$ 值 = −1.22、自由度 $df$ = 38、顯著性 $p$ 值 = 0.230 > 0.05，未達統計顯著水準，接受虛無假設（$\mu_{男} = \mu_{女}$），性別變數二個群組之寫作能力平均數沒有顯著不同。

## 二、學校變數在體適能、閱讀能力與寫作能力之差異

### (一) 變異數同質性檢定

不同學校樣本學生在體適能、閱讀能力、寫作能力的差異比較，先進行群組變異數相等性的檢定分析，「雙變異數 F 檢定」對話視窗中，「群組」（選取 1 個）之變數清單點選因子變數學校 school，第一次程序之依變數（反應變數）點選 phyfitness（體適能），按「OK」鈕，（第二次程序之依變數點選 reading 閱讀能力變數、第三次程序之依變數點選 writing 寫作能力變數），如圖 2-24。

Output 方框之輸出結果如下：

```
> with(data_t, tapply(phyfitness, school,  var, na.rm= TRUE))
甲校        乙校
 59.08497    204.68398
 > var.test(phyfitness ~ school, alternative= 'two.sided',
conf.level= .95, data= data_t)
    F test to compare two variances
data:  phyfitness by school
F= 0.28866, numdf= 17, denomdf= 21, p-value= 0.01194
alternative hypothesis: true ratio of variances is not equal
```

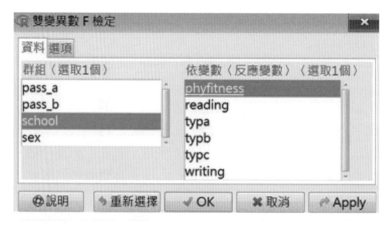

圖 2-24　「雙變異數 F 檢定」視窗

to 1

**[說明]**：學校二個群組在體適能變數的變異數不相等，$F$ 值統計量 = 0.289、顯著性 $p$ 值 = 0.012 < 0.05，達到統計顯著水準，拒絕虛無假設，學校因子變數二個群組在體適能變數的變異數異質（$\sigma_1^2 \neq \sigma_2^2$）。

-------------------------------------------------------------------------

```
> with(data_t, tapply(reading, school,  var, na.rm= TRUE))
甲校        乙校
127.6340    156.9026
> var.test(reading ~ school, alternative= 'two.sided', conf.
level= .95, data= data_t)
    F test to compare two variances
data:  reading by school
F= 0.81346, numdf= 17, denomdf= 21, p-value= 0.6721
```

**[說明]**：學校二個群組在閱讀能力變數的變異數相等，$F$ 值統計量 = 0.813、顯著性 $p$ 值 = 0.672 > 0.05，未達統計顯著水準，接受虛無假設（$\sigma_1^2 = \sigma_2^2$），學校因子變數二個群組在閱讀能力變數的變異數同質。

-------------------------------------------------------------------------

```
> with(data_t, tapply(writing, school,  var, na.rm= TRUE))
甲校        乙校
 44.94118 137.61255
> var.test(writing ~ school, alternative= 'two.sided', conf.
level= .95, data= data_t)
    F test to compare two variances
data:  writing by school
F= 0.32658, numdf= 17, denomdf= 21, p-value= 0.0227
```

**[說明]**：學校二個群組在寫作能力變數的變異數不相等（$\sigma_1^2 \neq \sigma_2^2$），$F$ 值統計量 = 0.327、顯著性 $p$ 值 = 0.023 < 0.05，達到統計顯著水準，拒絕虛無假設，學校因子變數二個群組在寫作能力變數的變異數異質（群組變異數不相等）。

**(二) 獨立樣本 T 檢定分析**

　　進行因子變數學校群體（school）在體適能（phyfitness）、閱讀能力（reading）、寫作能力（writing）平均數的差異檢定，「群組」（選取 1 個）提示語下變數清單選取自變數 school（學校），如圖 2-25。

　　「選項」方盒中的「是否假設變異數相等？」選取「⊙ 否」鈕；檢定依變數為 reading 時，「選項」方盒中的「是否假設變異數相等？」選項選取「⊙ 是」鈕（甲校、乙校二個群體變異數相等）；檢定依變數為 writing 時，「選項」方盒中的「是否假設變異數相等？」選項選取「⊙ 否」鈕（甲校、乙校二個群體變異數不相等），如圖 2-26。

　　Output 方框輸出結果如下：

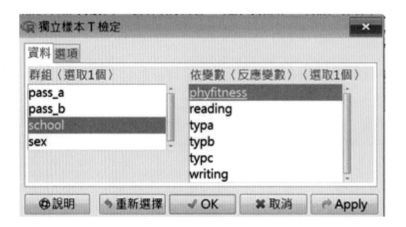

 **圖 2-25**　獨立樣本 T 檢定

 **圖 2-26**　「選項」方盒

```
> t.test(phyfitness~school, alternative= 'two.sided', conf.
level= .95, var.equal= FALSE, data= data_t)
    Welch Two Sample t-test
data:  phyfitness by school
t= 1.0478, df= 33.31, p-value= 0.3023
sample estimates:
mean in group 甲校  mean in group 乙校
      64.44444            60.72727
```

[**說明**]：就體適能而言，甲校、乙校樣本觀察值的平均數差異值顯著等於 0，
二個群組的平均數沒有顯著不同，檢定統計量 $t$ 值 = 1.05、顯著性 $p$ 值 = 0.302
> 0.05，未達統計顯著水準。樣本估計值甲校平均數 = 64.44、乙校平均數 =
60.73，平均數差異值未等於 0，是抽樣誤差造成的。

----------------------------------------------------------------------

```
> t.test(reading~school, alternative= 'two.sided', conf.level=
.95, var.equal= TRUE, data= data_t)
    Two Sample t-test
data:  reading by school
t= -5.2886, df= 38, p-value= 5.373e-06
sample estimates:
mean in group 甲校   mean in group 乙校
     51.88889            72.04545
```

[**說明**]：檢定統計量 $t$ 值 = -5.29、顯著性 $p$ 值 < 0.001，達到統計顯著水準，
就閱讀能力而言，甲校、乙校樣本觀察值的平均數差異值顯著不等於 0，乙校
平均數（M = 72.05）顯著高於甲校平均數（M = 51.89）。

----------------------------------------------------------------------

```
> t.test(writing~school, alternative= 'two.sided', conf.level=
.95, var.equal= FALSE, data= data_t)
    Welch Two Sample t-test
data:  writing by school
t= -2.2177, df= 34.35, p-value= 0.03329
sample estimates:
```

mean in group 甲校　　mean in group 乙校
　　57.66667　　　　　　64.22727

**[說明]**：檢定統計量 *t* 值 = −2.22、顯著性 *p* 值 = 0.033 < 0.05，達到統計顯著水準。就寫作能力而言，甲校、乙校樣本觀察值的平均數差異值顯著不等於 0，乙校平均數（M = 64.23）顯著高於甲校平均數（M = 57.67）。

## 伍　成對樣本 T 檢定

執行功能表列「統計量」/「平均數」/「成對樣本 T 檢定」程序，開啟「成對樣本 T 檢定」視窗，視窗功能可進行相依樣本（配對樣本）之平均數差異檢定，如圖 2-27。

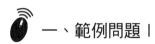

### 一、範例問題 I

**研究問題**：樣本觀察值對 A 品牌冷飲喜愛程度與對 B 品牌冷飲喜愛程度是否有所不同？

「資料」方盒之「第 1 個變數（選取 1 個）」提示語變數清單選取第一個測量值，範例點選 typa（樣本觀察值對 A 品牌喜愛程度）；「第 2 個變數（選取一個）」提示語變數清單選取第二個測量值，範例點選 typb（樣本觀察值對 B 品牌喜愛程度），如圖 2-28。

「選項」方盒之對立假設選項有三個：「⊙雙邊」（內定選項）、「○差異 < 0」（單尾左側檢定）、「○差異 > 0」（單尾右側檢定），信賴水準內定數值為 0.95（顯

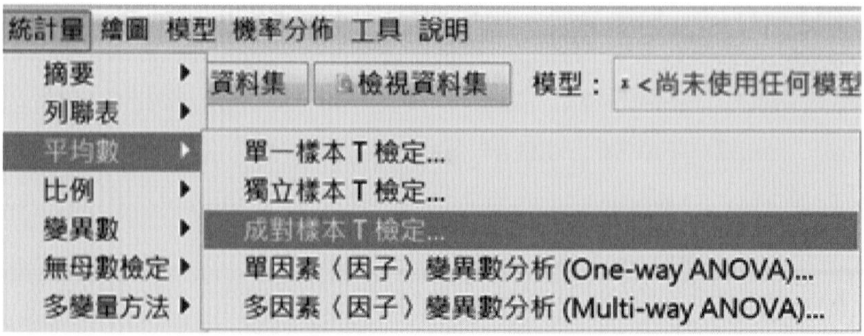

圖中選單：統計量　繪圖　模型　機率分佈　工具　說明
摘要　資料集　檢視資料集　模型：尚未使用任何模型
列聯表
平均數　▶　單一樣本 T 檢定...
比例　　獨立樣本 T 檢定...
變異數　成對樣本 T 檢定...
無母數檢定　單因素〈因子〉變異數分析 (One-way ANOVA)...
多變量方法　多因素〈因子〉變異數分析 (Multi-way ANOVA)...

**圖 2-27**　開啟「成對樣本 T 檢定」視窗

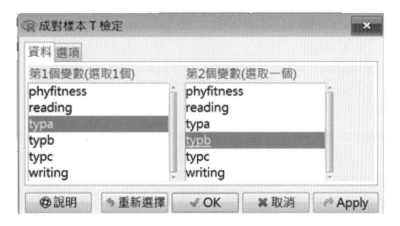

● 圖 2-28  「資料」方盒選取變數 typa、typb

● 圖 2-29  「選項」方盒

著水準 $\alpha = 0.05$），範例視窗採用內定選項，按「OK」鈕，如圖 2-29。

　　Output 方框之統計量結果如下：

```
> with(data_t, (t.test(typa, typb, alternative= 'two.sided',
conf.level= .95, paired= TRUE)))
    Paired t-test
data:  typa and typb
t= 10.711, df= 39, p-value= 3.535e-13
alternative hypothesis: true difference in means is not equal
to 0
```

```
95 percent confidence interval:
 1.9062    2.7938
sample estimates:
mean of the differences
         2.35
```

變數 typa、typb 的平均數差異值 2.35（＝ A 品牌平均數 −B 品牌平均數），對立假設為真實差異值不等於 0（虛無假設為樣本觀察值對 A 品牌喜愛程度測量值的平均數 ＝ 對 B 品牌喜愛程度測量值的平均數）。檢定統計量 $t$ 值 ＝ 10.71、自由度 $df$ ＝ 39、顯著性 $p$ 值 ＝ 0.000 < 0.05，達到統計顯著水準，拒絕虛無假設，二個測量值平均數差異值顯著不等於 0，由於差異值為正，表示樣本觀察值對 A 品牌喜愛程度測量值的平均數顯著高於對 B 品牌喜愛程度測量值的平均數。

二個測量值平均數差異量 95% 信賴區間為 [1.91,2.79]，未包含數值點 0，表示結果為 0 的機率很低，有足夠證據可以拒絕虛無假設。

執行功能表列「統計量」/「摘要」/「使用中的資料集」程序，可以求出使用中資料集計量變數的描述性統計量，範例 typa、typb、typc 的平均數分別為 6.525、4.175、7.050，配對變數 typa、typb 的平均數差異值 ＝ 6.525 − 4.175 ＝ 2.350。

```
> summary(data_t)
     typa              typb              typc
 Min.   : 5.000   Min.    :1.000   Min.    :4.00
 1st Qu.: 5.000   1st Qu.:3.000   1st Qu.:6.00
 Median : 6.000   Median :4.000   Median :7.00
 Mean   : 6.525   Mean    :4.175   Mean    :7.05
 3rd Qu.: 7.000   3rd Qu.:5.000   3rd Qu.:8.00
 Max.   :10.000   Max.    :9.000   Max.    :9.00
```

 二、範例問題 II

**研究問題：**樣本觀察值對 B 品牌冷飲喜愛程度與對 C 品牌冷飲喜愛程度是否有所

不同？

「資料」方盒之「第 1 個變數（選取 1 個）」提示語變數清單中選取 typb（樣本觀察值對 B 品牌喜愛程度）；「第 2 個變數（選取一個）」提示語變數清單中選取第二個測量值，範例點選 typc（樣本觀察值對 C 品牌喜愛程度），如圖 2-30。

Output 方框之統計量結果如下：

```
> with(data_t, (t.test(typb, typc, alternative='two.sided',
conf.level=.95, paired=TRUE)))
    Paired t-test
data:  typb and typc
t= -7.3548, df= 39, p-value= 7.016e-09
alternative hypothesis: true difference in means is not equal
to 0
95 percent confidence interval:
 -3.665674  -2.084326
sample estimates:
mean of the differences
       -2.875
```

變數 typb、typc 的平均數差異值 −2.875（ = 4.175−7.05），對立假設為真實差

● 圖 2-30　「資料」方盒選取變數 typb、typc

異值不等於 0（虛無假設為樣本觀察值對 B 品牌喜愛程度測量值的平均數 = 對 C 品牌喜愛程度測量值的平均數）。檢定統計量 *t* 值 = −7.35、自由度 *df* = 39、顯著性 *p* 值 = 0.000 < 0.05，達到統計顯著水準，拒絕虛無假設，二個測量值平均數差異值顯著不等於 0，由於差異值為負，表示樣本觀察值對 B 品牌喜愛程度測量值的平均數顯著低於對 C 品牌喜愛程度測量值的平均數。

 三、範例問題 Ⅲ

**研究問題 1**：樣本觀察值對 A 品牌冷飲喜愛程度與對 C 品牌冷飲喜愛程度是否有所不同？

**研究問題 2**：樣本觀察值對 C 品牌冷飲喜愛程度與對 A 品牌冷飲喜愛程度是否有所不同？

　　配對樣本 *t* 檢定程序，「第 1 個變數（選取 1 個）」、「第 2 個變數（選取一個）」之變數選取順序如果顛倒，平均數差異值的正負號會相反，*t* 值統計量的正負號也會相反，但平均數差異值的絕對值、*t* 值統計量的絕對值是相同的，最後之統計檢定結果也會一致。

　　範例為檢定樣本觀察值對 A 品牌飲料喜愛程度與對 C 品牌飲料喜愛程度的差異比較結果：

```
> with(data_t, (t.test(typa, typc, alternative= 'two.sided',
conf.level= .95, paired= TRUE)))
     Paired t-test
data:  typa and typc
t= -1.7163, df= 39, p-value= 0.09405
alternative hypothesis: true difference in means is not equal
to 0
95 percent confidence interval:
 -1.14373754   0.09373754
sample estimates:
mean of the differences
              -0.525
```

**[說明]**「第 1 個變數」變數清單選取的變數為 typa、「第 2 個變數」變數清

單選取的變數為 typc，平均數差異值為 −0.525，檢定統計量 $t$ 值 = −1.72、自由度 $df$ = 39、顯著性 $p$ 值 = 0.094 > 0.05，接受虛無假設，變數 typa 與變數 typc 的平均數差異值顯著等於 0（樣本觀察值對 A、C 二種品牌的喜愛程度沒有差異）。

------------------------------------------------------------

```
> with(data_t, (t.test(typc, typa, alternative= 'two.sided',
conf.level= .95, paired= TRUE)))
    Paired t-test
data:  typc and typa
t= 1.7163, df= 39, p-value= 0.09405
alternative hypothesis: true difference in means is not equal
to 0
95 percent confidence interval:
 -0.09373754  1.14373754
sample estimates:
mean of the differences
          0.525
```

**[說明]** 「第 1 個變數」變數清單選取的變數為 typc、「第 2 個變數」變數清單選取的變數為 typa，平均數差異值為 0.525，檢定統計量 $t$ 值 = 1.72、自由度 $df$ = 39、顯著性 $p$ 值 = 0.094 > 0.05，接受虛無假設，變數 typc 與變數 typa 的平均數差異值顯著等於 0（樣本觀察值對 C、A 二種品牌的喜愛程度沒有差異）。

## 陸　單因子變異數分析

執行功能表列「統計量」（Statitstics）/「平均數」（Means）/「單因素（因子）變異數分析（One-way ANOVA）程序，開啟「單因子變異數分析」（One-way Analysis of Variance）對話視窗，視窗功能可以進行獨立樣本單因子變異數分析，

🍎 圖 2-31　開啟「單因子變異數分析」對話視窗

🍎 圖 2-32　「單因子變異數分析」沒有勾選「平均數成對比較」

如圖 2-31。

 一、範例問題 I

**研究問題：**「不同年級的學生在學習自我效能是否有顯著差異？」

　　「單因子變異數分析」視窗之「輸入模型名稱：」右方框內定的變異數分析模型名稱為「Anovamodel.1」，模型名稱如果沒有另外界定，則依序為「Anovamodel.2」、「Anovamodel.3」，「群組（選取 1 個）」提示語下之變數清單選取因子變數，範例點選學生年級變數 year；「依變數（反應變數）（選取 1 個）」提示語下之變數清單選取依變數 / 檢定變數，範例點選學生學習自我效能變數 efficacy。視窗下方「☐ 平均數成對比較」選項如果勾選，可以進行變異數分析的多重比較（事後比較），範例視窗沒有勾選，按「OK」鈕（如圖 2-32）。

　　Output 方框之輸出結果如下：

```
> AnovaModel.1  < - aov(efficacy ~ year, data= anova)
> summary(AnovaModel.1)
            Df   Sum Sq   Mean Sq   F value    Pr( > F)
year         2     4174    2086.9     5.795    0.00496 **
Residuals   61    21966     360.1
---
Signif. codes:  0 '***' 0.001 '**' 0.01 '*' 0.05 '.' 0.1 ' ' 1
```

**[說明]**：量數為變異數分析摘要表，組間的自由度 = 2、SS = 4174、MS = 2086.9，整體檢定的 $F$ 值統計量 = 5.795，顯著性 $p$ 值 = 0.005 < 0.05，達到統計顯著水準，拒絕虛無假設（$M_1 = M_2 = M_3$），至少有一個配對組的平均數間之差異值顯著不等於 0。

-------------------------------------------------------------------------

```
> with(anova, numSummary(efficacy, groups= year, statistics=
c("mean", "sd")))
               mean         sd        data:n
一年級 75.00000     14.94552      20
二年級 56.41667     19.32540      24
三年級 70.30000     21.92355      20
```

**[說明]**：量數為三個群組的平均數、標準差與有效樣本數，第一直欄為因子變數之群組名稱（或水準數值）、第二直欄為平均數（mean）、第三直欄為標準差（sd）、第四直欄為個數（data:n）。

　　範例單因子變異數分析對話視窗中，變異數分析模型界定為 anova.model，勾選「☑ 平均數成對比較」選項，以呈現事後比較結果（視窗畫面中模型名稱的界定不會影響單因子變異數分析結果，研究者可以直接採用內定的選項），如圖2-33。

　　Output 方框輸出結果如下：

```
>anova.model<- aov(efficacy ~ year, data= anova)
>summary(anova.model)
            Df   Sum Sq   Mean Sq   F value   Pr(>F)
```

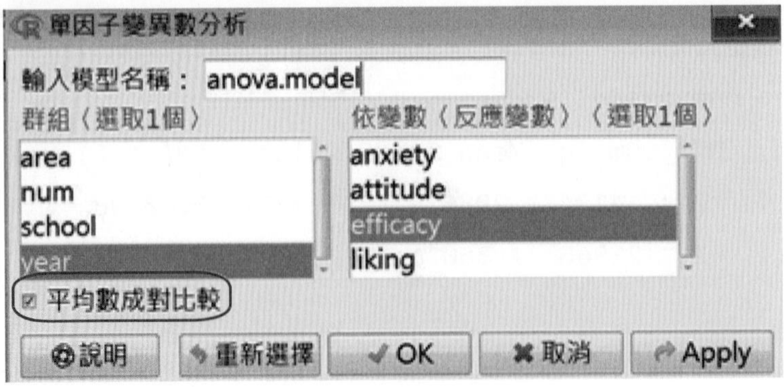

● 圖 2-33 「單因子變異數分析」勾選「平均數成對比較」

```
year         2    4174    2086.9    5.795   0.00496 **
Residuals   61   21966    360.1
---
Signif. codes:  0 '***' 0.001 '**' 0.01 '*' 0.05 '.' 0.1 ' ' 1
```

[說明]：變異數分析界定的模型名稱為 anova.model，模型名稱的界定與統計分析結果沒有關係。

----------------------------------------------------------------

```
> with(anova, numSummary(efficacy, groups= year, statistics=
c("mean", "sd")))
          mean        sd      data:n
一年級  75.00000   14.94552     20
二年級  56.41667   19.32540     24
三年級  70.30000   21.92355     20
```

[說明]：量數為群組的平均數、標準差與樣本數，三個年級在學習自我效能的平均數分別為 75.00、56.42、70.30，標準差分別為 14.95、19.33、21.92，有效觀察值個數分別為 20、24、20。

----------------------------------------------------------------

```
Simultaneous Tests for General Linear Hypotheses
Multiple Comparisons of Means: Tukey Contrasts
Fit: aov(formula= efficacy ~ year, data= anova)
Linear Hypotheses:
                        Estimate  Std. Error  t value  Pr( > |t|)
```

| | | | | |
|---|---|---|---|---|
| 二年級 - 一年級 == 0 | -18.583 | 5.745 | -3.234 | 0.00557 ** |
| 三年級 - 一年級 == 0 | -4.700 | 6.001 | -0.783 | 0.71459 |
| 三年級 - 二年級 == 0 | 13.883 | 5.745 | 2.416 | 0.04846 * |

```
---
Signif. codes:  0 '***' 0.001 '**' 0.01 '*' 0.05 '.' 0.1 ' ' 1
(Adjusted p values reported -- single-step method)
```

**[說明]**：平均數成對比較採用 Tukey 對比法，二年級群組與一年級群組平均數差異值 = −18.583（= 56.417 − 75.000）、估計值標準誤 = 5.745、檢定統計量 $t$ 值 −3.234、顯著性 $p$ 值 = 0.006 < 0.05，達到統計顯著水準；三年級群組與一年級群組平均數差異值 = −4.700、估計值標準誤 = 6.001、檢定統計量 $t$ 值 −0.783、顯著性 $p$ 值 = 0.715 > 0.05，未達統計顯著水準，二個群組的平均數差異值顯著等於 0（樣本估計值 = −4.70，為抽樣誤差造成的）；三年級群組與二年級群組平均數差異值 = 13.883、估計值標準誤 = 5.745、檢定統計量 $t$ 值 2.416、顯著性 $p$ 值 = 0.048 < 0.05，達到統計顯著水準，二個群組的平均數差異值顯著不等於 0。經事後比較發現：一年級學生的學習自我效能顯著高於二年級學生的學習自我效能，三年級學生的學習自我效能顯著高於二年級學生的學習自我效能，至於一年級學生與三年級學生知覺的學習自我效能則沒有顯著不同。

```
-------------------------------------------------------------------
        Simultaneous Confidence Intervals
Multiple Comparisons of Means: Tukey Contrasts
Fit: aov(formula= efficacy ~ year, data= anova)
Quantile= 2.4022
95% family-wise confidence level
Linear Hypotheses:
```

| | Estimate | lwr | upr |
|---|---|---|---|
| 二年級 - 一年級 == 0 | -18.58333 | -32.38508 | -4.78158 |
| 三年級 - 一年級 == 0 | -4.70000 | -19.11546 | 9.71546 |
| 三年級 - 二年級 == 0 | 13.88333 | 0.08158 | 27.68508 |

**[說明]**：量數為 95% 信賴區間值，二年級群組與一年級群組平均數差異值 = −18.58，95% 信賴區間值為 [ −32.39, −4.78]，未包含 0 數值點，拒絕虛無假設（平均數差異值等於 0），二個群組的平均數差異值顯著不等於 0；三年級群

組與一年級群組平均數差異值 = –4.70，95% 信賴區間值為 [–19.12, 9.72]，包含 0 數值點，表示差異值為 0 的可能性很高，接受虛無假設（平均數差異值等於 0），二個群組的平均數差異值顯著等於 0（二個群組的平均數沒有顯著不同）；三年級群組與二年級群組平均數差異值 = 13.88，95% 信賴區間值為 [0.08, 27.69]，未包含 0 數值點，拒絕虛無假設，二個群組的平均數差異值顯著不等於 0。

------------------------------------------------

一年級　二年級　三年級

　"b"　　　"a"　　　　"b"

[說明]：一年級群組與三年級群組欄下對應的英文符號為 "b"，表示一年級群組與三年級群組的平均數差異不顯著；二年級群組欄下對應的英文符號為 "a"，表示一年級群組與二年級群組在學習自我效能的平均數差異達到顯著；二年級群組（符號標示為 "a"）與三年級群組（符號標示為 "b"）在學習自我效能的平均數差異也達到顯著。

 二、範例問題 II

研究問題：「不同學校的學生其感受的學習自我效能是否有顯著差異？」

　　範例視窗進行的是不同學校學生在學習自我效能的差異，模型名稱界定為「school.efficacy」，群組變數點選「school」（學校因子變數），依變數點選「efficacy」（學習自我效能計量變數），勾選「☑ 平均數成對比較」選項，按「OK」鈕，如圖 2-34。

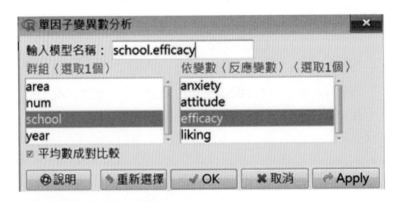

● 圖 2-34　模型名稱界定為「school.efficacy」

Output 方框輸出結果如下：

---

```
>school.efficacy < - aov(efficacy ~ school, data= anova)
> summary(school.efficacy)
            Df   Sum Sq   Mean Sq    F value   Pr( > F)
school       2     2291      1145      2.929     0.061
Residuals   61    23849      391
---
Signif. codes:  0 '***' 0.001 '**' 0.01 '*' 0.05 '.' 0.1 ' ' 1
```

[說明]：量數為變異數分析摘要表，組間的自由度 = 2、SS = 2291、MS = 1145；誤差（組內）項的自由度 = 61、SS = 23849、MS = 391。整體檢定的 $F$ 值統計量 = 2.929，顯著性 $p$ 值 = 0.061 > 0.05，未達到統計顯著水準，接受虛無假設（$M_1 = M_2 = M_3$），三個群組的平均數相等。

--------------------------------------------------------------------------------

```
> with(anova, numSummary(efficacy, groups= school, statistics=
c("mean", "sd")))
         mean       sd      data:n
甲校  73.20000   22.26538     20
乙校  67.91667   20.47462     24
丙校  58.30000   15.87484     20
```

[說明]：量數為三個學校群組觀察值在學習自我效能的平均數、標準差、有效樣本數，甲校、乙校、丙校樣本觀察值在學習自我效能的平均數分別為 73.20、67.92、58.30；標準差分為 22.27、20.47、15.87，有效樣本數分別為 20、24、20。

--------------------------------------------------------------------------------

```
 Simultaneous Tests for General Linear Hypotheses
Multiple Comparisons of Means: Tukey Contrasts
Fit: aov(formula= efficacy ~ school, data= anova)
Linear Hypotheses:
                  Estimate  Std. Error  t value  Pr(>|t|)
乙校 - 甲校 == 0     -5.283      5.987    -0.883    0.6532
```

| | | | | |
|---|---|---|---|---|
| 丙校 - 甲校 == 0 | -14.900 | 6.253 | -2.383 | 0.0523 |
| 丙校 - 乙校 == 0 | -9.617 | 5.987 | -1.606 | 0.2506 |

```
---
Signif. codes:  0 '***' 0.001 '**' 0.01 '*' 0.05 '.' 0.1 ' ' 1
(Adjusted p values reported -- single-step method)
```

**[說明]**：多重比較或事後比較中，乙校與甲校觀察值平均數差異值 = −5.283、檢定統計量 $t$ 值 = −0.883、顯著性 $p$ 值 = 0.653 > 0.05，未達統計顯著水準；丙校與甲校觀察值平均數差異值 = −14.900、檢定統計量 $t$ 值 = −2.383、顯著性 $p$ 值 = 0.052 > 0.05，未達統計顯著水準；丙校與乙校觀察值平均數差異值 = −9.617、檢定統計量 $t$ 值 = −1.606、顯著性 $p$ 值 = 0.251 > 0.05，未達統計顯著水準。

---

```
        Simultaneous Confidence Intervals
Multiple Comparisons of Means: Tukey Contrasts
Fit: aov(formula= efficacy ~ school, data= anova)
Quantile= 2.4019
95% family-wise confidence level
Linear Hypotheses:
```

| | Estimate | lwr | upr |
|---|---|---|---|
| 乙校 - 甲校 == 0 | -5.2833 | -19.6626 | 9.0959 |
| 丙校 - 甲校 == 0 | -14.9000 | -29.9186 | 0.1186 |
| 丙校 - 乙校 == 0 | -9.6167 | -23.9959 | 4.7626 |

**[說明]**：三個配對組平均數差異 95% 信賴區間值分別為 [−19.66, 9.10]、[−29.92, 0.12]、[−24.00, 4.76]，95% 信賴區間值均包含數值點 0，接受虛無假設，配對組平均數間均沒有顯著差異。

---

```
甲校   乙校   丙校
"a"    "a"    "a"
```

**[說明]**：甲校、乙校、丙校欄對應下的英文符號均為 "a"，表示三個群組平均數沒有顯著不同，甲校與乙校平均數差異值顯著等於 0、甲校與丙校平均數差異值顯著等於 0、乙校與丙校平均數差異值顯著等於 0。

## 三、範例問題Ⅲ

**研究問題：**「不同學校學生的學習焦慮是否有顯著差異？」

　　範例視窗進行的是不同學校學生在學習焦慮的差異比較，模型名稱界定為「school.anxiety」，群組變數清單點選「school」（學校因子變數），依變數（反應變數）之變數清單點選「anxiety」（學習焦慮變數），勾選「☑ 平均數成對比較」選項，按「OK」鈕，如圖 2-35。

　　Output 方框輸出結果如下：

```
>school.anxiety < - aov(anxiety ~ school, data= Dataset)
> summary(school.anxiety)
          Df  Sum Sq  Mean Sq  F value   Pr( > F)
school     2   424.5   212.3     29.08    1.35e-09 ***
Residuals 61   445.2     7.3
---
Signif. codes:  0 '***' 0.001 '**' 0.01 '*' 0.05 '.' 0.1 ' ' 1
```

**[ 說明 ]**：整體考驗的 $F$ 值統計量 = 29.08（組間自由度 = 2、殘差自由度 = 61），顯著性 $p$ 值 = 0.000 < 0.05，達到統計顯著水準，配對群組間至少有一個配對組之平均數差異顯著不等於 0。

```
---------------------------------------------------------------------
> with(Dataset,  numSummary(anxiety,  groups=  school,
```

**⌘ 圖 2-35**　模型名稱界定為「school.anxiety」

```
statistics= c("mean", + "sd")))
        mean      sd     data:n
甲校 20.30000  2.939746    20
乙校 23.91667  1.742479    24
丙校 26.80000  3.334035    20
```

**[說明]**：三個學校群組在學習焦慮的平均數分別為 20.30、23.92、26.80。

-------------------------------------------------------------------

```
        Simultaneous Tests for General Linear Hypotheses
Multiple Comparisons of Means: Tukey Contrasts
Fit: aov(formula= anxiety ~ school, data= Dataset)
Linear Hypotheses:
                  Estimate   Std. Error   t value   Pr( > |t|)
乙校 - 甲校 == 0    3.6167      0.8180       4.422    0.00012 ***
丙校 - 甲校 == 0    6.5000      0.8543       7.608    <  1e-04 ***
丙校 - 乙校 == 0    2.8833      0.8180       3.525    0.00226 **
---
Signif. codes:  0 '***' 0.001 '**' 0.01 '*' 0.05 '.' 0.1 ' ' 1
(Adjusted p values reported -- single-step method)
```

**[說明]**：以 Tukey 法進行多重比較（事後比較）發現：乙校、丙校學生的學習焦慮顯著高於甲校學生（$M = 20.30$），丙校學生（$M = 26.80$）的學習焦慮又顯著高於乙校學生（$M = 23.92$）。

-------------------------------------------------------------------

```
        Simultaneous Confidence Intervals
Multiple Comparisons of Means: Tukey Contrasts
Fit: aov(formula= anxiety ~ school, data= Dataset)
Quantile= 2.4014
95% family-wise confidence level
Linear Hypotheses:
                  Estimate   lwr      upr
乙校 - 甲校 == 0    3.6167    1.6524   5.5809
丙校 - 甲校 == 0    6.5000    4.4484   8.5516
丙校 - 乙校 == 0    2.8833    0.9191   4.8476
```

**[說明]**：平均數差異值 95% 信賴區間值顯示，三個配對組的區間值均未包含 0 數值點，表示平均數差異值等於 0 的可能性很低，三個配對組的平均數差異值均顯著不等於 0，其中乙校學生學習焦慮顯著高於甲校學生、丙校學生學習焦慮顯著高於甲校學生、丙校學生學習焦慮也顯著高於乙校學生。

------------------------------------------------------------

甲校　　乙校　　丙校
　"a"　　"b"　　"c"

**[說明]**：甲校、乙校、丙校三個群組欄對應的英文符號分別為 "a"、"b"、"c"，表示配對群組的平均數間均有顯著差異存在，甲校＆乙校學生的學習焦慮、甲校＆丙校學生的學習焦慮、乙校＆丙校學生的學習焦慮間的平均數差異值均顯著不等於 0。

## 柒　多因子變異數分析

執行功能表列「統計量」/「平均數」/「多因素（因子）變異數分析（Multi-way ANOVA）」程序，開啟「多因子變異數分析」對話視窗，視窗可以進行獨立樣本多因子變異數分析（如二因子變異數分析、三因子變異數分析等）。

 一、交互作用顯著

範例視窗進行的是學生年級（一年級、二年級、三年級）、區域（北區、中區、南區）二個因子變數在數學自我效能的交互作用，模型名稱界定為「AnovaModel.8」（如圖 2-36），「因子變數（選取 1 個或多個）」選項之變數清單點選「area」（區

● 圖 **2-36**　「多因子變異數分析」對話視窗

域）、「year」（學生年級）二個因子變數；依變數（反應變數）（選取 1 個）選項之變數清單點選 mefficacy（數學自我效能變數），按「OK」鈕。

Output 方框輸出結果如下：

```
> AnovaModel.8  < - (lm(mefficacy ~ area*year, data= twoway))
>Anova(AnovaModel.8)
Anova Table (Type II tests)
Response: mefficacy
            Sum Sq  Df  F value    Pr( > F)
area        21.378   2  4.8832     0.01329 *
year        12.311   2  2.8122     0.07331 .
area:year   248.489  4  28.3807    1.084e-10 ***
Residuals   78.800  36
---
Signif. codes:  0 '***' 0.001 '**' 0.01 '*' 0.05 '.' 0.1 ' ' 1
```

**[說明]**：量數為二因子變異數分析摘要表，交互作用項（area:year）之 SS = 248.489、自由度 = 4、檢定統計量 $F$ 值 = 28.381、顯著性 $p$ 值 = 0.000 < 0.05，達到統計顯著水準。主要效果項 A 因子區域變數在數學自我效能差異的檢定統計量 $F$ 值 = 4.88、顯著性 $p$ 值 = 0.013 < 0.05，達到統計顯著水準，不同區域學生在數學自我效能有顯著差異；B 因子年級變數在數學自我效能差異的檢定統計量 $F$ 值 = 2.81、顯著性 $p$ 值 = 0.073 > 0.05，未達統計顯著水準，不同年級學生在數學自我效能沒有顯著差異。

----------------------------------------------------------------------

```
> with(twoway, (tapply(mefficacy, list(area, year), mean,
na.rm= TRUE))) # means
     1    2    3[ 年級 ]
1  2.4  6.8  9.2    [ 北區群組 ]
2  8.6  4.2  2.4    [ 中區群組 ]
3  5.2  9.0  6.0    [ 南群群組 ]
```

**[說明]**：量數為交叉表的平均數，橫列為區域變數的水準數值群組編碼、直欄為年級變數的水準數值群組編碼。一年級群體在北區、中區、南區三個群組

的平均數為 2.4、8.6、5.2；北區群組三個年級的平均數為 2.4、6.8、9.2。

------------------------------------------------------------------------

```
> with(twoway, (tapply(mefficacy, list(area, year), sd, na.rm=
TRUE))) # std. deviations
          1           2          3
1  1.140175   1.3038405  0.836660
2  1.140175   3.1144823  1.140175
3  0.836660   0.7071068  1.581139
```

**[ 說明 ]**：量數為交叉表的標準差。

------------------------------------------------------------------------

```
> with(twoway, (tapply(mefficacy, list(area, year), function(x)
sum(!is.na(x))))) # counts
    1   2   3
1   5   5   5
2   5   5   5
3   5   5   5
```

**[ 說明 ]**：量數為交叉表的細格人數。

原資料集中檔名為 twoway，在「R 語法」方框中輸入下列語法函數，執行功能表列「編輯」/「全選」程序，按右方框之「執行語法」鈕，可以增列六個子資料集，分別選取子資料集作為使用中的資料集，執行單因子變異數分析可以進一步求出單純主要效果結果，其中 area1、area2、area3 子資料集分別為北區群組、中區群組、南區群組，選取三個子資料集作為使用中資料集時（作用中的資料檔），因子變數為年級 year、依變數為學生數學自我效能變數 mefficacy；year1、year2、year3 子資料集分別為一年級群組、二年級群組、三年級群組，選取三個子資料集作為使用中資料集時，因子變數為區域 area、依變數為學生數學自我效能變數 mefficacy。

------------------------------------------------------------------------

```
area1 < -subset(twoway, area= = "1")
area2 < -subset(twoway, area= = "2")
area3 < -subset(twoway, area= = "3")
```

```
year1 < -subset(twoway, year= = "1")
year2 < -subset(twoway, year= = "2")
year3 < -subset(twoway, year= = "3")
```

　　上述語法函數也可以在 Word 文書處理軟體中鍵入，再複製於「R 語法檔」方框中，執行功能表列「編輯」/「貼上」程序，如果之前「R 語法檔」方框中有已執行的語法列，可以執行功能表列「編輯」/「清空視窗內容」程序，將原先方框中的語法列全部清除，如圖 2-37。

　　Output 方框之輸出結果如下：

```
>  area1 < -subset(twoway, area= = "1")
>  area2 < -subset(twoway, area= = "2")
>  area3 < -subset(twoway, area= = "3")
>  year1 < -subset(twoway, year= = "1")
>  year2 < -subset(twoway, year= = "2")
>  year3 < -subset(twoway, year= = "3")
```

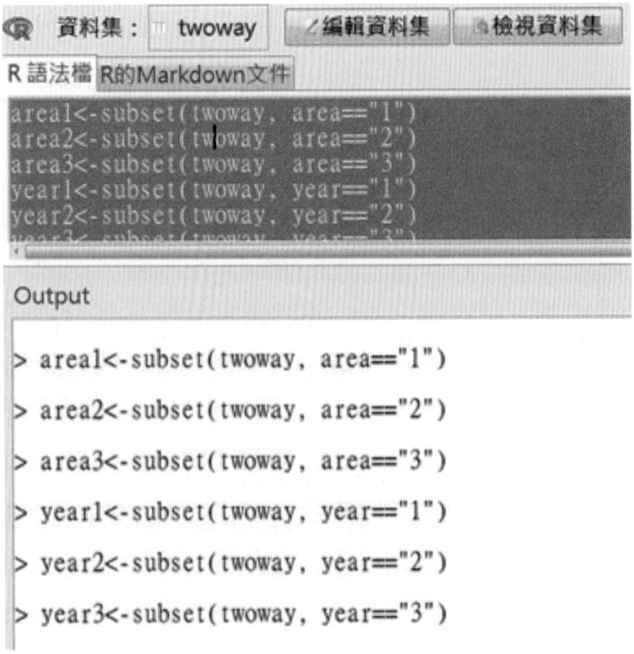

　圖 2-37　R 語法檔

二、單純主要效果檢定

　　點選「資料集：」工具列鈕右邊使用中的資料集，開啟「選擇資料集」對話視窗，依序選取子資料集：area1、area2、area3，範例先選取子資料集 area1，按「OK」鈕（資料集方框中的資料集名稱有 twoway、temp.data、area1、area2、area3、year1、year2、year3），如圖 2-38。

　　執行功能表列「資料」/「使用中的資料集」/「選擇欲使用的資料集」程序，也可以開啟「選擇資料集」對話視窗。

　　選取「區域」子資料集（area1、area2、area3）作為使用中的資料集，進行單因子變異數分析程序的因子變數為「年級」（year），範例視窗使用中的資料集為area1，「單因子變異數分析」對話視窗中，「群組（選取 1 個）」方框之變數清單點選學生年級 year，「依變數（反應變數）」方框之變數清單點選數學自我效能變數 mefficacy，按「OK」鈕，如圖 2-39。

圖 2-38　「資料集」選取 area1

圖 2-39　「群組」選取 year，「依變數」選取 mefficacy

使用中的資料集依序改選 area2、area3,「單因子變異數分析」程序與選取子資料集 area1 程序相同。

點選「選擇資料集」工具列鈕右邊使用中的資料集,開啟「選擇資料集」對話視窗,依序選取子資料集:year1、year2、year3,範例先選取子資料集 year1,按「OK」鈕,如圖 2-40。

選取「年級」子資料集(year1、year2、year3)作為使用中的資料集,進行單因子變異數分析程序的因子變數為「區域」(area),範例視窗使用中的資料集為 year1,「單因子變異數分析」對話視窗中,「群組(選取 1 個)」方框之變數清單點選學生區域變數(area),「依變數(反應變數)」方框之變數清單點選數學自我效能變數 mefficacy,按「OK」鈕,如圖 2-41。

使用中的資料集依序改選 year2、year3,「單因子變異數分析」程序與選取子資料集 year1 程序相同。

 圖 **2-40** 　「資料集」選取 year1

 圖 **2-41** 　「群組」選取 area,「依變數」選取 mefficacy

(一) 北區群組觀察值三個年級的差異比較

```
> AnovaModel.1  < - aov(mefficacy ~ year, data= area1)
> summary(AnovaModel.1)
           Df Sum Sq  Mean Sq  F value   Pr( > F)
year        2 118.9    59.47     48.22   1.84e-06 ***
Residuals  12  14.8     1.23
```

[說明]：北區群組三個年級群體在「數學自我效能」依變數差異的 $F$ 值統計量 = 48.22，顯著性 $p < 0.05$，達到統計顯著水準。

------------------------------------------------------------------

```
> with(area1, numSummary(mefficacy, groups= year, statistics=
c("mean", "sd")))
   mean       sd   data:n
1   2.4  1.140175        5
2   6.8  1.303840        5
3   9.2  0.836660        5
```

[說明]：就北區觀察值群組而言，一年級、二年級、三年級學生的數學自我效能平均數分別為 2.4、6.8、9.2。

------------------------------------------------------------------

```
        Simultaneous Tests for General Linear Hypotheses
Multiple Comparisons of Means: Tukey Contrasts
Fit: aov(formula= mefficacy ~ year, data= area1)
Linear Hypotheses:
          Estimate Std. Error t value Pr( > |t|)
2 - 1== 0   4.4000     0.7024   6.264   < 0.001 ***
3 - 1== 0   6.8000     0.7024   9.681   < 0.001 ***
3 - 2== 0   2.4000     0.7024   3.417    0.0131 *
---
Signif. codes:  0 '***' 0.001 '**' 0.01 '*' 0.05 '.' 0.1 ' ' 1
```

[說明]：就北區觀察值群組而言，二年級、三年級學生群體的數學自我效能

顯著高於一年級學生群體；三年級學生群體的數學自我效能顯著高於二年級學生群體。

## (二) 中區群組觀察值三個年級的差異比較

```
> AnovaModel.2 < - aov(mefficacy ~ year, data= area2)
> summary(AnovaModel.2)
           Df Sum Sq Mean Sq   F value   Pr( > F)
year        2  101.7   50.87     12.41    0.0012 **
Residuals  12   49.2    4.10
```

**[說明]**：中區群組三個年級群體在「數學自我效能」變數差異的 $F$ 值統計量 = 12.41，顯著性 $p < 0.05$，達到統計顯著水準。

------------------------------------------------------------------------

```
> with(area2, numSummary(mefficacy, groups= year, statistics=
c("mean", "sd")))
   mean    sd      data:n
1  8.6   1.140175      5
2  4.2   3.114482      5
3  2.4   1.140175      5
```

**[說明]**：就中區觀察值群組而言，一年級、二年級、三年級學生的數學自我效能平均數分別為 8.6、4.2、2.4。

------------------------------------------------------------------------

```
        Simultaneous Tests for General Linear Hypotheses
Multiple Comparisons of Means: Tukey Contrasts
Fit: aov(formula= mefficacy ~ year, data= area2)
Linear Hypotheses:
          Estimate Std. Error t value Pr( > |t|)
2 - 1== 0   -4.400      1.281   -3.436  0.01278 *   [配對組差異顯著]
3 - 1== 0   -6.200      1.281   -4.841  0.00105 ** [配對組差異顯著]
3 - 2== 0   -1.800      1.281   -1.406  0.36898    [配對組差異不顯著]
```

---

Signif. codes:  0 '***' 0.001 '**' 0.01 '*' 0.05 '.' 0.1 ' ' 1

[說明]：就中區觀察值群組而言，二年級、三年級學生群體的數學自我效能
顯著低於一年級學生群體；三年級學生群體與二年級學生群體在數學自我效能
的差異未達顯著。

<br/>

<br/>

(三) 南區群組觀察值三個年級的差異比較

> AnovaModel.3  < - aov(mefficacy ~ year, data= area3)
> summary(AnovaModel.3)
            Df   Sum Sq   Mean Sq   F value   Pr( > F)
year         2   40.13    20.067    16.27     0.000382 ***
Residuals   12   14.80     1.233

[說明]：南區群組三個年級群體在「數學自我效能」變數差異之 $F$ 值統計量 =
48.22，顯著性 $p < 0.05$，達到統計顯著水準。

--------------------------------------------------------------
> with(area3, numSummary(mefficacy, groups= year, statistics=
c("mean", "sd")))
   mean     sd        data:n
1  5.2   0.8366600      5
2  9.0   0.7071068      5
3  6.0   1.5811388      5

[說明]：就南區觀察值群組而言，一年級、二年級、三年級學生的數學自我
效能平均數分別為 5.2、9.0、6.0。

--------------------------------------------------------------
      Simultaneous Tests for General Linear Hypotheses
Multiple Comparisons of Means: Tukey Contrasts
Fit: aov(formula= mefficacy ~ year, data= area3)
Linear Hypotheses:

```
              Estimate Std. Error t value Pr( > |t|)
2 - 1== 0    3.8000      0.7024  5.410   < 0.001 *** [ 配對組差異顯著 ]
3 - 1== 0    0.8000      0.7024  1.139    0.50971    [ 配對組差異不顯著 ]
3 - 2== 0   -3.0000      0.7024 -4.271    0.00277 ** [ 配對組差異顯著 ]
---
Signif. codes:  0 '***' 0.001 '**' 0.01 '*' 0.05 '.' 0.1 ' ' 1
```

**[說明]**：就南區觀察值群組而言，二年級學生群體的數學自我效能顯著高於
一年級學生群體；二年級學生群體的數學自我效能也顯著高於三年級學生群體；
至於一年級學生群體與三年級學生群體在數學自我效能的差異則未達顯著。

## (四) 一年級群組觀察值在三個區域的差異比較

```
> AnovaModel.4  < - aov(mefficacy ~ area, data= year1)
> summary(AnovaModel.4)
            Df   Sum Sq  Mean Sq  F value   Pr( > F)
area         2    96.4     48.2    43.82   3.05e-06 ***
Residuals   12    13.2      1.1
```

**[說明]**：一年級群組中三個不同地區群體在「數學自我效能」變數差異之 $F$
值統計量 = 43.82，顯著性 $p < 0.05$，達到統計顯著水準。

--------------------------------------------------------------------

```
> with(year1, numSummary(mefficacy, groups= area, statistics=
c("mean", "sd")))
    mean     sd     data:n
1   2.4   1.140175     5
2   8.6   1.140175     5
3   5.2   0.836660     5
```

**[說明]**：就一年級觀察值群組而言，北區、中區、南區學生的數學自我效能
平均數分別為 2.4、8.6、5.2。

--------------------------------------------------------------------

```
       Simultaneous Tests for General Linear Hypotheses
Multiple Comparisons of Means: Tukey Contrasts
Fit: aov(formula= mefficacy ~ area, data= year1)
Linear Hypotheses:
           Estimate   Std. Error   t value   Pr( > |t|)
2 - 1== 0   6.2000      0.6633      9.347     <  0.001 ***
3 - 1== 0   2.8000      0.6633      4.221     0.00305 **
3 - 2== 0  -3.4000      0.6633     -5.126     <  0.001 ***
```

[說明]：就一年級群組而言，中區群體學生的數學自我效能顯著高於北區群體、南區群體學生，南區群體學生的數學自我效能顯著高於北區群體學生。

## (五) 二年級群組觀察值在三個區域的差異比較

```
> AnovaModel.5  < - aov(mefficacy ~ area, data= year2)
> summary(AnovaModel.5)
           Df   Sum Sq   Mean Sq   F value   Pr( > F)
area        2   57.73    28.867    7.277     0.00852 **
Residuals  12   47.60    3.967
```

[說明]：二年級群組中三個不同地區群體在「數學自我效能」變數差異之 $F$ 值統計量 = 7.28，顯著性 $p < 0.05$，達到統計顯著水準。

---------------------------------------------------------------------
```
> with(year2, numSummary(mefficacy, groups= area, statistics=
c("mean", "sd")))
   mean      sd      data:n
1  6.8    1.3038405      5
2  4.2    3.1144823      5
3  9.0    0.7071068      5
```

[說明]：就二年級觀察值群組而言，北區、中區、南區學生的數學自我效能平均數分別為 6.8、4.2、9.0。

---------------------------------------------------------------------

Simultaneous Tests for General Linear Hypotheses

Multiple Comparisons of Means: Tukey Contrasts

Fit: aov(formula= meffcacy ~ area, data= year2)

Linear Hypotheses:

|  | Estimate | Std. Error | t value | Pr( > \|t\|) | |
|---|---|---|---|---|---|
| 2 - 1== 0 | -2.60 | 1.26 | -2.064 | 0.1395 | [ 配對組差異不顯著 ] |
| 3 - 1== 0 | 2.20 | 1.26 | 1.747 | 0.2287 | [ 配對組差異不顯著 ] |
| 3 - 2== 0 | 4.80 | 1.26 | 3.811 | 0.0065 ** | [ 配對組差異顯著 ] |

---

Signif. codes:  0 '***' 0.001 '**' 0.01 '*' 0.05 '.' 0.1 ' ' 1

**[說明]**：就二年級群組而言，南區群體學生的數學自我效能顯著高於中區群體學生，至於北區群體學生與中區群組學生間的數學自我效能未達顯著、南區群體學生與北區群體學生間的數學自我效能也未達顯著。

## (六) 三年級群組觀察值在三個區域的差異比較

```
> AnovaModel.6  < - aov(meffcacy ~ area, data= year3)
> summary(AnovaModel.6)
```

|  | Df | Sum Sq | Mean Sq | F value | Pr( > F) | |
|---|---|---|---|---|---|---|
| area | 2 | 115.7 | 57.87 | 38.58 | 5.95e-06 | *** |
| Residuals | 12 | 18.0 | 1.50 | | | |

**[說明]**：三年級群組中三個不同地區群體在「數學自我效能」變數差異之 $F$ 值統計量 = 38.58，顯著性 $p < 0.05$，達到統計顯著水準。

---

```
> with(year3, numSummary(meffcacy, groups= area, statistics=
c("mean", "sd")))
```

|  | mean | sd | data:n |
|---|---|---|---|
| 1 | 9.2 | 0.836660 | 5 |
| 2 | 2.4 | 1.140175 | 5 |

3　6.0　1.581139　　　5

[說明]：就三年級觀察值群組而言，北區、中區、南區學生群體的數學自我效能平均數分別為 9.2、2.4、6.0。

--------------------------------------------------------------------------

```
    Simultaneous Tests for General Linear Hypotheses
Multiple Comparisons of Means: Tukey Contrasts
Fit: aov(formula= mefficacy ~ area, data= year3)
Linear Hypotheses:
            Estimate   Std. Error   t value   Pr( > |t|)
2 - 1== 0   -6.8000     0.7746      -8.779    <  0.001 ***
3 - 1== 0   -3.2000     0.7746      -4.131       0.00371 **
3 - 2== 0    3.6000     0.7746       4.648       0.00147 **
```

[說明]：就三年級群組而言，北區群體學生的數學自我效能顯著高於中區群體、南區群體學生，南區群體學生的數學自我效能顯著高於中區群體學生。

 三、交互作用不顯著

　　範例視窗進行的是學生性別與學生年級二個因子變數在數學自我效能的交互作用檢定，性別為二分類別變數，水準數值 1 為男生、水準數值 2 為女生；學生年級為三分類別變數，水準數值 1 為一年級群體、水準數值 2 為二年級群體、水準數值 3 為三年級群體。

研究問題：性別與年級二個因子變數在數學自我效能是否有顯著的交互作用？（如圖 2-42）

<img>圖 2-42　「因子變數」選取 sex、year

Output 方框輸出結果如下：

---

```
> AnovaModel.5  < - (lm(mefficacy ~ sex*year, data= twoway))
>Anova(AnovaModel.5)
Anova Table (Type II tests)
Response: mefficacy
             Sum Sq  Df  F value  Pr( > F)
sex            6.91   1   0.7934   0.3785
year          11.22   2   0.6437   0.5309
sex:year       1.90   2   0.1087   0.8972
Residuals    339.86  39
```

[說明]：交互作用項檢定的 $F$ 值統計量 = 0.109、顯著性 $p$ 值 = 0.897 > 0.05，未達統計顯著水準，表示性別在數學自我效能的差異不會受到年級因子變數的影響，或年級在數學自我效能的差異不會受到性別因子變數的影響。A 因子（學生性別）主要效果檢定的 $F$ 值統計量 = 0.793、顯著性 $p$ 值 = 0.379 > 0.05，未達統計顯著水準，表示不同性別群體在數學自我效能的感受沒有顯著不同；B 因子（學生年級）主要效果檢定的 $F$ 值統計量 = 0.643、顯著性 $p$ 值 = 0.531 > 0.05，未達統計顯著水準，表示不同年級群體在數學自我效能的感受沒有顯著不同。

---

```
> with(twoway, (tapply(mefficacy, list(sex, year), mean, na.rm=
TRUE))) # means
          1         2       3
1   5.000000   6.00    5.75
2   5.857143   7.25    6.00
```

[說明]：量數為交叉表的平均數，就男生群體而言，三個年級群組在數學自我效能的平均數分別為 5.00、6.00、5.75；就女生群體而言，三個年級群組在數學自我效能的平均數分別為 5.86、7.25、6.00。

---

```
> with(twoway, (tapply(mefficacy, list(sex, year), sd, na.rm=
TRUE))) # std. deviations
```

|   | 1 | 2 | 3 |
|---|---|---|---|
| 1 | 2.563480 | 3.162278 | 3.453776 |
| 2 | 3.184785 | 2.375470 | 2.886751 |

**[說明]**：量數為交叉表的標準差。

------------------------------------------------------------------

```
> with(twoway, (tapply(mefficacy, list(sex, year), function(x)
sum(!is.na(x))))) # counts
   1  2  3
1  8  7  8
2  7  8  7
```

**[說明]**：量數為交叉表的細格人數。

---

## 捌 比例檢定統計量

 ### 一、單一樣本比例檢定

執行功能表列「統計量」/「比例」/「單一樣本比例檢定」程序，開啟「單樣本比例檢定」對話視窗，視窗可進行單一樣本比例（百分比）的考驗。如圖 2-43。

「單樣本比例檢定」對話視窗包括「資料」與「選項」二個方盒按鈕，「資料」方盒中的「變數（選取 1 個）」方框之變數清單只能點選一個二分類別變數，範例點選 pass_a（A 證照通過與否，為二分類別變數，水準數值 1 為通過、水準數值 0 為未通過）。

### (一) 雙尾檢定

**研究問題：**樣本觀察值通過 A 證照考試的比例是否顯著不等於 0.50？（如圖 2-43）

「選項」方盒中的對立假設有三種：「⊙ 母體比例不等於 p」（雙尾檢定）（內定選項）、「〇 母體比例 < p0」（單尾左側檢定）、「〇 母體比例 > p0」（單尾右側檢定），「虛無假設：p =」右邊的內定檢定比例值為 0.5，信賴水準內定為 0.95（對應的顯著水準 $\alpha = 0.05$）；「檢定類型」次方盒選項有三個選項：「⊙ 近似常態分布」、「〇 近以常分態分布與連續性校正」、〇「精確二項式」。範例視窗採

☝圖 2-43　「資料」方盒變數選取 pass_a

☝圖 2-43　「資料」方盒變數選取 pass_a

☝圖 2-44　「選項」方盒中的對立假設選取母體比例不等於 p

用內定選項，檢定比例值設為 0.5，表示樣本觀察值未通過 A 類證照考試的比例（百分比）顯著不等於 50%，如圖 2-44。

　　Output 方框之輸出結果如下：

```
Frequency counts (test is for first level):
pass_a
```

未通過　通過

　18　　22

　1-sample proportions test without continuity correction

data:　rbind(.Table), null probability 0.5

X-squared= 0.4, df= 1, p-value= 0.5271

alternative hypothesis: true p is not equal to 0.5

95 percent confidence interval:

　0.3070531　0.6017091

sample estimates:

　　p

0.45

　　樣本觀察值未通過 A 類證照考試的百分比為 45%（ = 18÷40 = 0.45），對立假設為真實比例值 $p$ 不等於 0.5，檢定統計量卡方值 = 0.4、自由度 $df$ = 1、顯著性 $p$ 值 = 0.527 > 0.05，未達統計顯著水準，接受虛無假設（$p$ = 0.5），樣本觀察值未通過 A 類證照考試的比例與常模 0.5 比例值沒有顯著不同。

　　比例值是否顯著等於 0.5 的 95% 信賴區間值為 [0.307,0.602]，包含 0.5 數值點，估計值為 0.5 的機率很高，沒有足夠證據拒絕虛無假設（$p$ = 0.50）。

## (二) 單尾檢定

**研究問題：**樣本觀察值未通過 B 類證照考試的比例是否顯著小於 0.60（60%）

　　範例視窗檢定比例值為 0.60，「虛無假設：p = 」右方框鍵入「0.6」，對立假設選取「⊙ 母體比例 < p0」選項（單尾左側檢定），按「OK」鈕，檢定變數為 pass_b（B 證照通過與否，為二分類別變數，水準數值 1 為通過、水準數值 0 為未通過），如圖 2-45。

　　Output 的輸出結果如下：

Frequency counts (test is for first level):

pass_b

未通過　　　通過

　14　　　　26

● 圖 **2-45** 　「選項」方盒中的對立假設選取「母體比例 < p0」

```
    1-sample proportions test without continuity correction
data:  rbind(.Table), null probability 0.6
X-squared= 10.417, df= 1, p-value= 0.0006244
alternative hypothesis: true p is less than 0.6
95 percent confidence interval:
 0.0000000 0.4799323
sample estimates:
   p
0.35
```

　　單尾左側檢定的對立假設為真實母體比例值 $p < 0.60$，虛無假設為 $p \geq 0.60$，樣本觀察值的估計值 $p = 0.35$（$= 14 \div 40 = 0.35$），其中「未通過」與「過通」B 類證照考試的人數分別為 14、26，比例值分別為 0.35、0.65。

　　檢定統計量卡方值 = 10.417、自由度 $df = 1$、顯著性 $p$ 值 = 0.001 < 0.05，達到統計顯著水準，拒絕虛無假設（$p \geq 0.60$），對立假設得到支持，樣本觀察值未通過 B 類證照考試的比例顯著低於常模的比例值 60%。

## 二、雙樣本比例檢定

執行功能表列「統計量」/「比例」/「雙樣本比例檢定」程序，開啟「雙樣本比例檢定」對話視窗，視窗可進行二個獨立樣本群組比例（百分比）的考驗。

### (一) 雙尾檢定

**研究問題：**不同性別群體未通過 A 類證照考試的比例是否有顯著不同？

「雙樣本比例檢定」視窗，「資料」方盒之「群組（選取 1 個）」提示語下變數清單選取一個二分類別變數，範例點選學生性別變數「sex」；「依變數（反應變數）（選取 1 個）」提示語下變數清單選取檢定依變數，範例視窗點選 A 類證照考試通過與否變數「pass_a」，如圖 2-46。

「選項」方盒對立假設有三個選項：「⊙ 雙邊」（雙尾檢定，內定選項）、「○ 差異 < 0」（單尾左側檢定）、「○ 差異 > 0」（單尾右側檢定）；內定信賴水準數值為 0.95。「檢定類型」內定選項為「⊙ 近似常態分布」，另一個選項為「○ 近似常態分布與連續性校正」，視窗方盒採取內定選項，按「OK」鈕，如圖 2-47。

Output 方框之輸出結果如下：

```
Percentage table:

pass_a
```

**◢圖 2-46**　「資料」方盒之「群組」選取 sex

 圖 2-47 「選項」方盒之對立假設選取「雙邊」

```
sex    未通過   通過   Total   Count
男生    54.5    45.5    100     22
女生    33.3    66.7    100     18
    2-sample test for equality of proportions without
continuity correction
data:  .Table
X-squared= 1.7998, df= 1, p-value= 0.1797
alternative hypothesis: two.sided
95 percent confidence interval:
 -0.0890724  0.5133148
sample estimates:
   prop 1    prop 2
0.5454545   0.3333333
```

　　樣本觀察值中，22 位男生未通過證照考試與通過證照考試的百分比為 54.5%、45.5%；18 位女生未通過證照考試與通過證照考試的百分比為 33.3%、66.7%，樣本估計值 prop1 = 0.545、prop2 = 0.333，為樣本群組未通過證照考試的比例。檢定統計量卡方值 = 1.800、自由度 $df$ = 1、顯著性 $p$ 值 = 0.180 > 0.05，接受虛無假設（男生未通過百分比 = 女生未通過百分比），男生群體未通過 A 類證照的比例與女生群體未通過 A 類證照的比例沒有顯著不同（男生群體通過 A 類證照的比例與女生群體通過 A 類證照的比例沒有顯著差異）。

## (二) 單尾檢定

**範例研究問題：**為「甲校學生未通過 B 類證照考試比例是否顯著低於乙校學生未通過 B 類證照考試比例」，對立假設為：$p_1 < p_2$。

「雙樣本比例檢定」視窗中，「資料」方盒之「群組（選取 1 個）」提示語下變數清單點選學校因子變數「school」；「依變數（反應變數）（選取 1 個）」提示語下變數清單點選 B 類證照考試通過與否變數「pass_b」，如圖 2-48。

「選項」方盒之對立假設選取「⊙ 差異 < 0」選項，按「OK」鈕，如圖 2-49。

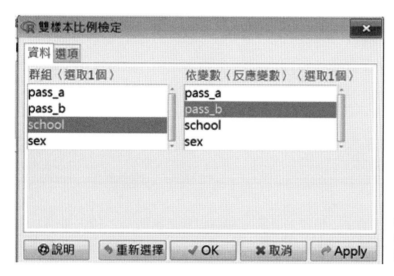

☝圖 2-48　「雙樣本比例檢定」視窗中的「資料」方盒

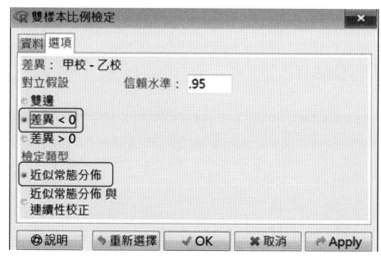

☝圖 2-49　「雙樣本比例檢定」視窗中的「選項」方盒

Output 方框之輸出結果如下：

```
Percentage table:
pass_b
school 未通過  通過  Total  Count
甲校    22.2  77.8   100    18
乙校    45.5  54.5   100    22
    2-sample test for equality of proportions without
continuity correction
data:  .Table
X-squared= 2.3488, df= 1, p-value= 0.06269
alternative hypothesis: less
95 percent confidence interval:
 -1.000000000  0.005310683
sample estimates:
   prop 1     prop 2
0.2222222   0.4545455
```

　　對立假設為單尾左側檢定：甲校未通過 B 類證照考試比例 < 乙校未通過 B 類證照考試比例，甲校樣本學生中未通過的比例為 22.2%、乙校樣本學生中未通過的比例為 45.5%，檢定統計量卡方值 = 2.349、自由度 $df$ = 1、顯著性 $p$ 值 = 0.063 > 0.05，接受虛無假設（$p_1 \geq p_2$），對立假設無法得到支持：甲校學生未通過 B 類證照考試比例並沒有顯著低於乙校學生未通過 B 類證照考試比例。

　　範例改為雙尾檢定的統計結果如下：

```
Percentage table:
pass_b
school 未通過 通過   Total  Count
甲校    22.2  77.8   100    18
乙校    45.5  54.5   100    22
```

```
     2-sample test for equality of proportions without
continuity correction
data:  .Table
X-squared= 2.3488, df= 1, p-value= 0.1254
alternative hypothesis: two.sided
95 percent confidence interval:
 -0.51548151   0.05083504
sample estimates:
    prop 1     prop 2
0.2222222   0.4545455
```

　　對立假設為雙尾檢定，甲校未通過 B 類證照考試比例 ≠ 乙校未通過 B 類證照考試比例，甲校樣本學生中未通過的比例為 22.2%、乙校樣本學生中未通過的比例為 45.5%，檢定統計量卡方值 = 2.349、自由度 $df$ = 1、顯著性 $p$ 值 = 0.125 > 0.05，接受虛無假設，對立假設無法得到支持：甲校未通過 B 類證照考試比例與乙校未通過 B 類證照考試比例沒有顯著不同。雙尾檢定之顯著性 $p$ 值 = 0.1254，顯著性 $p$ 值除以 2（0.1254 ÷ 2 = 0.0627）之量數為單尾左側檢定之顯著性 $p$ 值的統計量數（$p$ - value = 0.06269）。

 **玖** 無母數檢定

 一、雙樣本 Wilcoxon 檢定

　　執行功能表列「統計量」/「無母數檢定」（Nonparametric test）/「雙樣本 Wilcoxon 檢定」（Two-sample Wilcoxon test）程序，開啟「雙樣本 Wilcoxon 檢定」對話視窗，視窗可進行二個獨立群組之中位數檢定。無母數檢定之「雙樣本 Wilcoxon 檢定」程序於母數檢定法中為獨立樣本 t 檢定。

**研究問題：** 不同性別的樣本觀察值在閱讀能力分數是否有顯著差異？（如圖 2-50）

　　「雙樣本比例檢定」視窗，「資料」方盒之「群組（選取 1 個）」提示語方框中變數清單選取一個二分類別變數，範例點選學生性別變數 sex；「依變數（反應變數）（選取 1 個）」提示語方框中變數清單選取一個檢定依變數，範例點選學生

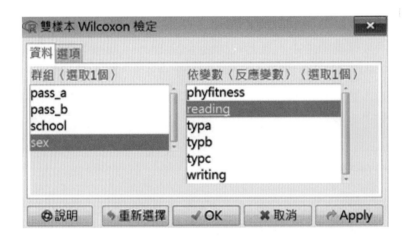

● 圖 2-50　開啟「雙樣本 Wilcoxon 檢定」視窗

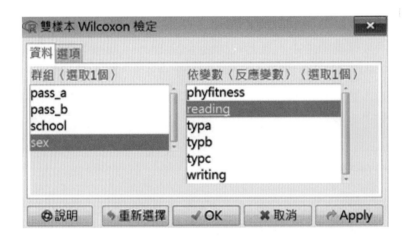

● 圖 2-51　「資料」方盒中的群組變數選取「sex」

閱讀能力變數 reading，如圖 2-51。

　　「選項」方盒對立假設有三個選項：「◉ 雙邊」（雙尾檢定，內定選項）、「○ 差異 < 0」（單尾左側檢定）、「○ 差異 > 0」（單尾右側檢定）。「檢定類型」內定選項為「◉ 預設」，另三個選項為「○ 精確性」、「○ 近似常態分布」、「○ 近似常態分布與連續性校正」，視窗方盒採取內定選項，按「OK」鈕，如圖 2-52。

　　Output 方框之輸出結果如下：

```
> with(data_t, tapply(reading, sex, median, na.rm= TRUE))
```

圖 2-52　「選項」方盒中的對立假設選取「雙邊」

```
男生    女生
  65    65
 > wilcox.test(reading ~ sex, alternative= "two.sided", data=
 data_t)
     Wilcoxon rank sum test with continuity correction
 data:   reading by sex
 W= 203, p-value= 0.9023
 alternative hypothesis: true location shift is not equal to 0
```

對立假設為真實中位數差異值（偏移值）不等於 0。男生的中位數為 65、女生的中位數為 65，Wilcoxon 等級總和檢定統計量 W = 203、顯著性 $p$ 值 = 0.902 > 0.05，接受虛無假設，男生、女生二個群組之閱讀能力中位數的差異值顯著等於 0（中位數沒有顯著不同），二個群組的中位數沒有差異，表示群組的平均數也沒有差異。

**研究問題：**男生的寫作能力分數是否顯著低於女生的寫作能力分數？

「雙樣本 Wilcoxon 檢定」對話視窗點選的群組變數為「sex」、選取的依變數為學生的寫作能力變數「writing」，如圖 2-53。

「選項」方盒之對立假設選取「⊙ 差異 < 0」選項（單尾左側檢定），研究假設為「男生的寫作能力分數顯著低於女生的寫作能力分數？」，無母數程序的對立假設為：男生群體中位數＜女生群體中位數，如圖 2-54。

Output 方框之輸出結果如下：

● 圖 2-53　「資料」方盒中的依變數選取「writing」

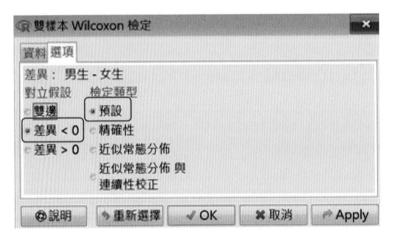

● 圖 2-54　「選項」方盒中的對立假設選取「差異＜0」

```
> with(data_t, tapply(writing, sex, median, na.rm= TRUE))
男生　女生
  59    63
 > wilcox.test(writing ~ sex, alternative= "less", data= data_
t)

    Wilcoxon rank sum test with continuity correction
data:  writing by sex
W= 168, p-value= 0.2108
alternative hypothesis: true location shift is less than 0
```

統計檢定之對立假設為「男生群組中位數＜女生群組中位數」，就寫作能力分數而言，男生群組的中位數為 59、女生群組的中位數為 63，Wilcoxon 等級總和檢定統計量 W = 168、顯著性 $p$ 值 = 0.211 ＞ 0.05，接受虛無假設（男生群組中位數 ≥ 女生群組中位數），對立假設無法得到支持，男生群組在寫作能力分數的中位數並沒有顯著小於女生群組在寫作能力分數的中位數

　「選項」方盒中選取其他三個檢定類型的統計量數與顯著性 $p$ 值如下：

```
> with(data_t, tapply(writing, sex, median, na.rm= TRUE))
男生   女生
  59    63
>wilcox.test(writing ~ sex, alternative= 'less', exact= TRUE,
correct= FALSE, data= data_t)
    Wilcoxon rank sum test
data:  writing by sex
W= 168, p-value= 0.2069
alternative hypothesis: true location shift is less than 0
```

**[說明]**：檢定類型為選取「⊙ 精確性」選項，wilcox.test（ ）函數中的引數設定「exact = TRUE, correct = FALSE」。W 統計量 = 168、顯著性 $p$ 值 = 0.2069 ＞ 0.05，未達統計顯著水準。

--------------------------------------------------------------------

```
> with(data_t, tapply(writing, sex, median, na.rm= TRUE))
男生   女生
  59    63
>wilcox.test(writing ~ sex, alternative= 'less', exact= FALSE,
correct= FALSE, data= data_t)
    Wilcoxon rank sum test
data:  writing by sex
W= 168, p-value= 0.2069
alternative hypothesis: true location shift is less than 0
```

**[說明]**：檢定類型為選取「⊙ 近似常態分配」選項，wilcox.test( ) 函數中的引數設定「exact = FALSE , correct = FALSE」。W 統計量 = 168、顯著性

$p$ 值 = 0.2069 > 0.05，未達統計顯著水準。

------------------------------------------------------------------------

```
> with(data_t, tapply(writing, sex, median, na.rm= TRUE))
男生  女生
  59    63
 > wilcox.test(writing ~ sex, alternative= 'less', exact=
FALSE, correct= TRUE, data= data_t)
     Wilcoxon rank sum test with continuity correction
data:  writing by sex
W= 168, p-value= 0.2108
alternative hypothesis: true location shift is less than 0
```

[說明]：檢定類型為選取「⊙ 近似常態分配與連續性校正」選項，wilcox.test( ) 函數中的引數設定「exact = FALSE , correct = TRUE」。W 統計量 = 168、顯著性 $p$ 值 = 0.2108 > 0.05，未達統計顯著水準。

不同檢定類型之 Wilcoxon 等級和檢定統計量 W 相同（W = 168），顯著性 $p$ 值有稍許的不同，但差異量不大，最後的結果是一致的。

**研究問題：**「甲、乙二校學生在寫作能力分數是否有顯著不同？」

甲校、乙校二校學生在寫作能力的差異比較，對立假設選取「⊙ 雙邊」（雙尾檢定），四種檢定類型結果如下：

```
> with(data_t, tapply(writing, school, median, na.rm= TRUE))
甲校    乙校
  58    68
 > wilcox.test(writing ~ school, alternative= "two.sided",
data= data_t)
     Wilcoxon rank sum test with continuity correction
data:  writing by school
W= 116, p-value= 0.02641
alternative hypothesis: true location shift is not equal to 0
```

**[說明]**：檢定類型為選取「⊙預設」選項，W 統計量 = 116、顯著性 $p$ 值 = 0.02641 < 0.05，拒絕虛無假設（甲校中位數 = 乙校中位數），接受對立假設（甲校寫作能力分數的中位數 ≠ 乙校寫作能力分數的中位數），甲、乙兩校在寫作能力的中位數有顯著的差異存在。

------------------------------------------------------------------

```
> with(data_t, tapply(writing, school, median, na.rm= TRUE))
甲校    乙校
  58    68
>wilcox.test(writing ~ school, alternative= 'two.sided',
exact= TRUE, correct= FALSE, data= data_t)
     Wilcoxon rank sum test
data:  writing by school
W= 116, p-value= 0.0255
alternative hypothesis: true location shift is not equal to 0
```

**[說明]**：檢定類型為選取「⊙精確性」選項，W 統計量 = 116、顯著性 $p$ 值 = 0.0255 < 0.05，拒絕虛無假設（甲校中位數 = 乙校中位數），接受對立假設（甲校寫作能力分數的中位數 ≠ 乙校寫作能力分數的中位數），甲、乙兩校在寫作能力的中位數有顯著的差異存在。

------------------------------------------------------------------

```
> with(data_t, tapply(writing, school, median, na.rm= TRUE))
甲校    乙校
  58    68
>wilcox.test(writing ~ school, alternative= 'two.sided',
exact= FALSE, correct= FALSE, data= data_t)
     Wilcoxon rank sum test
data:  writing by school
W= 116, p-value= 0.0255
alternative hypothesis: true location shift is not equal to 0
```

**[說明]**：檢定類型為選取「⊙近似常態分配」選項，W 統計量 = 116、顯著性 $p$ 值 = 0.0255 < 0.05，拒絕虛無假設（甲校中位數 = 乙校中位數），接受對立假設（甲校寫作能力分數的中位數 ≠ 乙校寫作能力分數的中位數），甲、乙兩校在寫作能力的中位數有顯著的差異存在。

------------------------------------------------------------------

```
> with(data_t, tapply(writing, school, median, na.rm= TRUE))
甲校   乙校
  58   68
>wilcox.test(writing ~ school, alternative= 'two.sided',
exact= FALSE, correct= TRUE, data= data_t)
    Wilcoxon rank sum test with continuity correction
data:  writing by school
W= 116, p-value= 0.02641
alternative hypothesis: true location shift is not equal to 0
```

[說明]：檢定類型為選取「⊙ 近似常態分配與連續性校正」選項，W 統計量 = 116、顯著性 $p$ 值 = 0.02641 < 0.05，拒絕虛無假設（甲校中位數 = 乙校中位數），接受對立假設（甲校寫作能力分數的中位數 ≠ 乙校寫作能力分數的中位數），甲、乙兩校在寫作能力的中位數有顯著的差異存在（甲、乙兩校學生在寫作能力中位數的差異值不等於 0，表示甲、乙兩校學生在寫作能力分數有顯著差異存在）。

## 二、單一樣本 Wilcoxon 檢定

　　執行功能表列「統計量」/「無母數檢定」（Nonparametric test）/「單一樣本 Wilcoxon 檢定」（Single-sample Wilcoxon test）程序，開啟「單一樣本 Wilcoxon 檢定」對話視窗，視窗可執行單一樣本之中位數檢定。

### (一) 雙尾檢定

**研究問題：** 樣本學生的閱讀能力分數是否顯著等於 60 分？

　　「資料」方盒中，「變數（選取 1 個）」方框之變數清單點選閱讀能力分數變數 reading，如圖 2-55。

　　「選項」方盒內定「虛無假設：mu = 」右的檢定值為 0.0，範例檢定數值輸入 60，對立假設採用內定選項「⊙ 雙邊」，按「OK」鈕，如圖 2-56。

　　Output 方框之輸出結果如下：

● 圖 2-55　「資料」方盒中的「變數」選取「reading」

● 圖 2-56　「選項」方盒中的「對立假設」選取「雙邊」

```
> with(data_t, median(reading, na.rm= TRUE))
[1] 65
> with(data_t, mean(reading, na.rm= TRUE))
[1] 62.975
> with(data_t, wilcox.test(reading, alternative= 'two.sided',
mu= 60))

    Wilcoxon signed rank test with continuity correction
data:  reading
V= 513, p-value= 0.1679
```

alternative hypothesis: true location is not equal to 60

樣本觀察值在閱讀能力變數的中位數 = 65、平均數 = 62.975，對立假設為「真實位移參數不等於 60（中位數 ≠ 60）」，檢定統計量 V = 513、顯著性 *p* 值 = 0.168 > 0.05，未達統計顯著水準，接受虛無假設（中位數 = 60），樣本中位數顯著等於 60（樣本觀察值在閱讀能力平均數顯著等於 60 分）。

## (二) 單尾檢定

**研究問題：**樣本學生的寫作力分數是否顯著低於 65 分？

「資料」方盒中，「變數（選取 1 個）」方框之變數清單點選寫作能力分數變數 writing。

「選項」方盒中，「虛無假設：mu =」右邊方框的檢定數值輸入「65」，「對立假設」次方盒選取「⊙mu < 0」選項（單尾左側檢定），按「OK」鈕，如圖 2-57。

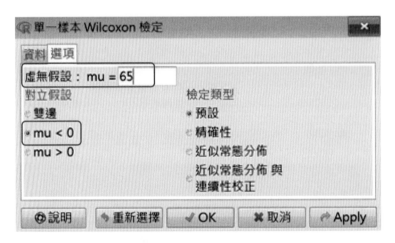

● 圖 2-57 「對立假設」次方盒中選取「mu < 0」

**研究問題：**

```
> with(data_t, median(writing, na.rm= TRUE))
[1] 61
> with(data_t, mean(writing, na.rm= TRUE))
[1] 61.275
```

```
> with(data_t, wilcox.test(writing, alternative= 'less', mu=
65))
    Wilcoxon signed rank test with continuity correction
data:  writing
V= 262, p-value= 0.02358
alternative hypothesis: true location is less than 65
```

　　樣本觀察值在寫作能力變數的中位數 = 61、平均數 = 61.275，對立假設為「真實位移參數小於 65（中位數 < 65）」，檢定統計量 V = 262、顯著性 $p$ 值 = 0.024 < 0.05，達統計顯著水準，有足夠證據可以拒絕虛無假設（中位數 ≥ 65），對立假設得到支持，樣本中位數顯著小於 65（對應的寫作能力分數平均數也顯著小於 65分）。

 ## 三、成對樣本 Wilcoxon 檢定

**研究問題：**「樣本觀察值對品牌飲料 A、品牌飲料 B 的喜愛程度是否有顯著不同？」

　　執行功能表列「統計量」/「無母數檢定」/「成對樣本 Wilcoxon 檢定」程序，開啟「成對樣本 Wilcoxon 檢定」對話視窗，視窗可進行相依樣本（配對樣本）之中位數檢定。無母數檢定之「成對樣本 Wilcoxon 檢定」程序於母數檢定中為「相依樣本 t 檢定」。

　　「資料」方盒之「第 1 個變數（選取 1 個）」提示語變數清單選取第一個測量值，範例點選「typa」（樣本觀察值對 A 品牌喜愛程度）；「第 2 個變數（選取 1 個）」提示語變數清單選取第二個測量值，範例點選「typb」（樣本觀察值對 B 品牌喜愛程度），如圖 2-58。

　　「選項」方盒之對立假設選項有三個：「⦿雙邊」（內定選項）、「○差異 < 0」（單尾左側檢定）、「○差異 > 0」（單尾右側檢定），檢定類型有四個「⦿預設」（內定選項）、「○精確性」、「○近似常態分布」、「○近似常態分布與連續性校定」，範例視窗採用內定選項，按「OK」鈕，如圖 2-59。

　　Output 方框之輸出結果如下：

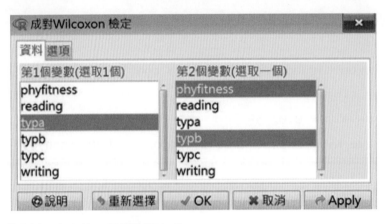

● 圖 2-58　「資料」方盒第 1 個變數選取「typa」

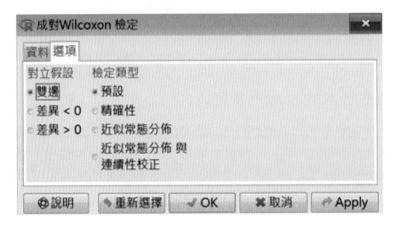

● 圖 2-59　「對立假設」次方盒中選取「雙邊」

```
> with(data_t, median(typa - typb, na.rm= TRUE)) # median
difference
[1] 2
> with(data_t, wilcox.test(typa, typb, alternative= 'two.
sided', paired= TRUE))

    Wilcoxon signed rank test with continuity correction
data:  typa and typb
V= 809, p-value= 6.355e-08
alternative hypothesis: true location shift is not equal to 0
```

　　對立假設為二個測量值的中位數差異值（位置改變量）不等於 0，樣本統計量
中位數差異值 = 2（A 品牌測量值中位數 − B 品牌測量值中位數）。Wilcoxon 等級
和檢定統計量 V = 809、顯著性 p 值 = 0.000 < 0.05，拒絕虛無假設（二個測量值的
中位數差異值（位置改變量）等於 0），接受對立假設：二個測量值的中位數顯著
不同，樣本觀察值對 A 品牌飲料與 B 品牌飲料的喜愛程度有顯著差異存在，由於
中位數差異值為正值，表示樣本觀察值對 A 品牌飲料喜愛程度顯著高於對 B 品牌
飲料的喜愛程度。

　　執行功能表列「資料」/「摘要」/「使用中的資料集」程序可以求出變數的描
述性統計量，typa、typb、typc 三個變數的平均數分別為 6.53、4.18、7.05；中位數
分別為 6.0、4.0、7.0。品牌 A、品牌 B 變數中位數的差異值 = 6.0 − 4.0 = 2.0。

```
> summary(data_t)
      typa              typb              typc
Median : 6.000    Median :4.000    Median :7.00
Mean   : 6.525    Mean   :4.175    Mean   :7.05
```

**研究問題：**「樣本觀察值對品牌飲料 C、品牌飲料 A 的喜愛程度是否有顯著不同？」

　　「資料」方盒之「第 1 個變數（選取 1 個）」提示語變數清單選取第一個測量值，
範例點選「typc」（樣本觀察值對 C 品牌喜愛程度）；「第 2 個變數（選取 1 個）」
提示語變數清單選取第二個測量值，範例點選「typa」（樣本觀察值對 A 品牌喜愛
程度），如圖 2-60。

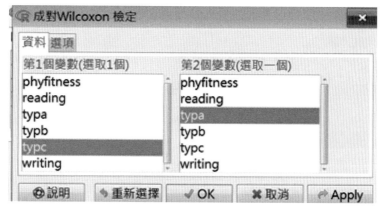

● 圖 **2-60**　第 1 個變數選取「typc」

Output 方框之輸出結果如下：

```
> with(data_t, median(typc - typa, na.rm= TRUE)) # median
difference
[1] 1
> with(data_t, wilcox.test(typc, typa, alternative= 'two.
sided', paired= TRUE))
    Wilcoxon signed rank test with continuity correction
data:  typc and typa
V= 317, p-value= 0.08046
alternative hypothesis: true location shift is not equal to 0
```

　　對立假設為二個測量值的中位數差異值（位置改變量）不等於 0，樣本統計量中位數差值 = 1（C 品牌測量值中位數 – A 品牌測量值中位數 = 7 – 6 = 1）。Wilcoxon 符號等級和檢定統計量 V = 317、顯著性 *p* 值 = 0.080 > 0.05，接受虛無假設：二個測量值的中位數差異值（位置改變量）等於 0，樣本觀察值對 C 品牌飲料與 A 品牌飲料的喜愛程度沒有顯著不同。

**研究問題：**「樣本觀察值對品牌飲料 A、品牌飲料 C 的喜愛程度是否有顯著不同？」

　　「資料」方盒之「第 1 個變數（選取 1 個）」提示語變數清單中選取點選「typa」（樣本觀察值對 A 品牌喜愛程度）；「第 2 個變數（選取 1 個）」提示語變數清單中選取「typc」（樣本觀察值對 C 品牌喜愛程度），如圖 2-61。

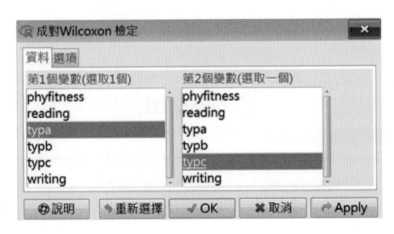

圖 **2-61**　第 1 個變數選取「typa」

Output 方框之輸出結果如下：

```
> with(data_t, median(typa - typc, na.rm= TRUE)) # median
difference
[1] -1
> with(data_t, wilcox.test(typa, typc, alternative= 'two.
sided', paired= TRUE))
    Wilcoxon signed rank test with continuity correction
data:  typa and typc
V= 148, p-value= 0.08046
alternative hypothesis: true location shift is not equal to 0
```

　　對立假設為二個測量值的中位數差異值（位置改變量）不等於 0，樣本統計量中位數差異值 = −1（A 品牌測量值中位數 − C 品牌測量值中位數 = 6 − 7 = −1）。Wilcoxon 等級和檢定統計量 V = 317、顯著性 $p$ 值 = 0.080 > 0.05，接受虛無假設：二個測量值的中位數差異值（位置改變量）等於 0，樣本觀察值對 A 品牌飲料與 C 品牌飲料的喜愛程度沒有顯著不同。

　　成對樣本 Wilcoxon 檢定為一種重複量數的檢定，對話視窗「資料」方盒中，「第 1 個變數」、「第 2 個變數」下變數清單選取的配對變數順序若是不一致，輸出結果的中位數差異值正負號相反，但中位數差異值的絕對值相同，顯著性機率值 $p$ 也會相同，但 Wilcoxon 等級和檢定統計量 V 不同（範例為 V = 317、V = 148），最後得出的統計結果是相同的。

 ## 四、Kruskal-Wallis 檢定

　　執行功能表列「統計量」/「無母數檢定」/「Kruskal-Wallis 檢定」程序，開啟「Kruskal-Wallis 等級和檢定」對話視窗，視窗功能可進行三個以上水準群組之中位數檢定。無母數檢定之「Kruskal-Wallis 檢定」程序於母數檢定中為「獨立樣本單因子變異數分析」，如圖 2-62。

**研究問題：**「學生年級在學習焦慮感受是否有顯著不同？」

　　「Kruskal-Wallis 等級和檢定」對話視窗中，「群組（選取 1 個）」方框之變數清單點選學生年級變數「year」、依變數（反應變數）（選取 1 個）方框之變數

圖 2-62 開啟「Kruskal-Wallis 等級和檢定」視窗

圖 2-63 依變數選取「anxiety」

清單點學生學習焦慮變數「anxiety」，視窗功能進行學生年級因子變數在學習焦慮反應變數的差異檢定，如圖 2-63。

Output 方框之輸出結果如下：

```
> with(Dataset, tapply(anxiety, year, median, na.rm= TRUE))
一年級　 二年級　 三年級
19.5　 26.0　 24.0
>kruskal.test(anxiety ~ year, data= Dataset)
    Kruskal-Wallis rank sum test
data:  anxiety by year
Kruskal-Wallis chi-squared= 24.816, df= 2, p-value= 4.086e-06
```

　　三個年級群組的中位數分別為 19.50、26.0、24.0，Kruskal-Wallis 等級和檢定統計量卡方值 = 24.816、自由度 $df = 2$、顯著性 $p$ 值 = 0.000 < 0.05，達到統計顯著水準，三個群組之中位數有顯著不同（至少有一個配對組的中位數差異值不等於 0）。

**研究問題：**學生年級在學習喜愛程度是否有顯著差異存在？

　　學生年級在學習喜愛程度之無母數檢定程序中，因子變數為學生年級「year」、依變數為學習喜愛程度「liking」，Output 方框之輸出結果如下：

```
> with(Dataset, tapply(liking, year, median, na.rm= TRUE))
一年級　二年級　三年級
25     21      24
>kruskal.test(liking ~ year, data= Dataset)
    Kruskal-Wallis rank sum test
data:  liking by year
Kruskal-Wallis chi-squared= 4.8506, df= 2, p-value= 0.08845
```

　　三個年級群組的中位數分別為 25、21、24，Kruskal-Wallis 等級和檢定統計量卡方值 = 4.851、自由度 $df = 2$、顯著性 $p$ 值 = 0.088 > 0.05，未達統計顯著水準，接受虛無假設，三個群組之中位數沒有顯著差異。

## 五、Friedman 等級和檢定

**研究問題：**「樣本觀察值對三種品牌飲料的喜愛程度是否有差異？」

　　執行功能表列「統計量」/「無母數檢定」/「Friedman 等級和檢定」程序，開啟「Friedman 等級和檢定」對話視窗，視窗功能可進行三個變數之中位數檢定。無母數檢定之「Friedman 等級和檢定」程序於母數檢定中為「相依樣本單因子變異數分析」。

　　「Friedman 等級和檢定」視窗中，「重複量數變數（選取兩個或多個）」方框之變數清單最少要選取二個計量變數，範例視窗選取 typa、typb、typc 三個，按「OK」鈕，如圖 2-64。

　　Output 方框之輸出結果如下：

```
Medians:
typa typb typc
 6    4    7
    Friedman rank sum test
data:   .Responses
Friedman chi-squared= 45.243, df= 2, p-value= 1.498e-10
```

　　品牌 A、品牌 B、品牌 C 的中位數分別為 6、4、7，Friedman 等級和檢定統計量卡方值 = 45.243、自由度 $df = 2$、顯著性 $p$ 值 = 0.000 < 0.05，達到統計顯著水準，三個中位數中至少有一個中位數與其他二個中位數差異值顯著不等於 0。

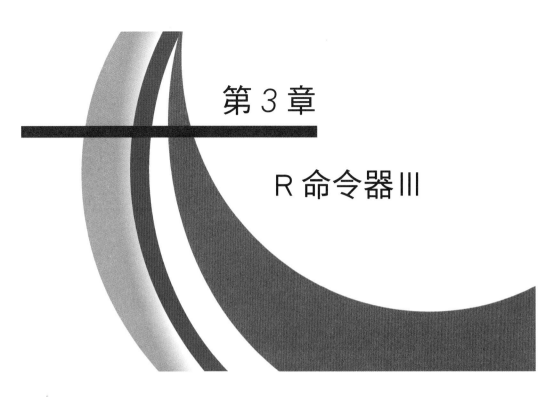

# 第 3 章

# R 命令器 III

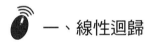

**壹** 迴歸分析

## 一、線性迴歸

執行功能表列「統計量」/「模型配適」/「線性迴歸」程序,開啟「線性迴歸」對話視窗,視窗功能可以進行線性迴歸分析,如圖 3-1。

🍎**圖 3-1** 開啟「線性迴歸」對話視窗

「線性迴歸」視窗中，輸入模型名稱內定順序為 RegModel.1、RegModel.2、RegModel.3、……，視窗方盒每按一次「OK」鈕，迴歸模型名稱會自動修改。

若是視窗中界定多個模型，執行功能表列「模型」/「選擇適用的模型」程序，開啟「選擇模型」對話視窗，「模型（選取 1 個）」方框之模型清單中可以重新選取模型，點選模型名稱後，按「OK」鈕（如圖 3-2）。或是於工具列「模型：」右邊方框之模型名稱點選一下，也可以開啟「選擇模型」對話視窗，重新選取模型，如圖 3-3。

**研究問題：**自變數 climate（知覺的班級氣氛）、concentrate（學習專注）、motivation（學習動機）、peer（同儕關係）、resource（家庭文化資源）、tactic（學習策略）等六個是否可以有效預測 academic（學業成就）依變數？

依變數（反應變數）（選取 1 個）選項之變數清單點選學生學業成就變數 academic；自變數（解釋變數）（選取 1 個或多個）選項變數清單點選 climate（知覺的班級氣氛）、concentrate（學習專注）、motivation（學習動機）、peer（同儕關係）、resource（家中文化資源）、tactic（學習策略）等六個，按「OK」鈕，如

●圖 3-2 「選擇模型」視窗

| R Commander |
| 檔案 編輯 資料 統計量 繪圖 模型 機率分佈 工具 說明 |
| 資料集： tempdata ✎編輯資料集 檢視資料集 模型： RegModel.2 |

●圖 3-3 點選模型名稱，重新選取模型

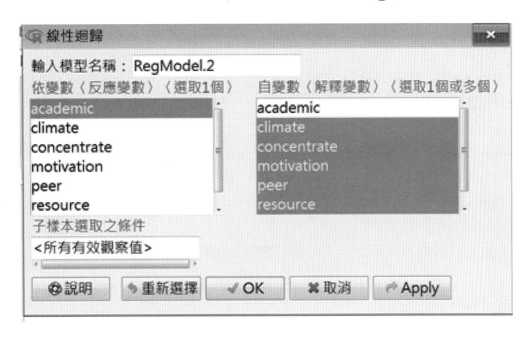

🍎**圖 3-4** 依變數選取「academic」

圖 3-4。

　　Output 方框之輸出結果如下：

---

```
> RegModel.2 <- lm(academic~climate+concentrate+motivation+pee
r+resource+tactic, data=tempdata)
> summary(RegModel.2)
Call:
lm(formula = academic ~ climate + concentrate + motivation +
    peer + resource + tactic, data = tempdata)
Residuals:
  Min       1Q      Median     3Q       Max
-23.3614  -5.0548   0.4243   4.9902   22.6014
```

**[說明]**：量數為殘差值的描述性統計量，預測誤差項統計量包括最小值、第一個四分位數、中位數、第三個四分位數、最大值。

---

```
Coefficients:
```

```
              Estimate   Std. Error   t value    Pr(>|t|)
(Intercept)  -2.83270     2.69311     -1.052    0.293966
climate       0.73542     0.15087      4.874    2.02e-06 ***
concentrate   0.53312     0.12941      4.120    5.27e-05 ***
motivation    2.53210     0.20860     12.138    < 2e-16  ***
peer         -0.03564     0.14069     -0.253    0.800253
resource      0.12639     0.16950      0.746    0.456611
tactic        0.86908     0.22482      3.866    0.000144 ***
---
Signif. codes:  0 '***' 0.001 '**' 0.01 '*' 0.05 '.' 0.1 ' ' 1
```

**[說明]**：六個自變數對學業成就依變數有顯著解釋力的變數有 climate 、concentrate、motivation、tactic 四個，四個迴歸係數估計值分別為 0.735、0.533、2.532、0.869，估計值均大於 0，表示四個自變數對學業成就依變數均有顯著正向影響作用，peer、resource 二個自變數之迴歸係數估計值未達統計顯著水準（$p > 0.05$），表示二個自變數的真實迴歸係數值均顯著等於 0。

----------------------------------------------------------------------

```
Residual standard error: 8.47 on 233 degrees of freedom
Multiple R-squared:  0.7181, Adjusted R-squared:  0.7108
F-statistic: 98.91 on 6 and 233 DF,  p-value: < 2.2e-16
```

**[說明]**：殘差項的標準誤 = 8.47、自由度 = 233，迴歸模式的 $R$ 平方值 = 0.718、調整後 $R$ 平方值 = 0.711，迴歸係數顯著性整體檢定的 $F$ 值統計量 = 98.91，分子與分母自由度分別為 6、233，顯著性 $p$ 值 = 0.000 < 0.05，表示六個迴歸係數估計值至少有一個迴歸係數估計值顯著不等於 0。

 二、線性模型

　　執行功能表列「統計量」/「模型配適」/「線性模型」程序，開啟「線性模型」對話視窗，視窗功能可以進行各種線性模型分析。

　　範例中的線性模型視窗中的依變數、自變數會保留原「線性迴歸」視窗中界定的變數，自變數方框中的變數為「climate + concentrate + motivation +peer + resource + tactic」，由於 peer 、 resource 二個自變數沒有顯著解釋力，範例中將二

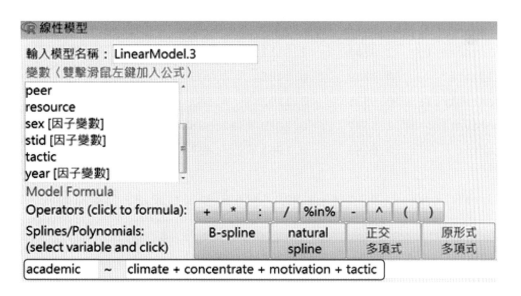

🍎**圖 3-5**　線性模型

🍎**圖 3-6**　將 peer、resource 從模型中移除

個自變數從迴歸模型中移除，自變數方框中的變數訊息為「climate + concentrate + motivation+ tactic」，如圖 3-5。

　　點選符號「～」右邊自變數方框中的變數 peer、resource，按刪除鍵「Delete」，保留四個自變數，自變數間以「＋」號連結，如圖 3-6。

Output 方框之輸出結果如下：

---

```
> summary(LinearModel.3)
Call:
lm(formula = academic ~ climate + concentrate + motivation + tactic, data = Dataset)
Residuals:
   Min       1Q     Median      3Q       Max
-23.4211  -5.0429    0.2424   4.7832   21.9333
```

**[說明]**：量數為殘差值（預測誤差）的描述性統計量。

---

```
Coefficients:
             Estimate  Std. Error  t value  Pr(>|t|)
(Intercept)  -2.8242      2.5112    -1.125   0.262
climate       0.7289      0.1486     4.906   1.74e-06 ***
concentrate   0.5535      0.1192     4.643   5.72e-06 ***
motivation    2.5577      0.2029    12.608   < 2e-16  ***
tactic        0.8761      0.1961     4.467   1.23e-05 ***
---
Signif. codes:  0 '***' 0.001 '**' 0.01 '*' 0.05 '.' 0.1 ' ' 1
```

**[說明]**：climate、concentrate、 motivation、tactic 四個自變數對依變數學業成就均有顯著解釋力，四個預測變數的迴歸係數估計值均達統計顯著水準（$p < 0.05$），迴歸係數估計值分別為 0.73、0.55、2.56、0.88。

---

```
Residual standard error: 8.445 on 235 degrees of freedom
Multiple R-squared:  0.7174,     Adjusted R-squared:  0.7126
F-statistic: 149.1 on 4 and 235 DF,  p-value: < 2.2e-16
```

**[說明]**：殘差標準誤 = 8.45、自由度 = 235，迴歸模式的 $R$ 平方值 = 0.717、調整後 $R$ 平方值 = 0.713，迴歸係數顯著性整體檢定的 $F$ 值統計量 = 149.1，分子與分母自由度分別為 4、235，顯著性 $p$ 值 = 0.000 < 0.05，表示四個迴歸係數估計值至少有一個迴歸係數估計值顯著不等於 0。

## 三、子集合模型選擇方法

執行功能表列「模型」/「子集合模型選擇方法」，開啟「子集合模型選擇方法」對話視窗，可以依據模型準則繪製圖形，如圖 3-7。

「子集合模型選擇方法」視窗中，「模型繪製準則」方盒有四個選項：「⊙BIC」（內定選項）、「⊙Mallows Cp 準則」、「Adj R^2」（調整後 R 平方）、「R^2」（R 平方）；「每個大小中包含的模型個數」最小為 1 個、最大為 7 個，範例視窗採內定選項，按「OK」鈕，如圖 3-8。

BIC 指標值繪製的圖示如圖 3-9。

圖形顯示：自變數 peer 與自變數 resource 對應的圖示上方有較大的空白，表示

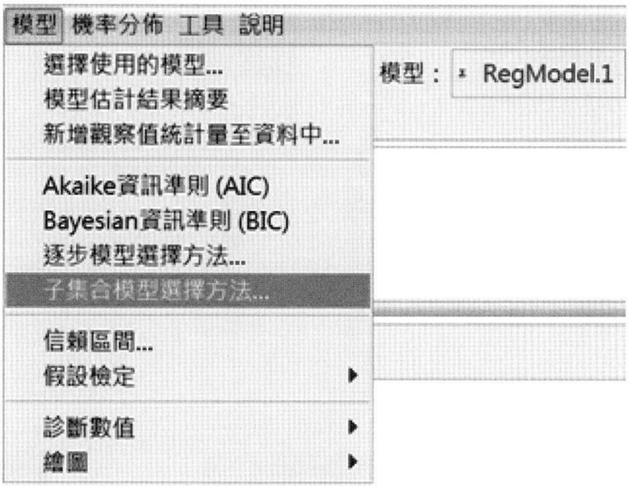

**圖 3-7**　開啟「子集合模型選擇方法」對話視窗

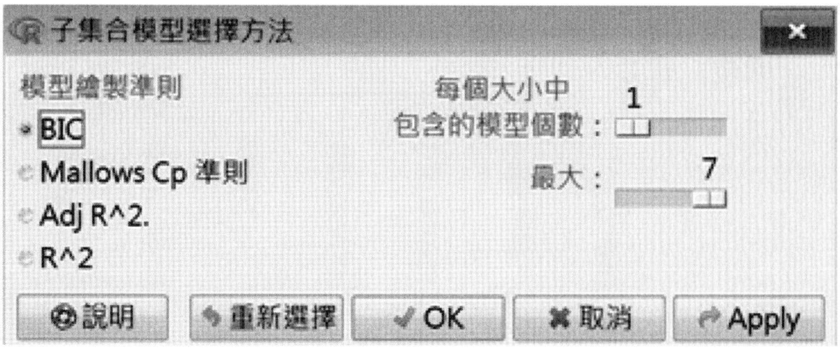

**圖 3-8**　「模型繪製準則」選取「BIC」

其 BIC 值較大，BIC 值愈大表示模型愈不適配，迴歸模型納入此預測變數對整體解釋變異量的提升影響不大。 。

「模型繪製準則」方盒選取「⊙Mallows Cp 準則」選項，繪製的圖示如圖 3-10。

圖形顯示：自變數 peer 與自變數 resource 對應的圖示上方有較大的空白，表示其 Cp 值較大，Cp 值愈大表示模型愈不適配 。

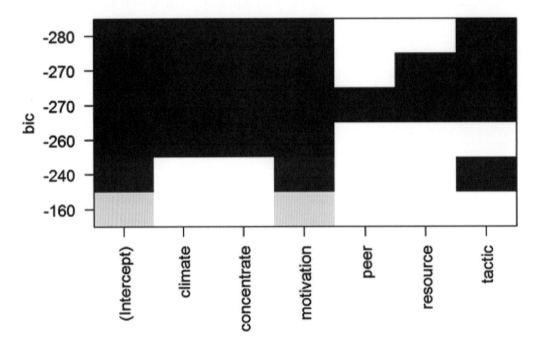

 圖 **3-9** BIC 指標值繪製圖

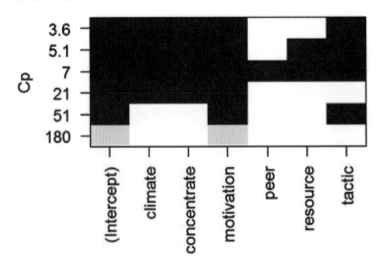

 圖 **3-10** 「Mallows Cp 準則」的繪製圖

## 四、逐步模型選擇方法

執行功能表列「模型」/「逐步模型選擇方法」程序，開啟「逐步模型選擇方法」對話視窗，可以進行逐步迴歸分析。

「逐步模型選擇方法」對話視窗中，「方向」方盒有四個選項「⊙ 向後 / 向前」（內定選項）、「○ 向前 / 向後」、「○ 向後」（後向選擇法）、「○ 向前」（前向選擇法）；「準則」方盒有二個選項：「⊙BIC」（內定選項）、「AIC」，範例視窗採用內定選項，按「OK」鈕，如圖 3-11。

Output 方框之輸出結果如下：

```
> library(MASS, pos=16)
> stepwise(RegModel.2, direction='backward/forward', criterion='BIC')
Direction:   backward/forward
Criterion:   BIC
Start:   BIC=1056.8
```

**[說明]**：投入六個自變數的 BIC 值 = 1056.8。
--------------------------------------------------------------------------
academic ~ climate + concentrate + motivation + peer + resource + tactic

|              | Df | Sum of Sq | RSS   | AIC    |
|--------------|----|-----------|-------|--------|
| - peer       | 1  | 4.6       | 16721 | 1051.4 |
| - resource   | 1  | 39.9      | 16756 | 1051.9 |
| <none>       |    |           | 16716 | 1056.8 |
| - tactic     | 1  | 1072.1    | 17788 | 1066.2 |

 **圖 3-11**　「逐步模型選擇方法」對話視窗

```
- concentrate  1     1217.6   17934   1068.2
- climate      1     1704.6   18421   1074.6
- motivation   1    10570.5   27287   1168.9
Step:  AIC=1051.39
academic ~ climate + concentrate + motivation + resource + tactic
```

**[說明]**：投入五個自變數（排除 peer 同儕關係變數）的 BIC 值 = 1051.39。

----------------------------------------------------------------

```
              Df Sum of Sq   RSS    AIC
- resource     1      37.7  16758  1046.5
<none>                      16721  1051.4
+ peer         1       4.6  16716  1056.8
- concentrate  1    1252.8  17973  1063.2
- tactic       1    1256.3  17977  1063.3
- climate      1    1718.6  18439  1069.4
- motivation   1   10618.3  27339  1163.9
Step:  AIC=1046.45
academic ~ climate + concentrate + motivation + tactic
```

**[說明]**：投入四個自變數（排除 peer 同儕關係變數、resource 家庭文化資源變數）的 BIC 值 = 1046.45。

----------------------------------------------------------------

```
              Df  Sum of Sq   RSS    AIC
<none>                       16758  1046.5
+ resource     1       37.7  16721  1051.4
+ peer         1        2.4  16756  1051.9
- tactic       1     1423.2  18182  1060.5
- concentrate  1     1537.1  18295  1062.0
- climate      1     1716.1  18475  1064.4
- motivation   1    11336.1  28095  1165.0
```

**[說明]**：迴歸模式增列 resource （家庭文化資源）自變數，RSS 值變小（RSS 值從 16758 降為 16721）、BIC 值變大（BIC 值從 1046.5 提升至 1051.4）；迴歸模式增列 peer（知覺同儕關係）自變數，RSS 值變小（RSS 值從 16758 降為

16756）、BIC 值變大（BIC 值從 1046.5 提升至 1051.9）。

---

Call:

lm(formula = academic ~ climate + concentrate + motivation + tactic, data = Dataset)

Coefficients:

| (Intercept) | climate | concentrate | motivation | tactic |
|---|---|---|---|---|
| -2.8242 | 0.7289 | 0.5535 | 2.5577 | 0.8761 |

**[ 說明 ]**： climate、concentrate、 motivation、tactic 四個自變數對依變數學業成就的迴歸係數估計值分別為 0.73、0.55、2.56、0.88，常數項（截距項）= −2.82，逐步迴歸模式程式最後的模式摘要中，對依變數（結果變數）有顯著預測力的自變數為：climate（班級氣氛）、concentrate（學習專注）、motivation（學習動機）、tactic（學習策略）等四個。

非標準化迴歸方程式為：

學業成就 = −2.82 + 0.73 × climate + 0.55 × concentrate + 2.56 × motivation + 0.88
　　　　　× tactic

　　執行功能表列「模型」/「Akaike 資訊準則（AIC）」程序，可以求出模型的 AIC 值。執行功能表列「模型」/「Bayesian 資訊準則（BIC）」程序，可以求出模型的 BIC 值，如圖 3-12。

 圖 **3-12**　「模型」視窗

包含 climate（班級氣氛）、concentrate（學習專注）、motivation（學習動機）、tactic（學習策略）、peer（同儕關係）、resource（家庭文化資源）六個自變數之迴歸模式的 AIC 指標值與 BIC 指標值如下：

```
> AIC(RegModel.2)
[1] 1715.528
> BIC(RegModel.2)
[1] 1743.373
```

包含 climate（班級氣氛）、concentrate（學習專注）、motivation（學習動機）、tactic（學習策略）四個自變數之迴歸模式的 AIC 指標值與 BIC 指標值如下：

```
> AIC(RegModel.3)
[1] 1712.134
> BIC(RegModel.3)
[1]
```

**[ 說明 ]**：RegModel.2 的 AIC 值 = 1715.528、BIC 值 = 1743.373；RegModel.3 的 AIC 值 = 1712.134、BIC 值 = 1733.018， 與 RegModel.2 相 較 之 下，RegModel.3 的 AIC 值、BIC 值均較小，RegModel.3 為只投入 climate（班級氣氛）、concentrate（學習專注）、 motivation（學習動機）、tactic（學習策略）四個自變數的迴歸模式。

 五、信賴區間

執行功能表列「模型」（Models）/「信賴區間」（Confidence intervals）程序，開啟「信賴區間」對話視窗，視窗可以界定迴歸係數值估計值的信賴區間值，判別迴歸係數值是否顯著不等於 0，內定信賴水準數值為 0.95（對應的顯著水準 $\alpha$ =0.05），範例視窗採用內定選項，按「OK」鈕，如圖 3-13。

迴歸係數值估計值 95% 信賴區間如下：

**圖 3-13** 「信賴區間」視窗

```
> Confint(RegModel.2, level=0.95)
                Estimate        2.5 %         97.5 %
(Intercept)   -2.83269736    -8.1386479     2.4732532
climate        0.73541518     0.4381664     1.0326640
concentrate    0.53312311     0.2781653     0.7880809
motivation     2.53210246     2.1211117     2.9430933
peer          -0.03563728    -0.3128183     0.2415438
resource       0.12639330    -0.2075555     0.4603421
tactic         0.86908151     0.4261512     1.3120118
```

　　預測變數 climate 之迴歸係數估計值 = 0.74，95% 信賴區間值 = [0.44,1.03]，未包含數值點 0；concentrate 之迴歸係數估計值 = 0.53，95% 信賴區間值 = [0.28,0.79]，未包含數值點 0；motivation 之迴歸係數估計值 = 2.53，95% 信賴區間值 = [2.12, 2.94]，未包含數值點 0；peer 之迴歸係數估計值 = −0.04，95% 信賴區間值 = [−0.31, 0.24]，區間值包含數值點 0（未達統計顯著水準）；resource 之迴歸係數估計值 = 0.13，95% 信賴區間值 = [−0.21, 0.46]，區間值包含數值點 0（未達統計顯著水準）；tactic 之迴歸係數估計值 = 0.87，95% 信賴區間值 = [0.43, 1.31]，未包含數值點 0，從迴歸係數估計值 95% 信賴區間判別，對依變數學業成就 academic 有顯著預測力的變數為 climate（班級氣氛）、concentrate（學習專注）、motivation（學習動機）、tactic（學習策略）等四個，這四個預測變數之迴歸係數估計值顯著不等於 0。

 六、假設檢定

**(一) 變異數同質性檢定**

　　執行功能表列「模型」（Models）/「假設檢定」（Hypothesis tests）/「變異數

分析（ANOVA）表」程序，開啟「ANOVA 列表」對話視窗，視窗功能可進行迴歸係數顯著性檢定的變異數分析，如圖 3-14。

「ANOVA 列表」對話視窗，「檢定類型」方盒內定選項為「⊙減平方和（Partial obeying marginality）（" 型 II"）；「三明治（Sandwich）估計式」方盒內定選項為「⊙HC3」，範例視窗採用內定選項，按「OK」鈕，如圖 3-15。

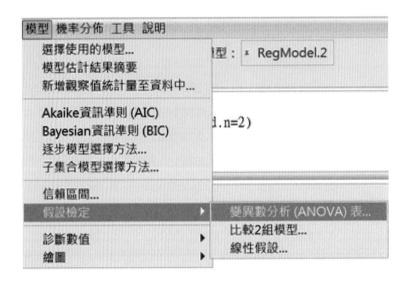

 圖 3-14　開啟「ANOVA 列表」對話視窗

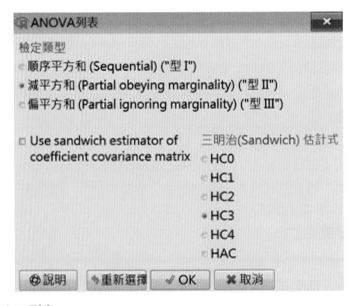

 圖 3-15　ANOVA 列表

迴歸係數估計值檢定之變異數分析結果如下：

```
> Anova(RegModel.2, type="II")
Anova Table (Type II tests)
Response: academic
              Sum Sq  Df  F value    Pr(>F)
climate       1704.6   1  23.7599    2.019e-06 ***
concentrate   1217.6   1  16.9722    5.272e-05 ***
motivation   10570.5   1 147.3391    < 2.2e-16 ***
peer             4.6   1   0.0642    0.8002527
resource        39.9   1   0.5560    0.4566109
tactic        1072.1   1  14.9441    0.0001437 ***
Residuals    16716.1 233
---
Signif. codes:  0 '***' 0.001 '**' 0.01 '*' 0.05 '.' 0.1 ' ' 1
```

自變數 peer 的 $F$ 值統計量 = 0.06、顯著性 $p$ 值 = 0.800 > 0.05，未達統計顯著水準，迴歸係數估計值顯著等於 0；自變數 resource 的 $F$ 值統計量 = 0.56、顯著性 $p$ 值 = 0.457 > 0.05，未達統計顯著水準，迴歸係數估計值顯著等於 0；其餘四個自變數之迴歸係數估計值檢定統計量 $F$ 值對應的顯著性 $p$ 值均小於 0.001，表示這四個迴歸係數估計值均顯著不等於 0。

(二)比較 2 組迴歸模型

執行功能表列「模型」（Models）/「假設檢定」（Hypothesis tests）/「比較 2 組模型」（Compare two models）程序，開啟「比較 2 組模型」對話視窗，視窗功能可以進行二個迴歸模型的比較。

二個迴歸模型比較的對立假設為「模型 1 ≠ 模型 2」；虛無假設為「模型 1 = 模型 2」。

範例模型名稱 Regmodel.2：依變數（反應變數）為 academic（學業成就）；自變數為 climate（班級氣氛）、concentrate（學習專注）、motivation（學習動機）、tactic（學習策略）、peer（同儕關係）、resource（家庭文化資源）等六個。

　　模型名稱 Regmodel.3：依變數（反應變數）為 academic（學業成就）；自變數為 climate（班級氣氛）、concentrate（學習專注）、 motivation（學習動機）、tactic（學習策略）等四個

　　「比較 2 組模型」視窗中，「第 1 個模型（選取 1 個）」方框之模型名稱清單選取模型 3（Regmodel.3）、「第 2 個模型（選取模型）」方框之模型名稱清單選取模型 2（Regmodel.2），按「OK」鈕，如圖 3-16。

　　Output 方框之輸出結果如下：

```
> anova(RegModel.3, RegModel.2)
Analysis of Variance Table
Model 1: academic ~ climate + concentrate + motivation + tactic
Model 2: academic ~ climate + concentrate + motivation + peer + resource + tactic
  Res.Df    RSS  Df  Sum of Sq       F    Pr(>F)
1    235  16758
2    233  16716   2     42.276  0.2946    0.7451
```

　　第 1 個模型（Regmodel.3）的 RSS 值 = 16758、第 2 個模型（Regmodel.2）的 RSS 值 = 16716，模型差異比較的 SS 值 = 42.28（自由度 =2）、檢定統計量 $F$ 值 = 0.29、顯著性 $p$ 值 = 0.745 > 0.05，接受虛無假設（模型 1 = 模型 2），二個迴歸模式沒有顯著差異。由於模型 1（Regmodel.3）之迴歸模式沒有納入 peer（同儕關係）、resource（家庭文化資源）二個自變數，表示這二個自變數對依變數學習成就整體的解釋變異量貢獻度不大，可以從迴歸模式中排除。

■圖 3-16　比較 2 組模型

## 七、變異數膨脹因素

執行功能表列「模型」/「診斷數值」（Numerical diagnostics）/「變異數膨脹因素」（Variance-inflation factors）程序，可以求出界定模型中各預測變數的變異數膨脹因數（variance inflation factor；[VIF]），如圖 3-17。

迴歸模型 RegModel.2 中之預測變數的 VIF 值診斷結果如下：

```
> vif(RegModel.2)
   climate  concentrate  motivation      peer    resource    tactic
  1.679550     1.866287    1.370791  2.241661    1.556757  2.234583
```

變異數膨脹因數愈小表示自變數間的多元共線性愈不明顯，一般而言，若是自變數的 VIF 值大於 10，表示自變數或預測變數間可能有線性相依的情形，範例六個自變數的 VIF 值介於 1.37 至 2.24 之間，表示自變數間發生多元共線性的問題不大，變異數膨脹因數的倒數為容忍度，預測變數的 VIF 值愈大，對應的容忍度值愈小，容忍度值愈接近 0，表示預測變數愈可能會有多元共線性問題。

圖 **3-17**　變異數膨脹因素

## 八、迴歸圖形

### （一）基本診斷圖

執行功能表列「模型」（Models）/「繪圖」（Graphs）/「基本診斷圖」（Basic diagnostic plots）程序，可以繪製四種殘差分布圖，如圖 3-18。

四種殘差診斷圖為「殘差 & 適配圖」、「常態 Q-Q 圖」、「尺度 - 位移圖」、「殘差 & 槓桿圖」。

### （二）殘差分位數比較（QQ）圖

執行功能表列「模型」/「繪圖」/「殘差分位數比較（QQ）圖」（Residual quantile-comparison plot）程序，開啟「殘差分位數比較（QQ）圖」對話視窗，視窗可以繪製殘差分位數比較（QQ）圖，如圖 3-19。

「殘差分位數比較（QQ）圖」視窗中，「辨識點」方盒內定選項為「⊙Automatically」，另二個選項為「 使用滑鼠互動辨識觀察值」（繪製完的圖形，可使用滑鼠左鍵控制輸出觀察值編號，按一次左鍵呈現一個觀察值）、「 無法辨認」；「要辨識的座標數目」內定數值為 2，範例採用內定選項，按「OK」鈕，

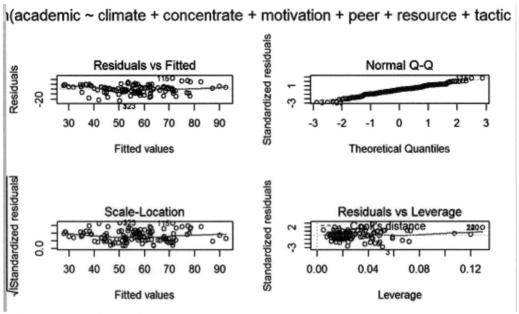

**圖 3-18** 四種殘差診斷圖

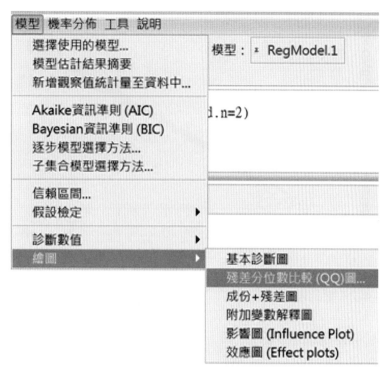

☀圖 3-19 開啟「殘差分位數比較（QQ）圖」

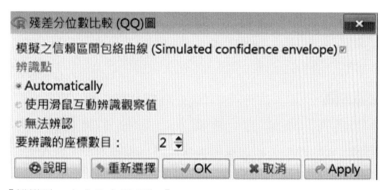

☀圖 3-20 「辨識點」方盒內定選項為「Automatically」

視窗界面如圖 3-20。

殘差分位數比較（QQ）圖，如圖 3-21。

殘差分數位數比較圖中，若是殘差值黑點分布在上下兩條虛線中或附近，表示殘差值呈常態分布。

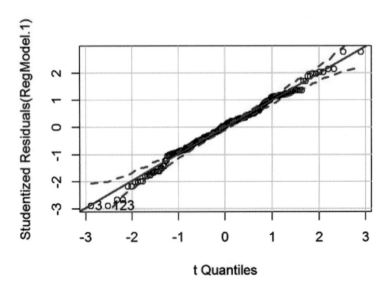

● 圖 3-21　殘差分位數比較圖

● 圖 3-22　「成分＋殘差圖」視窗

## (三) 成分加殘差圖

　　執行功能表列「模型」/「繪圖」/「成分＋殘差圖」程序，開啟「Component+Residual Plots」對話視窗，視窗可以繪製成分＋殘差圖示。視窗「平滑幅度」拉桿內定的數值為 50，範例採用內定選項，按「OK」鈕，如圖 3-22。

　　迴歸模式中六個自變數成分加殘差的圖示，如圖 3-23。

## (四) 影響圖

　　執行功能表列「模型」/「繪圖」/「影響圖（Influence Plot）」程序，開啟「影響圖（Influence Plot）」對話視窗，視窗可以繪製影響圖。「影響圖（Influence Plot）」視窗中，「辨識點」方盒內定選項為「⊙Automatically」，另一個選項為「使用滑鼠互動辨識觀察值」（繪製完的圖形，可按滑鼠左鍵控制輸出觀察值編號）；「要辨識的座標數目」內定數值為 2，範例採用內定選項，按「OK」鈕，如圖 3-24。

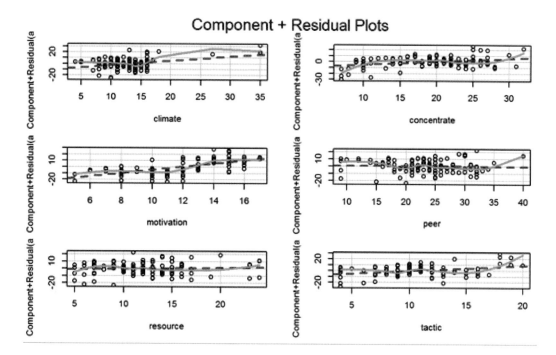

🍎圖 3-23　六個自變數成分＋殘差圖

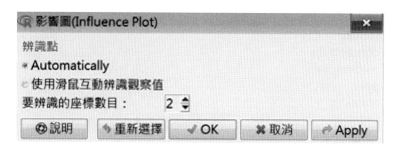

🍎圖 3-24　「影響圖」視窗

R Commander 繪製的影響圖，如圖 3-25。

## (五) 效應圖

執行功能表列「模型」/「繪圖」/「效應圖（Effect Plot）」程序，開啟「Model Effect Plots」（模式效應圖）對話視窗（如圖 3-26），視窗可以繪製各自變數對依變數影響的效應圖（效果圖），範例界定的模型為「RegModel.2」，採用內定選項，「用來預測的變數（選取 1 個或多個）方框之變數清單可以不用點選，「繪製偏殘差（partial residual）」選項未勾選，按「OK」鈕。

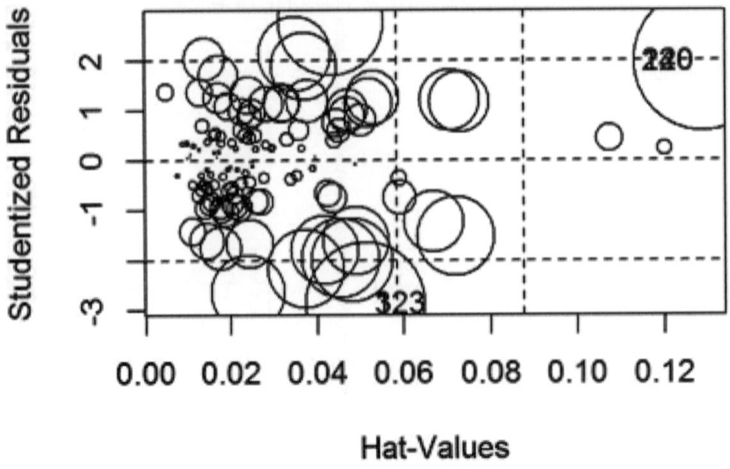


圖 3-25　影響圖

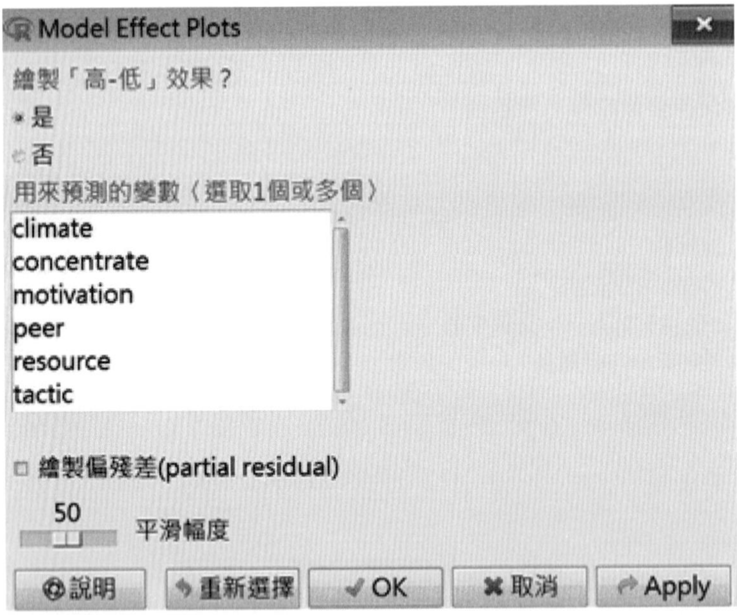


圖 3-26　「Model Effect Plots」對話視窗

從效應圖可以看出，六個自變數中的 peer、resource 二個自變數的影響效果圖較接近水平線，表示這二個自變數對依變數的影響效果值不大，如圖 3-27。

「Model Effect Plots」（模式效應圖）對話視窗，範例界定的模型為「RegModel.2」，勾選「☑ 繪製偏殘差（partial residual）」選項，繪製的效應圖如圖 3-28。

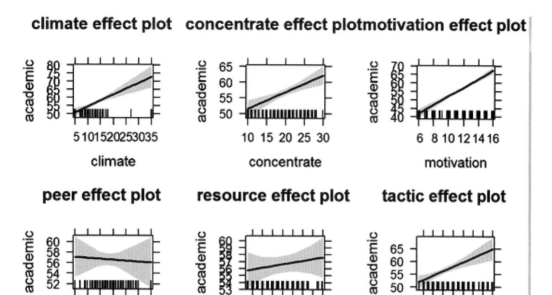

🍎圖 3-27　模式效應圖：未勾選繪製偏殘差

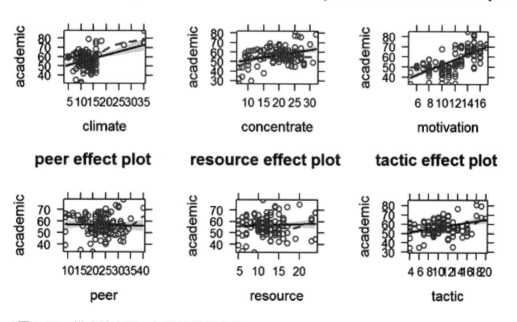

🍎圖 3-28　模式效應圖：勾選繪製偏殘差

# 貳 廣義線性模型（GLM）

## 一、邏輯斯迴歸模型 I

按「檢視資料集」鈕，查看範例資料檔的變數名稱，資料檔中共有七個變數：學生編號（stid）、學生性別（sex）（水準數值 0 為男生、水準數值 1 為女生）、在校學業成績（ach）、家庭文化資本（hcp）、學習策略（tactic）、每日讀書時間、通過證照考試與否（pass），如圖 3-29。

**研究問題：**在校學業成績（ach）、家庭文化資本（hcp）、學習策略（tactic）與每日讀書時間四個自變數是否可以有效預測學生通過證照考試與否（pass）？

「通過證照考試與否」（pass）變數為二分類別變數，水準數值編碼為 0 表示樣本觀察值「未通過」證照考試、水準數值編碼為 1 表示樣本觀察值「通過」證照考試。

### (一) 邏輯斯迴歸分析

執行功能表列「統計量」/「模型配適」/「廣義線性模型（GLM）」程序，開啟「廣義線性模型」（Generalized Linear Model）對話視窗。

「廣義線性模型」視窗中內定的模型名稱為「GLM.1」、「GLM.2」、「GLM.3」，「輸入模型名稱（Enter name for model）：」右方框為內定模型名稱，研究者可以自行修改。

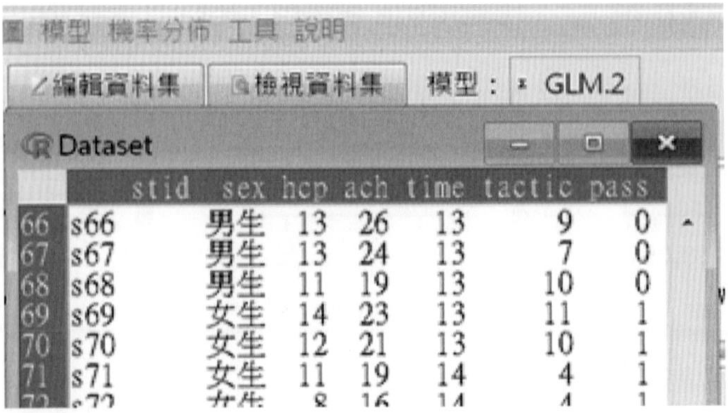


| | stid | sex | hcp | ach | time | tactic | pass |
|---|---|---|---|---|---|---|---|
| 66 | s66 | 男生 | 13 | 26 | 13 | 9 | 0 |
| 67 | s67 | 男生 | 13 | 24 | 13 | 7 | 0 |
| 68 | s68 | 男生 | 11 | 19 | 13 | 10 | 0 |
| 69 | s69 | 女生 | 14 | 23 | 13 | 11 | 1 |
| 70 | s70 | 女生 | 12 | 21 | 13 | 10 | 1 |
| 71 | s71 | 女生 | 11 | 19 | 14 | 4 | 1 |

圖 3-29　「檢視資料集」視窗

在「~」符號前面的檢定變數方框中點選一下，在變數清單中點選「pass[ 因子變數 ]」（pass[factor]）變數（變數下會增列一條底線），連按滑鼠左鍵二下，「~」符號前面方框會自動顯示「pass」變數名稱，游標自動跳至「~」符號後面方框中，從變數清單中選取「ach」變數，連按滑鼠左鍵二下，再依序選取變數 hcp、tactic、time，選取變數後，連按滑鼠左鍵二下，各自變數依序出現在「~」符號後面方框中，預測變數間會自動以加號「+」號串連：「pass ~ ach + hcp + tactic + time」，如圖 3-30。

中間模型公式為：「pass ~ ach + hcp + tactic」，表示已選取的預測變數為「ach」、「hcp」、「tactic」三個，於「變數」方框中的變數清單中再選取「time」變數，連按二下，模型公式變為「「pass ~ ach + hcp + tactic + time」，如圖 3-31。

「分配（Family）」方框中點選「Binomial」選項，連結函數（Link function）選單中點選「logit」選項，按「OK」鈕，如圖 3-32。

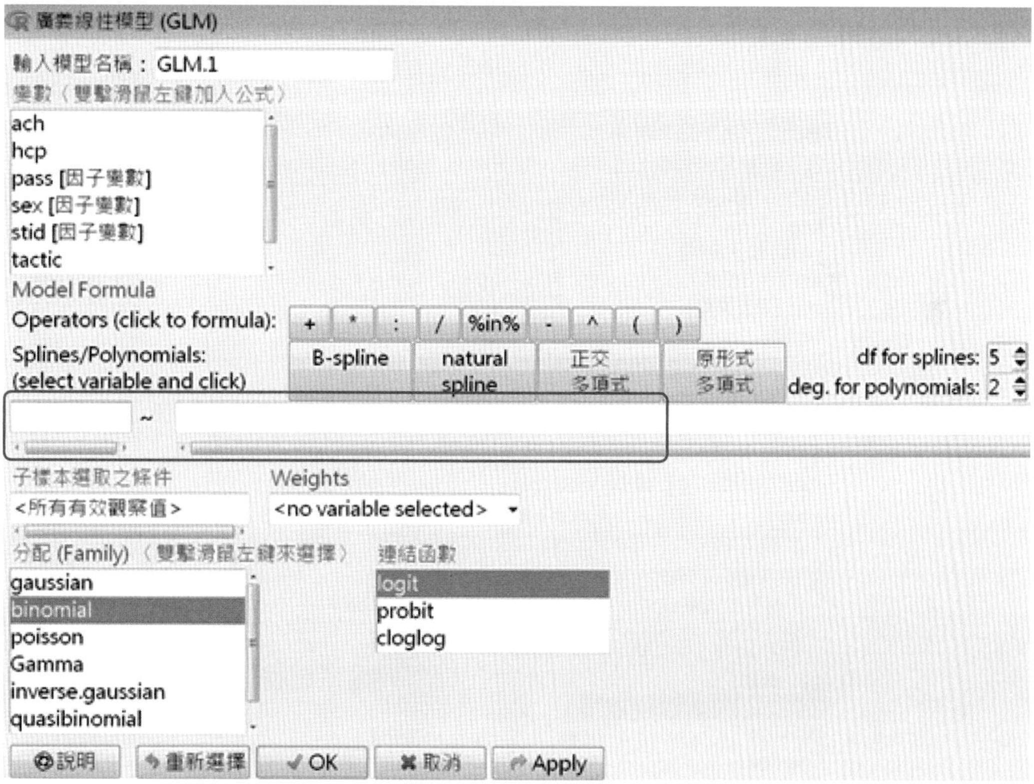

**圖 3-30** 「廣義線性模型」視窗

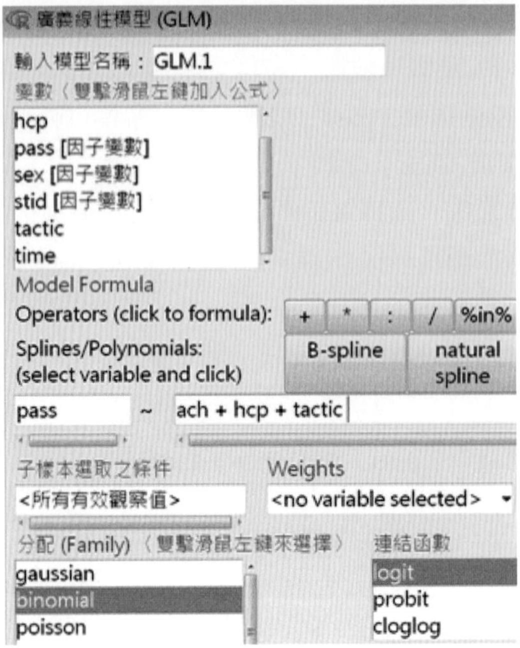

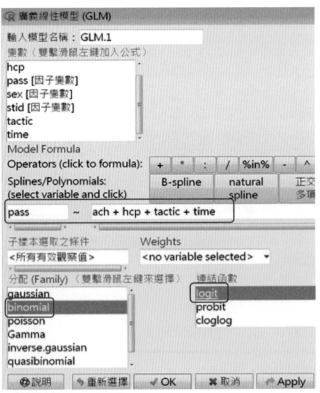

● 圖 **3-31** 選取 time 變數

● 圖 **3-32** 點選「分配（Family）」選項

Output 輸出結果為：

```
> GLM.1 <- glm(pass ~ ach + hcp + tactic + time,
family=binomial(logit), data=Dataset)
> summary(GLM.1)
Call:
glm(formula = pass ~ ach + hcp + tactic + time, family =
binomial(logit),     data = Dataset)
Deviance Residuals:
 Min          1Q      Median        3Q         Max
-2.61207   -0.12528   -0.00234    0.08242    1.67083
```

**[說明]**：差異殘差值，預測殘差的描述性統計量，包含最小值（= −2.612）、第一個四分位數、中位數（= −0.002）、第三個四分位數、最大值（= 1.671）。

----------------------------------------------------------------

```
Coefficients:
            Estimate  Std. Error  z value    Pr(>|z|)
Intercept) -29.10078   5.11588    -5.688     1.28e-08 ***
ach          0.03372   0.06942     0.486     0.62713
hcp          0.01860   0.08055     0.231     0.81743
tactic       0.39809   0.12347     3.224     0.00126 **
time         1.92591   0.32981     5.840     5.24e-09 ***
---
Signif. codes:  0 '***' 0.001 '**' 0.01 '*' 0.05 '.' 0.1 ' ' 1
```

**[說明]**：邏輯斯迴歸分析結果顯示，四個預測變數中對通過證照考試與否達顯著的變數為「學習策略」（tactic）、「每日閱讀時間」（time）。就學習策略（tactic）預測變數而言，迴歸估計值 = 0.398、估計值標準誤 = 0.123、顯著檢定統計量 $z$ 值 = 3.224、顯著性 $p$ 值 = 0.001 < 0.05；就每日閱讀時間（time）預測變數而言，迴歸估計值 = 1.926、估計值標準誤 = 0.330、顯著檢定統計量 $z$ 值 = 5.840、顯著性 $p$ 值 = 0.000 < 0.05。

----------------------------------------------------------------

```
 (Dispersion parameter for binomial family taken to be 1)
```

```
    Null deviance: 328.431   on 239   degrees of freedom
Residual deviance:  80.326   on 235   degrees of freedom
AIC: 90.326
```

**[說明]**：二分類別變數之標的群體為 1 之分散參數中，虛無偏異卡方值統計量 = 328.431（自由度 = 239）、殘差偏異卡方值統計量 = 80.326（自由度 = 235）、AIC 值 = 90.326。

--------------------------------------------------------------------------------

```
Number of Fisher Scoring iterations: 8
> exp(coef(GLM.1))  # Exponentiated coefficients ("odds ratios")
 (Intercept)        ach        hcp       tactic         time
2.299811e-13 1.034300e+00 1.018769e+00 1.488980e+00 6.861387e+00
```

**[說明]**：預測變數之勝算比量數，「在校學業成績」（ach）的勝算比值 = 1.034（1.034e + 00 = 1.034 × 100 = 1.034 × 1 = 1.034）、「家庭文化資本」（hcp）= 1.019、「學習策略」（tactic）的勝算比值 =1.489、「每日閱讀時間」（time）的勝算比值 = 6.861，由於「在校學業成績」（ach）、「家庭文化資本」（hcp）二個預測變數之迴歸係數估計值未達統計顯著水準，表示二個預測變數的勝算比值顯著等於 1；「學習策略」（tactic）、「每日閱讀時間」（time）的迴歸係數估計值達統計顯著水準，表示二個預測變數的勝算比值顯著不等於 1，二個預測變數的勝算比值分別為 1.489、6.861，表示樣本觀察值在「學習策略」（tactic）變數測量值增加一個單位，通過證照考試的勝算（機率）就增加 0.489、在「每日閱讀時間」變數測量值增加一個單位，通過證照考試的勝算就增加 5.861。學習策略愈佳、每日閱讀時間愈多，樣本觀察值通過證照考試的機率大於未通過證照考試的機率，邏輯斯迴歸模式中截距項（常數項）的勝算比值 = 0.000。

## (二) 分類百分比

　　R 語法檔視窗輸入下列語法指令可以求出邏輯斯迴歸分析之分類表與預測正確百分比值：

```
log.pred <- round(predict(GLM.1,data = Dataset, type="response"),0)
pre.tab <- xtabs(~log.pred+pass, data=Dataset)
print(pre.tab)
pre.rate <- round(100*sum(diag(pre.tab))/sum(pre.tab),1)
cat(" 預測正確百分比 =",pre.rate," %","\n")
```

　　範例中的模型名稱設定為「GLM.1」，若是研究者界定的模型名稱為「m.LReg」，第一列的模型名稱以「m.LReg」替代「GLM.1」，第一列使用 predict( ) 函數求出觀察值被預測分組的情況；第二列使用 xtabs( ) 函數求出預測組別與實際組別的分類表；第三列使用 print( ) 函數輸出交叉表（分類表）；第四列以 diag( ) 函數求出交叉表對角線的次數佔總次數的百分比；第五列以 cat( ) 函數輸出結果。語指指令列鍵入或貼上 R 語法檔視窗的界面，如圖 3-33。

　　滑鼠在 R 語法檔視窗中點選一下，選取五列語法指令，按「執行語法」（Submit）鈕。若是原「R 語法檔」視窗中有很多之前程序的語法指令，可以執行功能表「編輯」/「清空視窗內容」程序，將 R 語法檔視窗內容全部清除，複製上列語法指令至「R 語法檔」視窗中，執行功能表列「編輯」/「全選」程序，按「執行語法」（Submit）鈕。選取 R 語法檔全部語法指令列的視窗界面，如圖 3-34。

　　Output 視窗界面，如圖 3-35。

● 圖 3-33　「R 語法檔」視窗

R Commander
檔案 編輯 資料 統計量 繪圖 模型 機率分佈 工具 說明
資料集： Dataset
編輯資料集
檢視資料集
模型： GLM.2
R 語法檔
R的Markdown文件
log.pred <- round(predict(GLM.1,data = Dataset,type="response"),0)
pre.tab <- xtabs(~log.pred+pass, data=Dataset)
print(pre.tab)
pre.rate <- round(100*sum(diag(pre.tab))/sum(pre.tab),1)
cat("預測正確百分比=",pre.rate," %","\n")
Output
執行語法

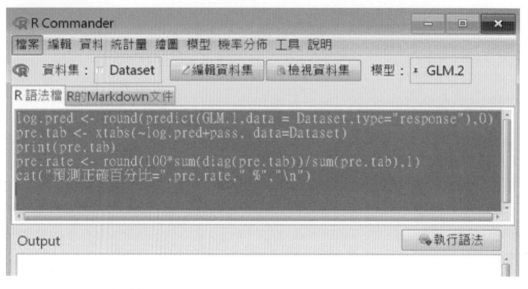

**圖 3-34** 選取 R 語法檔全部語法指令列

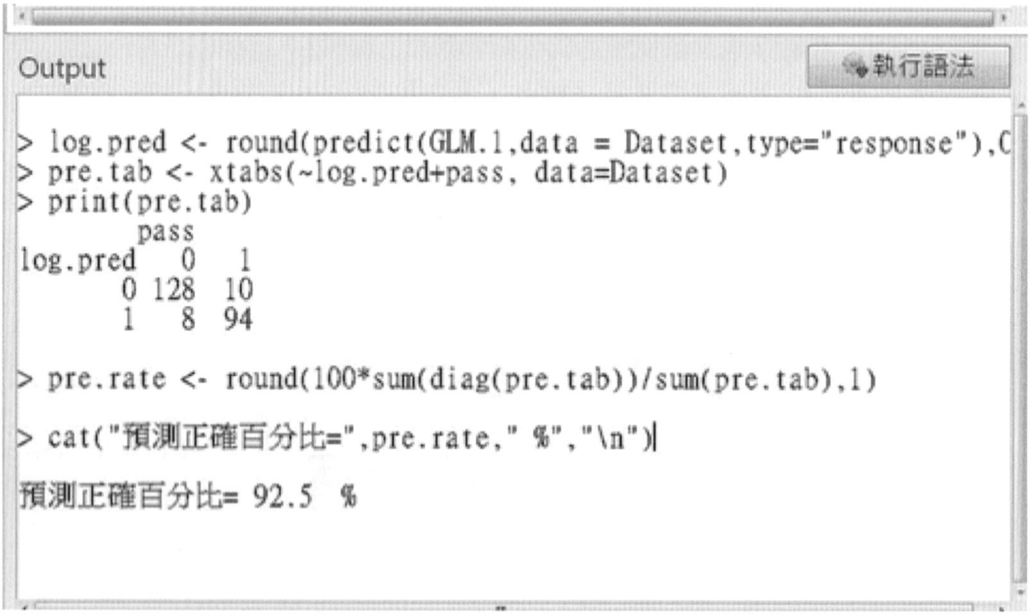

Output
執行語法
> log.pred <- round(predict(GLM.1,data = Dataset,type="response"),C
> pre.tab <- xtabs(~log.pred+pass, data=Dataset)
> print(pre.tab)
pass
log.pred 0 1
0 128 10
1 8 94
> pre.rate <- round(100*sum(diag(pre.tab))/sum(pre.tab),1)
> cat("預測正確百分比=",pre.rate," %","\n")
預測正確百分比= 92.5 %

**圖 3-35** Output 視窗界面

Output 輸出結果為：

```
> log.pred <- round(predict(GLM.1,data = Dataset, type="response"),0)
> pre.tab <- xtabs(~log.pred+pass, data=Dataset)
> print(pre.tab)
        pass
log.pred    0       1
       0  128      10
       1    8      94
> pre.rate <- round(100*sum(diag(pre.tab))/sum(pre.tab),1)
> cat(" 預測正確百分比 =",pre.rate," %","\n")
預測正確百分比 = 92.5   %
```

　　邏輯斯迴歸分析之實際組別與預測組別水準數值之交叉表，如表 3-1。

　　136 位未通過證照考試的觀察值中，以邏輯斯迴歸模型被正確預測為「未通過」者有 128 位，預測正確百分比為 94.1%；104 位通過證照考試的觀察值中，以邏輯斯迴歸模型被正確預測為「通過」者有 94 位，預測正確百分比為 90.4%。240 位觀察值被正確預測為原先組別的觀察值有 222 位，總正確預測百分比為 92.5%。

　　執行功能表列「統計」/「摘要」/「次數分配」程序，求出樣本觀察值通過證照考試的人次與未通過證照考試的人次（將 pass 變數屬性設為「因子」才能求出次數分配表）：

● 表 3-1　實際組別與預測組別水準數值之交叉表

| 預測次數（預測組別） | | 觀察次數（實際組別） | | 整體預測正確百分比 |
|---|---|---|---|---|
| | | pass | | |
| | | 0（未通過） | 1（通過） | |
| log.pred | 0（未通過） | 128 | 10 | |
| | 1（通過） | 8 | 94 | |
| 預測正確百分比 | | 94.1 | 90.4 | 92.5 |

**[說明]**：群體標記為「0」（未通過）、「1」（通過）。

---

counts:

pass

  0    1

136   104

percentages:

pass

0        1

56.67  43.33

**[說明]**：群體標記為「未通過」、「通過」。

---

counts:

pass

未通過    通過

  136    104

percentages:

pass

未通過    通過

56.67  43.33

**[說明]**：全部觀察值（N = 240）中未通過證照考試的人次有 136、通過證照考試的人次有 104，群體各佔總樣本數的百分比為 56.67%、43.33%。

##  二、邏輯斯迴歸模型 II

**研究問題**：學生性別（sex）、在校學業成績（ach）、家庭文化資本（hcp）是否可以有效預測學生通過證照考試與否？

### (一) 邏輯斯迴歸分析

如圖 3-36。

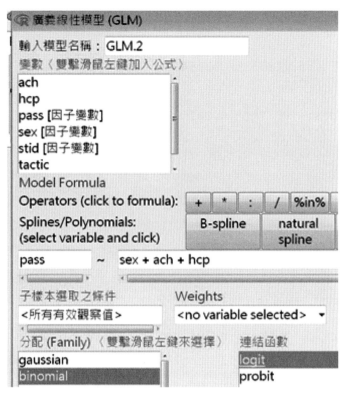

🍎圖 **3-36**　變數為 sex、ach、hcp

Output 輸出結果如下：

---

```
Call:
glm(formula = pass ~ sex + ach + hcp, family = binomial(logit),
    data = Dataset)
Deviance Residuals:
  Min      1Q     Median     3Q       Max
-1.8470  -0.8114  -0.3694   0.8846   2.0785
```

[ 說明 ]：偏異殘差值的最小值 = −1.85、第一個四分位數 = −0.81、中位數 = −0.37、第三個四分位數 = 0.88、最大值 = 2.08。

---

```
Coefficients:
            Estimate  Std. Error  z value   Pr(>|z|)
(Intercept)  -5.17310    0.84167   -6.146  7.94e-10 ***
```

```
sex[T. 女生 ]    1.73018     0.31651     5.466   4.59e-08 ***
ach             0.12169     0.03385     3.595   0.000325 ***
hcp             0.11853     0.05401     2.195   0.028189 *
---
Signif. codes:   0 '***' 0.001 '**' 0.01 '*' 0.05 '.' 0.1 ' ' 1
```

**[說明]**：邏輯斯迴歸分析結果顯示，三個預測變數中對通過證照考試與否均有顯著的預測力。「學生性別」（sex）預測變數之迴歸估計值 = 1.730、估計值標準誤 = 0.317、顯著檢定統計量 $z$ 值 = 5.466、顯著性 $p$ 值 = 0.000 < 0.05；「在校學業成績」（ach）預測變數之迴歸估計值 = 0.122、估計值標準誤 =0.034、顯著檢定統計量 $z$ 值 = 3.595、顯著性 $p$ 值 = 0.000 < 0.05。「家庭文化資本」（hcp）預測變數之迴歸估計值 = 0.119、估計值標準誤 = 0.054、顯著檢定統計量 $z$ 值 = 2.195、顯著性 $p$ 值 = 0.028 < 0.05。

---

```
(Dispersion parameter for binomial family taken to be 1)
    Null deviance: 328.43   on 239   degrees of freedom
Residual deviance: 250.38   on 236   degrees of freedom
AIC: 258.38
```

**[說明]**：二分類別變數的標的群體為 1（通過證照考試的樣本觀察值）之分散參數中，虛無偏異卡方值統計量 = 328.43（自由度 = 239）、殘差偏異卡方值統計量 = 250.38（自由度 =236）、AIC 值 = 258.38。

---

```
Number of Fisher Scoring iterations: 5
> exp(coef(GLM.2))  # Exponentiated coefficients ("odds ratios")
(Intercept)   sex[T. 女生 ]              ach          hcp
0.005666993   5.641654310   1.129402796   1.125840912
```

**[說明]**：學生性別（sex）的勝算比 = 5.641，表示女生群體通過證照考試的勝算為男生群體的 5.641 倍；「在校學業成績」（ach）預測變數的勝算比為 1.129，表示在校學業成績增加一個單位，通過證照考試的勝算就增加 0.129；「家庭文化資本」（hcp）預測變數的勝算比為 1.126，表示家庭文化資本增加一個單位，通過證照考試的勝算就增加 0.126。女生群體、在校學業成績愈佳、家庭文化資本愈豐富的樣本觀察值通過證照考試的機率愈高。

## (二) 分類百分比

「R 語法檔」視窗鍵入下列語法指令，求出預測分類表：

```
log.pred <- round(predict(GLM.2,data = Dataset, type= "response"), 0)
pre.tab <- xtabs(~log.pred+pass, data=Dataset)
print(pre.tab)
pre.rate <- round(100*sum(diag(pre.tab))/sum(pre.tab),1)
cat(" 預測正確百分比 =",pre.rate," %","\n")
cat(" 預測錯誤百分比 =",100-pre.rate," %","\n")
```

按「Output」視窗最右上「執行語法」鈕，R 命令器視窗的界面如圖 3-37。

● 圖 **3-37**　「R 語法檔」視窗求出預測分類表

「Output」視窗輸出結果為：

```
> log.pred <- round(predict(GLM.2,data = Dataset, type= "response"), 0)
> pre.tab <- xtabs(~log.pred+pass, data=Dataset)
> print(pre.tab)
        pass
log.pred    0    1
       0  108   34
       1   28   70
> pre.rate <- round(100*sum(diag(pre.tab))/sum(pre.tab),1)
> cat("預測正確百分比 =",pre.rate," %","\n")
預測正確百分比 = 74.2  %
> cat("預測錯誤百分比 =",100-pre.rate," %","\n")
預測錯誤百分比 = 25.8  %
```

依變數通過證照考試與否變數（pass）中的水準數值如界定為群組標記「未通過」（水準數值編碼 0）、「通過」（水準數值編碼 1），以 print（ ）函數輸出的分類表為：

```
print(pre.tab)
        pass
log.pred   未通過    通過
       0     108    34
       1      28    70
```

學生性別（sex）、在校學業成績（ach）與家庭文化資本（hcp）三個變數預測學生通過證照考試的分類表整理如表 3-2。

136 位未通過證照考試的觀察值中，以邏輯斯迴歸模型被正確預測為「未通過」者有 108 位，預測正確百分比為 79.4%；104 位通過證照考試的觀察值中，以邏輯斯迴歸模型被正確預測為「通過」者有 70 位，預測正確百分比為 67.3%。240 位觀

● 表 **3-2**　分類表

| 預測次數（預測組別） | | 觀察次數（實際組別） | | 整體預測正確百分比 |
|---|---|---|---|---|
| | | pass | | |
| | | 0（未通過） | 1（通過） | |
| log.pred | 0（未通過） | 108 | 34 | |
| | 1（通過） | 28 | 70 | |
| 預測正確百分比 | | 79.4 | 67.3 | 74.2 |

察值被正確預測為原先組別的觀察值有 178 位，總正確預測百分比為 74.2%。

## 參　多變量分析法

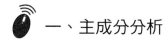

### 一、主成分分析

執行功能表列「統計量」、「多變量方法」、「主成分分析（PCA）」程序，開啟「主成分分析」對話視窗，視窗功能可以進行變數之主成分分析，如圖 3-38。

「主成分分析」視窗中，「資料」選項之變數（選取 2 個或多個）方框點選的變數為 a01、a02、a03、a04、a05、b06、b07、b08、b09、b10、c11、c12、c13、c14、c15、c16 等 16 個題項變數（進行主成分分析至少要點選二個變數），如圖 3-39。

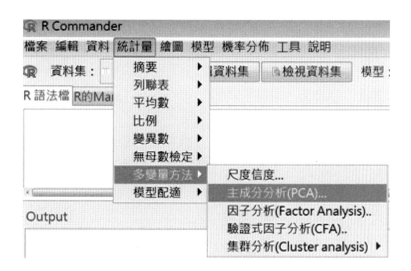

● 圖 **3-38**　開啟「主成分分析」對話視窗

圖 3-39　選取變數

圖 3-40　「選項」方盒三個次選項

　　「選項」方盒有三個次選項：「☑ 分析相關性矩陣」（內定勾選選項）、「□ 陡坡圖」（增列繪製陡坡圖）、「□ 將產生之主成分新增至資料集」（新增要保留多少個主成分至原資料集中，主成分的變數名稱依序為 PC1、PC2、PC3、……）。範例視窗採用內定選項，按「OK」鈕，如圖 3-40。

　　Output 方框之輸出結果如下：第一部分為成分的負荷量，16 個成分負荷量變數欄名稱依序為 Comp.1、Comp.2、Comp.3、……、Comp.15、Comp.16，如圖 3-41。

　　成分變異（Component variances）中的量數為各成分的特徵值（負荷量平方

```
Component loadings:
         Comp.1         Comp.2          Comp.3         Comp.4          Comp.5
a01 -0.150528961  -0.37508787   -0.0639105730  0.314679943   -0.346893125
a02 -0.180828300  -0.43697892    0.0517320313  0.025315172   -0.272654761
a03 -0.192692722  -0.47331884    0.0512781596 -0.006406811   -0.228334866
a04 -0.151249685  -0.40434221    0.0004200178 -0.170436086    0.331511497
a05 -0.178603614  -0.34683334    0.0365920681 -0.255681484    0.468749015
b06 -0.293425567   0.13784748   -0.1026420732 -0.114375796    0.177881914
b07 -0.300404672   0.08854541   -0.3171226366 -0.013225433   -0.005243313
b08 -0.300955818   0.15086077   -0.3398603645 -0.143590665   -0.230982000
b09 -0.275302375   0.05045918   -0.3060488128  0.100232184    0.115749462
b10 -0.007423871  -0.05316652   -0.3035504354  0.782593898    0.385310581
c11 -0.301205308   0.15354018   -0.3432847858 -0.154770212   -0.223539630
c12 -0.303096749   0.16298973    0.1691772573  0.035262457   -0.050525835
c13 -0.287710182   0.14274677    0.4326277111  0.184805073   -0.077623806
```

訊息

```
system file
[4] 注意: 此 Dataset 資料集有 200 個列與 16 個欄.
```

🍎圖 **3-41**　成分的負荷量

和），特徵值大於 1.00 的主成分有四個，Comp.1、Comp.2、Comp.3、Comp.4，四個成分的特徵值分別為 6.186、2.589、1.668、1.032。成分變異的平方根為標準變異（Standard deviation）列的量數，前四個成分變異可以解釋所有題項變數的變異百分比分別為 0.387、0.162、0.104、0.065，累積解釋變異量為 0.717（71.7%），16 個主成分共可解釋十六個題項變數（指標變數）之累積解釋變異量為 100.0%（= 1.00），如圖 3-42。

「Proportion of Variance」橫列數據為個別成分可以解釋題項變數的變異量、

```
Output
Component variances:
    Comp.1     Comp.2     Comp.3     Comp.4     Comp.5     Comp.6     Comp.7     Comp.8     Comp
6.18620908 2.58912892 1.66765915 1.03218941 0.85805604 0.67445102 0.58518033 0.48552684 0.44317
   Comp.13    Comp.14    Comp.15    Comp.16
0.20321488 0.17553901 0.05383712 0.01579635

Importance of components:
                         Comp.1    Comp.2    Comp.3    Comp.4    Comp.5     Comp.6     Comp.7
Standard deviation     2.4872091 1.6090770 1.2913788 1.01596723 0.9263131 0.82124967 0.76497080
Proportion of Variance 0.3866381 0.1618206 0.1042287 0.06451184 0.0536285 0.04215319 0.03657377
Cumulative Proportion  0.3866381 0.5484586 0.6526873 0.71719916 0.7708277 0.81298085 0.84955462
                         Comp.11    Comp.12    Comp.13    Comp.14    Comp.15      Comp.16
Standard deviation     0.5699403 0.55012939 0.45079361 0.41897376 0.23202827 0.1256835498
Proportion of Variance 0.0203020 0.01891515 0.01270093 0.01097119 0.00336482 0.0009872722
Cumulative Proportion  0.9530606 0.97197579 0.98467672 0.99564791 0.99901273 1.0000000000
```

🍎圖 **3-42**　成分變異中的量數

「Cumulative Proportion」橫列數據為成分累積的解釋變異量，主成分分析中抽取的主成分個數與題項變數個數相同，因而主成分的累積解釋變異量為 1.00（100.0%）。

「主成分分析」視窗之「選項」方盒中，增列勾選「☑ 陡坡圖」選項，繪製的陡坡圖，如圖 3-43。

「主成分分析」視窗之「選項」方盒中，增列勾選「☑ 將產生之主成分新增至資料集」選項，會開啟「主成分個數」次對話視窗，視窗內定要保留的主成分個數為 1，範例中保留特徵值大於 1 的四個主成分，拉桿的數值從 1 拉曳至 4，按「OK」鈕，如圖 3-44。

按「檢視資料集」工具鈕，查看資料集的變數，變數中新增 PC1、PC2、PC3、PC4 四個變數，四個變數的測量值為抽取的主成分分數，如圖 3-45。

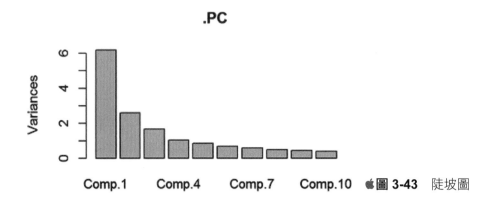

.PC

 **圖 3-43**　陡坡圖

 **圖 3-44**　「主成分個數」次對話視窗

| b10 | c11 | c12 | c13 | c14 | c15 | c16 | PC1 | PC2 | PC3 | PC4 |
|---|---|---|---|---|---|---|---|---|---|---|
| 2 | 5 | 4 | 4 | 4 | 3 | 5 | -1.801615163 | 2.9099512641 | -0.651509040 | -0.58629921 |
| 2 | 3 | 4 | 4 | 4 | 3 | 5 | -1.278024853 | -0.0861353191 | 1.246777205 | -0.79837025 |
| 2 | 5 | 4 | 4 | 4 | 3 | 5 | -2.805524180 | 0.5309708600 | -0.456163431 | -1.17913952 |
| 2 | 2 | 4 | 4 | 4 | 4 | 5 | -0.778533538 | -3.1207730471 | 3.318036500 | 0.18357091 |
| 2 | 5 | 4 | 4 | 4 | 4 | 5 | -3.118106721 | 0.7006533426 | 0.013498404 | -0.89075479 |
| 3 | 5 | 4 | 4 | 4 | 4 | 5 | -3.123711598 | 0.6605136622 | -0.215676232 | -0.29991172 |

 **圖 3-45**　「資料集」的新增變數

**二、因子分析**

知識管理量表包含三個向度，「知識獲取」、「知識分享」、「知識應用」，三個向度的題項如下：知識獲取（a01、a02、a03、a04、a05）、知識分享（b06、b07、b08、b09、b10）、知識應用（c11、c12、c13、c14、c15、c16），題項（指標變數）共十六題，以探索性因素分析求出量表的構念效度。

執行功能表列「統計量」/「多變量方法」/「因子分析（Factor Analysis）」程序，開啟「因子分析」對話視窗，視窗功能可以進行變數之因素分析，如圖 3-46。

## (一) 未刪除題項

「因子分析」視窗，「資料」方盒之「變數（選取 3 個或多個」方框的變數清單選取 a01、a02、……、c15、c16 等十六個題項變數，如圖 3-47。

「因子分析」視窗，「選項」方盒包括「因子轉軸」、「因子變數之分數」次方盒，「因子變數」次方盒包括三個選項：「 無」、「⊙Varimax 轉軸法」（直交轉軸）、「 Promax 轉軸法」（斜交轉軸），內定選項為「⊙Varimax 轉軸法」（最大變異轉軸法）；「因子變數之分數」次方盒內定選項為「⊙ 無」，另二個選項為「Bartlett 法」（以 Bartlett 法求出因子變數的分數）、「 迴歸方法」（以迴歸方法求出因子變數的分數），範例視窗採用內定選項，按「OK」鈕，開啟「因子變數」視窗，如圖 3-48。

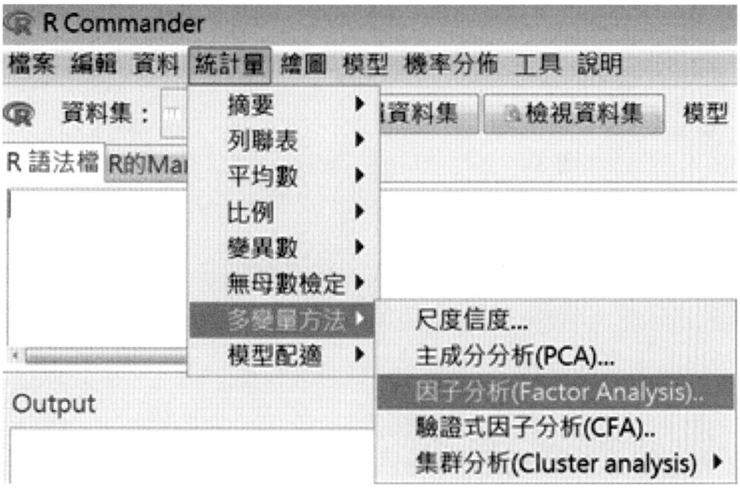

**◎圖 3-46** 開啟「因子分析」對話視窗

● 圖 **3-47** 　「資料」方盒中的變數

● 圖 **3-48** 　「選項」方盒

　　「因子變數」對話視窗在於設定萃取的因子個數，內定的因子個數為 1，如圖 3-49。

　　在主成分分析中，特徵值大於 1 的主成分有四個，第一次因素分析程序萃取的因子個數設定為 4，「因子變數」對話視窗中拉曳小方框鈕，小方框鈕右的數值由 1 變成 4，按「OK」鈕，如圖 3-50。

　　Output 方框之輸出結果如下：

● 圖 **3-49**　萃取的因子個數為 1

● 圖 **3-50**　萃取的因子個數為 4

```
Call:
factanal(x = ~a01 + a02 + a03 + a04 + a05 + b06 + b07 + b08 +
b09 + b10 + c11 + c12 + c13 + c14 + c15 + c16, factors = 4,
data = efa_01, scores = "none", rotation = "varimax")
Uniquenesses:
  a01    a02    a03    a04    a05    b06    b07    b08    b09    b10
0.593  0.336  0.078  0.620  0.624  0.384  0.384  0.005  0.482  0.979
  c11    c12    c13    c14    c15    c16
0.030  0.387  0.005  0.404  0.124  0.468
```

[ **說明** ]：十六個題項（指標變數）的獨特性。

------------------------------------------------------------------------

```
Loadings:
    Factor1 Factor2 Factor3 Factor4
a01          0.629
a02          0.806
a03          0.952
a04  0.109   0.603
a05  0.282   0.543
b06  0.704           0.331
b07  0.595   0.169   0.483
b08  0.375           0.918
b09  0.601   0.177   0.344
b10                         -0.137
c11  0.399           0.896
c12  0.605   0.101   0.280   0.399
```

```
c13    0.494    0.113    0.134    0.849
c14    0.650    0.160    0.158    0.350
c15    0.410             0.169    0.818
c16    0.647    0.198    0.145    0.231
```

**[說明]**：量數為四個共同因素的因素負荷量，第四個共同因素（Factor4）中的題項 b10 之因素負荷量為負值，與原先內定效度編製的向度不同，第二次因素分析程序可優先刪除。

----------------------------------------------------------------

```
              Factor1  Factor2  Factor3  Factor4
SS loadings    3.238    2.792    2.299    1.769
Proportion Var 0.202    0.174    0.144    0.111
Cumulative Var 0.202    0.377    0.521    0.631
```

**[說明]**：量數為四個共同因素的特徵值（3.238、2.792、2.299、1.769）、解釋變異量（20.2%、17.4%、14.4%、11.1%）、累積解釋變異量（20.2%、37.7%、52.1%、63.1%），萃取的四個共同因素共可解釋十六個指標變數（題項）的解釋變異量為 63.1%。

----------------------------------------------------------------

```
Test of the hypothesis that 4 factors are sufficient.
The chi square statistic is 173.77 on 62 degrees of freedom.
The p-value is 1.55e-12
```

**[說明]**：檢定萃取四個共同因素是否足夠的檢定，自由度 = 62、卡方值統計量 = 173.77、顯著性 $p$ = 0.000 < 0.05，達到統計顯著水準，萃取四個共同因素是適切的。

(二) 刪除第十題（b10）題項變數

　　刪除第十題（b10）題項變數，萃取的共同的因素數目界定等於 3，「因子分析」對話視窗中，「變數（選取 3 個或多個）」方框之變數清單未選取 b10。

　　Output 方框之輸出結果如下：

Call:

factanal(x = ~a01 + a02 + a03 + a04 + a05 + b06 + b07 + b08 + b09 + c11 + c12 + c13 +

c14 + c15 + c16, factors = 3, data = efa_01, scores = "none", rotation = "varimax")

Uniquenesses:

| a01 | a02 | a03 | a04 | a05 | b06 | b07 | b08 | b09 |
|-----|-----|-----|-----|-----|-----|-----|-----|-----|
| 0.587 | 0.316 | 0.126 | 0.614 | 0.667 | 0.592 | 0.499 | 0.023 | 0.644 |

| c11 | c12 | c13 | c14 | c15 | c16 |
|-----|-----|-----|-----|-----|-----|
| 0.013 | 0.442 | 0.005 | 0.515 | 0.130 | 0.612 |

Loadings:

|     | Factor1 | Factor2 | Factor3 |
|-----|---------|---------|---------|
| a01 |         |         | 0.632   |
| a02 |         | 0.105   | 0.815   |
| a03 |         | 0.115   | 0.923   |
| a04 | 0.102   |         | 0.611   |
| a05 |         | 0.110   | 0.558   |
| b06 | 0.527   | 0.346   | 0.101   |
| b07 | 0.640   | 0.252   | 0.168   |
| b08 | 0.965   | 0.200   |         |
| b09 | 0.535   | 0.193   | 0.182   |
| c11 | 0.972   | 0.196   |         |
| c12 | 0.396   | 0.626   |         |
| c13 | 0.163   | 0.980   |         |
| c14 | 0.304   | 0.606   | 0.157   |
| c15 | 0.170   | 0.915   |         |
| c16 | 0.318   | 0.499   | 0.195   |

**[說明]**：第十一題（c11）的向度歸類與原內容效度不同，第三次因素分析程序優先從變數清單中移除。

-----------------------------------------------------------------------

|               | Factor1 | Factor2 | Factor3 |
|---------------|---------|---------|---------|
| SS loadings   | 3.301   | 3.147   | 2.767   |
| Proportion Var| 0.220   | 0.210   | 0.184   |

Cumulative Var    0.220    0.430    0.614

[說明]：三個共同因素的特徵值分別為 3.301、3.147、2.767，累積解釋變異量為 61.4%。

--------------------------------------------------------------------------------

Test of the hypothesis that 3 factors are sufficient.

The chi square statistic is 290.75 on 63 degrees of freedom.

The p-value is 5.69e-31

[說明]：檢定萃取三個共同因素是否足夠的檢定，卡方值自由度 =63、卡方值統計量 = 290.75、顯著性 $p < 0.001$，達到統計顯著水準，萃取三個共同因素是適切的。

---

### (三) 刪除第十題（b10）與十一題（c11）題項變數

刪除第十題（b10）、第十一題（c11）題項變數，「因子分析」對話視窗中，「變數（選取 3 個或多個）」方框之變數清單未選取 b10、c11 兩題，因子轉軸為直交轉軸之 Varimax 法（最大變異法），萃取的共同的因素數目界定等於 3，Output 方框之輸出結果如下：

---

Call:

factanal(x = ~a01 + a02 + a03 + a04 + a05 + b06 + b07 + b08 + b09 + c12 + c13 + c14 + c15 + c16, factors = 3, data = efa_01, scores = "none", rotation = "varimax")

Uniquenesses:

| a01 | a02 | a03 | a04 | a05 | b06 | b07 | b08 | b09 | c12 | c13 | c14 | c15 | c16 |
|-----|-----|-----|-----|-----|-----|-----|-----|-----|-----|-----|-----|-----|-----|
| 0.589 | 0.328 | 0.093 | 0.621 | 0.666 | 0.462 | 0.261 | 0.416 | 0.393 | 0.398 | 0.005 | 0.459 | 0.130 | 0.560 |

[說明]：量數為十四個題項變數的獨特性。

--------------------------------------------------------------------------------

Loadings:

|     | Factor1 | Factor2 | Factor3 |
|-----|---------|---------|---------|
| a01 | 0.109 |       | 0.629 |
| a02 |       | 0.101 | 0.810 |

| | Factor1 | Factor2 | Factor3 |
|---|---|---|---|
| a03 | | 0.112 | 0.944 |
| a04 | 0.100 | | 0.606 |
| a05 | 0.190 | | 0.538 |
| b06 | 0.661 | 0.304 | |
| b07 | 0.822 | 0.195 | 0.162 |
| b08 | 0.724 | 0.216 | 0.118 |
| b09 | 0.749 | 0.133 | 0.167 |
| c12 | 0.484 | 0.599 | |
| c13 | 0.194 | 0.974 | |
| c14 | 0.436 | 0.574 | 0.146 |
| c15 | 0.179 | 0.912 | |
| c16 | 0.432 | 0.468 | 0.186 |

**[說明]**：共同因素 1 的題項變數有 b06、b07、b08、b09，共同因素 2 的題項
變數有 c12、c13、c14、c15、c16；共同因素 3 的題項變數有 a01、a02、a03、
a04、a05，三個共同因素的向度名稱分別為：共同因素 3 命名為「知識獲取」、
共同因素 1 命名為「知識分享」、共同因素 2 命名為「知識應用」。

----------------------------------------------------------------

| | Factor1 | Factor2 | Factor3 | |
|---|---|---|---|---|
| SS loadings | 2.946 | 2.917 | 2.756 | [ 特徵值 ] |
| Proportion Var | 0.210 | 0.208 | 0.197 | [ 解釋變異量 ] |
| Cumulative Var | 0.210 | 0.419 | 0.616 | [ 累積解釋變異量 ] |

**[說明]**：三個共同因素的特徵值分別為 2.946、2.917、2.756，個別共同因素
解釋變異量分別為 21.0%、20.8%、19.7%，累積解釋變異量為 61.6%。

----------------------------------------------------------------

```
Test of the hypothesis that 3 factors are sufficient.
The chi square statistic is 162.48 on 52 degrees of freedom.
The p-value is 2.68e-13
```

**[說明]**：14 個題項變數萃取三個因素是否適切檢定，檢定統計量卡方值 =
162.48（自由度 = 52），顯著性 $p$ 值 < 0.001，達到統計顯著水準，因素分析
程序萃取三個共同因素是適切的。

知識管理量表因素分析萃取的構面（向度）與題項如表 3-3。

**表 3-3** 知識管理表

| 構面（向度） | 題項變數 | 題項個數 |
|---|---|---|
| 知識獲取 | a01、a02、a03、a04、a05 | 5 |
| 知識分享 | b06、b07、b08、b09 | 4 |
| 知識應用 | c12、c13、c14、c15、c16 | 5 |

## (四) 斜交轉軸

刪除第十題（b10）、第十一題（c11）題項變數，「因子分析」對話視窗中，「變數（選取 3 個或多個）」方框之變數清單未選取 b10、c11 兩題，因子轉軸為斜交轉軸之 Promax 法，萃取的共同的因素數目界定等於 3，「因子變數之分數」選取「⊙Bartlett 法」進行因子分數的估算，並將因子變數儲存，如圖 3-51。

Output 方框之輸出結果如下：

```
Call:
factanal(x = ~a01 + a02 + a03 + a04 + a05 + b06 + b07 + b08 + b09 + c12 + c13 + c14
+ c15 + c16, factors = 3, data = efa_01,scores = "Bartlett", rotation = "promax")
Uniquenesses:
a01   a02   a03   a04   a05   b06   b07   b08   b09   c12   c13   c14   c15   c16
```

**圖 3-51** 「因子分析」視窗「選項」方盒

0.589 0.328 0.093 0.621 0.666 0.462 0.261 0.416 0.393 0.398 0.005 0.459 0.130 0.560

Loadings:

```
     Factor1 Factor2 Factor3
a01                   0.635
a02                   0.832
a03                   0.976
a04                   0.613
a05   0.142           0.519
b06   0.719
b07   0.963  -0.153
b08   0.833
b09   0.894  -0.196
c12   0.366   0.502
c13  -0.166   1.092
c14   0.308   0.487
c15  -0.158   1.025
c16   0.341   0.357
```

**[說明]**：因素負荷量為樣式矩陣（或組型矩陣），共同因素 1 的題項變數有 b06、b07、b08、b09，共同因素 2 的題項變數有 c12、c13、c14、c15、c16；共同因素 3 的題項變數有 a01、a02、a03、a04、a05，三個共同因素的向度名稱分別為：共同因素 3 命名為「知識獲取」、共同因素 1 命名為「知識分享」、共同因素 2 命名為「知識應用」。

------------------------------------------------

```
                Factor1 Factor2 Factor3
SS loadings      3.369   2.937   2.712
Proportion Var   0.241   0.210   0.194
Cumulative Var   0.241   0.450   0.644
```

**[說明]**：三個共同因素累積解釋變異量為 64.4%，三個共同因素的特徵值分別為 3.369、2.937、2.712。

------------------------------------------------

Factor Correlations:

```
         Factor1 Factor2 Factor3
```

```
Factor1    1.000    0.256   -0.644
Factor2    0.256    1.000   -0.381
Factor3   -0.644   -0.381    1.000
```

**[說明]**：量數為萃取出三個共同因素間的相關矩陣。

------------------------------------------------------------------------

```
Test of the hypothesis that 3 factors are sufficient.
The chi square statistic is 162.48 on 52 degrees of freedom.
The p-value is 2.68e-13
```

**[說明]**：14 個題項變數萃取三個因素是否適切檢定，檢定統計量卡方值 = 162.48（自由度 = 52），顯著性 $p$ 值 < 0.001，達到統計顯著水準，因素分析程序萃取三個共同因素是適切的。

按「檢視資料集」工具鈕，開啟資料集，資料集（資料檔）中增列三個因子變數名稱 F1、F2、F3（資料集原有變數為 a01 至 c16），如圖 3-52。

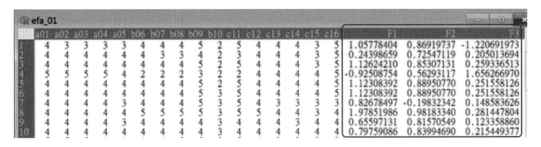

⚫ **圖 3-52**　資料集中增列三個因子變數

 三、尺度信度

執行功能表列「統計量」/「多變量方法」/「尺度信度」程序，開啟「尺度信度」對話視窗，視窗功能可以進行向度或量表的信度分析，如圖 3-53。

「知識獲取」向度包括 a01、a02、a03、a04、a05 五個題項變數，「尺度信度」視窗中，「變數選取 3 個或多個」方框之變數清單點選 a01、a02、a03、a04、a05 五個題項變數，按「OK」鈕（尺度信度視窗之變數清單中，最少要點選 3 個變數，表示向度或因子題項數最少要有三題），如圖 3-54。

**圖 3-53**　開啟「尺度信度」對話視窗

**圖 3-54**　變數選取（最少要點選 3 個變數）

Output 方框之輸出結果如下：

```
> reliability(cov(efa_01[,c("a01","a02","a03","a04","a05")], use="complete.obs"))
Alpha reliability =  0.8429
Standardized alpha =  0.8419
```

**[說明]**：$\alpha$ 信度係數值 = 0.8429、標準化內部一致性 $\alpha$ 係數 = 0.8419。

```
-----------------------------------------------------------------------
Reliability deleting each item in turn:
    Alpha  Std.Alpha    r(item, total)
a01 0.8364    0.8366        0.5486
```

| | | | |
|---|---|---|---|
| a02 | 0.7921 | 0.7915 | 0.7149 |
| a03 | 0.7621 | 0.7620 | 0.8155 |
| a04 | 0.8214 | 0.8208 | 0.6092 |
| a05 | 0.8344 | 0.8312 | 0.5650 |

[說明]：量數為題項刪除後信度係數的變化值，如刪除題項變數 a01 後，知識獲取向度的 $\alpha$ 係數降為 0.8364、標準化 $\alpha$ 係數等於 0.8366，題項 a01 與其餘題項變數加總（a02 + a03 + a04 + a05）的相關係數 = 0.5486（校正題項與總分的相關）。

「知識分享」向度包括 b06、b07、b08、b09 等四個題項變數，「尺度信度」視窗中，「變數選取 3 個或多個」方框之變數清單點選 b06、b07、b08、b09 四個題項變數，按「OK」鈕，如圖 3-55。

「知識應用」向度包括 c12、c13、c14、c15、c16 等五個題項變數，「尺度信度」視窗中，「變數選取 3 個或多個」方框之變數清單點選 c12、c13、c14、c15、c16 五個題項變數，按「OK」鈕，如圖 3-56。

 圖 3-55 「知識分享」向度

 圖 3-56 「知識應用」向度

向度二「知識分享」、向度三「知識應用」的信度估計結果如下：

```
> reliability(cov(efa_01[,c("b06","b07","b08","b09")], use="complete.obs"))
Alpha reliability =  0.856
Standardized alpha =  0.8578
Reliability deleting each item in turn:
      Alpha  Std.Alpha    r(item, total)
b06  0.8494    0.8503         0.6232
b07  0.7729    0.7742         0.8058
b08  0.8142    0.8169         0.7055
b09  0.8283    0.8299         0.6720
```

[說明]：「知識分享」向度四個題項變數的內部一致性 $\alpha$ 係數 = 0.856。
--------------------------------------------------------------------------
```
> reliability(cov(efa_01[,c("c12","c13","c14","c15","c16")], use="complete.obs"))
Alpha reliability =  0.8926
Standardized alpha =  0.8935
Reliability deleting each item in turn:
      Alpha  Std.Alpha    r(item, total)
c12  0.8739    0.8751         0.7178
c13  0.8425    0.8427         0.8552
c14  0.8722    0.8740         0.7235
c15  0.8610    0.8613         0.7758
c16  0.8942    0.8956         0.6242
```

[說明]：「知識應用」向度五個題項變數的內部一致性 $\alpha$ 係數 = 0.8926。

 四、驗證式（性）因子分析

執行功能表列「統計量」/「多變量方法」/「驗證式因子分析」程序，開啟「驗證式因子分析」對話視窗，視窗功能可進行驗證性因素分析（「因子分析」視窗進行的是探索性因素分析）。

　　「驗證性因子分析」對話視窗,「資料」方盒在界定各因子(向度)之指標變數,「定義因子變數 1」鈕對應的潛在變數名稱為 Factor.1(內定之因子變數名稱,方框內的變數名稱可以修改),因子變數 Factor.1(潛在變數)的指標變數(題項或觀察變數)點選 a01、a02、a03、a04、a05,按「定義因子變數 1」鈕,切換到「定義因子變數 2」的設定(界定第一個因子潛在變數為 Factor.1,五個指標變數為 a01、a02、a03、a04、a05)(如圖 3-57)。

　　「定義因子變數 2」對應的因子變數名稱為 Factor.2(潛在變數)如圖 3-58,

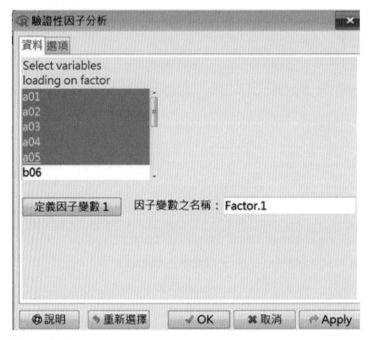

● 圖 3-57　定義因子變數 1

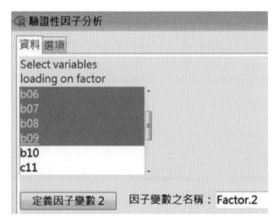

● 圖 3-58　定義因子變數 2

變數清單中的指標變數（題項或觀察變數）點選 b06、b07、b08、b09，按「定義因子變數 2」鈕，切換到「定義因子變數 3」的設定（界定第二個因子潛在變數為 Factor.2，四個指標變數為 b06、b07、b08、b09）。

「定義因子變數 3」對應的因子變數名稱為 Factor.3（潛在變數），變數清單中的指標變數（題項或觀察變數）點選 c12、c13、c14、c15、c16，按「定義因子變數 3」鈕，切換到「定義因子變數 4」鈕，按「選項」鈕，開啟選項方盒，如圖 3-59。

「選項」方盒內定分析矩陣為共變異數矩陣（Covariance），另一個選項為相關矩陣；因素相關內定選項為斜交（因素間有相關 Correlated），另一個選項為正交（因素間的相關係數等於 0），各個測量模式中的限制參數內定將因子變數之變異數設為 1，另一個選項為將潛在因素變數之第一個指標變數的負荷量限定為 1（原始路徑係數值界定為 1，表示此參數為固定參數）。模型適配指標量數包括 AIC（內定勾選選項）、BIC（內定勾選選項）、GIF、AGFI、RMSEA、NFI、NNFI、CFI、RNI、IFI、SRMR、AICc、CAIC，如圖 3-60。

「Identifying Constraints」方盒二個選項為 CFA 測量模式中的識別限制條件，測量模式的參數要能順利估計有二種方法，一為將潛在變數（因素構念）的指標變數之一設定為參照指標，徑路係數限定為 1（固定參數）；二為將潛在變數（因素構念）的變異數限定為 1，方盒二個選項只能選取其中一個。

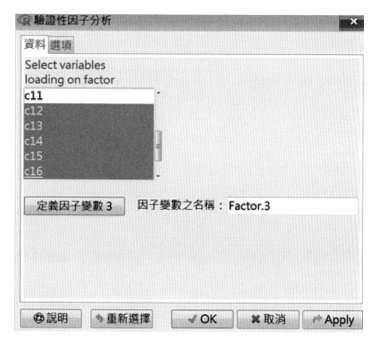

 圖 **3-59** 定義因子變數 3

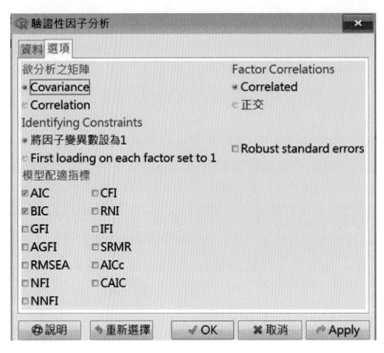

● 圖 3-60 「選項」方盒

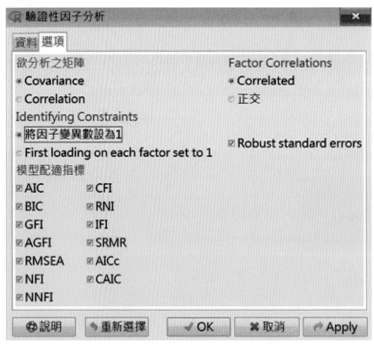

● 圖 3-61 範例視窗

範例視窗選取「⊙Covariance」、「⊙Correlated」（因素斜交模式）、「⊙ 將因子變異數設為 1」三個內定選項，勾選「☑Robust standard errors」（強韌性標準誤）選項，模型適配度指標所有統計量全部勾選，按「OK」鈕，如圖 3-61。

　　範例輸出結果只進行二個共同因素（知識獲取、知識分享）之驗證性因素分析，CFA 模式中，有二個潛在變數、九個觀察變數。Output 方框之輸出結果如下：

---

Satorra-Bentler Corrected Fit Statistics:

 Corrected Model Chisquare =  53.68427    Df =  26 Pr(>Chisq) = 0.00111236

 Corrected Chisquare (null model) =   735.4191    Df =   36

 Corrected Bentler-Bonett NFI =  0.9120995

 Corrected Tucker-Lewis NNFI =  0.9451944

 Corrected Bentler CFI =  0.9604182

 Corrected Bentler RNI =  0.9604182

 Corrected Bollen IFI =  0.9609761

**[說明]**：量數為 Satorra-Bentler 校正適配統計量，校正模型卡方值 = 53.68、自由度 = 26、顯著性 $p = 0.001 < 0.05$，虛無模型的卡方值 = 735.42、自由度 = 36，由於卡方值易隨觀察值個數而改變，卡方值統計量在模型適配檢定中如達到顯著水準，須再參考其他適配度統計量。校正後 NFI 值 = 0.91、校正後 NNFI 值 = 0.95、校正後 CFI 值 = 0.96、校正後 RNI 值 = 0.96、校正後 IFI 值 = 0.96。

------------------------------------------------------------------

Uncorrected Fit Statistics:

 Model Chisquare =  64.64369    Df =   26 Pr(>Chisq) = 3.863928e-05

 Goodness-of-fit index =  0.9386696

 Adjusted goodness-of-fit index =  0.8938513

 RMSEA index =  0.08642236    90% CI: (0.06019359, 0.1131361)

Bentler-Bonett NFI =  0.9270018

 Tucker-Lewis NNFI =  0.9370178

Bentler CFI =  0.9545129

Bentler RNI =  0.9545129

Bollen IFI =  0.955042

 SRMR =  0.05580723

 AIC =  102.6437

AICc =  68.86592

---

```
BIC =   -73.11256
CAIC =   -99.11256
```

**[說明]**：量數為未校正適配統計量，卡方值 = 64.64、自由度 = 26、顯著性 *p* < 0.001。GFI 值 = 0.94（適配指標值 > 0.90）、AGFI 值 = 0.89（適配指標值 > 0.90）、RMSEA 值 = 0.09（適配指標值 < 0.08）、NFI 值 = 0.93（適配指標值 > 0.90）、NNFI 值 = 0.94（適配指標值 > 0.90）、CFI 值 = 0.95（適配指標值 > 0.90）、RNI 值 = 0.95（適配指標值 > 0.90）、IFI 值 = 0.96（適配指標值 > 0.90）、SRMR 值 = 0.06（適配指標值 < 0.05）。AIC 值 = 102.64、AICc 值 = 68.87、BIC 值 = −73.11、CAIC 值 = −99.11，AIC 值、AICc 值、BIC 值、CAIC 值用於多個競爭模型的選取，統計量量數愈小，表示模型愈簡約。

--------------------------------------------------------

```
Normalized Residuals
      Min.      1st Qu.    Median      Mean      3rd Qu.      Max.
-0.7967000 -0.1754000  0.0000054  0.2305000  0.3068000  3.0450000
```

**[說明]**：量數為常態化的殘差值統計量，包括最小值、第一個四分位數、中位數、平均數、第三個四分位數、最大值。

--------------------------------------------------------

```
R-square for Endogenous Variables
    a01     a02     a03     a04     a05     b06     b07     b08     b09
 0.4109  0.6789  0.8920  0.3782  0.3184  0.4315  0.8520  0.5589  0.6012
```

**[說明]**：九個題項變數（內因變數）的 R 平方，R 平方值的平方根為因素負荷量。如 a01 的因素負荷量（標準化估計值）=「sqrt（0.4109）= 0.6410148」、a02 的因素負荷量（標準化估計值）=「sqrt（0.6789）= 0.8239539」。

--------------------------------------------------------

```
Parameter Estimates (with Robust Standard Errors)
                   Estimate    Corrected SE    z value      Pr(>|z|)

lam[a01:Factor.1]  0.41900360   0.05052960     8.292240   1.111353e-16 a01 <--- Factor.1

lam[a02:Factor.1]  0.59221017   0.03814784    15.524081   2.383962e-54 a02 <--- Factor.1

lam[a03:Factor.1]  0.67742233   0.04196011    16.144436   1.242799e-58 a03 <--- Factor.1

lam[a04:Factor.1]  0.39837017   0.04263260     9.344261   9.253359e-21 a04 <--- Factor.1

lam[a05:Factor.1]  0.40696835   0.04680263     8.695416   3.455600e-18 a05 <--- Factor.1

lam[b06:Factor.2]  0.66834116   0.06020488    11.101113   1.238916e-28 b06 <--- Factor.2
```

```
lam[b07:Factor.2]    0.86784669  0.05359416   16.192935  5.656488e-59 b07 <--- Factor.2

lam[b08:Factor.2]    0.71097091  0.06549715   10.854990  1.888269e-27 b08 <--- Factor.2

lam[b09:Factor.2]    0.77640233  0.06564447   11.827383  2.817902e-32 b09 <--- Factor.2
```

**[ 說明 ]**：九個觀察變數原始徑路係數值（未標準化的估計值），徑路係數估計值對應的顯著性 $p$ 值均小於 0.05，達到統計顯著水準。

----------------------------------------------------------------------

```
C[Factor.1,Factor.2]  0.28495641  0.08284922    3.439458  5.828799e-04  Factor.2 <--> Factor.1
```

**[ 說明 ]**：二個潛在構念變數之共變數，共變數估計值 = 0.28、顯著性 $p$ 值 < 0.001，二個潛在構念變數有顯著正相關，由於潛在變數的變異數設定為 1，潛在變數（因素構念）間的共變數估計值為相關係數 $r$。

----------------------------------------------------------------------

```
V[a01]    0.25167231   0.04775685   5.269868  1.365219e-07 a01 <--> a01

V[a02]    0.16584514   0.02735527   6.062639  1.339059e-09 a02 <--> a02

V[a03]    0.05557159   0.02221291   2.501770  1.235743e-02 a03 <--> a03

V[a04]    0.26089937   0.02497706  10.445558  1.535489e-25 a04 <--> a04

V[a05]    0.35447736   0.02884472  12.289160  1.035773e-34 a05 <--> a05

V[b06]    0.58849605   0.07340931   8.016641  1.086761e-15 b06 <--> b06

V[b07]    0.13086229   0.04096705   3.194331  1.401554e-03 b07 <--> b07

V[b08]    0.39901736   0.05876762   6.789749  1.123291e-11 b08 <--> b08

V[b09]    0.39981226   0.06984950   5.723910  1.040998e-08 b09 <--> b09
```

**[ 說明 ]**：量數為非標準化估計值、估計值標準誤、估計值是否顯著等於 0 的檢定統計量 $z$ 值、$z$ 值對應的顯著性 $p$ 值，符號 lam 為非標準化的徑路係數、C[Factor.1,Factor.2] 為二個共同因素的共變數估計值、V[ 題項變數 ] 為指標變數（觀察變數）測量誤差項的變異數估計值。九個指標變數（觀察變數）測量誤差項的變異數估計值均大於 0.00，表示模式估計結果沒有不合理的參數出現。

## 五、集群分析

### (一)階層式集群分析

執行功能表列「統計量」/「多變量方法」/「集群分析（Cluster analysis）」/「階層式集群分析」程序，開啟「階層式集群分析」對話視窗，視窗功能可進行觀察值的分組，如圖 3-62。

「階層式集群分析」對話視窗之「資料」方盒（如圖 3-63）界定變數的選取與集群名稱，內定的名稱為 HClust.1、HClust.2、……等，「變數（選取 1 個或多

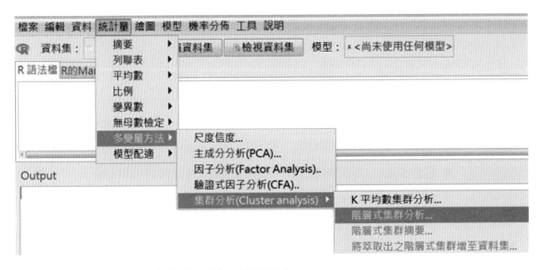

**圖 3-62** 開啟「階層式集群分析」對話視窗

**圖 3-63** 「資料」方盒

個）」方框中的變數清單點選 achievement（學習成就）、behavior（行為表現）、
engagement（學習參與）、motivation（學習動機）四個。

　　「階層式集群分析」對話視窗之「選項」方盒界定集群分析之觀察值分組方法，
內定選項為「⊙Ward 法（最小變異法）」，其餘選項包括單一連結法（最近法）、
完全連結法（最遠法）、平均連結法（中心法）、McQuitty 法、中間距離法、重
心連結法。「距離測量」次方盒選項包括「⊙Euclidean 直線距離」（歐幾里德直
線距離，內定選項）、「Euclidean 直線距離平方」（歐幾里德直線距離平方）、
「Manhattan 距離（City Block）」（曼哈頓距離）、「不進行轉換」，範例視窗採
用內定選項，增列勾選「☑ 繪製樹狀圖」，按「OK」鈕，如圖 3-64。

　　集群分析之樹狀圖，如圖 3-65。

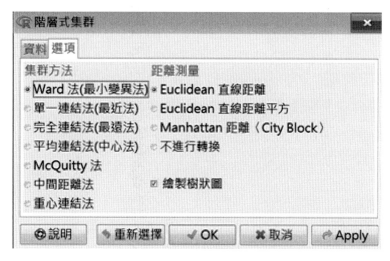

🍎圖 **3-64**　「選項」方盒

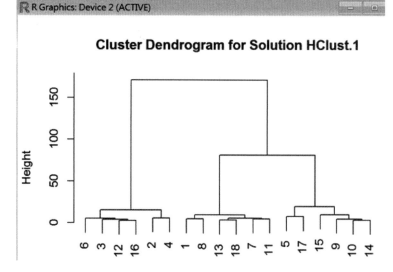

🍎圖 **3-65**　集群分析之樹狀圖

如果分為三個集群，集群 2 的樣本觀察值包括 S06、S03、S12、S16、S02、S04 等六個；集群 1 的樣本觀察值包括 S01、S08、S13、S18、S07、S11 等六個；集群 3 的樣本觀察值包括 S05、S17、S15、S09、S10、S14 等六個。若是研究者要分為二個集群，則集群 2 包括的觀察值為 {S06、S03、S12、S16、S02、S04}；集群 1 包括的觀察值為 {S01、S08、S13、S18、S07、S11、S05、S17、S15、S09、S10、S14}。

## (二) 階層式集群摘要

執行功能表列「統計量」/「多變量方法」/「集群分析（Cluster analysis）」/「階層式集群摘要」程序，開啟「階層式集群摘要」對話視窗，視窗功能可呈現階層式集群分析相關的量數數據，如圖 3-66。

「階層式集群摘要」視窗（如圖 3-67），「選擇 1 個集群解」方框中的集群模

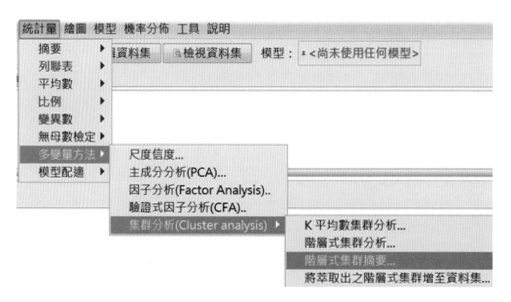

 **圖 3-66** 　開啟「階層式集群摘要」對話視窗

 **圖 3-67** 　選擇 1 個集群解

型若有二個以上，只能點選一個模型，「集群個數：」右方的拉曳鈕界定集群的數目，範例視窗集群個數拉曳鈕設定為 3（表示觀察值分為三個集群），內定輸出選項有「列出集群分析摘要 ☑」、「集群分析雙軸圖 ☑」，按「OK」鈕。

Output 方框之輸出結果如下：

```
> summary(as.factor(cutree(HClust.1, k = 3))) # Cluster Sizes
1 2 3
6 6 6
```

[**說明**]：三個集群的樣本觀察值分別有 6、6、6 個。

----------------------------------------------------------------------

```
> by(model.matrix(~-1 + achievement + behavior + engagement +
motivarion, cluster), as.factor(cutree(HClust.1, k = 3)), colMeans
+    # Cluster Centroids
INDICES: 1
achievement     behavior    engagement    motivarion
   30.66667     50.33333     45.16667     12.50000
----------------------------------------------------------------
INDICES: 2
achievement     behavior    engagement    motivarion
   10.33333     27.66667     21.33333      4.00000
----------------------------------------------------------------
INDICES: 3
achievement     behavior    engagement    motivarion
   20.83333     38.83333     34.50000      8.00000
```

[**說明**]：三個集群在四個自變數之平均數，第三個集群，六位觀察值在 achievement、behavior、engagement、motivarion 四個變數的平均數分別為 20.83、38.83、34.50、8.00；第一個集群的形心中，四個變數的平均數分別為 30.67、50.33、   45.17、12.50；第二個集群的形心中，四個變數的平均數分別為 10.33、27.67、21.33、4.00。

### (三) 將萃取出之階層式集群增至資料集

執行功能表列「統計量」/「多變量方法」/「集群分析（Cluster analysis）」/「將萃取出之階層式集群增至資料集」程序，開啟「將萃取出之集群群組加入使用中資料集」對話視窗，視窗功能在於增列集群分組量數變數，如圖 3-68。

「將萃取出之集群群組加入使用中資料集」視窗，內定「指定集群標記名稱：」右方框界定資料集中分組變數名稱，內定分組變數名稱為 hclus.label，「集群個數：」右拉曳鈕界定集群分析的集群個數，範例資料集分為三個集群，按「OK」鈕，如圖 3-69。

按「檢視資料集」工具鈕，開啟資料集，資料集中的變數新增 hclus.label，變數為三分類別變數，表示樣本觀察值分組結果，如圖 3-70。

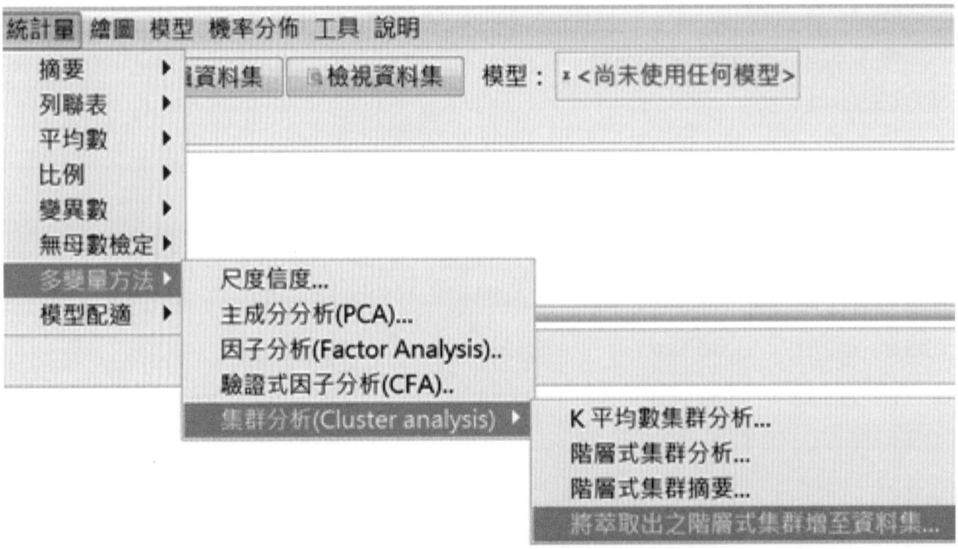

**圖 3-68** 開啟「將萃取出之集群群組加入使用中資料集」對話視窗

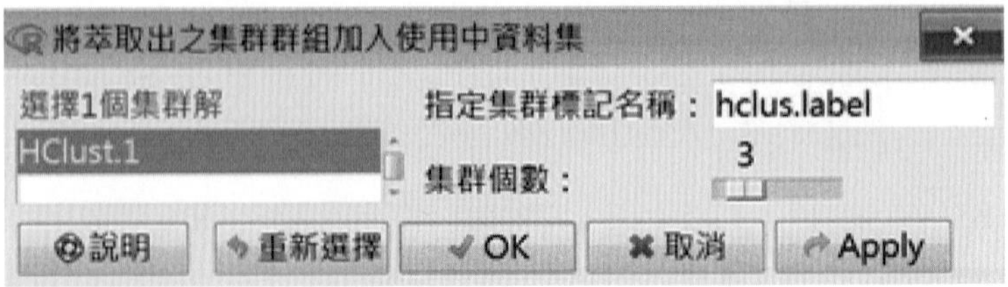

**圖 3-69** 選擇 1 個集群解

| | stid | behavior | engagement | achievement | motivation | hclus.label |
|---|---|---|---|---|---|---|
| 1 | S01 | 51 | 45 | 34 | 15 | 1 |
| 2 | S02 | 27 | 17 | 8 | 6 | 2 |
| 3 | S03 | 31 | 24 | 10 | 5 | 2 |
| 4 | S04 | 25 | 16 | 13 | 4 | 2 |
| 5 | S05 | 42 | 39 | 18 | 9 | 3 |
| 6 | S06 | 26 | 24 | 12 | 3 | 2 |
| 7 | S07 | 51 | 42 | 30 | 12 | 1 |
| 8 | S08 | 54 | 47 | 32 | 13 | 1 |
| 9 | S09 | 35 | 30 | 23 | 7 | 3 |
| 10 | S10 | 38 | 32 | 21 | 8 | 3 |
| 11 | S11 | 47 | 44 | 30 | 10 | 1 |
| 12 | S12 | 28 | 24 | 10 | 4 | 2 |
| 13 | S13 | 49 | 47 | 29 | 14 | 1 |
| 14 | S14 | 36 | 34 | 23 | 9 | 3 |
| 15 | S15 | 38 | 31 | 15 | 7 | 3 |
| 16 | S16 | 29 | 23 | 9 | 2 | 2 |
| 17 | S17 | 44 | 41 | 25 | 8 | 3 |
| 18 | S18 | 50 | 46 | 29 | 11 | 1 |

**圖 3-70**　開啟資料集

### (四) K 平均數集群分析

　　執行功能表列「統計量」/「多變量方法」/「集群分析（Cluster analysis）」/「K 平均數集群分析」程序，開啟「K 平均數集群」對話視窗，視窗功能在於使用 K 平均數集群分析法將觀察值分組。

　　「資料」方盒（如圖 3-71）「變數（選取 1 個或多個）」方框之變數清單點

**圖 3-71**　「資料」方盒

選 achievement（學習成就）、behavior（行為表現）、engagement（學習參與）、motivation（學習動機）四個。

「選項」方盒（如圖 3-72）界定集群個數（內定集群分群數目為 2）、起始演算子（seeds）個數（內定數值為 10）、最大疊代演算次數（內定數值為 10），「指定寫入的變數名稱：」內定的變數為「KMeans」，可以勾選選項有三個：「☑ 列出集群分析摘要」、「☑ 集群分析雙軸圖」、「將萃取出之集群寫入此資料集」。

範例視窗界定集群分組的數目為 3、最大疊代演算次數調整為 20，「指定寫入的變數名稱：」方框採用內定的變數名稱「KMeans」，勾選「☑ 列出集群分析摘要」、「☑ 集群分析雙軸圖」、「☑ 將萃取出之集群寫入此資料集」，按「OK」鈕，如圖 3-73。

 圖 3-72　「選項」方盒

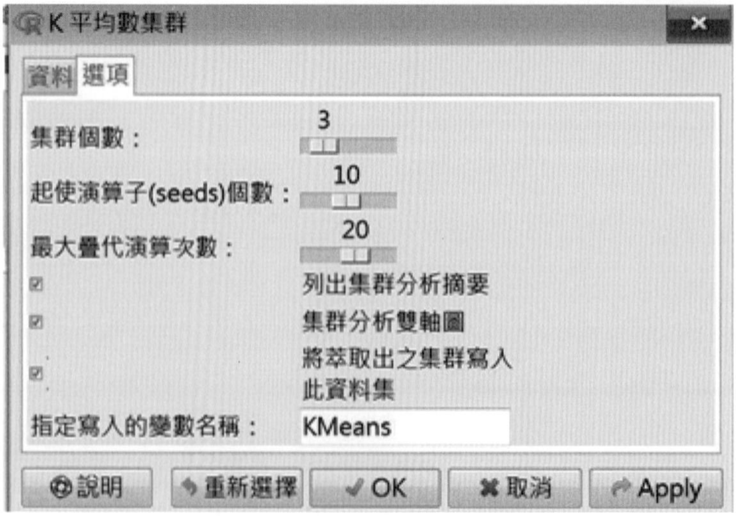

 圖 3-73　範例視窗

Output 方框之輸出結果如下：

---

```
> .cluster$size # Cluster Sizes
[1] 6 5 7
```

**[說明]**：採用 K 平均數集群分析法，三個集群的觀察值個數分別為 6、5、7。

---

```
> .cluster$centers # Cluster Centroids
new.x.achievementnew.x.behaviornew.x.engagementnew.x.motivarion
1        10.33333         27.66667        21.33333         4.00000
2        20.00000         37.80000        33.20000         8.00000
3        29.85714         49.42857        44.57143        11.85714
```

**[說明]**：三個集群的形心，第一個集群六個觀察值在四個變數的平均數分別10.33、27.67、21.33、4.00；第二個集群五個觀察值在四個變數的平均數分別為 20.00、37.80、33.20、8.00；第三個集群七個觀察值在四個變數的平均數分別為 29.86、49.43、44.57、11.86。

---

```
> .cluster$withinss # Within Cluster Sum of Squares
[1] 122.0000 131.6000 177.1429
```

**[說明]**：量數為集群內的平方和（SS）。

---

```
> .cluster$tot.withinss # Total Within Sum of Squares
[1] 430.7429
```

**[說明]**：量數為集群內總平方和。

---

```
> .cluster$betweenss # Between Cluster Sum of Squares
[1] 4718.979
```

**[說明]**：量數為集群組間的平方和。

---

| | stid | behavior | engagement | achievement | motivarion | hclus.label | KMeans |
|---|---|---|---|---|---|---|---|
| 1 | S01 | 51 | 45 | 34 | 15 | 1 | 1 |
| 2 | S02 | 27 | 17 | 8 | 6 | 2 | 2 |
| 3 | S03 | 31 | 24 | 10 | 5 | 2 | 2 |
| 4 | S04 | 25 | 16 | 13 | 4 | 2 | 2 |
| 5 | S05 | 42 | 39 | 18 | 9 | 3 | 3 |
| 6 | S06 | 26 | 24 | 12 | 3 | 2 | 2 |
| 7 | S07 | 51 | 42 | 30 | 12 | 1 | 1 |
| 8 | S08 | 54 | 47 | 32 | 13 | 1 | 1 |
| 9 | S09 | 35 | 30 | 23 | 7 | 3 | 3 |
| 10 | S10 | 38 | 32 | 21 | 8 | 3 | 3 |
| 11 | S11 | 47 | 44 | 30 | 10 | 1 | 1 |
| 12 | S12 | 28 | 24 | 10 | 4 | 2 | 2 |
| 13 | S13 | 49 | 47 | 29 | 14 | 1 | 1 |
| 14 | S14 | 36 | 34 | 23 | 9 | 3 | 3 |
| 15 | S15 | 38 | 31 | 15 | 7 | 3 | 3 |
| 16 | S16 | 29 | 23 | 9 | 2 | 2 | 2 |
| 17 | S17 | 44 | 41 | 25 | 8 | 3 | 1 |
| 18 | S18 | 50 | 46 | 29 | 11 | 1 | 1 |

圖 3-74　資料集中的變數新增 KMeans

　　按「檢視資料集」工具鈕，開啟資料集，資料集中的變數新增 KMeans，變數為採用 K 平均數集群分析法樣本觀察值分組結果，如圖 3-74。

　　集群 1 的觀察值有七個：{S01、S07、S08、S11、S13、S17、S18}。

　　集群 2 的觀察值有六個：{S02、 S03、 S04、S06、S12、S16}。

　　集群 3 的觀察值有五個：{S05、S09、S10、S14、S15}。

　　採用 K 平均數集群分析法與階層式集群分析法的觀察值分組結果，有稍許的差異，範例中的差異為觀察值 S17，觀察值 S17 採用 K 平均數集群分析法歸於集群 1，採用階層式集群分析法歸於集群 3。

## (五) 儲存集群分析資料集

　　執行功能表列「資料」/「使用中的資料集」/「輸出使用中的資料集」程序，可以將作用中的資料集（資料檔）輸出為文件檔，如圖 3-75。

　　「輸出使用中的資料集」對話視窗，內定勾選選項為寫入變數名稱（☑Write variable names）、寫入橫列名稱（☑Write row names）、文字標記增列雙引號（☑Quotes around character values）；「欄位分隔字元」選項有四個：空白（內定選項）、Tab 鍵、逗號、其他，如圖 3-76。

　　範例視窗勾選「☑Write variable names」、「☑Quotes around character values」二個選項（取消勾選 Write row names 選項）；「欄位分隔字元」方盒選取「⊙Tab 鍵」

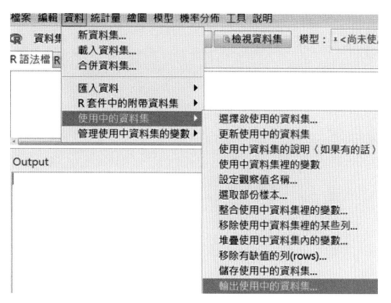

圖 3-75　開啟「輸出使用中的資料集」視窗

圖 3-76　「輸出使用中的資料集」視窗中的選項

選項，按「OK」鈕，出現「另存新檔」對話視窗，檔案名稱未輸入副檔名，會直接儲存為一般文書檔案，範例檔名為 clusterout，儲存的資料檔可直接以記事本軟體開啟，如圖 3-77。

● 圖 3-77　另存新檔

　　記事本開啟「clusterout.txt」檔案的內容如下（變數直欄間以定位點隔開，類別變數的水準群組數值增列雙引號 ""）：

| "stid" | "behavior" | "engagement" | "achievement" | "motivarion" | "hclus.label" | "KMeans" |
|--------|------------|--------------|---------------|--------------|---------------|----------|
| "S01 " | 51 | 45 | 34 | 15 | "1" | "1" |
| "S02 " | 27 | 17 | 8 | 6 | "2" | "2" |
| "S03 " | 31 | 24 | 10 | 5 | "2" | "2" |
| "S04 " | 25 | 16 | 13 | 4 | "2" | "2" |
| "S05 " | 42 | 39 | 18 | 9 | "3" | "3" |
| "S06 " | 26 | 24 | 12 | 3 | "2" | "2" |
| "S07 " | 51 | 42 | 30 | 12 | "1" | "1" |
| "S08 " | 54 | 47 | 32 | 13 | "1" | "1" |
| "S09 " | 35 | 30 | 23 | 7 | "3" | "3" |
| "S10 " | 38 | 32 | 21 | 8 | "3" | "3" |
| "S11 " | 47 | 44 | 30 | 10 | "1" | "1" |

| "S12 " | 28 | 24 | 10 | 4 | "2" | "2" |
|--------|----|----|----|----|-----|-----|
| "S13 " | 49 | 47 | 29 | 14 | "1" | "1" |
| "S14 " | 36 | 34 | 23 | 9 | "3" | "3" |
| "S15 " | 38 | 31 | 15 | 7 | "3" | "3" |
| "S16 " | 29 | 23 | 9 | 2 | "2" | "2" |
| "S17 " | 44 | 41 | 25 | 8 | "3" | "1" |
| "S18 " | 50 | 46 | 29 | 11 | "1" | "1" |

　　若是要輸出為試算表的「.csv」檔案類型，於「輸出使用中的資料集」視窗中，勾選「☑Write variable names」、「☑Quotes around character values」二個選項（取消勾選 Write row names 選項）；「欄位分隔字元」方盒選取「◉ 逗號」選項，按「OK」鈕，出現「另存新檔」對話視窗，檔案名稱輸出完整檔名「clusterout.csv」（包含副檔名），按「存檔」鈕。

　　以試算表 Excel 開啟「clusterout.csv」資料檔內容如表 3-4。

🍎**表 3-4** 以試算表 Excel 開啟「clusterout.csv」資料檔

| | A | B | C | D | E | F | G |
|---|---|---|---|---|---|---|---|
| 1 | stid | behavior | engagement | achievement | motivarion | hclus.label | KMeans |
| 2 | S01 | 51 | 45 | 34 | 15 | 1 | 1 |
| 3 | S02 | 27 | 17 | 8 | 6 | 2 | 2 |
| 4 | S03 | 31 | 24 | 10 | 5 | 2 | 2 |
| 5 | S04 | 25 | 16 | 13 | 4 | 2 | 2 |
| 6 | S05 | 42 | 39 | 18 | 9 | 3 | 3 |
| 7 | S06 | 26 | 24 | 12 | 3 | 2 | 2 |
| 8 | S07 | 51 | 42 | 30 | 12 | 1 | 1 |
| 9 | S08 | 54 | 47 | 32 | 13 | 1 | 1 |
| 10 | S09 | 35 | 30 | 23 | 7 | 3 | 3 |
| 11 | S10 | 38 | 32 | 21 | 8 | 3 | 3 |
| 12 | S11 | 47 | 44 | 30 | 10 | 1 | 1 |
| 13 | S12 | 28 | 24 | 10 | 4 | 2 | 2 |
| 14 | S13 | 49 | 47 | 29 | 14 | 1 | 1 |
| 15 | S14 | 36 | 34 | 23 | 9 | 3 | 3 |
| 16 | S15 | 38 | 31 | 15 | 7 | 3 | 3 |
| 17 | S16 | 29 | 23 | 9 | 2 | 2 | 2 |
| 18 | S17 | 44 | 41 | 25 | 8 | 3 | 1 |
| 19 | S18 | 50 | 46 | 29 | 11 | 1 | 1 |

## (六) 集群群組間的差異比較

執行功能表列「統計量」/「平均數」/「單因子（因子）變異數分析（One-way ANOVA）程序，開啟「單因子變異數分析」對話視窗。「群組」方框之變數清單點選 KMeans（三分類別變數）、「依變數（反應變數）選取 1 個」方框之變數清單點選 achievement（之後開啟視窗，逐一點選 behavior、engagement、motivation 變數），勾選「☑ 平均數成對比較」選項，按「OK」鈕，如圖 3-78。

單因子變異數分析結果如下：

```
> AnovaModel.1 <- aov(achievement ~ KMeans, data=Dataset)
> summary(AnovaModel.1)
            Df    Sum Sq    Mean Sq    F value    Pr(>F)
KMeans       2    1234.1    617.0      82.5       8.06e-09 ***
Residuals   15     112.2      7.5
```

**[說明]**：$K$ 平均數集群分析三個群組在學習成就差異之 $F$ 值統計值 = 82.5，顯著性 $p < 0.05$，達到統計顯著水準，表示配對集群組平均數間至少有一個配對組間有差異。

```
------------------------------------------------------------------------
> with(Dataset, numSummary(achievement, groups=KMeans,
statistics=c("mean", "sd")))
      mean        sd       data:n
1   29.85714   2.794553      7
2   10.33333   1.861899      6
3   20.00000   3.464102      5
```

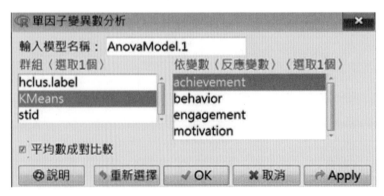

**圖 3-78** 「單因子變異數分析」視窗

**[ 說明 ]**：三個集群的平均數、標準差與樣本數。就學習成就 achievement 變數
而言，集群 1 的平均數 = 29.86、集群 2 的平均數 = 10.33、集群 3 的平均數 =
20.00。

---

```
     Simultaneous Tests for General Linear Hypotheses
Multiple Comparisons of Means: Tukey Contrasts
Fit: aov(formula = achievement ~ KMeans, data = Dataset)
Linear Hypotheses:
            Estimate   Std. Error    t value    Pr(>|t|)
2 - 1 == 0   -19.524      1.522      -12.832     <0.001 ***
3 - 1 == 0    -9.857      1.601       -6.155     <0.001 ***
3 - 2 == 0     9.667      1.656        5.837     <0.001 ***
---
Signif. codes:  0 '***' 0.001 '**' 0.01 '*' 0.05 '.' 0.1 ' ' 1
(Adjusted p values reported -- single-step method)
```

**[ 說明 ]**：就學習成就變數 achievement 而言，整體檢定 $F$ 值統計量 = 82.5，顯
著性 $p$ 值 = 0.000 < 0.05，達到統計顯著水準，事後比較發現：集群 1 平均數
顯著高於集群 2 與集群 3 平均數、集群 3 平均數又顯著高於集群 2 平均數。

---

```
> AnovaModel.2 <- aov(behavior ~ KMeans, data=Dataset)
> summary(AnovaModel.2)
            Df    Sum Sq   Mean Sq   F value    Pr(>F)
KMeans       2    1539.1    769.5     101.4     1.93e-09 ***
Residuals   15     113.8      7.6
> with(Dataset, numSummary(behavior, groups=KMeans, statistics=c("mean", "sd")))
       mean        sd      data:n
1   49.42857   3.207135      7
2   27.66667   2.160247      6
3   37.80000   2.683282      5
 Simultaneous Tests for General Linear Hypotheses
Multiple Comparisons of Means: Tukey Contrasts
Fit: aov(formula = behavior ~ KMeans, data = Dataset)
```

```
Linear Hypotheses:
              Estimate    Std. Error    t value    Pr(>|t|)
2 - 1 == 0    -21.762       1.533       -14.198    < 1e-05 ***
3 - 1 == 0    -11.629       1.613        -7.209    < 1e-05 ***
3 - 2 == 0     10.133       1.668         6.074    3.48e-05 ***
```

**[說明]**：就學習行為變數 behavior 而言，整體檢定 $F$ 值統計量 = 101.4，顯著性 $p$ 值 < 0.05，達到統計顯著水準，事後比較發現：集群 1 平均數顯著高於集群 2 與集群 3 平均數、集群 3 平均數又顯著高於集群 2 平均數。

--------------------------------------------------------------------

```
> AnovaModel.3 <- aov(engagement ~ KMeans, data=Dataset)
> summary(AnovaModel.3)
            Df    Sum Sq    Mean Sq    F value    Pr(>F)
KMeans       2    1746.2     873.1      84.03     7.1e-09 ***
Residuals   15     155.8      10.4
> with(Dataset, numSummary(engagement, groups=KMeans,
statistics=c("mean", "sd")))
      mean          sd        data:n
1  44.57143    2.370453        7
2  21.33333    3.777124        6
3  33.20000    3.563706        5
      Simultaneous Tests for General Linear Hypotheses
Multiple Comparisons of Means: Tukey Contrasts
Fit: aov(formula = engagement ~ KMeans, data = Dataset)
Linear Hypotheses:
              Estimate    Std. Error    t value    Pr(>|t|)
2 - 1 == 0    -23.238       1.793       -12.958    <1e-04 ***
3 - 1 == 0    -11.371       1.887        -6.025    <1e-04 ***
3 - 2 == 0     11.867       1.952         6.080    <1e-04 ***
```

**[說明]**：就學習參與變數 engagement 而言，整體檢定 $F$ 值統計量 = 84.03，顯著性 $p$ 值 = 0.000 < 0.05，達到統計顯著水準，事後比較發現：集群 1 平均數顯著高於集群 2 與集群 3 平均數、集群 3 平均數又顯著高於集群 2 平均數。

--------------------------------------------------------------------

```
> AnovaModel.4 <- aov(motivarion ~ KMeans, data=Dataset)
> summary(AnovaModel.4)
            Df   Sum Sq   Mean Sq   F value   Pr(>F)
KMeans       2   199.64   99.82     30.65     5.04e-06 ***
Residuals   15    48.86    3.26
> with(Dataset, numSummary(motivarion, groups=KMeans,
statistics=c("mean", "sd")))
      mean        sd      data:n
1  11.85714   2.410295      7
2   4.00000   1.414214      6
3   8.00000   1.000000      5
      Simultaneous Tests for General Linear Hypotheses
Multiple Comparisons of Means: Tukey Contrasts
Fit: aov(formula = motivarion ~ KMeans, data = Dataset)
Linear Hypotheses:
            Estimate   Std. Error   t value   Pr(>|t|)
2 - 1 == 0   -7.857      1.004      -7.825    < 0.001 ***
3 - 1 == 0   -3.857      1.057      -3.650    0.00638 **
3 - 2 == 0    4.000      1.093       3.660    0.00620 **
```

**[說明]**：就學習動機變數 motivation 而言，整體檢定 $F$ 值統計量 = 30.65，顯著性 $p$ 值 < 0.05，達到統計顯著水準，事後比較發現：集群 1 平均數顯著高於集群 2 與集群 3 平均數、集群 3 平均數又顯著高於集群 2 平均數。

　　集群分析結果，集群 1 樣本觀察值在學習成就、學習行為表現、學習參與、學習動機等變數的平均數均最高、集群 2 樣本觀察值在學習成就、學習行為表現、學習參與、學習動機等變數的平均數均最低。集群 1 樣本觀察值（$n = 7$）的學習型態命名為「積極努力型」、集群 2 樣本觀察值（$n = 6$）的學習型態命名為「消極怠惰型」、集群 3 樣本觀察值（$n = 5$）的學習型態命名為「普通循規型」。

 機率分布

### 一、常態分布

執行功能表列「機率分布」/「連續型分布」/「常態分布」程序，可以求出界定量數值的常態分布（百分位數）、常態分布機率、繪製常態分布圖、自動產生常態分布隨機樣本，如圖 3-79。

### (一) 常態分布（百）分位數

執行功能表列「機率分布」/「連續型分布」/「常態分布」/「常態分布（百）分位數」程序，開啟「常態分布（百）分位數」對話視窗，視窗內定的平均數數值 =0、標準差數值 =1，「機率」右方框的機率數值由研究者界定輸入，範例輸入 .950，機率值選項內定為「⊙ 左尾（Lower tail）」，另一個選項為「右尾（Upper tail）」，範例視窗採用內定選項，按「OK」鈕，如圖 3-80。

🍎圖 **3-79** 機率分布

🍎圖 **3-80** 開啟「常態分布（百）分位數」對話視窗

Output 方框之輸出結果如下：

---

```
>qnorm(c(.950), mean=0, sd=1, lower.tail=TRUE)
[1] 1.644854
```

**[說明]**：機率值 = 0.95，機率選項為「左尾（Lower tail）」。

---------------------------------------------------------

```
>qnorm(c(.05), mean=0, sd=1, lower.tail=FALSE) 百分位數值 =1.645
[1] 1.644854
```

**[說明]**：機率值 = 0.05，機率選項為「右尾（Upper tail）」，百分位數值 = 1.645。

---------------------------------------------------------

```
>qnorm(c(.95), mean=0, sd=1, lower.tail=FALSE)
[1] -1.644854
```

**[說明]**：機率值 = 0.95，機率選項為「右尾（Upper tail）」，百分位數值 = −1.645。

---

(二) 常態分布機率

執行功能表列「機率分布」/「連續型分布」/「常態分布」/「常態分布機率」
程序，開啟「常態機率」對話視窗，視窗內定的平均數為 0、標準差為 1、機率值
為「⊙ 左尾（Lower tail），範例採用內定選項，「變數值」右方框輸入 1.96，按「OK」
鈕，如圖 3-81。

🍎**圖 3-81**　開啟「常態機率」對話視窗

Output 方框之輸出結果如下：

---

```
>pnorm(c(1.96), mean=0, sd=1, lower.tail=TRUE)
[1] 0.9750021
```

**[說明]**：標準分數值 = 1.96 時，左尾（左側）的機率約為 0.975。

----------------------------------------------------------------

```
>pnorm(c(2.58), mean=0, sd=1, lower.tail=TRUE)
[1] 0.99506
```

**[說明]**：標準分數值 = 2.58 時，左尾（左側）的機率約為 0.995。

----------------------------------------------------------------

```
>pnorm(c(2.58), mean=0, sd=1, lower.tail=FALSE)
[1] 0.004940016
```

**[說明]**：標準分數值 = 2.58 時，右尾（右側）的機率約為 0.005。

---

## (三) 繪製常態分布圖

執行功能表列「機率分布」/「連續型分布」/「常態分布」/「繪製常態分布圖」程序，開啟「常態分布」對話視窗，視窗內定的平均數為 0、標準差為 1、繪製圖型有二種：繪製機率密度函數、繪製分布函數，內定選項為「⊙ 繪製機率密度函數」，範例採用內定選項，按「OK」鈕，如圖 3-82。

R 圖形視窗之常態分布圖（繪製機率密度函數）如圖 3-83。

「常態分布」對話視窗，範例視窗平均數為 0、標準差為 1、繪製圖型類型選取「⊙ 繪製分布函數」，按「OK」鈕。

R 圖形視窗之常態分布圖（繪製分布函數），如圖 3-84。

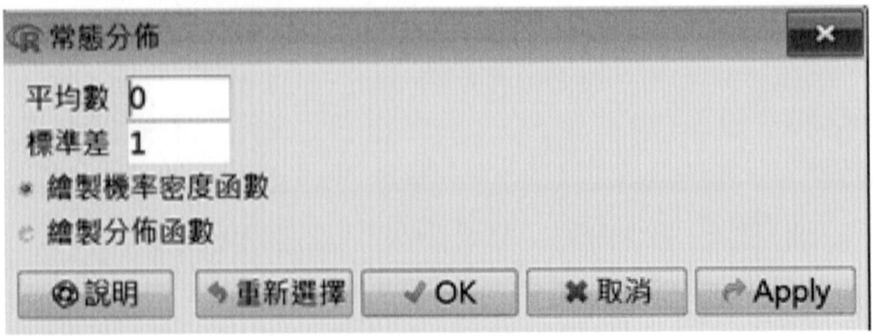

 圖 3-82　開啟「常態分布」對話視窗

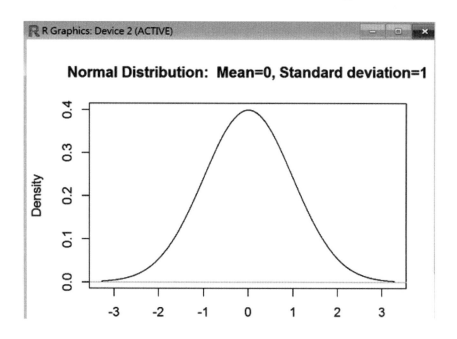

◉圖 3-83　機率密度函數圖

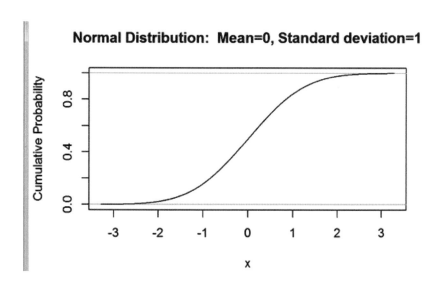

◉圖 3-84　分布函數圖

## (四) 常態分布隨機樣本

執行功能表列「機率分布」/「連續型分布」/「常態分布」/「常態分布隨機樣本」程序，開啟「Sample from Normal Distribution」對話視窗。視窗內定的資料集名稱為「常態分布樣本」、平均數 = 0、標準差 = 1，樣本總個數（列）的橫列資料為 1 列，觀察值總個數（欄）為 100 個直欄，「新增至資料集」的內定選項量數為「樣本平均數」，範例視窗採用內定選項，按「OK」鈕，如圖 3-85。

自動產製的 100 個直欄數值中的前 10 個如下（觀察值的變數編號為 obs1、obs2、obs3、……、obs99、obs100），如圖 3-86。

範例視窗產製的樣本為平均數 = 50、標準差 = 10 的 T 分布常態分布樣本，如圖 3-87。

自動產製的 100 個直欄數值中的前 12 個，如圖 3-88。

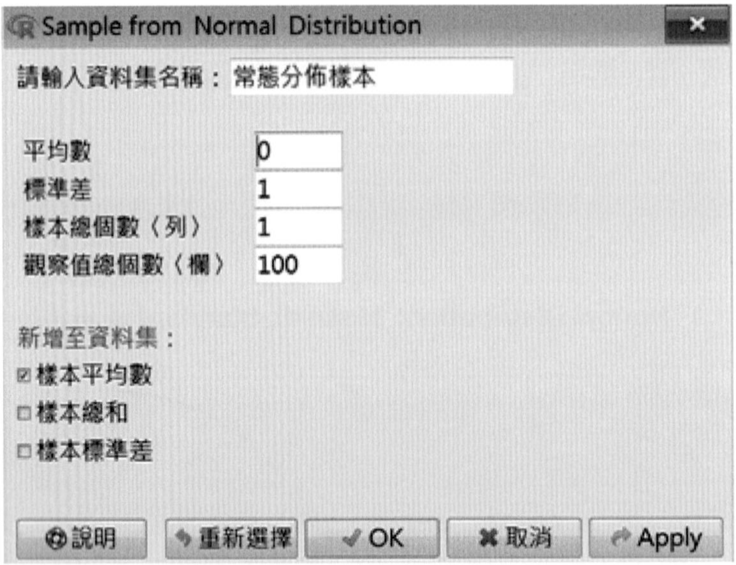


圖 3-85　開啟「Sample from Normal Distribution」對話視窗

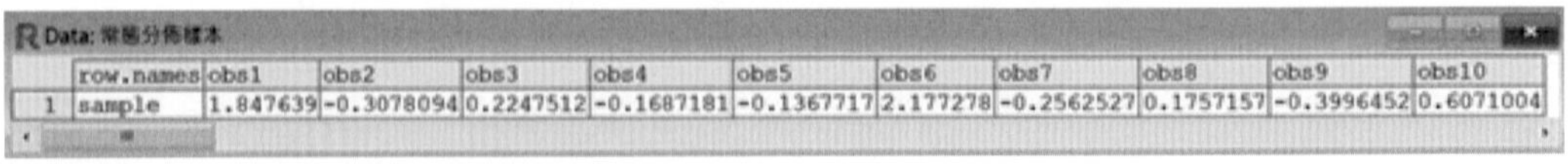
Data: 常態分佈樣本

| | row.names | obs1 | obs2 | obs3 | obs4 | obs5 | obs6 | obs7 | obs8 | obs9 | obs10 |
|---|---|---|---|---|---|---|---|---|---|---|---|
| 1 | sample | 1.847639 | -0.3078094 | 0.2247512 | -0.1687181 | -0.1367717 | 2.177278 | -0.2562527 | 0.1757157 | -0.3996452 | 0.6071004 |

圖 3-86　自動產製的 100 個直欄數值中的前 10 個

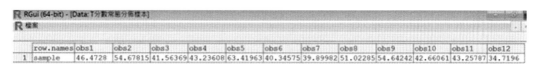

● 圖 **3-87** T分數常態分布樣本

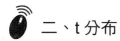

● 圖 **3-88** 自動產製的 100 個直欄數值中的前 12 個

## 二、t 分布

執行功能表列「機率分布」/「連續型分布」/「t 分布」程序，可以求出界定量數值的 t 分布（百分位數）、t 分布機率、繪製 t 分布圖、自動產生 t 分布隨機樣本。

### (一) t 分布（百）分位數

執行功能表列「機率分布」/「連續型分布」/「t 分布」/「t 分布（百）分位數」程序，開啟「t 分布（百分位數）」對話視窗，如圖 3-89。

● 圖 **3-89** 開啟「t 分布（百分位數）」對話視窗

● 圖 **3-90** 「t分布（百分位數）」視窗

　　「t分布（百分位數）」視窗中「機率」、「自由度」右方框由研究者自行輸入，機率選項內定為「⊙ 左尾（Lower tail）」，另一選項為「右尾（Upper tail）」，範例的機率設定為 0.95、自由度輸入 10，按「OK」鈕，如圖 3-90。

　　不同自由度之 t 分布（百分位數）量數值如下：

---

```
>qt(c(.95), df=10, lower.tail=TRUE)
[1] 1.812461
```

**[說明]**：自由度 = 10、左尾機率值 = 0.95 的 t 分布值 = 1.812。

----------------------------------------------------------

```
>qt(c(.975), df=10, lower.tail=TRUE)
[1] 2.228139
```

**[說明]**：自由度 = 10、左尾機率值 = 0.975 的 t 分布值 = 2.228。

----------------------------------------------------------

```
>qt(c(.975), df=25, lower.tail=TRUE)
[1] 2.059539
```

**[說明]**：自由度 = 25、左尾機率值 = 0.975 的 t 分布值 = 2.060。

---

(二) t 分布機率

　　執行功能表列「機率分布」/「連續型分布」/「t分布」/「t分布機率」程序，開啟「t分布機率」對話視窗。視窗中的變數值、自由度右方框分別輸入 t 分布與其自由度，內定的機率分布為「⊙ 左尾（Lower tail）」，範例之「變數值」輸入

● 圖 **3-91**　「t 分布機率」對話視窗

1.812、自由度界定為 10，按「OK」鈕，如圖 3-91。

不同自由度之 t 分布機率值如下：

```
>pt(c(1.812), df=10, lower.tail=TRUE)
[1] 0.9499624
```

[ 說明 ]：自由度 = 10，t 分布 = 1.812 之左尾機率 = 0.950（95.0%，對應的右尾機率 = 0.050）。

------------------------------------------------------------------------

```
>pt(c(2.228), df=10, lower.tail=TRUE)
[1] 0.9749941
```

[ 說明 ]：自由度 = 10，t 分布 = 2.228 之左尾機率 = 0.975（97.5%，對應的右尾機率 = 0.025）。

### (三) 繪製 t 分布圖

執行功能表列「機率分布」/「連續型分布」/「t 分布」/「繪製 t 分布圖」程序，開啟「t 分布」對話視窗。視窗內分布圖類型選項有二種：繪製機率密度函數、繪製分布函數，內定選項為「⊙ 繪製機率密度函數）」，範例視窗自由度界定為 10，圖形類型採用內定選項，按「OK」鈕，如圖 3-92。

自由度等於 10 之 t 分布的機率密度函數圖，如圖 3-93。

「t 分布」視窗中，輸入自由度 =10，選取「⊙ 繪製分布函數」選項，繪製的圖形，如圖 3-94。

●圖 3-92 「t分布」
對話視窗

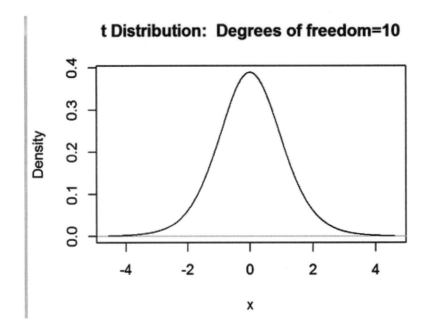

●圖 3-93 t 分
布機率密度函數
圖

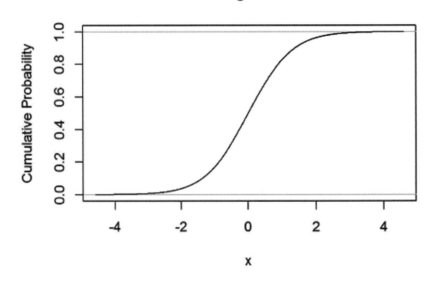

●圖 3-94 分布
函數圖

## 三、F 分布

執行功能表列「機率分布」/「連續型分布」/「F 分布」程序，可以求出界定量數值的 F 分布（百分位數）、F 分布機率、繪製 F 分布圖、自動產生 F 分布隨機樣本。

執行功能表列「機率分布」/「連續型分布」/「F 分布」/「F 分布（百）分位數」程序，開啟「F 分布（百分位數）」對話視窗。

「F 分布（百分位數）」視窗與「t 分布（百分位數）」視窗中主要的差別在於 F 分布要輸入分子自由度與分母自由度二個，範例視窗的機率輸入 .95、分子自由度與分母自由度分別界定為 5、25，按「OK」鈕，如圖 3-95。

F 分布（百分位數）如下：

```
> qf(c(.95), df1=5, df2=25, lower.tail=TRUE)
[1] 2.602987
```

執行功能表列「機率分布」/「連續型分布」/「F 分布機率」程序，開啟「F 分布機率」對話視窗，變數值輸入 2.6029，分子自由度界定 = 5、分母自由度界定 = 25，按「OK」鈕，如圖 3-96。

◆圖 3-95　「F 分布（百分位數）」對話視窗

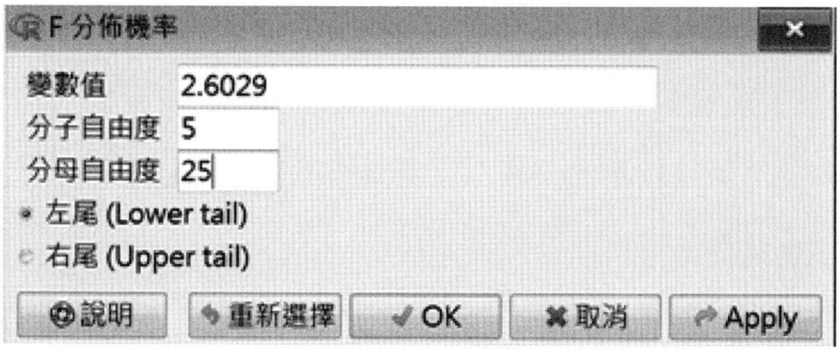

◆圖 3-96　「F 分布機率」對話視窗

F 分布機率值如下：

```
> pf(c(2.6029), df1=5, df2=25, lower.tail=TRUE)
[1] 0.9499941
```

執行功能表列「機率分布」/「連續型分布」/「繪製 F 分布圖」程序，開啟「F 分布」對話視窗，分子自由度界定 =5、分母自由度界定 =25，內定選項為「⊙ 繪製機率密度函數」，按「OK」鈕，如圖 3-97。

F 分布之機率密度函數圖，如圖 3-98。

●圖 3-97 「F 分布」對話視窗

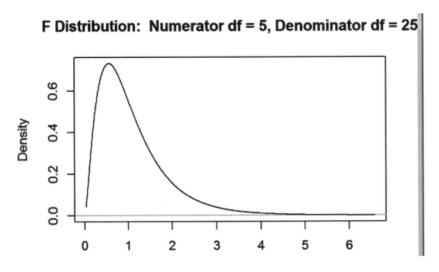

●圖 3-98 F 分布之機率密度函數圖

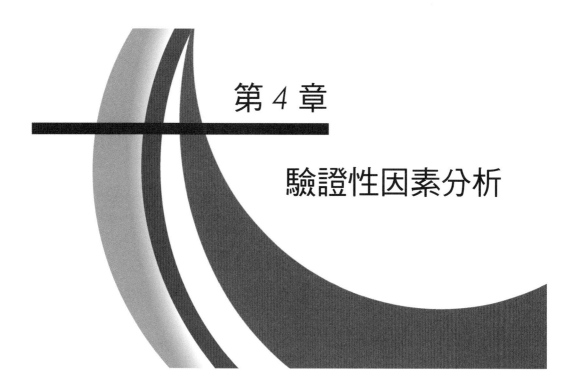

# 第 4 章

## 驗證性因素分析

　　**驗**證性因素分析（confirmatory factor analysis；簡稱 CFA）是結構方程模式（structural equation modeling；簡稱 SEM）的型態之一，SEM 主要在探究數個變數間的關係，SEM 模式中的變數包含直接可觀察的變數及無法觀察的潛在變數。完整的 SEM 包含測量模式與結構模式，測量模式中作為指標變數者稱為測量變數（或稱觀察變數、指標變數、顯性變數、測量指標變數），假設模式圖中以正方形或長方形物件表示，因素稱為潛在變數（latent variables）（或稱構念、無法觀察變數），假設模式圖中以圓形或橢圓形物件表示，單箭號表示變數間的因果關係，雙箭頭符號表示二個變數間的共變關係。CFA 是考驗連結之觀察變數與潛在構念（因素）間的關係，探索性因素（EFA）分析程序採用相關矩陣將觀察變數加以分組，同一群組中之觀察變數的相關較為密切，這些觀察變數反映的潛在特質即為因素構念（潛在變數）；CFA 則使用樣本的共變異數矩陣進行模式參數估計，CFA 提供的是待估計無結構化母群體共變數矩陣 S 與待估計結構化母群體共變數矩陣 Σ 的比較檢定，樣本共變異數矩陣常作為無結構化母群體共變數矩陣的參數估計值，假設模式則作為待估計結構化母群體共變數矩陣參數估計值，因而 CFA 模式適合度的檢定即在考驗假設模型（結構化母群體的估計值）導出的共變異數矩陣與樣本資料（無構化母群體的估計值）得到的共變異數矩陣間的差異程度，若是二者的差異值愈小，表示假設模型與樣本資料可以契合或適配（fit）（吳明隆，2009）。

　　CFA 測量模型的界定型態有二種：一為因素的變異數參數設為固定參數，變異數數值設為 1；二為各因素（潛在變數）的觀察變數中一個觀察變數設為參照指標，界定為參照指標的測量變數，徑路係數值設為 1（固定參數），二種型態不能同時界定，否則模型無法收斂（參數估計值無法順利估算）。二種設定的圖示，以三個因素（潛在變數）為例（觀察變數之測量誤差項以符號 δ 或 ε 表示），常用外因潛在變數測量模型與參數符號如圖 4-1。

圖示中觀察變數 *X*、潛在變數（因素）ξ（ksi）與測量誤差 δ（delta）間的迴歸方程式為：$X = \lambda \times \xi + \delta$，其中 λ（lambda）為路徑係數，標準化路徑係數估計值為因素負荷量（factor loading）（R 軟體的參數標記符號研究者均可以自訂，沒有自訂的參數標記符號，R 軟體會自動以傳統 SEM 的符號表示）。

常用內因潛在變數測量模型與參數符號如下（AMOS 中的測量誤差項以小圓形框表示，內定的變數名稱為 e1、e2……），如圖 4-2。

圖示中觀察變數 *Y*、潛在變數（因素）η（eta）與測量誤差 ε（epsilon）間的迴歸方程式為：$Y = \lambda \times \eta + \varepsilon$。

二個潛在變數（因素／因子）之測量模型範例，如圖 4-3。

測量模型中各潛在變數（因素）在模式參數值的估計值必須界定一個觀察變數

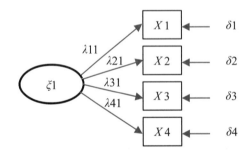

☖**圖 4-1** 常用外因潛在變數測量模型與參數符號

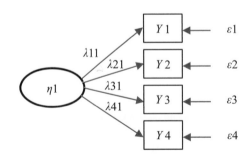

☖**圖 4-2** 常用內因潛在變數測量模型與參數符號

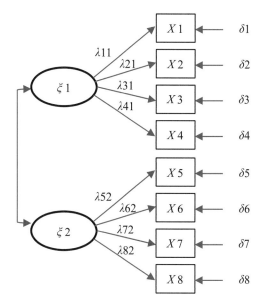

● 圖 **4-3**　二個潛在變數之測量模型

為參照指標，模型才能聚斂。設定為參照指標的測量變數，其路徑係數估計值被指定為 1（設為固定參數），沒有設定參照指標，參數值無法估計，R 軟體 sem 套件函數 cfa() 若參照指標引數界定為真，會自動將潛在變數中的第一個觀察變數設為參照指標。若是潛在變數不設定參照指標（函數 cfa() 參照指標引數界定為假），潛在變數（因素）的變異數必須界定為 1，方程式界定範例如「V(ξ1)=1」，或「ξ1 <->ξ1, NA, 1」。

　　測量模型界定觀察變數為參照指標的圖示如圖 4-4。

　　測量模型界定潛在變數的變異數為 1 的圖示如圖 4-5。

　　潛在變數的組合信度（composite reliability）為模式內在品質的判別準則之一，組合信度是 SEM 測量模型中用以檢定潛在變數（因素 / 構念）的信度品質的指標，此種信度檢定法又稱「建構信度」（construct reliability），若是潛在變數的組合信度值在 .60 以上，表示模式的內在品質理想。組合信度公式如下：

$$\rho_C = \frac{(\sum \lambda)^2}{[(\sum \lambda)^2 + \sum(\theta)]} = \frac{(\sum 標準化因素負荷量)^2}{[(\sum 標準化因素負荷量)^2 + \sum(\theta)]}$$

　　上述公式符號中 $\rho_C$ 為組合信度、$\lambda$ 為指標變數在潛在變數上的標準化參數估計值（因素負荷量 -indicator loading）、$\theta$ 為觀察變數的誤差變異量（indicator error variances）（是 $\delta$ 或 $\varepsilon$ 的變異量 = $1-R^2$）。

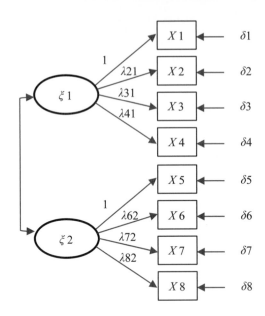

🍎圖 4-4　測量模型界定觀察變數為參照指標

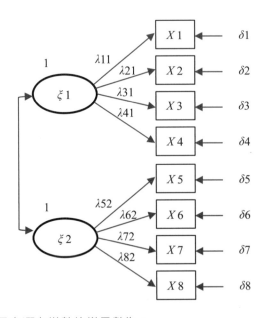

🍎圖 4-5　測量模型界定潛在變數的變異數為 1

　　「平均變異數抽取量」（average variance extracted－$\rho_V$）表示的是被潛在構念所解釋的變異量有多少的變異量是來自測量誤差，若是平均變異數抽取量愈大，指標變數被潛在變數解釋的變異量百分比愈大，相對的測量誤差就愈小，一般判別的標準是平均變異數抽取量要大於 0.50。「平均變異數抽取量」的估算公式如下：

$$\rho_V = \frac{(\sum \lambda^2)}{[(\sum \lambda^2) + \sum(\theta)]} = \frac{(\sum 標準化因素負荷量^2)}{[(\sum 標準化因素負荷量^2) + \sum(\theta)]}$$

R 軟體中的 sem 套件不用界定內因變數（觀察變數或潛在變數）的誤差項，如果內因變數為潛在變數，潛在變數的變異數即為誤差變異數（error variance）或預測殘差變異；若是內因變數為觀察指標變數，則觀察變數的變異數為「測量誤差項」的變異數，圖示中為 $\delta 1$ 至 $\delta 8$ 測量誤差項的變異數。

「家庭氣氛」量表有三個因素（家庭情感、家庭溝通、家庭期望），十二個題項（摘錄自麥雅然，2013），如表 4-1。

家庭氣氛量表驗證性因素分析之假設模型圖如圖 4-6。

結構方程模式的套件為 sem、套件中的函數 sem( ) 可以建立 CFA 模式物件。函數 sem( ) 適用包含觀察變數與無法觀察的變數（潛在變數）之一般結構方程模式（general structural equation models），觀察變數（observed variables）又稱為指標變數或顯著性變數（indicators /manifest variables），無法觀察變數也稱為因子（factors）或潛在變數（latent variables）。函數 sem( ) 物件必須先由函數 specifyModel( )、specifyEquations( )、cfa( ) 建立產生。函數 sem( ) 基本語法為：

    sem(model, S, N,raw = FALSE, data = NULL,start.fn = startvalues)

引數 model 界定模型的徑路圖，物件由 specifyModel( )、

**表 4-1**　「家庭氣氛」量表

| 因素 | 題目（觀察變數） |
|---|---|
| 家庭情感（FA） | 1. 我常和家人聊心事 [A1][VA1] |
|  | 2. 當我遇到挫折時，家人會安慰我 [A2][VA2] |
|  | 3. 家人很關心並在乎我的感受 [A3][VA3] |
|  | 4. 我能感受到家人之間親密的感覺 [A4][VA4] |
| 家庭溝通（FB） | 5. 家人十分尊重我的隱私權 [B1][VB1] |
|  | 6. 當我犯錯時，家人會耐心聆聽我的解釋 [B2][VB2] |
|  | 7. 家人意見不合時，會用溫和的方式溝通解決 [B3][VB3] |
|  | 8. 家人會尊重我的意見及決定 [B4][VB4] |
| 家庭期望（FC） | 9. 家人希望我能成為一位主動學習的孩子 [C1][VC1] |
|  | 10. 家人會要求我的學業成績 [C2][VC2] |
|  | 11. 家人希望我多閱讀課外讀物 [C3][VC3] |
|  | 12. 家人期待我未來有個穩定工作 [C4][VC4] |

註：第 1 個 [ ] 內標記為資料檔變數名稱，第 2 個 [ ] 標記為 CFA 模型中共變異數矩陣的觀察變數名稱。

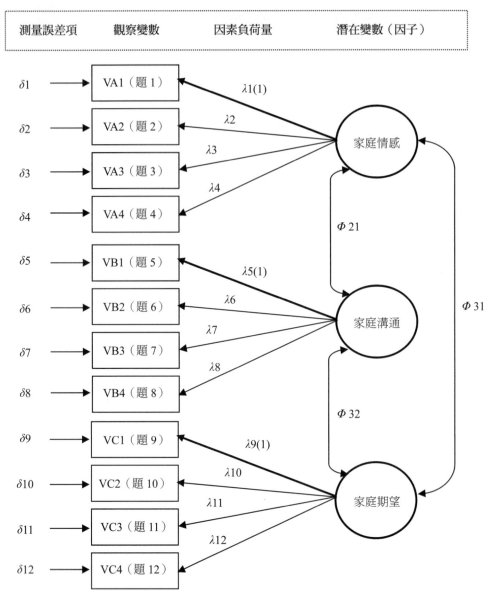

● 圖 **4-6**　家庭氣氛量表驗證性因素分析之假設模型

specifyEquations( )、cfa( ) 函數建立。如果是多群組分析，多群組模式物件由函數 multigroupModel( ) 建立。引數 S 是觀察變數間的共變異數矩陣（covariance matrix），可以輸入對稱矩陣或原始動差矩陣（moment matrix）（上三角矩陣或下三角矩陣，不能為方形矩陣），原始動差矩陣可以由函數 rawMoments( ) 產生。引數 N 為有效觀察值的個數。引數 data 為樣本資料之資料框架物件（多群組分析界定群組變數）。引數 start.fn 界定模型中自由參數的起始值，內定選項為「startvalues」（模式自行估計）。

引數 raw 為邏輯選項，如果引數 S 為原始動差矩陣選項必須設為真，對應的 S 為共變數矩陣，選項界定為 FALSE（CFA 程序採用共變數矩陣較為方便）。

變異數界定格式為 V（變數名稱）= par、共變數界定格式為 C（變數 1，變數 2）= par（變數可以為模型中的觀察變數或潛在變數），符號 V 與 C 大小寫均可，如果「par」參數是數值（如等於 1），表示參數為固定參數，驗證性因素分析之 RAM 模型，模型中內因變數（endogenous variable）的變異數或共變數為「誤差項」變異數或共變數，若為觀察變數，則為「測量誤差項」之變異數或「測量誤差項」間的共變數。

使用 library( ) 函數載入套件 sem：

```
>library(sem)
```

## 壹　readMoments( ) 函數應用

使用 readMoments( ) 函數讀取共變異數矩陣，引數 diag 為邏輯選項，選項為「真」表示讀取矩陣對角線元素（變異數數值），選項為假，表示不輸入矩陣對角線元素（變異數數值），變數名稱以文字向量表示，引數為 names，家庭情感、家庭溝通、家庭期望三個因素的變數名稱分別以 FA、FB、FC 表示，12 個觀察變數的變數名稱分別為 VA1、VA2、VA3、VA4（以上為 FA 潛在變數的指標變數）；VB1、VB2、VB3、VB4（以上為 FB 潛在變數的指標變數）；VC1、VC2、VC3、VC4（以上為 FC 潛在變數的指標變數），共變數物件名稱設為 covdata，R 編輯器語法指令如下：

```
covdata<-readMoments(diag = TRUE,names = c("VA1","VA2","VA3",
"VA4","VB1","VB2","VB3","VB4","VC1","VC2","VC3","VC4"),
text = "
.931
.577 .741
```

```
.529  .482    .673
.477 .411   .396   .748
.352 .347   .336   .301 .566
.336  .280   .304   .288 .289 .574
.291 .294   .262   .252 .277 .328 .576
.303 .327   .289   .256 .298 .297 .361 .549
.422 .425   .372   .343 .317 .309 .275 .322 .851
.417 .372   .363   .351 .303 .314 .299 .304 .514 .837
.423 .418   .360   .353 .330 .309 .346 .354 .530 .572 .788
.383 .392   .358   .351 .336 .313 .328 .345 .461 .465 .533 .685
")
```

R 主控台視窗執行 R 編輯器語法指令結果如下：

```
> covdata
<-readMoments(diag = TRUE,names = c("VA1","VA2","VA3","VA4","V
B1","VB2","VB3","VB4","VC1","VC2","VC3","VC4"),
+ text = "
+ .931
+ .577 .741
+ .529  .482    .673
+ .477 .411   .396   .748
+ .352 .347   .336   .301 .566
+ .336 .280   .304   .288 .289 .574
+ .291 .294   .262   .252 .277 .328 .576
+ .303 .327   .289   .256 .298 .297 .361 .549
+ .422 .425   .372   .343 .317 .309 .275 .322 .851
+ .417 .372   .363   .351 .303 .314 .299 .304 .514 .837
+ .423 .418   .360   .353 .330 .309 .346 .354 .530 .572 .788
+ .383 .392   .358   .351 .336 .313 .328 .345 .461 .465 .533 .685
+ ")
```

Read 78 items

**[說明]**：讀取 78 個項目。

------------------------------------------------------------------------

> covdata　　## 輸出共變異數矩陣

| | VA1 | VA2 | VA3 | VA4 | VB1 | VB2 | VB3 | VB4 | VC1 | VC2 | VC3 | VC4 |
|---|---|---|---|---|---|---|---|---|---|---|---|---|
| VA1 | 0.931 | 0.000 | 0.000 | 0.000 | 0.000 | 0.000 | 0.000 | 0.000 | 0.000 | 0.000 | 0.000 | 0.000 |
| VA2 | 0.577 | 0.741 | 0.000 | 0.000 | 0.000 | 0.000 | 0.000 | 0.000 | 0.000 | 0.000 | 0.000 | 0.000 |
| VA3 | 0.529 | 0.482 | 0.673 | 0.000 | 0.000 | 0.000 | 0.000 | 0.000 | 0.000 | 0.000 | 0.000 | 0.000 |
| VA4 | 0.477 | 0.411 | 0.396 | 0.748 | 0.000 | 0.000 | 0.000 | 0.000 | 0.000 | 0.000 | 0.000 | 0.000 |
| VB1 | 0.352 | 0.347 | 0.336 | 0.301 | 0.566 | 0.000 | 0.000 | 0.000 | 0.000 | 0.000 | 0.000 | 0.000 |
| VB2 | 0.336 | 0.280 | 0.304 | 0.288 | 0.289 | 0.574 | 0.000 | 0.000 | 0.000 | 0.000 | 0.000 | 0.000 |
| VB3 | 0.291 | 0.294 | 0.262 | 0.252 | 0.277 | 0.328 | 0.576 | 0.000 | 0.000 | 0.000 | 0.000 | 0.000 |
| VB4 | 0.303 | 0.327 | 0.289 | 0.256 | 0.298 | 0.297 | 0.361 | 0.549 | 0.000 | 0.000 | 0.000 | 0.000 |
| VC1 | 0.422 | 0.425 | 0.372 | 0.343 | 0.317 | 0.309 | 0.275 | 0.322 | 0.851 | 0.000 | 0.000 | 0.000 |
| VC2 | 0.417 | 0.372 | 0.363 | 0.351 | 0.303 | 0.314 | 0.299 | 0.304 | 0.514 | 0.837 | 0.000 | 0.000 |
| VC3 | 0.423 | 0.418 | 0.360 | 0.353 | 0.330 | 0.309 | 0.346 | 0.354 | 0.530 | 0.572 | 0.788 | 0.000 |
| VC4 | 0.383 | 0.392 | 0.358 | 0.351 | 0.336 | 0.313 | 0.328 | 0.345 | 0.461 | 0.465 | 0.533 | 0.685 |

## 貳　cfa( ) 函數與 sem( ) 函數應用

　　使用 **cfa( )** 函數建立驗證性因素分析物件，引數 reference.indicators 界定為「真」（界定潛在變數的參照指標），表示各潛在因素構念的第一個指標變數之徑路係數估計值界定為固定參數（非標準化徑路係數＝1），邏輯選項界定為「假」，表示潛在變數之觀察變數沒有參照指標，此時，模型會自動將潛在變數的變異數參數設為 1。函數 **cfa( )** 建立的物件，再藉由 **sem( )** 函數執行。

　　**sem( )** 函數界定 **cfa( )** 函數物件，第一個引數為 **cfa( )** 函數物件名稱、第二個引數為觀察變數之共變異數矩陣（covdata）、第三個引數為有效觀察值個數（N＝200），**cfa( )** 函數界定各測量模式的語法為：

　　「潛在變數（因子構念）：指標變數 1，指標變數 2，指標變數 3，……」，如潛在變數名稱為 anxiety，因子構念有五個觀察變數（題項），測量模式的界定語法為：

「anxiety:x1,x2,x3,x4,x5」（R 軟體語法函數中的大小寫是不同變數，不能混淆）

R 編輯器的語法指令如下：

```
## 界定參照指標，三個潛在變數名稱為 FA、FB、FC
mod.cfa<- cfa(reference.indicators = TRUE) ## 參照指標引數為真
FA: VA1, VA2, VA3, VA4    ##FA 潛在變數的觀察變數為 VA1、VA2、VA3、VA4
FB: VB1, VB2 ,VB3, VB4    ##FB 潛在變數的觀察變數為 VB1、VB2、VB3、VB4
FC: VC1, VC2, VC3, VC4    ##FC 潛在變數的觀察變數為 VC1、VC2、VC3、VC4
                         ## 測量模式界定的最後一列為空白列，cfa( ) 函數結束列
cfa.model <- sem(mod.cfa, covdata, 200)  ## 與 CFA( ) 函數測量模式界定要空一列以上
summary(cfa.model)     ## 輸出結果
```

上述 CFA 模型方程界定的語法指令，函數 cfa( ) 也可增列引數 text = "  "，引數 text 雙引號中間為測量模式，如果沒有使用引數 text，函數 sem( ) 語法與函數 cfa( ) 測量模式界定中間至少要有一列空白行，cfa( ) 函數引數 reference.indicators 界定為真，表示各潛在變數的第一個指標變數為參照指標，範例的三個潛在變數（因子構念）為 FA、FB、FC，三個測量模式的參照指標變數分別為 VA1、VB1、VC1：

```
mod.cfa<- cfa(reference.indicators = TRUE,text = "
FA: VA1, VA2, VA3, VA4
FB: VB1, VB2 ,VB3, VB4
FC: VC1, VC2, VC3, VC4
")
cfa.model <- sem(mod.cfa, covdata, 200)
summary(cfa.model)
```

R 主控台視窗執行 R 編輯器語法指令結果如下：

```
> mod.cfa<- cfa(reference.indicators = TRUE)
1: FA: VA1, VA2, VA3, VA4
2: FB: VB1, VB2 ,VB3, VB4
3: FC: VC1, VC2, VC3, VC4
4:
Read 3 items
NOTE: adding 12 variances to the model
```

**[說明]**：增加 12 個觀察變數之測量誤差項的變異數。

--------------------------------------------------------------------------

```
> cfa.model <- sem(mod.cfa, covdata, 200)
> summary(cfa.model)
 Model Chisquare = 51.01967   Df = 51 Pr(>Chisq)  = 0.4728865
 AIC  = 105.0197
 BIC  = -219.1945
```

**[說明]**：模式適配度的卡方值統計量 = 51.020、自由度 = 51，顯著性機率值 $p = 0.473 > 0.05$，接受虛無假設：假設模型導出的共變異數矩陣 = 樣本資料估算的共變異數矩陣，三因素斜交模式之假設模型與樣本資料可以適配。模式的 AIC 值 = 105.02、BIC 值 = −219.19。

--------------------------------------------------------------------------

```
 Normalized Residuals
    Min.     1st Qu.    Median       Mean      3rd Qu.      Max.
-0.9286000 -0.2303000 0.0000011  0.0387800   0.3075000  1.2430000
```

**[說明]**：量數為常態化殘差值統計量，包括最小值、第 1 個四分位數、中位數、平均數、第 3 個四分位數、最大值。

--------------------------------------------------------------------------

```
 R-square for Endogenous Variables
VA1    VA2    VA3    VA4   VB1    VB2    VB3    VB4   VC1    VC2    VC3
0.6605 0.7050 0.6672 0.4763 0.5069 0.5129 0.5642 0.6082 0.5658 0.6105 0.7573
   VC4
0.6846
```

**[說明]**：十二個內因指標變數的 R 平方值，R 平方值為指標變數（觀察變數

或測量變數）可以反映對應潛在變數（因素構念）的變異程度，為個別觀察變數被其潛在變數解釋的變異量，解釋變異量為個別指標變數的信度係數值。第一個潛在變數（因素）（外因潛在變數）FA 可以解釋 VA1、VA2、 VA3、VA4 四個指標變數的變異量分別為 66.1%、70.5%、66.7%、47.6%，1 − R 平方值為潛在變數無法解釋指標變數的變異量（誤差變異量），如因素 FA 無法解釋 VA1 指標變數的變異量為 1 − .0.661 = 0.339。潛在變數（因素）FB 可以解釋 VB1、VB2、 VB3、VB4 四個指標變數的變異量分別為 0.507、0.513、0.564、0.608；潛在變數（因素）FC 可以解釋 VC1、VC2、 VC3、VC4 四個指標變數的變異量分別為 0.566、0.611、0.757、0.685。

```
---------------------------------------------------------------
Parameter Estimates[ 非標準化參數估計值 ]

             Estimate  Std Error   z value    Pr(>|z|)
lam[VA2:FA] 0.9216739 0.06990584 13.184506 1.077581e-39 VA2 <--- FA
lam[VA3:FA] 0.8544960 0.06705854 12.742539 3.430458e-37 VA3 <--- FA
lam[VA4:FA] 0.7611829 0.07394807 10.293479 7.540197e-25 VA4 <--- FA
lam[VB2:FB] 1.0129648 0.10952829  9.248431 2.278129e-20 VB2 <--- FB
lam[VB3:FB] 1.0642146 0.11011030  9.664988 4.246716e-22 VB3 <--- FB
lam[VB4:FB] 1.0787446 0.10792353  9.995454 1.595552e-23 VB4 <--- FB
lam[VC2:FC] 1.0302281 0.09257708 11.128328 9.133265e-29 VC2 <--- FC
lam[VC3:FC] 1.1133192 0.08917675 12.484411 9.081266e-36 VC3 <--- FC
lam[VC4:FC] 0.9869090 0.08330145 11.847442 2.218610e-32 VC4 <--- FC
V[FA]       0.6149415 0.09166195  6.708798 1.962338e-11 FA <--> FA
V[FB]       0.2869216 0.05241812  5.473710 4.407108e-08 FB <--> FB
V[FC]       0.4814626 0.07981548  6.032196 1.617464e-09 FC <--> FC
C[FA,FB]    0.3234901 0.04970951  6.507611 7.635525e-11 FB <--> FA
C[FA,FC]    0.4115512 0.06139832  6.702972 2.042230e-11 FC <--> FA
C[FB,FC]    0.2977616 0.04615151  6.451828 1.105092e-10 FC <--> FB
V[VA1]      0.3160583 0.04121464  7.668593 1.738935e-14 VA1 <--> VA1
V[VA2]      0.2186175 0.03063467  7.136277 9.589284e-13 VA2 <--> VA2
V[VA3]      0.2239922 0.02948374  7.597143 3.027396e-14 VA3 <--> VA3
V[VA4]      0.3917033 0.04393253  8.916019 4.833511e-19 VA4 <--> VA4
V[VB1]      0.2790784 0.03306847  8.439409 3.189473e-17 VB1 <--> VB1
```

```
V[VB2]        0.2795904 0.03327933   8.401323 4.414752e-17 VB2 <--> VB2
V[VB3]        0.2510461 0.03126189   8.030421 9.713906e-16 VB3 <--> VB3
V[VB4]        0.2151122 0.02818236   7.632866 2.295908e-14 VB4 <--> VB4
V[VC1]        0.3695373 0.04286013   8.621937 6.583102e-18 VC1 <--> VC1
V[VC2]        0.3259902 0.03909243   8.338959 7.494748e-17 VC2 <--> VC2
V[VC3]        0.1912369 0.02858933   6.689100 2.245479e-11 VC3 <--> VC3
V[VC4]        0.2160607 0.02810972   7.686334 1.514113e-14 VC4 <--> VC4
Iterations = 43
```

**[說明]**：參數估計值（Parameter Estimates）量數為非標準化估計值模式圖的統計量，包括估計值、估計值標準誤、估計值是否顯著不等於 0 的 $z$ 值統計量、$z$ 值統計量的顯著性 $p$ 值。

第一欄標記符號中 lam[VA2:FA] 表示「FA 潛在變數對指標變數 VA2 的非標準化徑路係數估計值」（lambda 值）；V[FA]、V[FB]、V[FC] 標記符號表示的為三個潛在變數（因素構念）的變異數估計值；C[FA,FB]、 C[FA,FC]、C[FB,FC] 為潛在變數（因素構念）間的共變數估計值，三個共變數分別為 0.323、0.412、0.298；V[VA1] 、V[VA2]、……、V[VC4] 為十二個觀察變數「測量誤差項」（$\delta$）的變異數，三個因素構念變數與十二個觀察變數之測量誤差項的變異數均為正數且達到 0.05 顯著水準，表示沒有不合理的解值出現，無模式界定錯誤的問題。十二個觀察變數為內因變數，SEM 模型中內因變數均有預測殘差項或測量誤差項，內因觀察變數的變異數估計值為測量誤差項（measure error）的變異數。

以 summary(　) 函數直接輸出之參數估計值（Parameter Estimates）的小數點位數較多，因而解讀較為不方便，可使用 summary(　) 函數物件的元素「$coeff」輸出至小數第二位，配合資料框架物件（par.all）將參數估計值第五直行標記增列：

```
> par.ust = summary(cfa.model)
> par.all = round(par.ust$coeff[1:4],2)    ## 擷取參數估計值第 1 至第 4 直行
> par.all$lab = par.ust$coeff[5]    ## 以新增變數型態增列參數估計值第 1 直行
> print.data.frame(par.all)    ## 輸出資料框架內容
```

| | Estimate | Std Error | z value | Pr(>\|z\|) | |
|---|---|---|---|---|---|
| lam[VA2:FA] | 0.92 | 0.07 | 13.18 | 0 | VA2 <--- FA |
| lam[VA3:FA] | 0.85 | 0.07 | 12.74 | 0 | VA3 <--- FA |
| lam[VA4:FA] | 0.76 | 0.07 | 10.29 | 0 | VA4 <--- FA |
| lam[VB2:FB] | 1.01 | 0.11 | 9.25 | 0 | VB2 <--- FB |
| lam[VB3:FB] | 1.06 | 0.11 | 9.66 | 0 | VB3 <--- FB |
| lam[VB4:FB] | 1.08 | 0.11 | 10.00 | 0 | VB4 <--- FB |
| lam[VC2:FC] | 1.03 | 0.09 | 11.13 | 0 | VC2 <--- FC |
| lam[VC3:FC] | 1.11 | 0.09 | 12.48 | 0 | VC3 <--- FC |
| lam[VC4:FC] | 0.99 | 0.08 | 11.85 | 0 | VC4 <--- FC |
| V[FA] | 0.61 | 0.09 | 6.71 | 0 | FA <--> FA |
| V[FB] | 0.29 | 0.05 | 5.47 | 0 | FB <--> FB |
| V[FC] | 0.48 | 0.08 | 6.03 | 0 | FC <--> FC |
| C[FA,FB] | 0.32 | 0.05 | 6.51 | 0 | FB <--> FA |
| C[FA,FC] | 0.41 | 0.06 | 6.70 | 0 | FC <--> FA |
| C[FB,FC] | 0.30 | 0.05 | 6.45 | 0 | FC <--> FB |
| V[VA1] | 0.32 | 0.04 | 7.67 | 0 | VA1 <--> VA1 |
| V[VA2] | 0.22 | 0.03 | 7.14 | 0 | VA2 <--> VA2 |
| V[VA3] | 0.22 | 0.03 | 7.60 | 0 | VA3 <--> VA3 |
| V[VA4] | 0.39 | 0.04 | 8.92 | 0 | VA4 <--> VA4 |
| V[VB1] | 0.28 | 0.03 | 8.44 | 0 | VB1 <--> VB1 |
| V[VB2] | 0.28 | 0.03 | 8.40 | 0 | VB2 <--> VB2 |
| V[VB3] | 0.25 | 0.03 | 8.03 | 0 | VB3 <--> VB3 |
| V[VB4] | 0.22 | 0.03 | 7.63 | 0 | VB4 <--> VB4 |
| V[VC1] | 0.37 | 0.04 | 8.62 | 0 | VC1 <--> VC1 |
| V[VC2] | 0.33 | 0.04 | 8.34 | 0 | VC2 <--> VC2 |
| V[VC3] | 0.19 | 0.03 | 6.69 | 0 | VC3 <--> VC3 |
| V[VC4] | 0.22 | 0.03 | 7.69 | 0 | VC4 <--> VC4 |

將參數估計值四捨五入至小數第二位在圖表整理上較為方便，也較有效率。
家庭氣氛量表驗證性因素分析之非標準化估計值模型圖如圖 4-7。

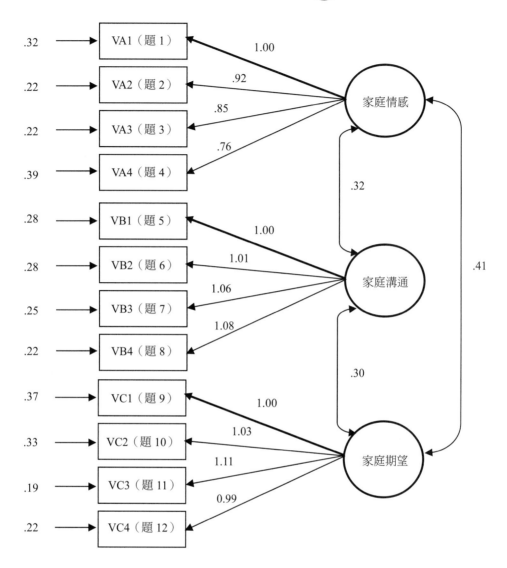

●圖 4-7　家庭氣氛量表驗證性因素分析之非標準化估計值模型圖

 一、函數 sem( ) 物件的元素

使用 names( ) 函數查看 sem( ) 函數建立物件回傳的元素名稱：

```
> names(cfa.model)
 [1] "var.names" "ram"        "S"          "J"          "n.fix"
 [6] "n"         "N"          "m"          "t"          "raw"
```

```
[11] "data"        "semmod"    "optimizer"   "objective"   "coeff"
[16] "vcov"        "par.posn"  "convergence" "iterations"  "criterion"
[21] "C"           "A"         "P"           "adj.obj"     "robust.vcov"
```

函數 sem( ) 物件的元素 var.names 為變數名稱向量。元素 ram 為 RAM 矩陣，矩陣包括根據固定外因變數產生的原始共變異數矩陣與估算參數的起始值。元素 S 為觀察資料計算所得之共變異數矩陣。元素 J 為 RAM 選擇矩陣（挑選出的觀察變數）。元素 n.fix 為界定固定參數之外因變數的個數。元素 n 為觀察變數（observed variables）的個數。元素 N 為有效樣本觀察值的個數。元素 m 為模式中變數的總個數，包含觀察變數與潛在變數（無法觀察變數）。元素 t 為自由參數的個數。元素 raw 結果為真，表示假設模型適配原始動差矩陣。元素 data 為觀察變數資料矩陣。元素 semmod 為模型中界定的物件。元素 ptimizer 為最佳化函數。元素 objective 為物件函數。元素 coeff 為估計的自由參數（free parameters）。元素 vcov 為根據數值 Hessian 估算參數估計值之非對稱共變數異數矩陣。元素 par.posn 為自由參數的指標索引。元素 convergence 為邏輯結果（TRUE/ FALSE），表示最佳化模式是否可以聚斂。元素 iterations 為模式參數估計程序疊代運算次數。元素 criterion 為最小化之物件函數的數值。元素 C 為模型再製共變異數矩陣。元素 A 為 RAM A 矩陣（迴歸係數）。元素 P 為 RAM P 矩陣（變異數 / 共變數）。元素 adj.obj 為物件函數強韌性調整數值。元素 robust.vcov 為強韌性估計係數之共變異數矩陣。

部分元素執行結果如下：

```
> cfa.model$var.names        ## 輸出模型的變數名稱
  [1] "VA1" "VA2" "VA3" "VA4" "VB1" "VB2" "VB3" "VB4" "VC1"
"VC2" "VC3" "VC4"
[13] "FA"  "FB"  "FC"
> cfa.model$m     ## 模型中變數的總個數
[1] 15
> cfa.model$n     ## 模型中觀察變數的個數
[1] 12
> cfa.model$t     ## 模型中自由參數的個數
[1] 27
```

**[說明]**：模型中自由參數包括 9 個徑路係數、3 個共變數、3 個潛在變數的變異數、12 個觀察變數測量誤差項的變異數。

　　使用元素「$coeff」輸出非標準化估計值參數（包括原始徑路係數、共變數、變異數），配合 round( ) 函數輸出至小數第三位：

```
> round(cfa.model$coeff,3)
 lam[VA2:FA] lam[VA3:FA] lam[VA4:FA] lam[VB2:FB] lam[VB3:FB] lam[VB4:FB]
       0.922       0.854       0.761       1.013       1.064       1.079
 lam[VC2:FC] lam[VC3:FC] lam[VC4:FC]       V[FA]       V[FB]       V[FC]
       1.030       1.113       0.987       0.615       0.287       0.481
     C[FA,FB]    C[FA,FC]    C[FB,FC]      V[VA1]      V[VA2]      V[VA3]
       0.323       0.412       0.298       0.316       0.219       0.224
      V[VA4]      V[VB1]      V[VB2]      V[VB3]      V[VB4]      V[VC1]
       0.392       0.279       0.280       0.251       0.215       0.370
      V[VC2]      V[VC3]      V[VC4]
       0.326       0.191       0.216
```

　　使用元素「$ram」輸出 RAM 矩陣：

```
> cfa.model$ram
              heads to from    parameter    start value
                1   1   13         0            1
 lam[VA2:FA]    1   2   13         1           NA
 lam[VA3:FA]    1   3   13         2           NA
 lam[VA4:FA]    1   4   13         3           NA
                1   5   14         0            1
 lam[VB2:FB]    1   6   14         4           NA
 lam[VB3:FB]    1   7   14         5           NA
 lam[VB4:FB]    1   8   14         6           NA
```

|  |  |  |  |  |  |
|---|---|---|---|---|---|
|  | 1 | 9 | 15 | 0 | 1 |
| lam[VC2:FC] | 1 | 10 | 15 | 7 | NA |
| lam[VC3:FC] | 1 | 11 | 15 | 8 | NA |
| lam[VC4:FC] | 1 | 12 | 15 | 9 | NA |
| V[FA] | 2 | 13 | 13 | 10 | NA |
| V[FB] | 2 | 14 | 14 | 11 | NA |
| V[FC] | 2 | 15 | 15 | 12 | NA |
| C[FA,FB] | 2 | 14 | 13 | 13 | NA |
| C[FA,FC] | 2 | 15 | 13 | 14 | NA |
| C[FB,FC] | 2 | 15 | 14 | 15 | NA |
| V[VA1] | 2 | 1 | 1 | 16 | NA |
| V[VA2] | 2 | 2 | 2 | 17 | NA |
| V[VA3] | 2 | 3 | 3 | 18 | NA |
| V[VA4] | 2 | 4 | 4 | 19 | NA |
| V[VB1] | 2 | 5 | 5 | 20 | NA |
| V[VB2] | 2 | 6 | 6 | 21 | NA |
| V[VB3] | 2 | 7 | 7 | 22 | NA |
| V[VB4] | 2 | 8 | 8 | 23 | NA |
| V[VC1] | 2 | 9 | 9 | 24 | NA |
| V[VC2] | 2 | 10 | 10 | 25 | NA |
| V[VC3] | 2 | 11 | 11 | 26 | NA |
| V[VC4] | 2 | 12 | 12 | 27 | NA |

**[說明]**：start value（起始數值）欄的數值為 1，表示參數為固定參數，數值符號為 NA，表示為自由參數，parameter（參數）欄最後的數值 27 為自由參數的個數，模型中有 3 個固定參數（三個參照指標變數）。

　　使用元素「$C」求出根據假設模型導出的結構化母群體共變異數矩陣（有限制的共變數矩陣 Σ，假設模型隱含的共變異數矩陣符號為 Σ 或 Σ(θ)）：

```
> round(cfa.model$C,3)
        VA1   VA2   VA3   VA4   VB1   VB2   VB3   VB4   VC1   VC2   VC3   VC4
VA1  0.931 0.567 0.525 0.468 0.323 0.328 0.344 0.349 0.412 0.424 0.458 0.406
VA2  0.567 0.741 0.484 0.431 0.298 0.302 0.317 0.322 0.379 0.391 0.422 0.374
VA3  0.525 0.484 0.673 0.400 0.276 0.280 0.294 0.298 0.352 0.362 0.392 0.347
VA4  0.468 0.431 0.400 0.748 0.246 0.249 0.262 0.266 0.313 0.323 0.349 0.309
VB1  0.323 0.298 0.276 0.246 0.566 0.291 0.305 0.310 0.298 0.307 0.332 0.294
VB2  0.328 0.302 0.280 0.249 0.291 0.574 0.309 0.314 0.302 0.311 0.336 0.298
VB3  0.344 0.317 0.294 0.262 0.305 0.309 0.576 0.329 0.317 0.326 0.353 0.313
VB4  0.349 0.322 0.298 0.266 0.310 0.314 0.329 0.549 0.321 0.331 0.358 0.317
VC1  0.412 0.379 0.352 0.313 0.298 0.302 0.317 0.321 0.851 0.496 0.536 0.475
VC2  0.424 0.391 0.362 0.323 0.307 0.311 0.326 0.331 0.496 0.837 0.552 0.490
VC3  0.458 0.422 0.392 0.349 0.332 0.336 0.353 0.358 0.536 0.552 0.788 0.529
VC4  0.406 0.374 0.347 0.309 0.294 0.298 0.313 0.317 0.475 0.490 0.529 0.685
```

　　未限制的樣本共變數矩陣 S 與限制共變數矩陣 Σ 間的差異值為殘差，殘差值愈小，表示假設模型的共變數矩陣與樣本資料的共變數矩陣愈接近，假設模型可以得到支持（S–Σ = 0）：

```
>round((covdata-cfa.model$C),3)
        VA1    VA2    VA3    VA4    VB1    VB2    VB3    VB4    VC1    VC2
VA1   0.000 -0.567 -0.525 -0.468 -0.323 -0.328 -0.344 -0.349 -0.412 -0.424
VA2   0.010  0.000 -0.484 -0.431 -0.298 -0.302 -0.317 -0.322 -0.379 -0.391
VA3   0.004 -0.002  0.000 -0.400 -0.276 -0.280 -0.294 -0.298 -0.352 -0.362
VA4   0.009 -0.020 -0.004  0.000 -0.246 -0.249 -0.262 -0.266 -0.313 -0.323
VB1   0.029  0.049  0.060  0.055  0.000 -0.291 -0.305 -0.310 -0.298 -0.307
VB2   0.008 -0.022  0.024  0.039 -0.002  0.000 -0.309 -0.314 -0.302 -0.311
VB3  -0.053 -0.023 -0.032 -0.010 -0.028  0.019  0.000 -0.329 -0.317 -0.326
VB4  -0.046  0.005 -0.009 -0.010 -0.012 -0.017  0.032  0.000 -0.321 -0.331
VC1   0.010  0.046  0.020  0.030  0.019  0.007 -0.042  0.001  0.000 -0.496
```

```
VC2 -0.007 -0.019  0.001  0.028 -0.004  0.003 -0.027 -0.027  0.018  0.000

VC3 -0.035 -0.004 -0.032  0.004 -0.002 -0.027 -0.007 -0.004 -0.006  0.020

VC4 -0.023  0.018  0.011  0.042  0.042  0.015  0.015  0.028 -0.014 -0.025
```
＜略＞

 **二、函數 summary( ) 物件的元素**

　　函數 summary( ) 中的引數 fit.indices 可以界定輸出的模型適配度統計量文字向量，套件 sem 提供的適配度統計量有以下十二個：GFI、AGFI、RMSEA、NFI、NNFI、CFI、RNI、IFI、SRMR、AIC、AICc、BIC。

```
>summary(cfa.model,fit.indices = c("GFI","AGFI","RMSEA","NFI",
"NNFI","CFI","RNI", "IFI", "SRMR", "AIC", "AICc", "BIC"))
 Model Chisquare = 51.01967    Df = 51 Pr(>Chisq) = 0.4728865
 Goodness-of-fit index = 0.9575263
 Adjusted goodness-of-fit index = 0.9350402
 RMSEA index = 0.001391994    90% CI: (NA, 0.04545081)
 Bentler-Bonett NFI = 0.9640063
 Tucker-Lewis NNFI = 0.9999812
 Bentler CFI = 0.9999854
 Bentler RNI = 0.9999854
 Bollen IFI = 0.9999856
 SRMR = 0.03378286
 AIC = 105.0197
 AICc = 59.81036
 BIC = -219.1945
```

　　整體模型適配度統計量中，GFI 值 = 0.958、AGFI 值 = 0.935、RMSEA 值 = 0.001（90% 信賴區間值 = [0.000, 0.045]）、NFI 值 = 0.964、NNFI 值 = 1.000、CFI 值 = 1.000、RNI 值 = 1.000、IFI 值 = 1.000、SRMR 值 = 0.034、AIC 值 = 105.020、AICc

值＝59.810、BIC 值＝－219.195。當卡方值統計量未達統計顯著水準時（$p > 0.05$），表示殘差值等於 0（S － Σ ＝ 0），假設模型與樣本資料的適配度良好，此種情況下，前九個適配度統計量均會達到適配標準，AIC 值、AICc 值、BIC 值會較小。

　　「家庭氣氛量表」驗證性因素分析之整體模式適配度檢定摘要表，如表 4-2。

　　上述適配度統計量之文字向量可以另外界定，範例的文字向量名稱設定為 f_s：

```
> f_s = c("GFI","AGFI","RMSEA","NFI","NNFI","CFI","RNI","IFI","SRMR","AIC","AICc","BIC"
> summary(cfa.model,fit.indices = f_s)
```

　　函數 summary( ) 輸出物件界定為 par.all，以 names( ) 函數查看物件的所有元素：

● 表 4-2　「家庭氣氛量表」驗證性因素分析之整體模式適配度檢定摘要表

| 統計檢定量 | 適配的標準或臨界值 | 檢定結果數據 | 模式適配判斷 |
|---|---|---|---|
| 絕對適配度指數 | | | |
| $\chi^2$ 值 | $p > 0.05$（未達顯著水準） | 51.020（$p = 0.473 > 0.05$）（自由度 = 51） | 是 |
| GFI 值 | ＞0.90 以上 | 0.958 | 是 |
| AGFI 值 | ＞0.90 以上 | 0.935 | 是 |
| RMSEA 值 | ＜0.08（＜0.05 優；＜0.08 良好） | 0.001 | 是 |
| SRMR | ＜0.05 以下 | 0.034 | 是 |
| 增值適配度指數 | | | |
| NFI 值 | ＞0.95 優（＞0.90 良好） | 0.964 | 是 |
| TLI 值（NNFI 值） | ＞0.95 優（＞0.90 良好） | 1.000 | 是 |
| CFI 值 | ＞0.95 優（＞0.90 良好） | 1.000 | 是 |
| RNI 值 | ＞0.95 優（＞0.90 良好） | 1.000 | 是 |
| IFI 值 | ＞0.95 優（＞0.90 良好） | 1.000 | 是 |
| 簡約適配度指數 | | | |
| $\chi^2$ 自由度比 | ＜3.00（良好：＜2.00 優） | 1.000 | 是 |

註：整體模式適配檢定統計量卡方值如未達顯著水準，表示假設模型與樣本資料可以適配，此時其餘適配度統計量均會達模式適配標準值。若是卡方值統計量達到顯著水準（$p < 0.05$），以 sem( ) 函數提供的十個適配度統計量（卡方自由度比值為卡方除以自由度）加以判別，若有六個以上適配度統計量達到適配標準，表示假設模型與樣本資料可以契合。

```
> f_s = c("GFI","AGFI","RMSEA","NFI","NNFI","CFI","RNI","IFI","SRMR","AIC","AICc",
"BIC"
> par.all = summary(cfa.model,fit.indices = f_s)
> names(par.all)
 [1] "chisq"              "df"                    "chisqNull"
 [4] "dfNull"             "GFI"                   "AGFI"
 [7] "RMSEA"              "NFI"                   "NNFI"
[10] "CFI"                "RNI"                   "IFI"
[13] "BIC"                "SRMR"                  "AIC"
[16] "AICc"               "CAIC"                  "Rsq"
[19] "chisq.adjusted"     "chisqNull.adjusted"    "NFI.adjusted"
[22] "NNFI.adjusted"      "CFI.adjusted"          "RNI.adjusted"
[25] "IFI.adjusted"       "norm.res"              "coeff"
[28] "digits"             "iterations"            "aliased"
[31] "raw"                "robust"                "robust.vcov"
[34] "adj.obj"
```

**[說明]**：元素統計量包括獨立模型的卡方值（"chisqNull"）、自由度、未調整的適配度統計量（如卡方值 "chisq"）、調整後的適配度統計量（如調整後卡方值 "chisq.adjusted"）、標準化殘差（"norm.res"）、係數估計值與顯著性檢定（"coeff"）等。

函數 summary( ) 函數物件的元素範例使用之輸出結果如下：

```
> par.all$chisqNull    ## 獨立模型的卡方值
[1] 1417.461
> par.all$dfNull    ## 獨立模型的自由度
[1] 66
> round(par.all$Rsq,3)    ##12 個觀察變數的 R 平方值
 VA1   VA2   VA3   VA4   VB1   VB2   VB3   VB4   VC1  VC2   VC3   VC4
0.661 0.705 0.667 0.476 0.507 0.513 0.564 0.608 0.566 0.611 0.757 0.685
```

```
> round(par.all$RMSEA,3)    ## 輸出 RMSEA 適配度統計量至小數第三位
[1] 0.001    NA 0.045 0.900
```

 三、函數 coef( ) 的應用

以函數 coef( ) 輸出 sem( ) 函數物件中的參數，引數 standardized 為邏輯選項，界定為假（= FALSE），表示輸出非標準化係數估計值（包括原始徑路係數、共變數估計值、潛在變數的變異數估計值），使用 round( ) 函數輸出參數估計值至小數第三位：

```
> round(coef(cfa.model, standardized = FALSE),3)
 lam[VA2:FA]  lam[VA3:FA]  lam[VA4:FA]  lam[VB2:FB]  lam[VB3:FB]  lam[VB4:FB]
      0.922        0.854        0.761        1.013        1.064        1.079
 lam[VC2:FC]  lam[VC3:FC]  lam[VC4:FC]        V[FA]        V[FB]        V[FC]
      1.030        1.113        0.987        0.615        0.287        0.481
   C[FA,FB]     C[FA,FC]     C[FB,FC]       V[VA1]       V[VA2]       V[VA3]
      0.323        0.412        0.298        0.316        0.219        0.224
     V[VA4]       V[VB1]       V[VB2]       V[VB3]       V[VB4]       V[VC1]
      0.392        0.279        0.280        0.251        0.215        0.370
     V[VC2]       V[VC3]       V[VC4]
      0.326        0.191        0.216
```

[**說明**]：作為參照指標的觀察變數 VA1、VB1、VC1 之徑路係數估計值均為 1，三個參數為固定參數，對應的標記符號 lam[VA1:FA]、lam[VB1:FB]、lam[VC1:FC] 均沒有出現。指標變數的變異數標記 V[VA1]、……、V[VC4] 為指標變數「測量誤差項」的變異數，若為標準化估計值為指標變數無法反映對應因子構念變數的變異，量數為 $1 - R^2$。

引數 standardized 界定為真，輸出標準化參數估計值（包括觀察變數的因素負荷量、潛在構念變數間的相關係數，指標變數無法反映潛在變數的解釋變異 = $1 - R^2$）：

```
> round(coef(cfa.model, standardized = TRUE),3)
  lam[VA2:FA]  lam[VA3:FA]  lam[VA4:FA]  lam[VB2:FB]  lam[VB3:FB]  lam[VB4:FB]
        0.840        0.817        0.690        0.716        0.751        0.780

  lam[VC2:FC]  lam[VC3:FC]  lam[VC4:FC]        V[FA]        V[FB]        V[FC]
        0.781        0.870        0.827        1.000        1.000        1.000

     C[FA,FB]     C[FA,FC]     C[FB,FC]       V[VA1]       V[VA2]       V[VA3]
        0.770        0.756        0.801        0.339        0.295        0.333

       V[VA4]       V[VB1]       V[VB2]       V[VB3]       V[VB4]       V[VC1]
        0.524        0.493        0.487        0.436        0.392        0.434

       V[VC2]       V[VC3]       V[VC4]
        0.389        0.243        0.315
```

**[說明]**：作為參照指標的觀察變數 VA1、VB1、VC1 之標準化徑路係數估計值（因素負荷量）並未呈現，若要輸出所有變數之標準化估計值使用 stdCoef( ) 函數較為方便。標準化估計值之徑路係數 $\beta$、相關係數 $r$ 的合理解值介於 $-1.00$ 至 $+1.00$ 之間，如果標準化估計值絕對值大於 $1.00$，表示有不合理的解值（／不適當參數估計值），此種情況下要重新界定假設模型，或進行假設模型的修正。

 四、函數 stdCoef( ) 的應用

　　使用 standardizedCoefficients( ) 函數可以輸出全部標準化估計值參數，standardizedCoefficients( ) 函數一般會以簡寫字 stdCoef( ) 函數代替：

```
> stdCoef(cfa.model)
              Std. Estimate
1                 0.8127222  VA1 <--- FA
2  lam[VA2:FA]    0.8396246  VA2 <--- FA
3  lam[VA3:FA]    0.8168070  VA3 <--- FA
4  lam[VA4:FA]    0.6901685  VA4 <--- FA
5                 0.7119892  VB1 <--- FB
```

| 6  | lam[VB2:FB] | 0.7161764 | VB2 <--- FB |
| 7  | lam[VB3:FB] | 0.7511032 | VB3 <--- FB |
| 8  | lam[VB4:FB] | 0.7798554 | VB4 <--- FB |
| 9  |             | 0.7521709 | VC1 <--- FC |
| 10 | lam[VC2:FC] | 0.7813613 | VC2 <--- FC |
| 11 | lam[VC3:FC] | 0.8702377 | VC3 <--- FC |
| 12 | lam[VC4:FC] | 0.8273953 | VC4 <--- FC |

[ **說明** ]：lam 標記符號（$\lambda$ 值－ lambda）為標準化迴歸係數，在 CFA 模型中為指標變數（觀察變數）的因素負荷量（factor loading），標準化徑路係數為因素構念變數對指標變數的影響，一般的判別指標值為因素負荷量大於 0.70以上（指標變數佳），最低的指標值為因素負荷量 $\geq$ 0.50 以上。FA 因素四個觀察變數的編號為 1 至 4、FB 因素四個觀察變數的編號為 5 至 8、FC 因素四個觀察變數的編號為 9 至 12。

------------------------------------------------------------

| 13 | V[FA] | 1.0000000 | FA <--> FA |
| 14 | V[FB] | 1.0000000 | FB <--> FB |
| 15 | V[FC] | 1.0000000 | FC <--> FC |

[ **說明** ]：三個潛在變數（因素構念）的變異數，變異數數值為 1。

------------------------------------------------------------

| 16 | C[FA,FB] | 0.7701273 | FB <--> FA |
| 17 | C[FA,FC] | 0.7563550 | FC <--> FA |
| 18 | C[FB,FC] | 0.8011351 | FC <--> FB |

[ **說明** ]：量數為三個因素構念潛在變數間的相關係數，FA（家庭情感因素）與 FB（家庭溝通因素）二個潛在變數間的相關係數 = 0.770、FA（家庭情感因素）與 FC（家庭期望因素）二個潛在變數間的相關係數 = 0.756、FB（家庭溝通因素）與 FC（家庭期望因素）二個潛在變數間的相關係數 = 0.801，潛在變數間有高度顯著的正相關。

------------------------------------------------------------

| 19 | V[VA1] | 0.3394827 | VA1 <--> VA1 |
| 20 | V[VA2] | 0.2950305 | VA2 <--> VA2 |
| 21 | V[VA3] | 0.3328264 | VA3 <--> VA3 |
| 22 | V[VA4] | 0.5236674 | VA4 <--> VA4 |

| 23 | V[VB1] | 0.4930714 | VB1 <--> VB1 |
|----|--------|-----------|--------------|
| 24 | V[VB2] | 0.4870913 | VB2 <--> VB2 |
| 25 | V[VB3] | 0.4358440 | VB3 <--> VB3 |
| 26 | V[VB4] | 0.3918256 | VB4 <--> VB4 |
| 27 | V[VC1] | 0.4342390 | VC1 <--> VC1 |
| 28 | V[VC2] | 0.3894745 | VC2 <--> VC2 |
| 29 | V[VC3] | 0.2426864 | VC3 <--> VC3 |
| 30 | V[VC4] | 0.3154170 | VC4 <--> VC4 |

**[說明]**：測量變數無法反映潛在變數（因素）的解釋變異量，參數值 = $1 - R^2$ =（$1 -$ 因素負荷量的平方），以觀察變數 VA1 為例，潛在變數 FA 因子可以解釋的變異量為 0.661，無法解釋的變異量 = $1 - 0.661 = 0.339$（測量誤差變異量）；就觀察變數 VC14 而言，因素負荷量 = 0.827，潛在變數 FC 因子可以解釋的變異量為 0.685（= 0.827 × 0.827），無法解釋的變異量 = $1 - 0.685 = 0.315$（測量誤差變異量）。

　　以資料索引擷取第二直欄「Std. Estimate」（標準化估計值）的參數值，以 round( ) 函數輸出至小數第三位（論文寫作中小數位數一般呈現至小數第二位），將資料框架型態轉換為矩陣型態：

```
> par.part = as.matrix(round(stdCoef(cfa.model)[2],3))
> par.part
      Std. Estimate
 [1,]        0.813
 [2,]        0.840
 [3,]        0.817
 [4,]        0.690
 [5,]        0.712
 [6,]        0.716
 [7,]        0.751
 [8,]        0.780
```

| | |
|---|---|
| [9,] | 0.752 |
| [10,] | 0.781 |
| [11,] | 0.870 |
| [12,] | 0.827 |
| [13,] | 1.000 |
| [14,] | 1.000 |
| [15,] | 1.000 |
| [16,] | 0.770 |
| [17,] | 0.756 |
| [18,] | 0.801 |
| [19,] | 0.339 |
| [20,] | 0.295 |
| [21,] | 0.333 |
| <略> | |

以矩陣位置擷取相關參數：

```
> par.part[2]    ## 輸出 VA2 觀察變數的因素負荷量
[1] 0.84
> par.part[1:4] ## 輸出 FA 因子四個觀察變數的因素負荷量
[1] 0.813 0.840 0.817 0.690
> par.part[5:8] ## 輸出 FB 因子四個觀察變數的因素負荷量
[1] 0.712 0.716 0.751 0.780
> par.part[9:12] ## 輸出 FC 因子四個觀察變數的因素負荷量
[1] 0.752 0.781 0.870 0.827
> par.part[16:18]
[1] 0.770 0.756 0.801    ## 輸出三個因子間的相關係數
```

　　只輸出參數值，標準化估計值至小數第二位可以直接使用下列函數語法，因為估計值在資料框架物件中的位置為第二個變數，變數索引為 2：

```
> round(stdCoef(cfa.model)[2],2)
   Std. Estimate
1          0.81
2          0.84
< 略 >
29         0.24
30         0.32
```

 五、殘差與標準化殘差值

使用 residuals( ) 函數輸出殘差值矩陣,參數值為非標準化殘差(unstandardized residuals),殘差值矩陣為假設模型原始量數的共變數矩陣 $\Sigma(\phi)$ 或 $\Sigma$ 矩陣與樣本資料原始量數計算所得之共變數矩陣 S 的差異量:

```
> round(residuals(cfa.model),3)
       VA1    VA2    VA3    VA4    VB1    VB2    VB3    VB4    VC1    VC2
VA1  0.000  0.010  0.004  0.009  0.029  0.008 -0.053 -0.046  0.010 -0.007
VA2  0.010  0.000 -0.002 -0.020  0.049 -0.022 -0.023  0.005  0.046 -0.019
VA3  0.004 -0.002  0.000 -0.004  0.060  0.024 -0.032 -0.009  0.020  0.001
VA4  0.009 -0.020 -0.004  0.000  0.055  0.039 -0.010 -0.010  0.030  0.028
VB1  0.029  0.049  0.060  0.055  0.000 -0.002 -0.028 -0.012  0.019 -0.004
VB2  0.008 -0.022  0.024  0.039 -0.002  0.000  0.019 -0.017  0.007  0.003
VB3 -0.053 -0.023 -0.032 -0.010 -0.028  0.019  0.000  0.032 -0.042 -0.027
VB4 -0.046  0.005 -0.009 -0.010 -0.012 -0.017  0.032  0.000  0.001 -0.027
VC1  0.010  0.046  0.020  0.030  0.019  0.007 -0.042  0.001  0.000  0.018
VC2 -0.007 -0.019  0.001  0.028 -0.004  0.003 -0.027 -0.027  0.018  0.000
VC3 -0.035 -0.004 -0.032  0.004 -0.002 -0.027 -0.007 -0.004 -0.006  0.020
VC4 -0.023  0.018  0.011  0.042  0.042  0.015  0.015  0.028 -0.014 -0.025
    < 略 >
```

　　將殘差轉為標準分數後的差異值為標準化殘差（standardized residuals），標準化殘差可以排除觀察變數本身間單位或量尺不同時所導致比較差異，標準化殘差等於適配殘差值除以其漸近標準誤。標準化殘差值的函數為 standardizedResiduals( )，範例以 round( ) 函數四捨五入到小數第三位：

```
> round(standardizedResiduals(cfa.model),3)
        VA1     VA2     VA3     VA4     VB1     VB2     VB3     VB4     VC1     VC2
VA1   0.000   0.012   0.004   0.011   0.039   0.011  -0.073  -0.064   0.012  -0.008
VA2   0.012   0.000  -0.003  -0.027   0.075  -0.034  -0.036   0.008   0.058  -0.024
VA3   0.004  -0.003   0.000  -0.006   0.097   0.039  -0.052  -0.015   0.027   0.001
VA4   0.011  -0.027  -0.006   0.000   0.084   0.059  -0.015  -0.015   0.037   0.036
VB1   0.039   0.075   0.097   0.084   0.000  -0.003  -0.050  -0.021   0.028  -0.005
VB2   0.011  -0.034   0.039   0.059  -0.003   0.000   0.033  -0.029   0.011   0.005
VB3  -0.073  -0.036  -0.052  -0.015  -0.050   0.033   0.000   0.056  -0.060  -0.040
VB4  -0.064   0.008  -0.015  -0.015  -0.021  -0.029   0.056   0.000   0.001  -0.040
VC1   0.012   0.058   0.027   0.037   0.028   0.011  -0.060   0.001   0.000   0.021
VC2  -0.008  -0.024   0.001   0.036  -0.005   0.005  -0.040  -0.040   0.021   0.000
VC3  -0.041  -0.006  -0.043   0.006  -0.002  -0.040  -0.010  -0.005  -0.007   0.024
VC4  -0.029   0.025   0.016   0.058   0.068   0.024   0.024   0.046  -0.019  -0.032
```

[說明]：標準化殘差值絕對值如小於 2.00（嚴格標準為小於 1.96），表示模式內在適配度良好（模式內在品質佳）。

　　以 range( ) 函數求出標準化殘差的全距：

```
> range(round(standardizedResiduals(cfa.model),3))
[1] -0.073   0.097
```

　　標準化殘差值介於 −0.073 與 0.097 間，標準化殘差的絕對值均小於 1.96，表示模式的內在品質佳。

家庭氣氛量表驗證性因素分析之標準化估計值模型圖，如圖 4-8。

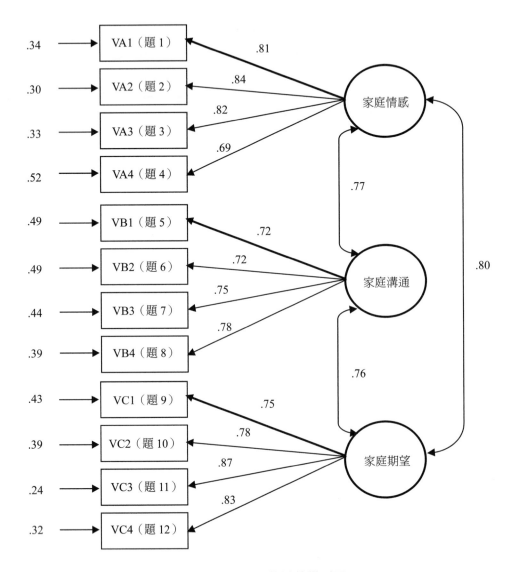

**圖 4-8** 家庭氣氛量表驗證性因素分析之標準化估計值模型圖

## 六、徑路圖的繪製函數

套件 sem 中的函數 pathDiagram( ) 可以繪製函數 sem( ) 物件的徑路圖，函數 pathDiagram( ) 基本語法為：

```
pathDiagram model, style = c "ram", "traditional" ,
    output.type = c("html", "graphics", "dot"),size = c(8,8)
, node.font = c("Helvetica", 14),edge.font = c("Helvetica", 10)
, digits = 2,rank.direction = c("LR", "TB") ignore.double = TRUE,
error.nodes = TRUE,edge.labels = c("names", "values", "both"),
 edge.colors = c("black", "black"),node.colors = c("transparent",
"transparent"),standardize = FALSE
```

　　引數 model 為 sem( ) 函數物件。引數 style 界定徑路圖的型態，類型有二種：一為 RAM 徑路圖（內在選項為 "ram"），以朝向變數本身雙箭號表示變異數（包括內因變數的誤差變異數），二為傳統徑路圖，以圖形表示誤差變異數（選項為 "traditional"）。引數 output.type 界定圖形輸出的位置，內定選項為 "html"，表示以瀏覽器開啟圖形，其餘二個選項為 "graphics"、"dot"。引數 size 界定圖形大小，單位為英吋，內定選項為 8 × 8。引數 node.font 界定圖形中的變數名稱字體大小。引數 edge.font 界定線條標記或數值的字體大小。引數 digits 界定小數位數，內定的數值 2（輸出至小數第二位）。rank.direction 界定圖形繪製方向，內定選項為「TR」，表示由左至右繪製，另一個選項為「TB」，表示由上而下繪製圖形。引數 ignore. double 為邏輯選項，內定選項為真，表示不繪製雙箭號（變異數與共變數）。引數 error.nodes 為邏輯選項，內定選項為真且引數 style 設定為「= "traditional"」時，圖形符號表示誤差變數。引數 edge.labels 界定箭號加註的符號為參數標記、參數估計值或同時包含參數標記與估計值，選項分別為 "names"（內定選項）、"values"（參數值）、"both"（參數標記與數值）。引數 edge.colors 為線條顏色，文字向量有二個元素，分別表示不同箭號方向的顏色。引數 node.colors 界定變數圖形符號顏色，文字向量第一個元素為外因變數顏色、第二個元素為內因變數顏色、第三個元素為誤差變異數顏色。引數 standardize 為邏輯選項，選項界定為真（TRUE），繪製標準化估計值模型圖。

　　範例語法為繪製非標準化估計值模型圖（standardize = FALSE），繪製雙箭號（ignore.double = FALSE）、箭號旁的標記為參數估計值（edge.labels = "values"），潛在變數圓形圖為粉紅色、觀察變數矩形圖為黃色，引數 node.colors = c（"pink","yellow"）、參數值與變數名稱字體大小為 15，不繪製誤差變異數圓形圖，圖形大小為 11 × 11 吋（size = c（11,11））。R 編輯器語法指令為：

```
pathDiagram(cfa.model,standardize = FALSE,edge.labels = "values",size = c(11,11)

,ignore.double = FALSE,error.nodes = TRUE,edge.font = c("Calibri",15)

,node.font = c("Calibri",15),node.colors = c("pink","yellow"))
```

R 軟體繪製之非標準化估計值模型圖，如圖 4-9。

引數 standardize 選項界定為真（＝TRUE），繪製標準化估計值模型圖：

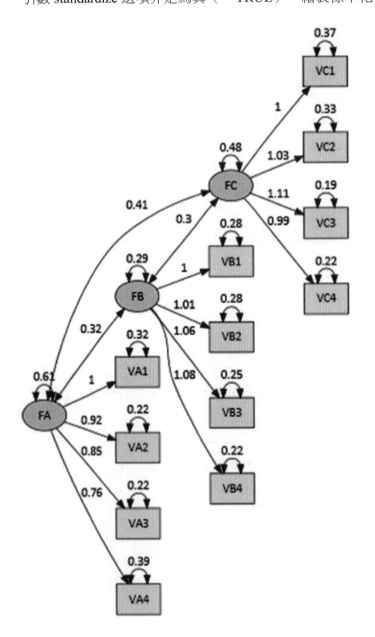

● 圖 4-9　R 軟體繪製之非標準化估計值模型圖

```
pathDiagram(cfa.model,standardize = TRUE,edge.labels = "values",size = c(11,11)
,ignore.double = FALSE,error.nodes = TRUE,edge.font = c("Calibri",15)
,node.font = c("Calibri",15),node.colors = c("pink","yellow"))
```

　　R 軟體繪製之標準化估計值模型圖，如圖 4-10。

　　非標準化估計值模型圖增列繪製誤差變異數圓形圖（error.nodes = TRUE），

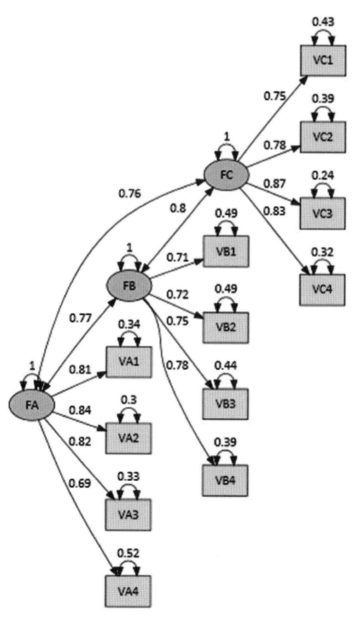

🍎圖 4-10　R 軟體繪製
之標準化估計值模型
圖

圖的顏色為淡綠色，徑路圖型態設定為「= "traditional"」，圖形大小設定為 10 × 10 英吋，R 編輯器語法指令為：

```
pathDiagram(cfa.model,style = "traditional",edge.labels = "values",
ignore.double = FALSE,error.nodes = TRUE,edge.font = c("Calibri",15),
size = c(10,10),node.colors = c("pink","lightblue","lightgreen"))
```

增列測量誤差項圖示之非標準化估計值模型圖，如圖 4-11。

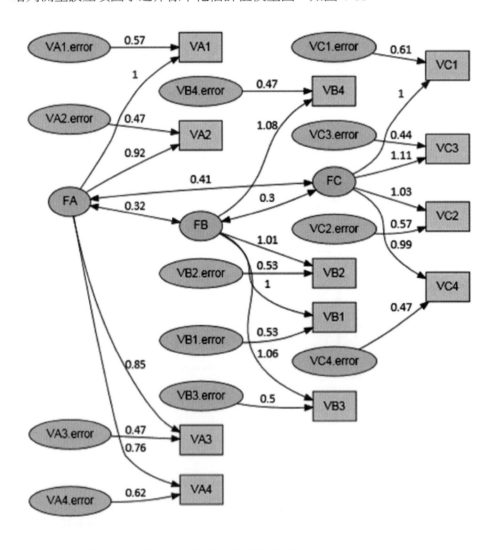

 圖 4-11　增列測量誤差項圖示之非標準化估計值模型圖

範例繪製標準化估計值模型圖，引數 style 界定為「 = "traditional"」，誤差項橢圓形不繪製（error.nodes = FALSE），R 編輯器視窗的語法指令為：

```
pathDiagram(cfa.model,style = "traditional",standardize = TRUE
,edge.labels = "values",ignore.double = FALSE,error.nodes = FALSE
,edge.font = c("Calibri",15),node.font = c("Calibri",15),size = c(10,10)
,node.colors = c("pink","lightgreen"))
```

內定瀏覽器呈現的標準化估值模型圖，如圖 4-12。

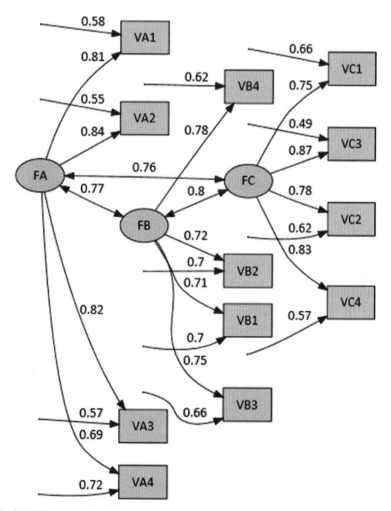

 **圖 4-12** 內定瀏覽器呈現的標準化估值模型圖

## 模式內在適配度——構念信度與潛在變數平均變異抽取量

### 一、語法指令 |

構念信度與潛在變數平均變異抽取量之 R 編輯器語法指令如下：

```
[1]par.part = as.matrix(round(stdCoef(cfa.model)[2],3))
[2]f.total = 0
[3]f2.total = 0
[4]r.total = 0
[5]n.start = 1
[6]n.end = 4
[7]for ( i in n.start:n.end)
[8]{
[9]f.total = f.total + par.part[i]
[10]f2.total = f2.total + par.part[i]^2
[11]r.total = r.total + (1-par.part[i]^2)
[12]}
[13]cr = f.total^2/(f.total^2 + r.total)
[14]ave = f2.total/(f2.total+r.total)   ## 可以直接使用 ave = f2.total/ 觀察變數個數
[15]cat(" 構念信度  = ",round(cr,3),"\n")
[16]cat(" 平均變異數抽取量  = ",round(ave,3),"\n")
```

語法指令 [1] 以元素索引擷取標準化估計值參數，使用 as.matrix() 函數將資料框架型態轉換為矩陣型態，矩陣物件名稱界定為 par.part。

語法指令 [2] 界定變數 f.total 的起始值等於 0（因素負荷量總和為 0）。

語法指令 [3] 界定變數 f2.total 的起始值等於 0（因素負荷量平方總和為 0）。

語法指令 [4] 界定變數 r.total 的起始值等於 0（測量誤差變異量的總和為 0）。

語法指令 [5]n.start = 1 界定 FA 因素起始觀察變數的位置。

語法指令 [6]n.end = 4 界定 FA 因素最後觀察變數的位置。

語法指令 [7] 界定迴圈。

語法指令 [8] 界定迴圈中運算式的開始。

語法指令 [9] 界定因素負荷量的累加數值。

語法指令 [10] 界定因素負荷量平方的累加數值。

語法指令 [11] 界定測量誤差變量的累加數值。

語法指令 [12] 界定迴圈中運算式的結尾。

語法指令 [13] 求出構念信度的係數值，公式為：

$$\frac{(因素負荷量總和)^2}{(因素負荷量總和)^2 + 測量誤差變異量總和}$$

語法指令 [14] 求出潛在變數平均變異抽取量係數值，公式為：

$$\frac{因素負荷量平方的總和}{因素負荷量平方的總和 + 測量誤差變異量總和} \quad 或$$

$$\frac{因素負荷量平方的總和}{觀察變數的個數}$$

語法指令 [15] 使用 cat( ) 函數輸出構念信度。

語法指令 [16] 使用 cat( ) 函數輸出潛在變數平均變異抽取量。

R 主控台視窗執行結果為：

```
> par.part = as.matrix(round(stdCoef(cfa.model)[2],3))
< 略 >
> cat(" 構念信度 = ",round(cr,3),"\n")
構念信度 = 0.87
> cat(" 平均變異數抽取量 = ",round(ave,3),"\n")
平均變異數抽取量 = 0.628
```

　　因素 FB 觀察變數位置為 5 個至第 8 個，修改 R 編輯器語法指令中第 [5]、[6] 列的變數參數值「n.start = 5」、「n.end = 8」，R 主控台執行結果如下：

```
< 略 >
```

```
> cat(" 構念信度 = ",round(cr,3),"\n")
構念信度 = 0.829
> cat(" 平均變異數抽取量 = ",round(ave,3),"\n")
平均變異數抽取量 = 0.548
```

因素 FC 觀察變數位置為第 9 個至第 12 個，修改 R 編輯器語法指令中第 [5]、[6]
列的變數參數值「n.start = 9」、「n.end = 12」，R 主控台執行結果如下：

```
< 略 >
> cat(" 構念信度 = ",round(cr,3),"\n")
構念信度 = 0.883
> cat(" 平均變異數抽取量 = ",round(ave,3),"\n")
平均變異數抽取量 = 0.654
```

 ## 二、語法指令 II

求出構念信度與 AVE 係數值的第二種方法，可使用數值向量的型態與數值向
量中元素的讀取，以求出各觀察變數因素負荷量平方的加總及觀察變數因素負荷
量加總的平方值，R 編輯器中的語法指令使用數值向量元素索引以取代實體數值，
如數值向量變數 fa = c（0.813,0.840,0.817,0.690），向量元素 fa[1]、fa[2]、fa[3]、
fa[4] 的數值分別為 0.813、0.840、0.817、0.690，此種語法指令較有彈性 ：

```
fa = c(0.813,0.840,0.817,0.690)    ## 界定觀察變數因素負荷量的數值向量

e.tot = (1-fa[1]^2)+(1-fa[2]^2)+(1-fa[3]^2)+(1-fa[4]^2)   ## 求出測量誤差變異量總和

ft = (fa[1]+fa[2]+fa[3]+fa[4])^2    ## 求出因素負荷量加總的平方值

f2t = fa[1]^2+fa[2]^2+fa[3]^2+fa[4]^2   ## 求出因素負荷量平方的加總值

par.cr = (ft/(ft+e.tot))      ## 求出構念信度係數值

par.ave = (f2t/(f2t+e.tot))    ## 求出潛在變數平均變異抽取值

cat(" 構念信度 = ",round(par.cr,3),"\n") ## 輸出構念信度係數值至小數第三位

cat(" 平均變異數抽取量 = ",round(par.ave,3),"\n")## 輸出 AVE 值至小數第三位
```

R 主控台執行 R 編輯器語法指令如下：

```
> fa = c(0.813,0.840,0.817,0.690)
>  e.tot = (1-fa[1]^2) + (1-fa[2]^2) + (1-fa[3]^2) + (1-fa[4]^2)
>  ft = (fa[1] + fa[2] + fa[3] + fa[4])^2
>  f2t = fa[1]^2 + fa[2]^2 + fa[3]^2 + fa[4]^2
>  par.cr = (ft/(ft + e.tot))
>  par.ave = (f2t/(f2t + e.tot))
> cat(" 構念信度 = ",round(par.cr,3),"\n")
構念信度 = 0.87
> cat(" 平均變異數抽取量 = ",round(par.ave,3),"\n")
平均變異數抽取量 = 0.628
```

因素 FB 四個觀察變數的因素負荷量分別為 0.712、0.716、0.751、0.780，修改第一列數值向量變數的元素數值：fa = c（0.712,0.716,0.751,0.780），R 主控台執行結果如下：

```
> fa = c(0.712,0.716,0.751,0.780)
< 略 >
> cat(" 構念信度 = ",round(par.cr,3),"\n")
構念信度 = 0.829
> cat(" 平均變異數抽取量 = ",round(par.ave,3),"\n")
平均變異數抽取量 = 0.548
```

因素 FC 四個觀察變數的因素負荷量分別為 0.752、0.781、0.870、0.827，修改 R 編輯器語法指令第一列數值向量變數的元素數值：fa = c（0.752,0.781,0.870,0.827），R 主控台執行結果如下：

```
>  fa = c(0.752,0.781,0.870,0.827)
```

```
< 略 >
> cat(" 構念信度 = ",round(par.cr,3),"\n")
構念信度 = 0.883
> cat(" 平均變異數抽取量 = ",round(par.ave,3),"\n")
平均變異數抽取量 = 0.654
```

若是潛在變數有三個指標變數，向量變數元素數值的加總或平方和的加總，只要界定三個元素即可，R 編輯器視窗的語法指令修改為：

```
fa = c(0.813,0.840,0.817)   ## 三個指標變數
e.tot = (1-fa[1]^2)+(1-fa[2]^2)+(1-fa[3]^2) ## 求出測量誤差變異量總和
ft = (fa[1]+fa[2]+fa[3] )^2   ## 求出因素負荷量加總的平方值
f2t = fa[1]^2+fa[2]^2+fa[3]^2   ## 求出因素負荷量平方的加總值
par.cr = (ft/(ft+e.tot))    ## 求出構念信度係數值
par.ave = (f2t/(f2t+e.tot))   ## 求出潛在變數平均變異抽取值
cat(" 構念信度 = ",round(par.cr,3),"\n") ## 輸出構念信度係數值至小數第三位
cat(" 平均變異數抽取量 = ",round(par.ave,3),"\n")## 輸出 AVE 值至小數第三位
```

 三、語法指令 III

結合語法指令 I 迴圈應用與語法指令 II 數值向量元素的讀取，進行測量模式之構念信度與平均變異抽取量量數的計算，「家庭期望」（FC）測量模式之構念效度與平均變異抽取量計算的 R 編輯器視窗的語法指令為：

```
fa = c(0.752,0.781,0.870,0.827)
f.total = 0
f2.total = 0
r.total = 0
n.end = length(fa)
for ( i in 1:n.end)
```

```
{
f.total = f.total + fa[i]
f2.total = f2.total + fa[i]^2
r.total = r.total + (1-fa[i]^2)
}
cr = f.total^2/(f.total^2 + r.total)
ave = f2.total/(f2.total + r.total)
cat(" 潛在變數的指標變數有 ",length(fa)," 個 ","\n")
cat(" 構念信度（組合信度）= ",round(cr,3),"\n")
cat(" 平均變異數抽取量 = ",round(ave,3),"\n")
```

　　R 主控台執行結果如下：

```
> cat(" 潛在變數的指標變數有 ",length(fa)," 個 ","\n")
潛在變數的指標變數有 4 個
> cat(" 構念信度（組合信度）= ",round(cr,3),"\n")
構念信度（組合信度）= 0.883
> cat(" 平均變異數抽取量 = ",round(ave,3),"\n")
平均變異數抽取量 = 0.654
```

　　之後只要更改第一列 fa 數值向量的內容，即可求出測量模式之組合信度與平均變異數抽取量數值。「家庭情感」（FA）測量模式之構念效度與平均變異抽取量計算的 R 編輯器視窗的語法指令為：

```
fa = c(0.813,0.840,0.817,0.690)
f.total = 0
f2.total = 0
r.total = 0
n.end = length(fa)
for ( i in 1:n.end)
```

```
{
f.total = f.total + fa[i]
f2.total = f2.total + fa[i]^2
r.total = r.total + (1-fa[i]^2)
}
cr = f.total^2/(f.total^2 + r.total)
ave = f2.total/(f2.total + r.total)
cat(" 潛在變數的指標變數有 ",length(fa)," 個 ","\n")
cat(" 構念信度（組合信度）= ",round(cr,3),"\n")
cat(" 平均變異數抽取量 = ",round(ave,3),"\n")
```

R 主控台執行結果為：

```
> fa = c(0.813,0.840,0.817,0.690)
< 略 >
> cat(" 潛在變數的指標變數有 ",length(fa)," 個 ","\n")
潛在變數的指標變數有 4 個
> cat(" 構念信度（組合信度）= ",round(cr,3),"\n")
構念信度（組合信度）= 0.87
> cat(" 平均變異數抽取量 = ",round(ave,3),"\n")
平均變異數抽取量 = 0.628
```

「家庭溝通」（FB）測量模式之構念效度與平均變異抽取量計算的執行結果如下：

```
> fa = c(0.712,0.716,0.751,0.780)
< 略 >
> cat(" 潛在變數的指標變數有 ",length(fa)," 個 ","\n")
潛在變數的指標變數有 4 個
> cat(" 構念信度（組合信度）= ",round(cr,3),"\n")
```

構念信度（組合信度） = 0.829
```
> cat(" 平均變異數抽取量 = ",round(ave,3),"\n")
```
平均變異數抽取量 = 0.548

範例測量模式有五個指標變數，第一列 fa 數值向量變數將五個指標變數的數值鍵入，語法指令中只修改第一列數值向量內容，其餘各列均不用修改：

```
fa = c(0.752,0.781,0.870,0.827,0.658)
```

R 主控台執行結果為：

```
> cat(" 潛在變數的指標變數有 ",length(fa)," 個 ","\n")
潛在變數的指標變數有 5 個
> cat(" 構念信度（組合信度） = ",round(cr,3),"\n")
構念信度（組合信度） = 0.886
> cat(" 平均變異數抽取量 = ",round(ave,3),"\n")
平均變異數抽取量 = 0.61
```

潛在變數的指標變數個數有三個，數值向量變數 fa 為三個指標變數的因素負荷量（修改第一列語法指令數值向量內容，其餘語法指令均相同）：

```
fa = c(0.752,0.781,0.870)
```

R 主控台執行結果為：

```
> cat(" 潛在變數的指標變數有 ",length(fa)," 個 ","\n")
潛在變數的指標變數有 3 個
> cat(" 構念信度（組合信度） = ",round(cr,3),"\n")
```

構念信度（組合信度）= 0.844
> cat(" 平均變異數抽取量 = ",round(ave,3),"\n")
平均變異數抽取量 = 0.644

利用數值向量元素 fa[i] 計算潛在變數（因素構念）的構念信度與平均變異數抽取量較有彈性，應用性較廣，如表 4-3。

🍎 表 4-3　「家庭氣氛量表」CFA 之聚斂效度摘要表

| 測量指標 | 因素負荷量 | 信度係數 | 測量誤差 | 組合信度 | 平均變異抽取量 |
|---|---|---|---|---|---|
| VA1 | 0.813 | 0.661 | 0.339 | | |
| VA2 | 0.840 | 0.706 | 0.294 | | |
| VA3 | 0.817 | 0.667 | 0.333 | | |
| VA4 | 0.690# | 0.476# | 0.524 | | |
| | | | | 0.870 | 0.628 |
| VB1 | 0.712 | 0.507 | 0.493 | | |
| VB2 | 0.716 | 0.513 | 0.487 | | |
| VB3 | 0.751 | 0.564 | 0.436 | | |
| VB4 | 0.780 | 0.608 | 0.392 | | |
| | | | | 0.829 | 0.548 |
| VC1 | 0.752 | 0.566 | 0.434 | | |
| VC2 | 0.781 | 0.610 | 0.390 | | |
| VC3 | 0.870 | 0.757 | 0.243 | | |
| VC4 | 0.827 | 0.684 | 0.316 | | |
| | | | | 0.883 | 0.654 |

註：# 表示未達最低標準值，因素負荷量 <.70　信度係數 <.50

## 肆　界定潛在變數的變異數為 1

函數 cfa( ) 中的引數 reference.indicators（參照指標）界定為假（＝FALSE），表示各潛在構念變數的變異數設定為固定參數（變數異的數值＝1），潛在變數（因子）的觀察變數均為自由參數，R 編輯器語法指令為：

```
mod2.cfa<- cfa(reference.indicators = FALSE,text = "
```

```
FA: VA1, VA2, VA3, VA4
FB: VB1, VB2 ,VB3, VB4
FC: VC1, VC2, VC3, VC4
")
cfa2.model <- sem(mod2.cfa, covdata, 200)
summary(cfa2.model)
```

　　R 主控台執行結果如下：

```
2.cfa<- cfa(reference.indicators = FALSE,text = "
+  FA: VA1, VA2, VA3, VA4
+  FB: VB1, VB2 ,VB3, VB4
+  FC: VC1, VC2, VC3, VC4
+  ")
Read 3 items
NOTE: adding 12 variances to the model
```

**[說明]**：三個測量模式共增列 12 個指標變數之「測量誤差項」的變異數。
------------------------------------------------------------------------
```
> cfa2.model <- sem(mod2.cfa, covdata, 200)
> summary(cfa2.model)
 Model Chisquare = 51.01967   Df = 51 Pr(>Chisq)  = 0.4728865
 AIC = 105.0197
 BIC = -219.1945
```

**[說明]**：模式適配度的卡方值統計量 = 51.020、自由度 = 51，顯著性機率值 $p = 0.473 > 0.05$，接受虛無假設：假設模型導出的共變異數矩陣 = 樣本資料估算的共變異數矩陣，三因素斜交模式之假設模型與樣本資料可以適配。模式的 AIC 值 = 105.02、BIC 值 = −219.19。
------------------------------------------------------------------------
```
Parameter Estimates
            Estimate  Std Error  z value      Pr(>|z|)
lam[VA1:FA] 0.7841823  0.05844431  13.417600  4.769121e-41 VA1 <--- FA
```

```
lam[VA2:FA] 0.7227603   0.05128700   14.092465   4.225532e-45 VA2 <--- FA
```

〈略〉

使用 summary( ) 函數物件「$coeff」，配合 round( ) 函數簡化參數估計值（非標準化估計值）的輸出結果：

```
> par.ust = summary(cfa2.model)
> par.all = round(par.ust$coeff[1:4],2)
> par.all$lab = par.ust$coeff[5]
> print.data.frame(par.all)
            Estimate   Std Error  z value     Pr(>|z|)
lam[VA1:FA]    0.78        0.06     13.42        0     VA1 <--- FA
lam[VA2:FA]    0.72        0.05     14.09        0     VA2 <--- FA
lam[VA3:FA]    0.67        0.05     13.52        0     VA3 <--- FA
lam[VA4:FA]    0.60        0.06     10.66        0     VA4 <--- FA
lam[VB1:FB]    0.54        0.05     10.95        0     VB1 <--- FB
lam[VB2:FB]    0.54        0.05     11.03        0     VB2 <--- FB
lam[VB3:FB]    0.57        0.05     11.78        0     VB3 <--- FB
lam[VB4:FB]    0.58        0.05     12.41        0     VB4 <--- FB
lam[VC1:FC]    0.69        0.06     12.06        0     VC1 <--- FC
lam[VC2:FC]    0.71        0.06     12.74        0     VC2 <--- FC
lam[VC3:FC]    0.77        0.05     15.01        0     VC3 <--- FC
lam[VC4:FC]    0.68        0.05     13.88        0     VC4 <--- FC
```

[說明]：十二個觀察變數的未標準化估計值（徑路係數）、顯著性統計量均呈現，表示十二個觀察變數的徑路係數均為自由參數。參數符號「lam[VA1:FA]」表示潛在變數 FA 指標變數 VA1 的徑路係數（lambda 值，R 軟體自動以簡寫表示）。

```
------------------------------------------------------------------------
C[FA,FB]       0.77        0.04     18.19        0      FB <--> FA
C[FA,FC]       0.76        0.04     18.71        0      FC <--> FA
C[FB,FC]       0.80        0.04     20.82        0      FC <--> FB
```

**[ 說明 ]**：當潛在構念變數的變異數均設定為 1 時，共變數的估計值即為相關
係數，三個配對潛在變數（因子）間的相關分別為 0.77、0.76、0.80。

---

| V[VA1] | 0.32 | 0.04 | 7.67 | 0 VA1 <--> VA1 |
| V[VA2] | 0.22 | 0.03 | 7.14 | 0 VA2 <--> VA2 |
| V[VA3] | 0.22 | 0.03 | 7.60 | 0 VA3 <--> VA3 |
| V[VA4] | 0.39 | 0.04 | 8.92 | 0 VA4 <--> VA4 |
| V[VB1] | 0.28 | 0.03 | 8.44 | 0 VB1 <--> VB1 |
| V[VB2] | 0.28 | 0.03 | 8.40 | 0 VB2 <--> VB2 |
| V[VB3] | 0.25 | 0.03 | 8.03 | 0 VB3 <--> VB3 |
| V[VB4] | 0.22 | 0.03 | 7.63 | 0 VB4 <--> VB4 |
| V[VC1] | 0.37 | 0.04 | 8.62 | 0 VC1 <--> VC1 |
| V[VC2] | 0.33 | 0.04 | 8.34 | 0 VC2 <--> VC2 |
| V[VC3] | 0.19 | 0.03 | 6.69 | 0 VC3 <--> VC3 |
| V[VC4] | 0.22 | 0.03 | 7.69 | 0 VC4 <--> VC4 |

**[ 說明 ]**：量數為十二個觀察變數之測量殘差項的變異數估計值，三個潛在構
念變數的變異數參數沒有出現小於 0 的參數，模式估計結果沒有出現不合理的
解值。

---

　　使用 coef( ) 函數輸出標準化估計值（包括觀察變數的因素負荷量、構念因
素間的相關係數、觀察變數之變異數），引數 standardized 選項「= TRUE」：

```
> round(coef(cfa2.model, standardized = TRUE),3)
 lam[VA1:FA]  lam[VA2:FA]  lam[VA3:FA]  lam[VA4:FA]  lam[VB1:FB]  lam[VB2:FB]
    0.813        0.840        0.817        0.690        0.712        0.716
 lam[VB3:FB]  lam[VB4:FB]  lam[VC1:FC]  lam[VC2:FC]  lam[VC3:FC]  lam[VC4:FC]
    0.751        0.780        0.752        0.781        0.870        0.827
   C[FA,FB]     C[FA,FC]     C[FB,FC]      V[VA1]       V[VA2]       V[VA3]
    0.770        0.756        0.801        0.339        0.295        0.333
    V[VA4]       V[VB1]       V[VB2]       V[VB3]       V[VB4]       V[VC1]
    0.524        0.493        0.487        0.436        0.392        0.434
```

| V[VC2] | V[VC3] | V[VC4] |
|--------|--------|--------|
| 0.389  | 0.243  | 0.315  |

　　「家庭情感」潛在變數（FA 因子）四個指標變數的因素負荷量分別為 0.813、0.840、0.817、0.690；「家庭溝通」潛在變數（FB 因子）四個指標變數的因素負荷量分別為 0.712、0.716、0.751、0.780；「家庭期望」潛在變數（FC 因子）四個指標變數的因素負荷量分別為 0.752、0.781、0.870、0.827。「家庭情感」潛在變數（FA 因子）與「家庭溝通」潛在變數（FB 因子）間的相關為 0.770、「家庭情感」潛在變數（FA 因子）與「家庭期望」潛在變數（FC 因子）間的相關為 0.756、「家庭溝通」潛在變數（FB 因子）與「家庭期望」潛在變數（FC 因子）間的相關為 0.801。標準化估計值的參數標記符號 V[VA1]、V[VA2]、……V[VC3]、V[VC4] 為觀察變數無法反映潛在變數的誤差變異量，參數值 = 1 −（因素負荷量平方），以指標變數 VA1 為例，無法反映潛在變數 FA 的誤差變異為 .339（潛在變數 FA 對指標變數 VA1 的預測殘差值）。

## 伍　CFA 方程式的界定

　　CFA 模型中指標變數與潛在變數間的關係為「觀察變數 = 徑路係數估計值 × 潛在變數 + 誤差」，以 LISREL 符號表示為「X=λ×ξ+δ」，徑路係數估計值為 lambda 值，觀察變數如為參照指標，徑路係數估計值為固定參數，參數值為 1，指標變數與潛在變數間的關係為「觀察變數 = 1 × 潛在變數」，徑路係數估計值如為參數標記，表示為待估計的自由參數，範例如「A1=lambda11 × F1」。方程式界定中的「covs=c("FA" , "FB")」與「covs="FA , FB"」表示的意涵是不同的，前者界定 FA 的變異數、FB 的變異數，但沒有界定二者的共變數；後者界定 FA 的變異數、FB 的變異數、FA 與 FB 的共變數。

　　模式方程式界定的函數為 specifyEquations( )，範例中以引數 covs 界定三個潛在變數（因素構念）FA、FB、FC，潛在變數名稱界定語法為「covs = paste(factors,collapse = ",")」，也可直接使用「covs = "FA,FB,FC"」語法。三個潛在構念變數的變異數設定為 1，觀察變數的徑路係數均為待估計的自由參數，R 編輯器的語法指令如下：

```
equ1.cfa = specifyEquations(covs = "FA,FB,FC")
VA1 = lam11*FA   ## 潛在變數 FA 之觀察變數 VA1 為自由參數
VA2 = lam21*FA   ## 潛在變數 FA 之觀察變數 VA2 為自由參數
VA3 = lam31*FA   ## 潛在變數 FA 之觀察變數 VA3 為自由參數
VA4 = lam41*FA   ## 潛在變數 FA 之觀察變數 VA4 為自由參數
VB1 = lam12*FB   ## 潛在變數 FB 之觀察變數 VB1 為自由參數
VB2 = lam22*FB   ## 潛在變數 FB 之觀察變數 VB2 為自由參數
VB3 = lam32*FB   ## 潛在變數 FB 之觀察變數 VB3 為自由參數
VB4 = lam42*FB   ## 潛在變數 FB 之觀察變數 VB4 為自由參數
VC1 = lam13*FC   ## 潛在變數 FC 之觀察變數 VC1 為自由參數
VC2 = lam23*FC   ## 潛在變數 FC 之觀察變數 VC2 為自由參數
VC3 = lam33*FC   ## 潛在變數 FC 之觀察變數 VC3 為自由參數
VC4 = lam43*FC   ## 潛在變數 FC 之觀察變數 VC4 為自由參數
V(FA) = 1      ## 潛在變數 FA 的變異數設為 1
V(FB) = 1      ## 潛在變數 FB 的變異數設為 1
V(FC) = 1      ## 潛在變數 FC 的變異數設為 1


cfa1.model <- sem(equ1.cfa, covdata, 200)   ## 界定 CFA 物件
f_s = c("GFI","AGFI","RMSEA","NFI","NNFI","CFI","RNI","IFI","SRMR","AIC","AICc","B
IC")
summary(cfa1.model,fit.indices = f_s)   ## 輸出 CFA 估計結果
```

　　語法函數中 specifyEquations(　) 函數界定的方程與 sem(　) 函數物件間要空一列，若是 specifyEquations(　) 函數中使用引數 text = "　"，則空白列可以刪除，上述語法增列引數 text，R 編輯器視窗語法指令為：

```
Equ1.cfa = specifyEquations(covs = "FA,FB,FC",text = "
VA1 = lam11*FA
VA2 = lam21*FA
VA3 = lam31*FA
```

```
VA4 = lam41*FA
VB1 = lam12*FB
VB2 = lam22*FB
VB3 = lam32*FB
VB4 = lam42*FB
VC1 = lam13*FC
VC2 = lam23*FC
VC3 = lam33*FC
VC4 = lam43*FC
V(FA) = 1      ## 潛在變數 FA 的變異數設為 1
V(FB) = 1      ## 潛在變數 FB 的變異數設為 1
V(FC) = 1      ## 潛在變數 FC 的變異數設為 1
")
cfa1.model <- sem(equ1.cfa, covdata, 200)
```

R 主控台執行結果如下：

```
>cfa1.model <- sem(equ1.cfa, covdata, 200)
> f_s = c("GFI","AGFI","RMSEA","NFI","NNFI","CFI","RNI","IFI",
"SRMR","AIC","AICc","BIC")
> summary(cfa1.model,fit.indices = f_s)
 Model Chisquare = 51.01967   Df = 51 Pr(>Chisq)  = 0.4728865
 Goodness-of-fit index = 0.9575263
 Adjusted goodness-of-fit index = 0.9350402
 RMSEA index = 0.001391994    90% CI: (NA, 0.04545081)
<略>
```

**[說明]**：模式適配度的卡方值統計量 = 51.020、自由度 = 51，顯著性機率值 $p$ = 0.473 > 0.05，接受虛無假設：假設模型導出的共變異數矩陣 = 樣本資料（觀察資料）估算的共變異數矩陣，三因素斜交模式之假設模型與樣本資料可以適配。

　　範例方程式的界定中各因素構念變數的第一個觀察變數（指標變數）設定為參照指標，參照指標變數的徑路係數值為固定參數（參數值設為 1），三個潛在構念變數的變異數為待估計的自由參數，R 編輯器的語法指令如下：

```
equ2.cfa = specifyEquations(covs = "FA,FB,FC")
VA1 = 1*FA      ## 指標變數 VA1 為參照指標，徑路係數為固定參數 ( = 1)
VA2 = lam21*FA
VA3 = lam31*FA
VA4 = lam41*FA
VB1 = 1*FB        ## 指標變數 VB1 為參照指標，徑路係數為固定參數 ( = 1)
VB2 = lam22*FB
VB3 = lam32*FB
VB4 = lam42*FB
VC1 = 1*FC      ## 指標變數 VC1 為參照指標，徑路係數為固定參數 ( = 1)
VC2 = lam23*FC
VC3 = lam33*FC
VC4 = lam43*FC


cfa2.model <- sem(equ2.cfa, covdata, 200)
f_s = c("GFI","AGFI","RMSEA","NFI","NNFI","CFI","RNI","IFI","SRMR","AIC","AICc","BIC")
summary(cfa2.model,fit.indices = f_s)
```

## 陸　使用界定模型

　　界定模型的函數為 specifyModel( )，模型界定的三種要素如下：

1. 箭號界定：單一方向符號表示外因變數（自變數）指向內因變數（依變數），如「**潛在變數　-> 觀察變數**」，單一方向符號的參數為徑路係數；雙方向的符號表示變異數或共變數，符號「A <-> A」表示的變數的變異數、符號「A <-> B」表示的變數間的共變數（A、B 是模型中的變數名稱，變數名稱可以為觀察變數或潛在變數）。

2.  參數名稱：參數名稱包括箭號界定的徑路係數、變異數或共變數，若是參數標記名稱界定為「NA」，表示此參數為固定參數，必須增列固定參數值。R 軟體套件 sem 中常用的參數標記符號範例如 gam11（$\gamma$-gamma）、gam12（$\gamma$）、beta12（$\beta$-beta）、beta21（$\beta$）、ph11（$\Phi$-phi）、ph12（$\Phi$）、ps11（$\Psi$-psi）、ps12（$\Psi$）、theta1（$\Theta$）、lam11（$\lambda$-lambda）、lam12（$\lambda$）、eps1（$\varepsilon$-epsilon）、del1（$\delta$-delta），參數標記符號研究者可以自行界定，不同參數標記估計所得的量數均相同等。

3.  數值：自由參數的起始估計值或固定參數的數值。

 一、多因素斜交模型

範例模型界定中三個潛在變數（因素構念）的變異數設定為固定參數，參數值設定為 1，十二個觀察變數之徑路係數均為待估計的自由參數，R 編輯器的語法指令如下：

```
equ3.cfa = specifyModel(covs = "FA,FB,FC")
FA -> VA1, lam11   ## 自由參數也可設為「FA -> VA1, lam11, NA」
FA -> VA2, lam21
FA -> VA3, lam31
FA -> VA4, lam41
FB -> VB1, lam12
FB -> VB2, lam22
FB -> VB3, lam32
FB -> VB4, lam42
FC -> VC1, lam13
FC -> VC2, lam23
FC -> VC3, lam33
FC -> VC4, lam43
FA <-> FA, NA    ,1   ## 潛在變數 FA 的變異數設為固定參數（ = 1）
FB <-> FB, NA    ,1   ## 潛在變數 FB 的變異數設為固定參數（ = 1）
FC <-> FC, NA    ,1   ## 潛在變數 FC 的變異數設為固定參數（ = 1）
```

## 增列空白列，區隔 CFA 模型界定與 sem( ) 函數指令

```
cfa3.model <- sem(equ3.cfa, covdata, 200)
f_s = c("GFI","AGFI","RMSEA","NFI","NNFI","CFI","RNI","IFI","SRMR","AIC","AICc","BIC")
summary(cfa3.model,fit.indices = f_s)
```

R 主控台視窗執行 R 編輯器語法指令結果如下：

```
NOTE: it is generally simpler to use specifyEquations( ) or cfa( )
      see ?specifyEquations
```

**[說明]**：註解提示研究者使用 specifyEquations( ) 或 cfa( ) 函數可能較為簡便。其實 CFA 模型界定研究者可視自己的偏好，採取對應的函數應用，R 軟體中的 CFA 驗證或結構方程模式驗證，各測量模式界定中，將潛在變數（因子構念）之變異數設為固定參數（＝1）較為方便。

----------------------------------------------------------------

```
NOTE: adding 12 variances to the model
```

**[註解]**：模式中增列 12 個變異數（12 個測量誤差項的變異數）。

----------------------------------------------------------------

```
Model Chisquare = 51.01967   Df = 51 Pr(>Chisq)  = 0.4728865
 Goodness-of-fit index = 0.9575263
 Adjusted goodness-of-fit index = 0.9350402
 RMSEA index = 0.001391994   90% CI: (NA, 0.04545081)
```
〈略〉

**[說明]**：模式適配度的卡方值統計量 = 51.020、自由度 = 51，顯著性機率值 $p$ = 0.473 > 0.05，接受虛無假設：假設模型導出的共變異數矩陣 = 樣本資料（觀察資料）估算的共變異數矩陣，三因素斜交模式之假設模型與樣本資料可以適配。

## 二、多因素直交模型

多因素直交模型中，因素構念與因素構念間是一種正交或直交關係，探索性因

素分析程序之轉軸法中，採用直交轉軸法進行因素結構之簡單化，表示共同因素與共同因素間沒有相關，共同因素軸間呈九十度。驗證性因素分析之直交模式的假設模型，將三個潛在變數（因素或因子）間的共變數設為 0（固定參數值），潛在變數間之共變數等於 0，對應的相關係數值也等於 0（潛在變數間沒有相關），R 編輯器之語法指令為：

```
equ33.cfa = specifyModel(covs = "FA,FB,FC")
FA -> VA1, lam11
FA -> VA2, lam21
FA -> VA3, lam31
FA -> VA4, lam41
FB -> VB1, lam12
FB -> VB2, lam22
FB -> VB3, lam32
FB -> VB4, lam42
FC -> VC1, lam13
FC -> VC2, lam23
FC -> VC3, lam33
FC -> VC4, lam43
FA <-> FA, NA    ,1   ## 潛在變數 FA 的變異數設為固定參數（ = 1）
FB <-> FB, NA    ,1   ## 潛在變數 FB 的變異數設為固定參數（ = 1）
FC <-> FC, NA    ,1   ## 潛在變數 FC 的變異數設為固定參數（ = 1）
FA <-> FB, NA    ,0   ## 潛在變數 FA 與 FB 間的共變數界定為 0
FA <-> FC, NA    ,0   ## 潛在變數 FA 與 FC 間的共變數界定為 0
FB <-> FC, NA    ,0   ## 潛在變數 FB 與 FC 間的共變數界定為 0
                      ## 增列空白列
cfa33.model <- sem(equ33.cfa, covdata, 200)
f_s = c("GFI","AGFI","RMSEA","NFI","NNFI","CFI","RNI","IFI","SRMR","AIC","AICc","BIC")
summary(cfa33.model,fit.indices = f_s)
```

　　R 主控台輸出適配度統計如下：

```
Model Chisquare = 321.6696    Df = 54 Pr(>Chisq)  = 9.695311e-40
```

**[說明]**：模式適配度卡方值統計量 = 321.670、自由度 = 54（自由參數減少 3 個，與斜交模型相較之下，自由度多 3），顯著性 $p$ 值 = 0.000 < 0.05，達到統計顯著水準，拒絕虛無假設，表示假設模型隱含的共變數矩陣與樣本資料計算所得的共變數矩陣間無法契合，多因素直交模式之假設模型無法得到支持。

------------------------------------------------------------------------

```
Goodness-of-fit index = 0.7935054
Adjusted goodness-of-fit index = 0.70173
RMSEA index = 0.1578251    90% CI: (NA, NA)
Bentler-Bonett NFI = 0.7730663
Tucker-Lewis NNFI = 0.7579273
Bentler CFI = 0.8019405
Bentler RNI = 0.8019405
Bollen IFI = 0.8036837
SRMR = 0.374655
AIC = 369.6696
AICc = 328.5268
BIC = 35.56047
```

**[說明]**：整體模型適配度統計量中，GFI 值 = 0.794、AGFI 值 = 0.702、RMSEA 值 = 0.158（90% 信賴區間值 = [0.000, 0.045]）、NFI 值 = 0.773、NNFI 值 = 0.758、CFI 值 = 0.802、RNI 值 = 0.802、IFI 值 = 0.804、SRMR 值 = 0.375，九個適配度統計量均未模式適配標準，表示多因素直交模型與樣本資料無法適配。

範例 R 編輯器語法指令使用 specifyEquations( ) 函數界定三因素直交模型：

```
equ4.cfa = specifyEquations(covs = "FA,FB,FC")
VA1 = 1*FA      ## 觀察變數 VA1 為潛在變數 FA 的參照指標
VA2 = lam21*FA
VA3 = lam31*FA
```

```
VA4 = lam41*FA

VB1 = 1*FB    ## 觀察變數 VB1 為潛在變數 FB 的參照指標

VB2 = lam22*FB

VB3 = lam32*FB

VB4 = lam42*FB

VC1 = 1*FC    ## 觀察變數 VC1 為潛在變數 FC 的參照指標

VC2 = lam23*FC

VC3 = lam33*FC

VC4 = lam43*FC

c(FA,FB) = 0    ## 潛在變數 FA 與 FB 間的共變數界定為 0

c(FA,FC) = 0    ## 潛在變數 FA 與 FC 間的共變數界定為 0

c(FB,FC) = 0    ## 潛在變數 FB 與 FC 間的共變數界定為 0

              ## 增列空白列

cfa4.model <- sem(equ4.cfa, covdata, 200)

f_s = c("GFI","AGFI","RMSEA","NFI","NNFI","CFI","RNI","IFI","SRMR","AIC","AICc","BIC")

summary(cfa4.model,fit.indices = f_s)
```

R 主控台執行 R 編輯器語法指令之結果如下：

```
> summary(cfa4.model,fit.indices = f_s)
 Model Chisquare = 321.6696    Df = 54 Pr(>Chisq)  = 9.695311e-40
```

**[說明]**：模式適配度卡方值統計量 = 321.670、自由度 = 54，顯著性 $p$ 值 = 0.000 < 0.05，達到統計顯著水準，拒絕虛無假設，表示假設模型隱含的共變數矩陣與樣本資料計算所得的共變數矩陣間無法契合，多因素直交模式之假設模型無法得到支持。

------------------------------------------------------------------------

```
 Goodness-of-fit index = 0.7935054

 Adjusted goodness-of-fit index = 0.70173

 RMSEA index = 0.1578251    90% CI: (NA, NA)

 Bentler-Bonett NFI = 0.7730663

 Tucker-Lewis NNFI = 0.7579273
```

```
Bentler CFI = 0.8019405
Bentler RNI = 0.8019405
Bollen IFI = 0.8036837
SRMR = 0.374655
AIC = 369.6696
AICc = 328.5268
BIC = 35.56047
```

[ 說明 ]：整體模型適配度統計量中，GFI 值 = 0.794、AGFI 值 = 0.702、RMSEA 值 = 0.158（90% 信賴區間值 = [.000, 0.045]）、NFI 值 = 0.773、NNFI 值 = 0.758、CFI 值 = 0.802、RNI 值 = 0.802、IFI 值 = 0.804、SRMR 值 = 0.375，九個適配度統計量均未模式適配標準，表示多因素直交模型與樣本資料無法契合。三個競爭模型的統計量指標值，AIC 值 = 369.670、AICc 值 = 328.527、BIC 值 = 35.560。

--------------------------------------------------------------------------

```
 Normalized Residuals
   Min.   1st Qu.  Median    Mean    3rd Qu.   Max.
-0.4756   0.1001   6.2470   4.4730   6.9040   7.9360
```

[ 說明 ]：常態化殘差值的平均值為 4.473、最大值為 7.936，常態化殘差值的絕對值大於 1.96，表示假設模型的內在品質不佳。

## 柒　CFA 競爭模型

### 一、求出共變數矩陣

以 read.csv( ) 函數讀入試算表資料檔「cfa_2.csv」，使用 names( ) 函數查看資料框架物件的變數名稱：

```
temp<-read.csv("cfa_2.csv",header = T)
> names(temp)
```

```
[1]  "num"  "sex"  "A1"   "A2"   "A3"   "A4"   "B1"   "B2"   "B3"   "B4"   "C1"   "C2"
[13] "C3"   "C4"   "A01"  "A02"  "A03"  "A04"  "B05"  "B06"  "B07"  "B08"  "C09"  "C10"
[25] "C11"  "C12"  "D13"  "D14"  "D15"  "D16"
```

變數 num 為觀察值編號、sex 為性別變數、A1 至 C4 為「家庭氣氛」量表的十二題題項變數、A01 至 D16 為「學生正向心理資本」量表的十六題題項變數。

以變數索引讀取「家庭氣氛」量表十二題題項變數，資料框架物件界定為 cfadata：

```
>cfadata<-temp[3:14]
```

使用 tail( ) 函數輸出後六筆資料（有效樣本觀察值個數為 575）：

```
> tail(cfadata)
     A1  A2  A3  A4  B1  B2  B3  B4  C1  C2  C3  C4
570  3   3   3   3   3   3   3   3   3   3   3   3
571  4   4   4   4   4   4   4   4   4   4   4   4
572  4   4   4   4   4   5   5   4   5   4   5   5
573  3   3   3   3   3   4   4   3   4   3   3   3
574  4   4   3   3   3   4   3   3   4   4   3   4
575  3   3   3   3   3   3   3   3   3   3   3   4
```

使用 cov( ) 函數求出觀察變數（測量指標變數）間的共變異數矩陣，矩陣對角線數值為變數之變異數，共變異數矩陣數值四捨五入至小數第四位：

```
> cov.obs = round(cov(cfadata),4)
> cov.obs
      A1      A2      A3      A4      B1      B2      B3      B4      C1      C2
A1  0.5643  0.4930  0.4139  0.3850  0.3082  0.2979  0.3392  0.3175  0.3222  0.3318
```

```
A2 0.4930 0.6167 0.4460 0.4077 0.3188 0.3223 0.3415 0.3380 0.3467 0.3624
A3 0.4139 0.4460 0.5811 0.3954 0.2928 0.3328 0.3310 0.3385 0.3190 0.3424
A4 0.3850 0.4077 0.3954 0.5662 0.2872 0.3101 0.3153 0.2995 0.3053 0.3346
B1 0.3082 0.3188 0.2928 0.2872 0.6540 0.3589 0.3733 0.3723 0.2807 0.3209
B2 0.2979 0.3223 0.3328 0.3101 0.3589 0.5819 0.4251 0.3676 0.2979 0.3275
B3 0.3392 0.3415 0.3310 0.3153 0.3733 0.4251 0.5702 0.3852 0.2995 0.3364
B4 0.3175 0.3380 0.3385 0.2995 0.3723 0.3676 0.3852 0.5487 0.2966 0.3413
C1 0.3222 0.3467 0.3190 0.3053 0.2807 0.2979 0.2995 0.2966 0.5060 0.3474
C2 0.3318 0.3624 0.3424 0.3346 0.3209 0.3275 0.3364 0.3413 0.3474 0.5563
C3 0.4180 0.4268 0.4228 0.4251 0.3261 0.3519 0.3498 0.3579 0.3632 0.4152
C4 0.3700 0.3902 0.3754 0.3485 0.3117 0.3310 0.3380 0.3323 0.3326 0.3753
     C3     C4
A1 0.4180 0.3700
A2 0.4268 0.3902
A3 0.4228 0.3754
A4 0.4251 0.3485
B1 0.3261 0.3117
B2 0.3519 0.3310
B3 0.3498 0.3380
B4 0.3579 0.3323
C1 0.3632 0.3326
C2 0.4152 0.3753
C3 0.6968 0.4796
C4 0.4796 0.5671
```

使用套件 psych 中的函數 lowerCor( ) 求出 12 個指標變數的相關矩陣：

```
> library(psych)
> cor.all = lowerCor(temp[3:14])
     A1   A2   A3   A4   B1   B2   B3   B4   C1   C2   C3
A1 1.00
```

```
A2 0.84 1.00
A3 0.72 0.75 1.00
A4 0.68 0.69 0.69 1.00
B1 0.51 0.50 0.47 0.47 1.00
B2 0.52 0.54 0.57 0.54 0.58 1.00
B3 0.60 0.58 0.58 0.55 0.61 0.74 1.00
B4 0.57 0.58 0.60 0.54 0.62 0.65 0.69 1.00
C1 0.60 0.62 0.59 0.57 0.49 0.55 0.56 0.56 1.00
C2 0.59 0.62 0.60 0.60 0.53 0.58 0.60 0.62 0.65 1.00
C3 0.67 0.65 0.66 0.68 0.48 0.55 0.55 0.58 0.61 0.67 1.00
C4 0.65 0.66 0.65 0.62 0.51 0.58 0.59 0.60 0.62 0.67 0.76
[1] 1.00
```

使用套件 psych 中的函數 describe( ) 求出 12 個指標變數的描述性統計量：

```
> des.all = describe(temp[3:14])
> print(des.all)
```

| | vars | n | mean | sd | median | trimmed | mad | min | max | range | skew | kurtosis | se |
|---|---|---|---|---|---|---|---|---|---|---|---|---|---|
| A1 | 1 | 575 | 3.99 | 0.75 | 4 | 4.03 | 0.00 | 1 | 5 | 4 | -0.62 | 0.82 | 0.03 |
| A2 | 2 | 575 | 4.00 | 0.79 | 4 | 4.05 | 0.00 | 1 | 5 | 4 | -0.73 | 1.14 | 0.03 |
| A3 | 3 | 575 | 3.95 | 0.76 | 4 | 3.98 | 0.00 | 1 | 5 | 4 | -0.55 | 0.59 | 0.03 |
| A4 | 4 | 575 | 4.00 | 0.75 | 4 | 4.03 | 0.00 | 2 | 5 | 3 | -0.36 | -0.26 | 0.03 |
| B1 | 5 | 575 | 3.86 | 0.81 | 4 | 3.90 | 0.00 | 1 | 5 | 4 | -0.52 | 0.34 | 0.03 |
| B2 | 6 | 575 | 4.00 | 0.76 | 4 | 4.03 | 1.48 | 2 | 5 | 3 | -0.33 | -0.42 | 0.03 |
| B3 | 7 | 575 | 3.97 | 0.76 | 4 | 3.99 | 0.00 | 1 | 5 | 4 | -0.38 | -0.04 | 0.03 |
| B4 | 8 | 575 | 3.91 | 0.74 | 4 | 3.92 | 0.00 | 1 | 5 | 4 | -0.34 | 0.04 | 0.03 |
| C1 | 9 | 575 | 4.25 | 0.71 | 4 | 4.33 | 0.00 | 1 | 5 | 4 | -0.86 | 1.29 | 0.03 |
| C2 | 10 | 575 | 4.05 | 0.75 | 4 | 4.10 | 0.00 | 1 | 5 | 4 | -0.46 | 0.05 | 0.03 |
| C3 | 11 | 575 | 3.99 | 0.83 | 4 | 4.04 | 1.48 | 1 | 5 | 4 | -0.59 | 0.29 | 0.03 |
| C4 | 12 | 575 | 4.05 | 0.75 | 4 | 4.09 | 0.00 | 1 | 5 | 4 | -0.57 | 0.58 | 0.03 |

在結構方程模式或驗證性因素分析程序中，研究者應將指標變數的相關矩陣呈現，並將指標變數的平均數（mean 直欄數值）、標準差（sd 直欄數值）置放於相關矩陣下方，以便讀者能根據數據估算共變異數矩陣。

使用函數物件 \$skew、\$kurtosis 輸出指標變數的偏態與峰度的上下限：

```
> range(round(des.all$skew,2))
[1] -0.86 -0.33
> range(round(des.all$kurtosis,2))
[1] -0.42  1.29
```

12 個指標變數的偏態係數介於 −0.86 至 −0.33 之間，偏態係數絕對值沒有大於 3.00，表示沒有極端偏態情況；峰度係數介於 −0.42 至 1.29 之間，峰度係數絕對值沒有大於 7.00，表示沒有極端峰度分布情況，從指標變數的偏態係數與峰度係數檢核，均未違反常態分配的基本假定，表示「家庭氣氛量表」之因素結構模型可以採用最大概似估計法進行參數估算。

CFA 模型中常見的幾種競爭模型如下：1. 一階單因素模式：所有測量變數均反映同一個潛在變數，模型中只有一個共同因素，量表變數中只有測量題項變數加總的總分，沒有因素（或向度）變數的分數，量表的總分表示的是單一因素模式（one-factor model）。2. 多因素直交模式（uncorrected factors model）：多因素直交模型表示量表中有數個共同因素（潛在變數），每個共同因素間分屬彼此獨立，各因素構念間有其對應的測量指標變數，多因素直交模式之共同因素彼此間的相關為 0（因素軸間呈直角關係）。3. 多因素斜交模式（corrected factors model）：多因素斜交模型表示量表中有數個共同因素（潛在變數），每個共同因素間彼此並非獨立，潛在變數有某種程度的相關，各因素構念有其對應的測量指標變數，此種假設模型若是獲得支持，假設模型也可能隱含存在另一高階（二階）的因素構念。4. 二階單因素模型：二階單因素模型（高階因素模型）即是一種「階層模式」（hierarchical model），表示多因素斜交模式的初階（一階）共同因素（潛在變數）的後面，初階因素變數反映一個高階（二階）的潛在變數（吳明隆，2009）。

CFA 競爭模型範例以「家庭氣氛量表」為例，三個共同因素（潛在變數），每個共同因素有四個測量指標變數，相關圖示如下：

1. 一階單因素模型圖（指標變數只繪製八個），如圖 4-13。
2. 一階多因素直交模型，如圖 4-14。

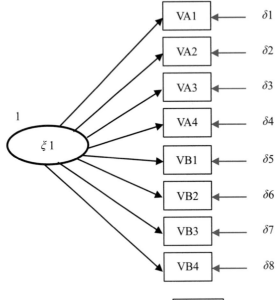

 圖 **4-13** 　一階單因素模型圖

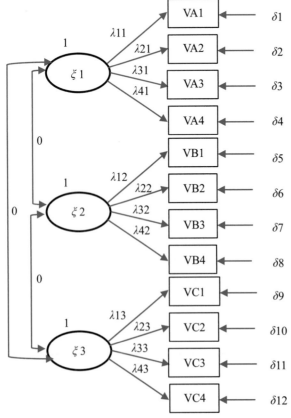

 圖 **4-14** 　一階多因素直交模型

3. 一階多因素斜交模型：
   一階多因素斜交模型與一階多因素直交模型的差異在於潛在變數（因素構念）間的共變數的界定，一階多因素直交模型中潛在變數間的共變數參數界定為固定參數，參數值為 0，一階多因素斜交模型中潛在變數間的共變數參數為自由參數。
4. 二階單因素模型，如圖 4-15。

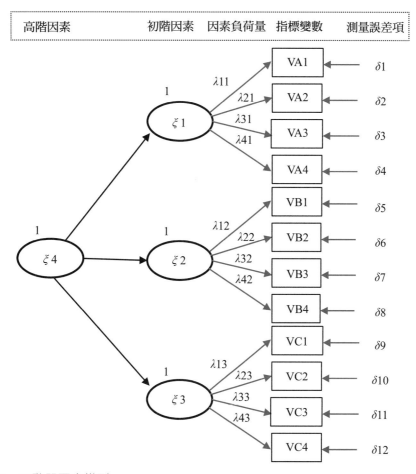

◉圖 **4-15**　二階單因素模型

二、多因素斜交模型

(一) 標的資料為共變異數矩陣

以 `library( )` 函數載入套件 sem，使用 `readMoments( )` 函數界定共變異數矩陣，範例中的對角線為觀察變數的變異數，引數 diag 選項設為真（＝TRUE），共變異數物件與觀察變數名稱物件界定為 covdata，R 編輯器視窗語法指令為：

```
library(sem)
covdata<-readMoments(diag = TRUE,names = c("VA1","VA2","VA3",
"VA4","VB1","VB2","VB3","VB4","VC1","VC2","VC3","VC4"),
text = "
0.5643
0.4930 0.6167
0.4139 0.4460 0.5811
0.3850 0.4077 0.3954 0.5662
0.3082 0.3188 0.2928 0.2872 0.6540
0.2979 0.3223 0.3328 0.3101 0.3589 0.5819
0.3392 0.3415 0.3310 0.3153 0.3733 0.4251 0.5702
0.3175 0.3380 0.3385 0.2995 0.3723 0.3676 0.3852 0.5487
0.3222 0.3467 0.3190 0.3053 0.2807 0.2979 0.2995 0.2966 0.5060
0.3318 0.3624 0.3424 0.3346 0.3209 0.3275 0.3364 0.3413 0.3474 0.5563
0.4180 0.4268 0.4228 0.4251 0.3261 0.3519 0.3498 0.3579 0.3632 0.4152 0.6968
0.3700 0.3902 0.3754 0.3485 0.3117 0.3310 0.3380 0.3323 0.3326 0.3753 0.4796 0.5671
")
```

以 `specifyEquations( )` 函數界定 CFA 模型，三個潛在變數（因素）第一個觀察變數設為參照指標，參數值為固定常數（數值＝1），使用 `sem( )` 函數界定 `specifyEquations( )` 函數物件，有效樣本數 N＝575：

```
## 三因子斜交模式
equ1.cfa = specifyEquations(covs = "FA,FB,FC")
VA1 = 1*FA
VA2 = lam21*FA
VA3 = lam31*FA
VA4 = lam41*FA
VB1 = 1*FB
VB2 = lam22*FB
VB3 = lam32*FB
VB4 = lam42*FB
VC1 = 1*FC
VC2 = lam23*FC
VC3 = lam33*FC
VC4 = lam43*FC        ## 測量模式結束的後面要有一列為空白列
                ## 增列空白列
cfa1.model <- sem(equ1.cfa, covdata, 575)
f_s = c("GFI","AGFI","RMSEA","NFI","NNFI","CFI","RNI","IFI","SRMR","AIC","AICc","BIC")
summary(cfa1.model,fit.indices = f_s)
```

　　界定方程函數 specifyEquations( ) 之方程式的結尾要有一列為空白列，否則會與之後的函數物件混淆，為避免方程結束列讀取錯誤，specifyEquations( ) 函數可以增列引數 text = " "，將界定測量模式方程式置放於 text = " " 之內，上述 R 編輯器語法指令修改如下：

```
equ1.cfa = specifyEquations(covs = "FA,FB,FC",text = "
VA1 = 1*FA      ## 潛在變數 FA 的參照指標變數為 VA1
VA2 = lam21*FA
VA3 = lam31*FA
VA4 = lam41*FA
VB1 = 1*FB      ## 潛在變數 FB 的參照指標變數為 VB1
```

```
VB2 = lam22*FB
VB3 = lam32*FB
VB4 = lam42*FB
VC1 = 1*FC      ## 潛在變數 FC 的參照指標變數為 VC1
VC2 = lam23*FC
VC3 = lam33*FC
VC4 = lam43*FC
")     ## 方程式界定結束
cfa1.model <- sem(equ1.cfa, covdata, 575)
f_s = c("GFI","AGFI","RMSEA","NFI","NNFI","CFI","RNI","IFI","SRMR","AIC","AICc","BIC")
summary(cfa1.model,fit.indices = f_s)
```

　　第一列引數界定「covs = "FA,FB,FC"」，表示增列估計三個潛在變數的變異數與配對變數間的共變數，參數估計值結果出現的參數標記為 V[FA]（FA <-->FA）、C[FA,FB]（FB <--> FA）、C[FA,FC]（FC <--> FA）、V[FB]（FB <-->FB）、C[FB,FC]（FC <--> FB）、V[FC]（FC <--> FC），其 中 V[FA]、V[FB]、V[FC] 三個參數標記符號為潛在變數的變異數估計值、C[FA,FB]、C[FA,FC]、C[FB,FC] 為配對潛在變數的共變數，若沒有界定估計潛在變數的共變異數矩陣，則 CFA 模型參數值無法估算。

　　R 主控台執行 R 編輯器語法指令結果如下：

```
Model Chisquare = 172.4297    Df = 51 Pr(>Chisq) = 4.286986e-15
```

**[說明]**：獨特樣本動差元素的數目即樣本資料點數目，其數值 = $\frac{1}{2}k(k+1)=\frac{1}{2}(12)(12+1)=78$，其中 $k$ 為 CFA 模式觀察變項的個數；模式中待估計的自由參數共有 27 個（9 個徑路係數、3 個潛在變數的變異數、3 個共變數、12 個指標變數測量誤差項的變異數），模式的自由度等於 78 − 27 = 51，卡方值等於 172.430，顯著性機率值 $p < 0.001$，拒絕虛無假設，表示觀察資料所導出共變異數 S 矩陣與假設模式導出之共變異數矩陣 Σ 相等的假設無法獲得支持，即假設模式圖與觀察資料無法適配。由於卡方值易受樣本數大小的影響，當樣本數很大時，所有假設模型的卡方值之顯著性 $p$ 值幾乎都會達到 .05 顯著

水準，此時，若單以卡方檢定的估計值作為模型適配度的考驗指標，則研究者所提的假設模型可能都無法獲得支持，因而若是樣本數很大時，卡方檢定統計量只能作為假設模型的參考指標或適配度指標之一。

---

```
Goodness-of-fit index = 0.9504102

Adjusted goodness-of-fit index = 0.9241568

RMSEA index = 0.06440526    90% CI: (0.05397839, 0.07511443)

Bentler-Bonett NFI = 0.9681978

Tucker-Lewis NNFI = 0.9706598

Bentler CFI = 0.977328

Bentler RNI = 0.977328

Bollen IFI = 0.9773913

SRMR = 0.02670751

AIC = 226.4297

AICc = 175.1938

BIC = -151.6432
```

[說明]：量數為模式適配度統計量，GFI 指標值 = 0.950（大於 0.900 指標值）、AGFI 指標值 = 0.924（大於 0.900 臨界值）、RMSEA 指標值 = 0.064（小於 0.080 指標值），90% 信賴區間值 = [0.054, 0.075]，NFI 值 = 0.968（大於 0.900 指標值）、NNFI 值 = 0.971（大於 0.900 指標值）、CFI 值 = 0.977（大於 0.900 指標值）、RNI 值 = 0.977（大於 0.900 指標值）、IFI 值 = 0.977（大於 0.900 指標值）、SRMR 值 = 0.027（小於 0.050 指標值），九個適配度指標值均達到模型適配標準，表示假設模型與樣本資料可以適配。競爭模型的指標估計值中，AIC 值 = 226.430、AICc 值 = 175.194、BIC 值 = −151.643。

---

```
R-square for Endogenous Variables
  VA1     VA2     VA3     VA4     VB1     VB2     VB3     VB4
0.7902  0.8112  0.7027  0.6284  0.5264  0.6761  0.7355  0.6715
  VC1     VC2     VC3     VC4
0.5809  0.6477  0.7167  0.7251
```

[說明]：量數為外因變數（觀察變數）多元相關係數平方，測量變數因素負荷量（標準化徑路係數估計值）的平方為各測量變數（觀察變數）的信度係數，

信度係數值判別標準為 R 平方值大於 0.500 以上，12 個觀察變數的信度係數值均大於 0.500 以上，表示假設模型的內在品質佳，12 個指標變數均能有效反映對應潛在變數的變異三個測量模式的聚斂效度良好。

## （二）標的資料為原始資料檔

家庭氣氛（family climates）資料框架物件界定為 fcdata，R 編輯器的語法指令如下：

```
library(sem)        ## 載入 sem 套件
temp<-read.csv("cfa_2.csv",header = T)     ## 讀取外部資料檔 cfa_2.csv 檔案
names(temp)     ## 查看資料框架物件 temp 所有變數名稱
fcdata<-temp[3:14]    ## 擷取家庭氣氛量表 12 個題項變數
## 三因子斜交模式
m.cfa = cfa( )      ## 以 cfa( ) 函數界定 CFA 模型
FA:A1,A2,A3,A4    ## 界定潛在變數 FA 的四個觀察變數
FB:B1,B2,B3,B4   ## 界定潛在變數 FB 的四個觀察變數
FC:C1,C2,C3,C4    ## 界定潛在變數 FC 的四個觀察變數
                ## 測量模式的最後面要有一個空白列，以和 sem( ) 函數區隔
m.sem = sem(m.cfa, data = fcdata)    ## 以 sem( ) 函數界定 CFA() 函數物件
summary(m.sem,fit.indices = c("GFI","RMSEA","CFI"))   ## 輸出三個適配度統計量
```

R 主控台執行 R 編輯器語法指令結果如下：

```
> summary(m.sem,fit.indices = c("GFI","RMSEA","CFI"))
 Model Chisquare = 172.4315    Df = 51 Pr(>Chisq) = 4.28418e-15
 Goodness-of-fit index = 0.9504035
 RMSEA index = 0.06440575    90% CI: (0.05397888, 0.0751149)
 Bentler CFI = 0.9773284
```

[說明]：模式適配度卡方值等於 172.432，自由度 = 51、顯著性機率值 $p < 0.001$。
GFI 值 = 0.950（大於 0.900 適配標準）、RMSEA 值 = 0.064（小於 0.080 適配
標準）、CFA 值 = 0.977（大於 0.950 適配標準），觀察資料所導出共變異數 S
矩陣與假設模式導出之共變異數矩陣 Σ 相等的假設獲得支持。

----------------------------------------------------------------

```
R-square for Endogenous Variables
   A1     A2     A3     A4     B1     B2     B3     B4     C1     C2     C3
0.7903 0.8112 0.7027 0.6283 0.5264 0.6761 0.7355 0.6715 0.5809 0.6477 0.7168
      C4
0.7251
```

[說明]：量數為 12 個觀察變數因素負荷量的平方值，參數值為潛在變數對測
量指標變數的解釋變異量。

════════════════════════════════════════════════════════════════

　　採用觀察變數之共變數矩陣（共變異數矩陣）進行模型檢定與採用原始觀察變
數資料框架物件進行模型檢定，二種檢定結果的統計量數會有稍微差異，此差異值
乃是之前共變數矩陣量數四捨五入造成的，但二種估計結果之估計值差異不大，模
型整體適配度檢定結果會相同、估計值參數如四捨五入到小數第二位（或第三位）
數值多數也會一樣。

　　將 summary( ) 函數物件之係數估計值輸出到小數第三位，以元素「$coeff」
輸出參數估計值：

```
> par.all = summary(m.sem,fit.indices = c("AGFI","RMSEA","CFI"))
> round(par.all$coeff[1:4],3)
           Estimate   Std Error   z value   Pr(>|z|)
[ 參數標記    估計值    估計標準誤    z 值      顯著性 ]
lam[A2:FA]    1.059     0.033      31.692      0
lam[A3:FA]    0.957     0.035      27.372      0
lam[A4:FA]    0.893     0.036      24.658      0
lam[B2:FB]    1.069     0.056      19.084      0
lam[B3:FB]    1.104     0.056      19.878      0
lam[B4:FB]    1.035     0.054      19.020      0
```

| | | | |
|---|---|---|---|
| lam[C2:FC] | 1.107 | 0.055 | 20.224 | 0 |
| lam[C3:FC] | 1.304 | 0.061 | 21.466 | 0 |
| lam[C4:FC] | 1.183 | 0.055 | 21.611 | 0 |

**[說明]**：指標變數非標準化路徑係數，非標準化徑路係數估計值中未呈現 lam[A1:FA]、lam[B1:FB]、lam[C1:FC] 三個指標變數，表示三個指標變數為參照指標，徑路係數值等於 1。

-----------------------------------------------------------------------

| | | | |
|---|---|---|---|
| V[FA] | 0.446 | 0.033 | 13.434 | 0 |
| V[FB] | 0.344 | 0.035 | 9.750 | 0 |
| V[FC] | 0.294 | 0.028 | 10.534 | 0 |
| C[FA,FB] | 0.306 | 0.026 | 11.855 | 0 |
| C[FA,FC] | 0.321 | 0.025 | 12.969 | 0 |
| C[FB,FC] | 0.267 | 0.023 | 11.506 | 0 |

**[說明]**：量數為三個潛在變數的變異數、潛在變數間的共變數，共變異數矩陣中的元素均達到統計顯著水準（$p < 0.001$）。

-----------------------------------------------------------------------

| | | | |
|---|---|---|---|
| V[A1] | 0.118 | 0.009 | 12.464 | 0 |
| V[A2] | 0.116 | 0.010 | 11.840 | 0 |
| V[A3] | 0.173 | 0.012 | 14.169 | 0 |
| V[A4] | 0.210 | 0.014 | 14.974 | 0 |
| V[B1] | 0.310 | 0.021 | 15.026 | 0 |
| V[B2] | 0.188 | 0.014 | 13.291 | 0 |
| V[B3] | 0.151 | 0.013 | 12.063 | 0 |
| V[B4] | 0.180 | 0.013 | 13.368 | 0 |
| V[C1] | 0.212 | 0.014 | 15.001 | 0 |
| V[C2] | 0.196 | 0.014 | 14.350 | 0 |
| V[C3] | 0.197 | 0.015 | 13.338 | 0 |
| V[C4] | 0.156 | 0.012 | 13.181 | 0 |

**[說明]**：第一直欄為估計的參數名稱，參照指標為 A1、B1、C1 三個觀察變數，第二直欄為非標準化參數估計值（原始徑路係數、潛在變數間的共變數、12 個測量誤差項的變異數）；第三直欄為估計標準誤；第四直欄為估計值顯著性

檢定統計量 $z$ 值、第五直欄為顯著性 $p$ 值,所有待估計自由參數的顯著性 $p = 0.000 < 0.05$,參數估計值均達到統計顯著水準,表示估計值均顯著不等於 0。

 **三、界定測量誤差項間有共變關係**

範例界定因子 FA 之觀察變數 VA1、VA2 之測量誤差項間有共變關係;因子 FC 之觀察變數 VC3、VC4 之測量誤差項間有共變關係,R 編輯器視窗的語法指令為:

```
## 三因子斜交模式 & 誤差變異數有相關
equ2.cfa = specifyEquations(covs = "FA,FB,FC")    ## 界定模式的方程
VA1 = 1*FA        ## 界定潛在變數 FA 的參照指標
VA2 = lam21*FA
VA3 = lam31*FA
VA4 = lam41*FA
VB1 = 1*FB        ## 界定潛在變數 FB 的參照指標
VB2 = lam22*FB
VB3 = lam32*FB
VB4 = lam42*FB
VC1 = 1*FC        ## 界定潛在變數 FC 的參照指標
VC2 = lam23*FC
VC3 = lam33*FC
VC4 = lam43*FC
C(VA1,VA2) = the1      ## 界定內因觀察變數之測量誤差項有共變關係
C(VC3,VC4) = the2      ## 界定內因觀察變數之測量誤差項有共變關係
                       ## 以空白列界定測量模型的結束
cfa2.model <- sem(equ2.cfa, covdata, 575)
f_s = c("GFI","AGFI","RMSEA","NFI","NNFI","CFI","RNI","IFI","SRMR","AIC","AICc","BIC")
summary(cfa2.model,fit.indices = f_s)
```

R 主控台輸出結果如下：

---

```
> summary(cfa2.model,fit.indices = f_s)
 Model Chisquare = 96.02758   Df = 49 Pr(>Chisq) = 6.870184e-05
```

**[說明]**：模式的自由度＝49，適配度卡方值統計量為96.028、顯著性 $p = 0.000$ ＜0.05。

--------------------------------------------------------------------------

```
 Goodness-of-fit index = 0.9736789
 Adjusted goodness-of-fit index = 0.958101
 RMSEA index = 0.04089049    90% CI: (0.02861027, 0.05293904)
 Bentler-Bonett NFI = 0.9822891
 Tucker-Lewis NNFI = 0.9881733
 Bentler CFI = 0.9912195
 Bentler RNI = 0.9912195
 Bollen IFI = 0.9912473
 SRMR = 0.01878536
 AIC = 154.0276
 AICc = 99.22024
 BIC = -215.3365
```

**[說明]**：量數為模式適配度統計量，GFI 指標值＝0.974（大於0.900指標值）、AGFI 指標值＝0.958（大於0.900臨界值）、RMSEA 指標值＝0.041（小於0.080指標值），90% 信賴區間值＝[0.029, 0.053]，NFI 值＝0.982（大於0.900指標值）、NNFI 值＝0.988（大於0.900指標值）、CFI 值＝0.991（大於0.900指標值）、RNI 值＝0.991（大於0.900指標值）、IFI 值＝0.991（大於0.900指標值）、SRMR 值＝0.019（小於0.050指標值），九個適配度指標值均達到模型適配標準，表示假設模型與樣本資料可以適配。競爭模型的指標估計值中，AIC 值＝154.028（未修正前參數值＝226.430）、AICc 值＝99.220（未修正前參數值＝175.194）、BIC 值＝−215.337（未修正前參數值＝−151.643）。

--------------------------------------------------------------------------

差異值愈小

```
Parameter Estimates
```

```
          Estimate    Std Error    z value     Pr(>|z|)
<略>
the1      0.06478393 0.01057275   6.127443    8.930246e-10 VA2 <--> VA1
the2      0.05438693 0.01200298   4.531118    5.867246e-06 VC4 <--> VC3
```

**[說明]**：觀察變數 VA1、VA2 之測量誤差項的共變數估計值 = 0.065（$p <$ 0.001）、觀察變數 VC3、VC4 之測量誤差項的共變數估計值 = 0.054（$p < 0.001$）

使用 stdCoef( ) 函數輸出標準化估計值：

```
> stdCoef(cfa2.model)
            Std. Estimate
1                0.84434360  VA1 <--- FA
2      lam21     0.85971003  VA2 <--- FA
3      lam31     0.85420603  VA3 <--- FA
4      lam41     0.81144803  VA4 <--- FA
5                0.72516219  VB1 <--- FB
6      lam22     0.82295516  VB2 <--- FB
7      lam32     0.85661651  VB3 <--- FB
8      lam42     0.82006338  VB4 <--- FB
9                0.77094144  VC1 <--- FC
10     lam23     0.81126077  VC2 <--- FC
11     lam33     0.82121669  VC3 <--- FC
12     lam43     0.82369192  VC4 <--- FC
```

**[說明]**：12 個觀察變數的因素負荷量，因素負荷量均大於 0.70，表示各觀察變數均能有效反映對應的潛在變數的心理特質。

```
-----------------------------------------------------------------------
13     the1     0.10981827 VA2 <--> VA1
14     the2     0.08651891 VC4 <--> VC3
```

**[說明]**：觀察變數 VA1、VA2 之測量誤差項間的相關係數 = 0.110（$p < 0.001$）、觀察變數 VC3、VC4 之測量誤差項間的相關係數 = 0.087（$p < 0.001$）。

　　CFA 競爭模型比較中，若是界定測量誤差項間有共變關係，則每個模型都要有此設定，因為測量誤差項的共變關係設定不同，是無法進行競爭模式的比較，因為將測量誤差項從沒有相關，界定為有共變關係（有相關），模式中的自由參數會變多，模式適配度卡方值統計量會下降。詳細測量誤差項共變參數的設定請參閱修正指標章節。

## 四、多因子直交模型

(一) 標的資料為共變數矩陣

　　多因子直交模型將三個潛在變數（因子）間的共變數估計值設為 0（固定參數）：

```
## 三因子直交模式
equ3.cfa = specifyEquations(covs = "FA,FB,FC")
VA1 = 1*FA          ## 界定潛在變數 FA 的參照指標為觀察變數 VA1
VA2 = lam21*FA
VA3 = lam31*FA
VA4 = lam41*FA
VB1 = 1*FB              ## 界定潛在變數 FB 的參照指標為觀察變數 VB1
VB2 = lam22*FB
VB3 = lam32*FB
VB4 = lam42*FB
VC1 = 1*FC          ## 界定潛在變數 FC 的參照指標為觀察變數 VC1
VC2 = lam23*FC
VC3 = lam33*FC
VC4 = lam43*FC
C(FA,FB) = 0     ## 界定潛在變數 FA、FB 間的共變數參數 = 0
C(FA,FC) = 0     ## 界定潛在變數 FA、FC 間的共變數參數 = 0
C(FB,FC) = 0     ## 界定潛在變數 FB、CB 間的共變數參數 = 0
                 ## 空白列界定測量模型的結束
cfa3.model <- sem(equ3.cfa, covdata, 575)
```

```
f_s = c("GFI","AGFI","RMSEA","NFI","NNFI","CFI","RNI","IFI","SRMR","AIC","AICc","BIC")
summary(cfa3.model,fit.indices = f_s)
```

　R 主控台輸出結果如下：

```
Model Chisquare = 1276.766    Df = 54 Pr(>Chisq) = 1.2543e-231
```

**[說明]**：多因子直交模型的模式適配度統計量卡方值 = 1276.766、自由度 = 54，顯著性 $p < 0.001$。

---

```
Goodness-of-fit index = 0.7548925
Adjusted goodness-of-fit index = 0.6459558
RMSEA index = 0.1986181    90% CI: (NA, NA)
Bentler-Bonett NFI = 0.7645185
Tucker-Lewis NNFI = 0.7209654
Bentler CFI = 0.771699
Bentler RNI = 0.771699
Bollen IFI = 0.7722094
SRMR = 0.454353
AIC = 1324.766
AICc = 1278.947
BIC = 933.6296
```

**[說明]**：適配度統計量之 GFI 值 = 0.755、AGFI 值 = 0.646、RMSEA 值 = 0.199、NFI 值 = 0.765、NNFI 值 = 0.721、CFI 值 = 0.772、RNI 值 = 0.772、IFI 值 = 0.772、SRMR 值 = 0.454，九個適配度統計量均未達模式適配標準指標值。

(二) 標的資料為資料框架物件

```
## 三因子直交模式
```

```
m.cfa = specifyModel(covs = "FA,FB,FC")
FA -> A1, lam11     ## 界定潛在變數 FA 的觀察變數為 A1、A2、A3、A4
FA -> A2, lam21
FA -> A3, lam31
FA -> A4, lam41
FB -> B1, lam12     ## 界定潛在變數 FB 的觀察變數為 B1、B2、B3、B4
FB -> B2, lam22
FB -> B3, lam32
FB -> B4, lam42
FC -> C1, lam13      ## 界定潛在變數 FC 的觀察變數為 C1、C2、C3、C4
FC -> C2, lam23
FC -> C3, lam33
FC -> C4, lam43
FA <-> FA, NA    , 1  ## 界定潛在變數 FA 的變異數為 1
FB <-> FB, NA    , 1  ## 界定潛在變數 FB 的變異數為 1
FC <-> FC, NA    , 1  ## 界定潛在變數 FC 的變異數為 1
FA <-> FB, NA    , 0  ## 界定潛在變數 FA、FB 間的共變數為 0
FA <-> FC, NA    , 0  ## 界定潛在變數 FA、FC 間的共變數為 0
FB <-> FC, NA    , 0  ## 界定潛在變數 FB、FC 間的共變數為 0
                      ## 空白列界定測量模型的結束
m.sem = sem(m.cfa, data = fcdata)
summary(m.sem,fit.indices = c("GFI","RMSEA","CFI"))
```

R 主控台執行結果如下：

```
> summary(m.sem,fit.indices = c("GFI","RMSEA","CFI"))
 Model Chisquare = 1276.76    Df = 54 Pr(>Chisq) = 1.257522e-231
 Goodness-of-fit index = 0.7548967
 RMSEA index = 0.1986176    90% CI: (NA, NA)
 Bentler CFI = 0.7717077
```

**[ 說明 ]**：多因子直交模型的模式適配度統計量卡方值 = 1276.760、自由度 = 54，顯著性 $p < 0.001$。模式適配度統計量之 GFI 值 = 0.755、RMSEA 值 = 0.199、CFI 值 = 0.772。

---------------------------------------------------------------------------

```
 Normalized Residuals

   Min.   1st Qu.   Median    Mean   3rd Qu.    Max.
-0.4896   0.1394   13.0500   9.2220  14.2500  16.2100
```

**[ 說明 ]**：常態化殘差值的中位數為 13.05、平均數 = 9.22、最小值 = −0.49、最大值 = 16.21，常態化殘差值絕對值多數大於 2.00，表示假設模型內在適配度不佳。

## 五、二階單因子模型

( 一 ) 標的資料為共變數矩陣

　　二階單因子模型之潛在變數有二層，原先 FA、FB、FC 三個因子（潛在變數）為初階因子，三個因子均反映同一個高階因子（變數名稱為 FD，變數標記為家庭氣氛）。二階單因子模型中，不用估算三個初階因素的共變異數矩陣元素，因而不能增列引數界定「covs = "FA,FB,FC"」。範例使用 specifyEquations( ) 函數界定 CFA 方程，四個潛在變數的變異數設定為 1。R 編輯器語法指令為：

```
equ4.cfa = specifyEquations(text = "
VA1 = lam11*FA
VA2 = lam21*FA
VA3 = lam31*FA
VA4 = lam41*FA
VB1 = lam12*FB
VB2 = lam22*FB
VB3 = lam32*FB
VB4 = lam42*FB
VC1 = lam13*FC
```

```
VC2 = lam23*FC
VC3 = lam33*FC
VC4 = lam43*FC
FA = gam1*FD   ## 界定外因潛在變數 FD 對內因潛在變數 FA 的路徑係數 (γ1)
FB = gam2*FD  ## 界定外因潛在變數 FD 對內因潛在變數 FB 的路徑係數 (γ2)
FC = gam3*FD  ## 界定外因潛在變數 FD 對內因潛在變數 FC 的路徑係數 (γ3)
V(FA) = 1      ## 界定初階潛在變數 FA 的變異數為 1
V(FB) = 1      ## 界定初階潛在變數 FB 的變異數為 1
V(FC) = 1      ## 界定初階潛在變數 FC 的變異數為 1
V(FD) = 1      ## 界定高階潛在變數 FD 的變異數為 1
")
cfa4.model <- sem(equ4.cfa, covdata, 575)
f_s = c("GFI","AGFI","RMSEA","NFI","NNFI","CFI","RNI","IFI","SRMR","AIC","AICc","BIC")
summary(cfa4.model,fit.indices = f_s)
```

　　二階單因素 CFA 模型如果增列引數界定「covs = "FA,FB,FC"」，則模型估計結果會出現係數共變數估計值無法估算的錯誤提示語：

```
> equ4.cfa = specifyEquations(covs = "FA,FB,FC",text = "
< 略 >
> summary(cfa4.model,fit.indices = f_s)
Error in summary.objectiveML(cfa4.model, fit.indices = f_s) :
    coefficient covariances cannot be computed
```

　　二階單因素 CFA 模型 R 主控台輸出結果如下：

```
Model Chisquare = 172.4297    Df = 51 Pr(>Chisq) = 4.286986e-15
```

**[說明]**：模式自由度 = 51、適配度統計量卡方值 = 172.430、顯著性 $p < 0.001$，達到統計顯著水準，由於樣本資料達 575 位，整體模型適配與否應再參考其他

適配度統計量。

---

```
Goodness-of-fit index = 0.9504102

Adjusted goodness-of-fit index = 0.9241568

RMSEA index = 0.06440526    90% CI: (0.05397839, 0.07511443)

Bentler-Bonett NFI = 0.9681978

Tucker-Lewis NNFI = 0.9706598

Bentler CFI = 0.977328

Bentler RNI = 0.977328

Bollen IFI = 0.9773913

SRMR = 0.0267075

AIC = 226.4297

AICc = 175.1938

BIC = -151.6432
```

[**說明**]：量數為模式適配度統計量，GFI 指標值 = 0.950（大於 0.900 指標值）、AGFI 指標值 = 0.924（大於 0.900 臨界值）、RMSEA 指標值 = 0.064（小於 0.080 臨界值），90% 信賴區間值 = [0.054, 0.075]，NFI 值 = 0.968（大於 0.950 臨界值）、NNFI 值 = 0.971（大於 0.950 臨界值）、CFI 值 = 0.977（大於 0.950 臨界值）、RNI 值 = 0.977（大於 0.950 臨界值）、IFI 值 = 0.977（大於 0.950 臨界值）、SRMR 值 = 0.027（小於 0.050 臨界值），九個適配度指標值均達到模型適配標準，表示假設模型與樣本資料可以適配。競爭模型的指標估計值中，AIC 值 = 226.430、AICc 值 = 175.194、BIC 值 = −151.643。

---

使用 stdCoef( ) 函數輸出標準化估計值：

---

```
> stdCoef(cfa4.model)
        Std. Estimate
1   lam11      0.88892491• VA1 <--- FA
2   lam21      0.90067573  VA2 <--- FA
3   lam31      0.83825615  VA3 <--- FA
4   lam41      0.79270990  VA4 <--- FA
```

| 5 | lam12 | 0.72554801 | VB1 <--- FB |
|---|---|---|---|
| 6 | lam22 | 0.82225045 | VB2 <--- FB |
| 7 | lam32 | 0.85761062 | VB3 <--- FB |
| 8 | lam42 | 0.81944932 | VB4 <--- FB |
| 9 | lam13 | 0.76219000 | VC1 <--- FC |
| 10 | lam23 | 0.80482745 | VC2 <--- FC |
| 11 | lam33 | 0.84659981 | VC3 <--- FC |
| 12 | lam43 | 0.85150757 | VC4 <--- FC |
| 13 | gam1 | 0.90880731 | FA <--- FD |
| 14 | gam2 | 0.85924017 | FB <--- FD |
| 15 | gam3 | 0.97666400 | FC <--- FD |

**[說明]**：高階因素 FD 對初階因素 FA 的標準化徑路係數值 = 0.91（因素負荷量 = 0.91）、高階因素 FD 對初階因素 FB 的標準化徑路係數值 = 0.86、高階因素 FD 對初階因素 FC 的標準化徑路係數值 = 0.98，三個因素負荷量均很高，表示三個初階因素能有效反映高階因素的變異。

----------------------------------------------------------------------

< 略 >

(二) 標的資料為資料框架物件

範例 CFA 模型使用界定模型函數 specifyModel( )：

```
m.cfa = specifyModel( )
FA -> A1, lam11    ## 界定初階潛在變數 FA 的觀察變數 A1(λ-lambda 參數 )
FA -> A2, lam21
FA -> A3, lam31
FA -> A4, lam41
FB -> B1, lam12    ## 界定初階潛在變數 FB 的觀察變數 B1(λ-lambda 參數 )
FB -> B2, lam22
FB -> B3, lam32
FB -> B4, lam42
```

```
FC -> C1, lam13    ## 界定初階潛在變數 FC 的觀察變數 C1(λ-lambda 參數 )
FC -> C2, lam23
FC -> C3, lam33
FC -> C4, lam43
FD -> FA, gam1    ## 界定外因潛在變數 FD 對內因潛在變數 FA 的路徑係數 γ1
FD -> FB, gam2    ## 界定外因潛在變數 FD 對內因潛在變數 FB 的路徑係數 γ2
FD -> FC, gam3    ## 界定外因潛在變數 FD 對內因潛在變數 FC 的路徑係數 γ3
FA <-> FA, NA    , 1   ## 界定初階潛在變數 FA 的變異數為 1
FB <-> FB, NA    , 1   ## 界定初階潛在變數 FB 的變異數為 1
FC <-> FC, NA    , 1   ## 界定初階潛在變數 FC 的變異數為 1
FD <-> FD, NA    , 1   ## 界定高階潛在變數 FD 的變異數為 1
                       ## 測量模式界定的結束列 ( 空白橫列 )
m.sem = sem(m.cfa, data = fcdata)
summary(m.sem,fit.indices = c("GFI","RMSEA","CFI"))
```

　　R 主控台輸出結果如下：

```
Model Chisquare = 172.4315    Df = 51 Pr(>Chisq) = 4.28418e-15
 Goodness-of-fit index = 0.9504035
 RMSEA index = 0.06440575    90% CI: (0.05397888, 0.0751149)
 Bentler CFI = 0.9773284
```

**[說明]**：模式自由度＝51、適配度統計量卡方值＝172.432、顯著性 $p < 0.001$。GFI 值＝0.950（大於 0.900 臨界值）、RMSEA 指標值＝0.064（小於 0.080 臨界值）、CFI 值＝0.977（大於 0.950 臨界值）。

---

```
R-square for Endogenous Variables
 FA     A1     A2     A3     A4     FB     B1     B2     B3     B4     FC
0.8259 0.7903 0.8112 0.7027 0.6283 0.7383 0.5264 0.6761 0.7355 0.6715 0.9539
 C1     C2     C3     C4
0.5809 0.6477 0.7168 0.7251
```

**[說明]**：外因潛在變數 FD 對三個內因潛在變數 FA、FB、FC 的解釋變異量（R 平方值）分別為 0.826、0.738、0.954，三個內因潛在變數 FA、FB、FC 均可以有效反映潛在變數 FD 的變異。

使用 pathDiagram(  ) 函數，繪製二階多因素斜交模型的標準化估計值模型圖（如圖 4-16）：

```
pathDiagram(m.sem,standardize = TRUE,edge.labels = "values",size =
c(25,25)
,ignore.double = FALSE,error.nodes = TRUE,edge.font =
c("Calibri",21)
,node.font = c("Calibri",19),node.colors = c("pink","yellow"))
```

 六、一階單因子模型

一階單因子模型假定所有觀察變數只有反映一個潛在變數（因子），範例沒有界定參照指標，將潛在變數的變異數設為 1（固定參數），R 編輯器視窗語法指令如下：

```
equ5.cfa = specifyEquations( )
VA1 = lam11*FA
VA2 = lam21*FA
VA3 = lam31*FA
VA4 = lam41*FA
VB1 = lam12*FA
VB2 = lam22*FA
VB3 = lam32*FA
VB4 = lam42*FA
VC1 = lam13*FA
VC2 = lam23*FA
```

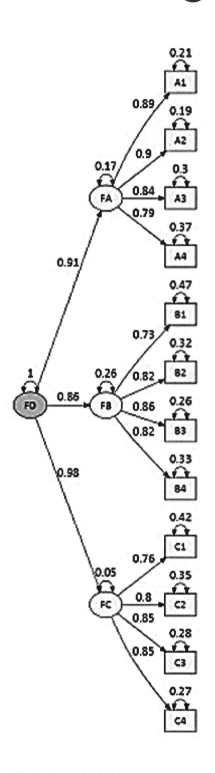

圖 **4-16**　二階多因素斜交模型的標準化估計值模型圖

```
VC3 = lam33*FA
VC4 = lam43*FA
V(FA) = 1          ## 界定潛在變數（因子）FA 的變異數為 1
                   ## 空白列界定測量模型的結束
cfa5.model <- sem(equ5.cfa, covdata, 575)
f_s = c("GFI","AGFI","RMSEA","NFI","NNFI","CFI","RNI","IFI","SRMR","AIC","AICc","BIC")
summary(cfa5.model,fit.indices = f_s)
```

　　R 主控台執行結果如下：

---

```
Model Chisquare = 619.7684    Df = 54 Pr(>Chisq) = 4.192716e-97
```

**[說明]**：模式自由度 = 54、適配度統計量卡方值 = 619.768、顯著性 $p < 0.001$。

------------------------------------------------------------------

```
Goodness-of-fit index = 0.8186367

Adjusted goodness-of-fit index = 0.7380308

RMSEA index = 0.1351035    90% CI: (NA, NA)

Bentler-Bonett NFI = 0.8856924

Tucker-Lewis NNFI = 0.8708919

Bentler CFI = 0.8943661

Bentler RNI = 0.8943661

Bollen IFI = 0.8946023

SRMR = 0.05197924

AIC = 667.7684

AICc = 621.9502

BIC = 276.6324
```

---

　　四種 CFA 模型適配度統計量摘要表如表 4-4（全部採用共變數矩陣估計結果）。

　　從摘要表可以發現：一階三因素斜交模式與二階單因素模式的模型是得到支持的，二個假設模式與樣本資料均可以適配，其契合度良好，一階三因素斜交模型中三個潛在變數間有高度相關，二階單因素模型中初階因素均能有效反映高階因素的

● 表 4-4　四種 CFA 模型適配度統計量摘要表

| 統計檢定量 | 一階單因素模式 | 一階三因素直交模式 | 一階三因素斜交模式 | 二階多因素模式 |
|---|---|---|---|---|
| 自由度（$df$） | 54 | 54 | 51 | 51 |
| **絕對適配度指數** | | | | |
| $\chi^2$ 值（$p > 0.05$） | 619.768（$p = 0.000$） | 1276.766（$p = 0.000$） | 172.430（$p = 0.000$） | 172.430（$p = 0.000$） |
| GFI 值（$> 0.90$） | 0.819# | 0.755# | 0.950 | 0.950 |
| AGFI 值（$> 0.90$） | 0.738# | 0.646# | 0.924 | 0.924 |
| RMSEA 值（$< 0.08$） | 0.135# | 0.199# | 0.064 | 0.064 |
| SRMR 值（$< 0.05$） | 0.052# | 0.454# | 0.027 | 0.027 |
| **增值適配度指數** | | | | |
| NFI 值（$> 0.90$） | 0.886# | 0.765# | 0.968 | 0.968 |
| NNFI 值（$> 0.90$） | 0.871# | 0.721# | 0.971 | 0.971 |
| CFI 值（$> 0.90$） | 0.894# | 0.772# | 0.977 | 0.977 |
| RNI 值（$> 0.90$） | 0.894# | 0.772# | 0.977 | 0.977 |
| IFI 值（$> 0.90$） | 0.895# | 0.772# | 0.977 | 0.977 |
| **簡約適配度指數** | | | | |
| $\chi^2$ 自由度比值（$< 3.000$） | 11.477# | 23.644# | 3.381# | 3.381# |
| AIC 值（愈小愈精簡） | 667.768 | 1324.766 | 226.430 | 226.430 |
| AICc 值（愈小愈精簡） | 621.950 | 1278.947 | 175.194 | 175.194 |
| BIC 值 | 276.632 | 933.630 | −151.643 | −151.643 |

#：表示適配度指標值未達理想標準

變異，因而「家庭氣氛」量表的因素構念以二階單因素模型表示更適切，三個初階因素的構面分別為「家庭情感」、「家庭溝通」、「家庭期望」，高階因素的構面為「家庭氣氛」。

輸出 summary(　) 函數物件的係數，係數值輸出到小數第二位（此表格將來在統整時比較方便）：

```
> usta.par = summary(m.sem,fit.indices = c("GFI","RMSEA","CFI"))
> round(usta.par$coeff[1:4],2)
      Estimate   Std Error   z value   Pr(>|z|)
lam11    0.28       0.02      13.67        0
lam21    0.30       0.02      13.73        0
lam31    0.27       0.02      13.34        0
```

| | | | | |
|---|---|---|---|---|
| lam41 | 0.25 | 0.02 | 12.99 | 0 |
| lam12 | 0.30 | 0.02 | 14.86 | 0 |
| lam22 | 0.32 | 0.02 | 16.31 | 0 |
| lam32 | 0.33 | 0.02 | 16.75 | 0 |
| lam42 | 0.31 | 0.02 | 16.28 | 0 |
| lam13 | 0.12 | 0.03 | 3.74 | 0 |
| lam23 | 0.13 | 0.03 | 3.74 | 0 |
| lam33 | 0.15 | 0.04 | 3.75 | 0 |
| lam43 | 0.14 | 0.04 | 3.75 | 0 |
| gam1 | 2.18 | 0.19 | 11.32 | 0 |
| gam2 | 1.68 | 0.13 | 13.23 | 0 |
| gam3 | 4.55 | 1.27 | 3.59 | 0 |
| V[A1] | 0.12 | 0.01 | 12.46 | 0 |
| V[A2] | 0.12 | 0.01 | 11.84 | 0 |
| V[A3] | 0.17 | 0.01 | 14.17 | 0 |
| V[A4] | 0.21 | 0.01 | 14.97 | 0 |
| V[B1] | 0.31 | 0.02 | 15.03 | 0 |
| V[B2] | 0.19 | 0.01 | 13.29 | 0 |
| V[B3] | 0.15 | 0.01 | 12.06 | 0 |
| V[B4] | 0.18 | 0.01 | 13.37 | 0 |
| V[C1] | 0.21 | 0.01 | 15.00 | 0 |
| V[C2] | 0.20 | 0.01 | 14.35 | 0 |
| V[C3] | 0.20 | 0.01 | 13.34 | 0 |
| V[C4] | 0.16 | 0.01 | 13.18 | 0 |

　　使用 stdCoef( ) 函數輸出標準化估計值，stdCoef( ) 函數物件原有三個變數，於資料框架物件的後面增列一個直行變數，此直行變數的位數至小數第二位（表格的最後一個直欄變數的參數估計值將來在抄錄整理時比較方便）：

```
> std.par = stdCoef(m.sem)
> std.par$std2 = round(stdCoef(m.sem)[2],2)
```

```
> print(std.par)
         Std. Estimate                Std. Estimate
1   lam11    0.88899786 A1 <--- FA          0.89
2   lam21    0.90067599 A2 <--- FA          0.90
3   lam31    0.83826555 A3 <--- FA          0.84
4   lam41    0.79265752 A4 <--- FA          0.79
5   lam12    0.72552009 B1 <--- FB          0.73
6   lam22    0.82224716 B2 <--- FB          0.82
7   lam32    0.85761841 B3 <--- FB          0.86
8   lam42    0.81947744 B4 <--- FB          0.82
9   lam13    0.76217535 C1 <--- FC          0.76
10  lam23    0.80480431 C2 <--- FC          0.80
11  lam33    0.84663476 C3 <--- FC          0.85
12  lam43    0.85150606 C4 <--- FC          0.85
13   gam1    0.90879143 FA <--- FD          0.91
14   gam2    0.85922566 FB <--- FD          0.86
15   gam3    0.97667806 FC <--- FD          0.98
16           0.17409813 FA <--> FA          0.17
17           0.26173127 FB <--> FB          0.26
18           0.04609996 FC <--> FC          0.05
19           1.00000000 FD <--> FD          1.00
20 V[A1]     0.20968281 A1 <--> A1          0.21
21 V[A2]     0.18878277 A2 <--> A2          0.19
22 V[A3]     0.29731087 A3 <--> A3          0.30
23 V[A4]     0.37169405 A4 <--> A4          0.37
24 V[B1]     0.47362060 B1 <--> B1          0.47
25 V[B2]     0.32390961 B2 <--> B2          0.32
26 V[B3]     0.26449067 B3 <--> B3          0.26
27 V[B4]     0.32845673 B4 <--> B4          0.33
28 V[C1]     0.41908873 C1 <--> C1          0.42
29 V[C2]     0.35229003 C2 <--> C2          0.35
30 V[C3]     0.28320958 C3 <--> C3          0.28
```

```
31 V[C4]      0.27493742 C4 <--> C4          0.27
```

## 四個因素 CFA 範例

「學生正向心理資本」（positive psychological captial）量表有 16 個題項，四個構面（向度）為「自我效能」（EFFI）、「希望」（HOPE）、「樂觀」（OPTI）、「復原力」（REST）。「自我效能」構面的題項為 A01、A02、A03、A04；「希望」構面的題項為 B05、B06、B07、B08；「樂觀」構面的題項為 C09、C10、C11、C12；復原力構面的題項為 D13、D14、D15、D16。

使用套件 psych 的函數 lowerCor( ) 求出 16 個指標變數的相關矩陣：

```
>temp<-read.csv("cfa_2.csv",header = T)
>ppcdata<-temp[15:30]
> lowerCor(ppcdata)
     A01  A02  A03  A04  B05  B06  B07  B08  C09  C10  C11  C12  D13  D14
A01 1.00
A02 0.48 1.00
A03 0.42 0.54 1.00
A04 0.40 0.43 0.48 1.00
B05 0.39 0.43 0.47 0.44 1.00
B06 0.38 0.39 0.38 0.42 0.61 1.00
B07 0.44 0.47 0.44 0.48 0.54 0.65 1.00
B08 0.42 0.47 0.45 0.38 0.53 0.49 0.56 1.00
C09 0.40 0.36 0.45 0.45 0.45 0.39 0.42 0.43 1.00
C10 0.44 0.37 0.41 0.46 0.45 0.48 0.51 0.41 0.63 1.00
C11 0.39 0.39 0.41 0.52 0.46 0.40 0.46 0.40 0.49 0.52 1.00
C12 0.43 0.37 0.40 0.50 0.44 0.43 0.53 0.37 0.47 0.51 0.60 1.00
D13 0.33 0.33 0.42 0.34 0.42 0.37 0.41 0.43 0.42 0.40 0.47 0.48 1.00
D14 0.45 0.45 0.51 0.43 0.50 0.40 0.50 0.46 0.46 0.49 0.47 0.53 0.53 1.00
D15 0.44 0.49 0.51 0.48 0.50 0.40 0.48 0.43 0.48 0.43 0.54 0.55 0.54 0.70
```

```
D16 0.40 0.47 0.46 0.36 0.48 0.40 0.48 0.47 0.43 0.41 0.43 0.42 0.44 0.54
    D15   D16
D15 1.00
D16 0.59 1.00
```

使用套件 psych 的函數 describe( ) 求出 16 個指標變數的描述性統計量：

```
> describe(ppcdata)
     vars  n   mean   sd  median trimmed  mad min max range  skew kurtosis  se
A01   1  575 3.91 0.64    4      3.91    0.00  1   5   4    -0.31   0.66   0.03
A02   2  575 4.07 0.59    4      4.09    0.00  1   5   4    -0.27   1.09   0.02
A03   3  575 4.11 0.60    4      4.15    0.00  1   5   4    -0.34   1.23   0.02
A04   4  575 3.80 0.73    4      3.79    0.00  1   5   4    -0.35   0.49   0.03
B05   5  575 4.06 0.63    4      4.08    0.00  1   5   4    -0.30   0.72   0.03
B06   6  575 3.94 0.67    4      3.95    0.00  1   5   4    -0.44   0.95   0.03
B07   7  575 3.91 0.70    4      3.92    0.00  1   5   4    -0.32   0.27   0.03
B08   8  575 4.02 0.63    4      4.03    0.00  1   5   4    -0.23   0.53   0.03
C09   9  575 3.85 0.73    4      3.85    0.00  1   5   4    -0.18  -0.16   0.03
C10  10  575 3.67 0.77    4      3.66    1.48  1   5   4    -0.29   0.37   0.03
C11  11  575 3.88 0.69    4      3.87    0.00  1   5   4    -0.27   0.22   0.03
C12  12  575 3.91 0.74    4      3.92    0.00  1   5   4    -0.43   0.57   0.03
D13  13  575 3.96 0.75    4      3.99    0.00  1   5   4    -0.53   0.62   0.03
D14  14  575 4.08 0.63    4      4.11    0.00  1   5   4    -0.43   1.32   0.03
D15  15  575 4.04 0.65    4      4.06    0.00  1   5   4    -0.27   0.33   0.03
D16  16  575 4.19 0.59    4      4.23    0.00  1   5   4    -0.28   0.85   0.02
```

以函數物件元素 $skew、$kurtosis 查看指標變數的偏態與峰度的上下限：

```
> range(round(describe(ppcdata)$skew,2))
[1] -0.53 -0.18
```

```
> range(round(describe(ppcdata)$kurtosis,2))
[1] -0.16  1.32
```

**[說明]**：偏態係數介於 –0.53 至 –0.18 之間，偏態係數絕對值沒有大於 3.00 者；峰度係數介於 –0.16 至 1.32 之間，峰度係數絕對值沒有大於 8.00 者（嚴格臨界標準值為小於 7.00），表示資料結構符合常態分配的假定，參數估計方法採用內定的最大概似估計法。

 一、初階四因素斜交模型

初階四因素斜交模型中，四個測量模式的潛在變數均設為 1，使用 cfa( ) 函數界定假設模型方程（參照指標引數選項設定為假），R 編輯器語法指令為：

```
library(sem)
temp<-read.csv("cfa_2.csv",header = T)
ppcdata<-temp[15:30]
m.cfa = cfa(reference.indicators = FALSE,text = "
EFFI:A01,A02,A03,A04
HOPE:B05,B06,B07,B08
OPTI:C09,C10,C11,C12
REST:D13,D14,D15,D16
")
m.sem = sem(m.cfa, data = ppcdata)
summary(m.sem,fit.indices = c("GFI","AGFI","RMSEA","SRMR","CFI"))
```

R 控制台執行結果如下（結果只呈現適配度統計量）：

```
Model Chisquare = 338.9566    Df = 98 Pr(>Chisq) = 2.775365e-28
 Goodness-of-fit index = 0.9304974
 Adjusted goodness-of-fit index = 0.9035474
```

```
RMSEA index = 0.0654486    90% CI: (0.05791785, 0.07312791)
Bentler CFI = 0.9481713
SRMR = 0.03778318
```

**[說明]**：整體模式適配度卡方值統計量 = 338.957、自由度 = 98，顯著性 $p = 0.000$ < 0.05，卡方自由度比值 = 338.9566÷98 = 3.458。模式適配度統計量，GIF 值 = 0.930、RMSEA 值 = 0.065、CFI 值 = 0.948、SRMR 值 = 0.038，假設模型與樣本資料可以契合。

　　以資料框架物件進行 CFA 程序，若採用 **cfa( )** 函數，函數語法的指標變數雖可以直接使用資料框架物件的變數索引，但執行結果會出現錯誤訊息，以 **names( )** 函數查看 ppcdata 資料框架物件之變數名稱：

```
> names(ppcdata)
 [1] "A01" "A02" "A03" "A04" "B05" "B06" "B07" "B08" "C09" "C10" "C11" "C12"
[13] "D13" "D14" "D15" "D16"
```

　　以變數索引界定各測量模式的指標變數（觀察變數），R 編輯器語法指令為：

```
library(sem)
temp<-read.csv("cfa_2.csv",header = T)
ppcdata<-temp[15:30]
m.cfa = cfa(reference.indicators = FALSE,text = "
EFFI:ppcdata[1:4]
HOPE:ppcdata[5:8]
OPTI:ppcdata[9:12]
REST:ppadata[13:16]
")
m.sem = sem(m.cfa, data = ppcdata)
summary(m.sem)
```

R 主控台執行結果會出現錯誤訊息，但參數估計值結果均相同：

```
> m.cfa = cfa(reference.indicators = FALSE,text = "
+ EFFI:ppcdata[1:4]
+ HOPE:ppcdata[5:8]
+ OPTI:ppcdata[9:12]
+ REST:ppcdata[13:16]
+ ")
Read 4 items
Error in cfa(reference.indicators = FALSE, text =
"\nEFFI:ppcdata[1:4]\nHOPE:ppcdata[5:8]\nOPTI:ppcdata[9:12]\
nREST:ppcdata[13:16]\n") :
  Parse error in EFFI:ppcdata[1:4]
> m.sem = sem(m.cfa, data = ppcdata)
> summary(m.sem)
 Model Chisquare = 338.9566   Df = 98 Pr(>Chisq) = 2.775365e-28
```

**[說明]**：整體模式適配度卡方值統計量 = 338.957、自由度 = 98，顯著性 $p = 0.000$ < 0.05，卡方自由度比值 = 338.9566 ÷ 98 = 3.458。

--------------------------------------------------------------------

```
R-square for Endogenous Variables
    A01    A02    A03    A04    B05    B06    B07    B08    C09    C10    C11
 0.4099 0.4747 0.5075 0.4580 0.5664 0.5760 0.6402 0.4885 0.5089 0.5528 0.5464

    C12    D13    D14    D15    D16
 0.5453 0.4289 0.6526 0.6991 0.4907
```

**[說明]**：量數為測量變數因素負荷量的平方值，為各觀察變數可以反映潛在變數的變異。

--------------------------------------------------------------------

```
Parameter Estimates
              Estimate  Std Error  z value    Pr(>|z|)
lam[A01:EFFI] 0.4109135 0.02550190 16.11305  2.065691e-58 A01 <--- EFFI
lam[A02:EFFI] 0.4090705 0.02310972 17.70123  4.102363e-70 A02 <--- EFFI
```

<略>

**[說明]**：直接以變數索引界定的測量模型，因為觀察變數間沒有以半形逗號「,」分隔，不符合 cfa( ) 函數原始語法指令，因而會出現錯誤訊息，此種測量模式的界定筆者不建議採用。

　　增列界定 summary( ) 函數物件，呈現函數物件元素「**$coeff**」的內容，非標準化估計值輸出至小數第二位：

```
> par.out = summary(m.sem)
> round(par.out$coeff[1:4],2)
                Estimate   Std Error   z value   Pr(>|z|)
lam[A01:EFFI]     0.41        0.03       16.11       0
lam[A02:EFFI]     0.41        0.02       17.70       0
lam[A03:EFFI]     0.43        0.02       18.49       0
lam[A04:EFFI]     0.49        0.03       17.30       0
lam[B05:HOPE]     0.47        0.02       20.17       0
lam[B06:HOPE]     0.51        0.03       20.41       0
lam[B07:HOPE]     0.56        0.03       22.01       0
lam[B08:HOPE]     0.44        0.02       18.23       0
lam[C09:OPTI]     0.52        0.03       18.71       0
lam[C10:OPTI]     0.57        0.03       19.79       0
lam[C11:OPTI]     0.51        0.03       19.63       0
lam[C12:OPTI]     0.54        0.03       19.61       0
lam[D13:REST]     0.49        0.03       16.84       0
lam[D14:REST]     0.51        0.02       22.49       0
lam[D15:REST]     0.55        0.02       23.66       0
lam[D16:REST]     0.42        0.02       18.40       0
```

**[說明]**：量數為四個測量模式指標變數的徑路係數估計值，參數標記符號 [ : ] 中表示的為 [ 指標變數：潛在變數 ]，16 個指標變數的徑路係數估計值均達統計顯著水準（$p < 0.001$）。

-----------------------------------------------------------------

| | | | | |
|---|---|---|---|---|
| C[EFFI,HOPE] | 0.83 | 0.02 | 33.86 | 0 |
| C[EFFI,OPTI] | 0.84 | 0.02 | 33.99 | 0 |
| C[EFFI,REST] | 0.85 | 0.02 | 36.02 | 0 |
| C[HOPE,OPTI] | 0.80 | 0.02 | 32.37 | 0 |
| C[HOPE,REST] | 0.77 | 0.03 | 30.30 | 0 |
| C[OPTI,REST] | 0.83 | 0.02 | 37.09 | 0 |

**[說明]**：四個潛在變數（因素構念）間的共變數估計值，方程界定中四個潛在變數的變異數設為 1，潛在變數間的共變數即為相關係數，配對潛在變數間均有顯著高度正相關。

--------------------------------------------------------------------

| | | | | |
|---|---|---|---|---|
| V[A01] | 0.24 | 0.02 | 15.08 | 0 |
| V[A02] | 0.19 | 0.01 | 14.49 | 0 |
| V[A03] | 0.18 | 0.01 | 14.11 | 0 |
| V[A04] | 0.29 | 0.02 | 14.66 | 0 |
| V[B05] | 0.17 | 0.01 | 13.85 | 0 |
| V[B06] | 0.19 | 0.01 | 13.73 | 0 |
| V[B07] | 0.17 | 0.01 | 12.71 | 0 |
| V[B08] | 0.20 | 0.01 | 14.70 | 0 |
| V[C09] | 0.26 | 0.02 | 14.44 | 0 |
| V[C10] | 0.27 | 0.02 | 13.94 | 0 |
| V[C11] | 0.22 | 0.02 | 14.02 | 0 |
| V[C12] | 0.25 | 0.02 | 14.03 | 0 |
| V[D13] | 0.32 | 0.02 | 15.36 | 0 |
| V[D14] | 0.14 | 0.01 | 12.89 | 0 |
| V[D15] | 0.13 | 0.01 | 11.92 | 0 |
| V[D16] | 0.18 | 0.01 | 14.91 | 0 |

**[說明]**：量數為四個測量模式 16 個指標變數之「測量誤差項」的變異數，測量誤差項變異數均大於 0.00，表示沒有不合理的參數。

增列界定 stdCoef( ) 函數物件，函數物件元素「$"Std. Estimate"」的變數內容替換至小數第二位，標準化估計值輸出結果為：

```
> m.std = stdCoef(m.sem)
> m.std$"Std. Estimate" = (round(stdCoef(m.sem)[2],2))
> print(m.std)
```

```
                     Std. Estimate
1  lam[A01:EFFI]           0.64    A01 <--- EFFI
2  lam[A02:EFFI]           0.69    A02 <--- EFFI
3  lam[A03:EFFI]           0.71    A03 <--- EFFI
4  lam[A04:EFFI]           0.68    A04 <--- EFFI
5  lam[B05:HOPE]           0.75    B05 <--- HOPE
6  lam[B06:HOPE]           0.76    B06 <--- HOPE
7  lam[B07:HOPE]           0.80    B07 <--- HOPE
8  lam[B08:HOPE]           0.70    B08 <--- HOPE
9  lam[C09:OPTI]           0.71    C09 <--- OPTI
10 lam[C10:OPTI]           0.74    C10 <--- OPTI
11 lam[C11:OPTI]           0.74    C11 <--- OPTI
12 lam[C12:OPTI]           0.74    C12 <--- OPTI
13 lam[D13:REST]           0.65    D13 <--- REST
14 lam[D14:REST]           0.81    D14 <--- REST
15 lam[D15:REST]           0.84    D15 <--- REST
16 lam[D16:REST]           0.70    D16 <--- REST
```

[ 說明 ]：量數為四個測量模式指標變數的因素負荷量（標準化徑路係數估計值），「自我效能」（EFFI）潛在變數四個指標變數的因素負荷量為 0.64、0.69、0.71、0.68；「希望」（HOPE）潛在變數四個指標變數的因素負荷量為 0.75、0.76、0.80、0.70；樂觀（OPTI）潛在變數四個指標變數的因素負荷量為 0.71、0.74、0.74、0.74；「復原力」（REST）潛在變數四個指標變數的因素負荷量為 0.65、0.81、0.84、0.70。

```
-------------------------------------------------------------
17                         1.00 EFFI <--> EFFI
18                         1.00 HOPE <--> HOPE
19                         1.00 OPTI <--> OPTI
20                         1.00 REST <--> REST
```

| 21 | C[EFFI,HOPE] | 0.83 | HOPE <--> EFFI |
| 22 | C[EFFI,OPTI] | 0.84 | OPTI <--> EFFI |
| 23 | C[EFFI,REST] | 0.85 | REST <--> EFFI |
| 24 | C[HOPE,OPTI] | 0.80 | OPTI <--> HOPE |
| 25 | C[HOPE,REST] | 0.77 | REST <--> HOPE |
| 26 | C[OPTI,REST] | 0.83 | REST <--> OPTI |

**[說明]**：量數為配對潛在變數間的相關係數，六個相關係數 $r$ 均大於 0.70，六對潛在變數間的相關為高度正相關，相關係數介於 0.77 至 0.85 之間。

----------------------------------------------------------------

| 27 | V[A01] | 0.59 | A01 <--> A01 |
| 28 | V[A02] | 0.53 | A02 <--> A02 |
| 29 | V[A03] | 0.49 | A03 <--> A03 |
| 30 | V[A04] | 0.54 | A04 <--> A04 |
| 31 | V[B05] | 0.43 | B05 <--> B05 |
| 32 | V[B06] | 0.42 | B06 <--> B06 |
| 33 | V[B07] | 0.36 | B07 <--> B07 |
| 34 | V[B08] | 0.51 | B08 <--> B08 |
| 35 | V[C09] | 0.49 | C09 <--> C09 |
| 36 | V[C10] | 0.45 | C10 <--> C10 |
| 37 | V[C11] | 0.45 | C11 <--> C11 |
| 38 | V[C12] | 0.45 | C12 <--> C12 |
| 39 | V[D13] | 0.57 | D13 <--> D13 |
| 40 | V[D14] | 0.35 | D14 <--> D14 |
| 41 | V[D15] | 0.30 | D15 <--> D15 |
| 42 | V[D16] | 0.51 | D16 <--> D16 |

**[說明]**：四個潛在變數 16 個指標變數的測量誤差變異，參數值 = 1– 因素負荷量平方 = $1-R^2$。

═══════════════════════════════════════════════════════

 二、二階單因素模型

學生正向心理資本量表自我效能（EFFI）、希望（HOPE）、樂觀（OPTI）、復原力（REST）四個構面反映一個高階共同因素，高階潛在變數為「正向心理資本」（PPC），以 specifyModel( ) 函數界定模型方程（方程中四個初階因素、高階因素等五個潛在變數的變異數均設定為 1）：

```
m1.cfa = specifyModel(text = "
EFFI -> A01, lam11
EFFI -> A02, lam21
EFFI -> A03, lam31
EFFI -> A04, lam41
HOPE -> B05, lam12
HOPE -> B06, lam22
HOPE -> B07, lam32
HOPE -> B08, lam42
OPTI -> C09, lam13
OPTI -> C10, lam23
OPTI -> C11, lam33
OPTI -> C12, lam43
REST -> D13, lam14
REST -> D14, lam24
REST -> D15, lam34
REST -> D16, lam44
PPC -> EFFI, gam11
PPC -> HOPE, gam21
PPC -> OPTI, gam31
PPC -> REST, gam41
PPC  <-> PPC,  NA, 1
EFFI <-> EFFI, NA, 1
HOPE <-> HOPE, NA, 1
OPTI <-> OPTI, NA, 1
REST <-> REST, NA, 1
")
```

```
m1.sem = sem(m1.cfa, data = ppcdata)
summary(m1.sem,fit.indices = c("GFI","AGFI","RMSEA","SRMR","C
FI"))
```

R 控制台執行結果如下（結果只呈現適配度統計量）：

```
Model Chisquare = 341.5966    Df = 100 Pr(>Chisq) = 3.769344e-28
 Goodness-of-fit index = 0.9296866
 Adjusted goodness-of-fit index = 0.9043738
 RMSEA index = 0.06487681    90% CI: (0.05740915, 0.07248907)
 Bentler CFI = 0.9480336
 SRMR = 0.0377769
```

**[ 說明 ]**：整體模式適配度卡方值統計量 = 341.597、自由度 = 100，顯著性 $p$ = 0.000 < 0.05，卡方自由度比值 = 341.5966 ÷ 100 = 3.416。模式適配度統計量，GFI 值 = 0.930、RMSEA 值 = 0.065、CFI 值 = 0.948、SRMR 值 = 0.038，假設模型與樣本資料可以契合。

增列界定 summary( ) 函數物件，呈現函數物件元素「$coeff」的內容，非標準化估計值輸出至小數第二位：

```
> par.out = summary(m1.sem)
> round(par.out$coeff[1:4],2)
        Estimate   Std Error   z value   Pr(>|z|)
lam11     0.14       0.02        6.51        0
lam21     0.14       0.02        6.58        0
lam31     0.15       0.02        6.61        0
lam41     0.17       0.03        6.57        0
lam12     0.23       0.02       12.94        0
lam22     0.25       0.02       12.99        0
```

| | | | | |
|---|---|---|---|---|
| lam32 | 0.27 | 0.02 | 13.30 | 0 |
| lam42 | 0.21 | 0.02 | 12.40 | 0 |
| lam13 | 0.21 | 0.02 | 9.74 | 0 |
| lam23 | 0.23 | 0.02 | 9.86 | 0 |
| lam33 | 0.21 | 0.02 | 9.84 | 0 |
| lam43 | 0.22 | 0.02 | 9.83 | 0 |
| lam14 | 0.22 | 0.02 | 10.91 | 0 |
| lam24 | 0.23 | 0.02 | 11.99 | 0 |
| lam34 | 0.24 | 0.02 | 12.09 | 0 |
| lam44 | 0.18 | 0.02 | 11.30 | 0 |

**[說明]**：量數為四個測量模式指標變數的徑路係數估計值。

--------------------------------------------------------

| | | | | |
|---|---|---|---|---|
| gam11 | 2.74 | 0.44 | 6.25 | 0 |
| gam21 | 1.79 | 0.16 | 11.24 | 0 |
| gam31 | 2.23 | 0.25 | 8.95 | 0 |
| gam41 | 2.04 | 0.20 | 10.34 | 0 |

**[說明]**：量數為高階因素指向四個初階因素的徑路係數估計值，四個徑路係數均達統計顯著水準。

--------------------------------------------------------

| | | | | |
|---|---|---|---|---|
| V[A01] | 0.24 | 0.02 | 15.08 | 0 |
| V[A02] | 0.19 | 0.01 | 14.53 | 0 |
| V[A03] | 0.18 | 0.01 | 14.12 | 0 |
| V[A04] | 0.28 | 0.02 | 14.60 | 0 |
| V[B05] | 0.17 | 0.01 | 13.83 | 0 |
| V[B06] | 0.19 | 0.01 | 13.73 | 0 |
| V[B07] | 0.17 | 0.01 | 12.72 | 0 |
| V[B08] | 0.20 | 0.01 | 14.70 | 0 |
| V[C09] | 0.26 | 0.02 | 14.42 | 0 |
| V[C10] | 0.26 | 0.02 | 13.91 | 0 |
| V[C11] | 0.22 | 0.02 | 14.02 | 0 |
| V[C12] | 0.25 | 0.02 | 14.05 | 0 |
| V[D13] | 0.32 | 0.02 | 15.36 | 0 |

| | | | | |
|---|---|---|---|---|
| V[D14] | 0.14 | 0.01 | 12.88 | 0 |
| V[D15] | 0.13 | 0.01 | 11.95 | 0 |
| V[D16] | 0.18 | 0.01 | 14.88 | 0 |

**[說明]**：量數為四個測量模式指標變數之測量誤差項的變異數，測量誤差項變異數均大於 0.00，表示沒有不合理的參數。

增列界定 stdCoef( ) 函數物件，函數物件元素「$"Std. Estimate"」的變數內容替換至小數第二位，標準化估計值輸出結果為：

```
> m.std = stdCoef(m1.sem)
> m.std$"Std. Estimate" = (round(stdCoef(m1.sem)[2],2))
> print(m.std)
        Std. Estimate
1   lam11        0.64  A01 <--- EFFI
2   lam21        0.69  A02 <--- EFFI
3   lam31        0.71  A03 <--- EFFI
4   lam41        0.68  A04 <--- EFFI
5   lam12        0.75  B05 <--- HOPE
6   lam22        0.76  B06 <--- HOPE
7   lam32        0.80  B07 <--- HOPE
8   lam42        0.70  B08 <--- HOPE
9   lam13        0.71  C09 <--- OPTI
10  lam23        0.74  C10 <--- OPTI
11  lam33        0.74  C11 <--- OPTI
12  lam43        0.74  C12 <--- OPTI
13  lam14        0.65  D13 <--- REST
14  lam24        0.81  D14 <--- REST
15  lam34        0.84  D15 <--- REST
16  lam44        0.70  D16 <--- REST
```

**[說明]**：量數為四個測量模式指標變數的因素負荷量（標準化徑路係數估計值），「自我效能」（EFFI）潛在變數四個指標變數的因素負荷量為 0.64、0.69、

0.71、0.68；「希望」（HOPE）潛在變數四個指標變數的因素負荷量為 0.75、
0.76、0.80、0.70；樂觀（OPTI）潛在變數四個指標變數的因素負荷量為 0.71、
0.74、0.74、0.74；「復原力」（REST）潛在變數四個指標變數的因素負荷量
為 0.65、0.81、0.84、0.70。

```
17   gam11          0.94   EFFI <--- PPC
18   gam21          0.87   HOPE <--- PPC
19   gam31          0.91   OPTI <--- PPC
20   gam41          0.90   REST <--- PPC
```

**[說明]**：量數為高階因素指向四個初階因素的標準化徑路係數，高階因素「正
向心理資本」對四個初階因素影響的直接效果值為 0.94、0.87、0.91、0.90，
四個初階因素均可有效反映高階潛在變數。

```
21              1.00   PPC  <--> PPC
22              0.12 EFFI <--> EFFI
23              0.24 HOPE <--> HOPE
24              0.17 OPTI <--> OPTI
25              0.19 REST <--> REST
```

**[說明]**：四個初階因素無法反映高階因素的變異，預測殘差變異為 0.12、0.24、
0.17、0.19。

```
26 V[A01]         0.59   A01 <--> A01
27 V[A02]         0.53   A02 <--> A02
28 V[A03]         0.49   A03 <--> A03
29 V[A04]         0.54   A04 <--> A04
30 V[B05]         0.43   B05 <--> B05
31 V[B06]         0.42   B06 <--> B06
32 V[B07]         0.36   B07 <--> B07
33 V[B08]         0.51   B08 <--> B08
34 V[C09]         0.49   C09 <--> C09
35 V[C10]         0.45   C10 <--> C10
36 V[C11]         0.45   C11 <--> C11
```

```
37 V[C12]          0.46     C12 <--> C12
38 V[D13]          0.57     D13 <--> D13
39 V[D14]          0.35     D14 <--> D14
40 V[D15]          0.30     D15 <--> D15
41 V[D16]          0.51     D16 <--> D16
```

[說明]：四個初階因素 16 個指標變數的測量誤差變異，參數值 = 1– 因素負荷量平方 = $1-R^2$。

標準化迴歸係數求到小數第三位：

```
> m.std = stdCoef(m.sem)
> m.std$"Std. Estimate" = (round(stdCoef(m.sem)[2],3))
> print(m.std)
                 Std. Estimate
1  lam[A01:EFFI]        0.640    A01 <--- EFFI
2  lam[A02:EFFI]        0.689    A02 <--- EFFI
3  lam[A03:EFFI]        0.712    A03 <--- EFFI
4  lam[A04:EFFI]        0.677    A04 <--- EFFI
5  lam[B05:HOPE]        0.753    B05 <--- HOPE
6  lam[B06:HOPE]        0.759    B06 <--- HOPE
7  lam[B07:HOPE]        0.800    B07 <--- HOPE
8  lam[B08:HOPE]        0.699    B08 <--- HOPE
9  lam[C09:OPTI]        0.713    C09 <--- OPTI
10 lam[C10:OPTI]        0.744    C10 <--- OPTI
11 lam[C11:OPTI]        0.739    C11 <--- OPTI
12 lam[C12:OPTI]        0.738    C12 <--- OPTI
13 lam[D13:REST]        0.655    D13 <--- REST
14 lam[D14:REST]        0.808    D14 <--- REST
15 lam[D15:REST]        0.836    D15 <--- REST
16 lam[D16:REST]        0.700    D16 <--- REST
```

求出組合信度與平均變異抽取量，R 編輯器語法指令如下：

```
par.part = as.matrix(round(stdCoef(m.sem)[2],3))
factvar = c(" 自 我 效 能 (EFFI)"," 希 望 (HOPE)"," 樂 觀 (OPTI)"," 復 原 力
(REST)")
f.total = 0
f2.total = 0
r.total = 0
n.start = 1      ## 因素構念指標變數在標準化估計值中的起始編號
n.end = 4        ## 因素構念指標變數在標準化估計值中的結束編號
for ( i in n.start:n.end)
{
f.total = f.total + par.part[i]
f2.total = f2.total + par.part[i]^2
r.total = r.total + (1-par.part[i]^2)
}
cr = f.total^2/(f.total^2 + r.total)
ave = f2.total/(f2.total + r.total)
cat(" 潛在變數 ( 因子構念 ) 名稱 ",factvar[1],"\n")   ## 文字向量呈現因素構念名稱
cat(" 潛在變數的指標變數有 ",n.end-n.start + 1," 個 ","\n")
cat(" 構念信度 = ",round(cr,3),"\n")
cat(" 平均變異數抽取量 = ",round(ave,3),"\n")
```

R 主控台執行結果如下（第一個潛在變數自我效能因素構念）：

```
> cat(" 潛在變數 ( 因子構念 )：名稱 ",factvar[1],"\n")
潛在變數 ( 因子構念 ) 名稱：自我效能 (EFFI)
> cat(" 潛在變數的指標變數有 ",n.end-n.start + 1," 個 ","\n")
潛在變數的指標變數有 4 個
> cat(" 構念信度 = ",round(cr,3),"\n")
```

```
構念信度 = 0.775
> cat(" 平均變異數抽取量 = ",round(ave,3),"\n")
平均變異數抽取量 = 0.462
```

　　語法函數中要求出第二個因素構念「希望」的組合信度與平均變異抽取量，修改下列三個數值：

　　　　指標變數的起始索引位置：n.start = 5

　　　　指標變數的結束索引位置：n.end = 8

　　　　因子構念的向量位置：cat（" 潛在變數（因子構念）名稱：",factvar[2],"\n"）

```
> cat(" 潛在變數（因子構念）名稱：",factvar[2],"\n")
潛在變數（因子構念）名稱：希望 (HOPE)
> cat(" 潛在變數的指標變數有 ",n.end-n.start + 1," 個 ","\n")
潛在變數的指標變數有 4 個
> cat(" 構念信度 = ",round(cr,3),"\n")
構念信度 = 0.84
> cat(" 平均變異數抽取量 = ",round(ave,3),"\n")
平均變異數抽取量 = 0.568
```

　　語法函數中要求出第三個因素構念「樂觀」的組合信度與平均變異抽取量，修改下列三個數值：

　　　　指標變數的起始索引位置：n.start = 9

　　　　指標變數的結束索引位置：n.end = 12

　　　　因子構念的向量位置：cat（" 潛在變數（因子構念）名稱：",factvar[3],"\n"）

```
> cat(" 潛在變數（因子構念）名稱：",factvar[3],"\n")
潛在變數（因子構念）名稱：樂觀 (OPTI)
> cat(" 潛在變數的指標變數有 ",n.end-n.start + 1," 個 ","\n")
潛在變數的指標變數有 4 個
> cat(" 構念信度 = ",round(cr,3),"\n")
```

構念信度 ＝ 0.823
> cat(" 平均變異數抽取量 ＝ ",round(ave,3),"\n")
平均變異數抽取量 ＝ 0.538

　　語法函數中要求出第四個因素構念「復原力」的組合信度與平均變異抽取量，修改下列三個數值：
　　　指標變數的起始索引位置：n.start = 13
　　　指標變數的結束索引位置：n.end = 16
　　　因子構念的向量位置：cat（" 潛在變數（因子構念）名稱：",factvar[4],"\n"）

> cat(" 潛在變數（因子構念）名稱：",factvar[4],"\n")
潛在變數（因子構念）名稱：復原力 (REST)
> cat(" 潛在變數的指標變數有 ",n.end-n.start＋1," 個 ","\n")
潛在變數的指標變數有 4 個
> cat(" 構念信度 ＝ ",round(cr,3),"\n")
構念信度 ＝ 0.839
> cat(" 平均變異數抽取量 ＝ ",round(ave,3),"\n")
平均變異數抽取量 ＝ 0.568

## 玖　多群組分析

　　不分群組之樣本觀察值（全部有效樣本）的樣本資料共變數 S 矩陣與 CFA 假設模型 Σ 共變數矩陣適配良好，表示 CFA 基線模型可以得到支持，進一步模型檢定可以採用多群組分析法，進行假設模型跨群組適配度的檢定。

　　範例家庭氣氛量表的群組變數為學生性別（sex），水準數值編碼 1 為男生群體、水準數值編碼 2 為女生群體，多群組分析在於檢定家庭氣氛量表多因素斜交模型是否同時適配於男生群組、女生群組。

一、非限制模型

　　資料框架物件名稱為 fcdata，資料框架物件 fcdata 內的變數除包括 12 個觀察變數（題項）外，也包含性別變數，多群組分析的函數為 multigroupModel( )，引數 groups 的選項為文字向量，文字向量的元素為群組變數的標記或數值，如性別變數的二個水準標記為 female、male，引數 groups 的界定為「multigroupModel（CFA 模型物件，groups = c（"female", "male"）)」。

　　使用 subset( ) 函數建立男生群組、女生群組的子資料框架：

```
> male = subset(temp[3:14],temp$sex = =1)
> female = subset(temp[3:14],temp$sex = =2)
```

　　使用套件 psych 中的函數 lowerCor( ) 求出男生群組指標變數之相關矩陣：

```
> lowerCor(male)
   A1   A2   A3   A4   B1   B2   B3   B4   C1   C2   C3   C4
A1 1.00
A2 0.84 1.00
A3 0.74 0.75 1.00
A4 0.66 0.68 0.70 1.00
B1 0.49 0.51 0.43 0.41 1.00
B2 0.56 0.60 0.59 0.53 0.58 1.00
B3 0.62 0.62 0.59 0.56 0.61 0.74 1.00
B4 0.58 0.62 0.63 0.53 0.65 0.66 0.71 1.00
C1 0.64 0.65 0.57 0.55 0.46 0.57 0.57 0.58 1.00
C2 0.59 0.64 0.59 0.59 0.53 0.62 0.63 0.67 0.67 1.00
C3 0.68 0.69 0.65 0.70 0.47 0.60 0.60 0.58 0.65 0.69 1.00
C4 0.68 0.71 0.69 0.64 0.54 0.63 0.65 0.67 0.69 0.72 0.78 1.00
```

　　使用套件 psych 中的函數 lowerCor( ) 求出女生群組指標變數之相關矩陣：

```
> lowerCor(female)
     A1    A2    A3    A4    B1    B2    B3    B4    C1    C2    C3    C4
A1 1.00
A2 0.84 1.00
A3 0.71 0.74 1.00
A4 0.70 0.70 0.68 1.00
B1 0.52 0.50 0.52 0.53 1.00
B2 0.48 0.48 0.56 0.54 0.59 1.00
B3 0.58 0.53 0.56 0.55 0.61 0.74 1.00
B4 0.56 0.54 0.57 0.54 0.59 0.65 0.67 1.00
C1 0.57 0.59 0.61 0.59 0.52 0.53 0.55 0.55 1.00
C2 0.59 0.60 0.62 0.60 0.53 0.54 0.57 0.57 0.64 1.00
C3 0.65 0.62 0.67 0.66 0.50 0.51 0.51 0.58 0.58 0.65 1.00
C4 0.63 0.61 0.62 0.59 0.49 0.53 0.54 0.52 0.56 0.62 0.75 1.00
```

使用套件 psych 中的函數 lowerUpper( ) 將男生群組、女生群組二個相關矩陣合併為方形矩陣，下三角矩陣的標的樣本為男生群組、上三角矩陣的標的樣本為女生群組：

```
> lower = lowerCor(male)
> upper = lowerCor(female)
> m.all = lowerUpper(lower,upper)
> round(m.all,2)
     A1    A2    A3    A4    B1    B2    B3    B4    C1    C2    C3    C4
A1   NA  0.84  0.71  0.70  0.52  0.48  0.58  0.56  0.57  0.59  0.65  0.63
A2 0.84    NA  0.74  0.70  0.50  0.48  0.53  0.54  0.59  0.60  0.62  0.61
A3 0.74  0.75    NA  0.68  0.52  0.56  0.56  0.57  0.61  0.62  0.67  0.62
A4 0.66  0.68  0.70    NA  0.53  0.54  0.55  0.54  0.59  0.60  0.66  0.59
B1 0.49  0.51  0.43  0.41    NA  0.59  0.61  0.59  0.52  0.53  0.50  0.49
B2 0.56  0.60  0.59  0.53  0.58    NA  0.74  0.65  0.53  0.54  0.51  0.53
```

| | | | | | | | | | | | |
|---|---|---|---|---|---|---|---|---|---|---|---|
| B3 | 0.62 | 0.62 | 0.59 | 0.56 | 0.61 | 0.74 | NA | 0.67 | 0.55 | 0.57 | 0.51 | 0.54 |
| B4 | 0.58 | 0.62 | 0.63 | 0.53 | 0.65 | 0.66 | 0.71 | NA | 0.55 | 0.57 | 0.58 | 0.52 |
| C1 | 0.64 | 0.65 | 0.57 | 0.55 | 0.46 | 0.57 | 0.57 | 0.58 | NA | 0.64 | 0.58 | 0.56 |
| C2 | 0.59 | 0.64 | 0.59 | 0.59 | 0.53 | 0.62 | 0.63 | 0.67 | 0.67 | NA | 0.65 | 0.62 |
| C3 | 0.68 | 0.69 | 0.65 | 0.70 | 0.47 | 0.60 | 0.60 | 0.58 | 0.65 | 0.69 | NA | 0.75 |
| C4 | 0.68 | 0.71 | 0.69 | 0.64 | 0.54 | 0.63 | 0.65 | 0.67 | 0.69 | 0.72 | 0.78 | NA |

使用套件 psych 中的函數 describeBy( ) 求出男生群組、女生群組二個子資料框架的描述性統計量：

```
> describeBy(temp[3:14],temp$sex)
group: 1
```

| | vars | n | mean | sd | median | trimmed | mad | min | max | range | skew | kurtosis | se |
|---|---|---|---|---|---|---|---|---|---|---|---|---|---|
| A1 | 1 | 272 | 4.06 | 0.76 | 4 | 4.11 | 0.00 | 1 | 5 | 4 | -0.79 | 1.24 | 0.05 |
| A2 | 2 | 272 | 4.03 | 0.81 | 4 | 4.09 | 0.00 | 1 | 5 | 4 | -0.86 | 1.49 | 0.05 |
| A3 | 3 | 272 | 3.99 | 0.78 | 4 | 4.03 | 0.00 | 1 | 5 | 4 | -0.63 | 0.74 | 0.05 |
| A4 | 4 | 272 | 4.04 | 0.74 | 4 | 4.07 | 0.00 | 2 | 5 | 3 | -0.38 | -0.26 | 0.05 |
| B1 | 5 | 272 | 3.93 | 0.86 | 4 | 4.00 | 1.48 | 1 | 5 | 4 | -0.69 | 0.47 | 0.05 |
| B2 | 6 | 272 | 4.05 | 0.75 | 4 | 4.09 | 0.00 | 2 | 5 | 3 | -0.39 | -0.31 | 0.05 |
| B3 | 7 | 272 | 4.00 | 0.77 | 4 | 4.04 | 0.00 | 1 | 5 | 4 | -0.52 | 0.27 | 0.05 |
| B4 | 8 | 272 | 3.93 | 0.78 | 4 | 3.97 | 0.00 | 1 | 5 | 4 | -0.49 | 0.23 | 0.05 |
| C1 | 9 | 272 | 4.27 | 0.70 | 4 | 4.36 | 0.00 | 1 | 5 | 4 | -0.88 | 1.48 | 0.04 |
| C2 | 10 | 272 | 4.10 | 0.74 | 4 | 4.15 | 0.00 | 1 | 5 | 4 | -0.59 | 0.47 | 0.05 |
| C3 | 11 | 272 | 4.03 | 0.85 | 4 | 4.09 | 1.48 | 1 | 5 | 4 | -0.59 | 0.01 | 0.05 |
| C4 | 12 | 272 | 4.06 | 0.78 | 4 | 4.11 | 1.48 | 1 | 5 | 4 | -0.66 | 0.73 | 0.05 |

```
------------------------------------------------------------
group: 2
```

| | vars | n | mean | sd | median | trimmed | mad | min | max | range | skew | kurtosis | se |
|---|---|---|---|---|---|---|---|---|---|---|---|---|---|
| A1 | 1 | 303 | 3.92 | 0.74 | 4 | 3.95 | 0.00 | 1 | 5 | 4 | -0.48 | 0.50 | 0.04 |
| A2 | 2 | 303 | 3.97 | 0.77 | 4 | 4.01 | 0.00 | 1 | 5 | 4 | -0.61 | 0.77 | 0.04 |
| A3 | 3 | 303 | 3.91 | 0.75 | 4 | 3.94 | 0.00 | 1 | 5 | 4 | -0.48 | 0.44 | 0.04 |

| | | | | | | | | | | | | |
|---|---|---|---|---|---|---|---|---|---|---|---|---|
| A4 | 4 | 303 | 3.96 | 0.76 | 4 | 3.99 | 0.00 | 2 | 5 | 3 | -0.35 | -0.29 | 0.04 |
| B1 | 5 | 303 | 3.81 | 0.75 | 4 | 3.81 | 0.00 | 1 | 5 | 4 | -0.36 | 0.19 | 0.04 |
| B2 | 6 | 303 | 3.96 | 0.77 | 4 | 3.98 | 1.48 | 2 | 5 | 3 | -0.27 | -0.52 | 0.04 |
| B3 | 7 | 303 | 3.93 | 0.74 | 4 | 3.95 | 0.00 | 2 | 5 | 3 | -0.24 | -0.36 | 0.04 |
| B4 | 8 | 303 | 3.88 | 0.70 | 4 | 3.88 | 0.00 | 2 | 5 | 3 | -0.17 | -0.25 | 0.04 |
| C1 | 9 | 303 | 4.22 | 0.72 | 4 | 4.30 | 0.00 | 1 | 5 | 4 | -0.83 | 1.12 | 0.04 |
| C2 | 10 | 303 | 4.01 | 0.75 | 4 | 4.05 | 0.00 | 2 | 5 | 3 | -0.36 | -0.29 | 0.04 |
| C3 | 11 | 303 | 3.95 | 0.82 | 4 | 4.00 | 1.48 | 1 | 5 | 4 | -0.61 | 0.57 | 0.05 |
| C4 | 12 | 303 | 4.05 | 0.73 | 4 | 4.08 | 0.00 | 1 | 5 | 4 | -0.48 | 0.36 | 0.04 |

　　R 編輯器視窗中多群組分析的語法指令如下：

```
fcdata<-temp[2:14]      ## 界定資料框架物件
fcdata$sex = as.factor(fcdata$sex) ## 將資料框架物件中的性別變數界定為因子
## 三因子斜交模式
m.cfa = cfa( )    ##cfa 基線模式，內定參照指標引數為真
FA:A1,A2,A3,A4    ## 界定潛在變數 FA 的測量指標變數為 A1、A2、A3、A4
FB:B1,B2,B3,B4    ## 界定潛在變數 FB 的測量指標變數為 B1、B2、B3、B4
FC:C1,C2,C3,C4    ## 界定潛在變數 FC 的測量指標變數為 C1、C2、C3、C4
                  ## 空白列界定測量模式結束
mg.cfa = multigroupModel(m.cfa,groups = c("1","2")) ## 界定性別變數的二個群組
mg.sem = sem(mg.cfa, data = fcdata,group = "sex",formula = ~A1＋A2＋A3＋A4＋
B1＋B2＋B3＋B4＋C1＋C2＋C3＋C4)
## 函數 sem( ) 的引數 group 界定群組變數名稱
summary(mg.sem,fit.indices = c("GFI","AGFI","RMSEA","SRMR","CFI"))
```

　　R 主控台執行結果如下：

```
> summary(mg.sem,fit.indices = c("GFI","AGFI","RMSEA","SRMR","CFI"))
 Model Chisquare = 238.4674  Df = 102  Pr(>Chisq) = 6.111083e-13
```

```
Chisquare (null model) = 5489.465   Df = 132
 Goodness-of-fit index = 0.9347527
 Adjusted goodness-of-fit index = 0.9078862
 RMSEA index = 0.06833639 90% CI: (0.05708624, 0.0796553)
Bentler CFI = 0.9745276
 SRMR = 0.03223835
```

**［說明］**：多群組分析假設模型適配度卡方值統計量 = 238.47、自由度 = 102，顯著性 $p < 0.001$，獨立模型（虛無模型）的卡方值統計量 = 5489.47、自由度 = 132。GFI 值 = 0.93、AGFI 值 = 0.91、RMSEA 值 = 0.07、CFI 值 = 0.97、SRMR 值 = 0.03，適配度統計量均達到模式適配標準。

------------------------------------------------------------

```
Iterations: initial fits, 56 60   final fit, 1
  sex: 1
```

**［說明］**：下面輸出的估計值為以男生群組作為標的樣本資料之參數（性別變數水準數值為 1 的群體）。

------------------------------------------------------------

```
 Model Chisquare = 110.453    Df = 51 Pr(>Chisq) = 2.838698e-06
 Goodness-of-fit index = 0.9379273
 Adjusted goodness-of-fit index = 0.9050653
 RMSEA index = 0.0655869    90% CI: (0.04881209, 0.08234713)
Bentler CFI = 0.9777066
 SRMR = 0.02814268
```

**［說明］**：性別變數中男生群組的模型適配度統計量，範例只輸出卡方值（內定選項）與 GFI 值、AGFI 值、RMSEA 值、CFI 值、SRMR 值五個量數。模式自由度 = 51、卡方值統計量 = 110.45（$p < 0.001$）。

------------------------------------------------------------

```
 R-square for Endogenous Variables
   A1      A2      A3      A4      B1      B2      B3      B4
 0.7906  0.8274  0.7096  0.6016  0.5139  0.6781  0.7430  0.7010
   C1      C2      C3      C4
 0.6105  0.6681  0.7268  0.7983
```

**[ 說明 ]**：12 個內因觀察變數的信度係數值（因素負荷量的平方），12 個測量指標變數的信度係數值均大於 0.50，CFA 模型的聚斂效度佳。

--------------------------------------------------------------------------------

```
 Parameter Estimates
              Estimate   Std Error    z value     Pr(>|z|)
lam[A2:FA].1 1.0783940 0.04824030 22.354627 1.088572e-110 A2 <--- FA
lam[A3:FA].1 0.9675244 0.05077448 19.055328  5.934341e-81 A3 <--- FA
lam[A4:FA].1 0.8484371 0.05188656 16.351771  4.225195e-60 A4 <--- FA
lam[B2:FB].1 0.9984890 0.07674764 13.010028  1.073021e-38 B2 <--- FB
lam[B3:FB].1 1.0777020 0.07929154 13.591639  4.489134e-42 B3 <--- FB
lam[B4:FB].1 1.0557962 0.07985498 13.221421  6.600525e-40 B4 <--- FB
lam[C2:FC].1 1.1169561 0.07551647 14.790895  1.677098e-49 C2 <--- FC
lam[C3:FC].1 1.3362180 0.08556819 15.615827  5.680348e-55 C3 <--- FC
lam[C4:FC].1 1.2759210 0.07689687 16.592625  7.879950e-62 C4 <--- FC
V[FA].1      0.4614286 0.04992438  9.242551  2.406900e-20 FA <--> FA
V[FB].1      0.3824232 0.05784479  6.611196  3.812274e-11 FB <--> FB
V[FC].1      0.2970490 0.03939776  7.539745  4.708910e-14 FC <--> FC
C[FA,FB].1   0.3365324 0.04098292  8.211528  2.183910e-16 FB <--> FA
C[FA,FC].1   0.3291109 0.03631722  9.062116  1.279441e-19 FC <--> FA
C[FB,FC].1   0.2906098 0.03605150  8.060965  7.569478e-16 FC <--> FB
V[A1].1      0.1222348 0.01410186  8.667987  4.398282e-18 A1 <--> A1
V[A2].1      0.1119675 0.01422142  7.873158  3.457986e-15 A2 <--> A2
V[A3].1      0.1767893 0.01814519  9.743036  1.975617e-22 A3 <--> A3
V[A4].1      0.2199911 0.02098920 10.481158  1.054446e-25 A4 <--> A4
V[B1].1      0.3617568 0.03450415 10.484443  1.018443e-25 B1 <--> B1
V[B2].1      0.1810148 0.01945996  9.301910  1.379446e-20 B2 <--> B2
V[B3].1      0.1536238 0.01826081  8.412755  4.004901e-17 B3 <--> B3
V[B4].1      0.1818609 0.02013780  9.030821  1.703890e-19 B4 <--> B4
V[C1].1      0.1895474 0.01830475 10.355093  3.968012e-25 C1 <--> C1
V[C2].1      0.1840906 0.01844635  9.979789  1.868643e-23 C2 <--> C2
V[C3].1      0.1993849 0.02114801  9.428068  4.177126e-21 C3 <--> C3
V[C4].1      0.1222148 0.01470046  8.313677  9.278164e-17 C4 <--> C4
```

**[說明]**：第一直欄參數標記符號名稱為「參數標記 [ ].1」，最後的數值為因子
變數性別的水準數值或群組，水準數值 1 為男生群體。

------------------------------------------------------------------
```
    sex: 2
```

**[說明]**：下面輸出的估計值為以女生群組作為標的樣本資料之參數（性別變
數水準數值為 2 的群體）。

------------------------------------------------------------------
```
 Model Chisquare = 128.0144    Df = 51 Pr(>Chisq) = 1.473656e-08
 Goodness-of-fit index = 0.931903
 Adjusted goodness-of-fit index = 0.8958516
 RMSEA index = 0.0707127    90% CI: (0.05552253, 0.08612189)
Bentler CFI = 0.9713767
 SRMR = 0.03591499
```

**[說明]**：就女生群體而言，CFA 假設模型之模式自由度 = 51、卡方值統計量
= 128.01（$p < 0.001$）。

------------------------------------------------------------------
```
R-square for Endogenous Variables
   A1      A2      A3      A4      B1      B2      B3      B4
0.7898  0.7972  0.6929  0.6529  0.5368  0.6783  0.7269  0.6393
   C1      C2      C3      C4
0.5579  0.6307  0.7002  0.6599
```

**[說明]**：12 個內因觀察變數的信度係數值（因素負荷量的平方），12 個測量
指標變數的信度係數值均大於 0.50，CFA 模型的聚斂效度佳。

------------------------------------------------------------------
```
 Parameter Estimates
             Estimate Std Error  z value    Pr(>|z|)
lam[A2:FA].2 1.0484365 0.04667034 22.464727 9.187562e-112 A2 <--- FA
lam[A3:FA].2 0.9495241 0.04863769 19.522395  7.083897e-85 A3 <--- FA
lam[A4:FA].2 0.9402563 0.05092354 18.464079  4.018167e-76 A4 <--- FA
lam[B2:FB].2 1.1529833 0.08260537 13.957728  2.822920e-44 B2 <--- FB
lam[B3:FB].2 1.1402471 0.07899368 14.434661  3.131806e-47 B3 <--- FB
lam[B4:FB].2 1.0195998 0.07526533 13.546738  8.282983e-42 B4 <--- FB
```

```
lam[C2:FC].2 1.0954921 0.07847343 13.960039   2.732843e-44 C2 <--- FC
lam[C3:FC].2 1.2638992 0.08550538 14.781516   1.927765e-49 C3 <--- FC
lam[C4:FC].2 1.0983654 0.07674809 14.311305   1.859900e-46 C4 <--- FC
V[FA].2      0.4269411 0.04387806  9.730172   2.242128e-22 FA <--> FA
V[FB].2      0.3048725 0.04265437  7.147510   8.836605e-13 FB <--> FB
V[FC].2      0.2922467 0.03953593  7.391926   1.447166e-13 FC <--> FC
C[FA,FB].2   0.2746983 0.03225420  8.516668   1.642099e-17 FB <--> FA
C[FA,FC].2   0.3128603 0.03375293  9.269132   1.876664e-20 FC <--> FA
C[FB,FC].2   0.2438677 0.02978258  8.188268   2.650119e-16 FC <--> FB
V[A1].2      0.1136354 0.01269118  8.953887   3.431794e-19 A1 <--> A1
V[A2].2      0.1194027 0.01356753  8.800625   1.360562e-18 A2 <--> A2
V[A3].2      0.1705980 0.01654709 10.309849   6.360114e-25 A3 <--> A3
V[A4].2      0.2006970 0.01885125 10.646354   1.813295e-26 A4 <--> A4
V[B1].2      0.2630463 0.02449268 10.739794   6.619171e-27 B1 <--> B1
V[B2].2      0.1922023 0.02038383  9.429155   4.134047e-21 B2 <--> B2
V[B3].2      0.1489135 0.01716515  8.675335   4.123365e-18 B3 <--> B3
V[B4].2      0.1788302 0.01807109  9.895929   4.335648e-23 B4 <--> B4
V[C1].2      0.2315441 0.02136022 10.839970   2.225442e-27 C1 <--> C1
V[C2].2      0.2053906 0.01991691 10.312373   6.195229e-25 C2 <--> C2
V[C3].2      0.1998858 0.02091980  9.554861   1.237498e-21 C3 <--> C3
V[C4].2      0.1817135 0.01811085 10.033408   1.086984e-23 C4 <--> C4
```

**[ 說明 ]**：第一直欄參數標記符號名稱為「參數標記 [ ].2」，最後的數值為因子變數性別的水準數值或群組，水準數值 2 為女生群體。

　　將 summary( ) 函數輸出結果界定為物件變數 par.out，使用 round( ) 函數輸出至係數小數第三位：

```
> par.out = summary(mg.sem,fit.indices = c("GFI","AGFI","RMSEA","SRMR","CFI"))
> round(par.out$coeff,3)
```

| lam[A2:FA].1 | lam[A3:FA].1 | lam[A4:FA].1 | lam[B2:FB].1 | lam[B3:FB].1 |
|---|---|---|---|---|
| 1.078 | 0.968 | 0.848 | 0.998 | 1.078 |
| lam[B4:FB].1 | lam[C2:FC].1 | lam[C3:FC].1 | lam[C4:FC].1 | V[FA].1 |
| 1.056 | 1.117 | 1.336 | 1.276 | 0.461 |
| V[FB].1 | V[FC].1 | C[FA,FB].1 | C[FA,FC].1 | C[FB,FC].1 |
| 0.382 | 0.297 | 0.337 | 0.329 | 0.291 |
| V[A1].1 | V[A2].1 | V[A3].1 | V[A4].1 | V[B1].1 |
| 0.122 | 0.112 | 0.177 | 0.220 | 0.362 |
| V[B2].1 | V[B3].1 | V[B4].1 | V[C1].1 | V[C2].1 |
| 0.181 | 0.154 | 0.182 | 0.190 | 0.184 |
| V[C3].1 | V[C4].1 | lam[A2:FA].2 | lam[A3:FA].2 | lam[A4:FA].2 |
| 0.199 | 0.122 | 1.048 | 0.950 | 0.940 |
| lam[B2:FB].2 | lam[B3:FB].2 | lam[B4:FB].2 | lam[C2:FC].2 | lam[C3:FC].2 |
| 1.153 | 1.140 | 1.020 | 1.095 | 1.264 |
| lam[C4:FC].2 | V[FA].2 | V[FB].2 | V[FC].2 | C[FA,FB].2 |
| 1.098 | 0.427 | 0.305 | 0.292 | 0.275 |
| C[FA,FC].2 | C[FB,FC].2 | V[A1].2 | V[A2].2 | V[A3].2 |
| 0.313 | 0.244 | 0.114 | 0.119 | 0.171 |
| V[A4].2 | V[B1].2 | V[B2].2 | V[B3].2 | V[B4].2 |
| 0.201 | 0.263 | 0.192 | 0.149 | 0.179 |
| V[C1].2 | V[C2].2 | V[C3].2 | V[C4].2 | |
| 0.232 | 0.205 | 0.200 | 0.182 | |

**[說明]**：參數標記 [ 變數 ].1、參數標記 [ 變數 ].2 分別為男生群組、女生群組 CFA 的參數估計值，非標準化估計值包括原始徑路係數、潛在變數間的共變數、指標變數測量誤差項的變異數。

使用 stdCoef( ) 函數輸出標準化估計值：

```
> stdCoef(par.out)
 Group:  1
```

```
                 Std. Estimate
1                     0.8891418 A1 <--- FA
2   lam[A2:FA].1      0.9095959 A2 <--- FA
3   lam[A3:FA].1      0.8423650 A3 <--- FA
4   lam[A4:FA].1      0.7756110 A4 <--- FA
5                     0.7168580 B1 <--- FB
6   lam[B2:FB].1      0.8234512 B2 <--- FB
7   lam[B3:FB].1      0.8619815 B3 <--- FB
8   lam[B4:FB].1      0.8372339 B4 <--- FB
9                     0.7813212 C1 <--- FC
10  lam[C2:FC].1      0.8173846 C2 <--- FC
11  lam[C3:FC].1      0.8525140 C3 <--- FC
12  lam[C4:FC].1      0.8934538 C4 <--- FC
13       V[FA].1      1.0000000 FA <--> FA
14       V[FB].1      1.0000000 FB <--> FB
15       V[FC].1      1.0000000 FC <--> FC
16    C[FA,FB].1      0.8011291 FB <--> FA
17    C[FA,FC].1      0.8889470 FC <--> FA
18    C[FB,FC].1      0.8622319 FC <--> FB
19       V[A1].1      0.2094268 A1 <--> A1
20       V[A2].1      0.1726353 A2 <--> A2
21       V[A3].1      0.2904211 A3 <--> A3
22       V[A4].1      0.3984275 A4 <--> A4
23       V[B1].1      0.4861146 B1 <--> B1
24       V[B2].1      0.3219281 B2 <--> B2
25       V[B3].1      0.2569879 B3 <--> B3
26       V[B4].1      0.2990394 B4 <--> B4
27       V[C1].1      0.3895372 C1 <--> C1
28       V[C2].1      0.3318824 C2 <--> C2
29       V[C3].1      0.2732199 C3 <--> C3
30       V[C4].1      0.2017402 C4 <--> C4
```

**[ 說明 ]**：Group :1 為性別變數之水準數值編碼 1 群體（男生群體）的標準化參數估計值，觀察變數的估計值為因素負荷量、潛在變數間的估計值為相關係數，觀察變數的變異參數為無法反映潛在變數的變異量，數值愈大表示測量誤差愈多。

------------------------------------------------------------------

Group:   2

```
                  Std. Estimate
1                      0.8887004 A1 <--- FA
2   lam[A2:FA].2       0.8928478 A2 <--- FA
3   lam[A3:FA].2       0.8324106 A3 <--- FA
4   lam[A4:FA].2       0.8079988 A4 <--- FA
5                      0.7326828 B1 <--- FB
6   lam[B2:FB].2       0.8236004 B2 <--- FB
7   lam[B3:FB].2       0.8525922 B3 <--- FB
8   lam[B4:FB].2       0.7995552 B4 <--- FB
9                      0.7469574 C1 <--- FC
10  lam[C2:FC].2       0.7941473 C2 <--- FC
11  lam[C3:FC].2       0.8367801 C3 <--- FC
12  lam[C4:FC].2       0.8123373 C4 <--- FC
13      V[FA].2        1.0000000 FA <--> FA
14      V[FB].2        1.0000000 FB <--> FB
15      V[FC].2        1.0000000 FC <--> FC
16   C[FA,FB].2        0.7614000 FB <--> FA
17   C[FA,FC].2        0.8857104 FC <--> FA
18   C[FB,FC].2        0.8169969 FC <--> FB
19      V[A1].2        0.2102115 A1 <--> A1
20      V[A2].2        0.2028228 A2 <--> A2
21      V[A3].2        0.3070925 A3 <--> A3
22      V[A4].2        0.3471379 A4 <--> A4
23      V[B1].2        0.4631759 B1 <--> B1
24      V[B2].2        0.3216824 B2 <--> B2
25      V[B3].2        0.2730866 B3 <--> B3
```

| 26 | V[B4].2 | 0.3607115 B4 <--> B4 |
| 27 | V[C1].2 | 0.4420546 C1 <--> C1 |
| 28 | V[C2].2 | 0.3693300 C2 <--> C2 |
| 29 | V[C3].2 | 0.2997991 C3 <--> C3 |
| 30 | V[C4].2 | 0.3401081 C4 <--> C4 |

[ 說明 ]：Group：2 為性別變數之水準數值編碼 2 群體（女生群體）的標準化參數估計值，觀察變數的估計值為因素負荷量、潛在變數間的估計值為相關係數，觀察變數的變異參數為無法反映潛在變數的變異量，數值愈大表示測量誤差愈多。非限制模式中二個群組對應的參數沒有限定為相等，因而參數標記符號會增列群組水準數值或標記，對應的符號如因素負荷量為 lam[A2:FA].1、lam[A2:FA].2；相關係數為 C[FA,FB].2、 C[FA,FB].1；測量殘差為 V[A1].1、V[A1].2。

 二、限制模型

　　多群組基線模式檢定得到支持，表示家庭氣氛量表三因子斜交模型同時適配於男生群體、女生群體，家庭氣氛量表 CFA 假設模型具有跨群組效度，進一步的檢定程序可以將二個群組對應的參數估計值設為相等，包含徑路係數值估計值、潛在變數間的共變數、觀察變數之測量誤差項的變異數，函數 multigroupModel( ) 中的引數 allEqual 選項設為真（內定選項為假），R 編輯器的語法指令如下：

```
m.cfa = cfa( )
FA:A1,A2,A3,A4
FB:B1,B2,B3,B4
FC:C1,C2,C3,C4
                ## 空白列結束 cfa( ) 函數界定
mg.cfa = multigroupModel(m.cfa,groups = c("1","2"),allEqual = TRUE)
mg.sem.eq = sem(mg.cfa, data=fcdata,group = "sex",formula=~A1 + A2 +
A3 + A4 + B1 + B2 + B3 + B4 + C1 + C2 + C3 + C4)
summary(mg.sem.eq,fit.indices = c("GFI","AGFI","RMSEA","SRMR","CFI"))
```

R 主控台執行結果如下：

---

```
>m.cfa = cfa( )
1: FA:A1,A2,A3,A4
2: FB:B1,B2,B3,B4
3: FC:C1,C2,C3,C4
4:
Read 3 items
NOTE: adding 12 variances to the model
>mg.cfa = multigroupModel(m.cfa,groups = c("1","2"),allEqual =
TRUE)
>mg.sem.eq = sem(mg.cfa, data = fcdata,group = "sex",formula =
~A1＋A2＋A3＋A4＋B1＋B2＋B3＋B4＋C1＋C2＋C3＋C4)
> summary(mg.sem.eq,fit.indices = c("GFI","AGFI","RMSEA","SRMR","CFI"))
 Model Chisquare = 268.8496  Df = 129  Pr(>Chisq) = 7.104152e-12
Chisquare (null model) = 5489.465  Df = 132
 Goodness-of-fit index = 0.925126
 Adjusted goodness-of-fit index = 0.9164197
 RMSEA index = 0.06151392 90% CI: (0.05114047, 0.07185215)
Bentler CFI = 0.9738963
 SRMR = 0.05798658
```

**[說明]**：限制模式參數估計結果，模式可以收斂，性別變數之多群組家庭氣氛量表 CFA 模型檢定的自由度＝ 129，模式適配度卡方值統計量＝ 268.85（$p <$ 0.001）。模式適配度量數之 GFI 值＝ 0.93（大於 0.90 標準值）、AGFI 值＝ 0.92（大於 0.90 標準值）、RMSEA 值＝ 0.06（小於 0.90 標準值）、CFI 值＝ 0.97（大於 0.95 標準值）、SRMR 值＝ 0.06，多群組假設模型可以得到支持。

---

```
Iterations: initial fits, 56 60   final fit, 43
```

**[說明]**：以下量數為男生群體的參數估計值。

---

```
 sex: 1
```

```
Model Chisquare = 126.5507    Df = 51 Pr(>Chisq) = 2.326868e-08
Goodness-of-fit index = 0.927811
Adjusted goodness-of-fit index = 0.8895933
RMSEA index = 0.07393492    90% CI: (0.05785218, 0.09023535)
Bentler CFI = 0.9716703
SRMR = 0.05636674
```

**[說明]**：就男生群體而言，模型適配度卡方值統計量 = 126.55，自由度 = 51、顯著性 $p < 0.001$，多群組分析在於檢定假設模型跨群組效度，單一群體適配度統計量只作為參考。

------------------------------------------------------------

```
R-square for Endogenous Variables
  A1      A2      A3      A4      B1      B2      B3      B4
0.7908 0.8120 0.7015 0.6269 0.5249 0.6750 0.7351 0.6714
  C1      C2      C3      C4
0.5801 0.6466 0.7163 0.7274
```

**[說明]**：就男生群體而言，12個外因觀察變數因素負荷量的平方值均大於0.50。

------------------------------------------------------------

```
 Parameter Estimates
          Estimate  Std Error  z value    Pr(>|z|)
lam[A2:FA] 1.0627978 0.033511041 31.71486 9.695739e-221 A2 <--- FA
lam[A3:FA] 0.9583134 0.035082990 27.31561 2.767717e-164 A3 <--- FA
lam[A4:FA] 0.8942891 0.036357131 24.59735 1.348417e-133 A4 <--- FA
lam[B2:FB] 1.0709411 0.056333554 19.01071  1.390451e-80 B2 <--- FB
lam[B3:FB] 1.1072296 0.055897973 19.80805  2.537438e-87 B3 <--- FB
lam[B4:FB] 1.0383605 0.054762185 18.96127  3.564383e-80 B4 <--- FB
lam[C2:FC] 1.1059368 0.054837487 20.16753  1.888287e-90 C2 <--- FC
lam[C3:FC] 1.3034818 0.060867142 21.41520 9.643514e-102 C3 <--- FC
lam[C4:FC] 1.1862905 0.054898524 21.60879 1.485003e-103 C4 <--- FC
V[FA]      0.4435801 0.033033487 13.42820  4.133590e-41 FA <--> FA
V[FB]      0.3418396 0.035165287  9.72094  2.455044e-22 FB <--> FB
V[FC]      0.2936401 0.027927018 10.51455  7.403084e-26 FC <--> FC
C[FA,FB]   0.3035982 0.025670558 11.82671  2.840684e-32 FB <--> FA
```

```
C[FA,FC]   0.3201239 0.024720524 12.94972   2.358068e-38 FC <--> FA
C[FB,FC]   0.2657256 0.023144249 11.48128   1.638380e-30 FC <--> FB
V[A1]      0.1173741 0.009437168 12.43743   1.636913e-35 A1 <--> A1
V[A2]      0.1159804 0.009829718 11.79895   3.951991e-32 A2 <--> A2
V[A3]      0.1733216 0.012231038 14.17064   1.392326e-45 A3 <--> A3
V[A4]      0.2110982 0.014099940 14.97157   1.126381e-50 A4 <--> A4
V[B1]      0.3094398 0.020603988 15.01844   5.560143e-51 B1 <--> B1
V[B2]      0.1887782 0.014208741 13.28606   2.788655e-40 B2 <--> B2
V[B3]      0.1510417 0.012537119 12.04756   1.997736e-33 B3 <--> B3
V[B4]      0.1803511 0.013513743 13.34576   1.253888e-40 B4 <--> B4
V[C1]      0.2125580 0.014175648 14.99459   7.965825e-51 C1 <--> C1
V[C2]      0.1962886 0.013678555 14.35010   1.063874e-46 C2 <--> C2
V[C3]      0.1976280 0.014819924 13.33529   1.442968e-40 C3 <--> C3
V[C4]      0.1548734 0.011801023 13.12373   2.407940e-39 C4 <--> C4
```

**[說明]**：參數值中的徑路係數估計值、潛在變數間的共變數、變異數估計值、觀察變數之測量誤差項的變異數估計值，二個群體的參數值均相同，男生群體的參數估計值與女生群體的參數估計值一樣。

----------------------------------------------------------------------

```
 sex: 2
```

**[說明]**：以下量數為女生群體的參數估計值。

----------------------------------------------------------------------

```
 Model Chisquare = 142.2989   Df = 51 Pr(>Chisq) = 1.471087e-10
 Goodness-of-fit index = 0.9227157
 Adjusted goodness-of-fit index = 0.8818005
 RMSEA index = 0.07699173    90% CI: (0.06215739, 0.09213511)
Bentler CFI = 0.9660677
 SRMR = 0.0594407
```

**[說明]**：就女生群體而言，模型適配度卡方值統計量 = 142.30，自由度 = 51、顯著性 $p < 0.001$，多群組分析在於檢定假設模型跨群組效度（範例資料為跨性別效度的檢定），單一群體適配度統計量只作為參考。

----------------------------------------------------------------------

```
R-square for Endogenous Variables
```

```
   A1     A2     A3     A4     B1     B2     B3     B4
0.7908 0.8120 0.7015 0.6269 0.5249 0.6750 0.7351 0.6714
   C1     C2     C3     C4
0.5801 0.6466 0.7163 0.7274
```

**[說明]**：就女生群體而言，12 個外因觀察變數因素負荷量的平方值均大於 0.50，女生群體 12 個外因觀察變數的 R 平方值與男生群體 12 個外因觀察變數的 R 平方值均相同，女生群體的 R 平方值與男生群體的 R 平方值均相同，表示二個群體對應之觀察變數的因素負荷量相等。

----------------------------------------------------------------------

```
Parameter Estimates
              Estimate    Std Error     z value      Pr(>|z|)
lam[A2:FA]  1.0627978   0.033511041   31.71486   9.695739e-221  A2 <--- FA
lam[A3:FA]  0.9583134   0.035082990   27.31561   2.767717e-164  A3 <--- FA
lam[A4:FA]  0.8942891   0.036357131   24.59735   1.348417e-133  A4 <--- FA
lam[B2:FB]  1.0709411   0.056333554   19.01071   1.390451e-80   B2 <--- FB
lam[B3:FB]  1.1072296   0.055897973   19.80805   2.537438e-87   B3 <--- FB
lam[B4:FB]  1.0383605   0.054762185   18.96127   3.564383e-80   B4 <--- FB
lam[C2:FC]  1.1059368   0.054837487   20.16753   1.888287e-90   C2 <--- FC
lam[C3:FC]  1.3034818   0.060867142   21.41520   9.643514e-102  C3 <--- FC
lam[C4:FC]  1.1862905   0.054898524   21.60879   1.485003e-103  C4 <--- FC
V[FA]       0.4435801   0.033033487   13.42820   4.133590e-41   FA <--> FA
V[FB]       0.3418396   0.035165287    9.72094   2.455044e-22   FB <--> FB
V[FC]       0.2936401   0.027927018   10.51455   7.403084e-26   FC <--> FC
C[FA,FB]    0.3035982   0.025670558   11.82671   2.840684e-32   FB <--> FA
C[FA,FC]    0.3201239   0.024720524   12.94972   2.358068e-38   FC <--> FA
C[FB,FC]    0.2657256   0.023144249   11.48128   1.638380e-30   FC <--> FB
V[A1]       0.1173741   0.009437168   12.43743   1.636913e-35   A1 <--> A1
V[A2]       0.1159804   0.009829718   11.79895   3.951991e-32   A2 <--> A2
V[A3]       0.1733216   0.012231038   14.17064   1.392326e-45   A3 <--> A3
V[A4]       0.2110982   0.014099940   14.97157   1.126381e-50   A4 <--> A4
V[B1]       0.3094398   0.020603988   15.01844   5.560143e-51   B1 <--> B1
V[B2]       0.1887782   0.014208741   13.28606   2.788655e-40   B2 <--> B2
```

| V[B3] | 0.1510417 | 0.012537119 | 12.04756 | 1.997736e-33 B3 <--> B3 |
|---|---|---|---|---|
| V[B4] | 0.1803511 | 0.013513743 | 13.34576 | 1.253888e-40 B4 <--> B4 |
| V[C1] | 0.2125580 | 0.014175648 | 14.99459 | 7.965825e-51 C1 <--> C1 |
| V[C2] | 0.1962886 | 0.013678555 | 14.35010 | 1.063874e-46 C2 <--> C2 |
| V[C3] | 0.1976280 | 0.014819924 | 13.33529 | 1.442968e-40 C3 <--> C3 |
| V[C4] | 0.1548734 | 0.011801023 | 13.12373 | 2.407940e-39 C4 <--> C4 |

**[說明]**：女生群體的參數估計值與男生群體參數估計值均相同。

將 summary( ) 函數輸出結果界定為物件變數，物件變數名稱為 par.out：

```
> par.out.eq = summary(mg.sem.eq,fit.indices = c("GFI","AGFI","RMSEA","SRMR","CFI"))
```

使用 round( ) 函數輸出元素「$coeff」參數至小數第三位：

```
> round(par.out.eq$coeff,3)
```

| lam[A2:FA] | lam[A3:FA] | lam[A4:FA] | lam[B2:FB] | lam[B3:FB] | lam[B4:FB] | lam[C2:FC] |
|---|---|---|---|---|---|---|
| 1.063 | 0.958 | 0.894 | 1.071 | 1.107 | 1.038 | 1.106 |
| lam[C3:FC] | lam[C4:FC] | V[FA] | V[FB] | V[FC] | C[FA,FB] | C[FA,FC] |
| 1.303 | 1.186 | 0.444 | 0.342 | 0.294 | 0.304 | 0.320 |
| C[FB,FC] | V[A1] | V[A2] | V[A3] | V[A4] | V[B1] | V[B2] |
| 0.266 | 0.117 | 0.116 | 0.173 | 0.211 | 0.309 | 0.189 |
| V[B3] | V[B4] | V[C1] | V[C2] | V[C3] | V[C4] | |
| 0.151 | 0.180 | 0.213 | 0.196 | 0.198 | 0.155 | |

**[說明]**：因為二個群組對應的參數估計值限定為相等，輸出的非標準化參數估計值中沒有增列 [ ].1、[ ].2 符號之群組水準數值，二個群組對應之參數估計值均相同。

使用 stdCoef( ) 函數輸出標準化估計值：

```
> stdCoef(par.out.eq)
 Group:   1 [ 男生群體的標準化估計值 ]
                Std. Estimate
1                   0.8892468 A1 <--- FA
2   lam[A2:FA]      0.9011281 A2 <--- FA
3   lam[A3:FA]      0.8375707 A3 <--- FA
4   lam[A4:FA]      0.7917941 A4 <--- FA
5                   0.7244819 B1 <--- FB
6   lam[B2:FB]      0.8215781 B2 <--- FB
7   lam[B3:FB]      0.8573631 B3 <--- FB
8   lam[B4:FB]      0.8194167 B4 <--- FB
9                   0.7616360 C1 <--- FC
10  lam[C2:FC]      0.8041183 C2 <--- FC
11  lam[C3:FC]      0.8463289 C3 <--- FC
12  lam[C4:FC]      0.8528703 C4 <--- FC
13     V[FA]        1.0000000 FA <--> FA
14     V[FB]        1.0000000 FB <--> FB
15     V[FC]        1.0000000 FC <--> FC
16   C[FA,FB]       0.7796540 FB <--> FA
17   C[FA,FC]       0.8870015 FC <--> FA
18   C[FB,FC]       0.8387151 FC <--> FB
19     V[A1]        0.2092401 A1 <--> A1
20     V[A2]        0.1879681 A2 <--> A2
21     V[A3]        0.2984753 A3 <--> A3
22     V[A4]        0.3730621 A4 <--> A4
23     V[B1]        0.4751260 B1 <--> B1
24     V[B2]        0.3250095 B2 <--> B2
25     V[B3]        0.2649285 B3 <--> B3
26     V[B4]        0.3285563 B4 <--> B4
27     V[C1]        0.4199106 C1 <--> C1
28     V[C2]        0.3533938 C2 <--> C2
```

| 29 | V[C3] | 0.2837274 C3 <--> C3 |
|---|---|---|
| 30 | V[C4] | 0.2726122 C4 <--> C4 |

Group:  2 [ 女生群體的標準化估計值 ]

Std. Estimate

| 1 |  | 0.8892468 A1 <--- FA |
|---|---|---|
| 2 | lam[A2:FA] | 0.9011281 A2 <--- FA |
| 3 | lam[A3:FA] | 0.8375707 A3 <--- FA |
| 4 | lam[A4:FA] | 0.7917941 A4 <--- FA |
| 5 |  | 0.7244819 B1 <--- FB |
| 6 | lam[B2:FB] | 0.8215781 B2 <--- FB |
| 7 | lam[B3:FB] | 0.8573631 B3 <--- FB |
| 8 | lam[B4:FB] | 0.8194167 B4 <--- FB |
| 9 |  | 0.7616360 C1 <--- FC |
| 10 | lam[C2:FC] | 0.8041183 C2 <--- FC |
| 11 | lam[C3:FC] | 0.8463289 C3 <--- FC |
| 12 | lam[C4:FC] | 0.8528703 C4 <--- FC |
| 13 | V[FA] | 1.0000000 FA <--> FA |
| 14 | V[FB] | 1.0000000 FB <--> FB |
| 15 | V[FC] | 1.0000000 FC <--> FC |
| 16 | C[FA,FB] | 0.7796540 FB <--> FA |
| 17 | C[FA,FC] | 0.8870015 FC <--> FA |
| 18 | C[FB,FC] | 0.8387151 FC <--> FB |
| 19 | V[A1] | 0.2092401 A1 <--> A1 |
| 20 | V[A2] | 0.1879681 A2 <--> A2 |
| 21 | V[A3] | 0.2984753 A3 <--> A3 |
| 22 | V[A4] | 0.3730621 A4 <--> A4 |
| 23 | V[B1] | 0.4751260 B1 <--> B1 |
| 24 | V[B2] | 0.3250095 B2 <--> B2 |
| 25 | V[B3] | 0.2649285 B3 <--> B3 |
| 26 | V[B4] | 0.3285563 B4 <--> B4 |
| 27 | V[C1] | 0.4199106 C1 <--> C1 |
| 28 | V[C2] | 0.3533938 C2 <--> C2 |

| 29 | V[C3] | 0.2837274 C3 <--> C3 |
| 30 | V[C4] | 0.2726122 C4 <--> C4 |

**[說明]**：限制模式下，男生群體之標準化估計值與女生群體之標準化估計值均相同，包括因素負荷量、相關係數、測量誤差的變異量，參數標記符號沒有增列群組名稱或水準數值。

　　非限制模式之多群組分析與限制模式之多群組分析參數估計結果摘要表統整如表 4-5。

🍎**表 4-5**　非限制模式之多群組分析與限制模式之多群組分析參數估計結果摘要表

| 參數 | 非限制模式之多群組分析參數值 | | | | 限制模式之多群組分析參數值 | | |
|---|---|---|---|---|---|---|---|
| | 男生群體非標準化估計值 | 女生群體非標準化估計值 | 男生群體標準化估計值 | 女生群體標準化估計值 | 男生（女生）群體非標準化估計值 | 男生群體標準化估計值 | 女生群體標準化估計值 |
| FA->A1 ($\lambda_1$) | 1.000 | 1.000 | 0.889 | 0.889 | 1.000 | 0.889 | 0.889 |
| FA->A2 ($\lambda_2$) | 1.078 | 1.048 | 0.910 | 0.893 | 1.063 | 0.901 | 0.901 |
| FA->A3 ($\lambda_3$) | 0.968 | 0.950 | 0.842 | 0.832 | 0.958 | 0.838 | 0.838 |
| FA->A4 ($\lambda_4$) | 0.848 | 0.940 | 0.776 | 0.808 | 0.894 | 0.792 | 0.792 |
| FB->B1 ($\lambda_5$) | 1.000 | 1.000 | 0.717 | 0.733 | 1.000 | 0.724 | 0.724 |
| FB->B2 ($\lambda_6$) | 0.998 | 1.153 | 0.823 | 0.824 | 1.071 | 0.822 | 0.822 |
| FB->B3 ($\lambda_7$) | 1.078 | 1.140 | 0.862 | 0.853 | 1.107 | 0.857 | 0.857 |
| FB->B4 ($\lambda_8$) | 1.056 | 1.020 | 0.837 | 0.800 | 1.038 | 0.819 | 0.819 |
| FC->C1 ($\lambda_9$) | 1.000 | 1.000 | 0.781 | 0.747 | 1.000 | 0.762 | 0.762 |
| FC->C2 ($\lambda{10}$) | 1.117 | 1.095 | 0.817 | 0.794 | 1.106 | 0.804 | 0.804 |
| FC->C3 ($\lambda_{11}$) | 1.336 | 1.264 | 0.853 | 0.837 | 1.303 | 0.846 | 0.846 |
| FC->C4 ($\lambda_{12}$) | 1.276 | 1.098 | 0.893 | 0.812 | 1.186 | 0.853 | 0.853 |

| | | | | | | | |
|---|---|---|---|---|---|---|---|
| FA<->FB ($\phi_{12}$) | 0.337 | 0.275 | 0.801 | 0.761 | 0.304 | 0.780 | 0.780 |
| FA<->FC ($\phi_{13}$) | 0.329 | 0.313 | 0.889 | 0.886 | 0.320 | 0.887 | 0.887 |
| FB<->FC ($\phi_{23}$) | 0.291 | 0.244 | 0.862 | 0.817 | 0.266 | 0.839 | 0.839 |
| V(A1) ($\delta_1$) | 0.122 | 0.114 | 0.209 | 0.210 | 0.117 | 0.209 | 0.209 |
| V(A2) ($\delta_2$) | 0.112 | 0.119 | 0.173 | 0.203 | 0.116 | 0.188 | 0.188 |
| V(A3) ($\delta_3$) | 0.177 | 0.171 | 0.290 | 0.307 | 0.173 | 0.298 | 0.298 |
| V(A4) ($\delta_4$) | 0.220 | 0.201 | 0.398 | 0.347 | 0.211 | 0.373 | 0.373 |
| V(B1) ($\delta_5$) | 0.362 | 0.263 | 0.486 | 0.463 | 0.309 | 0.475 | 0.475 |
| V(B2) ($\delta_6$) | 0.181 | 0.192 | 0.322 | 0.322 | 0.189 | 0.325 | 0.325 |
| V(B3) ($\delta_7$) | 0.154 | 0.149 | 0.257 | 0.273 | 0.151 | 0.265 | 0.265 |
| V(B4) ($\delta_8$) | 0.182 | 0.179 | 0.299 | 0.361 | 0.180 | 0.329 | 0.329 |
| V(C1) ($\delta_9$) | 0.190 | 0.232 | 0.390 | 0.442 | 0.213 | 0.420 | 0.420 |
| V(C2) ($\delta_{10}$) | 0.184 | 0.205 | 0.332 | 0.369 | 0.196 | 0.353 | 0.353 |
| V(C3) ($\delta_{11}$) | 0.199 | 0.200 | 0.273 | 0.300 | 0.198 | 0.284 | 0.284 |
| V(C4) ($\delta_{12}$) | 0.122 | 0.182 | 0.202 | 0.340 | 0.155 | 0.273 | 0.273 |

## 參考書目

吳明隆（2009）。結構方程模式—方法與實務應用。高雄：麗文。

吳明隆（2013）。結構方程模式—AMOS 的操作與應用（第二版）。台北：五南

麥雅然（2013）。屏東縣國中學生家長教養方式、家庭氣氛與偏差行為相關之研究。

　　高雄師範大學教育學系課程與教學碩士班碩士論文（未出版）。

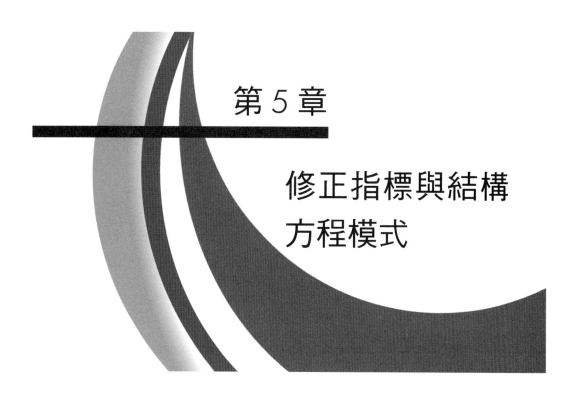

# 第 5 章

# 修正指標與結構方程模式

結構方程模式的假設模型驗證中如果假設模型與樣本資料無法適配，研究者可根據修正指標值（modification indices）進行模型的修正，如增列迴歸係數、共變數或刪除指標變數等，修正的模型不但要有統計依據，更要有理論基礎。

## 壹 修正指標

CFA 模型檢定結果，如果假設模型與樣本資料無法適配，研究者可以根據 R 軟體提供的修正指標值（modification indices）進行模型的修正，模型修正中常用的方法是增列界定同一潛在變數之測量誤差項間的共變關係。

套件 sem 中的函數與 AMOS 統計軟體一樣，也有提供修正指標統計量，其實假設模型的修正應有理論基礎或實務經驗導引，不能只依據修正指標值進行假設模型修正，否則模型的驗證即成為一種「統計導向」而非「理論導向」。對於假模型修正議題，MacCallum（1986, p.18）認為模型修正的理論導向（theory driven）應佔十分之九，資料導向（data driven）只能佔十分之一，持續的研究是重新修正模型，蒐集資料進行修正模型的驗證。

套件 sem 中的修正指標函數為 modIndices( )，函數 modIndices( ) 基本使用語法如：

```
modIndices(model)
print(object, n.largest=5)
summary(object, round=2,print.matrices=c("both", "par.change", "mod.indices"))
```

引數 model 為 sem( ) 函數物件（內定模式估計法為最大概似法 objectiveML）。使用 print( ) 函數或 summary( ) 輸出結果之引數 object 為 modIndices( ) 函數物件。引數 n.largest 界定 RAM 模型中輸出每個 A 矩陣（增列迴歸係數）與 P 矩陣（增列變異數或共變數）修正指標的個數（依修正指標值遞減排列）。引數 round 輸出修正指標參數的小數點至小數第幾位。引數 print. matrices 界定選項為「both」，表示同時輸出參數改變值（選項為 "par.change"）與修正指標值（選項為 "mod.indices"）。

 一、初始模型

「家庭氣氛」量表初始模型為三因素斜交模式，12 個觀察變數之測量誤差項間沒有相關，以 specifyModel( ) 函數界定 CFA 模型如下：

```
## 使用資料框架物件進行 CFA
library(sem)      ## 以 library( ) 函數載入套件 sem
temp<-read.csv("cfa_2.csv",header=T)   ## 以 read.csv( ) 函數載入資料檔
names(temp)                    ## 以 names( ) 函數查看資料框架物件變數
fcdata<-temp[3:14]       ## 以變數索引界定家庭氣氛量表 12 題的測量變數
m.cfa=specifyModel(text="
FA -> A1, lam11
FA -> A2, lam21
FA -> A3, lam31
FA -> A4, lam41
FB -> B1, lam12
FB -> B2, lam22
FB -> B3, lam32
FB -> B4, lam42
FC -> C1, lam13
FC -> C2, lam23
```

```
FC -> C3, lam33
FC -> C4, lam43
FA <-> FA, NA    , 1   ## 界定潛在變數 FA( 因子 ) 的變異數為 1
FB <-> FB, NA    , 1   ## 界定潛在變數 FB( 因子 ) 的變異數為 1
FC <-> FC, NA    , 1   ## 界定潛在變數 FC( 因子 ) 的變異數為 1
FA <-> FB, ph12        ## 界定潛在變數 FA、FB 的共變數為自由參數
FA <-> FC, ph13        ## 界定潛在變數 FA、FC 的共變數為自由參數
FB <-> FC, ph23        ## 界定潛在變數 FB、FC 的共變數為自由參數
")                     ## 模型方程界定的結束列，text=" 為起始列
m.sem=sem(m.cfa, data=fcdata) ## 以 sem( ) 函數界定 sem 物件
summary(m.sem,fit.indices=c("GFI","RMSEA","SRMR","CFI"))
```

　　R 主控台輸出結果如下：

```
Model Chisquare =  172.4315   Df =  51 Pr(>Chisq) = 4.28418e-15
 Goodness-of-fit index =  0.9504035
 RMSEA index =  0.06440575   90% CI: (0.05397888, 0.0751149)
 Bentler CFI =  0.9773284
 SRMR =  0.02671355
```

**[ 說明 ]**：整體模式適配度卡方值統計量 =172.43、自由度 =51，顯著性 $p = 0.000$ < 0.05，GFI 值 =0.95、RMSEA 值 =0.06、CFI=0.98、SRMR=0.03。

　　使用 modIndices( ) 函數建立修正指標物件，函數物件名稱設定為 modi：

```
> modi=modIndices(m.sem)
```

　　使用 print( ) 函數查看 A 矩陣與 P 矩陣中修正指標值改變最大的七個，引數 n.largest 選項設定「=7」：

```
> print(modi,n.largest=7)
 7 largest modification indices, A matrix (regression coefficients):
A1<-A2   A2<-A1   C3<-C4   C4<-C3   A4<-C3   B2<-B3   B3<-B2
58.48187 58.48173 28.67863 28.67824 26.09300 19.00746 19.00725
```

**[說明]**：增列影響路徑係數後（迴歸係數）之卡方值預估的變化情況，print( ) 函數輸出的修正指標會依修正指標值遞減排列，R 軟體輸出的修正指標值較 AMOS 報表更容易解讀。A 矩陣中增列界定觀察變數（指標變數）對觀察變數的影響路徑，無法對 CFA 假設模型作出合理的解釋，因而 A 矩陣中的修正指標較少使用，但若是指標變數具有跨因素效度（同時反映二個潛在因子變數），修正指標也可以採用 A 矩陣的徑路：潛在變數指向觀察變數。

------------------------------------------------------------------

```
 7 largest modification indices, P matrix (variances/covariances):
 A2<->A1  C4<->C3  B3<->B2  FA<->A4  C3<->A4  FB<->C3  FA<->A2
58.48203 28.67811 19.00728 18.46488 16.79758 13.86218 13.54862
```

**[說明]**：增列內因觀察變數之測量誤差項有共變關係後（二個測量誤差項間有相關），模式適配度卡方值統計量預估的變化情況。範例中最大的修正指標值為增列觀察變數 A2 與觀察變數 A1 之測量誤差項間的共變關係（**A2<->A1**），參數值從固定參數變為待估計的自由參數後，修正模型的卡方值統計量與初始模型的卡方值統計量約相差 58.48。次大的修正指標值為界定觀察變數 C4 與觀察變數 C3 之測量誤差項間的相關（修正指標值為 28.68，表示修正模型與初始模型相較之下，卡方值統計量預估會減少約 28.68）。

　　CFA 模型的修正，一般是優先增列界定同一潛在變數之觀察變數的測量誤差項間有共變關係，增列影響路徑係數是沒有意義的，除了潛在變數（因素構念）對跨潛在變數觀察變數的影響路徑（此種指標變數同時反映二個潛在變數，表示指標變數具有跨因素效度）。範例中 P 矩陣修正指標值變化最大者為增列觀察變數 A2 與觀察變數 A1 之測量誤差項有共變關係（**A2<->A1**），參數設為待估計的自由參數後，卡方的變化值約 58.48（模式卡方值統計量愈小，表示假設模型的適配度愈好；卡方值統計量愈小，對應的適配度統計量愈會接近模式適配標準）。

　　使用 summary( ) 函數輸出參數改變與修正指標，引數 print.matrices 選項界定為「=both」（同時輸出參數改變量數與修正指標值）：

```
> summary(modi,round=2,print.matrices="both")
 Parameter change: A matrix (regression coefficients, row <- column)
            A1          A2          A3           A4          B1          B2
A1          NA  0.58266336 -0.15557867 -0.114815202  0.003939602 -0.09401302
A2  0.57335580          NA -0.07986155 -0.132713679 -0.021997129 -0.07372309
A3 -0.22717253 -0.11850766          NA  0.100417495 -0.002762330  0.10566865
A4 -0.20422212 -0.23988958  0.12232970           NA  0.034795486  0.09038594
B1  0.03418533  0.01658214 -0.04947159  0.002067989          NA -0.07872436
```
< 略 >

**[說明]**：A 矩陣之參數改變為增列影響路徑後，路徑係數值的變化情況（預估之參數改變值），迴歸係數路徑為直行指向橫列，範例中增列「**A2 -> A1**」影響路徑，路徑係數估計值為 0.58，路徑係數值為正，表示外因變數（因變數）對內因變數（果變數）的影響為正向；增列「**A1 ->B1**」影響路徑，路徑係數估計值為 0.03。

--------------------------------------------------------------------

```
Modification indices: A matrix (regression coefficients, row <- column)
     A1    A2    A3    A4    B1    B2    B3    B4    C1    C2    C3    C4    FA
A1   NA 58.48  9.65  7.41  0.02  9.58  0.35  1.99  0.64  9.05  0.68  1.87    NA
A2 58.48   NA  2.35  9.30  0.69  5.63  5.05  1.66  0.00  1.94 13.13  3.37    NA
A3  9.65  2.35   NA  4.76  0.01  9.69  1.41  8.87  0.57  1.03  5.00  3.86    NA
A4  7.41  9.30  4.76   NA  1.23  6.23  2.64  0.59  2.11  6.28 26.09  1.89    NA
B1  0.48  0.12  1.19  0.00   NA  1.33  1.03  4.29  0.23  1.29  0.53  0.01  0.02
```
< 略 >

**[說明]**：A 矩陣之修正指標為增列影響路徑後，整體模式卡方值統計量降低量數的估計值，範例中增列「**A2 -> A1**」影響路徑，卡方值變化差異值（減少）約為 58.48（與初始模型卡方值相較之下，修正模型的卡方值會減少約58.48）；增列「**A1 ->B1**」影響路徑後，卡方值變化差異值（減少）約為 0.48（參數改變值為 0.03，影響路徑為正向關係）。

--------------------------------------------------------------------

```
Parameter change: P matrix (variances/covariances)
            A1              A2              A3              A4              B1
A1          NA       0.067837855     -0.026877726    -0.0241631291    0.0096573872

A2  0.0678378546         NA          -0.013796769    -0.0279298616    0.0042981492

A3 -0.0268777256    -0.013796769         NA           0.0211335274   -0.0183283527

A4 -0.0241631291    -0.027929862     0.021133527          NA          -0.0004400246

B1  0.0096573872     0.004298149    -0.018328353    -0.0004400246         NA
```
<略>

**[說明]**：P 矩陣之參數改變為增列二個變數（或測量誤差項）的共變關係後，共變數的預估值，參數改變值如大於 0，表示二個變數（或測量誤差項）為正相關；參數改變值如小於 0，表示二個變數（或測量誤差項）為負相關，範例中增列「觀察變數 A2 與 A1 之測量誤差項」的共變關係後，共變數預估值約為 0.068；增列「觀察變數 A1 與 B1 之測量誤差項」的共變關係後，共變數預估值約為 0.010。

------------------------------------------------------------

```
Modification indices: P matrix (variances/covariances)
     A1    A2    A3    A4    B1    B2    B3    B4    C1    C2    C3     C4     FA
A1   NA  58.48  9.65  7.41  0.99  9.83  5.41  0.63  0.00  5.85  0.10   0.11   6.75

A2 58.48   NA   2.35  9.30  0.19  1.46  0.86  0.08  1.64  0.03  7.26   0.21  13.55

A3  9.65  2.35   NA   4.76  2.75  4.83  0.66  4.04  0.08  0.02  1.50   0.74   9.88

A4  7.41  9.30  4.76   NA   0.00  2.42  0.02  0.82  0.00  0.94 16.80   0.58  18.46

B1  0.99  0.19  2.75  0.00   NA   1.33  1.03  4.29  0.23  1.74  1.25   0.07   0.00
```
<略>

**[說明]**：P 矩陣之修正指標為增列二個變數（或測量誤差項）的共變關係後，整體模式卡方值的變化情形（卡方值降低值的預估），範例中增列「觀察變數 A2 與 A1 之測量誤差項」間的共變關係後，卡方值的變化約為 58.48；增列「觀察變數 A1 與 B1 之測量誤差項」間的共變關係後，卡方值的變化約為 0.99。

## 二、修正模型 [1]

模型修正程序，每次只能釋放一個參數（將一個固定參數改為自由參數），修

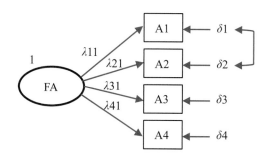

● 圖 **5-1** 「家庭情感」（FA 因素）潛在變數的測量模式修正

正模型與初始模型（基準模型）相較之下，待估計的自由參數多一個，因而模式自由度會減少一個。

第一次修正的 CFA 模型為增列界定觀察變數 A1、A2 的測量誤差項間有相關。「家庭情感」（FA 因素）潛在變數的測量模式修正如圖 5-1。

增列界定觀察變數 A1、A2 的測量誤差項有共變關係，CFA 模型方程為：

```
## 界定 A1 與 A2 誤差項有相關
m.cfa=specifyModel(text="
FA -> A1, lam11
FA -> A2, lam21
FA -> A3, lam31
FA -> A4, lam41
FB -> B1, lam12
FB -> B2, lam22
FB -> B3, lam32
FB -> B4, lam42
FC -> C1, lam13
FC -> C2, lam23
FC -> C3, lam33
FC -> C4, lam43
FA <-> FA, NA    , 1
FB <-> FB, NA    , 1
FC <-> FC, NA    , 1
```

```
FA <-> FB, ph12
FA <-> FC, ph13
FB <-> FC, ph23
A1 <-> A2, deph1    ## 增列 A1、A2 二個觀察變數的測量誤差項間有共變關
係
")
m.sem=sem(m.cfa, data=fcdata)
summary(m.sem,fit.indices=c("GFI","RMSEA","SRMR","CFI"))
```

R 主控台執行結果如下：

```
Model Chisquare =   120.777    Df =   50 Pr(>Chisq) = 8.64175e-08
 Goodness-of-fit index =   0.9661795
 RMSEA index =  0.04965981    90% CI: (0.03841873, 0.06102904)
 Bentler CFI =   0.9867858
 SRMR =   0.02143179
```

[說明]：整體模式適配度卡方值統計量 = 120.78、自由度 = 50，顯著性 $p$ = 0.000 < 0.05，GFI 值 = 0.967（初始模型為 0.950）、RMSEA 值 = 0.050（初始模型為 0.064）、CFI = 0.987（初始模型為 0.977）、SRMR = 0.021（初始模型為 0.027）。初始模型之模式適配度卡方值統計量 = 172.43（自由度 = 51），界定二個測量誤差項有相關，整體模式適配度的卡方值降低 51.95（= 172.43 − 120.48，修正指標預估計值為 58.48），與初始模型（基準模型）相較之下，修正模型 [1] 的卡方值差異量達到統計顯著水準（自由度 = 1 的卡方差異符合卡方分配），其餘適配度統計量皆較佳。

------------------------------------------------------------------------

```
Parameter Estimates
        Estimate    Std Error   z value     Pr(>|z|)
lam11 0.63433316  0.02600736  24.390520  2.155986e-131 A1 <--- FA
<略>
ph23  0.83880583  0.01816175  46.185294   0.000000e+00 FC <--> FB
deph1 0.06548101  0.01055106   6.206108   5.431288e-10 A2 <--> A1
```

**[ 說明 ]**：觀察變數 A1 與觀察變數 A2 測量誤差項間的共變數估計值 = 0.065（修正指標之參數改變預估值為 0.067），估計值標準誤 = 0.01，顯著性 $p = 0.000 < 0.05$。

使用 modIndices( ) 函數與 print( ) 函數查看輸出前七個較大的修正指標值，引數 n.largest 界定「 **=7** 」：

```
> modi=modIndices(m.sem)
> print(modi,n.largest=7)
 7 largest modification indices, A matrix (regression coefficients):
   C3<-C4    C4<-C3    B3<-B2    B2<-B3    FB<-C3    C3<-FB    C3<-B3
26.99376 26.99351 18.47909 18.47900 15.58248 14.70788 13.46754
```

**[ 說明 ]**：A 矩陣修正指標為增列變數間的影響路徑（增列迴歸係數）。
--------------------------------------------------------------------------
```
7 largest modification indices, P matrix (variances/covariances):
  C4<->C3    B3<->B2    FB<->C3   C3<->A4   FB<->C2   C2<->C1   C3<->C1
26.993876 18.478809 15.582531 12.083225 11.714385 10.212584  9.227808
```

**[ 說明 ]**：$P$ 矩陣（變異數 / 共變數）最大的修正指標為增列觀察變數 C4 與觀察變數 C3 的測量誤差項間的共變關係（ **C4<->C3** ），參數值由固定參數變為待估計的自由參數後，與前一個模型（修正模型 [1]）卡方值統計量的差異值預估為 26.99。

## 三、修正模型 [2]

修正模型 [2] 除界定觀察變數 A1、A2 的測量誤差項有相關外，增列界定觀察變數 C3、C4 的測量誤差項也有相關，修正模型 [2] 的假設模型，如圖 5-2。

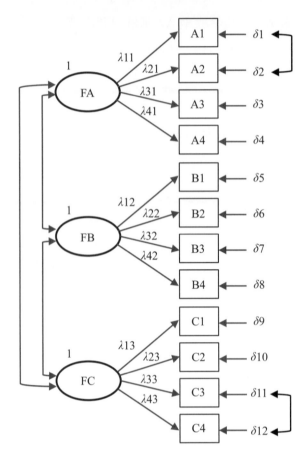

●圖 5-2　修正模型 [2] 的假設模型圖


　　修正模型 [2] 假設模型圖對應的 R 編輯器的語法指令為：

```
m.cfa=specifyModel(text="
FA -> A1, lam11
FA -> A2, lam21
FA -> A3, lam31
FA -> A4, lam41
FB -> B1, lam12
FB -> B2, lam22
FB -> B3, lam32
FB -> B4, lam42
```

```
FC -> C1, lam13
FC -> C2, lam23
FC -> C3, lam33
FC -> C4, lam43
FA <-> FA, NA    , 1   ## 界定潛在變數 FA 的變異數為 1
FB <-> FB, NA    , 1   ## 界定潛在變數 FB 的變異數為 1
FC <-> FC, NA    , 1   ## 界定潛在變數 FC 的變異數為 1
FA <-> FB, ph12     ## 界定潛在變數 FA、FB 的共變數為自由參數
FA <-> FC, ph13     ## 界定潛在變數 FA、FC 的共變數為自由參數
FB <-> FC, ph23     ## 界定潛在變數 FB、FC 的共變數為自由參數
A1 <-> A2, deph1   ## 增列 A1、A2 二個觀察變數的測量誤差項間有共變關係
C3 <-> C4, deph2   ## 增列 C3、C4 二個觀察變數的測量誤差項間有共變關係
")
m.sem=sem(m.cfa, data=fcdata)
summary(m.sem,fit.indices=c("GFI","RMSEA","SRMR","CFI"))
```

　　R 主控台執行結果如下：

```
Model Chisquare =  95.9696   Df =  49 Pr(>Chisq) = 6.976137e-05
 Goodness-of-fit index =  0.9736953
 RMSEA index =  0.04086528   90% CI: (0.02858132, 0.05291584)
 Bentler CFI =  0.9912307
 SRMR =  0.0187815
```

**[說明]**：整體模式適配度卡方值統計量 = 95.97、自由度 = 49，顯著性 $p = 0.000$ < 0.05，GFI 值 = 0.97、RMSEA 值 = 0.04、CFI 值 = 0.99、SRMR = 0.02。初始模型之模式適配度卡方值統計量 =172.43（自由度 =51）、修正模型 [1] 之模式適配度卡方值統計量 = 120.48（自由度 = 50）、修正模型 [2] 之模式適配度卡方值統計量 = 95.97（自由度 = 49），與修正模型 [1] 相較之下，修正模型 [2] 的整體模式適配度的卡方值降低 24.81（= 120.78 − 95.97，修正指標值為 26.99）

```
-----------------------------------------------------------------
Parameter Estimates
```

```
        Estimate    Std Error   z value    Pr(>|z|)
lam11 0.63429108 0.02602442 24.372920 3.313815e-131 A1 <--- FA
<略>
deph1 0.06480887 0.01057278  6.129788  8.799634e-10 A2 <--> A1
deph2 0.05440481 0.01200300  4.532602  5.826154e-06 C4 <--> C3
```

**[說明]**：「C4 <--> C3」列為觀察變數 C4、C3 之測量誤差項的共變數估計值，共變數估計值 = 0.054、估計值標準誤 = 0.012，顯著性 $p$ = 0.000 < 0.05，達到統計顯著水準。

使用 print( ) 函數輸出 modIndices( ) 函數物件：

```
> modi=modIndices(m.sem)
> print(modi,n.largest=7)
7 largest modification indices, A matrix (regression coefficients):
C3<-A4    B2<-B3    B3<-B2    FA<-C3    FA<-C2    C2<-FA    A4<-C3
21.01067 18.86432 18.86397 18.07537 15.50268 15.43372 14.55285
```

**[說明]**：增列路徑係數之修正模型，卡方值變化量最大的前七個路徑。

------------------------------------------------------------------

```
7 largest modification indices, P matrix (variances/covariances):
B3<->B2    C3<->A4    FA<->C2    FA<->C3    FB<->C3    FB<->B4    B3<->A1
18.864284 16.129664 15.503427 13.547448  8.680818  7.553562  6.892243
```

**[說明]**：P 矩陣中最大修正指標為增列界定觀察變數 B3、B2 之測量誤差項間有相關，修正指標值為 18.86。

 四、修正模型 [3]

修正模型 [3] 除界定觀察變數 A1、A2 的測量誤差項有相關及觀察變數 C3、C4 的測量誤差項有相關外，增列界定觀察變數 B3、B2 的測量誤差項也有相關，R 編輯器的語法指令為：

```
m.cfa=specifyModel(text="
FA -> A1, lam11
FA -> A2, lam21
FA -> A3, lam31
FA -> A4, lam41
FB -> B1, lam12
FB -> B2, lam22
FB -> B3, lam32
FB -> B4, lam42
FC -> C1, lam13
FC -> C2, lam23
FC -> C3, lam33
FC -> C4, lam43
FA <-> FA, NA    , 1
FB <-> FB, NA    , 1
FC <-> FC, NA    , 1
FA <-> FB, ph12
FA <-> FC, ph13
FB <-> FC, ph23
A1 <-> A2, deph1 ## 增列 A1、A2 二個觀察變數的測量誤差項間有共變關係
C3 <-> C4, deph2 ## 增列 C3、C4 二個觀察變數的測量誤差項間有共變關係
B3 <-> B2, deph3 ## 增列 B3、B2 二個觀察變數的測量誤差項間有共變關係
")
m.sem=sem(m.cfa, data=fcdata)
summary(m.sem,fit.indices=c("GFI","RMSEA","SRMR","CFI"))
```

修正模型 [3] 的假設模型圖，如圖 5-3 所示：

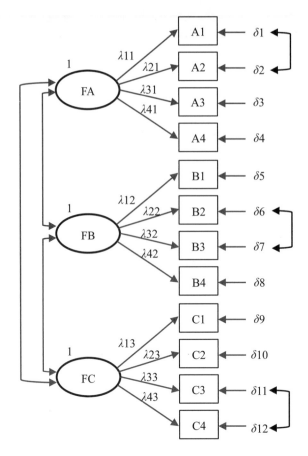

● 圖 **5-3**　修正模型 [3] 的假設模型圖

　　R 主控台執行結果如下：

```
Model Chisquare =  78.31328    Df =   48 Pr(>Chisq) = 0.003726065
 Goodness-of-fit index =  0.97845
 RMSEA index =  0.03316957    90% CI: (0.01898905, 0.0461151)
 Bentler CFI =  0.9943404
 SRMR =  0.01663266
```

**[ 說明 ]**：整體模式適配度卡方值統計量 = 78.31、自由度 = 48，顯著性 $p = 0.004$ < 0.05，GFI 值 = 0.98、RMSEA 值 = 0.03、CFI 值 = 0.99、SRMR = 0.02。修正模型 [2] 之模式適配度卡方值統計量 = 95.97（自由度 = 49），修正模型 [3] 之模式適配度卡方值統計量 = 78.31（自由度 = 48）。與修正模型 [2] 相較之下，修

正模型 [3] 的整體模式適配度的卡方值降低 17.66（= 95.97 − 78.31，修正指標值為 18.86）。

---

```
Parameter Estimates
      Estimate    Std Error   z value    Pr(>|z|)
lam11 0.63446642 0.02602146 24.382432 2.626942e-131 A1 <--- FA
< 略 >
deph1 0.06449829 0.01056354  6.105744  1.023231e-09 A2 <--> A1
deph2 0.05475315 0.01200112  4.562338  5.058718e-06 C4 <--> C3
deph3 0.04845758 0.01236936  3.917549  8.945387e-05 B2 <--> B3
```

**[說明]**：「B2 <--> B3」列為觀察變數 B2、B3 之測量誤差項的共變數估計值，共變數估計值 = 0.048、估計值標準誤 = 0.012，顯著性 $p = 0.000 < 0.05$，達到統計顯著水準。

---

使用 stdCoef( ) 函數建立標準化估計值物件，配合元素使用讓標準化估計值（元素 $"Std. Estimate"）輸出至小數第二位，範例中的 m.std 物件為資料框架（"data. frame"），資料框架物件的變數名稱為 " "、"Std. Estimate"、" "，標準化估計值的變數名稱為 "Std. Estimate"：

---

```
> m.std=stdCoef(m.sem)
> m.std$"Std. Estimate"=(round(stdCoef(m.sem)[2],2))
> print(m.std)
          Std. Estimate
1  lam11          0.84 A1 <--- FA
2  lam21          0.86 A2 <--- FA
3  lam31          0.85 A3 <--- FA
4  lam41          0.81 A4 <--- FA
5  lam12          0.73 B1 <--- FB
6  lam22          0.79 B2 <--- FB
7  lam32          0.83 B3 <--- FB
8  lam42          0.84 B4 <--- FB
```

```
9   lam13          0.77 C1 <--- FC

10  lam23          0.81 C2 <--- FC

11  lam33          0.82 C3 <--- FC

12  lam43          0.82 C4 <--- FC
```

[說明]：12 個觀察變數的因素負荷量。

------------------------------------------------------------------------

```
13                 1.00 FA <--> FA

14                 1.00 FB <--> FB

15                 1.00 FC <--> FC

16  ph12           0.81 FB <--> FA

17  ph13           0.92 FC <--> FA

18  ph23           0.87 FC <--> FB
```

[說明]：三個潛在變數的變異數為 1，三組潛在變數間的相關係數為 0.81、0.92、0.87。

------------------------------------------------------------------------

```
19  deph1          0.11 A2 <--> A1

20  deph2          0.09 C4 <--> C3

21  deph3          0.08 B2 <--> B3
```

[說明]：觀察變數 A1、A2 測量誤差項間的相關係數 = 0.11，觀察變數 C3、C4 測量誤差項間的相關係數 = 0.09，觀察變數 B2、B3 測量誤差項間的相關係數 = 0.08。

------------------------------------------------------------------------

```
22  V[A1]          0.29 A1 <--> A1

23  V[A2]          0.26 A2 <--> A2

24  V[A3]          0.27 A3 <--> A3

25  V[A4]          0.34 A4 <--> A4

26  V[B1]          0.46 B1 <--> B1

27  V[B2]          0.38 B2 <--> B2

28  V[B3]          0.32 B3 <--> B3

29  V[B4]          0.30 B4 <--> B4

30  V[C1]          0.41 C1 <--> C1

31  V[C2]          0.34 C2 <--> C2
```

```
32 V[C3]          0.33 C3 <--> C3
33 V[C4]          0.32 C4 <--> C4
```

**[ 說明 ]**：12 個觀察變數無法反映潛在變數的變異量（＝ 1 − $R^2$）。

以 R 軟體繪製修正模型 [3] 標準化估計值徑路圖，對應函數為 pathDiagram( )：

---

## 繪製標準化估計值徑路圖

```
pathDiagram(m.sem,standardize=TRUE,edge.labels="values",size=c(10,10)
,ignore.double=FALSE,error.nodes=TRUE,edge.font=c("Calibri",15)
,node.font=c("Calibri",15),node.colors=c("pink","yellow"))
```

---

修正模型 [3] 標準化估計值徑路圖（虛線圓形框為修正指標增列的共變關係），如圖 5-4。

以 R 軟體繪製修正模型 [3] 非標準化估計值徑路圖，對應函數為 pathDiagram( )：

---

```
pathDiagram(m.sem,standardize=FALSE,edge.labels="values",size=c(10,10)
,ignore.double=FALSE,error.nodes=TRUE,edge.font=c("Calibri",15)
,node.font=c("Calibri",15),node.colors=c("pink","yellow"))
```

---

修正模型 [3] 非標準化估計值徑路圖（虛線圓形框為修正指標增列的共變關係），如圖 5-5。

使用 summary( ) 函數物件元素「$coeff」輸出非標準化估計值至小數第二位：

---

```
> par.ust=summary(m.sem)
> par.all=round(par.ust$coeff[1:4],2)
> par.all$lab=par.ust$coeff[5]
```

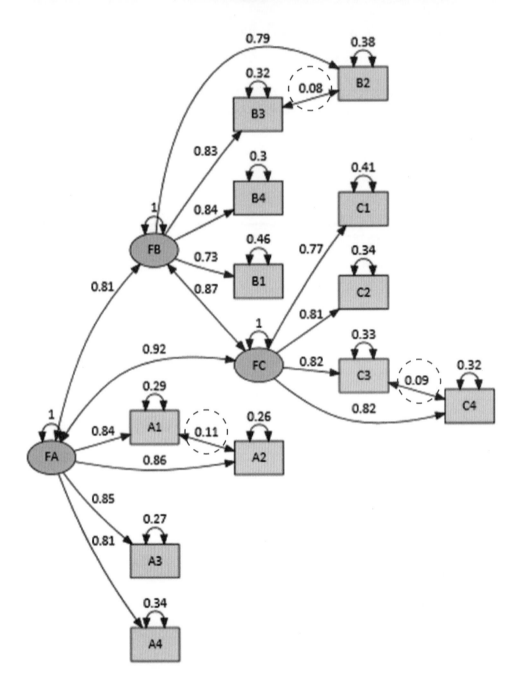

🍎圖 5-4　修正模型 [3] 標準化估計值徑路圖

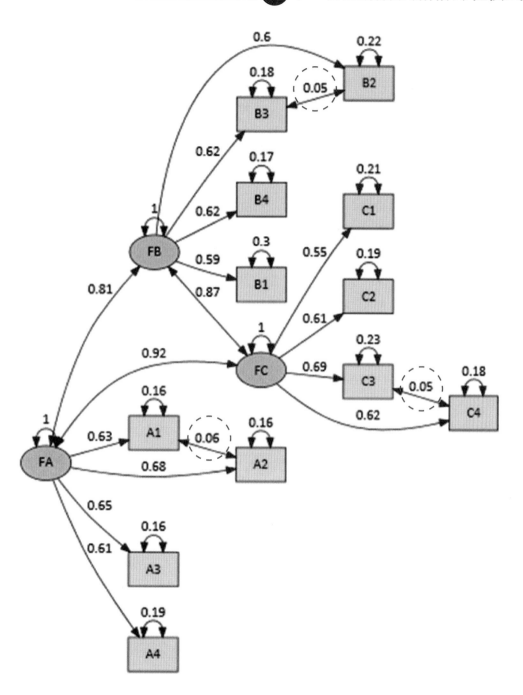

**圖 5-5** 修正模型 [3] 非標準化估計值徑路圖

```
> par.all
          Estimate   Std Error   z value   Pr(>|z|)
lam11      0.63        0.03       24.38     0  A1 <--- FA
lam21      0.68        0.03       25.12     0  A2 <--- FA
lam31      0.65        0.03       24.96     0  A3 <--- FA
lam41      0.61        0.03       23.03     0  A4 <--- FA
lam12      0.59        0.03       19.65     0  B1 <--- FB
lam22      0.60        0.03       21.60     0  B2 <--- FB
lam32      0.62        0.03       23.22     0  B3 <--- FB
lam42      0.62        0.03       23.75     0  B4 <--- FB
lam13      0.55        0.03       21.34     0  C1 <--- FC
lam23      0.61        0.03       23.04     0  C2 <--- FC
lam33      0.69        0.03       23.29     0  C3 <--- FC
lam43      0.62        0.03       23.39     0  C4 <--- FC
ph12       0.81        0.02       39.40     0  FB <--> FA
ph13       0.92        0.01       66.96     0  FC <--> FA
ph23       0.87        0.02       48.57     0  FC <--> FB
deph1      0.06        0.01        6.11     0  A2 <--> A1
deph2      0.05        0.01        4.56        C4 <--> C3
deph3      0.05        0.01        3.92     0  B2 <--> B3
```

**[說明]**：增列的三個共變數均達統計顯著水準（$p = 0.000 < 0.05$），三個配對測量誤差項之關係均為顯著正相關。

---------------------------------------------------------------

```
V[A1]      0.16        0.01       12.66     0  A1 <--> A1
V[A2]      0.16        0.01       12.20     0  A2 <--> A2
V[A3]      0.16        0.01       12.82     0  A3 <--> A3
V[A4]      0.19        0.01       14.05     0  A4 <--> A4
V[B1]      0.30        0.02       14.65     0  B1 <--> B1
V[B2]      0.22        0.02       12.95     0  B2 <--> B2
V[B3]      0.18        0.01       12.03     0  B3 <--> B3
V[B4]      0.17        0.01       12.21     0  B4 <--> B4
V[C1]      0.21        0.01       14.70     0  C1 <--> C1
```

| | | | | |
|---|---|---|---|---|
| V[C2] | 0.19 | 0.01 | 13.93 | 0 C2 <--> C2 |
| V[C3] | 0.23 | 0.02 | 13.23 | 0 C3 <--> C3 |
| V[C4] | 0.18 | 0.01 | 13.18 | 0 C4 <--> C4 |

**[說明]**：觀察變數之測量誤差項的變異數均大於 0.000，且達統計顯著水準。

## 貳　潛在變數徑路分析Ⅰ

　　範例以教師正向領導、班級氣氛、學生學習態度、學習自我效能間的完整潛在變數模型為例，外因潛在變數教師正向領導（FA）有三個觀察變數（XA1、XA2、XA3），外因潛在變數學生知覺的班級氣氛（FB）有四個觀察變數（XB1、XB2、XB3、XB4），內因潛在變數（中介變數）學生學習態度（FC）有二個觀察變數（YA1、YA2），內因潛在變數學生學習自我效能（FD）有三個觀察變數（YB1、YB2、YB3），四個變數影響路徑之結構模式圖，如圖 5-6。

　　LISREL 參數矩陣符號中，外因潛在變數與外因潛在變數間共變關係的符號為 $\Phi$（phi），外因潛在變數對內因潛在變數影響的路徑係數符號為 $\gamma$（gamma），內因潛在變數對內因潛在變數影響的路徑係數符號為 $\beta$（beta）。套件 sem 在模型方程界定中參數標記不一定要採用 LISREL 參數矩陣符號，研究者可以自行界定，只要不要將二條影響路徑係數之參數標記界定相同即可（參數標記設為相同，表示二條影響路徑估計值相同）。

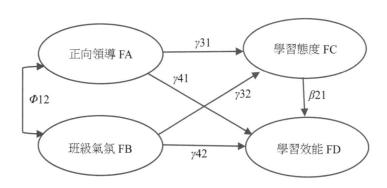

🍎**圖 5-6**　四個變數影響路徑之結構模式圖

## 一、二個潛在變數影響的路徑圖

使用 names() 函數查看資料框架物件的變數名稱，12 個觀察變數的索引為 3 至 14，只包含觀察變數資料框架的物件名稱設定為 obsdata：

```
>temp<-read.csv("sem_1.csv",header=T)
> names(temp)
[1] "AREA" "SIZE" "XA1"   "XA2"   "XA3"   "XB1"   "XB2"   "XB3"
"XB4" "YA1"
[11] "YA2"   "YB1"   "YB2"   "YB3"
> obsdata=temp[3:14]
```

範例影響路徑圖的外因潛在變數為「教師正向領導」、內因潛在變數為「學生學習自我效能」，二個潛在變數各有三個指標變數，假設模型的徑路圖如下。徑路圖中二個測量模型的潛在變數（FA、FD 因素構念）的變異數設定為 1，指標變數均為自由參數（沒有參照指標）（R 軟體中將各測量模式之潛在變數的變異數設為 1，對應的語法指令較簡便），如圖 5-7。

假設模型對應的 R 編輯器視窗語法指令為：

```
mod=specifyModel(text="
FA -> XA1, lam1a, NA
```

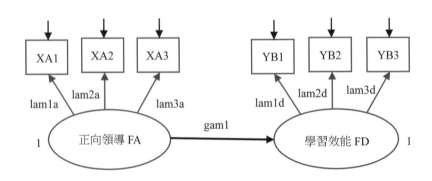

圖 5-7　二個潛在變數各有三個指標變數，假設模型的徑路圖

```
FA -> XA2, lam2a, NA
FA -> XA3, lam3a, NA
FD -> YB1, lam1d, NA
FD -> YB2, lam2d, NA
FD -> YB3, lam3d, NA
FA <-> FA, NA    , 1
FD <-> FD, NA    , 1
FA -> FD , gam1 , NA
")
m.sem=sem(mod, data=obsdata)
summary(m.sem,fit.indices=c("GFI","RMSEA","SRMR","CFI","AGFI","NFI"))
```

　　R 主控台執行結果如下：

```
Warning message:
In sem.semmod(mod, data = obsdata) :
  The following observed variables are in the input covariance
or raw-moment matrix but do not appear in the model:
XB1, XB2, XB3, XB4, YA1, YA2
```

**[說明]**：六個觀察變數出現在原始資料之共變數矩陣內，但未於假設模型中出現，此種警告訊息不會影響 SEM 參數估計的正確性。

--------------------------------------------------------------

```
 Model Chisquare =  38.6152   Df =  8 Pr(>Chisq) = 5.792845e-06
 Goodness-of-fit index =  0.9770858
 Adjusted goodness-of-fit index =  0.9398502
 RMSEA index =  0.08349056   90% CI: (0.05822917, 0.1107438)
 Bentler-Bonett NFI =  0.9810076
 Bentler CFI =  0.9848304
 SRMR =  0.0294845
```

**[說明]**：整體模式適配度卡方值統計量 = 38.62、自由度 = 8，顯著性 $p = 0.000$

< 0.05，卡方自由度比值 = 38.6152/8 = 4.827（大於 3.000 適配標準）。GFI 值
= 0.977（達到適配標準）、AGFI 值 = 0.940（達到適配標準）、RMSEA 值 = 0.083
（未達小於 .080 的適配標準）、NFI 值 = 0.981（達到適配標準）、CFI 值 = 0.985
（達到適配標準）、SRMR = 0.029（達到適配標準），假設模型與樣本資料可
以契合（或適配）。

```
R-square for Endogenous Variables
  XA1      XA2      XA3      FD       YB1      YB2      YB3
0.2875   0.7316   0.5325   0.5529   0.7939   0.8874   0.7305
```

**[說明]**：外因潛在變數 FA 三個指標變數 XA1、XA2、XA3 的 R 平方值分別
為 0.29、0.73、0.53；內因潛在變數 FD 三個指標變數 YB1、YB2、YB3 的 R
平方值分別為 0.79、0.89、0.73；教師正向領導（外因潛在變數 FA）可以解釋
學生學習自我效能（內因潛在變數 FD）的變異量為 55%，無法解釋的變異量
為 .45（預測殘差值，標準化估計值中的內因潛在變數 FD <-> FD 的變異數參
數，參數值為預測殘差）。

```
Parameter Estimates
       Estimate    Std Error    z value    Pr(>|z|)
lam1a  0.42921982  0.034405902  12.475180  1.019754e-35  XA1 <--- FA
lam2a  0.56599600  0.025656111  22.060865  7.513266e-108 XA2 <--- FA
lam3a  0.55459508  0.030584720  18.133077  1.747046e-73  XA3 <--- FA
lam1d  0.44040423  0.021766266  20.233338  4.981389e-91  YB1 <--- FD
lam2d  0.43555026  0.020651194  21.090803  9.660822e-99  YB2 <--- FD
lam3d  0.46933720  0.024147646  19.436148  3.817804e-84  YB3 <--- FD
```

**[說明]**：量數為二個測量模型指標變數的原始徑路係數估計值，非標準化迴
歸係數值均達統計顯著水準（$p < 0.05$）。

```
gam1  1.11214703  0.090048500  12.350534  4.838935e-35  FD <--- FA
```

**[說明]**：外因潛在變數 FA 對內因潛在變數 FD 影響的原始徑路係數估計值，
非標準化迴歸係數值 = 1.11，估計值標準誤 = 0.09，檢定統計量 z 值 = 12.35（$p$
< 0.05），達到統計顯著水準。

```
V[XA1] 0.45661340 0.029922115 15.260064   1.411092e-52 XA1 <--> XA1
V[XA2] 0.11755193 0.015670719  7.501374   6.315215e-14 XA2 <--> XA2
V[XA3] 0.27007084 0.021603397 12.501314   7.342758e-36 XA3 <--> XA3
V[YB1] 0.11264153 0.009753155 11.549241   7.447554e-31 YB1 <--> YB1
V[YB2] 0.05383614 0.007401494  7.273685   3.498109e-13 YB2 <--> YB2
V[YB3] 0.18175732 0.013712673 13.254696   4.238282e-40 YB3 <--> YB3
```

**[ 說明 ]**：六個指標變數的測量誤差項變異數，變異數均大於 0，表示沒有不合
理的解值或不適當的估計值。

以 summary(　) 函數物件的元素「$coeff」輸出非標準化估計值、估計值標準
誤至小數第二位：

```
> par.ust=summary(m.sem)
> par.all=round(par.ust$coeff[1:4],2)
> par.all$lab=par.ust$coeff[5]
> par.all
        Estimate  Std Error  z value      Pr(>|z|)
lam1a     0.43      0.03      12.48      0  XA1 <--- FA
lam2a     0.57      0.03      22.06      0  XA2 <--- FA
lam3a     0.55      0.03      18.13      0  XA3 <--- FA
lam1d     0.44      0.02      20.23      0  YB1 <--- FD
lam2d     0.44      0.02      21.09      0  YB2 <--- FD
lam3d     0.47      0.02      19.44      0  YB3 <--- FD
gam1      1.11      0.09      12.35      0   FD <--- FA
V[XA1]    0.46      0.03      15.26      0 XA1 <--> XA1
V[XA2]    0.12      0.02       7.50      0 XA2 <--> XA2
V[XA3]    0.27      0.02      12.50      0 XA3 <--> XA3
V[YB1]    0.11      0.01      11.55      0 YB1 <--> YB1
V[YB2]    0.05      0.01       7.27      0 YB2 <--> YB2
V[YB3]    0.18      0.01      13.25      0 YB3 <--> YB3
```

**[說明]**：假設模型中所估計的自由參數均達到統計水準。

教師正向領導對學生學習自我效能影響的非標準化估計值模型圖，如圖 5-8。

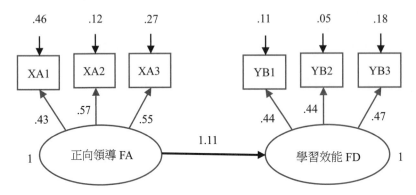

● **圖 5-8** 教師正向領導對學生學習自我效能影響的非標準化估計值模型圖

以 stdCoef( ) 函數建立標準化估計值的資料框架物件，再以資料框架變數內容置換方法輸出標準化估計值至小數第二位（配合函數 round( ) 的使用）：

```
> m.std=stdCoef(m.sem)
> m.std$"Std. Estimate"=(round(stdCoef(m.sem)[2],2))
> print(m.std)
          Std. Estimate
1    lam1a          0.54   XA1 <--- FA
2    lam2a          0.86   XA2 <--- FA
3    lam3a          0.73   XA3 <--- FA
4    lam1d          0.89   YB1 <--- FD
5    lam2d          0.94   YB2 <--- FD
6    lam3d          0.85   YB3 <--- FD
7                   1.00    FA <--> FA
8                   0.45    FD <--> FD
9    gam1           0.74    FD <--- FA
```

**[說明]**：教師正向領導 (FA) 對學生學習自我效能 (FD) 直接影響效果值為 0.74，

解釋變異量 R 平方 = 55%。

```
--------------------------------------------------------------
10 V[XA1]          0.71 XA1 <--> XA1
11 V[XA2]          0.27 XA2 <--> XA2
12 V[XA3]          0.47 XA3 <--> XA3
13 V[YB1]          0.21 YB1 <--> YB1
14 V[YB2]          0.11 YB2 <--> YB2
15 V[YB3]          0.27 YB3 <--> YB3
```

只要輸出資料框架物件 m.std 變數的第 1 個至第 2 個索引，增列變數索引 [1:2]：

```
> print(m.std[1:2])
          Std. Estimate
1    lam1a          0.54
2    lam2a          0.86
3    lam3a          0.73
4    lam1d          0.89
5    lam2d          0.94
6    lam3d          0.85
7                   1.00
8                   0.45
9    beta1          0.74
10 V[XA1]          0.71
11 V[XA2]          0.27
12 V[XA3]          0.47
13 V[YB1]          0.21
14 V[YB2]          0.11
15 V[YB3]          0.27
```

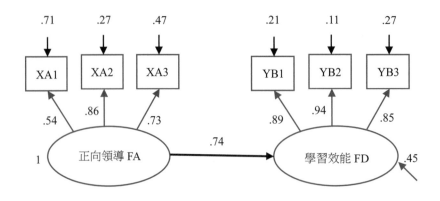

● 圖 **5-9**　教師正向領導對學生學習自我效能影響的標準化估計值模型圖

　　教師正向領導對學生學習自我效能影響的標準化估計值模型圖，如圖 5-9。

　　使用 sem 套件中的函數 `pathDiagram( )` 繪製標準化估計值徑路圖，引數 standardize 選項界定「＝TRUE」R 編輯器語法指令為：

```
## 繪製徑路圖
pathDiagram(m.sem,standardize=TRUE,edge.labels="values",size=c(10,10)
,ignore.double=FALSE,error.nodes=TRUE,edge.font=c("Calibri",15)
,node.font=c("Calibri",15),node.colors=c("pink","yellow"))
```

　　R 軟體繪製之標準化估計值徑路圖，如圖 5-10。

　　使用 sem 套件中的函數 `pathDiagram( )` 繪製非標準化估計值徑路圖，如圖 5-11。引數 standardize 選項界定「＝FALSE」，R 編輯器語法指令為：

```
pathDiagram(m.sem,standardize=FALSE,edge.labels="values",size=c(10,10)
,ignore.double=FALSE,error.nodes=TRUE,edge.font=c("Calibri",15)
,node.font=c("Calibri",15),node.colors=c("pink","yellow"))
```

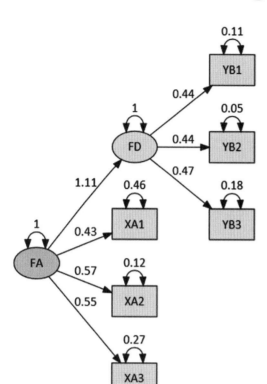

 **圖 5-10**　非標準化估計值徑路圖

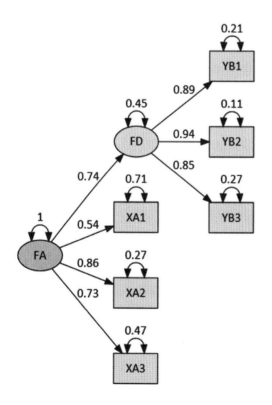

 **圖 5-11**　標準化估計值徑路圖

## 二、四個潛在變數影響路徑的初始模型

結構方程模型之 R 編輯器視窗語法指令如下，四個測量模型之潛在變數的變異數設為 1，測量模型沒有界定參照指標。四個變數影響路徑之結構模式圖的參數標記符號（參數標記符號研究者可以自訂），如圖 5-12。

假設模型圖對應的模型界定方程如下：

```
mod=specifyModel(text="    ## 模型界定的起始
FA -> XA1, lam11, NA    ## 界定潛在變數 FA 的觀察變數 XA1（自由參數）
FA -> XA2, lam21, NA    ## 界定潛在變數 FA 的觀察變數 XA2（自由參數）
FA -> XA3, lam31, NA    ## 界定潛在變數 FA 的觀察變數 XA3（自由參數）
FB -> XB1, lam12, NA    ## 界定潛在變數 FB 的觀察變數 XB1（自由參數）
FB -> XB2, lam22, NA    ## 界定潛在變數 FB 的觀察變數 XB2（自由參數）
FB -> XB3, lam32, NA    ## 界定潛在變數 FB 的觀察變數 XB3（自由參數）
FB -> XB4, lam42, NA    ## 界定潛在變數 FB 的觀察變數 XB4（自由參數）
FC -> YA1, lam13, NA    ## 界定潛在變數 FC 的觀察變數 YA1（自由參數）
FC -> YA2, lam23, NA    ## 界定潛在變數 FC 的觀察變數 YA2（自由參數）
FD -> YB1, lam14, NA    ## 界定潛在變數 FD 的觀察變數 YD1（自由參數）
FD -> YB2, lam24, NA    ## 界定潛在變數 FD 的觀察變數 YD2（自由參數）
FD -> YB3, lam34, NA    ## 界定潛在變數 FD 的觀察變數 YD3（自由參數）
FA <-> FA, NA    , 1    ## 界定潛在變數 FA 的變異數為 1（固定參數）
FB <-> FB, NA    , 1    ## 界定潛在變數 FB 的變異數為 1（固定參數）
FC <-> FC, NA    , 1    ## 界定潛在變數 FC 的變異數為 1（固定參數）
FD <-> FD, NA    , 1    ## 界定潛在變數 FD 的變異數為 1（固定參數）
FA -> FC , gam31, NA    ## 界定潛在變數 FA 對潛在變數 FC 的影響路徑 γ 值
FA -> FD , gam41, NA    ## 界定潛在變數 FA 對潛在變數 FD 的影響路徑 γ 值
FB -> FC , gam32, NA    ## 界定潛在變數 FB 對潛在變數 FC 的影響路徑 γ 值
FB -> FD , gam42, NA    ## 界定潛在變數 FB 對潛在變數 FD 的影響路徑 γ 值
FC -> FD , bet1, NA    ## 界定中介變數 FC 對潛在變數 FD 的影響路徑 β 值
FA <->FB , ph1, NA    ## 界定外因潛在變數 FA、FB 間的共變關係
")                   #### 模型界定的結束
```

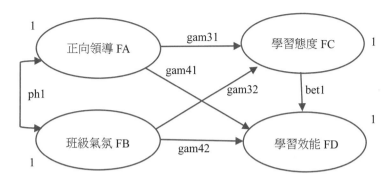

● 圖 5-12　四個變數影響路徑之結構模式圖的參數標記符號

```
m.sem=sem(mod, data=obsdata)    ## 界定 sem() 函數物件
summary(m.sem,fit.indices= c("GFI","RMSEA","SRMR","CFI"))
```

R 主控台執行結果如下：

```
> summary(m.sem,fit.indices=c("GFI","RMSEA","SRMR","CFI"))
 Model Chisquare =  143.8545   Df =  48 Pr(>Chisq) = 1.666703e-11
 Goodness-of-fit index =  0.9572243
 RMSEA index =  0.06031142   90% CI: (0.04912321, 0.07177417)
 Bentler CFI =  0.9788886
 SRMR =  0.0295596
```

[說明]：整體模式適配度卡方值統計量 = 143.855、自由度 = 48，顯著性 $p <$
0.001，卡方自由度比值 = 143.855/48 = 2.997（小於 3.000 適配標準）。GFI 值
= 0.957（達到適配標準）、RMSEA 值 = 0.060（達到適配標準）、CFI 值 = 0.979
（達到適配標準）、SRMR = 0.030（達到適配標準），假設模型與樣本資料可
以契合（或適配）。

-------------------------------------------------------------------

```
Normalized Residuals
    Min.    1st Qu.   Median    Mean    3rd Qu.    Max.
-1.502000  -0.295200  0.009443  0.064340  0.473300  1.897000
```

**[說明]**：常態化殘差值介於 −1.50 至 1.90 間，常態化殘差值絕對值均小於 2.00。

--------------------------------------------------------------------

```
R-square for Endogenous Variables

XA1    XA2    XA3    XB1    XB2    XB3    XB4     FC    YA1    YA2     FD
0.3061 0.7057 0.5399 0.6896 0.6299 0.6223 0.6901 0.8392 0.6738 0.5319 0.7769

   YB1    YB2    YB3
0.7864 0.8964 0.7282
```

**[說明]**：內因變數的 R 平方值，內因潛在變數 FC 的 R 平方值 = 0.84（FA、FB 二個外因潛在變數對 FC 的解釋變異量）、潛在內因變數 FD 的 R 平方值 = 0.78（FA、FB、FC 三個潛在變數對 FD 潛在變數的解釋變異量）。

--------------------------------------------------------------------

```
Parameter Estimates
```
< 略 >

═══════════════════════════════════════════

使用 summary( ) 函數物件元素語法輸出參數估計值至小數第二位，以方便報表解讀：

═══════════════════════════════════════════

```
> par.ust=summary(m.sem)
> par.all=round(par.ust$coeff[1:4],2)
> par.all$lab=par.ust$coeff[5]
> par.all
         Estimate   Std Error   z value     Pr(>|z|)
lam11      0.44        0.03       13.08       0.00    XA1 <--- FA
lam21      0.56        0.03       22.22       0.00    XA2 <--- FA
lam31      0.56        0.03       18.67       0.00    XA3 <--- FA
lam12      0.46        0.02       23.23       0.00    XB1 <--- FB
lam22      0.54        0.02       21.70       0.00    XB2 <--- FB
lam32      0.43        0.02       21.50       0.00    XB3 <--- FB
lam42      0.53        0.02       23.24       0.00    XB4 <--- FB
lam13      0.21        0.03        7.85       0.00    YA1 <--- FC
lam23      0.22        0.03        7.85       0.00    YA2 <--- FC
```

| lam14 | 0.31 | 0.02 | 13.67 | 0.00 | YB1 <--- FD |
|---|---|---|---|---|---|
| lam24 | 0.31 | 0.02 | 13.90 | 0.00 | YB2 <--- FD |
| lam34 | 0.33 | 0.02 | 13.43 | 0.00 | YB3 <--- FD |

[說明]：量數為四個測量模型 12 個指標變數的徑路係數估計值、估計值標準誤、迴歸係數值是否顯著不等於 0 的 $z$ 值統計量與顯著性機率值 $p$。

---

| gam31 | 1.12 | 0.23 | 4.79 | 0.00 | FC <--- FA |
|---|---|---|---|---|---|
| gam41 | -0.07 | 0.23 | -0.30 | 0.76 | FD <--- FA |
| gam32 | 1.30 | 0.23 | 5.72 | 0.00 | FC <--- FB |
| gam42 | 0.35 | 0.22 | 1.59 | 0.11 | FD <--- FB |
| bet1 | 0.65 | 0.15 | 4.43 | 0.00 | FD <--- FC |

[說明]：gam41 參數估計值（FA 對 FD 的影響路徑）為負值（= −0.07），與理論模型中的結構模式假定不符合，理論模式界定教師正向領導對學生學習效能有正向影響（此影響路徑之理論模型得到文獻支持），加上參數估計值未達統計顯著水準（$p = 0.76 > 0.05$），此條影響路徑（FA 對 FD 直接效果值）應將之刪除。參數 gam42（FB 對 FD 影響的直接效果）的路徑係數估計值 = 0.35，顯著性 $p = 0.11 > 0.05$，未達統計顯著水準，此條路徑也可考慮從結構模式中刪除（SEM 程序中，模型修正最好一次只刪除一個自由參數或增列一個自由參數）。

---

| ph1 | 0.77 | 0.03 | 28.62 | 0.00 | FB <--> FA |
|---|---|---|---|---|---|

[說明]：中介變數 FC 對內因潛在變數 FD 之徑路係數估計值 = 0.65（$p < 0.001$），達到統計顯著水準，外因潛在變數 FA、FB 間之共變數估計值 = 0.77（$p < 0.001$），達到統計顯著水準，模型界定中外因潛在變數 FA、FB 的變異數設為 1，因而共變數估計值為二個外因潛在變數的相關係數。

---

| V[XA1] | 0.44 | 0.03 | 15.30 | 0.00 | XA1 <--> XA1 |
|---|---|---|---|---|---|
| V[XA2] | 0.13 | 0.01 | 9.20 | 0.00 | XA2 <--> XA2 |
| V[XA3] | 0.27 | 0.02 | 13.04 | 0.00 | XA3 <--> XA3 |
| V[XB1] | 0.10 | 0.01 | 12.84 | 0.00 | XB1 <--> XB1 |
| V[XB2] | 0.17 | 0.01 | 13.73 | 0.00 | XB2 <--> XB2 |
| V[XB3] | 0.11 | 0.01 | 13.82 | 0.00 | XB3 <--> XB3 |

| | | | | |
|---|---|---|---|---|
| V[XB4] | 0.13 | 0.01 | 12.83 | 0.00 XB4 <--> XB4 |
| V[YA1] | 0.14 | 0.01 | 10.59 | 0.00 YA1 <--> YA1 |
| V[YA2] | 0.27 | 0.02 | 13.82 | 0.00 YA2 <--> YA2 |
| V[YB1] | 0.12 | 0.01 | 12.53 | 0.00 YB1 <--> YB1 |
| V[YB2] | 0.05 | 0.01 | 7.73 | 0.00 YB2 <--> YB2 |
| V[YB3] | 0.18 | 0.01 | 13.75 | 0.00 YB3 <--> YB3 |

**[說明]**：四個測量模型之觀察變數（12 個）的測量誤差項變異數均大於 0.00，沒有出現負的誤差變異數，表示參數估計結果沒有不合理的解值出現。

 **三、繪製影響徑路圖**

　　使用 pathDiagram( ) 函數繪製徑路圖，內定引數為繪製非標準化估計值模型圖（standardize=FALSE）；增列繪製雙箭號符號（變數之變異數或測量誤差項變異數），引數 ignore.double 選項界定「=FALSE」；箭號輸出估計值，引數 edge.labels 選項界定為「="values"」；圖形大小設為 10×10 吋，引數 size 界定「=c(10,10)」，R 編輯器語法指令為：

```
pathDiagram(m.sem,edge.labels="values",
ignore.double=FALSE,error.nodes=TRUE,edge.font=c("Calibri",15),
size=c(10,10),node.colors=c("pink","lightblue"))
```

　　非標準化估計值模型圖，如圖 5-13。

　　繪製標準化估計值模型圖，如圖 5-14。引數 standardize 界定為真（=TRUE），箭號輸出估計值，引數 edge.labels 選項界定為「="values"」，R 編輯器的語法指令為：

```
pathDiagram(m.sem,edge.labels="values",standardize=TRUE,
ignore.double=FALSE,error.nodes=TRUE,edge.font=c("Calibri",15),
size=c(10,10),node.colors=c("pink","lightblue"))
```

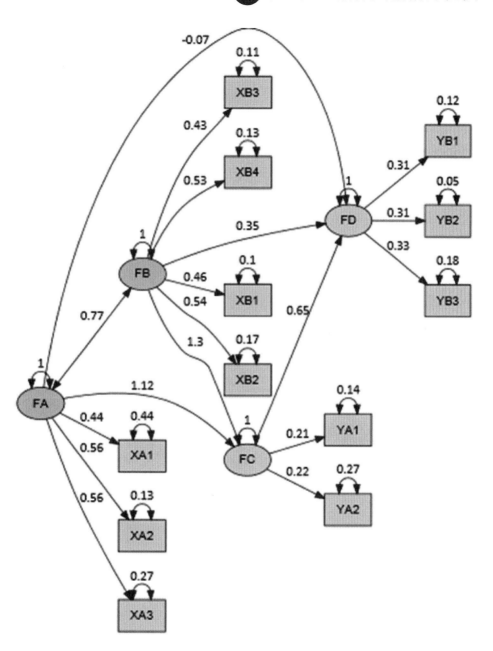

🍎 **圖 5-13**　非標準化估計值模型圖

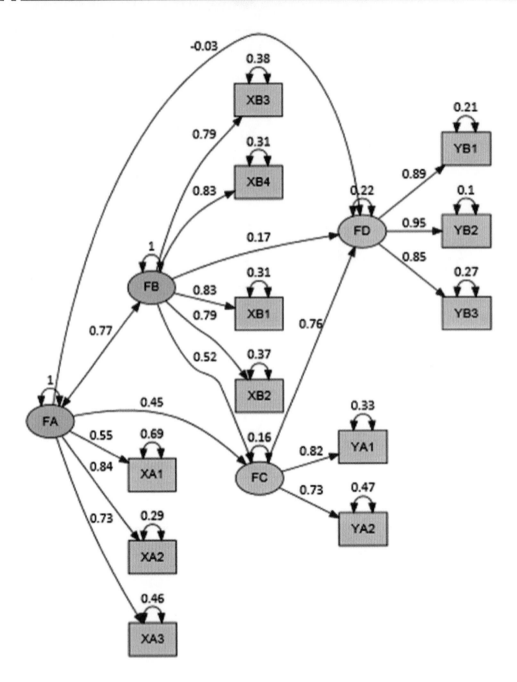

● 圖 5-14　標準化估計值模型圖

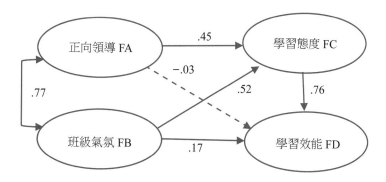

**圖 5-15** 學生學習自我效能結構模式圖

學生學習自我效能結構模式圖潛在變數間的影響路徑如，如圖 5-15。

 **四、修正模型**

由於教師正向領導對學生學習效能的影響路徑為負向且路徑係數估計值未達統計顯著水準，修正模型之結構模式將此直接影響路徑刪除，修正的結構模式圖，如圖 5-16（四個潛在變數的測量模式沒有改變）：

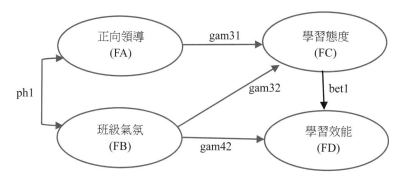

**圖 5-16** 修正的結構模式圖

語法指令中將「FA -> FD ，gam41，NA」一列刪除（可以直接將此列刪除，或在此語法列前面增列 # 號，# 號起始列為語法指令列說明文字，不會被視為語法指令或函數列），R 編輯器語法指令如下：

```
mod=specifyModel(text="
FA -> XA1, lam11, NA
FA -> XA2, lam21, NA
```

```
FA -> XA3, lam31, NA
FB -> XB1, lam12, NA
FB -> XB2, lam22, NA
FB -> XB3, lam32, NA
FB -> XB4, lam42, NA
FC -> YA1, lam13, NA
FC -> YA2, lam23, NA
FD -> YB1, lam14, NA
FD -> YB2, lam24, NA
FD -> YB3, lam34, NA
FA <-> FA, NA   , 1
FB <-> FB, NA   , 1
FC <-> FC, NA   , 1
FD <-> FD, NA   , 1
FA -> FC , gam31, NA
FB -> FC , gam32, NA
FB -> FD , gam42, NA
FC -> FD , bet1, NA
FA <->FB , ph1, NA
")
m1.sem=sem(mod, data=obsdata)
summary(m1.sem,fit.indices=c("GFI","RMSEA","SRMR","CFI"))
```

R 主控台執行結果如下：

```
> summary(m1.sem,fit.indices=c("GFI","RMSEA","SRMR","CFI"))
 Model Chisquare =  143.9499   Df =  49 Pr(>Chisq) = 2.835805e-11
 Goodness-of-fit index =  0.9571418
 RMSEA index =  0.05941049   90% CI: (0.04829683, 0.07078566)
 Bentler CFI =  0.9790879
 SRMR =  0.02952005
```

**[ 說明 ]**：整體模式適配度卡方值統計量 = 143.950、自由度 = 49，顯著性 $p <$ 0.001，卡方自由度比值 = 143.950/49 = 2.938（小於 3.000 適配標準）。GFI 值 = 0.957（達到適配標準）、RMSEA 值 = 0.059（達到適配標準）、CFI 值 = 0.979（達到適配標準）、SRMR = 0.030（達到適配標準），假設模型與樣本資料可以契合（或適配）。

---

```
R-square for Endogenous Variables
   XA1      XA2      XA3      XB1      XB2      XB3      XB4
0.3060   0.7064   0.5393   0.6896   0.6299   0.6223   0.6779
   FC      YA1      YA2       FD      YB1      YB2      YB3
0.5334   0.6901   0.8333   0.7719   0.7865   0.8962   0.7283
```

**[ 說明 ]**：內因變數的 R 平方值，內因潛在變數 FC 的 R 平方值 = 0.83（FA、FB 二個外因潛在變數對 FC 的解釋變異量），內因潛在變數 FC 的預測殘差值 = 1 − 0.83 = 0.17（標準化估計值中參數標記 FC <--> FC 列的統計量）；潛在內因變數 FD 的 R 平方值 = 0.77（FB、FC 二個潛在變數對內因潛在變數 FD 的解釋變異量），內因潛在變數 FD 的預測殘差值 = 1 − 0.77 = 0.23（標準化估計值中參數標記 FD <--> FD 列的統計量）。

---

```
 Parameter Estimates
< 略 >
```

　　由於原始參數估計值輸出的位數較多，顯著性 $p$ 值以科學符號表示，判讀較不方便，可增列設定 summary( ) 函數物件，再使用函數物件中的元素「$coeff」輸出參數估計值，範例以 round( ) 函數輸出至小數第二位：

```
> par.out=summary(m1.sem)
> round(par.out$coeff[1:4],2)
        Estimate  Std Error  z value  Pr(>|z|)
lam11      0.44      0.03     13.07     0.00
lam21      0.56      0.03     22.23     0.00
lam31      0.56      0.03     18.66     0.00
```

| | | | | |
|---|---|---|---|---|
| lam12 | 0.46 | 0.02 | 23.23 | 0.00 |
| lam22 | 0.54 | 0.02 | 21.70 | 0.00 |
| lam32 | 0.43 | 0.02 | 21.50 | 0.00 |
| lam42 | 0.53 | 0.02 | 23.24 | 0.00 |
| lam13 | 0.22 | 0.02 | 9.56 | 0.00 |
| lam23 | 0.23 | 0.02 | 9.41 | 0.00 |
| lam14 | 0.31 | 0.02 | 16.44 | 0.00 |
| lam24 | 0.31 | 0.02 | 16.85 | 0.00 |
| lam34 | 0.33 | 0.02 | 16.03 | 0.00 |

**[說明]**：量數為四個測量模型 12 個指標變數的徑路係數估計值、估計值標準誤、迴歸係數值是否顯著不等於 0 的 $z$ 值統計量與顯著性機率值 $p$，12 個指標變數的迴歸係數估計值均達統計顯著水準（$p < 0.05$），表示 12 個指標變數的迴歸係數均顯著不等於 0。

| | | | | |
|---|---|---|---|---|
| gam31 | 1.08 | 0.19 | 5.65 | 0.00 |
| gam32 | 1.29 | 0.22 | 5.95 | 0.00 |
| gam42 | 0.37 | 0.20 | 1.90 | 0.06 |
| bet1 | 0.62 | 0.10 | 6.24 | 0.00 |

**[說明]**：結構模式中 FA 對 FC 影響的路徑係數 = 1.08（$p < 0.05$）、FB 對 FC 影響的路徑係數 = 1.29（$p < 0.05$）、FB 對 FD 影響的路徑係數 = 0.37（$p = 0.06 > 0.05$）、FC 對 FD 影響的路徑係數 = 0.62（$p < 0.05$），一條影響路徑係數（FB -> FD）估計值未達統計顯著水準，進一步結構模式的修正可考慮將 FB（班級氣氛）對 FD（學習自我效能）影響的路徑刪除。

| | | | | |
|---|---|---|---|---|
| ph1 | 0.77 | 0.03 | 28.60 | 0.00 |

**[說明]**：外因潛在變數 FA 與 FB 間的共變數估計值 = 0.77（$p < 0.05$），達到統計顯著水準。

| | | | | |
|---|---|---|---|---|
| V[XA1] | 0.44 | 0.03 | 15.30 | 0.00 |
| V[XA2] | 0.13 | 0.01 | 9.18 | 0.00 |
| V[XA3] | 0.27 | 0.02 | 13.05 | 0.00 |
| V[XB1] | 0.10 | 0.01 | 12.84 | 0.00 |

| | | | | |
|---|---|---|---|---|
| V[XB2] | 0.17 | 0.01 | 13.73 | 0.00 |
| V[XB3] | 0.11 | 0.01 | 13.82 | 0.00 |
| V[XB4] | 0.13 | 0.01 | 12.83 | 0.00 |
| V[YA1] | 0.13 | 0.01 | 11.32 | 0.00 |
| V[YA2] | 0.27 | 0.02 | 14.04 | 0.00 |
| V[YB1] | 0.12 | 0.01 | 12.52 | 0.00 |
| V[YB2] | 0.05 | 0.01 | 7.74 | 0.00 |
| V[YB3] | 0.18 | 0.01 | 13.74 | 0.00 |

[ 說明 ]：四個測量模型之觀察變數（12 個）的測量誤差項變異數均大於 0.00，沒有出現負的誤差變異數，表示參數估計結果沒有不合理的解值出現。

## 五、繪製修正模型的徑路圖

使用 pathDiagram( ) 函數繪製標準化估計值模型圖，R 編輯器視窗的語法指令為：

```
pathDiagram(m1.sem,edge.labels="values",standardize=TRUE,
ignore.double=FALSE,error.nodes=TRUE,edge.font=c("Calibri",15),
size=c(10,10),node.colors=c("pink","lightblue"))
```

標準化估計值模型圖，如圖 5-17。

教師正向領導、班級氣氛、學生學習態度與學生自我學習效能間標準化估計值模型圖重新繪製，如圖 5-18。

教師正向領導對學習態度的直接效果值 = 0.44，間接效果值 = 0.44 × 0.72 = 0.3168，總效果值 = 0.44 + 0.3168 = 0.7568。外因變數「班級氣氛」透過中介變數「學生學習態度」對內因變數「學生學習效能」的間接影響路徑顯著，間接效果值 = 0.53 × 0.72 = 0.3816，外因變數「班級氣氛」對內因變數「學生學習效能」的直接效果值 = 0.00（因為路徑係數未達統計顯著水準）。

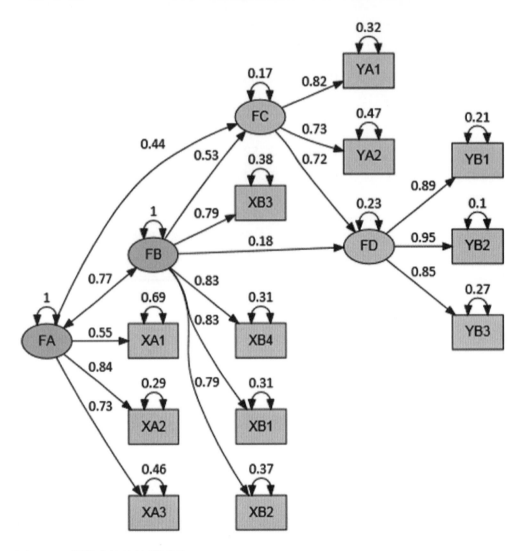

◆圖 5-17　標準化估計值模型圖

　　使用 stdCoef( ) 函數輸出標準化估計值，先增列界定資料框架物件，再置換
資料框架物件中的變數「Std. Estimate」內容，範例以 round( ) 函數輸出至小數
第二位：

```
> m.std=stdCoef(m1.sem)
> m.std$"Std. Estimate"=(round(stdCoef(m1.sem)[2],2))
> print(m.std)
```

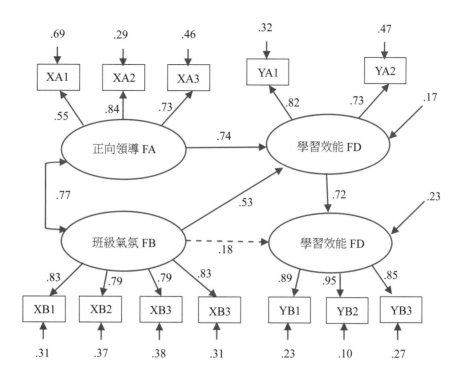

● 圖 **5-18** 標準化估計值模型圖重新繪製

```
        Std. Estimate
1   lam11         0.55   XA1 <--- FA
2   lam21         0.84   XA2 <--- FA
3   lam31         0.73   XA3 <--- FA
4   lam12         0.83   XB1 <--- FB
5   lam22         0.79   XB2 <--- FB
6   lam32         0.79   XB3 <--- FB
7   lam42         0.83   XB4 <--- FB
8   lam13         0.82   YA1 <--- FC
9   lam23         0.73   YA2 <--- FC
10  lam14         0.89   YB1 <--- FD
11  lam24         0.95   YB2 <--- FD
12  lam34         0.85   YB3 <--- FD
13                1.00    FA <--> FA
14                1.00    FB <--> FB
```

| 15 | | 0.17 | FC | <--> | FC |
|----|-------|------|-----|------|-----|
| 16 | | 0.23 | FD | <--> | FD |
| 17 | gam31 | 0.44 | FC | <--- | FA |
| 18 | gam32 | 0.53 | FC | <--- | FB |
| 19 | gam42 | 0.18 | FD | <--- | FB |
| 20 | bet1 | 0.72 | FD | <--- | FC |

**[說明]**：結構模式中四條影響路徑的直接效果值（標準化迴歸係數）（其中 FB ->FD 的影響路徑未達顯著），外因潛在變數「教師正向領導」（FA）對內因潛在變數「學生學習態度」（FC）影響的直接效果為 0.44；外因潛在變數「班級氣氛」（FB）對內因潛在變數「學生學習態度」（FC）影響的直接效果為 0.53；中介潛在變數「學生學習態度」（FC）對內因潛在變數「學習自我效能」影響的直接效果為 0.72。

---

| 21 | ph1 | 0.77 | FB | <--> | FA |
|----|-----|------|-----|------|-----|

**[說明]**：外因潛在變數「教師正向領導」（FA）與「知覺班級氣氛」（FB）間的相關係數為 0.77。

---

| 22 | V[XA1] | 0.69 | XA1 | <--> | XA1 |
|----|--------|------|-----|------|-----|
| 23 | V[XA2] | 0.29 | XA2 | <--> | XA2 |
| 24 | V[XA3] | 0.46 | XA3 | <--> | XA3 |
| 25 | V[XB1] | 0.31 | XB1 | <--> | XB1 |
| 26 | V[XB2] | 0.37 | XB2 | <--> | XB2 |
| 27 | V[XB3] | 0.38 | XB3 | <--> | XB3 |
| 28 | V[XB4] | 0.31 | XB4 | <--> | XB4 |
| 29 | V[YA1] | 0.32 | YA1 | <--> | YA1 |
| 30 | V[YA2] | 0.47 | YA2 | <--> | YA2 |
| 31 | V[YB1] | 0.21 | YB1 | <--> | YB1 |
| 32 | V[YB2] | 0.10 | YB2 | <--> | YB2 |
| 33 | V[YB3] | 0.27 | YB3 | <--> | YB3 |

**[說明]**：潛在變數無法解釋觀察變數的變異量，觀察變數的估計值 = $1 - R^2$ 值，如觀察變數 XA1 的 R 平方 = 0.31（因素負荷量的平方），觀察變數無法反映

潛在變數 FA 的變異 = 1 − 0.31 = 0.69；觀察變數 XA2 的 R 平方 = 0.71（因素
負荷量的平方），觀察變數無法反映潛在變數 FA 的變異 = 1 − 0.71 = 0.29。

## 參　多群組分析

當以所有樣本觀察值為樣本資料，結構方程假設模型圖可以得到支持，進一步
的分析可進行多群組分析，以驗證假設模型是否具有跨群組效度。

###  一、二個群體之多群組分析

範例中的群組變數為 AREA（地區），水準數值 1 為北區學生、水準數值 2 為
南區學生，多群組分析中的群組變數型態必須為因子（factor），範例中的地區變
數為數值向量，使用 as.factor( ) 函數將變數型態轉換為 R 軟體中的因子變數
（如果 AREA 變數為文字向量，R 軟體會自動將變數界定為因子變數），假設模
型圖為上述最後修正的模型（結構模式中刪除教師正向領導對學生學習效能的影響
路徑）。

#### (一) 非限制模型

非限制模型中群組對應的參數估計值沒有限制相等，每個群組參數單獨估算，
R 編輯器的語法指令為：

```
library(sem)
temp<-read.csv("sem_1.csv",header=T)
obsdata=data.frame(temp[-2])
obsdata$AREA=as.factor(obsdata$AREA)
mod=specifyModel(text="
FA -> XA1, lam11, NA
FA -> XA2, lam21, NA
FA -> XA3, lam31, NA
FB -> XB1, lam12, NA
FB -> XB2, lam22, NA
```

```
FB -> XB3, lam32, NA
FB -> XB4, lam42, NA
FC -> YA1, lam13, NA
FC -> YA2, lam23, NA
FD -> YB1, lam14, NA
FD -> YB2, lam24, NA
FD -> YB3, lam34, NA
FA <-> FA, NA   , 1
FB <-> FB, NA   , 1
FC <-> FC, NA   , 1
FD <-> FD, NA   , 1
FA -> FC , gam31, NA
FB -> FC , gam32, NA
FB -> FD , gam42, NA
FC -> FD , bet1 , NA
FA <->FB , ph1  , NA
")
```

　　使用 names( ) 函數查看 temp 資料框架物件，變數索引 1 為樣本觀察值所在的區域、變數索引 2 為班級組織規模大小，多群組分析進行的假設模型跨區域效度的驗證，變數索引 2 的因子變數 SIZE 在目前分析中沒有使用到，先暫時從標的資料框架物件中排除，函數為 temp[-2]：

```
> names(temp)
 [1] "AREA" "SIZE" "XA1"  "XA2"  "XA3"  "XB1"  "XB2"  "XB3"  "XB4"  "YA1"
[11] "YA2"  "YB1"  "YB2"  "YB3"
```

　　使用 tail( ) 函數配合 round( ) 函數查看資料框架物件後六筆資料（N=550）：

```
> round(tail(temp),2)
    AREA SIZE XA1  XA2 XA3  XB1  XB2  XB3 XB4 YA1 YA2 YB1  YB2 YB3
545    2    2 3.71   4 4.00 4.00 3.50   4   4 4.0   4 4.00   4 4.00
546    2    2 3.71   4 4.00 4.00 3.50   4   4 4.0   4 4.00   4 4.00
547    2    2 4.00   4 3.00 4.00 4.00   4   4 4.0   4 4.00   4 4.00
548    2    2 3.71   4 4.00 4.00 3.50   4   4 4.0   4 4.00   4 4.00
549    2    2 3.71   4 3.83 3.67 3.75   4   4 4.0   4 3.75   4 3.33
550    2    2 2.86   3 3.50 3.17 2.75   3   3 2.8   3 3.00   3 3.00
```

以基本套件函數 `talbe( )` 求出二個因子變數的次數分配：

```
> table(temp$AREA)

  1    2
238  312
> table(temp$SIZE)

  1    2    3
100  307  143
```

如果因子變數的水準數值編碼要改為群組名稱標記，使用 `ifelse( )` 函數增列因子變數名稱於資料框架中：

```
> temp$area=ifelse(temp$AREA==1," 北區群體 "," 南區群體 ")
> temp$size=ifelse(temp$SIZE==1,"大型班級",ifelse(temp$SIZE==2,"中型班級","小型班級"))
```

**[ 說明 ]**：重新編碼的新變數的變數名稱為小寫字母，原始因子變數的變數名稱為大寫字母，大小寫在 R 軟體中是不同的變數。

使用 `with( )` 函數指定資料框架物件，求出因子變數 area、size 的次數分配：

```
> with(temp,{table(area)})
area
北區群體  南區群體
    238       312
> with(temp,{table(size)})
size
大型班級  小型班級  中型班級
    100       143       307
```

使用 multigroupModel( ) 函數界定多群組分析物件，引數 groups 界定二個水準群組的編碼，以 sem( ) 函數界定 multigroupModel( ) 函數物件，引數 data 界定原始資料框架物件、引數 group 界定群組變數（AREA），引數 formula 界定假設模型中的觀察變數，R 編輯語法指令為：

```
m.sem=multigroupModel(mod,groups=c("1","2"))
mg.sem=sem(m.sem,data=obsdata,group="AREA",formula=~XA1+XA2+
XA3+XB1+XB2+XB3+XB4+YA1+YA2+YB1+YB2+YB3)
summary(mg.sem,fit.indices=c("GFI","RMSEA","SRMR","CFI"))
```

如果 AREA 因子變數的群組為文字向量（變數內容為北區、南區），上述 R 軟體語法指令第 1 列改為：

```
m.sem=multigroupModel(mod,groups=c(" 北區 "," 南區 "))
```

多群組分析以原始 temp 資料框架物件，因子變數為「area」，因子變數 area 為二分類別變數，二個群組文字標記為「北區群體」、「南區群體」，多群組分析的語法指令為：

```
temp$area=as.factor(temp$area)
```

```
mc.sem=multigroupModel(mod,groups=c(" 北區群體 "," 南區群體 "))
mgc.sem=sem(mc.sem,data=temp,group="area",formula=~XA1+XA2+
XA3+XB1+XB2+XB3+XB4+YA1+YA2+YB1+YB2+YB3)
summary(mgc.sem,fit.indices=c("GFI","RMSEA","SRMR","CFI"))
```

R 主控台執行結果如下：

```
Model Chisquare = 250.5468   Df = 98   Pr(>Chisq) = 2.536607e-15
 Chisquare (null model) = 4756.779   Df = 132
 Goodness-of-fit index = 0.9292885
 RMSEA index = 0.07537256 90% CI: (0.0638982, 0.08697843)
 Bentler CFI = 0.9670153
 SRMR = 0.03722239
```

[ 說明 ]：模式卡方值統計量 = 250.55、自由度 = 98，顯著性 $p$ = 0.000 < 0.05，
獨立模型（虛無模型）的卡方值 = 4756.78、自由度 = 132。GFI 值 = 0.929、
RMSEA 值 = 0.075、CFI 值 = 0.967、SRMR 值 = 0.037，主要適配度統計量均
達到模式適配標準，表示假設模型同時適配於北區樣本群組、南區樣本群組，
教師正向領導、班級氣氛、學生學習態度與學習自我效能之影響模型圖具有跨
地區群組效度。

---------------------------------------------------------------

```
Iterations: initial fits, 87 91    final fit, 0
  AREA: 1
 Model Chisquare =   121.4675    Df =   49 Pr(>Chisq) = 4.361891e-08
 Goodness-of-fit index =   0.9211375
 RMSEA index =   0.07899498    90% CI: (0.06144696, 0.09678357)
 Bentler CFI =   0.9630391
 SRMR =   0.04164488
```

[ 說明 ]：標的樣本群組為地區變數水準數值編碼等於 1 之群體（北區群體的
觀察值），GFI 值 = 0.921、RMSEA 值 = 0.079、CFI 值 = 0.963、SRMR 值 =
0.042。

---------------------------------------------------------------

```
Parameter Estimates
           Estimate   Std Error   z value     Pr(>|z|)
lam11.1  0.47863619 0.05036673   9.5030231 2.038837e-21 XA1 <--- FA
lam21.1  0.57850614 0.03670716  15.7600342 5.860131e-56 XA2 <--- FA
lam31.1  0.62064277 0.04392271  14.1303402 2.469484e-45 XA3 <--- FA
lam12.1  0.43932742 0.02979309  14.7459483 3.266986e-49 XB1 <--- FB
lam22.1  0.58980670 0.03732389  15.8023920 2.995320e-56 XB2 <--- FB
lam32.1  0.39107977 0.03008310  12.9999839 1.223691e-38 XB3 <--- FB
lam42.1  0.48627599 0.03316047  14.6643288 1.090906e-48 XB4 <--- FB
lam13.1  0.18629497 0.03297299   5.6499273 1.605157e-08 YA1 <--- FC
lam23.1  0.22168139 0.03932292   5.6374594 1.725773e-08 YA2 <--- FC
lam14.1  0.26821219 0.03214836   8.3429506 7.245942e-17 YB1 <--- FD
lam24.1  0.25846813 0.03064708   8.4336963 3.349152e-17 YB2 <--- FD
lam34.1  0.28605364 0.03455600   8.2779722 1.252905e-16 YB3 <--- FD
gam31.1  0.90102894 0.24251924   3.7152885 2.029720e-04 FC <--- FA
gam32.1  1.62688401 0.41226395   3.9462194 7.939486e-05 FC <--- FB
gam42.1  0.27452173 0.42104135   0.6520066 5.143969e-01 FD <--- FB
bet1.1   0.72619768 0.20417788   3.5566912 3.755552e-04 FD <--- FC
ph1.1    0.73734588 0.04099159  17.9877344 2.430953e-72 FB <--> FA
V[XA1].1 0.41741125 0.04169092  10.0120428 1.349370e-23 XA1 <--> XA1
V[XA2].1 0.10569771 0.01886345   5.6033066 2.103007e-08 XA2 <--> XA2
V[XA3].1 0.20758587 0.02710080   7.6597686 1.862684e-14 XA3 <--> XA3
V[XB1].1 0.09979713 0.01139597   8.7572267 2.001129e-18 XB1 <--> XB1
V[XB2].1 0.13436954 0.01675312   8.0205671 1.052581e-15 XB2 <--> XB2
V[XB3].1 0.12295634 0.01290127   9.5305629 1.564327e-21 XB3 <--> XB3
V[XB4].1 0.12492238 0.01418990   8.8036110 1.324830e-18 XB4 <--> XB4
V[YA1].1 0.16609319 0.01899788   8.7427220 2.275601e-18 YA1 <--> YA1
V[YA2].1 0.25213167 0.02827269   8.9178523 4.754178e-19 YA2 <--> YA2
V[YB1].1 0.12030576 0.01478220   8.1385585 4.000117e-16 YB1 <--> YB1
V[YB2].1 0.07026177 0.01073140   6.5473086 5.858322e-11 YB2 <--> YB2
V[YB3].1 0.16180245 0.01884449   8.5861936 8.989810e-18 YB3 <--> YB3
```

**[ 說明 ]**：以北區樣本學生為標的樣本資料，假設模型估計之非標準化估計值，包括徑路係數、共變數、測量誤差項的變異數。參數標記增列「**.1**」為因子變數 AREA 的第一個水準數值編碼，水準數值編碼＝1 的群組為北區樣本觀察值。

---

```
  AREA: 2
 Model Chisquare =  129.0793   Df =  49 Pr(>Chisq) = 3.911852e-09
 Goodness-of-fit index =  0.9355063
 RMSEA index =  0.07249063    90% CI: (0.05739695, 0.08785671)
 Bentler CFI =  0.9699416
 SRMR =  0.03384881
```

**[ 說明 ]**：標的樣本群組為地區變數水準數值編碼等於 2 之群體（南區樣本學生群體），GFI 值 = 0.936、RMSEA 值 = 0.072、CFI 值 = 0.970、SRMR 值 = 0.034。

---

```
Parameter Estimates
          Estimate   Std Error   z value    Pr(>|z|)
lam11.2  0.40664939 0.045684683  8.901219  5.523646e-19 XA1 <--- FA
lam21.2  0.54112248 0.033839391 15.990905  1.478678e-57 XA2 <--- FA
lam31.2  0.51606375 0.040352218 12.788981  1.889345e-37 XA3 <--- FA
lam12.2  0.47766369 0.026511018 18.017554  1.418802e-72 XB1 <--- FB
lam22.2  0.50317651 0.032985874 15.254303  1.541324e-52 XB2 <--- FB
lam32.2  0.44852850 0.026427796 16.971847  1.326923e-64 XB3 <--- FB
lam42.2  0.56190488 0.030948499 18.156127  1.148469e-73 XB4 <--- FB
lam13.2  0.23821890 0.031686124  7.518083  5.558541e-14 YA1 <--- FC
lam23.2  0.22877788 0.031138085  7.347204  2.023952e-13 YA2 <--- FC
lam14.2  0.33242612 0.023714066 14.018098  1.208084e-44 YB1 <--- FD
lam24.2  0.34004576 0.023420398 14.519214  9.155446e-48 YB2 <--- FD
lam34.2  0.35746251 0.026531490 13.473141  2.250828e-41 YB3 <--- FD
gam31.2  1.30550091 0.313087200  4.169768  3.049102e-05 FC <--- FA
gam32.2  1.00227194 0.252759124  3.965324  7.329618e-05 FC <--- FB
gam42.2  0.44699807 0.207787090  2.151231  3.145796e-02 FD <--- FB
bet1.2   0.57064965 0.109950841  5.190043  2.102450e-07 FD <--- FC
```

```
ph1.2      0.79127492 0.036003019 21.978016   4.674522e-107 FB <--> FA
V[XA1].2 0.47266835 0.040448933 11.685558    1.510839e-31 XA1 <--> XA1
V[XA2].2 0.14161814 0.019633032  7.213259    5.462855e-13 XA2 <--> XA2
V[XA3].2 0.29971713 0.028801605 10.406265    2.321526e-25 XA3 <--> XA3
V[XB1].2 0.09099413 0.009637496  9.441677    3.668589e-21 XB1 <--> XB1
V[XB2].2 0.18952241 0.017421832 10.878443    1.460360e-27 XB2 <--> XB2
V[XB3].2 0.10298384 0.010173160 10.123093    4.364022e-24 XB3 <--> XB3
V[XB4].2 0.12162120 0.013030738  9.333408    1.025200e-20 XB4 <--> XB4
V[YA1].2 0.10893706 0.015268914  7.134565    9.709354e-13 YA1 <--> YA1
V[YA2].2 0.28523305 0.026256164 10.863470    1.720831e-27 YA2 <--> YA2
V[YB1].2 0.11520167 0.011903130  9.678267    3.729840e-22 YB1 <--> YB1
V[YB2].2 0.03486993 0.007856980  4.438083    9.076363e-06 YB2 <--> YB2
V[YB3].2 0.19860130 0.018483449 10.744819    6.268496e-27 YB3 <--> YB3
```

[說明]：以南區樣本學生為標的樣本資料，假設模型估計之非標準化估計值，包括徑路係數、共變數、測量誤差項的變異數。參數標記增列「.2」為因子變數 AREA 的第二個水準數值編碼，水準數值編碼 =2 的群組為南區樣本觀察值。

使用 stdCoef( ) 函數輸出標準化估計值：

```
> stdCoef(mg.sem)
 Group:   1

          Std. Estimate
1    lam11.1      0.5952782  XA1 <--- FA
2    lam21.1      0.8717673  XA2 <--- FA
3    lam31.1      0.8061089  XA3 <--- FA
4    lam12.1      0.8118925  XB1 <--- FB
5    lam22.1      0.8493319  XB2 <--- FB
6    lam32.1      0.7445429  XB3 <--- FB
7    lam42.1      0.8089035  XB4 <--- FB
8    lam13.1      0.7618534  YA1 <--- FC
```

```
9    lam23.1      0.7505908   YA2 <--- FC
10   lam14.1      0.8753218   YB1 <--- FD
11   lam24.1      0.9159622   YB2 <--- FD
12   lam34.1      0.8572342   YB3 <--- FD
13                1.0000000    FA <--> FA
14                1.0000000    FB <--> FB
15                0.1510503    FC <--> FC
16                0.1824743    FD <--> FD
17   gam31.1      0.3501866    FC <--- FA
18   gam32.1      0.6322916    FC <--- FB
19   gam42.1      0.1172675    FD <--- FB
20    bet1.1      0.7981690    FD <--- FC
21     ph1.1      0.7373459    FB <--> FA
22 V[XA1].1       0.6456439   XA1 <--> XA1
23 V[XA2].1       0.2400218   XA2 <--> XA2
24 V[XA3].1       0.3501884   XA3 <--> XA3
25 V[XB1].1       0.3408305   XB1 <--> XB1
26 V[XB2].1       0.2786354   XB2 <--> XB2
27 V[XB3].1       0.4456559   XB3 <--> XB3
28 V[XB4].1       0.3456751   XB4 <--> XB4
29 V[YA1].1       0.4195793   YA1 <--> YA1
30 V[YA2].1       0.4366134   YA2 <--> YA2
31 V[YB1].1       0.2338118   YB1 <--> YB1
32 V[YB2].1       0.1610133   YB2 <--> YB2
33 V[YB3].1       0.2651495   YB3 <--> YB3
```

[說明]：量數分析檢定的群組為北區樣本學生（AREA 變數的水準數值＝1 之群體），標準化估計值包括測量變數的因素負荷量、外因潛在變數對內因潛在變數的直接效果值、二個外因潛在變數間的相關係數（＝0.74）、測量模式之指標變數無法反映潛在變數的變異量（$= 1 - R^2$）。

------------------------------------------------------------

```
 Group:   2

           Std. Estimate
```

| 1  | lam11.2  | 0.50909504 | XA1 <--- FA  |
|----|----------|------------|--------------|
| 2  | lam21.2  | 0.82098427 | XA2 <--- FA  |
| 3  | lam31.2  | 0.68593064 | XA3 <--- FA  |
| 4  | lam12.2  | 0.84551288 | XB1 <--- FB  |
| 5  | lam22.2  | 0.75624267 | XB2 <--- FB  |
| 6  | lam32.2  | 0.81327573 | XB3 <--- FB  |
| 7  | lam42.2  | 0.84965794 | XB4 <--- FB  |
| 8  | lam13.2  | 0.86641207 | YA1 <--- FC  |
| 9  | lam23.2  | 0.71741866 | YA2 <--- FC  |
| 10 | lam14.2  | 0.89334958 | YB1 <--- FD  |
| 11 | lam24.2  | 0.96529814 | YB2 <--- FD  |
| 12 | lam34.2  | 0.85211300 | YB3 <--- FD  |
| 13 |          | 1.00000000 | FA <--> FA   |
| 14 |          | 1.00000000 | FB <--> FB   |
| 15 |          | 0.17302248 | FC <--> FC   |
| 16 |          | 0.24270682 | FD <--> FD   |
| 17 | gam31.2  | 0.54303578 | FC <--- FA   |
| 18 | gam32.2  | 0.41690474 | FC <--- FB   |
| 19 | gam42.2  | 0.22021487 | FD <--- FB   |
| 20 | bet1.2   | 0.67586394 | FD <--- FC   |
| 21 | ph1.2    | 0.79127492 | FB <--> FA   |
| 22 | V[XA1].2 | 0.74082224 | XA1 <--> XA1 |
| 23 | V[XA2].2 | 0.32598483 | XA2 <--> XA2 |
| 24 | V[XA3].2 | 0.52949915 | XA3 <--> XA3 |
| 25 | V[XB1].2 | 0.28510797 | XB1 <--> XB1 |
| 26 | V[XB2].2 | 0.42809702 | XB2 <--> XB2 |
| 27 | V[XB3].2 | 0.33858259 | XB3 <--> XB3 |
| 28 | V[XB4].2 | 0.27808138 | XB4 <--> XB4 |
| 29 | V[YA1].2 | 0.24933012 | YA1 <--> YA1 |
| 30 | V[YA2].2 | 0.48531047 | YA2 <--> YA2 |
| 31 | V[YB1].2 | 0.20192652 | YB1 <--> YB1 |
| 32 | V[YB2].2 | 0.06819951 | YB2 <--> YB2 |

33 V[YB3].2     0.27390343 YB3 <--> YB3

[說明]：量數分析檢定的群組為南區樣本學生（AREA 變數的水準數值 = 2 之群體），標準化估計值包括測量變數的因素負荷量、外因潛在變數對內因潛在變數的直接效果值、二個外因潛在變數間的相關係數（= 0.79）、測量模式的指標變數無法反映潛在變數的變異量（$= 1 - R^2$）。

　　水準群組名稱直接界定為北區群體、南區群體的輸出表格節錄如下：

```
> par.utd=summary(mgc.sem,fit.indices=c("GFI","RMSEA","SRMR","CFI"))
 Model Chisquare = 250.5468  Df = 98  Pr(>Chisq) = 2.536607e-15
<略>
 area: 北區群體
 Model Chisquare =  121.4675    Df =  49 Pr(>Chisq) = 4.361891e-08
  Parameter Estimates
              Estimate Std Error z value    Pr(>|z|)
lam11.北區群體  0.47863619 0.05036673  9.5030231 2.038837e-21 XA1 <--- FA
lam21.北區群體  0.57850614 0.03670716 15.7600342 5.860131e-56 XA2 <--- FA
<略>
V[YB2].北區群體 0.07026177 0.01073140  6.5473086 5.858322e-11 YB2 <--> YB2
V[YB3].北區群體 0.16180245 0.01884449  8.5861936 8.989810e-18 YB3 <--> YB3
  area: 南區群體
 Model Chisquare =  129.0793    Df =  49 Pr(>Chisq) = 3.911852e-09
<略>
 Parameter Estimates
              Estimate Std Error z value    Pr(>|z|)
lam11.南區群體  0.40664939 0.045684683  8.901219  5.523646e-19 XA1 <--- FA
lam21.南區群體  0.54112248 0.033839391 15.990905  1.478678e-57 XA2 <--- FA
<略>
V[YB2].南區群體 0.03486993 0.007856980  4.438083  9.076363e-06 YB2 <--> YB2
V[YB3].南區群體 0.19860130 0.018483449 10.744819  6.268496e-27 YB3 <--> YB3
```

**[說明]**：參數估計值輸出報表中，原水準數值「.1」以「.北區群體」表示、原水準數值「.2」以「.南區群體」表示，其餘參數估計結果均相同。

使用 round( ) 函數輸出函數物件元素係數估計值至小數第二位：

```
> round(par.utd$coeff,2)
   lam11.北區群體   lam21.北區群體   lam31.北區群體   lam12.北區群體
           0.48           0.58           0.62           0.44
   lam22.北區群體   lam32.北區群體   lam42.北區群體   lam13.北區群體
           0.59           0.39           0.49           0.19
   lam23.北區群體   lam14.北區群體   lam24.北區群體   lam34.北區群體
           0.22           0.27           0.26           0.29
   gam31.北區群體   gam32.北區群體   gam42.北區群體    bet1.北區群體
           0.90           1.63           0.27           0.73
    ph1.北區群體  V[XA1].北區群體  V[XA2].北區群體  V[XA3].北區群體
           0.74           0.42           0.11           0.21
  V[XB1].北區群體  V[XB2].北區群體  V[XB3].北區群體  V[XB4].北區群體
           0.10           0.13           0.12           0.12
  V[YA1].北區群體  V[YA2].北區群體  V[YB1].北區群體  V[YB2].北區群體
           0.17           0.25           0.12           0.07
  V[YB3].北區群體   lam11.南區群體   lam21.南區群體   lam31.南區群體
           0.16           0.41           0.54           0.52
   lam12.南區群體   lam22.南區群體   lam32.南區群體   lam42.南區群體
           0.48           0.50           0.45           0.56
   lam13.南區群體   lam23.南區群體   lam14.南區群體   lam24.南區群體
           0.24           0.23           0.33           0.34
   lam34.南區群體   gam31.南區群體   gam32.南區群體   gam42.南區群體
           0.36           1.31           1.00           0.45
    bet1.南區群體    ph1.南區群體  V[XA1].南區群體  V[XA2].南區群體
           0.57           0.79           0.47           0.14
  V[XA3].南區群體  V[XB1].南區群體  V[XB2].南區群體  V[XB3].南區群體
```

| 0.30 | 0.09 | 0.19 | 0.10 |
|---|---|---|---|
| V[XB4].南區群體 | V[YA1].南區群體 | V[YA2].南區群體 | V[YB1].南區群體 |
| 0.12 | 0.11 | 0.29 | 0.12 |
| V[YB2].南區群體 | V[YB3].南區群體 | | |
| 0.03 | 0.20 | | |

使用函數 stdCoef( ) 輸出二個群組之標準化計值：

```
> stdCoef(par.utd)
 Group:　北區群體

                      Std. Estimate
1    lam11.北區群體       0.5952782    XA1 <--- FA
2    lam21.北區群體       0.8717673    XA2 <--- FA
3    lam31.北區群體       0.8061089    XA3 <--- FA
4    lam12.北區群體       0.8118925    XB1 <--- FB
5    lam22.北區群體       0.8493319    XB2 <--- FB
6    lam32.北區群體       0.7445429    XB3 <--- FB
7    lam42.北區群體       0.8089035    XB4 <--- FB
8    lam13.北區群體       0.7618534    YA1 <--- FC
9    lam23.北區群體       0.7505908    YA2 <--- FC
10   lam14.北區群體       0.8753218    YB1 <--- FD
11   lam24.北區群體       0.9159622    YB2 <--- FD
12   lam34.北區群體       0.8572342    YB3 <--- FD
13                       1.0000000     FA <--> FA
14                       1.0000000     FB <--> FB
15                       0.1510503     FC <--> FC
16                       0.1824743     FD <--> FD
17   gam31.北區群體       0.3501866     FC <--- FA
18   gam32.北區群體       0.6322916     FC <--- FB
19   gam42.北區群體       0.1172675     FD <--- FB
20    bet1.北區群體       0.7981690     FD <--- FC
```

```
21    ph1. 北區群體      0.7373459    FB <--> FA

22 V[XA1]. 北區群體      0.6456439 XA1 <--> XA1

23 V[XA2]. 北區群體      0.2400218 XA2 <--> XA2

24 V[XA3]. 北區群體      0.3501884 XA3 <--> XA3

25 V[XB1]. 北區群體      0.3408305 XB1 <--> XB1

26 V[XB2]. 北區群體      0.2786354 XB2 <--> XB2

27 V[XB3]. 北區群體      0.4456559 XB3 <--> XB3

28 V[XB4]. 北區群體      0.3456751 XB4 <--> XB4

29 V[YA1]. 北區群體      0.4195793 YA1 <--> YA1

30 V[YA2]. 北區群體      0.4366134 YA2 <--> YA2

31 V[YB1]. 北區群體      0.2338118 YB1 <--> YB1

32 V[YB2]. 北區群體      0.1610133 YB2 <--> YB2

33 V[YB3]. 北區群體      0.2651495 YB3 <--> YB3

   Group:  南區群體

                Std. Estimate

1    lam11. 南區群體    0.50909504  XA1 <--- FA

2    lam21. 南區群體    0.82098427  XA2 <--- FA

3    lam31. 南區群體    0.68593064  XA3 <--- FA

4    lam12. 南區群體    0.84551288  XB1 <--- FB

5    lam22. 南區群體    0.75624267  XB2 <--- FB

6    lam32. 南區群體    0.81327573  XB3 <--- FB

7    lam42. 南區群體    0.84965794  XB4 <--- FB

8    lam13. 南區群體    0.86641207  YA1 <--- FC

9    lam23. 南區群體    0.71741866  YA2 <--- FC

10   lam14. 南區群體    0.89334958  YB1 <--- FD

11   lam24. 南區群體    0.96529814  YB2 <--- FD

12   lam34. 南區群體    0.85211300  YB3 <--- FD

13                     1.00000000   FA <--> FA

14                     1.00000000   FB <--> FB

15                     0.17302248   FC <--> FC

16                     0.24270682   FD <--> FD

17   gam31. 南區群體    0.54303578   FC <--- FA
```

```
18   gam32. 南區群體      0.41690474   FC <--- FB
19   gam42. 南區群體      0.22021487   FD <--- FB
20    bet1. 南區群體      0.67586394   FD <--- FC
21     ph1. 南區群體      0.79127492   FB <--> FA
22 V[XA1]. 南區群體      0.74082224 XA1 <--> XA1
23 V[XA2]. 南區群體      0.32598483 XA2 <--> XA2
24 V[XA3]. 南區群體      0.52949915 XA3 <--> XA3
25 V[XB1]. 南區群體      0.28510797 XB1 <--> XB1
26 V[XB2]. 南區群體      0.42809702 XB2 <--> XB2
27 V[XB3]. 南區群體      0.33858259 XB3 <--> XB3
28 V[XB4]. 南區群體      0.27808138 XB4 <--> XB4
29 V[YA1]. 南區群體      0.24933012 YA1 <--> YA1
30 V[YA2]. 南區群體      0.48531047 YA2 <--> YA2
31 V[YB1]. 南區群體      0.20192652 YB1 <--> YB1
32 V[YB2]. 南區群體      0.06819951 YB2 <--> YB2
33 V[YB3]. 南區群體      0.27390343 YB3 <--> YB3
```

### (二) 限制模型

　　非限制模式之多群組分析結果，若是假設模型具有跨群組效度，進一步的檢定可以進行限制模式的多群組分析，限制模式中將二個群組對應的參數估計值設定相等，包括測量變數的徑路係數、測量誤差項的變異數、$\gamma$ 係數估計值、$\beta$ 係數估計值、外因潛在變數的共變數。限制模式的多群組分析在使用 multigroupModel( ) 函數時，增列引數「allEqual=TRUE」即可（內定選項為 =FALSE，表示群組對應的估計值未設定為相等參數值）。

　　限制模型之 R 編輯器語法指令為：

```
obsdata=data.frame(temp[-2])
obsdata$AREA=as.factor(obsdata$AREA)
mod=specifyModel(text="
FA -> XA1, lam11, NA
```

```
FA -> XA2, lam21, NA
FA -> XA3, lam31, NA
FB -> XB1, lam12, NA
FB -> XB2, lam22, NA
FB -> XB3, lam32, NA
FB -> XB4, lam42, NA
FC -> YA1, lam13, NA
FC -> YA2, lam23, NA
FD -> YB1, lam14, NA
FD -> YB2, lam24, NA
FD -> YB3, lam34, NA
FA <-> FA, NA    , 1
FB <-> FB, NA    , 1
FC <-> FC, NA    , 1
FD <-> FD, NA    , 1
FA -> FC , gam31, NA
FB -> FC , gam32, NA
FB -> FD , gam42, NA
FC -> FD , bet1 , NA
FA <->FB , ph1   , NA
")
m.sem=multigroupModel(mod,groups=c("1","2"),allEqual=TRUE)
mg.sem=sem(m.sem,data=obsdata,group="AREA",formula=~XA1+XA2+
XA3+XB1+XB2+XB3+XB4+YA1+YA2+YB1+YB2+YB3)
summary(mg.sem,fit.indices=c("GFI","RMSEA","SRMR","CFI"))
```

R 主控台執行結果如下：

```
Model Chisquare = 302.2303  Df = 127  Pr(>Chisq) = 2.570694e-16
 Chisquare (null model) = 4756.779  Df = 132
 Goodness-of-fit index = 0.9165531
```

```
RMSEA index = 0.07096226 90% CI: (0.06069973, 0.0812922)
Bentler CFI = 0.9621106
SRMR = 0.05719922
```

**[說明]**：限制模型之模式卡方值統計量=302.23、自由度=127，顯著性 $p = 0.000$ < 0.05，獨立模型（虛無模型）的卡方值 = 4756.78、自由度 = 132。GFI 值 = 0.917、RMSEA 值 = 0.071、CFI 值 = 0.962、SRMR 值 = 0.057，主要適配度統計量除 SRMR 外均達到模式適配標準，表示限制模式之假設模型同時適配於北區樣本群組、南區樣本群組，教師正向領導、班級氣氛、學生學習態度與學習自我效能之影響模型圖不但具有跨地區群組效度，且二個群組對應的參數值估計值可界定為等值。

--------------------------------------------------------------

```
 AREA: 1
R-square for Endogenous Variables
  XA1     XA2     XA3     XB1     XB2     XB3     XB4
0.3046 0.7117 0.5432 0.6892 0.6296 0.6219 0.6912
  FC      YA1     YA2     FD      YB1     YB2     YB3
0.8312 0.6782 0.5353 0.7726 0.7871 0.8960 0.7281
```

**[說明]**：量數為內因變數（內因觀察變數／內因潛在變數）的 R 平方，就北區樣本學生而言，內因潛在變數 FC 的 R 平方值 = 0.83、內因潛在變數 FD 的 R 平方值 = 0.77。

--------------------------------------------------------------

```
 Parameter Estimates
        Estimate    Std Error    z value     Pr(>|z|)
lam11  0.44213211 0.033911563 13.037798  7.458002e-39 XA1 <--- FA
lam21  0.55767457 0.024947803 22.353654 1.112557e-110 XA2 <--- FA
lam31  0.56011353 0.029880196 18.745309  2.114387e-78 XA3 <--- FA
lam12  0.46056237 0.019851966 23.199837 4.570543e-119 XB1 <--- FB
lam22  0.53805101 0.024829143 21.670140 3.925578e-104 XB2 <--- FB
lam32  0.42609451 0.019842392 21.473949 2.728227e-102 XB3 <--- FB
lam42  0.52875430 0.022742020 23.250102 1.419140e-119 XB4 <--- FB
lam13  0.21905019 0.022747091  9.629811  5.983936e-22 YA1 <--- FC
lam23  0.22956112 0.024224977  9.476216  2.636716e-21 YA2 <--- FC
```

| | | | | | |
|---|---|---|---|---|---|
| lam14 | 0.31270470 | 0.018984893 | 16.471238 | 5.904908e-61 | YB1 <--- FD |
| lam24 | 0.31236133 | 0.018508299 | 16.876826 | 6.663265e-64 | YB2 <--- FD |
| lam34 | 0.33441624 | 0.020833135 | 16.052133 | 5.523303e-58 | YB3 <--- FD |
| gam31 | 1.06760601 | 0.189056164 | 5.647031 | 1.632424e-08 | FC <--- FA |
| gam32 | 1.29009957 | 0.215687770 | 5.981329 | 2.213240e-09 | FC <--- FB |
| gam42 | 0.38772960 | 0.195659313 | 1.981657 | 4.751767e-02 | FD <--- FB |
| bet1 | 0.61489011 | 0.098514399 | 6.241627 | 4.330432e-10 | FD <--- FC |
| ph1 | 0.76987975 | 0.026826484 | 28.698496 | 3.983745e-181 | FB <--> FA |
| V[XA1] | 0.44621519 | 0.029150064 | 15.307520 | 6.811182e-53 | XA1 <--> XA1 |
| V[XA2] | 0.12599771 | 0.013898751 | 9.065398 | 1.241501e-19 | XA2 <--> XA2 |
| V[XA3] | 0.26387809 | 0.020274507 | 13.015266 | 1.001934e-38 | XA3 <--> XA3 |
| V[XB1] | 0.09564274 | 0.007447988 | 12.841419 | 9.609683e-38 | XB1 <--> XB1 |
| V[XB2] | 0.17030726 | 0.012409212 | 13.724260 | 7.266721e-43 | XB2 <--> XB2 |
| V[XB3] | 0.11038236 | 0.007988375 | 13.817874 | 1.988553e-43 | XB3 <--> XB3 |
| V[XB4] | 0.12492088 | 0.009754153 | 12.806943 | 1.499264e-37 | XB4 <--> XB4 |
| V[YA1] | 0.13486683 | 0.011945830 | 11.289867 | 1.472598e-29 | YA1 <--> YA1 |
| V[YA2] | 0.27106393 | 0.019369126 | 13.994639 | 1.680801e-44 | YA2 <--> YA2 |
| V[YB1] | 0.11629663 | 0.009302326 | 12.501887 | 7.290017e-36 | YB1 <--> YB1 |
| V[YB2] | 0.04982566 | 0.006426456 | 7.753209 | 8.959912e-15 | YB2 <--> YB2 |
| V[YB3] | 0.18361396 | 0.013365095 | 13.738320 | 5.984825e-43 | YB3 <--> YB3 |

[說明]：標的樣本資料群體為地區變數 AREA = 1 的學生，標準化估計值的平方為解釋變異量，參數估計值為非標準化估計值。gam31（FA->FC）的徑路係數估計值 = 1.068、gam32（FB->FC）的徑路係數估計值 = 1.290 、gam42（FB->FD）的徑路係數估計值 = 0.388、bet1（FC->FD）的徑路係數估計值 = 0.615，外因潛在變數 FB 與外因潛在變數 FA 間的共變數估計值 = 0.770。指標變數 XA1 的徑路係數（lam11）= 0.442，潛在變數 FA 之指標變數 XA1 的測量誤差項變異數 = 0.446、指標變數 XA2 的測量誤差項變異數 = 0.126。

------------------------------------------------------------

```
  AREA: 2
R-square for Endogenous Variables
   XA1    XA2    XA3    XB1    XB2    XB3    XB4
0.3046 0.7117 0.5432 0.6892 0.6296 0.6219 0.6912
```

```
   FC     YA1    YA2    FD     YB1    YB2    YB3
0.8312 0.6782 0.5353 0.7726 0.7871 0.8960 0.7281
```

**[說明]**：標的樣本資料群體為地區變數 AREA=2 的學生（南區群體），內因變數（內因觀察變數／內因潛在變數）R 平方值與標的樣本資料群體為北區學生（地區變數 AREA=1）估計結果相同，內因潛在變數 FC 的 R 平方值＝0.83、內因潛在變數 FD 的 R 平方值＝0.77。

--------------------------------------------------------------------------

```
Parameter Estimates
        Estimate    Std Error    z value     Pr(>|z|)
lam11  0.44213211 0.033911563  13.037798   7.458002e-39 XA1 <--- FA
< 略 >
gam31  1.06760601 0.189056164   5.647031   1.632424e-08 FC <--- FA
gam32  1.29009957 0.215687770   5.981329   2.213240e-09 FC <--- FB
gam42  0.38772960 0.195659313   1.981657   4.751767e-02 FD <--- FB
bet1   0.61489011 0.098514399   6.241627   4.330432e-10 FD <--- FC
ph1    0.76987975 0.026826484  28.698496  3.983745e-181 FB <--> FA
V[XA1] 0.44621519 0.029150064  15.307520   6.811182e-53 XA1 <--> XA1
V[XA2] 0.12599771 0.013898751   9.065398   1.241501e-19 XA2 <--> XA2
< 略 >
```

**[說明]**：南區樣本群體之參數估計值（非標準化估計值）與北區樣本群體之參數估計值均相同。gam31（**FA->FC**）的徑路係數估計值＝1.068、gam32（**FB->FC**）的徑路係數估計值＝1.290 、gam42（**FB->FD**）的徑路係數估計值＝0.388、bet1（**FC->FD**）的徑路係數估計值＝0.615，外因潛在變數 FB 與外因潛在變數 FA 間的共變數估計值＝0.770。指標變數 XA1 的徑路係數 (lam11)＝0.442，潛在變數 FA 之指標變數 XA1 的測量誤差項變異數＝0.446、指標變數 XA2 的測量誤差項變異數＝0.126。

求出多群組分析的標準化估計值，使用函數為 stdCoef( )：

```
> stdCoef(mg.sem)
```

```
 Group:  1
           Std. Estimate
1    lam11    0.5519343  XA1 <--- FA
2    lam21    0.8436082  XA2 <--- FA
3    lam31    0.7369881  XA3 <--- FA
4    lam12    0.8301987  XB1 <--- FB
5    lam22    0.7934801  XB2 <--- FB
6    lam32    0.7886058  XB3 <--- FB
7    lam42    0.8313685  XB4 <--- FB
8    lam13    0.8235564  YA1 <--- FC
9    lam23    0.7316341  YA2 <--- FC
10   lam14    0.8871988  YB1 <--- FD
11   lam24    0.9465496  YB2 <--- FD
12   lam34    0.8533135  YB3 <--- FD
13            1.0000000  FA <--> FA
14            1.0000000  FB <--> FB
15            0.1687798  FC <--> FC
16            0.2274003  FD <--> FD
17   gam31    0.4386027  FC <--- FA
18   gam32    0.5300093  FC <--- FB
19   gam42    0.1848947  FD <--- FB
20    bet1    0.7137279  FD <--- FC
21     ph1    0.7698798  FB <--> FA
< 略 >
33 V[YB3]    0.2718561 YB3 <--> YB3
```

**[說明]**：北區樣本學生群體的標準化估計值，gam31（FA->FC）的直接效果值（標準化迴歸係數）＝ 0.44、gam32（FB->FC）的直接效果值（標準化迴歸係數）＝ 0.53、gam42（FB->FD）的直接效果值（標準化迴歸係數）＝ 0.18、bet1（FC->FD）的直接效果值（標準化迴歸係數）＝ 0.71，外因潛在變數 FB 與外因潛在變數 FA 間的相關係數 $r$ = 0.77。指標變數 XA1 的因素負荷量（lam11）＝ 0.55、指標變數 XA2 的因素負荷量（lam21）＝ 0.84，指標變數 YB3 無法反

映潛在變數 FD 的變異為 0.27（預測誤差值）。

----------------------------------------------------------------------

Group:　2

　　　　　　Std. Estimate

| | | | | | |
|---|---|---|---|---|---|
| 1 | lam11 | 0.5519343 | XA1 | <--- | FA |
| 2 | lam21 | 0.8436082 | XA2 | <--- | FA |
| 3 | lam31 | 0.7369881 | XA3 | <--- | FA |
| 4 | lam12 | 0.8301987 | XB1 | <--- | FB |
| 5 | lam22 | 0.7934801 | XB2 | <--- | FB |
| 6 | lam32 | 0.7886058 | XB3 | <--- | FB |
| 7 | lam42 | 0.8313685 | XB4 | <--- | FB |
| 8 | lam13 | 0.8235564 | YA1 | <--- | FC |
| 9 | lam23 | 0.7316341 | YA2 | <--- | FC |
| 10 | lam14 | 0.8871988 | YB1 | <--- | FD |
| 11 | lam24 | 0.9465496 | YB2 | <--- | FD |
| 12 | lam34 | 0.8533135 | YB3 | <--- | FD |
| 13 | | 1.0000000 | FA | <--> | FA |
| 14 | | 1.0000000 | FB | <--> | FB |
| 15 | | 0.1687798 | FC | <--> | FC |
| 16 | | 0.2274003 | FD | <--> | FD |
| 17 | gam31 | 0.4386027 | FC | <--- | FA |
| 18 | gam32 | 0.5300093 | FC | <--- | FB |
| 19 | gam42 | 0.1848947 | FD | <--- | FB |
| 20 | bet1 | 0.7137279 | FD | <--- | FC |
| 21 | ph1 | 0.7698798 | FB | <--> | FA |

< 略 >

33 V[YB3]　　0.2718561 YB3 <--> YB3

**[ 說明 ]**：南區樣本學生群體的標準化估計值，gam31（FA->FC）的直接效果值（標準化迴歸係數）= 0.44、gam32（FB->FC）的直接效果值（標準化迴歸係數）= 0.53、gam42（FB->FD）的直接效果值（標準化迴歸係數）= 0.18、bet1（FC->FD）的直接效果值（標準化迴歸係數）= 0.71，外因潛在變數 FB 與外因潛在變數 FA 間的相關係數 r = 0.77。指標變數 XA1 的因素負荷量（lam11）

= 0.55、指標變數 XA2 的因素負荷量（lam21）= 0.84，指標變數 YB3 無法反映潛在變數 FD 的變異為 0.27（預測誤差值）。標準化估計值之參數標記符號沒有增列群組名稱 [ ].1/[ ].2，而是以相同參數符號呈現，表示二個群組對應的參數估計值是相同的。

 二、三個群體之多群組分析

範例之因子變數為班級規模（SIZE），班級規模（SIZE）為三分類別變數，水準數值 1 為大型班級規模群體、水準數值 2 為中型班級規模群體、水準數值 3 為小型班級規模群體，R 編輯器語法指令為：

```
obsdata=data.frame(temp[-1])
obsdata$SIZE=as.factor(obsdata$SIZE)
mod=specifyModel(text="
FA -> XA1, lam11, NA
FA -> XA2, lam21, NA
FA -> XA3, lam31, NA
FB -> XB1, lam12, NA
FB -> XB2, lam22, NA
FB -> XB3, lam32, NA
FB -> XB4, lam42, NA
FC -> YA1, lam13, NA
FC -> YA2, lam23, NA
FD -> YB1, lam14, NA
FD -> YB2, lam24, NA
FD -> YB3, lam34, NA
FA <-> FA, NA   , 1
FB <-> FB, NA   , 1
FC <-> FC, NA   , 1
FD <-> FD, NA   , 1
FA -> FC , gam31, NA
```

```
FB -> FC , gam32, NA
FB -> FD , gam42, NA
FC -> FD , bet1 , NA
FA <->FB , ph1  , NA
")
m.sem=multigroupModel(mod,groups=c("1","2","3"))
mg.sem=sem(m.sem,data=obsdata,group="SIZE",formula=~XA1+XA2+
XA3+XB1+XB2+XB3+XB4+YA1+YA2+YB1+YB2+YB3)
summary(mg.sem,fit.indices=c("GFI","RMSEA","SRMR","CFI"))
```

上述語法函數中 sem( ) 函數要增列引數 groups 界定因子變數：
「group="SIZE"」，增列引數 formula 界定假設模型中的指標變數（觀察變數）：
「formula=~XA1+XA2+XA3+XB1+XB2+XB3+XB4+YA1+YA2+YB1+YB2+YB3」。

如果直接以因子 size 的群組標記作為多群組分析的類別，multigroupModel( ) 函數語法修改如下：

```
temp$size=as.factor(temp$size)
mc.sem=multigroupModel(mod,groups=c("大型班級","中型班級","小型班級"))
mgc.sem=sem(mc.sem,data=temp,group="size",formula=~XA1+XA2+
XA3+XB1+XB2+XB3+XB4+YA1+YA2+YB1+YB2+YB3)
summary(mgc.sem,fit.indices=c("GFI","RMSEA","SRMR","CFI"))
```

R 主控台執行結果如下：

```
Model Chisquare = 308.85  Df = 147  Pr(>Chisq) = 1.475788e-13
 Chisquare (null model) = 4776.64  Df = 198
 Goodness-of-fit index = 0.914663
 RMSEA index = 0.0777078 90% CI: (0.06556503, 0.0898214)
 Bentler CFI = 0.9646511
 SRMR = 0.04148154
```

**[說明]**：模式卡方值統計量 = 308.85、自由度 = 147，顯著性 $p = 0.000 < 0.05$，獨立模型（虛無模型）的卡方值 = 4776.64、自由度 = 198。GFI 值 = 0.915、RMSEA 值 = 0.078、CFI 值 = 0.965、SRMR 值 = 0.041，主要適配度統計量均達到模式適配標準，表示假設模型同時適配於大型規模班級、中型規模班級、小型規模班級的樣本群組，教師正向領導、班級氣氛、學生學習態度與學習自我效能之影響模型圖具有跨班級組織規模效度。

---

```
Iterations: initial fits, 98 87 92    final fit, 0
  SIZE: 1
 Model Chisquare =  86.81104    Df =  49 Pr(>Chisq) = 0.0007056427
 Goodness-of-fit index =   0.8690043
 RMSEA index =   0.08828637    90% CI: (0.05686315, 0.1182084)
 Bentler CFI =   0.9444749
 SRMR =   0.05762194
 Parameter Estimates
          Estimate    Std Error   z value   Pr(>|z|)
lam11.1  0.33143935 0.08799354 3.766633 1.654642e-04 XA1 <--- FA
lam21.1  0.49042748 0.06420996 7.637873 2.208398e-14 XA2 <--- FA
<略>
```

**[說明]**：「SIZE: 1」為水準數值編碼 1 群組（大型班級規模）的估計值，標的樣本資料為選取班級規模（SIZE）因子變數之水準數值 = 1 的觀察值。R 軟體除呈現多群組分析的適配度統計量外，也增列輸出各樣本群體的適配度統計量。

---

```
  SIZE: 2
 Model Chisquare =  108.0904    Df =  49 Pr(>Chisq) = 2.431942e-06
 Goodness-of-fit index =   0.9429241
 RMSEA index =   0.0627769    90% CI: (0.04677597, 0.07880286)
 Bentler CFI =   0.9758271
 SRMR =   0.03606449
 Parameter Estimates
          Estimate    Std Error    z value    Pr(>|z|)
```

```
lam11.2  0.45323068 0.042574530 10.645583  1.828365e-26 XA1 <--- FA
lam21.2  0.55827005 0.032472083 17.192308  3.032188e-66 XA2 <--- FA
< 略 >
```

**[ 說明 ]**：「SIZE: 2」為水準數值編碼 2 群組（中型班級規模）的估計值，標的樣本資料為選取班級規模（SIZE）因子變數之水準數值 = 2 的觀察值。

----------------------------------------------------------------------------

```
  SIZE: 3
 Model Chisquare =  113.9485   Df =  49 Pr(>Chisq) = 4.337426e-07
 Goodness-of-fit index =  0.8859198
 RMSEA index =  0.09661449   90% CI: (0.07353012, 0.1198789)
 Bentler CFI =  0.9553058
 SRMR =  0.04182416
Parameter Estimates
         Estimate   Std Error  z value   Pr(>|z|)
lam11.3  0.48343383 0.07088995  6.819498 9.135943e-12 XA1 <--- FA
lam21.3  0.60465997 0.05033912 12.011732 3.083206e-33 XA2 <--- FA
< 略 >
```

**[ 說明 ]**：「SIZE: 3」為水準數值編碼 3 群組（小型班級規模）的估計值，標的樣本資料為選取班級規模（SIZE）因子變數之水準數值 = 3 的觀察值。

使用 stdCoef( ) 函數輸出各群組假設模型的標準化估計值：

```
> stdCoef(mg.sem)
 Group:  1
           Std. Estimate
1   lam11.1     0.4084146  XA1 <--- FA
2   lam21.1     0.7765232  XA2 <--- FA
< 略 >
Group:  2
         Std. Estimate
```

```
1    lam11.2      0.5925832   XA1 <--- FA
2    lam21.2      0.8583692   XA2 <--- FA
```
< 略 >
```
 Group:  3
            Std. Estimate
1    lam11.3      0.55679486  XA1 <--- FA
2    lam21.3      0.85450790  XA2 <--- FA
```
< 略 >

**[說明]**：標準化估計值的輸出結果依三個水準群體分別呈現：「Group:1」（大型班級規模樣本群體）、「Group:2」（中型班級規模樣本群體）、「Group:3」（小型班級規模樣本群體）。

---

使用 summary( ) 函數物件輸出參數估計值至小數第二位，群組直接增列群體名稱：

```
> par=summary(mgc.sem)
> round(par$coef,2)
   lam11. 大型班級   lam21. 大型班級   lam31. 大型班級   lam12. 大型班級
            0.33             0.49             0.42             0.38
   lam22. 大型班級   lam32. 大型班級   lam42. 大型班級   lam13. 大型班級
            0.43             0.35             0.43             0.18
   lam23. 大型班級   lam14. 大型班級   lam24. 大型班級   lam34. 大型班級
            0.19             0.35             0.34             0.33
   gam31. 大型班級   gam32. 大型班級   gam42. 大型班級    bet1. 大型班級
            1.01             1.64             0.88             0.20
    ph1. 大型班級 V[XA1]. 大型班級 V[XA2]. 大型班級 V[XA3]. 大型班級
            0.74             0.55             0.16             0.30
 V[XB1]. 大型班級 V[XB2]. 大型班級 V[XB3]. 大型班級 V[XB4]. 大型班級
            0.07             0.14             0.08             0.10
 V[YA1]. 大型班級 V[YA2]. 大型班級 V[YB1]. 大型班級 V[YB2]. 大型班級
```

|  |  |  |  |
|---|---|---|---|
| 0.14 | 0.27 | 0.08 | 0.04 |
| V[YB3].大型班級 | lam11.中型班級 | lam21.中型班級 | lam31.中型班級 |
| 0.22 | 0.45 | 0.56 | 0.54 |
| lam12.中型班級 | lam22.中型班級 | lam32.中型班級 | lam42.中型班級 |
| 0.45 | 0.54 | 0.45 | 0.50 |
| lam13.中型班級 | lam23.中型班級 | lam14.中型班級 | lam24.中型班級 |
| 0.22 | 0.25 | 0.27 | 0.28 |
| lam34.中型班級 | gam31.中型班級 | gam32.中型班級 | gam42.中型班級 |
| 0.31 | 0.97 | 1.21 | 0.34 |
| bet1.中型班級 | ph1.中型班級 | V[XA1].中型班級 | V[XA2].中型班級 |
| 0.74 | 0.77 | 0.38 | 0.11 |
| V[XA3].中型班級 | V[XB1].中型班級 | V[XB2].中型班級 | V[XB3].中型班級 |
| 0.26 | 0.11 | 0.19 | 0.11 |
| V[XB4].中型班級 | V[YA1].中型班級 | V[YA2].中型班級 | V[YB1].中型班級 |
| 0.15 | 0.14 | 0.26 | 0.13 |
| V[YB2].中型班級 | V[YB3].中型班級 | lam11.小型班級 | lam21.小型班級 |
| 0.05 | 0.16 | 0.48 | 0.60 |
| lam31.小型班級 | lam12.小型班級 | lam22.小型班級 | lam32.小型班級 |
| 0.67 | 0.52 | 0.60 | 0.43 |
| lam42.小型班級 | lam13.小型班級 | lam23.小型班級 | lam14.小型班級 |
| 0.64 | 0.22 | 0.21 | 0.35 |
| lam24.小型班級 | lam34.小型班級 | gam31.小型班級 | gam32.小型班級 |
| 0.33 | 0.36 | 1.45 | 1.32 |
| gam42.小型班級 | bet1.小型班級 | ph1.小型班級 | V[XA1].小型班級 |
| 0.39 | 0.59 | 0.78 | 0.52 |
| V[XA2].小型班級 | V[XA3].小型班級 | V[XB1].小型班級 | V[XB2].小型班級 |
| 0.14 | 0.23 | 0.09 | 0.15 |
| V[XB3].小型班級 | V[XB4].小型班級 | V[YA1].小型班級 | V[YA2].小型班級 |
| 0.11 | 0.10 | 0.12 | 0.29 |
| V[YB1].小型班級 | V[YB2].小型班級 | V[YB3].小型班級 | |
| 0.11 | 0.05 | 0.21 | |

未限制模型之三個群組完整的標準化估計值如下：

```
> stdCoef(par)
 Group:  大型班級

                    Std. Estimate
1    lam11.大型班級    0.4084146  XA1 <--- FA
2    lam21.大型班級    0.7765232  XA2 <--- FA
3    lam31.大型班級    0.6114434  XA3 <--- FA
4    lam12.大型班級    0.8196448  XB1 <--- FB
5    lam22.大型班級    0.7534870  XB2 <--- FB
6    lam32.大型班級    0.7723382  XB3 <--- FB
7    lam42.大型班級    0.8025575  XB4 <--- FB
8    lam13.大型班級    0.7902580  YA1 <--- FC
9    lam23.大型班級    0.7012548  YA2 <--- FC
10   lam14.大型班級    0.8965170  YB1 <--- FD
11   lam24.大型班級    0.9485285  YB2 <--- FD
12   lam34.大型班級    0.7592654  YB3 <--- FD
13                    1.0000000   FA <--> FA
14                    1.0000000   FB <--> FB
15                    0.1397511   FC <--> FC
16                    0.3472949   FD <--> FD
17   gam31.大型班級    0.3778061   FC <--- FA
18   gam32.大型班級    0.6116934   FC <--- FB
19   gam42.大型班級    0.5196457   FD <--- FB
20    bet1.大型班級    0.3094040   FD <--- FC
21     ph1.大型班級    0.7428396   FB <--> FA
22 V[XA1].大型班級    0.8331975  XA1 <--> XA1
23 V[XA2].大型班級    0.3970117  XA2 <--> XA2
24 V[XA3].大型班級    0.6261370  XA3 <--> XA3
25 V[XB1].大型班級    0.3281823  XB1 <--> XB1
26 V[XB2].大型班級    0.4322574  XB2 <--> XB2
```

| 27 | V[XB3].大型班級 | 0.4034938 | XB3 <--> XB3 |
|---|---|---|---|
| 28 | V[XB4].大型班級 | 0.3559014 | XB4 <--> XB4 |
| 29 | V[YA1].大型班級 | 0.3754922 | YA1 <--> YA1 |
| 30 | V[YA2].大型班級 | 0.5082417 | YA2 <--> YA2 |
| 31 | V[YB1].大型班級 | 0.1962573 | YB1 <--> YB1 |
| 32 | V[YB2].大型班級 | 0.1002937 | YB2 <--> YB2 |
| 33 | V[YB3].大型班級 | 0.4235161 | YB3 <--> YB3 |

Group:　中型班級

Std. Estimate

| 1 | lam11.中型班級 | 0.5925832 | XA1 <--- FA |
|---|---|---|---|
| 2 | lam21.中型班級 | 0.8583692 | XA2 <--- FA |
| 3 | lam31.中型班級 | 0.7260812 | XA3 <--- FA |
| 4 | lam12.中型班級 | 0.8104446 | XB1 <--- FB |
| 5 | lam22.中型班級 | 0.7785918 | XB2 <--- FB |
| 6 | lam32.中型班級 | 0.8003952 | XB3 <--- FB |
| 7 | lam42.中型班級 | 0.7968547 | XB4 <--- FB |
| 8 | lam13.中型班級 | 0.8058058 | YA1 <--- FC |
| 9 | lam23.中型班級 | 0.7443645 | YA2 <--- FC |
| 10 | lam14.中型班級 | 0.8614757 | YB1 <--- FD |
| 11 | lam24.中型班級 | 0.9381205 | YB2 <--- FD |
| 12 | lam34.中型班級 | 0.8657706 | YB3 <--- FD |
| 13 | | 1.0000000 | FA <--> FA |
| 14 | | 1.0000000 | FB <--> FB |
| 15 | | 0.1926989 | FC <--> FC |
| 16 | | 0.2011605 | FD <--> FD |
| 17 | gam31.中型班級 | 0.4241950 | FC <--- FA |
| 18 | gam32.中型班級 | 0.5299724 | FC <--- FB |
| 19 | gam42.中型班級 | 0.1529505 | FD <--- FB |
| 20 | bet1.中型班級 | 0.7592350 | FD <--- FC |
| 21 | ph1.中型班級 | 0.7706206 | FB <--> FA |
| 22 | V[XA1].中型班級 | 0.6488451 | XA1 <--> XA1 |
| 23 | V[XA2].中型班級 | 0.2632023 | XA2 <--> XA2 |

```
24 V[XA3].中型班級       0.4728061 XA3 <--> XA3
25 V[XB1].中型班級       0.3431796 XB1 <--> XB1
26 V[XB2].中型班級       0.3937949 XB2 <--> XB2
27 V[XB3].中型班級       0.3593676 XB3 <--> XB3
28 V[XB4].中型班級       0.3650226 XB4 <--> XB4
29 V[YA1].中型班級       0.3506770 YA1 <--> YA1
30 V[YA2].中型班級       0.4459216 YA2 <--> YA2
31 V[YB1].中型班級       0.2578596 YB1 <--> YB1
32 V[YB2].中型班級       0.1199299 YB2 <--> YB2
33 V[YB3].中型班級       0.2504413 YB3 <--> YB3
   Group:   小型班級

                  Std. Estimate

1    lam11.小型班級       0.55679486  XA1 <--- FA
2    lam21.小型班級       0.85450790  XA2 <--- FA
3    lam31.小型班級       0.81243039  XA3 <--- FA
4    lam12.小型班級       0.86333296  XB1 <--- FB
5    lam22.小型班級       0.84227830  XB2 <--- FB
6    lam32.小型班級       0.78818121  XB3 <--- FB
7    lam42.小型班級       0.89800198  XB4 <--- FB
8    lam13.小型班級       0.86977091  YA1 <--- FC
9    lam23.小型班級       0.73216409  YA2 <--- FC
10   lam14.小型班級       0.92279784  YB1 <--- FD
11   lam24.小型班級       0.96013656  YB2 <--- FD
12   lam34.小型班級       0.87074712  YB3 <--- FD
13                       1.00000000   FA <--> FA
14                       1.00000000   FB <--> FB
15                       0.12788548   FC <--> FC
16                       0.20120043   FD <--> FD
17   gam31.小型班級       0.51689151   FC <--- FA
18   gam32.小型班級       0.47169806   FC <--- FB
19   gam42.小型班級       0.17429952   FD <--- FB
20    bet1.小型班級       0.73695070   FD <--- FC
```

| 21 | ph1. 小型班級 | 0.78427481 | FB <--> FA |
| --- | --- | --- | --- |
| 22 | V[XA1]. 小型班級 | 0.68997949 | XA1 <--> XA1 |
| 23 | V[XA2]. 小型班級 | 0.26981626 | XA2 <--> XA2 |
| 24 | V[XA3]. 小型班級 | 0.33995687 | XA3 <--> XA3 |
| 25 | V[XB1]. 小型班級 | 0.25465620 | XB1 <--> XB1 |
| 26 | V[XB2]. 小型班級 | 0.29056727 | XB2 <--> XB2 |
| 27 | V[XB3]. 小型班級 | 0.37877038 | XB3 <--> XB3 |
| 28 | V[XB4]. 小型班級 | 0.19359245 | XB4 <--> XB4 |
| 29 | V[YA1]. 小型班級 | 0.24349856 | YA1 <--> YA1 |
| 30 | V[YA2]. 小型班級 | 0.46393575 | YA2 <--> YA2 |
| 31 | V[YB1]. 小型班級 | 0.14844414 | YB1 <--> YB1 |
| 32 | V[YB2]. 小型班級 | 0.07813779 | YB2 <--> YB2 |
| 33 | V[YB3]. 小型班級 | 0.24179945 | YB3 <--> YB3 |

## 肆　潛在變數徑路分析 II

　　教師正向領導（TPL）、班級組織氣氛（COC）、學生學習態度（SLA）與學生學習自我效能（SLE）間的影響路徑如下，假設模型圖外因潛在變數為教師正向領導（TPL）、中介潛在變數為班級組織氣氛（COC）與學生學習態度（SLA）、內因潛在變數為學生學習自我效能（SLE），如圖 5-19。

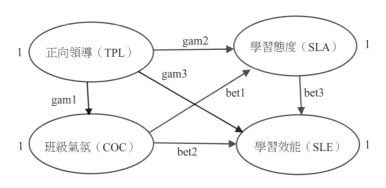

◉圖 5-19　假設模型圖

假設模型對應的方程界定為：

```
library(sem)
temp<-read.csv("sem_1.csv",header=T)
obsdata=temp[3:14]
mod=specifyModel(text="
TPL -> XA1, lam11, NA ## 潛在變數 TPL 的指標變數為 XA1、XA2、XA3
TPL -> XA2, lam21, NA
TPL -> XA3, lam31, NA
COC -> XB1, lam12, NA ## 潛在變數 COC 的指標變數為 XB1、XB2、XB3、XB4
COC -> XB2, lam22, NA
COC -> XB3, lam32, NA
COC -> XB4, lam42, NA
SLA -> YA1, lam13, NA ## 潛在變數 SLA 的指標變數為 YA1、YA2
SLA -> YA2, lam23, NA
SLE -> YB1, lam14, NA ## 潛在變數 SLE 的指標變數為 YB1、YB2、YB3
SLE -> YB2, lam24, NA
SLE -> YB3, lam34, NA
TPL <-> TPL, NA    , 1   ## 潛在變數 TPL 的變異數設為 1
COC <-> COC, NA    , 1   ## 潛在變數 COC 的變異數設為 1
SLA <-> SLA, NA    , 1   ## 潛在變數 SLA 的變異數設為 1
SLE <-> SLE, NA    , 1   ## 潛在變數 SLE 的變異數設為 1
TPL -> COC, gam1, NA   ##TPL 對 COC 的影響（參數符號為 gam1，自由參數）
TPL -> SLA, gam2, NA   ##TPL 對 SLA 的影響（參數符號為 gam2，自由參數）
TPL -> SLE, gam3, NA   ##TPL 對 SLE 的影響（參數符號為 gam3，自由參數）
COC -> SLA ,bet1, NA   ##COC 對 SLA 的影響（參數符號為 bet1，自由參數）
COC -> SLE ,bet2, NA   ##COC 對 SLE 的影響（參數符號為 bet2，自由參數）
SLA -> SLE, bet3, NA   ##SLA 對 SLE 的影響（參數符號為 bet3，自由參數）
")
m.sem=sem(mod, data=obsdata)   ## 以 sem( ) 函數界定方程物件與資料檔
summary(m.sem,fit.indices=c("GFI","RMSEA","SRMR","CFI"))
```

R 主控台輸出結果如下：

```
Model Chisquare = 143.8545    Df = 48 Pr(>Chisq) = 1.666703e-11
```

**[說明]**：整體模式適配度卡方值統計量＝143.85、自由度＝48，顯著性 $p=0.000$ ＜0.05，卡方自由度比值＝143.8545÷48= 2.996。

---

```
 Goodness-of-fit index =  0.9572243
 RMSEA index =  0.06031142   90% CI: (0.04912321, 0.07177417)
 Bentler CFI =  0.9788886
 SRMR =  0.0295596
```

**[說明]**：模式適配度統計量，GFI 值＝0.957、RMSEA 值＝0.060、CFI 值＝0.979、SRMR 值＝0.030，假設模型與樣本資料可以契合。

---

```
R-square for Endogenous Variables
   XA1    XA2    XA3    COC    XB1    XB2    XB3    XB4
0.3061 0.7057 0.5399 0.5933 0.6896 0.6299 0.6223 0.6901
   SLA    YA1    YA2    SLE    YB1    YB2    YB3
0.8392 0.6738 0.5319 0.7769 0.7864 0.8964 0.7282
```

**[說明]**：教師正向領導（TPL）可以解釋班級組織氣氛（COC）變數的變異量為 59.3%，學生學習態度（SLA）可以被教師正向領導（TPL）與班級組織氣氛（COC）二個變數解釋的變異為 83.9%，學生學習自我效能（SLE）可以被教師正向領導（TPL）、班級組織氣氛（COC）與學生學習態度（SLA）三個變數解釋的變異為 77.7%。

增列界定 summary( ) 函數物件，物件元素「$coeff」可以輸出所有非標準化估計值（原始迴歸係數、共變數、測量誤差項或殘差項的變異數），範例只呈現結構模式的參數估計值：

```
> par.out$coeff
         Estimate   Std Error    z value       Pr(>|z|)
```

| | | | | | | |
|---|---|---|---|---|---|---|
| gam1 | 1.20780570 | 0.103773098 | 11.6389095 | 2.613356e-31 | COC <--- TPL |
| gam2 | 1.12325787 | 0.234708695 | 4.7857531 | 1.703473e-06 | SLA <--- TPL |
| gam3 | -0.06888625 | 0.227977293 | -0.3021628 | 7.625280e-01 | SLE <--- TPL |
| bet1 | 0.83138676 | 0.152547016 | 5.4500362 | 5.035956e-08 | SLA <--- COC |
| bet2 | 0.22361877 | 0.140605595 | 1.5903974 | 1.117453e-01 | SLE <--- COC |
| bet3 | 0.64633435 | 0.145948628 | 4.4285058 | 9.488816e-06 | SLE <--- SLA |

增列界定 summary( ) 函數物件，以元素「$coeff」輸出資料框架前四個變數（估計值、估計標準誤、$z$ 值統計量、顯著性 $p$ 值）至小數第二位：

```
> par.out=summary(m.sem)
> round(par.out$coeff[1:4],2)
        Estimate  Std Error  z value   Pr(>|z|)
lam11     0.44      0.03      13.08      0.00
lam21     0.56      0.03      22.22      0.00
lam31     0.56      0.03      18.67      0.00
lam12     0.29      0.02      17.06      0.00
lam22     0.34      0.02      16.45      0.00
lam32     0.27      0.02      16.37      0.00
lam42     0.34      0.02      17.07      0.00
lam13     0.21      0.03       7.85      0.00
lam23     0.22      0.03       7.85      0.00
lam14     0.31      0.02      13.67      0.00
lam24     0.31      0.02      13.90      0.00
lam34     0.33      0.02      13.43      0.00
gam1      1.21      0.10      11.64      0.00
gam2      1.12      0.23       4.79      0.00
gam3     -0.07      0.23      -0.30      0.76
bet1      0.83      0.15       5.45      0.00
bet2      0.22      0.14       1.59      0.11
bet3      0.65      0.15       4.43      0.00
```

**[說明]**：結構模式中，參數 gam3（SLE <--- TPL）的迴歸係數估計值 = −0.07（顯著性 $p = 0.76 > 0.05$）、參數 bet2（SLE <--- COC）的迴歸係數估計值 = 0.22（顯著性 $p = 0.11 > 0.05$），二條影響路徑均未達統計顯著水準，進一步的模型修正可以將此二條影響路徑刪除。

----------------------------------------------------------------

| | | | | |
|---|---|---|---|---|
| V[XA1] | 0.44 | 0.03 | 15.30 | 0.00 |
| V[XA2] | 0.13 | 0.01 | 9.20 | 0.00 |
| V[XA3] | 0.27 | 0.02 | 13.04 | 0.00 |
| V[XB1] | 0.10 | 0.01 | 12.84 | 0.00 |
| V[XB2] | 0.17 | 0.01 | 13.73 | 0.00 |
| V[XB3] | 0.11 | 0.01 | 13.82 | 0.00 |
| V[XB4] | 0.13 | 0.01 | 12.83 | 0.00 |
| V[YA1] | 0.14 | 0.01 | 10.59 | 0.00 |
| V[YA2] | 0.27 | 0.02 | 13.82 | 0.00 |
| V[YB1] | 0.12 | 0.01 | 12.53 | 0.00 |
| V[YB2] | 0.05 | 0.01 | 7.73 | 0.00 |
| V[YB3] | 0.18 | 0.01 | 13.75 | 0.00 |

**[說明]**：四個測量模式 12 個指標變數之測量誤差項變異數均大於 0.00，且達到統計顯著水準。

修正結構模式將「教師正向領導」（TPL）對「學習自我效能」（SLE）路徑刪除（參數標記 gam3）、將「班級組織氣氛」（COC）對「學習自我效能」（SLE）路徑刪除（參數標記 bet2），如圖 5-20。

修正模型對應的方程模式界定為：

```
mod.1=specifyModel(text="
TPL -> XA1, lam11, NA
TPL -> XA2, lam21, NA
TPL -> XA3, lam31, NA
COC -> XB1, lam12, NA
COC -> XB2, lam22, NA
```

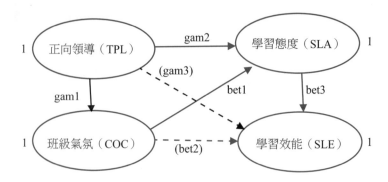

 圖 **5-20** 修正結構模式

```
COC -> XB3, lam32, NA
COC -> XB4, lam42, NA
SLA -> YA1, lam13, NA
SLA -> YA2, lam23, NA
SLE -> YB1, lam14, NA
SLE -> YB2, lam24, NA
SLE -> YB3, lam34, NA
TPL <-> TPL, NA  , 1
COC <-> COC, NA  , 1
SLA <-> SLA, NA  , 1
SLE <-> SLE, NA  , 1
TPL -> COC, gam1, NA
TPL -> SLA, gam2, NA
COC -> SLA, bet1, NA
SLA -> SLE, bet3, NA
")
m.sem=sem(mod.1, data=obsdata)
summary(m.sem,fit.indices=c("GFI","RMSEA","SRMR","CFI"))
```

　　R 主控台執行結果如下：

```
Model Chisquare =   146.6656    Df =   50 Pr(>Chisq) = 1.970367e-11
```

**[說明]**：整體模式適配度卡方值統計量＝146.67、自由度＝50，顯著性 $p$ ＝0.000 ＜0.05，卡方自由度比值＝146.6656÷50＝2.933（小於3.000，達到適配標準）。

---

```
Goodness-of-fit index =   0.9558744

RMSEA index =   0.05934237    90% CI: (0.04833606, 0.07060438)

Bentler CFI =   0.97871

SRMR =   0.02963414
```

**[說明]**：模式適配度統計量，GFI值＝0.956、RMSEA值＝0.059、CFI值＝0.979、SRMR值＝0.030，假設模型與樣本資料可以契合。

---

```
R-square for Endogenous Variables
   XA1    XA2    XA3    COC    XB1    XB2    XB3    XB4    SLA    YA1    YA2
0.3058 0.7084 0.5376 0.5930 0.6903 0.6296 0.6213 0.6906 0.8571 0.6631 0.5211
   SLE    YB1    YB2    YB3
0.7926 0.7888 0.8932 0.7294
```

**[說明]**：教師正向領導（TPL）可以解釋班級組織氣氛（COC）變數的變異量為59.3%，學生學習態度（SLA）可以被教師正向領導（TPL）與班級組織氣氛（COC）二個變數解釋的變異為85.7%，學生學習自我效能（SLE）可以被學生學習態度（SLA）變數解釋的變異為79.3%。

增列界定 summary( ) 函數物件，以元素「$coeff」輸出資料框架前四個變數（估計值、估計標準誤、$z$ 值統計量、顯著性 $p$ 值）至小數第二位：

```
> par.out=summary(m.sem)
> round(par.out$coeff[1:4],2)
        Estimate   Std Error z value   Pr(>|z|)
lam11      0.44       0.03    13.07         0
lam21      0.56       0.03    22.27         0
lam31      0.56       0.03    18.62         0
```

| | | | | |
|---|---|---|---|---|
| lam12 | 0.29 | 0.02 | 17.08 | 0 |
| lam22 | 0.34 | 0.02 | 16.46 | 0 |
| lam32 | 0.27 | 0.02 | 16.37 | 0 |
| lam42 | 0.34 | 0.02 | 17.09 | 0 |
| lam13 | 0.20 | 0.02 | 10.80 | 0 |
| lam23 | 0.21 | 0.02 | 10.38 | 0 |
| lam14 | 0.30 | 0.02 | 15.77 | 0 |
| lam24 | 0.30 | 0.02 | 16.09 | 0 |
| lam34 | 0.32 | 0.02 | 15.41 | 0 |

[說明]：四個測量模式 12 個指標變數之徑路係數均大於 0.00，且達到統計顯著水準，表示因素負荷量均顯著不等於 0。

------------------------------------------------------------

| | | | | |
|---|---|---|---|---|
| gam1 | 1.21 | 0.10 | 11.65 | 0 |
| gam2 | 1.07 | 0.19 | 5.62 | 0 |
| bet1 | 0.98 | 0.14 | 7.09 | 0 |
| bet3 | 0.74 | 0.09 | 7.99 | 0 |

[說明]：結構模式四條路徑的非標準化徑路係數均為正數，參數估計值均達統計顯著水準（$p < 0.001$）。

------------------------------------------------------------

| | | | | |
|---|---|---|---|---|
| V[XA1] | 0.44 | 0.03 | 15.30 | 0 |
| V[XA2] | 0.13 | 0.01 | 9.11 | 0 |
| V[XA3] | 0.27 | 0.02 | 13.08 | 0 |
| V[XB1] | 0.10 | 0.01 | 12.82 | 0 |
| V[XB2] | 0.17 | 0.01 | 13.73 | 0 |
| V[XB3] | 0.11 | 0.01 | 13.83 | 0 |
| V[XB4] | 0.13 | 0.01 | 12.81 | 0 |
| V[YA1] | 0.14 | 0.01 | 12.94 | 0 |
| V[YA2] | 0.28 | 0.02 | 14.62 | 0 |
| V[YB1] | 0.12 | 0.01 | 12.44 | 0 |
| V[YB2] | 0.05 | 0.01 | 7.90 | 0 |
| V[YB3] | 0.18 | 0.01 | 13.71 | 0 |

**[ 說明 ]**：四個測量模式 12 個指標變數之測量誤差項變異數均大於 0.00，且達到統計顯著水準。

---

　　使用 stdCoef( ) 函數增列界定標準化估計值函數物件，資料框架變數「Std. Estimate」欄的參數值輸出至小數第二位：

---

```
> m.std=stdCoef(m.sem)
> m.std$"Std. Estimate"=(round(stdCoef(m.sem)[2],2))
> print(m.std)
              Std. Estimate
1    lam11         0.55 XA1 <--- TPL
2    lam21         0.84 XA2 <--- TPL
3    lam31         0.73 XA3 <--- TPL
4    lam12         0.83 XB1 <--- COC
5    lam22         0.79 XB2 <--- COC
6    lam32         0.79 XB3 <--- COC
7    lam42         0.83 XB4 <--- COC
8    lam13         0.81 YA1 <--- SLA
9    lam23         0.72 YA2 <--- SLA
10   lam14         0.89 YB1 <--- SLE
11   lam24         0.95 YB2 <--- SLE
12   lam34         0.85 YB3 <--- SLE
```

**[ 說明 ]**：量數為 12 個指標變數的因素負荷量。

```
-----------------------------------------------------------------------------
13                 1.00 TPL <--> TPL
14                 0.41 COC <--> COC
15                 0.14 SLA <--> SLA
16                 0.21 SLE <--> SLE
```

**[ 說明 ]**：三個內因潛在變數的預測殘差變異，預測殘差變異為外因變數無法解釋的變異量＝ 1 － R 平方值，班級組織氣氛（COC）、學生學習態度（SLA）、

學習自我效能（SLE）的預測殘差變異分別為 0.41（= 1 − 0.59）、0.14（= 1 − 0.86）、0.21（= 1 − 0.79）。

----------------------------------------------------------------

| 17 | gam1 | 0.77 COC <--- TPL |
|----|------|-------------------|
| 18 | gam2 | 0.40 SLA <--- TPL |
| 19 | bet1 | 0.58 SLA <--- COC |
| 20 | bet3 | 0.89 SLE <--- SLA |

**[說明]**：結構模式中四條徑路係數的標準化迴歸係數值，標準化迴歸係數為外因變數對內因變數影響的直接效果值。

----------------------------------------------------------------

| 21 | V[XA1] | 0.69 XA1 <--> XA1 |
|----|--------|-------------------|
| 22 | V[XA2] | 0.29 XA2 <--> XA2 |
| 23 | V[XA3] | 0.46 XA3 <--> XA3 |
| 24 | V[XB1] | 0.31 XB1 <--> XB1 |
| 25 | V[XB2] | 0.37 XB2 <--> XB2 |
| 26 | V[XB3] | 0.38 XB3 <--> XB3 |
| 27 | V[XB4] | 0.31 XB4 <--> XB4 |
| 28 | V[YA1] | 0.34 YA1 <--> YA1 |
| 29 | V[YA2] | 0.48 YA2 <--> YA2 |
| 30 | V[YB1] | 0.21 YB1 <--> YB1 |
| 31 | V[YB2] | 0.11 YB2 <--> YB2 |
| 32 | V[YB3] | 0.27 YB3 <--> YB3 |

**[說明]**：量數為 12 個指標變數的測量殘差變異，測量模式中各指標變數無法反映潛在變數的變異量。

根據標準化估計值繪製的結構模式如下（潛在變數徑路分析圖中四個測量模式未繪製），如圖 5-21。

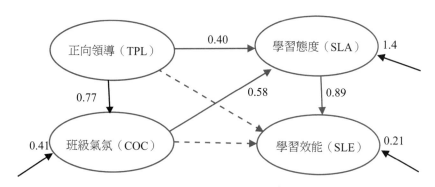

**◆圖 5-21**　根據標準化估計值繪製的結構模式

　**伍**　觀察變數徑路分析

　　徑路分析（path analysis）（或稱路徑分析，二者意涵相同）是探討指標變數（測量變數）間的影響情形，每個變數是一個構面或是量表總分，又稱為觀察變數徑路分析（上述完整結構方程模式稱為潛在變數徑路分析）。

### 一、未飽和模型

　　未飽和模型與飽和模型相較之下，自由度不等於 0，如果模型可以收斂估算，自由度為正值（飽和模型的自由度等於 0），飽和模型又稱為完美識別模型，卡方值無法估算。

　　範例以學生家庭社經地位（SES）、家庭文化資本（HCS）、學生閱讀素養（SRL）、學生語文成績（SCS）、學生學業成就（SAP）間的影響的徑路分析圖，如圖 5-22。

　　使用 library( ) 函數載入 sem 套件，使用 read.csv( ) 函數匯入試算表資料檔「path_1.csv」，資料框架名稱設為 temp，以變數索引讀取五個徑路分析變數：

```
>library(sem)
>temp<-read.csv("path_1.csv",header=T)
>obsdata=temp[3:7]
```

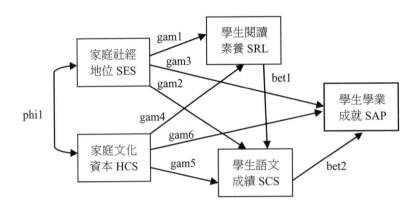

●圖 **5-22** 　徑路分析圖

使用 names( ) 函數查看資料框架 temp 的變數名稱：

```
> names(temp)
[1] "SEX"   "AREA" "SES"   "HCS"   "SRL"   "SCS"   "SAP"
```

資料框架 temp 共有七個變數：學生性別（SEX）、地區（AREA）、家庭社經地位（SES）、家庭文化資本（HCS）、學生閱讀素養（SRL）、學生語文成績（SCS）、學生學業成就（SAP），其中學生性別（SEX）、地區（AREA）分別為二分類別變數（男生群體、女生群體）、三分類別變數（北部群體、中部群體、南部群體）。以 tail( ) 函數查看最後六筆觀察值資料（N=600）：

```
> tail(temp)
       SEX  AREA  SES   HCS   SRL   SCS   SAP
595    男生  中部   3.90  3.89  4.00  4.00  4.06
596    男生  中部   3.90  3.89  4.00  4.00  4.00
597    男生  中部   3.70  4.00  4.00  4.00  4.06
598    男生  中部   3.90  3.89  4.00  4.00  4.06
599    女生  中部   3.85  3.84  3.56  3.64  3.47
600    女生  中部   3.10  3.00  2.89  3.00  3.18
```

　　使用 specifyModel( ) 函數界定徑路圖的模式，二個外因觀察變數為家庭社經地位（SES）、家庭文化資本（HCS），引數 covs 設定二個外因變數的變異數「=c ("SES,HCS")」，R 編輯器視窗的語法指令為：

```
mod=specifyModel(covs=c("SES,HCS"),text="
SES -> SRL, gam1, NA ## 界定變數 SES 對變數 SRL 的影響 ( 參數 gam1 為自由參數 )
SES -> SCS, gam2, NA
SES -> SAP, gam3, NA
HCS -> SRL, gam4, NA
HCS -> SCS, gam5, NA
HCS -> SAP, gam6, NA
SRL -> SCS, bet1, NA
SCS -> SAP, bet2, NA
SES <-> HCS, phi1,NA    ## 界定二個外因變數的共變數
")
m.sem=sem(mod, data=obsdata)
summary(m.sem,fit.indices=c("GFI","RMSEA","SRMR","CFI"))
```

　　R 主控台執行結果如下：

```
Model Chisquare =   1.833066    Df =  1 Pr(>Chisq) = 0.1757659
```

**[ 說明 ]**：整體模式適配度卡方值統計量 = 1.833、自由度 = 1，顯著性 $p = 0.176 > 0.05$，接受虛無假設，假設模型與樣本資料的契合度良好。

------------------------------------------------------------------------

```
 Goodness-of-fit index =   0.9987793
 RMSEA index =   0.0372929    90% CI: (NA, 0.1225234)
 Bentler CFI =   0.9995878
 SRMR =   0.005173957
```

**[ 說明 ]**：模式適配度統計量，GFI 值 = 0.999、RMSEA 值 = 0.037、CFI 值 = 1.000、SRMR 值 = 0.005。

------------------------------------------------------------------------

```
R-square for Endogenous Variables
    SRL     SCS     SAP
 0.5639  0.6557  0.6290
```

**[說明]**：三個內因觀察變數的 R 平方。「家庭社經地位」（SES）、「家庭文化資本」（HCS）二個外因變數可以解釋內因變數「學生閱讀素養」（SRL）的變異量為 56.4%；「家庭社經地位」（SES）、「家庭文化資本」（HCS）、「學生閱讀素養」（SRL）三個變數可以解釋內因變數「學生語文成績」（SCS）的變異量為 65.6%；「家庭社經地位」（SES）、「家庭文化資本」（HCS）、「學生語文成績」（SCS）三個變數可以解釋內因變數「學生學業成就」（SAP）的變異量為 62.9%，無法解釋的變異為 $1 - 0.629 = 0.371$。

------------------------------------------------------------------------

```
Parameter Estimates
         Estimate    Std Error   z value     Pr(>|z|)
gam1  0.4884646 0.037962954 12.866876 6.914239e-38 SRL <--- SES
gam2  0.1137654 0.041100031  2.768012 5.639929e-03 SCS <--- SES
gam3  0.1303461 0.029289613  4.450251 8.576988e-06 SAP <--- SES
gam4  0.4917329 0.044101492 11.150029 7.158308e-29 SRL <--- HCS
gam5  0.5225542 0.046440494 11.252124 2.260808e-29 SCS <--- HCS
gam6  0.5438526 0.038435195 14.149859 1.871319e-45 SAP <--- HCS
bet1  0.4606114 0.039154110 11.764063 5.978666e-32 SCS <--- SRL
bet2  0.1351560 0.028046047  4.819076 1.442245e-06 SAP <--- SCS
phi1  0.1983962 0.015255644 13.004776 1.149352e-38 HCS <--> SES
```

**[說明]**：八條徑路係數之係數估計值均達統計顯著水準（$p < 0.05$），表示八個迴歸係數估計值均顯著不等於 0，「家庭社經地位」（SES）、「家庭文化資本」（HCS）二個外因變數的共變數 = 0.198，顯著性 $p < 0.05$，二個外因變數間有顯著正向關係。gam1 的顯著性 $p = 6.914239e - 38 = \dfrac{6.914239}{10^{38}} = 0.000 < 0.05$，判別原始輸出之參數估計值的顯著性要特別注意。

------------------------------------------------------------------------

```
V[SES] 0.3674475 0.021232294 17.306068 4.233551e-67 SES <--> SES
V[HCS] 0.2722756 0.015732956 17.306068 4.233551e-67 HCS <--> HCS
```

**[說明]**：量數為二個外因變數的變異數估計值，「家庭社經地位」（SES）、

「家庭文化資本」（HCS）二個外因變數的變異數為 0.367、0.272。

```
------------------------------------------------------------
V[SRL] 0.1924093 0.011118027 17.306068 4.233551e-67 SRL <--> SRL
V[SCS] 0.1766882 0.010209612 17.306068 4.233551e-67 SCS <--> SCS
V[SAP] 0.1024826 0.005921772 17.306068 4.233551e-67 SAP <--> SAP
```

**[說明]**：三個內因變數的預測誤差項變異數，迴歸分析程序以外因變數（因變數）預測內因變數（果變數）會有一個殘差項，預測誤差項的參數標記在 R 軟體不用設定（AMOS 中要設定，圖示符號為小橢圓形），學生閱讀素養（SRL）、學生語文成績（SCS）、學生學業成就（SAP）三個內因變數的殘差項變異數分別為 0.192、0.177、0.102。

使用元素「$coeff」輸出 summary( ) 函數物件的非標準化估計值至小數第二位：

```
> par.out=summary(m.sem)
> round(par.out$coeff[1:4],2)
        Estimate  Std Error  z value   Pr(>|z|)
gam1      0.49      0.04     12.87       0.00
gam2      0.11      0.04      2.77       0.01
gam3      0.13      0.03      4.45       0.00
gam4      0.49      0.04     11.15       0.00
gam5      0.52      0.05     11.25       0.00
gam6      0.54      0.04     14.15       0.00
bet1      0.46      0.04     11.76       0.00
bet2      0.14      0.03      4.82       0.00
```

**[說明]**：八條徑路係數估計值均為正數，表示外因變數對內因變數的影響為正向，顯著性 $p < 0.05$，非標準化迴歸係數均達統計顯著水準。

```
------------------------------------------------------------
phi1      0.20      0.02     13.00       0.00
V[SES]    0.37      0.02     17.31       0.00
V[HCS]    0.27      0.02     17.31       0.00
```

| | | | |
|---|---|---|---|
| V[SRL] | 0.19 | 0.01 | 17.31 | 0.00 |
| V[SCS] | 0.18 | 0.01 | 17.31 | 0.00 |
| V[SAP] | 0.10 | 0.01 | 17.31 | 0.00 |

以 stdCoef( ) 函數建立資料框架物件 m.std，資料框架變數「Std. Estimate」的參數輸出至小數第二位，R 主控台的函數語法為：

```
## 輸出標準化估計值至小數第二位
>m.std=stdCoef(m.sem)
>m.std$"Std. Estimate"=(round(stdCoef(m.sem)[2],2))
```

　　R 主控台輸出之標準化估計值如下：

```
>print(m.std)
              Std. Estimate
gam1   gam1           0.45 SRL <--- SES
gam2   gam2           0.10 SCS <--- SES
gam3   gam3           0.15 SAP <--- SES
gam4   gam4           0.39 SRL <--- HCS
gam5   gam5           0.38 SCS <--- HCS
gam6   gam6           0.54 SAP <--- HCS
bet1   bet1           0.43 SCS <--- SRL
bet2   bet2           0.18 SAP <--- SCS
```

**[說明]**：量數為八個標準化迴歸係數，標準化估計值為直接效果值，外因變數「家庭社經地位」對內因變數「學生閱讀素養」影響（SRL <--- SES 列數據）的直接效果值＝0.45；中介變數「學生閱讀素養」（SRL）對內因變數「學生語文成績」（SCS）影響（SCS <--- SRL 列數據）的直接效果值＝0.43。

```
-------------------------------------------------------------
phi1   phi1           0.63 HCS <--> SES
```

**[ 說明 ]**：「家庭社經地位」（SES）、「家庭文化資本」（HCS）二個外因變數的相關係數 $r = 0.63$。

--------------------------------------------------------

V[SES] V[SES]　　　　1.00 SES <--> SES

V[HCS] V[HCS]　　　　1.00 HCS <--> HCS

V[SRL] V[SRL]　　　　0.44 SRL <--> SRL

V[SCS] V[SCS]　　　　0.34 SCS <--> SCS

V[SAP] V[SAP]　　　　0.37 SAP <--> SAP

**[ 說明 ]**：內因變數無法被外因變數解釋的變異量（預測殘差變異），如「家庭社經地位」（SES）、「家庭文化資本」（HCS）二個外因變數可以解釋內因變數「學生閱讀素養」（SRL）的變異量為 56%（$R^2$），預測殘差變異 $= 1 - R^2 = 1 - 0.56 = 0.44$。

徑路分析之標準化估計值模型圖，如圖 5-23。

家庭文化資本（HCS）對學生學業成就（SAP）影響的直接效果值 $= 0.54$，間接效果影響路徑有二條：1. 家庭文化資本（HCS）⇨ 學生語文成績 ⇨ 學生學業成就（SAP），間接效果值 $= 0.38 \times 0.18 = 0.0684$；2. 家庭文化資本（HCS）⇨ 學生閱讀素養（SRL）⇨ 學生語文成績（SCS）⇨ 學生學業成就（SAP），間接效果值

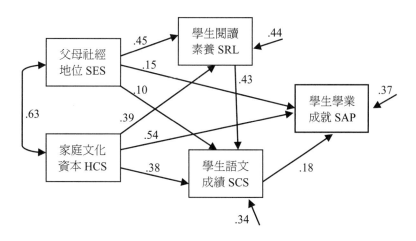

🍎**圖 5-23**　徑路分析之標準化估計值模型圖

$= 0.39 \times 0.43 \times 0.18 = 0.030186$，整體間接效果值為：

```
> 0.39*0.43*0.18+0.38*0.18
[1] 0.098586
```

總效果值 = 直接效果值 + 整體間接效果值，R 主控台執行結果約為 0.640。

```
> 0.54+(0.39*0.43*0.18+0.38*0.18)
[1] 0.638586
```

使用 sem 套件 pathDiagram(  ) 函數繪製標準化估計值（如圖 5-24），引數 standardize 選項界定「=TRUE」，R 編輯器視窗語法指令為：

```
pathDiagram(m.sem,standardize=TRUE,edge.labels="values",size=c(10,10)
,ignore.double=FALSE,error.nodes=TRUE,edge.font=c("Calibri",15)
,node.font=c("Calibri",15),node.colors=c("pink","yellow"))
```

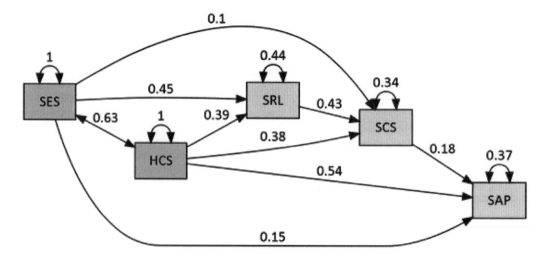

🍎圖 **5-24**　使用 sem 套件 pathDiagram(  ) 函數繪製標準化估計值

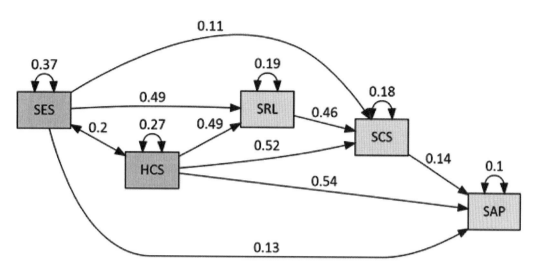

●圖 5-25　使用 sem 套件 pathDiagram( ) 函數繪製非標準化估計值模型圖

　　使用sem套件pathDiagram( )函數繪製非標準化估計值模型圖（如圖5-25），R 編輯器語法指令為：

```
pathDiagram(m.sem,standardize=FALSE,edge.labels="values",size=c(10,10)
,ignore.double=FALSE,error.nodes=TRUE,edge.font=c("Calibri",15)
,node.font=c("Calibri",15),node.colors=c("pink","yellow"))
```

　　徑路分析方程函數 specifyModel( ) 中的引數 covs 如設定為「=（"SES,HCS"）」，表示估計二個外因變數的變異數外，也估計二個外因變數的共變數，原方程中「SES <-> HCS, phi1,NA」共變界定列可以刪除，R 編輯器語法指令簡化如下：

```
mod.1=specifyModel(covs=("SES,HCS"),text="
SES -> SRL, gam1, NA
SES -> SCS, gam2, NA
SES -> SAP, gam3, NA
HCS -> SRL, gam4, NA
```

```
HCS -> SCS, gam5, NA
HCS -> SAP, gam6, NA
SRL -> SCS, bet1, NA
SCS -> SAP, bet2, NA
")
m.sem=sem(mod.1, data=obsdata)
summary(m.sem,fit.indices=c("GFI","RMSEA","SRMR","CFI"))
```

R 主控台執行結果之部分參數值如下：

```
Model Chisquare =  1.833066    Df =  1 Pr(>Chisq) = 0.1757659
```

**[說明]**：整體模式適配度卡方值統計量 = 1.833、自由度 = 1，顯著性 $p = 0.176$ > 0.05，接受虛無假設，假設模型與樣本資料的契合度良好。

------------------------------------------------------------------

```
Parameter Estimates
            Estimate Std Error   z value   Pr(>|z|)
<略>
V[SES]     0.3674475 0.021232294 17.306068 4.233551e-67 SES <--> SES
C[SES,HCS] 0.1983962 0.015255644 13.004776 1.149352e-38 HCS <--> SES
V[HCS]     0.2722756 0.015732956 17.306068 4.233551e-67 HCS <--> HCS
```

**[說明]**：量數為外因變數的共變異數矩陣中的元素參數，V[SES] 列的參數為家庭社經地位變數的變異數（= 0.367）、V[HCS] 列的參數為家庭文化資本變數的變異數（= 0.272），C[SES,HCS] 列的參數為二個外因變數的共變數（= 0.198）。

------------------------------------------------------------------

```
V[SRL]     0.1924093 0.011118027 17.306068 4.233551e-67 SRL <--> SRL
V[SCS]     0.1766882 0.010209612 17.306068 4.233551e-67 SCS <--> SCS
V[SAP]     0.1024826 0.005921772 17.306068 4.233551e-67 SAP <--> SAP
```

**[說明]**：三個內因變數的預測誤差項變異數，學生閱讀素養、學生語文成績、學生學業成就等三個內因變數之殘差項的變異數分別為 0.192、0.177、0.102。

　　二個外因潛在變數的共變異數矩陣元素直接界定在模式方程列中，R 編輯器語法指令修改如下：（語法列後面的 NA 表示前參數標記為自由參數，NA 欄也可省略）：

```
mod.2=specifyModel(text="
SES -> SRL, gam1, NA
SES -> SCS, gam2, NA
SES -> SAP, gam3, NA
HCS -> SRL, gam4, NA
HCS -> SCS, gam5, NA
HCS -> SAP, gam6, NA
SRL -> SCS, bet1, NA
SCS -> SAP, bet2, NA
SES <-> HCS,phi1, NA    ## 界定外因潛在變數 SES、HCS 的共變數
SES <-> SES,var1, NA    ## 界定外因潛在變數 SES 的變異數
HCS <-> HCS,var2, NA    ## 界定外因潛在變數 HCS 的變異數
")
m.sem=sem(mod.2, data=obsdata)
summary(m.sem,fit.indices=c("GFI","RMSEA","SRMR","CFI"))
```

　　省略參數標記符號後面的自由參數符號 NA 之模型方程為：

```
mod.3=specifyModel(text="
SES -> SRL, gam1
SES -> SCS, gam2
SES -> SAP, gam3
HCS -> SRL, gam4
HCS -> SCS, gam5
HCS -> SAP, gam6
SRL -> SCS, bet1
```

```
SCS -> SAP, bet2
SES <-> HCS,phi1
SES <-> SES,var1
HCS <-> HCS,var2
")
m.sem=sem(mod.3, data=obsdata)
```

　　R 主控台執行結果之部分參數值如下：

```
Model Chisquare =  1.833066    Df =  1 Pr(>Chisq) = 0.1757659
```

**[說明]**：整體模式適配度卡方值統計量 = 1.833、自由度 = 1，顯著性 $p = 0.176$
> 0.05，接受虛無假設，假設模型與樣本資料可以契合。

------------------------------------------------------------------------

```
Parameter Estimates
        Estimate  Std Error   z value    Pr(>|z|)
phi1   0.1983962 0.015255644 13.004776 1.149352e-38 HCS <--> SES
var1   0.3674475 0.021232294 17.306068 4.233551e-67 SES <--> SES
var2   0.2722756 0.015732956 17.306068 4.233551e-67 HCS <--> HCS
```

**[說明]**：量數為外因變數的共變異數矩陣中的元素參數，var1 列（SES <-->
SES）的參數為家庭社經地位變數的變異數（= 0.367）、var2 列（HCS <-->
HCS）的參數為家庭文化資本變數的變異數（= 0.272），phi1 列（HCS <-->
SES）的參數為二個外因變數的共變數（= 0.198）。

------------------------------------------------------------------------

```
V[SRL] 0.1924093 0.011118027 17.306068 4.233551e-67 SRL <--> SRL
V[SCS] 0.1766882 0.010209612 17.306068 4.233551e-67 SCS <--> SCS
V[SAP] 0.1024826 0.005921772 17.306068 4.233551e-67 SAP <--> SAP
```

**[說明]**：三個內因變數的預測誤差項變異數，學生閱讀素養、學生語文成績、
學生學習表現殘差項的變異數分別為 0.192、0.177、0.102。

二、多群組分析

使用套件 psych 函數 describeBy( ) 求出性別二個群體在五個計量變數的描述性統計量：

```
> with(temp,{describeBy(temp[3:7], group=SEX)})
group: 女生
```

|  | vars | n | mean | sd | median | trimmed | mad | min | max | range | skew | kurtosis |
|---|---|---|---|---|---|---|---|---|---|---|---|---|
| SES | 1 | 362 | 3.87 | 0.62 | 3.85 | 3.90 | 0.67 | 1.65 | 5 | 3.35 | -0.49 | 0.41 |
| HCS | 2 | 362 | 4.17 | 0.52 | 4.21 | 4.20 | 0.55 | 2.37 | 5 | 2.63 | -0.43 | -0.36 |
| SRL | 3 | 362 | 3.77 | 0.66 | 3.83 | 3.78 | 0.67 | 1.67 | 5 | 3.33 | -0.21 | -0.40 |
| SCS | 4 | 362 | 4.14 | 0.71 | 4.14 | 4.21 | 0.85 | 1.14 | 5 | 3.86 | -0.70 | 0.21 |
| SAP | 5 | 362 | 4.29 | 0.52 | 4.35 | 4.32 | 0.61 | 2.71 | 5 | 2.29 | -0.50 | -0.52 |

|  | se |
|---|---|
| SES | 0.03 |
| HCS | 0.03 |
| SRL | 0.03 |
| SCS | 0.04 |
| SAP | 0.03 |

```
--------------------------------------------------------
group: 男生
```

|  | vars | n | mean | sd | median | trimmed | mad | min | max | range | skew | kurtosis |
|---|---|---|---|---|---|---|---|---|---|---|---|---|
| SES | 1 | 238 | 3.86 | 0.59 | 3.90 | 3.87 | 0.59 | 1.75 | 5 | 3.25 | -0.30 | 0.07 |
| HCS | 2 | 238 | 4.15 | 0.53 | 4.11 | 4.17 | 0.59 | 2.16 | 5 | 2.84 | -0.37 | -0.06 |
| SRL | 3 | 238 | 3.79 | 0.67 | 3.89 | 3.82 | 0.70 | 1.56 | 5 | 3.44 | -0.48 | 0.18 |
| SCS | 4 | 238 | 4.08 | 0.73 | 4.00 | 4.14 | 0.85 | 1.79 | 5 | 3.21 | -0.59 | -0.18 |
| SAP | 5 | 238 | 4.25 | 0.53 | 4.29 | 4.29 | 0.53 | 2.53 | 5 | 2.47 | -0.60 | -0.05 |

|  | se |
|---|---|
| SES | 0.04 |
| HCS | 0.03 |
| SRL | 0.04 |

SCS 0.05

SAP 0.03

使用 table( ) 函數求出性別因子變數的次數分配：

```
> with(temp,{table(SEX)})
SEX
女生  男生
362   238
```

**[說明]**：table( ) 函數輸出的次數分配表的順序為女生群體、男生群體，次數為 362、238。

進行多群組分析之 R 編輯器語法指令為：

```
m.path=specifyModel(text="
SES -> SRL, gam1
SES -> SCS, gam2
SES -> SAP, gam3
HCS -> SRL, gam4
HCS -> SCS, gam5
HCS -> SAP, gam6
SRL -> SCS, bet1
SCS -> SAP, bet2
SES <-> HCS,phi1
SES <-> SES,var1
HCS <-> HCS,var2
")
m.sem=multigroupModel(m.path,groups=c(" 男生 "," 女生 "))
mg.sem=sem(m.sem,data=temp,group="SEX",formula=~SES+HCS+SRL+SCS+SAP)
```

```
summary(mg.sem,fit.indices=c("GFI","RMSEA","SRMR","CFI"))
```

　　多群組分析要先使用 multigroupModel( ) 函數界定方程模型與群組水準名稱，引數為 groups。次以 sem( ) 函數界定 multigroupModel( ) 函數物件，引數 group 界定因子變數名稱，引數 formula 界定觀察變數。R 主控台執行結果如下：

---

```
> m.sem=multigroupModel(m.path,groups=c(" 男生 "," 女生 "))
> mg.sem=sem(m.sem,data=temp,group="SEX",formula=~SES+HCS+SRL+SCS+SAP)
Warning message:
In sem.msemmod(rams, S, N, group = group, groups = names(model),  :
  names of groups ( 男生 , 女生 ) is not the same as names of
moment matrices in S argument ( 女生 , 男生 )
```

**[ 說明 ]**：語法函數執行結果出現警告訊息，研究方程界定的群組名稱（男生, 女生）與動差矩陣中的 S 引數群組名稱（女生, 男生）不同。R 軟體之群組名稱順序與 table( ) 函數輸出結果相同，範例為女生、男生，因而原 multigroupModel( ) 函數中的引數 groups，最好先界定女生群體、再界定男生群體，否則各群組的估計參數會相反（徑路分析整體模式適配度統計量不會改變）。

---

```
> summary(mg.sem,fit.indices=c("GFI","RMSEA","SRMR","CFI"))
 Model Chisquare = 2.080264  Df = 2  Pr(>Chisq) = 0.3534081
 Chisquare (null model) = 2038.861  Df = 20
< 略 >
```

**[ 說明 ]**：整體模式適配度卡方值統計量 = 2.080、自由度 = 2、顯著性 $p = 0.353$ > 0.05，未達統計顯著水準，接受虛無假設，假設模型與樣本資料可以適配。

---

　　多群組模型界定 multigroupModel( ) 函數的群組引數 groups 的文字向量為「=c(" 女生 "," 男生 ")」：

```
> m.sem=multigroupModel(m.path,groups=c(" 女生 "," 男生 "))
```

```
> mg.sem=sem(m.sem,data=temp,group="SEX",formula=~SES+HCS+SRL+SCS+SAP)
```

```
> summary(mg.sem,fit.indices=c("GFI","RMSEA","SRMR","CFI"))
 Model Chisquare = 2.080264  Df = 2  Pr(>Chisq) = 0.3534081
 Chisquare (null model) = 2038.861  Df = 20
 Goodness-of-fit index = 0.9986152
 RMSEA index = 0.01158534 90% CI: (NA, 0.1158012)
 Bentler CFI = 0.9999602
 SRMR = 0.005096836
```

[說明]：整體模式適配度卡方值統計量 = 2.080、自由度 = 2、顯著性 $p = 0.353$ > 0.05，未達統計顯著水準，接受虛無假設，假設模型與樣本資料可以適配。虛無模型的卡方值 = 2038.86（自由度 = 20），GFI 值 = 1.00、RMSEA 值 = 0.01、CFI 值 = 1.00、SRMR 值 = 0.01。

---

```
  SEX: 女生
 Model Chisquare =  1.901705   Df =  1 Pr(>Chisq) = 0.1678876
 R-square for Endogenous Variables
   SRL    SCS    SAP
0.5723 0.6545 0.6185
```

[說明]：女生群體三個內因變數 SRL、SCS、SAP 的 R 平方值分別為 0.57、0.65、0.62。

---

```
 Parameter Estimates
           Estimate Std Error   z value    Pr(>|z|)
gam1. 女生  0.5096458 0.047604663 10.705796 9.560540e-27 SRL <--- SES
gam2. 女生  0.1651671 0.052585333  3.140934 1.684100e-03 SCS <--- SES
gam3. 女生  0.1135956 0.038358367  2.961428 3.062157e-03 SAP <--- SES
gam4. 女生  0.4596979 0.056854059  8.085577 6.187062e-16 SRL <--- HCS
gam5. 女生  0.4298876 0.059462878  7.229512 4.847317e-13 SCS <--- HCS
gam6. 女生  0.5413911 0.048386024 11.188997 4.616275e-29 SAP <--- HCS
bet1. 女生  0.4801371 0.050650973  9.479326 2.559304e-21 SCS <--- SRL
```

| bet2. 女生 | 0.1422887 | 0.036338255 | 3.915673 | 9.015250e-05 | SAP <--- SCS |
|---|---|---|---|---|---|
| phi1. 女生 | 0.2025607 | 0.019935695 | 10.160704 | 2.969251e-24 | HCS <--> SES |
| var1. 女生 | 0.3822533 | 0.028451987 | 13.435029 | 3.769214e-41 | SES <--> SES |
| var2. 女生 | 0.2679953 | 0.019947508 | 13.435029 | 3.769214e-41 | HCS <--> HCS |
| V[SRL]. 女生 | 0.1874679 | 0.013953667 | 13.435029 | 3.769214e-41 | SRL <--> SRL |
| V[SCS]. 女生 | 0.1736240 | 0.012923232 | 13.435029 | 3.769214e-41 | SCS <--> SCS |
| V[SAP]. 女生 | 0.1033659 | 0.007693761 | 13.435029 | 3.769214e-41 | SAP <--> SAP |

**[說明]**：量數為女生群體徑路分析圖中的非標準化估計值。

------------------------------------------------

SEX: 男生

Model Chisquare = 0.178559   Df =  1 Pr(>Chisq) = 0.6726146

R-square for Endogenous Variables

```
   SRL     SCS     SAP
0.5550  0.6693  0.6447
```

**[說明]**：男生群體三個內因變數 SRL、SCS、SAP 的 R 平方值分別為 0.56、0.67、0.64。

------------------------------------------------

Parameter Estimates

|  | Estimate | Std Error | z value | Pr(>\|z\|) |  |
|---|---|---|---|---|---|
| gam1. 男生 | 0.45570852 | 0.062708555 | 7.2670869 | 3.673225e-13 | SRL <--- SES |
| gam2. 男生 | 0.03160795 | 0.065011014 | 0.4861937 | 6.268298e-01 | SCS <--- SES |
| gam3. 男生 | 0.15640203 | 0.045868310 | 3.4098059 | 6.500914e-04 | SAP <--- SES |
| gam4. 男生 | 0.53974960 | 0.069786757 | 7.7342697 | 1.039984e-14 | SRL <--- HCS |
| gam5. 男生 | 0.65514967 | 0.073218675 | 8.9478493 | 3.624754e-19 | SCS <--- HCS |
| gam6. 男生 | 0.54799604 | 0.063748413 | 8.5962302 | 8.237745e-18 | SAP <--- HCS |
| bet1. 男生 | 0.43185798 | 0.060898003 | 7.0914966 | 1.326693e-12 | SCS <--- SRL |
| bet2. 男生 | 0.12491383 | 0.044867247 | 2.7840762 | 5.368042e-03 | SAP <--- SCS |
| phi1. 男生 | 0.19269798 | 0.023776181 | 8.1046647 | 5.289119e-16 | HCS <--> SES |
| var1. 男生 | 0.34632614 | 0.031814573 | 10.8857705 | 1.347542e-27 | SES <--> SES |
| var2. 男生 | 0.27963583 | 0.025688198 | 10.8857705 | 1.347542e-27 | HCS <--> HCS |
| V[SRL]. 男生 | 0.19901039 | 0.018281700 | 10.8857705 | 1.347542e-27 | SRL <--> SRL |
| V[SCS]. 男生 | 0.17491626 | 0.016068340 | 10.8857705 | 1.347542e-27 | SCS <--> SCS |

V[SAP].男生 0.10115993 0.009292859 10.8857705 1.347542e-27 SAP <--> SAP

**[說明]**：量數為男生群體徑路分析圖中的非標準化估計值。

---

使用 stdCoef( ) 函數求出女生群組、男生群組之標準化估計值：

---

```
> stdCoef(mg.sem)
 Group:  女生
           Std. Estimate
1    gam1.女生    0.4759465 SRL <--- SES
2    gam2.女生    0.1440522 SCS <--- SES
3    gam3.女生    0.1349331 SAP <--- SES
4    gam4.女生    0.3594597 SRL <--- HCS
5    gam5.女生    0.3139347 SCS <--- HCS
6    gam6.女生    0.5384636 SAP <--- HCS
7    bet1.女生    0.4484066 SCS <--- SRL
8    bet2.女生    0.1937900 SAP <--- SCS
9    phi1.女生    0.6328721 HCS <--> SES
10   var1.女生    1.0000000 SES <--> SES
11   var2.女生    1.0000000 HCS <--> HCS
12 V[SRL].女生    0.4277156 SRL <--> SRL
13 V[SCS].女生    0.3455026 SCS <--> SCS
14 V[SAP].女生    0.3815404 SAP <--> SAP
```

**[說明]**：女生群體之標準化估計值，包括直接效果值與預測殘差變異量。

---

```
 Group:  男生
            Std. Estimate
1    gam1.男生    0.40103479 SRL <--- SES
2    gam2.男生    0.02557673 SCS <--- SES
3    gam3.男生    0.17250084 SAP <--- SES
4    gam4.男生    0.42681631 SRL <--- HCS
```

| 5 | gam5.男生 | 0.47636852 | SCS <--- HCS |
| 6 | gam6.男生 | 0.54310027 | SAP <--- HCS |
| 7 | bet1.男生 | 0.39709535 | SCS <--- SRL |
| 8 | bet2.男生 | 0.17025921 | SAP <--- SCS |
| 9 | phi1.男生 | 0.61921020 | HCS <--> SES |
| 10 | var1.男生 | 1.00000000 | SES <--> SES |
| 11 | var2.男生 | 1.00000000 | HCS <--> HCS |
| 12 | V[SRL].男生 | 0.44502076 | SRL <--> SRL |
| 13 | V[SCS].男生 | 0.33070627 | SCS <--> SCS |
| 14 | V[SAP].男生 | 0.35532102 | SAP <--> SAP |

**[說明]**：男生群體之標準化估計值，包括直接效果值與預測殘差變異量。

 三、飽和模型

　　徑路分析模型中因為只有觀察變數沒有測量模式，因而假設模式容易形成「正好識別」（just-identified）模式，「正好識別」模式又稱飽和模式（saturated model），此種模式中樣本點的個數剛好等於待估計的自由參數個數，假設模型與樣本資料間形成「完美的適配」（perfect fit），完美適配是一種理論取向，無法進行假設模型整體適配度的檢定，因為「正好識別」模型的自由度為 0、卡方值統計量也等於 0，自由度等於 0 之卡方分配無法進行模型適配度的檢定。

　　範例之徑路分析圖增列學生閱讀素養（SRL）對學生學業成就影響的直接效果，假設模型圖為飽和模型，如圖 5-26。

　　R 編輯器視窗的語法指令為：

```
## 飽和模式
temp<-read.csv("path_1.csv",header=T)
obsdata=temp[3:7]
mod=specifyModel(covs=c("SES,HCS"),text="
SES -> SRL, gam1, NA
SES -> SCS, gam2, NA
```

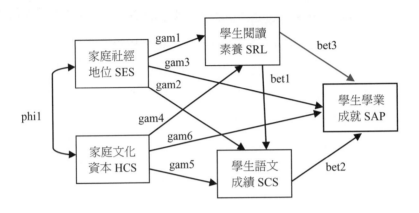

● 圖 5-26　徑路分析圖（假設為飽和模型）

```
SES  -> SAP, gam3, NA
HCS  -> SRL, gam4, NA
HCS  -> SCS, gam5, NA
HCS  -> SAP, gam6, NA
SRL  -> SCS, bet1, NA
SCS  -> SAP, bet2, NA
SES <-> HCS, phi1, NA
SRL  -> SAP, bet3, NA
")
m.sem=sem(mod, data=obsdata)
summary(m.sem,fit.indices=c("GFI","RMSEA","SRMR","CFI"))
```

　　R 主控台執行結果如下：

```
Model Chisquare =  1.064038e-12   Df =  0   Pr(>Chisq) = NA
 Goodness-of-fit index =  1
```

[說明]：模型適配度統計量卡方值＝0，自由度＝0，卡方值統計量之顯著性 $p$ 無法估算，顯著性參數估計值出現的符號為「Pr(>Chisq) = NA」。假設模型待估計的自由參數中有九個徑路係數、一個共變數、二個外因變數的變異

數、三個內因變數的預測殘差項變異數，待估計的自由參數共有 15 個；五個
觀察變數構成的樣本點 $t = \dfrac{p(p+1)}{2} = \dfrac{5 \times 6}{2} = 15$，樣本點個數－自由參數個數＝
15 － 15 ＝ 0（自由度）。

------------------------------------------------------------------------

```
R-square for Endogenous Variables
   SRL    SCS    SAP
0.5639  0.6557  0.6301
```

**[說明]**：三個內因觀察變數的 R 平方值。

## 陸　簡約模型的修正

　　根據理論文獻與之前相關研究，研究者提出校長正向領導（POL）、教師正
向心理特質／教師正向心理資本（TPC）、教師工作態度（TWA）與教師班級教學
效能（CTE）間的假設模型圖如下，四個測量模式中，校長正向領導（POL）有三
個指標變數（POLA、POLB、POLC），教師正向心理特質（TPC）有三個指標變
數（TPCA、TPCB、TPCC），教師工作態度（TWA）有四個指標變數（TWAA、
TWAB、TWAC、TWAD），教師班級教學效能（CTE）有四個指標變數（CTEA、
CTEB、CTEC、CTED）。假設模型中增列參數標記名稱，四個測量模式潛在變數
（因子構念）的變異數均設為 1（固定參數），測量模式沒有參照指標。外因潛在
變數為校長正向領導（POL）、中介潛在變數為教師正向心理特質（TPC）與教師
工作態度（TWA）、內因潛在變數為教師班級教學效能（CTE），如圖 5-27。

　　以函數 library( ) 載入 sem 套件，使用 read.csv( ) 函數匯入試算表資料
檔，資料檔中的第 1 個變數為教師性別，第 2 個變數至第 15 個變數為指標變數，
R 編輯器對應的語法指令為：

```
library(sem)
temp<-read.csv("poleader.csv",header=T)
obsdata=temp[2:15]
```

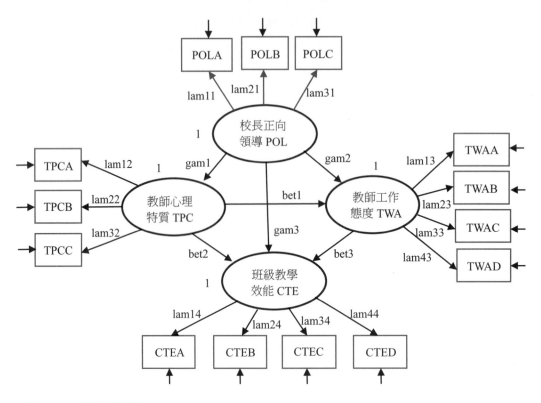

● 圖 5-27　假設模型圖

以 names( ) 函數查看資料框架物件的變數名稱：

```
> names(temp)
 [1] "SEX"  "POLA" "POLB" "POLC" "TPCA" "TPCB" "TPCC" "TWAA" "TWAB" "TWAC"
[11] "TWAD" "CTEA" "CTEB" "CTEC" "CTED"
```

使用 tail( ) 函數查看最後六筆觀察值：

```
>tail(obsdata)
    POLA POLB POLC TPCA TPCB TPCC TWAA TWAB TWAC TWAD CTEA CTEB CTEC CTED
734   21   20   12   16   20   24   25   20   20   25   25   25   25   25
735   29   17   15   20   25   25   22   17   16   25   24   23   25   21
736   29   24   12   17   21   25   24   14   17   23   23   24   21   24
```

| 737 | 24 | 19 | 11 | 16 | 20 | 24 | 15 | 15 | 16 | 16 | 20 | 20 | 20 | 21 |
| 738 | 28 | 19 | 11 | 16 | 16 | 21 | 19 | 12 | 12 | 21 | 20 | 18 | 16 | 16 |
| 739 | 23 | 20 | 12 | 18 | 20 | 24 | 20 | 19 | 16 | 18 | 24 | 24 | 20 | 23 |

[**說明**]：有效樣本數 N=739。

使用 library( ) 函數載入套件 psych，套件函數 lowerCor( ) 可以求出指標變數間之相關矩陣：

```
> library(psych)
> lowerCor(obsdata)
     POLA POLB POLC TPCA TPCB TPCC TWAA TWAB TWAC TWAD CTEA
POLA 1.00
POLB 0.56 1.00
POLC 0.40 0.57 1.00
TPCA 0.37 0.36 0.41 1.00
TPCB 0.33 0.33 0.29 0.75 1.00
TPCC 0.35 0.33 0.34 0.68 0.72 1.00
TWAA 0.27 0.40 0.41 0.62 0.58 0.59 1.00
TWAB 0.26 0.37 0.20 0.44 0.49 0.47 0.64 1.00
TWAC 0.22 0.27 0.23 0.55 0.60 0.61 0.69 0.62 1.00
TWAD 0.35 0.43 0.38 0.57 0.61 0.58 0.75 0.62 0.69 1.00
CTEA 0.29 0.27 0.27 0.64 0.67 0.56 0.56 0.43 0.53 0.56 1.00
CTEB 0.32 0.40 0.39 0.66 0.64 0.63 0.60 0.55 0.53 0.61 0.67
CTEC 0.28 0.34 0.31 0.64 0.65 0.63 0.63 0.59 0.61 0.69 0.68
CTED 0.32 0.37 0.45 0.55 0.51 0.51 0.65 0.50 0.47 0.61 0.58
     CTEB CTEC CTED
CTEB 1.00
CTEC 0.74 1.00
CTED 0.69 0.63 1.00
```

[**說明**]：指標變數配對變數間均呈正關係。

使用套件 psych 函數 describe( ) 求出指標變數的描述性統計量：

```
> describe(obsdata)
```

|  | vars | n | mean | sd | median | trimmed | mad | min | max | range | skew | kurtosis |
|---|---|---|---|---|---|---|---|---|---|---|---|---|
| POLA | 1 | 739 | 22.87 | 3.80 | 23 | 22.87 | 2.97 | 10 | 30 | 20 | -0.12 | -0.03 |
| POLB | 2 | 739 | 20.17 | 3.97 | 20 | 20.27 | 4.45 | 6 | 30 | 24 | -0.33 | 0.67 |
| POLC | 3 | 739 | 11.68 | 2.02 | 12 | 11.72 | 1.48 | 3 | 15 | 12 | -0.32 | 0.24 |
| TPCA | 4 | 739 | 16.39 | 2.00 | 16 | 16.39 | 1.48 | 7 | 20 | 13 | -0.18 | 1.17 |
| TPCB | 5 | 739 | 19.65 | 2.51 | 20 | 19.62 | 1.48 | 12 | 25 | 13 | 0.02 | 0.03 |
| TPCC | 6 | 739 | 23.14 | 3.26 | 24 | 23.08 | 2.97 | 12 | 30 | 18 | 0.02 | 0.16 |
| TWAA | 7 | 739 | 19.96 | 2.22 | 20 | 19.96 | 1.48 | 13 | 25 | 12 | -0.02 | 0.50 |
| TWAB | 8 | 739 | 15.26 | 2.27 | 16 | 15.24 | 1.48 | 8 | 20 | 12 | -0.17 | 0.39 |
| TWAC | 9 | 739 | 15.61 | 2.05 | 16 | 15.58 | 1.48 | 9 | 20 | 11 | 0.07 | 0.27 |
| TWAD | 10 | 739 | 19.79 | 2.36 | 20 | 19.75 | 1.48 | 11 | 25 | 14 | 0.09 | 0.50 |
| CTEA | 11 | 739 | 20.27 | 2.49 | 20 | 20.25 | 1.48 | 14 | 25 | 11 | 0.11 | -0.13 |
| CTEB | 12 | 739 | 19.73 | 2.62 | 20 | 19.75 | 2.97 | 12 | 25 | 13 | -0.13 | -0.08 |
| CTEC | 13 | 739 | 19.52 | 2.61 | 20 | 19.47 | 1.48 | 12 | 25 | 13 | 0.08 | 0.02 |
| CTED | 14 | 739 | 20.72 | 2.59 | 20 | 20.77 | 1.48 | 12 | 25 | 13 | -0.03 | -0.17 |

擷取 describe( ) 函數物件元素，配合 range( ) 函數，求出偏態與峰度的全距：

```
> range(round(describe(obsdata)$skew,2))
[1] -0.33  0.11
```

**[說明]**：偏態係數的全距介於 −0.33 至 0.11 之間，偏態係數絕對值小於 3.00。

----------------------------------------------------------------

```
> range(round(describe(obsdata)$kurtosis,2))
[1] -0.17  1.17
```

**[說明]**：峰度係數的全距介於 −0.17 至 1.17 之間，峰態係數絕對值小於 8.00。從資料結構的偏態係數與峰度係數參數檢核，資料結構沒有偏離常態性假定，可直接使用 R 軟體內定的最大概似估計法（ML 法）。

一、初始模型

使用 specifyModel( ) 函數執行結構方程模式的語法指令如下：

```
mod=specifyModel(text="
POL -> POLA, lam11
POL -> POLB, lam21
POL -> POLC, lam31
TPC -> TPCA, lam12
TPC -> TPCB, lam22
TPC -> TPCC, lam32
TWA -> TWAA, lam13
TWA -> TWAB, lam23
TWA -> TWAC, lam33
TWA -> TWAD, lam43
CTE -> CTEA, lam14
CTE -> CTEB, lam24
CTE -> CTEC, lam34
CTE -> CTED, lam44
POL <-> POL, NA , 1    ## 設定潛在變數 POL 的變異數等於 1
TPC <-> TPC, NA , 1    ## 設定潛在變數 TPC 的變異數等於 1
TWA <-> TWA, NA , 1    ## 設定潛在變數 TWA 的變異數等於 1
CTE <-> CTE, NA , 1    ## 設定潛在變數 CTE 的變異數等於 1
POL -> TPC, gam1
POL -> TWA, gam2
POL -> CTE, gam3
TPC -> TWA, bet1
TPC -> CTE, bet2
TWA -> CTE, bet3
")
m.sem=sem(mod, data=obsdata)
```

```
summary(m.sem,fit.indices=c("GFI","RMSEA","SRMR","CFI"))
```

　　R 主控台輸出結果如下：

```
Model Chisquare =   506.2789    Df =   71 Pr(>Chisq) = 6.33164e-67
Goodness-of-fit index =   0.9095892
RMSEA index =   0.09114366    90% CI: (0.08376018, 0.09869963)
Bentler CFI =   0.9395064
SRMR =   0.04176157
```

**[說明]**：初始模型可以識別收斂，模式適配度卡方值統計量 = 506.279、自由
度 = 71，顯著性 $p$ 值 < 0.001，卡方自由度比值 = 506.279÷71 = 7.131。

　　使用 summary( ) 函數物件元素「$coeff」，輸出參數估計值（非標準化估計值）
至小數第二位：

```
>par.all=round(par.out$coeff[1:4],2)
> par.all$lab=par.out$coeff[5]
> print.data.frame(par.all)
         Estimate   Std Error   z value   Pr(>|z|)
lam11      2.47        0.14       17.72      0.00    POLA <--- POL
lam21      3.31        0.14       23.48      0.00    POLB <--- POL
lam31      1.37        0.07       18.54      0.00    POLC <--- POL
lam12      1.44        0.06       25.56      0.00    TPCA <--- TPC
lam22      1.86        0.07       26.35      0.00    TPCB <--- TPC
lam32      2.26        0.09       24.23      0.00    TPCC <--- TPC
lam13      1.10        0.05       21.94      0.00    TWAA <--- TWA
lam23      0.96        0.05       18.99      0.00    TWAB <--- TWA
lam33      0.94        0.05       20.50      0.00    TWAC <--- TWA
lam43      1.17        0.05       21.97      0.00    TWAD <--- TWA
```

| | | | | | |
|---|---|---|---|---|---|
| lam14 | 0.80 | 0.05 | 16.69 | 0.00 | CTEA <--- CTE |
| lam24 | 0.92 | 0.05 | 17.56 | 0.00 | CTEB <--- CTE |
| lam34 | 0.92 | 0.05 | 17.59 | 0.00 | CTEC <--- CTE |
| lam44 | 0.81 | 0.05 | 16.32 | 0.00 | CTED <--- CTE |
| gam1 | 0.63 | 0.06 | 11.21 | 0.00 | TPC <--- POL |
| gam2 | 0.29 | 0.07 | 4.47 | 0.00 | TWA <--- POL |
| gam3 | 0.09 | 0.08 | 1.16 | 0.25 | CTE <--- POL |
| bet1 | 1.06 | 0.08 | 13.64 | 0.00 | TWA <--- TPC |
| bet2 | 1.10 | 0.12 | 9.07 | 0.00 | CTE <--- TPC |
| bet3 | 0.57 | 0.08 | 7.46 | 0.00 | CTE <--- TWA |
| V[POLA] | 8.32 | 0.54 | 15.52 | 0.00 | POLA <--> POLA |
| V[POLB] | 4.80 | 0.57 | 8.41 | 0.00 | POLB <--> POLB |
| V[POLC] | 2.20 | 0.15 | 14.85 | 0.00 | POLC <--> POLC |
| V[TPCA] | 1.09 | 0.08 | 14.18 | 0.00 | TPCA <--> TPCA |
| V[TPCB] | 1.50 | 0.11 | 13.12 | 0.00 | TPCB <--> TPCB |
| V[TPCC] | 3.53 | 0.23 | 15.44 | 0.00 | TPCC <--> TPCC |
| V[TWAA] | 1.25 | 0.09 | 14.04 | 0.00 | TWAA <--> TWAA |
| V[TWAB] | 2.34 | 0.14 | 17.14 | 0.00 | TWAB <--> TWAB |
| V[TWAC] | 1.51 | 0.09 | 16.10 | 0.00 | TWAC <--> TWAC |
| V[TWAD] | 1.40 | 0.10 | 13.95 | 0.00 | TWAD <--> TWAD |
| V[CTEA] | 2.36 | 0.14 | 16.62 | 0.00 | CTEA <--> CTEA |
| V[CTEB] | 1.78 | 0.12 | 14.60 | 0.00 | CTEB <--> CTEB |
| V[CTEC] | 1.74 | 0.12 | 14.48 | 0.00 | CTEC <--> CTEC |
| V[CTED] | 2.83 | 0.17 | 17.04 | 0.00 | CTED <--> CTED |

**[ 說明 ]**：估計參數中，gam3（POL -> CTE）的路徑係數估計值 = 0.09，$z$ 值統計量 = 1.16、顯著性 $p$ = 0.25 > 0.05，未達統計顯著水準，表示校長正向領導（POL）對教師班級教學效能（CTE）沒有直接顯著的影響。

使用修正指標函數 modIndices( ) 配合 print( ) 函數輸出前十個最大的修正指標值：

```
> print(modIndices(m.sem), n.largest=10)
 10 largest modification indices, A matrix (regression coefficients):
CTED<-POLC CTED<-TWAA CTEA<-TPCB  TPC<-CTED  POLC<-CTED  TPC<-TWAC  TWAA<-CTED
41.90794   41.59519   38.55940    37.81330   36.10994    35.81510   32.83057
TWAC<-POL   POL<-TWAC   TPC<-CTEA
32.34735    32.34722    31.83524
```

**[說明]**：A 矩陣的修正指標為釋放路徑係數（變數間的影響路徑），影響的路徑包括指標變數對潛在變數的影響（如 TPC<-CTED，MI = 37.81）、指標變數對指標變數的影響（如 CTED<-POLC，MI = 41.91）、潛在變數對其他測量模式指標變數的影響（如 TWAC<-POL，MI = 32.35）等，結構方程模式之模型修正一般不會釋放路徑數參數。

-------------------------------------------------------------------------

```
 10 largest modification indices, P matrix (variances/covariances):
CTED<->TWAA  TPC<->CTED  TPC<->TWAC TWAB<->POLC CTEA<->TPCB CTED<->POLC
  42.65712    37.81328    35.81513   34.99116    33.71664    33.70588
 POL<->TWAC   TPC<->CTEA CTED<->TWAC TWAA<->POLC
  32.34735    31.83526    27.65964    22.27114
```

**[說明]**：就 P 矩陣（變異數／共變數）的修正指標值檢核，教師班級教學效能（CTE）潛在變數之指標變數 CTED 的測量誤差項與其他測量模式之指標變數的測量誤差項有較高的共變關係，表示指標變數 CTED 與其他指標變數間可能有較高的相關，這些指標變數反映的潛在心理特質有某種程度的重疊性，修正模型 I 可以考量將教師班級教學效能（CTE）潛在變數之指標變數 CTED 刪除（測量模式第四個指標變數）。

 二、修正模型 I

修正模型 I 將教師班級教學效能（CTE）潛在變數之指標變數 CTED 刪除，也將結構模式中直接效果不顯著的路徑（gam3）刪除（校長正向領導（POL）對教師班級教學效能（CTE）的影響路徑）。

R 編輯器語法指令中在對應的語法指令前增列「#」號（以 # 為起始的指令列

表示說明文字，不會視為語法指令），或直接將橫列刪除：

「#POL -> CTE, gam3」

「#CTE -> CTED, lam44」

修正模型 I 之假設模型圖，如圖 5-28。

R 編輯器視窗對應的語法指令為：

---

```
## 修正模型 I
mod.1=specifyModel(text="
POL -> POLA, lam11
POL -> POLB, lam21
POL -> POLC, lam31
TPC -> TPCA, lam12
TPC -> TPCB, lam22
```

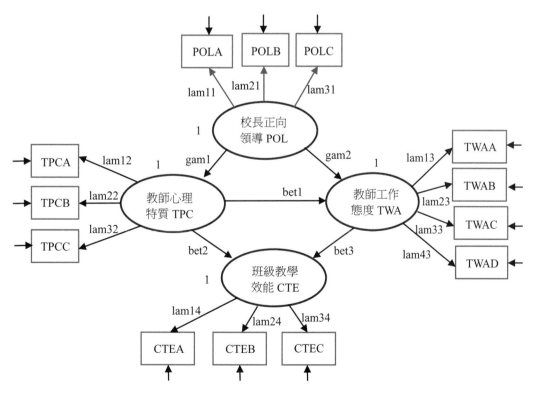

●圖 **5-28**　修正模型 I 之假設模型圖

```
TPC -> TPCC, lam32
TWA -> TWAA, lam13
TWA -> TWAB, lam23
TWA -> TWAC, lam33
TWA -> TWAD, lam43
CTE -> CTEA, lam14
CTE -> CTEB, lam24
CTE -> CTEC, lam34
#CTE -> CTED, lam44     ## 刪除潛在變數 CTE 的指標變數 CTED
POL <-> POL, NA , 1
TPC <-> TPC, NA , 1
TWA <-> TWA, NA , 1
CTE <-> CTE, NA , 1
POL -> TPC, gam1
POL -> TWA, gam2
#POL -> CTE, gam3   ## 刪除結構模式中的 gam3 影響路徑
TPC -> TWA, bet1
TPC -> CTE, bet2
TWA -> CTE, bet3
")
m.sem=sem(mod.1, data=obsdata)
summary(m.sem,fit.indices=c("GFI","RMSEA","SRMR","CFI"))
```

　　R 主控台執行結果如下：

```
Model Chisquare =  373.8199    Df =  60 Pr(>Chisq) = 6.754151e-47
 Goodness-of-fit index =  0.928719
 RMSEA index =  0.08418533    90% CI: (0.07611458, 0.09246882)
 Bentler CFI =  0.9519043
 SRMR =  0.03746289
```

**[ 說明 ]**：修正模型 I 之假設模型可以識別收斂，模式適配度卡方值統計量 = 373.820、自由度 = 60，顯著性 $p$ 值 < 0.001，卡方自由度比值 = 373.820 ÷ 60 = 6.230。RMSEA 值 = 0.084（初始模型的 RMSEA 值 = 0.091）。

使用 summary( ) 函數元素「$coeff」，輸出參數估計值（非標準化估計值）至小數第二位：

```
> par.out=summary(m.sem)
> round(par.out$coeff[1:4],2)
          Estimate    Std Error   z value   Pr(>|z|)
lam11       2.48        0.14       17.71        0
lam21       3.33        0.14       23.52        0
lam31       1.36        0.07       18.43        0
lam12       1.44        0.06       25.67        0
lam22       1.87        0.07       26.61        0
lam32       2.26        0.09       24.35        0
lam13       1.09        0.05       21.84        0
lam23       0.96        0.05       19.00        0
lam33       0.94        0.05       20.57        0
lam43       1.17        0.05       21.96        0
lam14       0.79        0.05       15.33        0
lam24       0.89        0.06       15.80        0
lam34       0.91        0.06       15.91        0
gam1        0.62        0.06       11.29        0
gam2        0.29        0.07        4.48        0
bet1        1.07        0.08       13.69        0
bet2        1.26        0.14        9.20        0
bet3        0.52        0.08        6.84        0
V[POLA]     8.32        0.54       15.50        0
V[POLB]     4.72        0.57        8.22        0
V[POLC]     2.21        0.15       14.92        0
```

| | | | |
|---|---|---|---|
| V[TPCA] | 1.10 | 0.08 | 14.34 | 0 |
| V[TPCB] | 1.48 | 0.11 | 13.11 | 0 |
| V[TPCC] | 3.54 | 0.23 | 15.53 | 0 |
| V[TWAA] | 1.28 | 0.09 | 14.12 | 0 |
| V[TWAB] | 2.34 | 0.14 | 17.09 | 0 |
| V[TWAC] | 1.48 | 0.09 | 15.96 | 0 |
| V[TWAD] | 1.39 | 0.10 | 13.85 | 0 |
| V[CTEA] | 2.31 | 0.14 | 16.17 | 0 |
| V[CTEB] | 1.92 | 0.13 | 14.50 | 0 |
| V[CTEC] | 1.66 | 0.12 | 13.45 | 0 |

**[說明]**：所有估計的參數估計值均達統計顯著水準（$p < 0.05$），指標變數之測量誤差項沒有出現負的變異數，表示沒有不合理的解值。

---

使用修正指標函數 modIndices( ) 配合 print( ) 函數輸出前十個最大的修正指標值：

---

```
> print(modIndices(m.sem), n.largest=10)
10 largest modification indices, A matrix (regression coefficients):
<略>
  10 largest modification indices, P matrix (variances/covariances):
  TPC<->TWAC  TWAB<->POLC  POL<->TWAC  TWA<->CTEC  CTEA<->TPCB  TWAA<->POLC
   35.56309    33.06998    32.98516    27.62618    25.81529     24.38302
TWAC<->TPCC  TPC<->POLB  TPCA<->POLC  TWAB<->POLB
   20.00337    19.37018    19.21251    18.31440
```

**[說明]**：就 P 矩陣（變異數／共變數）的修正指標值檢核，校長正向領導（POL）潛在變數之指標變數 POLC 的測量誤差項與其他測量模式之指標變數的測量誤差項有較高的共變關係，表示指標變數 POLC 其他指標變數間可能有較高的相關，指標變數反映的潛在心理特質有某種程度的重疊性，進一步修正模型可以將校長正向領導（POL）潛在變數之指標變數 POLC 優先刪除。（教師工作態度 TWA 潛在變數之指標變數 TWAC 的測量誤差項與其他測量模式之指標變數

的測量誤差項也有較高的共變關係，修正模型也可考量將 TWAC 刪除，簡約模型的修正不能一次同時刪除二個指標變數，修正後的模型中各測量模式至少要有二個指標變數）。

 三、修正模型 II

與修正模型 I 相較之下，修正模型 II 多刪除一個指標變數：將校長正向領導（POL）潛在變數之指標變數 POLC 刪除。修正模型 II 的假設模型，如圖 5-29。

R 編輯器語法指令中初始模型對應的語法指令前增列「#」號的橫列有三列：

「#POL -> POLC, lam31」（刪除 POLC 指標變數）

「#POL -> CTE, gam3」（刪除結構模式的影響路徑）

「#CTE -> CTED, lam44」（刪除 CTED 指標變數）

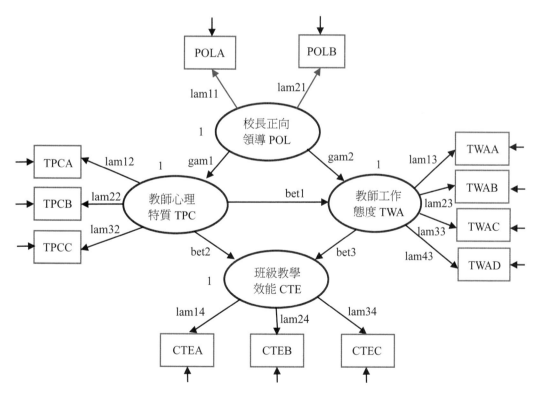

☀圖 **5-29** 修正模型 II 的假設模型

```
mod.2=specifyModel(text="
POL -> POLA, lam11
POL -> POLB, lam21
#POL -> POLC, lam31   ## 刪除潛在變數 POL 之指標變數 POLC
TPC -> TPCA, lam12
TPC -> TPCB, lam22
TPC -> TPCC, lam32
TWA -> TWAA, lam13
TWA -> TWAB, lam23
TWA -> TWAC, lam33
TWA -> TWAD, lam43
CTE -> CTEA, lam14
CTE -> CTEB, lam24
CTE -> CTEC, lam34
#CTE -> CTED, lam44    ## 刪除潛在變數 CTE 之指標變數 CTED
POL <-> POL, NA    , 1
TPC <-> TPC, NA    , 1
TWA <-> TWA, NA    , 1
CTE <-> CTE, NA    , 1
POL -> TPC, gam1
POL -> TWA, gam2
#POL -> CTE, gam3    ## 刪除結構模式之 gam3 影響路徑
TPC -> TWA, bet1
TPC -> CTE, bet2
TWA -> CTE, bet3
")
m.sem=sem(mod.2, data=obsdata)
summary(m.sem,fit.indices=c("GFI","RMSEA","SRMR","CFI"))
```

R 主控台的執行結果如下：

```
Warning message:
In sem.semmod(mod.2, data = obsdata) :
   The following observed variables are in the input covariance
or raw-moment matrix but do not appear in the model:
POLC, CTED
```

**[說明]**：由於 POLC、 CTED 二個指標變數已從模型中刪除，因而假設模型沒有使用到二個指標變數的樣本數據（提示語為觀察變數出現在樣本資料共變數矩陣或動差矩陣中，但並沒有出現在假設模型內）。

----------------------------------------------------------------------

```
 Model Chisquare =  279.251   Df =  49 Pr(>Chisq) = 5.585175e-34
 Goodness-of-fit index =  0.9426213
 RMSEA index =  0.0797948    90% CI: (0.07083662, 0.08901964)
 Bentler CFI =  0.9623889
 SRMR =  0.0309438
```

**[說明]**：假設模型可以識別收斂，模式適配度卡方值統計量 = 279.251、自由度 = 49，顯著性 $p$ 值 < 0.001，卡方自由度比值 = 279.251÷49 = 5.699。RMSEA 值 = 0.0798（修正模型 I 的 RMSEA 值 = 0.084）。GFI 值 = 0.943、CFI 值 = 0.962、SRMR 值 = 0.031，根據其餘適配度統計量，修正模型 II 可以得到支持。

使用 summary( ) 函數元素「$coeff」，輸出參數估計值（非標準化估計值）至小數第二位：

```
> par.out=summary(m.sem)
> round(par.out$coeff[1:4],2)
        Estimate  Std Error  z value  Pr(>|z|)
lam11      2.63      0.16     16.55        0
lam21      3.19      0.17     18.47        0
lam12      1.45      0.06     24.89        0
lam22      1.87      0.07     25.82        0
```

| | | | | |
|---|---|---|---|---|
| lam32 | 2.26 | 0.10 | 23.72 | 0 |
| lam13 | 1.09 | 0.05 | 21.73 | 0 |
| lam23 | 0.97 | 0.05 | 18.98 | 0 |
| lam33 | 0.95 | 0.05 | 20.55 | 0 |
| lam43 | 1.17 | 0.05 | 21.87 | 0 |
| lam14 | 0.79 | 0.05 | 15.35 | 0 |
| lam24 | 0.89 | 0.06 | 15.82 | 0 |
| lam34 | 0.91 | 0.06 | 15.93 | 0 |
| gam1 | 0.62 | 0.06 | 10.43 | 0 |
| gam2 | 0.28 | 0.07 | 4.02 | 0 |
| bet1 | 1.07 | 0.08 | 13.47 | 0 |
| bet2 | 1.26 | 0.14 | 9.16 | 0 |
| bet3 | 0.52 | 0.08 | 6.84 | 0 |
| V[POLA] | 7.50 | 0.67 | 11.28 | 0 |
| V[POLB] | 5.61 | 0.84 | 6.66 | 0 |
| V[TPCA] | 1.11 | 0.08 | 14.38 | 0 |
| V[TPCB] | 1.47 | 0.11 | 13.04 | 0 |
| V[TPCC] | 3.53 | 0.23 | 15.53 | 0 |
| V[TWAA] | 1.29 | 0.09 | 14.18 | 0 |
| V[TWAB] | 2.33 | 0.14 | 17.06 | 0 |
| V[TWAC] | 1.47 | 0.09 | 15.92 | 0 |
| V[TWAD] | 1.40 | 0.10 | 13.85 | 0 |
| V[CTEA] | 2.30 | 0.14 | 16.17 | 0 |
| V[CTEB] | 1.93 | 0.13 | 14.51 | 0 |
| V[CTEC] | 1.66 | 0.12 | 13.43 | 0 |

**[說明]**：所有估計的參數估計值均達統計顯著水準（$p < 0.05$），指標變數之測量誤差項沒有出現負的變異數，表示沒有不合理的解值。

---

使用修正指標函數 modIndices( ) 配合 print( ) 函數輸出前十個最大的修正指標值：

```
> print(modIndices(m.sem), n.largest=10)
 10 largest modification indices, A matrix (regression coefficients):
```

< 略 >

```
 10 largest modification indices, P matrix (variances/covariances):
 TPC<->TWAC  TWA<->CTEC  POL<->TWAC CTEA<->TPCB TWAC<->TPCC TWAA<->TPCA
   29.62146   27.11359   25.51152   25.38604   19.67768   19.47794
 TPC<->POLB  TPC<->POLA  TWA<->POLB  TWA<->POLA
   19.03002   19.02987   19.02984   19.02983
```

**[說明]:** 就 P 矩陣(變異數/共變數)的修正指標值檢核,教師工作態度(TWA)潛在變數之指標變數 TWAC 的測量誤差項與其他測量模式之指標變數的測量誤差項有較高的共變關係,表示指標變數 TWAC 與其他指標變數間可能有較高的相關,指標變數反映的潛在心理特質有某種程度的重疊性,進一步修正模型可以將教師工作態度(TWA)潛在變數第三個指標變數 TWAC 優先刪除。根據 R 軟體提供的主要適配度統計量,修正模型 II 與樣本資料可以契合,研究者可直接根據修正模型 II 估算的非標準化估計值與標準化估計值撰述測量模式與結構模式,修正模型 III 只是提供進一步模型修正的參考,結構方程模型中,若是假設模型可以得到支持,且模型估計參數沒有不合理解值,研究者再繼續進行模型修正是沒有實質意義的。

輸出修正模型 II 的適配度統計量:

```
> f_s=c("GFI","AGFI","RMSEA","NFI","NNFI","CFI","RNI","IFI","SRMR")
> summary(m.sem,fit.indices=f_s)
 Model Chisquare =  279.251   Df =  49 Pr(>Chisq) = 5.585175e-34
 Goodness-of-fit index =  0.9426213
 Adjusted goodness-of-fit index =  0.9086625
 RMSEA index =  0.0797948   90% CI: (0.07083662, 0.08901964)
 Bentler-Bonett NFI =  0.9548714
 Tucker-Lewis NNFI =  0.9493402
 Bentler CFI =  0.9623889
```

```
Bentler RNI =   0.9623889
Bollen IFI =   0.9624931
SRMR =   0.0309438
```

**[說明]**：GFI 值＝0.942、AGFI 值＝0.909、RMSEA 值＝0.0798、NFI 值＝0.955、NNFI 值＝0.949、CFI 值＝0.962、RNI 值＝0.962、IFI 值＝0.962、SRMR 值＝0.031。除卡方自由度比值外（量數＝5.699，未小於 3.000 適配標準），餘九個主要適配度統計量均達到模式適配標準，表示假設模型與樣本資料可以契合。

## 四、修正模型 III

與修正模型 II 相較之下，修正模型中將教師工作態度潛在變數第三個指標變數「TWAC」刪除。

R 編輯器語法指令中初始模型對應的語法指令前增列「#」號的橫列有四列：

「#POL -> POLC, lam31」（刪除校長正向領導潛在變數之第三個指標變數）

「#POL -> CTE, gam3」（刪除結構模式的影響路徑 gam3）

「#TWA -> TWAC, lam33」（刪除教師工作態度潛在變數之第三個指標變數）

「#CTE -> CTED, lam44」（刪除教師班級教學效能潛在變數之第四個指標變數）

修正模型 III 之假設模型圖，如圖 5-30。

對應於假設模型圖，R 編輯器視窗的語法指令為：

```
mod.3=specifymodel(text="
POL -> POLA, lam11
POL -> POLB, lam21
#POL -> POLC, lam31
TPC -> TPCA, lam12
TPC -> TPCB, lam22
TPC -> TPCC, lam32
TWA -> TWAA, lam13
```

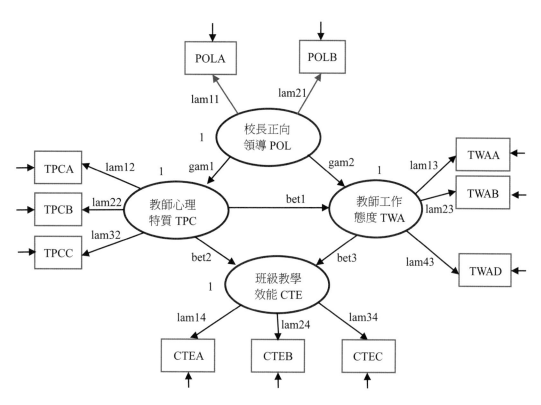

● 圖 **5-30**   修正模型 III 之假設模型圖

```
TWA -> TWAB, lam23
#TWA -> TWAC, lam33
TWA -> TWAD, lam43
CTE -> CTEA, lam14
CTE -> CTEB, lam24
CTE -> CTEC, lam34
#CTE -> CTED, lam44
POL <-> POL, NA    , 1
TPC <-> TPC, NA    , 1
TWA <-> TWA, NA    , 1
CTE <-> CTE, NA    , 1
POL -> TPC, gam1
POL -> TWA, gam2
#POL -> CTE, gam3
```

```
TPC -> TWA, bet1
TPC -> CTE, bet2
TWA -> CTE, bet3
")
m.sem=sem(mod.2, data=obsdata)
summary(m.sem,fit.indices=c("GFI","RMSEA","SRMR","CFI"))
```

R 主控台輸出結果如下：

```
Model Chisquare =  201.3148    Df =  39 Pr(>Chisq) = 9.591347e-24
 Goodness-of-fit index =  0.9547875
 RMSEA index =  0.0750963    90% CI: (0.06501615, 0.08551857)
 Bentler CFI =  0.9699746
 SRMR =   0.02747856
```

**[說明]**：GFI 值＝0.955、RMSEA 值＝0.075、CFI 值＝0.970、SRMR 值＝0.027、
卡方自由度比值＝201.314÷39＝5.162。

------------------------------------------------------------------------

```
R-square for Endogenous Variables
 POLA    POLB    TPC    TPCA    TPCB    TPCC    TWA    TWAA
0.4635  0.6682  0.2655  0.7248  0.7689  0.6636  0.6680  0.7372
 TWAB    TWAD    CTE    CTEA    CTEB    CTEC
0.5372  0.7560  0.8461  0.6256  0.7224  0.7556
```

**[說明]**：指標變數／內因潛在變數的 R 平方值，「教師正向心理特質」（TPC）
可以被外因潛在變數「校長正向領導」（POL）解釋的變異量為 27%、預測殘
差為 73%；「教師工作態度」（TWA）可以被「校長正向領導」（POL）、「教
師正向心理特質」（TPC）解釋的變異量為 67%、預測殘差為 33%；「教師
班級教學效能」（CTE）可以被「教師正向心理特質」（TPC）、「教師工作
態度」（TWA）解釋的變異量為 85%、預測殘差為 15%（無法解釋的變異量）。

使用 summary( ) 函數物件元素「$coeff」，輸出參數估計值（非標準化估計值）

至小數第二位：

---

```
> par.out=summary(m.sem)
> par.all=round(par.out$coeff[1:4],2)
> par.all$lab=par.out$coeff[5]
> print.data.frame(par.all)
```

|  | Estimate | Std Error | z value | Pr(>\|z\|) |  |  |
|---|---|---|---|---|---|---|
| [ 參數標記 | 估計值 | 估計標準誤 | z 值 | 顯著性 p 值 | 參數路徑 ] |  |
| lam11 | 2.59 | 0.16 | 16.50 | 0 | POLA <--- POL |  |
| lam21 | 3.25 | 0.17 | 18.97 | 0 | POLB <--- POL |  |
| lam12 | 1.46 | 0.06 | 25.10 | 0 | TPCA <--- TPC |  |
| lam22 | 1.89 | 0.07 | 26.02 | 0 | TPCB <--- TPC |  |
| lam32 | 2.27 | 0.10 | 23.77 | 0 | TPCC <--- TPC |  |
| lam13 | 1.10 | 0.05 | 20.76 | 0 | TWAA <--- TWA |  |
| lam23 | 0.96 | 0.05 | 18.20 | 0 | TWAB <--- TWA |  |
| lam43 | 1.18 | 0.06 | 20.90 | 0 | TWAD <--- TWA |  |
| lam14 | 0.77 | 0.05 | 14.84 | 0 | CTEA <--- CTE |  |
| lam24 | 0.87 | 0.06 | 15.29 | 0 | CTEB <--- CTE |  |
| lam34 | 0.89 | 0.06 | 15.37 | 0 | CTEC <--- CTE |  |
| gam1 | 0.60 | 0.06 | 10.30 | 0 | TPC <--- POL |  |
| gam2 | 0.38 | 0.07 | 5.25 | 0 | TWA <--- POL |  |
| bet1 | 1.02 | 0.08 | 12.77 | 0 | TWA <--- TPC |  |
| bet2 | 1.27 | 0.14 | 9.24 | 0 | CTE <--- TPC |  |
| bet3 | 0.57 | 0.08 | 7.14 | 0 | CTE <--- TWA |  |
| V[POLA] | 7.75 | 0.65 | 11.97 | 0 | POLA <--> POLA |  |
| V[POLB] | 5.24 | 0.84 | 6.22 | 0 | POLB <--> POLB |  |
| V[TPCA] | 1.10 | 0.08 | 14.24 | 0 | TPCA <--> TPCA |  |
| V[TPCB] | 1.46 | 0.11 | 12.91 | 0 | TPCB <--> TPCB |  |
| V[TPCC] | 3.57 | 0.23 | 15.53 | 0 | TPCC <--> TPCC |  |
| V[TWAA] | 1.30 | 0.10 | 13.05 | 0 | TWAA <--> TWAA |  |
| V[TWAB] | 2.39 | 0.14 | 16.76 | 0 | TWAB <--> TWAB |  |

---

| | | | | | |
|---|---|---|---|---|---|
| V[TWAD] | 1.36 | 0.11 | 12.42 | 0 | TWAD <--> TWAD |
| V[CTEA] | 2.32 | 0.14 | 16.22 | 0 | CTEA <--> CTEA |
| V[CTEB] | 1.90 | 0.13 | 14.45 | 0 | CTEB <--> CTEB |
| V[CTEC] | 1.67 | 0.12 | 13.51 | 0 | CTEC <--> CTEC |

**[說明]**：所有估計的參數估計值均達統計顯著水準（$p < 0.05$），指標變數之測量誤差項沒有出現負的變異數，表示沒有不合理的解值。

使用 stdCoef( ) 函數物件的變數 "Std. Estimate" 求出標準化估計值至小數第二位：

```
> m.std=stdCoef(m.sem)
> m.std$"Std. Estimate"=(round(stdCoef(m.sem)[2],2))
> print(m.std)
          Std. Estimate
1    lam11      0.68   POLA <--- POL
2    lam21      0.82   POLB <--- POL
3    lam12      0.85   TPCA <--- TPC
4    lam22      0.88   TPCB <--- TPC
5    lam32      0.81   TPCC <--- TPC
6    lam13      0.86   TWAA <--- TWA
7    lam23      0.73   TWAB <--- TWA
8    lam43      0.87   TWAD <--- TWA
9    lam14      0.79   CTEA <--- CTE
10   lam24      0.85   CTEB <--- CTE
11   lam34      0.87   CTEC <--- CTE
```

**[說明]**：量數為指標變數的因素負荷量。

```
-----------------------------------------------------------
12              1.00   POL <--> POL
13              0.73   TPC <--> TPC
14              0.33   TWA <--> TWA
```

| 15 | | 0.15 | CTE <--> CTE |
|---|---|---|---|

**[ 說明 ]**：四個潛在變數無法被解釋的變異量，參數值 $= 1 - R^2$，如內因潛在變數「教師正向心理特質」（TPC）可以被外因潛在變數「校長正向領導」解釋的變異量為 0.27，預測殘差量為 $1 - 0.27 = 0.73$。

------------------------------------------------------------

| 16 | gam1 | 0.52 | TPC <--- POL |
|---|---|---|---|
| 17 | gam2 | 0.22 | TWA <--- POL |
| 18 | bet1 | 0.68 | TWA <--- TPC |
| 19 | bet2 | 0.58 | CTE <--- TPC |
| 20 | bet3 | 0.39 | CTE <--- TWA |

**[ 說明 ]**：結構模式中影響路徑的直接效果值。

------------------------------------------------------------

| 21 | V[POLA] | 0.54 | POLA <--> POLA |
|---|---|---|---|
| 22 | V[POLB] | 0.33 | POLB <--> POLB |
| 23 | V[TPCA] | 0.28 | TPCA <--> TPCA |
| 24 | V[TPCB] | 0.23 | TPCB <--> TPCB |
| 25 | V[TPCC] | 0.34 | TPCC <--> TPCC |
| 26 | V[TWAA] | 0.26 | TWAA <--> TWAA |
| 27 | V[TWAB] | 0.46 | TWAB <--> TWAB |
| 28 | V[TWAD] | 0.24 | TWAD <--> TWAD |
| 29 | V[CTEA] | 0.37 | CTEA <--> CTEA |
| 30 | V[CTEB] | 0.28 | CTEB <--> CTEB |
| 31 | V[CTEC] | 0.24 | CTEC <--> CTEC |

**[ 說明 ]**：指標變數無法反映潛在變數之解釋變異量。標準化係數中，所有標準化估計值沒有出現大於 1.00 的不合理參數。

使用 pathDiagram( ) 函數輸出非標準化估計值模型圖，引數 standardize 選項界定「=FALSE」：

```
pathDiagram(m.sem,edge.labels="values",standardize=FALSE,
```

```
ignore.double=FALSE,error.nodes=TRUE,edge.font=c("Calibri",15),
size=c(15,15),node.colors=c("pink","lightblue"))
```

　　R 軟體繪製之非標準化估計值模型圖，如圖 5-31。

　　使用 pathDiagram( ) 函數輸出標準化估計值模型圖，引數 standardize 選項界定「= TRUE」：

```
pathDiagram(m.sem,edge.labels="values",standardize=TRUE,
```

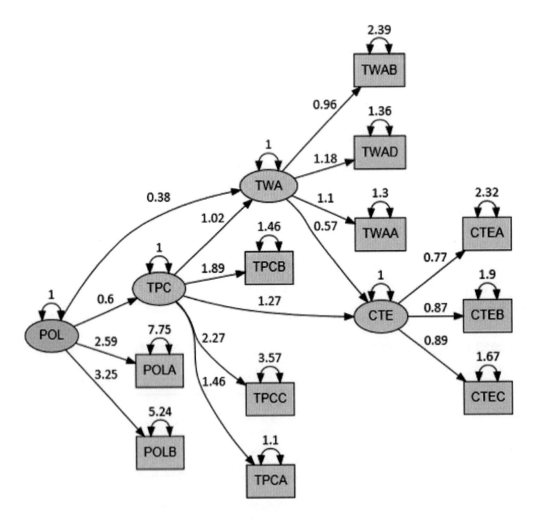

🍎圖 5-31　R 軟體繪製之非標準化估計值模型圖

```
ignore.double=FALSE,error.nodes=TRUE,edge.font=c("Calibri",15),
size=c(15,15),node.colors=c("pink","lightblue"))
```

R 軟體繪製之標準化估計值模型圖，如圖 5-32。

修正模型Ⅲ增列標準化估計值之假設模型圖重新繪製，如圖 5-33。

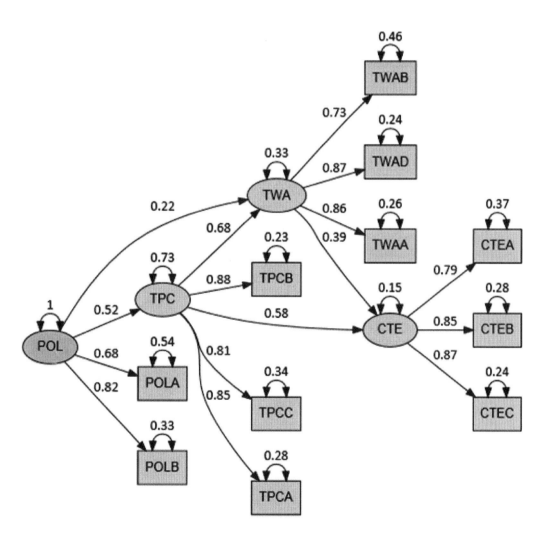

**圖 5-32** R 軟體繪製之標準化估計值模型圖

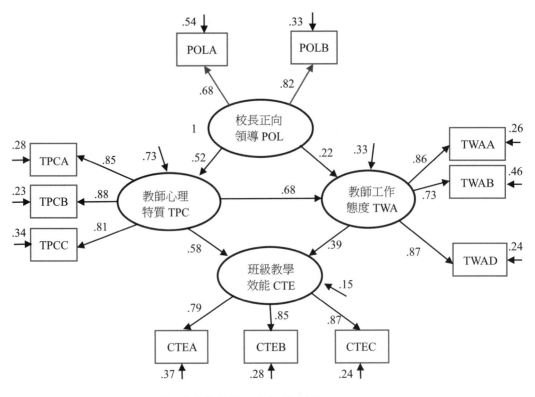

圖 5-33　修正模型 III 增列標準化估計值之假設模型圖

## 五、中介效果驗證

　　以修正模型 III 為例，結構模式中「校長正向領導」（POL）對「教師班級教學效能」（CTE）的影響路徑未達統計顯著，但藉由教師正向心理特質、教師工作態度二個中介變數對教師班級教學效能間接的影響路徑均達顯著，「教師正向心理特質」（TPC）、「教師工作態度」（TWA）中介變數的型態屬完全中介或部分中介可以經由外因潛在變數「校長正向領導」（POL）對內因潛在變數「教師班級教學效能」（CTE）的影響情況檢核，如圖 5-34。

　　R 編輯器的語法指令為：

```
mod.4=specifyModel(text="
POL -> POLA, lam11
```

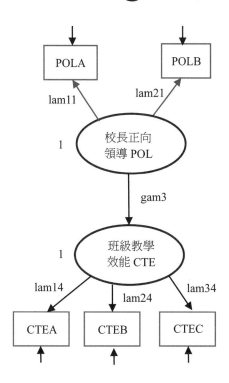

```
POL -> POLB, lam21
#POL -> POLC, lam31
CTE -> CTEA, lam14
CTE -> CTEB, lam24
CTE -> CTEC, lam34
#CTE -> CTED, lam44
POL <-> POL, NA   , 1
CTE <-> CTE, NA   , 1
POL -> CTE, gam3
")
m.sem=sem(mod.4, data=obsdata)
summary(m.sem,fit.indices=c("GFI","RMSEA","SRMR","CFI"))
```

　R 主控台執行結果為：

```
Model Chisquare =  18.71901   Df =  4 Pr(>Chisq) = 0.0008923977
 Goodness-of-fit index =  0.9899621
 RMSEA index =  0.07061241   90% CI: (0.04046388, 0.1043049)
 Bentler CFI =  0.9905663
 SRMR =  0.01880473
```

**[說明]**：模式適配度卡方值統計量 =18.719（顯著性 $p$ = 0.001）、自由度 =4，GFI 值 = 0.990、RMSEA 值 = 0.071、CFI 值 = 0.991、SRMR 值 = 0.019，校長正向領導對教師班級教學效能影響的路徑模型圖可以得到支持。

使用 summary( ) 函數元素「$coeff」，輸出參數估計值（非標準化估計值）至小數第二位：

```
> par.out=summary(m.sem)
> round(par.out$coeff[1:4],2)
         Estimate   Std Error  z value   Pr(>|z|)
lam11      2.62       0.17      15.33       0
lam21      3.21       0.19      16.94       0
lam14      1.67       0.08      22.04       0
lam24      1.95       0.08      24.79       0
lam34      1.94       0.08      24.64       0
gam3       0.59       0.06       9.99       0
V[POLA]    7.58       0.74      10.24       0
V[POLB]    5.50       0.98       5.61       0
V[CTEA]    2.43       0.16      15.08       0
V[CTEB]    1.70       0.16      10.66       0
V[CTEC]    1.75       0.16      10.99       0
```

**[說明]**：校長正向領導對教師班級教學效能影響的非標準化路徑係數 = 0.59（CTE <--- POL）、估計標準誤 = 0.06、$z$ 值統計量 = 9.99、顯著性 $p$ = 0.000 < 0.05，達到統計顯著水準。

使用 stdCoef( ) 函數物件的變數 "Std. Estimate" 求出標準化估計值至小數第二位：

```
> m.std=stdCoef(m.sem)
> m.std$"Std. Estimate"=(round(stdCoef(m.sem)[2],2))
> print(m.std)
           Std. Estimate
1    lam11        0.69  POLA <--- POL
2    lam21        0.81  POLB <--- POL
3    lam14        0.78  CTEA <--- CTE
4    lam24        0.87  CTEB <--- CTE
5    lam34        0.86  CTEC <--- CTE
6                 1.00   POL <--> POL
7                 0.74   CTE <--> CTE
8     gam3        0.51   CTE <--- POL
9   V[POLA]       0.52  POLA <--> POLA
10  V[POLB]       0.35  POLB <--> POLB
11  V[CTEA]       0.39  CTEA <--> CTEA
12  V[CTEB]       0.25  CTEB <--> CTEB
13  V[CTEC]       0.26  CTEC <--> CTEC
```

**[說明]**：校長正向領導對教師班級教學效能影響的標準化路徑係數 = 0.51（CTE <--- POL）、直接效果值為 0.51，R 平方值 = 0.26，外因潛在變數「校長正向領導」對內因潛在變數「教師班級教學效能」的解釋變異量為 26%。

外因潛在變數「校長正向領導」對內因潛在變數「教師班級教學效能」的直接效果顯著（gam3 = 0.51），假設模型可以得到支持，假設模型增列教師正向心理特質、教師工作態度變數後，直接效果從顯著變成不顯著（修正模型Ⅲ），間接效果值則均達顯著，表示教師正向心理特質、教師工作態度變數的中介屬性為完全中介。

範例三個潛在變數之結構模式圖中，校長正向領導對教師班級教學效能的直接

影響路徑（直接效果），經由教師正向心理特質潛在變數的納入，影響路徑 gam3
由顯著變為不顯著，校長正向領導藉由教師正向心理特質對教師班級教學效能影響
的間接效果顯著，間接效果值 =gam1×bet2，教師正向心理特質中介變數的屬性稱
為完全中介。結構模式的影響路徑中，若是 gam3 的路徑係數達顯著，間效效果影
響路徑也達顯著，則教師正向心理特質中介變數的屬性稱為部分中介，如圖 5-35。

使用 pathDiagram( ) 函數繪製校長正向領導對教師班級教學效能之標準化
估計值模型圖：

```
pathDiagram(m.sem,edge.labels="values",standardize=TRUE,
ignore.double=FALSE,error.nodes=TRUE,edge.font=c("Calibri",15),
size=c(12,12),node.colors=c("pink","lightblue"))
```

R 軟體繪製之標準化估計值模型圖，如圖 5-36。

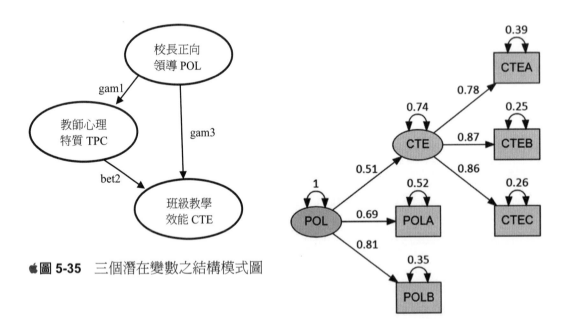

● 圖 5-35　三個潛在變數之結構模式圖

● 圖 5-36　R 軟體繪製之標準化估計值模型圖

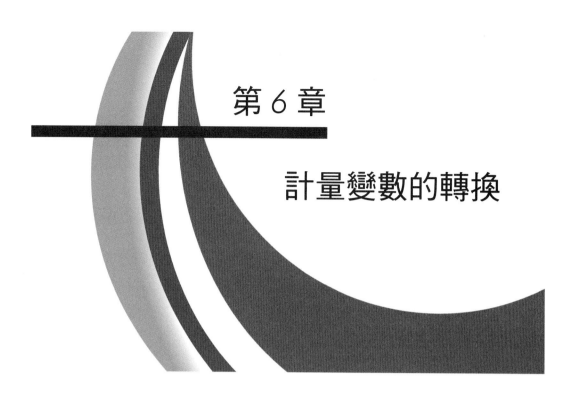

# 第 6 章

## 計量變數的轉換

在統計程序常會將計量變數轉換為間斷變數，間斷變數可作為因子變數或依變數，分組時有相對分組與絕對分組。相對分組是依樣本觀察值在變數的得分情況分成不同組別，常用相對分組之高低分組採用受試者在變數或量表得分之前後 27%（30%、33%）為臨界分數，由於相對分組是根據受試者在量表的得分高低分組，若是全部樣本觀察值在量表的得分偏低（如憂鬱傾向量表、自殺意念量表），則依樣本觀察值在量表得分高低分組結果，高分組的群體未必是真正的高分組（如高憂鬱傾向者）觀察值，預試問卷之項目分析程序中，高低二組組別的分組方法是採用相對分組而非絕對分組。

## 壹　單向度的分組

計量變數分成二組時，一般以平均數為分割點，變數測量值高於平均數為「高分組」，低於平均數為「低分組」（此種分組為相對分組），範例以資料檔中學生知覺的「家庭氣氛」（變數名稱為 climate）為例，測量值高於等於整體平均數（61）者為「高分組」、低於整體平均數者為「低分組」，R 編輯器視窗語法指令為：

```
[1]temp=read.csv("deviant.csv",header=T)
```

```
[2]gdata=data.frame(temp)

[3]cut.p=round(mean(gdata$climate),0)

[4]cat(" 家庭氣氛變數的平均數 =",cut.p,"\n")

[5]gdata$cli.g2=ifelse(gdata$climate >=cut.p," 高分組 "," 低分組 ")
```

語法函數中各列前面 [X] 為增列說明的標記，在 R 編輯器視窗中不用鍵入，第 [1] 列使用 read.csv( ) 函數匯入試算表 deviant.csv 資料檔，匯入 R 主控台之資料框架物件名稱設定為 temp。第 [2] 列使用 data.frame( ) 函數複製一個資料框架物件，新資料框架物件名稱為 gdata。第 [3] 列使用 mean( ) 函數配合 round( ) 函數求出整體平均數。第 [4] 列使用 cat( ) 函數輸出整體平均數參數。第 [5] 列使用 ifelse( ) 函數進行組別分類，若是家庭氣氛變數測量值大於或等於平均數，水準群體名稱為高分組、否則為低分組。使用 names( ) 函數查看資料框架物件 gdata 的變數名稱：

```
> names(gdata)
 [1] "faith"     "ranking"  "faedu"     "ses"        "hotype"    "a1"
 [7] "a2"       "a3"       "a4"        "a5"         "request"   "response"
 [13] "climate"  "deviant"
```

選取 R 編輯器（R Editor）視窗內的函數語法，執行功能表列「編輯」（Edit）/「執行程式列或選擇項」（Run line or selection）程序，可以執行 RR 編輯器的語法指令，在對應的函數語法前會增列「>」符號，R 主控台輸出結果如下：

```
> temp=read.csv("deviant.csv",header=T)
> gdata=data.frame(temp)
> cut.p=round(mean(gdata$climate),0)
> cat(" 家庭氣氛變數的平均數 =",cut.p,"\n")
家庭氣氛變數的平均數 = 61
> gdata$cli.g2=ifelse(gdata$climate >=cut.p," 高分組 "," 低分組 ")
```

使用 head( ) 函數輸出資料框架物件第 11 個至第 15 個變數前十筆觀察值資料（變數索引第 11 個至第 15 個，原資料框架物件的變數共有 14 個，第 15 個為增列的組別變數 cli.g2）：

```
> head(gdata[11:15],10)
     request  response climate  deviant  cli.g2
1       48       30       54       45     低分組
2       58       58       78       34     高分組
3       60       60       85       50     高分組
4       60       30       60       36     低分組
5       39       25       28       28     低分組
6       47       54       75       31     高分組
7       58       31       40       38     低分組
8       32       39       57       38     低分組
9       55       48       68       90     高分組
10      60       53       81       18     高分組
```

使用 with( ) 指定資料框架物件，配合 table( ) 函數查看家庭氣氛變數分組結果：

```
> with(gdata,{table(cli.g2)})
cli.g2
低分組  高分組
  365     447
```

**[說明]**：樣本觀察值知覺高家庭氣氛者有 447 位、知覺低家庭氣氛者有 365 位。

使用套件 psych 中的函數 describeBy( ) 求出組別變數（因子變數）在計量變數的描述性統計量，函數 describeBy( ) 基本語法為：

describeBy(x, group=NULL,mat=FALSE,type=3,digits=15)。

　　引數 x 為資料框架或矩陣。引數 group 為分組變數或分組變數的列表。引數 mat 界定輸出為矩陣或列表。引數 type 界定偏態與峰度採用何種型態估算，內定的數值為 3。引數 digit 界定矩陣輸出時的小數位數。

```
> library(psych)
> describeBy(gdata[13:14],group=gdata$cli.g2)
group: 低分組
        vars  n  mean    sd  median trimmed   mad  min max range  skew kurtosis   se
climate    1 365 47.79  9.41     50   48.78  8.90   17  60    43 -0.92     0.31 0.49
deviant    2 365 36.79 11.86     35   36.08 11.86   18  90    72  0.81     1.22 0.62
-----------------------------------------------------------------
group: 高分組
        vars  n  mean    sd  median trimmed   mad  min max range  skew kurtosis   se
climate    1 447 72.30  7.27     72   72.12   8.9   61  85    24  0.18    -1.20 0.34
deviant    2 447 30.64 11.34     28   29.06   8.9   18  90    72  1.72     4.45 0.54
```

　　函數 describeBy( ) 引數 mat 內定選項為假，表示以列表方式呈現，引數若改為真，則以矩陣（資料框架型態）輸出結果：

```
> describeBy(gdata[13:14],group=gdata$cli.g2,digits=2,mat=TRUE)
         item group1 vars  n  mean    sd median trimmed   mad min max range  skew
climate1    1 低分組    1 365 47.79  9.41     50   48.78  8.90  17  60    43 -0.92
climate2    2 高分組    1 447 72.30  7.27     72   72.12  8.90  61  85    24  0.18
deviant1    3 低分組    2 365 36.79 11.86     35   36.08 11.86  18  90    72  0.81
deviant2    4 高分組    2 447 30.64 11.34     28   29.06  8.90  18  90    72  1.72
         kurtosis   se
climate1     0.31 0.49
climate2    -1.20 0.34
deviant1     1.22 0.62
deviant2     4.45 0.54
```

**[ 說明 ]**：低家庭氣氛組在「家庭氣氛」的平均數為 47.79、「偏差行為」的平均數為 36.79；高家庭氣氛組在「家庭氣氛」的平均數為 72.30、「偏差行為」的平均數為 30.64。家庭氣氛高分組群體在偏差行為的平均得分較低（群組間平均分數的差異是否達到統計顯著水準，要經平均數差異檢定才能得知）。

「家庭氣氛量表」的題項共有 17 題，採用李克特五點量表型態，分數全距介於 17 分至 85 分之間：

```
> range(gdata$climate)
[1] 17 85
```

五點量表的中位數為 3（平均數 =3），3×17=51 分，樣本觀察值在量表分數大於或等於 51 分為絕對高分組、小於 51 分為絕對低分組，R 編輯器語法指令為：

```
[3]cut.p=51      ## 絕對分組的平均數（中位數）
[4]cat(" 家庭氣氛變數的平均數 =",cut.p,"\n")
[5]gdata$cli.ag2=ifelse(gdata$climate >=cut.p," 絕對高分組 "," 絕對低分組 ")
```

使用 with( ) 函數指定資料框架物件 gdata，求出資料框架物件內分組變數的次數分配：

```
> with(gdata,{table(cli.g2)})
cli.g2
低分組    高分組
  365       447
> with(gdata,{table(cli.ag2)})
cli.ag2
絕對低分組  絕對高分組
    192        620
```

**[說明]**：採用相對分組時，相對低分組與相對高分組的觀察值個數為 365、447；採用絕對分組時，絕對低分組與絕對高分組的觀察值個數為 192、620。

在偏差行為（deviant）變數的群體分類中，以平均數上下一個標準差為臨界點，平均數加一個標準差為高分組的分割點，平均數減一個標準差為低分組的分割點，三個群組的名稱界定為「高偏差行為群體」、「中偏差行為群體」、「低偏差行為群體」，R 編輯器視窗語法指令為：

```
[1]de.mean=round(mean(gdata$deviant),2)
[2]de.sd=round(sd(gdata$deviant),2)
[3]cut.p1=round((de.mean+de.sd),0)
[4]cut.p2=round((de.mean-de.sd),0)
[5]cat(" 偏差行為變數的平均數 =",de.mean,"\n")
[6]cat(" 偏差行為變數的標準差 =",de.sd,"\n")
[7]cat(" 分割點分數：平均數上一個標準差 =",cut.p1," ；平均數下一個標
準差 =",cut.p2,"\n")
[8]gdata$de.g3=ifelse(gdata$deviant>=cut.p1," 高偏差行為 ",
ifelse(gdata$request<=cut.p1," 低偏差行為 "," 中偏差行為 "))
```

第 1 列使用 mean( ) 函數求出偏差行為變數（deviant）的平均數。

第 2 列使用 sd( ) 函數求出偏差行為變數（deviant）的標準差。

第 3 列求出平均數加一個標準差的數值，以 round( ) 函數四捨五入到整數位。

第 4 列求出平均數減一個標準差的數值，以 round( ) 函數四捨五入到整數位。

第 5 列使用 cat( ) 函數輸出平均數參數。

第 6 列使用 cat( ) 函數輸出標準差參數。

第 7 列使用 cat( ) 函數輸出高偏差行為、低偏差行為臨界點分數。

第 8 列使用 ifelse( ) 函數進行邏輯判別，如果偏差行為測量值大於或等於高分組臨界點（cut.p1），組別變數 de.g3 的水準群體標記為「高偏差行為」，若是測量值小於或等於低分組臨界點（cut.p2），組別變數 de.g3 的水準群體標記為「低偏差行為」，其餘樣本觀察值為「中偏差行為」。

R 主控台執行的部分結果如下：

---

```
> cat(" 偏差行為變數的平均數 =",de.mean,"\n")
偏差行為變數的平均數 = 33.41
> cat(" 偏差行為變數的標準差 =",de.sd,"\n")
偏差行為變數的標準差 = 11.97
> cat(" 分割點分數：平均數上一個標準差 =",cut.p1,"；平均數下一個標
準差 =",cut.p2,"\n")
分割點分數：平均數上一個標準差 = 45 ；平均數下一個標準差 = 21
```

---

使用 head( ) 函數輸出資料框架物件第 11 個至第 16 個變數前十筆觀察值資料：

---

```
> head(gdata[11:16],10)
    request  response climate  deviant  cli.g2    de.g3
1      48       30      54       45     低分組    高偏差行為
2      58       58      78       34     高分組    中偏差行為
3      60       60      85       50     高分組    高偏差行為
4      60       30      60       36     低分組    中偏差行為
5      39       25      28       28     低分組    低偏差行為
6      47       54      75       31     高分組    中偏差行為
7      58       31      40       38     低分組    中偏差行為
8      32       39      57       38     低分組    低偏差行為
9      55       48      68       90     高分組    高偏差行為
10     60       53      81       18     高分組    中偏差行為
```

---

使用 with( ) 指定資料框架物件，配合 table( ) 函數查看偏差行為分組之次數分配：

---

```
> with(gdata,{table(de.g3)})
```

```
de.g3
中偏差行為  低偏差行為  高偏差行為
     499         177         136
> with(gdata,{sum(table(de.g3))})
[1] 812
```

**[說明]**：依整體平均數 ±1 個標準差為分割點，高偏差行為樣本有 136 位、中偏差行為樣本有 499 位、低偏差行為有 177 位，有效樣本數為 812 位。

使用 describeBy( ) 函數輸出資料框架物件 gdata 組別描述性統計量，分組變數為 de.g3：

```
> with(gdata,{describeBy(gdata[13:14], group=de.g3,mat=TRUE,digits=2)})
          item    group1  vars   n    mean    sd  median trimmed  mad   min   max
climate1   1   中偏差行為    1   499  66.60 12.65   68    67.51  13.34   20    85
climate2   2   低偏差行為    1   177  52.14 13.47   52    52.38  13.34   17    81
climate3   3   高偏差行為    1   136  53.67 14.41   51    53.40  15.57   17    85
deviant1   4   中偏差行為    2   499  28.34  7.25   27    27.89   7.41   18    44
deviant2   5   低偏差行為    2   177  32.02  6.98   33    32.25   7.41   18    44
deviant3   6   高偏差行為    2   136  53.82  9.27   52    52.08   5.93   45    90
          range   skew  kurtosis   se
climate1    65   -0.66    0.16    0.57
climate2    64   -0.19   -0.52    1.01
climate3    68    0.11   -0.33    1.24
deviant1    26    0.45   -0.80    0.32
deviant2    26   -0.28   -0.83    0.52
deviant3    45    2.13    4.97    0.80
```

**[說明]**：回傳的統計量數分別為項目（item）、群組名稱（group1）、計量變數編號（vars）、有效樣本觀察值個數（n）、平均數（mean）、標準差（sd）、中位數（median）、截尾平均數（trimmed）、絕對差中位數（mad）、最小值（min）、最大值（max）、全距（range）、偏態（skew）、峰度（kurtosis）、

標準誤（se）。

　　以偏差行為變數測量值平均數之 1.5 個標準差為分割點，將所有樣本分為「高關懷群體」（測量值 ≧ 平均數 +1.5 個標準差）、「中關懷群體」、「低關懷群體」（測量值 ≦ 平均數 −1.5 個標準差），R 編輯器語法指令只要修改第 3 列與第 4 列的參數：

```
[1]de.mean=round(mean(gdata$deviant),2)
[2]de.sd=round(sd(gdata$deviant),2)
[3]cut.p1=round((de.mean+1.5*de.sd),0)
[4]cut.p2=round((de.mean-1.5*de.sd),0)
[5]cat(" 偏差行為變數的平均數 =",de.mean,"\n")
[6]cat(" 偏差行為變數的標準差 =",de.sd,"\n")
[7]cat(" 分割點分數：平均數上 1.5 個標準差 =",cut.p1,"；平均數下 1.5
個標準差 =",cut.p2,"\n")
[8]gdata$gro.de=ifelse(gdata$deviant>=cut.p1," 高關懷群體 ",
ifelse(gdata$request<=cut.p1," 低關懷群體 "," 中關懷群體 "))
```

　　R 主控台執行的部分結果如下：

```
> cat(" 偏差行為變數的平均數 =",de.mean,"\n")
偏差行為變數的平均數 = 33.41
> cat(" 偏差行為變數的標準差 =",de.sd,"\n")
偏差行為變數的標準差 = 11.97
> cat(" 分割點分數：平均數上 1.5 個標準差 =",cut.p1,"；平均數下 1.5
個標準差 =",cut.p2,"\n")
分割點分數：平均數上 1.5 個標準差 = 51 ；平均數下 1.5 個標準差 = 15
```

**[ 說明 ]**：偏差行為變數平均數 + 1.5 個標準差的數值 = 51 分，平均數 − 1.5 個標準差的數值 = 15 分。

使用 with( ) 指定資料框架物件，配合 table( ) 函數查看三類關懷群體之次數分配：

---

```
> with(gdata,{table(gro.de)})
gro.de
中關懷群體  低關懷群體  高關懷群體
      377        357         78
> with(gdata,{sum(table(gro.de))})
[1] 812
```

[說明]：依整體平均數 ±1.5 個標準差為分割點，高關懷群體樣本有 78 位、中關懷群體樣本有 377 位、低關懷群體有 357 位，有效樣本數為 812 位。

---

使用 subset( ) 函數篩選「高關懷群體」的樣本觀察值，以 print.data. frame( ) 函數輸出所有樣本觀察值：

---

```
> hcare=subset(gdata,gdata$gro.de==" 高關懷群體 ")
> print.data.frame(hcare[11:17])
```

|     | request | response | climate | deviant | cli.g2 | de.g3 | gro.de |
|-----|---------|----------|---------|---------|--------|-------|--------|
| 9   | 55      | 48       | 68      | 90      | 高分組 | 高偏差行為 | 高關懷群體 |
| 11  | 55      | 49       | 77      | 63      | 高分組 | 高偏差行為 | 高關懷群體 |
| 12  | 47      | 36       | 39      | 55      | 低分組 | 高偏差行為 | 高關懷群體 |
| 15  | 50      | 48       | 67      | 53      | 高分組 | 高偏差行為 | 高關懷群體 |
| <略> |         |          |         |         |        |       |        |
| 780 | 48      | 44       | 50      | 55      | 低分組 | 高偏差行為 | 高關懷群體 |
| 782 | 46      | 33       | 54      | 58      | 低分組 | 高偏差行為 | 高關懷群體 |
| 790 | 60      | 43       | 56      | 52      | 低分組 | 高偏差行為 | 高關懷群體 |

---

查看高關懷群體樣本在偏差行為變數的描述性統計量，以 with( ) 函數指定資料框架：

```
> with(hcare,{length(deviant)})
[1] 78
> with(hcare,{mean(deviant)})
[1] 58.67949
> with(hcare,{range(deviant)})
[1] 51 90
```

**[說明]**：高關懷樣本學生共有 78 位，在偏差行為變數的平均數為 58.68，全距介於 51 至 90 之間。

使用套件 psych 中的函數 describe( ) 求出計量變數的描述性統計量：

```
> describe(hcare[13:14])
        vars  n mean    sd median trimmed   mad min max range skew kurtosis
climate    1 78 52.59 16.39   50.5   52.28 18.53  17  85    68 0.13    -0.68
deviant    2 78 58.68  9.61   55.0   56.67  4.45  51  90    39 1.98     3.23
          se
climate 1.86
deviant 1.09
```

若是直接使用未篩選觀察值的原始資料框架物件 gdata，求出高關懷群體知覺的家庭氣氛與偏差行為量表的得分，可以使用 which( ) 函數進行標的群體的選取：

```
> describe(gdata$deviant[which(gdata$gro.de==" 高關懷群體 ")])
   vars  n mean   sd median trimmed  mad min max range skew kurtosis   se
1     1 78 58.68 9.61     55   56.67 4.45  51  90    39 1.98     3.23 1.09
> describe(gdata$climate[which(gdata$gro.de==" 高關懷群體 ")])
   vars  n  mean    sd median trimmed   mad min max range skew kurtosis   se
1     1 78 52.59 16.39   50.5   52.28 18.53  17  85    68 0.13    -0.68 1.86
```

　　範例以「規範要求」分量表為例，依樣本觀察值在此分量表的測量值高低分為「高規範要求組」、「中規範要求組」、「低規範要求組」，以 27% 為臨界分數點，各組人數的比例為 27%、46%、27%，R 軟體編輯器視窗之語法指令如下（數字編號便於各列語法使用功能的說明，R 軟體視窗不能鍵入，否則會出現錯誤）：

```
1.temp=read.csv("deviant.csv",header=T)
2.gdata=data.frame(temp)
3.cut.p=round(length(gdata$request)*.27,0)
4.sort_h=sort(gdata$request, decreasing=T)[cut.p]
5.sort_l=sort(gdata$request, decreasing=F)[cut.p]
6.gdata$requ_g27=ifelse(gdata$request >=sort_h,1,ifelse(gdata$request<=sort_l,3,2))
```

　　第 1 列讀入試算表之 deviant.csv 資料檔案，匯入主控台之資料框架物件名稱設定為 temp。

　　第 2 列使用 data.frame( ) 函數複製一個資料框架物件，新資料框架物件名稱為 gdata。

　　第 3 列找出前 27% 樣本觀察值的人數，樣本觀察值配合使用 round( ) 函數四捨五入到整數位。

　　第 4 列使用 sort( ) 函數進行樣本觀察值在 request 變數的遞減排列，找出 27% 樣本觀察值的臨界分數（高規範要求組或高分組的臨界分數）。

　　第 5 列使用 sort( ) 函數進行樣本觀察值在 request 變數的遞增排列，找出 27% 樣本觀察值的臨界分數（低規範要求組或低分組的臨界分數）。

　　第 6 列使用 ifelse( ) 邏輯判斷式進行樣本觀察值的分組，分組依據為樣本觀察值在規範要求分量表 request 變數的得分，測量值大於或等於高分組臨界分數，水準數值編碼為 1（高規範要求組），測量值小於或等於低分組臨界分數，水準數值編碼為 3（低規範要求組），測量值介於二個臨界分數之間，水準數值編碼為 2（中規範要求組），增列組別變數名稱為 requ_g27。使用 names( ) 函數查看原資料框架物件 gdata 的變數名稱：

```
> names(gdata[11:14])
```

```
[1] "request"  "response" "climate"  "deviant"
```

　　變數 request 為學生知覺的家長規範要求分數（變數索引等於 11）、response 為學生知覺的家長關懷回應分數（變數索引等於 12）、變數 climate 為學生知覺的家庭氣氛（變數索引等於 13）、變數 deviant 為學生偏差行為（變數索引等於 14）。使用 tail( ) 函數輸出上述四個變數後六筆樣本觀察值的資料內容：

```
> tail(gdata[11:14])
     request  response  climate  deviant
807     55       50       59       36
808     46       38       56       32
809     48       48       48       33
810     49       36       54       40
811     53       44       54       32
812     56       56       85       36
```

　　R 編輯器視窗指令中可以使用 cat( ) 函數輸出測量值排序後前後的樣本觀察值人數、高分組臨界分數、低分組臨界分數，修改後的 R 編輯器視窗語法指令如下：

```
1.temp=read.csv("deviant.csv",header=T)
2.gdata=data.frame(temp)
3.cut.p=round(length(gdata$request)*.27,0)
4.cat("[ 說明 ]27% 樣本觀察值人數為測量值排序後第 ",cut.p," 位 ","\n")
5.sort_h=sort(gdata$request, decreasing=T)[cut.p]
6.cat("[1] 高規範要求組 ( 高分組 ) 的臨界分數為 ",sort_h," 分以上 ","\n")
7.sort_l=sort(gdata$request, decreasing=F)[cut.p]
8.cat("[2] 低規範要求組 ( 低分組 ) 的臨界分數為 ",sort_l," 分以下 ","\n")
9.gdata$requ_g27=ifelse(gdata$request >=sort_h,1,ifelse(gdata$request<=sort_l,3,2))
```

語法指令的第 4 列、第 6 列、第 8 列使用 cat( ) 函數增列文字說明與 cur.p（前後 27% 的樣本觀察值人數）、sort_h（高分組臨界分數）、sort_l（低分組臨界分數）統計量數值。

R 主控台執行 R 編輯器語法指令之第 2 列至第 9 列結果如下：

```
> gdata=data.frame(temp)
> cut.p=round(length(gdata$request)*.27,0)
> cat("[ 說明 ]27% 樣本觀察值人數為測量值排序後第 ",cut.p," 位 ","\n")
[ 說明 ]27% 樣本觀察值人數為測量值排序後第  219  位
> sort_h=sort(gdata$request, decreasing=T)[cut.p]
> cat("[1] 高規範要求組（高分組）的臨界分數為 ",sort_h," 分以上 ","\n")
[1] 高規範要求組（高分組）的臨界分數為  57  分以上
> sort_l=sort(gdata$request, decreasing=F)[cut.p]
> cat("[2] 低規範要求組（低分組）的臨界分數為 ",sort_l," 分以下 ","\n")
[2] 低規範要求組（低分組）的臨界分數為  44  分以下
> gdata$requ_g27=ifelse(gdata$request
>=sort_h,1,ifelse(gdata$request<=sort_l,3,2))
```

範例語法指令以受試者在「規範要求」變數得分前後 30% 為分割點，高分組、中分組、低分組人數佔有效觀察值比例為 30%、40%、30%，增列組別變數名稱為「requ_g30」：

```
cut.p=round(length(gdata$request)*.30,0)
sort_h=sort(gdata$request, decreasing=T)[cut.p]
sort_l=sort(gdata$request, decreasing=F)[cut.p]
gdata$requ_g30=ifelse(gdata$request >=sort_h," 高 要 求 組
",ifelse(gdata$request<=sort_l," 低要求組 "," 中要求組 "))
```

範例語法指令以受試者在「規範要求」變數得分前後 33% 為分割點，高分組、中分組、低分組人數佔有效觀察值比例為 33%、34%、33%，增列組別變數名稱為

「requ_g33」：

```
cut.p=round(length(gdata$request)*.33,0)
sort_h=sort(gdata$request, decreasing=T)[cut.p]
sort_l=sort(gdata$request, decreasing=F)[cut.p]
gdata$requ_g33=ifelse(gdata$request >=sort_h," 高 要 求 組
",ifelse(gdata$request<=sort_l," 低要求組 "," 中要求組 "))
```

使用 head( ) 函數查看前二十筆觀察值的內容：

```
> head(gdata[11:17],20)
```

| | request | response | climate | deviant | requ_g27 | requ_g30 | requ_g33 |
|---|---|---|---|---|---|---|---|
| 1 | 48 | 30 | 54 | 45 | 2 | 中要求組 | 中要求組 |
| 2 | 58 | 58 | 78 | 34 | 1 | 高要求組 | 高要求組 |
| 3 | 60 | 60 | 85 | 50 | 1 | 高要求組 | 高要求組 |
| 4 | 60 | 30 | 60 | 36 | 1 | 高要求組 | 高要求組 |
| 5 | 39 | 25 | 28 | 28 | 3 | 低要求組 | 低要求組 |
| 6 | 47 | 54 | 75 | 31 | 2 | 中要求組 | 低要求組 |
| 7 | 58 | 31 | 40 | 38 | 1 | 高要求組 | 高要求組 |
| 8 | 32 | 39 | 57 | 38 | 3 | 低要求組 | 低要求組 |
| 9 | 55 | 48 | 68 | 90 | 2 | 中要求組 | 高要求組 |
| 10 | 60 | 53 | 81 | 18 | 1 | 高要求組 | 高要求組 |
| 11 | 55 | 49 | 77 | 63 | 2 | 中要求組 | 高要求組 |
| 12 | 47 | 36 | 39 | 55 | 2 | 中要求組 | 低要求組 |
| 13 | 58 | 23 | 27 | 35 | 1 | 高要求組 | 高要求組 |
| 14 | 56 | 47 | 81 | 20 | 2 | 高要求組 | 高要求組 |
| 15 | 50 | 48 | 67 | 53 | 2 | 中要求組 | 中要求組 |
| 16 | 59 | 49 | 60 | 19 | 1 | 高要求組 | 高要求組 |
| 17 | 56 | 36 | 44 | 22 | 2 | 高要求組 | 高要求組 |
| 18 | 44 | 46 | 74 | 22 | 3 | 低要求組 | 低要求組 |

| 19 | 60 | 59 | 79 | 28 | 1 | 高要求組 | 高要求組 |
| 20 | 44 | 45 | 63 | 31 | 3 | 低要求組 | 低要求組 |

使用 table( ) 函數查看規範要求組別各變數的次數分配:

```
> table(gdata$requ_g27)

  1   2   3
227 362 223
```

[說明]:高低二組分組臨界點為前後 27%,「requ_g27」變數為三分類別變數,三個水準數值編碼為 1、2、3,水準數值群組的個數分別為 227、362、223。

----------------------------------------------

```
> table(gdata$requ_g30)
中要求組  低要求組  高要求組
    279       266       267
```

[說明]:高低二組分組臨界點為前後 30%,「requ_g30」變數為三分類別變數,變數型態為因子,三個水準群體名稱為「低要求組」、「中要求組」、「高要求組」,群組的個數分別為 266、279、267。

----------------------------------------------

```
> table(gdata$requ_g33)
中要求組  低要求組  高要求組
    213       296       303
```

[說明]:高低二組分組臨界點為前後 33%。

學習心理分化(Psychological differentiation)型態中,分為場地獨立型(FieldIndependent Style;[FI])、場地依賴型(Field Dependent Style;[FD])、分化統合型。場地獨立型向度與場地依賴型向度各有五個題項,採用李克特五點量表型態作答,受試者得分介於 5-25 分。

分類型態 I 為受試者在向度的得分高於另一向度的得分,學習型態被歸類於高分向度型態類型,如果受試者在二個向度的得分相同,則學習型態歸類為「分化統合型」。R 編輯器的語法指令為:

```
FI=c(25, 5,11,15,23,24,21,18,17, 8, 9,19,15,13,23,22,14, 8,20,19)
FD=c(12,21,12,25,14,22,21,20,19, 5,12,18,20,10,25,23,13,21,20,12)
PD=rep(0,length(FI))
for( i in 1:length(FI))
if (FI[i] > FD[i] ) { PD[i]=" 場地獨立型 "
} else if (FI[i] < FD[i] ) { PD[i]=" 場地依賴型 "
} else {PD[i]=" 分化統合型 "
}
table(PD)
sum(table(PD))
```

R 主控台執行結果如下：

```
> FI=c(25, 5,11,15,23,24,21,18,17, 8, 9,19,15,13,23,22,14, 8,20,19)
> FD=c(12,21,12,25,14,22,21,20,19, 5,12,18,20,10,25,23,13,21,20,12)
> PD=rep(0,length(FI))
> for( i in 1:length(FI))
+ if (FI[i] > FD[i] ) { PD[i]=" 場地獨立型 "
+ } else if (FI[i] < FD[i] ) { PD[i]=" 場地依賴型 "
+ } else {PD[i]=" 分化統合型 "
+ }
> table(PD)
PD
分化統合型  場地依賴型  場地獨立型
        2        10        8
> sum(table(PD))
[1] 20
```

**[ 說明 ]**：場地依賴型、場地獨立型、分化統合型的樣本觀察值有 10 位、8 位、2 位，有效樣本數 20 位。

　　分類型態 II 為受試者在向度的得分高於另一向度的得分 3 分以上，學習型態被歸類於高分向度型態類型，如果受試者在二個向度的得分相同或差異值未達 3 分，則學習型態歸類為「分化統合型」。R 編輯器的語法指令為：

```
FI=c(25, 5,11,15,23,24,21,18,17, 8, 9,19,15,13,23,22,14, 8,20,19)
FD=c(12,21,12,25,14,22,21,20,19, 5,12,18,20,10,25,23,13,21,20,12)
PD=rep(0,length(FI))
for( i in 1:length(FI))
if ( (FI[i]- FD[i])> 3 ) { PD[i]=" 場地獨立型 "
} else if ( (FD[i]- FI[i] )>  3 ) { PD[i]=" 場地依賴型 "
} else {PD[i]=" 分化統合型 "
}
table(PD)
sum(table(PD))
```

　　R 主控台執行結果如下：

```
> FI=c(25, 5,11,15,23,24,21,18,17, 8, 9,19,15,13,23,22,14, 8,20,19)
> FD=c(12,21,12,25,14,22,21,20,19, 5,12,18,20,10,25,23,13,21,20,12)
> PD=rep(0,length(FI))
> for( i in 1:length(FI))
+ if ( (FI[i]- FD[i])> 3 ) { PD[i]=" 場地獨立型 "
+ } else if ( (FD[i]- FI[i] )> 3 ) { PD[i]=" 場地依賴型 "
+ } else {PD[i]=" 分化統合型 "
+ }
> table(PD)
PD
分化統合型  場地依賴型  場地獨立型
       13          4           3
> sum(table(PD))
```

[1] 20

**[說明]**：依分類型態準則 II，場地依賴型、場地獨立型、分化統合型的樣本
觀察值有 4 位、3 位、13 位，有效樣本數 20 位。

---

```
> print(PD)      ## 以 print( ) 函數輸出所有樣本觀察值詳細分類結果
 [1] " 場地獨立型 " " 場地依賴型 " " 分化統合型 " " 場地依賴型 " " 場地獨立型 "
 [6] " 分化統合型 " " 分化統合型 " " 分化統合型 " " 分化統合型 " " 分化統合型 "
[11] " 分化統合型 " " 分化統合型 " " 場地依賴型 " " 分化統合型 " " 分化統合型 "
[16] " 分化統合型 " " 分化統合型 " " 場地依賴型 " " 分化統合型 " " 場地獨立型 "
```

　　學習型態分化類型將二個數值向量合併為矩陣，以 data.frame( ) 函數轉化
為資料框架物件，物件名稱為 pddata，資料檔有二個變數 FI、FD。

```
> pddata=data.frame(cbind(FI,FD))
> pddata
   FI FD
1  25 12
2   5 21
3  11 12
4  15 25
5  23 14
6  24 22
7  21 21
8  18 20
9  17 19
10  8  5
11  9 12
12 19 18
13 15 20
14 13 10
15 23 25
```

```
16  22  23
17  14  13
18   8  21
19  20  20
20  19  12
```

　　以資料框架物件變數作為分類變數時，可先以 attach( ) 函數將資料框架物件依附在主控台內，新增的組別變數（分組變數）以「資料框架物件 $ 組別變數」界定，範例學習型態分類變數為 PD，新增觀察值分組類型名稱於組別變數內，使用「pddata$PD[i]」語法，主編輯器語法指令為：

```
pddata=data.frame(cbind(FI,FD)
attach(pddata)
pddata$PD=rep(0,length(FI))
for( i in 1:length(FI))
if (FI[i] > FD[i] ) { pddata$PD[i]=" 場地獨立型 "
} else if (FI[i] < FD[i] ) { pddata$PD[i]=" 場地依賴型 "
} else {pddata$PD[i]=" 分化統合型 "
}
```

　　R 主控台執行結果語法指令均為紅色字體，表示沒有界定錯誤：

```
> pddata$PD=rep(0,length(FI))
> for( i in 1:length(FI))
+ if (FI[i] > FD[i] ) { pddata$PD[i]=" 場地獨立型 "
+ } else if (FI[i] < FD[i] ) { pddata$PD[i]=" 場地依賴型 "
+ } else {pddata$PD[i]=" 分化統合型 "
+ }
```

使用 print.data.frame( ) 函數輸出資料框架 pddata 內容：

```
> print.data.frame(pddata)
     FI   FD       PD
1    25   12    場地獨立型
2     5   21    場地依賴型
3    11   12    場地依賴型
4    15   25    場地依賴型
5    23   14    場地獨立型
6    24   22    場地獨立型
7    21   21    分化統合型
8    18   20    場地依賴型
9    17   19    場地依賴型
10    8    5    場地獨立型
11    9   12    場地依賴型
12   19   18    場地獨立型
13   15   20    場地依賴型
14   13   10    場地獨立型
15   23   25    場地依賴型
16   22   23    場地依賴型
17   14   13    場地獨立型
18    8   21    場地依賴型
19   20   20    分化統合型
20   19   12    場地獨立型
```

以 with( ) 函數指定資料框架物件名稱，配合 table( ) 函數求出資料框架物件中的組別變數 PD 的次數分配：

```
> with(pddata,{table(PD)})
PD
```

| 分化統合型 | 場地依賴型 | 場地獨立型 |
|:---:|:---:|:---:|
| 2 | 10 | 8 |

 **貳** 雙向度的分組

雙向度的分組為根據二個計量變數的組別,將受試者加以分類。

 **一、數值向量變數**

圖示為組織主管的領導型態分類圖,圖示依員工知覺主管在關懷分量表與工作倡導分量表的分數加以分類,如圖 6-1。

範例數值向量變數 varx 為「關懷向度」的分數,分數愈高,表示領導者愈重視員工關懷;變數 vary 為「任務向度」(工作倡導)的分數,分數愈高,表示領導者愈重視工作任務的達成,二個構面均採用李克特五點量表型態,分數介於 1 分至 5 分。

以二個向度的中位數將二個向度分為四種類型:高關懷高任務取向(水準數值編碼為 1)、高關懷低任務取向(水準數值編碼為 2)、低關懷高任務取向(水準數值編碼為 3)、低關懷低任務取向(水準數值編碼為 4),如果觀察值在變數 varx(關懷導向向度)的分數剛好等於中位數(=3),或在變數 vary(任務導向)的分數也等於中位數,則水準數值編碼為 0,表示樣本觀察值知覺的領導型態不明確。

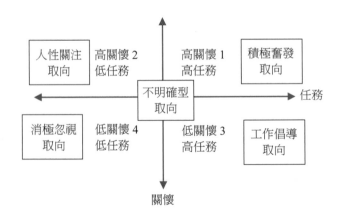

⌘圖 6-1　組織主管的領導型態分類圖

　　關懷導向向度依樣本觀察值的分數分為高關懷導向組、低關懷導向組；任務導向向度依樣本觀察值的分數分為高任務導向組、低任務導向組，四個組別加以組合的領導類型為：積極奮發取向（高關懷且高任務組）、人性關注取向（高關懷且低任務組）、工作倡導取向（低關懷且高任務組）、消極忽視取向（低關懷且低任務組）。

　　R 編輯器視窗的語法函數如下（前面的序列數值在於說明語法函數內容，原 R 編輯器視窗中不用輸入）：

```
1.varx=c(5,1,2,2,3,4,5,5,4,4,3,5,5,4,2,1)
2.vary=c(2,2,5,5,4,2,4,5,2,1,3,5,4,2,5,2)
3.g=rep(0,16)
4.for( i in 1:length(varx))
5.if (varx[i] >3 && vary[i] >3) { g[i]=1
6. } else if (varx[i] >3 && vary[i] <3) { g[i]=2
7. } else if (varx[i] <3 && vary[i] >3) { g[i]=3
8 .} else if (varx[i] <3 && vary[i] <3) { g[i]=4
9. } else { g[i]=0
10.}
```

　　第 1 列設定數值向量變數 varx 及其元素。

　　第 2 列設定數值向量變數 vary 及其元素。

　　第 3 列使用 rep( ) 函數設定組別變數的元素內容均為 0（元素個數有 16 個）。

　　第 4 列設定迴圈的範圍（元素 1 至元素 16），從 1 至有效觀察值（元素）總個數，使用函數 length( ) 界定元素的有效個數。

　　第 5 列以邏輯判別界定變數 varx 元素的數值大於中位數 3 且變數 vary 元素的數值大於中位數 3 時，組別變數元素的編碼為 1。

　　第 6 列以邏輯判別界定變數 varx 元素的數值大於中位數 3 且變數 vary 元素的數值小於中位數 3 時，組別變數元素的編碼為 2。

　　第 7 列以邏輯判別界定變數 varx 元素的數值小於中位數 3 且變數 vary 元素的數值大於中位數 3 時，組別變數元素的編碼為 3。

　　第 8 列以邏輯判別界定變數 varx 元素的數值小於中位數 3 且變數 vary 元素的

數值小於中位數 3 時，組別變數元素的編碼為 4。

　　第 9 列表示未符合第 5 列至第 8 列之邏輯運算式，則組別變數元素的編碼為 0（變數 varx 元素的數值與變數 vary 元素的數值相等者，組別變數水準數值界定為 0）。

　　第 10 列 if 邏輯判斷式的結束。

　　R 主控台視窗執行 R 編輯器語法函數結果如下：

```
> varx=c(5,1,2,2,3,4,5,5,4,4,3,5,5,4,2,1)
> vary=c(2,2,5,5,4,2,4,5,2,1,3,5,4,2,5,2)
> g=rep(0,16)
> for( i in 1:length(varx))
+ if (varx[i] >3 && vary[i] >3) { g[i]=1
+ } else if (varx[i] >3 && vary[i] <3) { g[i]=2
+ } else if (varx[i] <3 && vary[i] >3) { g[i]=3
+ } else if (varx[i] <3 && vary[i] <3) { g[i]=4
+ } else { g[i]=0
+ }
```

　　依中位數分組稱為「絕對分組」，依受試者填答後得分之平均數分組為「相對分組」，二種分組方法均有其適用時機。

　　組別變數的元素內容如下，水準數值 0，領導類別型態為「不明確型」，水準數值 1 表示「高關懷高任務」取向類型、水準數值 2 表示「高關懷低任務」取向類型、水準數值 3 表示「低關懷高任務」取向類型、水準數值 4 表示「低關懷低任務」取向類型，使用 table( ) 函數輸出組別變數的次數分配：

```
>g
 [1] 2 4 3 3 0 2 1 1 2 2 0 1 1 2 3 4
>table(g)
g
0 1 2 3 4
```

```
2  4  5  3  2
```

　　依關懷向度、任務向度之中位數分類結果，使用 table( ) 函數求出組別變數的次數表：「不明確型取向」樣本觀察值有 2 位、「積極奮發取向」（高關懷且高任務組）者有 4 位、「人性關注取向」（高關懷且低任務組）者有 5 位、「工作倡導取向」（低關懷且高任務組）者有 3 位、消極忽視取向（低關懷且低任務組）者有 2 位。

　　R 編輯器視窗之語法函數的組別變數的數值向量，在邏輯判斷式中也可直接將組別元素編碼為領導類型文字，增列的領導組別變數 ltype 為文字向量。R 編輯器視窗之語法函數如下：

```
ltype=rep(0,16)
for( i in 1:length(varx))
if (varx[i] >3 && vary[i] >3) { ltype[i]=" 積極奮發取向 "
} else if (varx[i] >3 && vary[i] <3) { ltype[i]=" 人性關注取向 "
} else if (varx[i] <3 && vary[i] >3) { ltype[i]=" 工作倡導取向 "
} else if (varx[i] <3 && vary[i] <3) { ltype[i]=" 消極忽視取向 "
} else { ltype[i]=" 不明確型取向 "
}
table(ltype)
```

　　R 主控台執行結果之次數分配表如下：

```
> table(ltype)
ltype
人性關注取向  工作倡導取向  不明確型取向  消極忽視取向  積極奮發取向
        5            3            2            2            4
```

　　使用 class( ) 函數查看 ltype 變數與 g 變數的變數屬性：

```
> class(ltype)
[1] "character"
> class(g)
[1] "numeric"
```

變數 g 的變數屬性為數值、變數 ltype 的變數屬性為文字，若要作為因子變數，可以使用 as.factor( ) 函數轉換：

```
> ltype=as.factor(ltype)
> class(ltype)
[1] "factor"
```

依二個向度得分之平均數將領導類型分類，R 編輯器工作視窗之語法指令如下：

```
varx=c(5,1,2,2,3,4,5,5,4,4,3,5,5,4,2,1)
vary=c(2,2,5,5,4,2,4,5,2,1,3,5,4,2,5,2)
gro=rep(0,16)
for( i in 1:length(varx))
if (varx[i] >mean(varx) && vary[i] > mean(vary))      { gro[i]=1
} else if (varx[i] >mean(varx) && vary[i] < mean(vary))  { gro[i]=2
} else if (varx[i] <mean(varx) && vary[i] > mean(vary))  { gro[i]=3
} else if (varx[i] <mean(varx) && vary[i] < mean(vary))  { gro[i]=4
} else { gro[i]=0
}
print(gro)
table(gro)
```

語法函數中的邏輯運算式以變數 varx、vary 的平均數 mean（varx）、mean（vary）取代原中位數 3。

R 主控台視窗執行 R 編輯器語法函數結果如下：

```
> varx=c(5,1,2,2,3,4,5,5,4,4,3,5,5,4,2,1)
> vary=c(2,2,5,5,4,2,4,5,2,1,3,5,4,2,5,2)
> gro=rep(0,16)
> for( i in 1:length(varx))
+ if        (varx[i] >mean(varx) && vary[i] > mean(vary)) { gro[i]=1
+ } else if (varx[i] >mean(varx) && vary[i] < mean(vary)) { gro[i]=2
+ } else if (varx[i] <mean(varx) && vary[i] > mean(vary)) { gro[i]=3
+ } else if (varx[i] <mean(varx) && vary[i] < mean(vary)) { gro[i]=4
+ } else { g[i]=0
+ }
> print(gro)
 [1] 2 4 3 3 3 2 1 1 2 2 4 1 1 2 3 4
> table(gro)
gro
1 2 3 4
4 5 4 3
```

依關懷向度、任務向度構面之平均數分類結果，「積極奮發取向」（高關懷且高任務組）者有 4 位、「人性關注取向」（高關懷且低任務組）者有 5 位、「工作倡導取向」（低關懷且高任務組）者有 4 位、「消極忽視取向」（低關懷且低任務組）者有 3 位。

使用迴圈增列組別變數 gro 數值的水準標記，原組別變數水準數值 1 標記為「積極奮發取向」、水準數值 2 標記為「人性關注取向」、水準數值 3 標記為工作倡導取向、水準數值 4 標記為「消極忽視取向」。

R 軟體編輯器視窗的語法指令如下：

```
leader=rep(0,length(varx))
for( i in 1:length(varx))
```

```
if  ( gro[i]==1 )     { leader[i]=" 積極奮發取向 "
} else if ( gro[i]==2 ) { leader[i]=" 人性關注取向 "
} else if ( gro[i]==3 ) { leader[i]=" 工作倡導取向 "
} else if ( gro[i]==4) { leader[i]=" 消極忽視取向 "
} else { leader[i]=" 不明確型取向 "
}
print(leader)
table(leader)
```

語法指令中使用 print( ) 函數輸出變數 leader 文字向量的元素，使用 table( ) 函數求出文字向量變數 leader 的次數分配。

R 主控台視窗執行 R 編輯器語法指令結果如下：

```
> leader=rep(0,length(varx))
> for( i in 1:length(varx))
+ if  ( gro[i]==1 )     { leader[i]=" 積極奮發取向 "
+ } else if ( gro[i]==2 ) { leader[i]=" 人性關注取向 "
+ } else if ( gro[i]==3 ) { leader[i]=" 工作倡導取向 "
+ } else if ( gro[i]==4) { leader[i]=" 消極忽視取向 "
+ } else { leader[i]=" 不明確型取向 "
+ }
> print(leader)
 [1] " 人性關注取向 " " 消極忽視取向 " " 工作倡導取向 " " 工作倡導取向 "
 [5] " 工作倡導取向 " " 人性關注取向 " " 積極奮發取向 " " 積極奮發取向 "
 [9] " 人性關注取向 " " 人性關注取向 " " 消極忽視取向 " " 積極奮發取向 "
[13] " 積極奮發取向 " " 人性關注取向 " " 工作倡導取向 " " 消極忽視取向 "
> table(leader)
leader
人性關注取向  工作倡導取向  消極忽視取向  積極奮發取向
        5             4             3             4
```

　　向度的中位數為題項數 × 單題選項的中位數，範例「關懷導向」向度有五個
題項、「任務導向」（倡導取向）向度有五個題項，量表型態為李克特五點量表，
向度的總分介於 5 至 25 分之間，向度的中位數為 15（=3×5）分，採用絕對分組時，
以中位數作為臨界點分數，觀察值在「關懷導向」向度分數大於 15 分為高關懷傾
向組、小於 15 分為低關懷傾向組；在「任務導向」向度分數大於 15 分為高任務傾
向組、小於 15 分為低任務傾向組，範例的有效樣本數有 20 位，以二個向度分數進
行主管領導型態分組的語法指令為：

```
care=c(25, 5,11,15,23,25,21,18,17, 8, 9,12,15,13,23,22,14, 8,21,19)
task=c(12,21,12,25,14,22,21,20,17, 7,12,18,20,10,16,23,13,21,10,12)
lead.t=rep(0,length(care))
for( i in 1:length(care))
if (care[i] >15 && task[i] >15) { lead.t[i]=" 積極奮發取向 "
} else if (care[i] >15 && task[i] <15) { lead.t[i]=" 人性關注取向 "
} else if (care[i] <15 && task[i] >15) { lead.t[i]=" 工作倡導取向 "
} else if (care[i] <15 && task[i] <15) { lead.t[i]=" 消極忽視取向 "
} else {lead.t[i]=" 不明確型取向 "
}
table(lead.t)
sum(table(lead.t))
```

　　R 控制台執行結果如下：

```
> care=c(25, 5,11,15,23,25,21,18,17, 8, 9,12,15,13,23,22,14, 8,21,19)
> task=c(12,21,12,25,14,22,21,20,17, 7,12,18,20,10,16,23,13,21,10,12)
> lead.t=rep(0,length(care))
> for( i in 1:length(care))
+ if (care[i] >15 && task[i] >15) { lead.t[i]=" 積極奮發取向 "
+ } else if (care[i] >15 && task[i] <15) { lead.t[i]=" 人性關注取向 "
+ } else if (care[i] <15 && task[i] >15) { lead.t[i]=" 工作倡導取向 "
```

```
+ } else if (care[i] <15 && task[i] <15) { lead.t[i]=" 消極忽視取向 "
+ } else {lead.t[i]=" 不明確型取向 "
+ }
> table(lead.t)
lead.t
人性關注取向  工作倡導取向  不明確型取向  消極忽視取向  積極奮發取向
           4             3             2             5             6
> sum(table(lead.t))
[1] 20
```

　　20 位樣本觀察值知覺的主管領導型態中，人性關注取向、工作倡導取向、不明確型取向、消極忽視取向、積極奮發取向類型者分別有 4、3、2、5、6 位。

　　數值向量變數 lead.t 中的元素原為 0，各元素以知覺主管領導類型之文字標記取代，變數屬性由數值向量變為文字向量，文字向量變數 lead.t 的元素內容如下，文字向量變數可作為因子變數，增列 factor( ) 函數或以 as.factor( ) 函數轉換，水準群組有五個。

```
> lead.t
 [1] " 人性關注取向 " " 工作倡導取向 " " 消極忽視取向 " " 不明確型取向 "
 [5] " 人性關注取向 " " 積極奮發取向 " " 積極奮發取向 " " 積極奮發取向 "
 [9] " 積極奮發取向 " " 消極忽視取向 " " 消極忽視取向 " " 工作倡導取向 "
[13] " 不明確型取向 " " 消極忽視取向 " " 積極奮發取向 " " 積極奮發取向 "
[17] " 消極忽視取向 " " 工作倡導取向 " " 人性關注取向 " " 人性關注取向 "
```

 ## 二、資料框架物件變數

　　範例雙向度變數的分組為父母教養方式類型的分類，父母教養方式類型的量表包含「規範要求」分量表與「關懷回應」分量表，分量表得分愈高，表示家長「規範要求」程度愈多、家長「關懷回應」程度愈高。根據受試者在「家長規範要求」及「家長關懷回應」知覺的反應情形，以中間值作為區分其高低得分的標準，共分

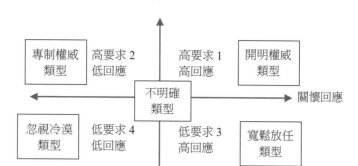

●**圖 6-2**　四種教養類型

成四種教養類型：1. 開明權威：高要求高回應；2. 專制權威：高要求低回應；3. 寬鬆放任：低要求高回應；4. 忽視冷漠：低要求低回應，如圖 6-2。

　　試算表資料檔檔名為「misdata.csv」，「規範要求」取向變數名稱為「request」，變數索引位置為 11（資料檔變數前有五個人口變數、五個指標題項變數）、「關懷回應」取向變數名稱為「response」，變數索引位置為 12。

　　R 編輯器視窗語法指令如下：

```
1.temp<-read.csv("misdata.csv",header=T)
2.attach(temp)
3.temp$typeg=rep(0,length(request))
4.for( i in 1:length(request))
5.if (request[i] >mean(request) && response[i] > mean(response)) { temp$typeg[i]=1
6.} else if (request[i] >mean(request) && response[i] < mean(response)) { temp$typeg[i]=2
7.} else if (request[i] <mean(request) && response[i] > mean(response)) { temp$typeg[i]=3
8.} else if (request[i] <mean(request) && response[i] < mean(response)) { temp$typeg[i]=4
9.} else {temp$typeg[i]=0
10.}
11.table(temp$typeg)
```

　　第 1 列使用 read.csv( ) 函數載入試算表資料檔，R 主控台資料框架名稱界定為 temp。

第 2 列使用 `attach( )` 函數界定資料框架物件 temp 依附在主控台視窗。

第 3 列使用 `rep( )` 函數設定組別變數的元素內容均為 0，資料框架物件新增組別變數為 typeg，使用 temp$typeg 格式界定。

第 4 列設定迴圈的範圍，從 1 至有效觀察值總個數，使用函數 `length( )` 界定觀察值的有效個數。

第 5 列以邏輯判別界定組別變數的水準編碼，條件為觀察值變數 request 的數值大於 request 總平均數且變數 response 的數值大於 response 總平均數時，觀察值組別變數 typeg 的水準數值編碼為 1。由於組別變數增列於資料框架物件之中（作為資料檔的一個變數），組別變數前要增列資料框架物件名稱「temp$」，語法函數為「temp$typeg[i]=1」。

第 6 列以邏輯判別界定組別變數的水準編碼，條件為觀察值變數 request 的數值大於 request 總平均數且變數 response 的數值小於 response 總平均數時，觀察值組別變數 typeg 的水準數值編碼為 2。

第 7 列以邏輯判別界定組別變數的水準編碼，條件為觀察值變數 request 的數值小於 request 總平均數且變數 response 的數值大於 response 總平均數時，觀察值組別變數 typeg 的水準數值編碼為 3。

第 8 列以邏輯判別界定組別變數的水準編碼，條件為觀察值變數 request 的數值小於 request 總平均數且變數 response 的數值小於 response 總平均數時，觀察值組別變數 typeg 的水準數值編碼為 4。

第 9 列表示未符合第 5 列至第 8 列之邏輯運算式，觀察值之組別變數 typeg 水準數值編碼為 0（觀察值變數 request 的數值等於 request 總平均數或變數 response 的數值等於 response 總平均數時，組別變數水準數值界定為 0）。

第 10 列界定 if 迴圈的結束。

第 11 列使用 `table( )` 函數求出組別變數 typeg 的次數分配。

R 主控台執行 R 編輯器視窗語法指令結果如下：

```
> temp$typeg=rep(0,length(request))
> for( i in 1:length(request))
+ if     (request[i] >mean(request) && response[i] > mean(response)) { temp$typeg[i]=1
+ } else if (request[i] >mean(request) && response[i] < mean(response)) { temp$typeg[i]=2
```

```
+ } else if (request[i] <mean(request) && response[i] > mean(response)) { temp$typeg[i]=3
+ } else if (request[i] <mean(request) && response[i] < mean(response)) { temp$typeg[i]=4
+ } else {temp$typeg[i]=0
+ }
> table(temp$typeg)
typeg
   1    2    3    4
 323  125  132  232
```

四種教養類型：1.開明權威（高要求高回應）、2.專制權威（高要求低回應）、3.寬鬆放任（低要求高回應）、4.忽視冷漠（低要求低回應）的次數分別為 323、125、132、232，使用 sum( ) 函數求出四種教養類型次數的加總：

```
> sum(table(temp$typeg))
[1] 812
```

有效觀察值總數為 812 位。

使用 mean( ) 函數求出平均數，「規範要求」向度的平均數 = 49.13、「關懷回應」向度的平均數 = 43.92。

```
> round(mean(request),2)
[1] 49.13
> round(mean(response),2)
[1] 43.92
```

上述 R 編輯器視窗之語法指令中的第 5 列至第 9 列的邏輯判別式指令：mean（request）可直接以 49.13 取代，mean（response）以 43.92 取代：

```
5.if (request[i] >49.13 && response[i] > 43.92) { temp$typeg[i]=1
```

```
6.} else if (request[i] >49.13 && response[i] <43.92) { temp$typeg[i]=2
7.} else if (request[i] <49.13 && response[i] > 43.92) { temp$typeg[i]=3
8.} else if (request[i] <49.13 && response[i] < 43.92) { temp$typeg[i]=4
9.} else {temp$typeg[i]=0
10.}
```

增列父母教養類型組別變數後，資料框架物件（資料檔）第 11 個變數至第 13 個變數之前十筆觀察值的資料如下：

```
> head(temp[c(11:13)],10)
    request   response   typeg
1       48        30       4
2       58        58       1
3       60        60       1
4       60        30       2
5       39        25       4
6       47        54       3
7       58        31       2
8       32        39       4
9       55        48       1
10      60        53       1
```

組別變數 typeg 為四分類別變數，水準數值介於 1 至 4 之間，研究者可使用編碼函數將數值內容取代為類型標記：1 為「開明權威」類型、2 為「專制權威」類型、3 為「寬鬆放任」類型、4 為「忽視冷漠」類型。在 R 編輯器視窗之語法指令中也可以直接將數值改為類型標記文字：

R 編輯器視窗之第 3 列至第 10 列語法指令如下：

```
3.temp$type=rep(0,length(request))
4.for( i in 1:length(request))
```

```
5.if (request[i] >mean(request) && response[i] > mean(response))        { temp$type[i]=" 開明權威 "
6.  } else if (request[i] >mean(request) && response[i] < mean(response)) { temp$type[i]=" 專制權威 "
7.  } else if (request[i] <mean(request) && response[i] > mean(response)) { temp$type[i]=" 寬鬆放任 "
8.  } else if (request[i] <mean(request) && response[i] < mean(response)) { temp$type[i]=" 忽視冷漠 "
9.  } else  { temp$type[i]=" 不明確型 "
10.}
11. table(temp$type)
```

R 主控台執行 R 編輯器視窗語法指令結果如下：

```
> temp$type=rep(0,length(request))
> for( i in 1:length(request))
+ if (request[i] >mean(request) && response[i] > mean(response)) { temp$type[i]=" 開明權威 "
+ } else if (request[i] >mean(request) && response[i] < mean(response)) { temp$type[i]=" 專制權威 "
+ } else if (request[i] <mean(request) && response[i] > mean(response)) { temp$type[i]=" 寬鬆放任 "
+ } else if (request[i] <mean(request) && response[i] < mean(response)) { temp$type[i]=" 忽視冷漠 "
+ } else {temp$type[i]=" 不明確型 "
+ }
>  table(temp$type)
忽視冷漠  專制權威  開明權威  寬鬆放任
    232       125       323       132
```

資料框架物件增列的父母教養類型變數為 type。忽視冷漠、專制權威、開明權威、寬鬆放任四種父母教養類型的次數分別為 232、125、323、132 位。

增列父母教養類型組別變數後，資料框架物件（資料檔）第 11 個變數至第 14 個變數之前十筆觀察值的資料如下：

```
> head(temp[c(11:14)],10)
    request  response typeg    type
1       48        30     4   忽視冷漠
```

| | | | | |
|---|---|---|---|---|
| 2 | 58 | 58 | 1 | 開明權威 |
| 3 | 60 | 60 | 1 | 開明權威 |
| 4 | 60 | 30 | 2 | 專制權威 |
| 5 | 39 | 25 | 4 | 忽視冷漠 |
| 6 | 47 | 54 | 3 | 寬鬆放任 |
| 7 | 58 | 31 | 2 | 專制權威 |
| 8 | 32 | 39 | 4 | 忽視冷漠 |
| 9 | 55 | 48 | 1 | 開明權威 |
| 10 | 60 | 53 | 1 | 開明權威 |

　　根據觀察值在「規範要求」分量表與「關懷回應」分量表知覺的得分高低，將父母教養類型分組，若以平均數量數作為高低要求、高低關懷分割的臨界值，是一種相對的分組，因為平均數的量數會隨著樣本觀察值勾選知覺的情況而有所不同。如果改以分量表的「中位數」作為高低要求、高低關懷分割的臨界值，則是一種絕對的分組，因為李克特量表的原始中位數不會隨著樣本觀察值勾選的情況而波動，如四點量表的中位數為 2.5、五點量表的中位數為 3、六點量表的中位數為 3.5，此中位數即為李克特量表的原始平均數。

　　「規範要求」分量表與「關懷回應」分量表的指標變數（題項數）各有 12 題，量表的型態為李克特五點量表，因而分量表的全距介於 12（=12×1）至 60（=12×5）之間，最低分不會低於 12 分，最高分不會高於 60 分，分量表的中位數為 3×12（題項數）=36，樣本觀察值知覺的父母規範要求高低二組，採用絕對的分組是在分量表的得分大於 36 者為高規範要求組、得分小於 36 者為低規範要求組；樣本觀察值知覺的關懷回應高低二組，採用絕對的分組是在分量表的得分大於 36 者為高關懷回應組、得分小於 36 者為低關懷回應組。

```
> range(request)
[1] 12  60
> range(response)
[1] 12  60
```

　　相對的中位數為所有樣本觀察值在二個分量表得分之分配情況之中位數,規範要求分量表的中位數為 51、關懷回應分量表的中位數為 45,此二個參數為分組時相對中位數的臨界點(二個向度絕對中位數的臨界點為 36、36)。

```
> median(request)
[1] 51
> median(response)
[1] 45
```

　　R 編輯器視窗語法指令如下:

```
temp$typegro=rep(0,length(request))
for( i in 1:length(request))
if (request[i] >36 && response[i] > 36) { temp$typegro[i]=" 開明權威型 "
} else if (request[i] >36 && response[i] <36) { temp$typegro[i]=" 專制權威型 "
} else if (request[i] <36 && response[i] > 36) { temp$typegro[i]=" 寬鬆放任型 "
} else if (request[i] <36 && response[i] < 36) { temp$typegro[i]=" 忽視冷漠型 "
} else {temp$typegro[i]=" 不明確類型 "
}
table(temp$typegro)
```

　　R 主控台執行 R 編輯器視窗語法指令結果如下:

```
> temp$typegro=rep(0,length(request))
> for( i in 1:length(request))
+ if (request[i] >36 && response[i] > 36) { temp$typegro[i]=" 開明權威型 "
+ } else if (request[i] >36 && response[i] <36) { temp$typegro[i]=" 專制權威型 "
+ } else if (request[i] <36 && response[i] > 36) { temp$typegro[i]=" 寬鬆放任型 "
+ } else if (request[i] <36 && response[i] < 36) { temp$typegro[i]=" 忽視冷漠型 "
```

```
+ } else {temp$typegro[i]=" 不明確類型 "
+ }
>table(temp$typegro)
```

| 不明確類型 | 忽視冷漠型 | 專制權威型 | 開明權威型 | 寬鬆放任型 |
|:---:|:---:|:---:|:---:|:---:|
| 36 | 49 | 117 | 585 | 25 |

採用絕對分組結果，父母教養方式類型中不明確類型、忽視冷漠型、專制權威型、開明權威型、寬鬆放任型的次數分別為 36、49、117、585、25，絕對分組的結果與相對分組結果有很大的差異存在。

使用 subset( ) 函數篩選父母教養方式為「不明確類型」（類型變數名稱為 typegro）的樣本觀察值（資料框架物件中變數 request 規範要求的變數索引為 11、response 關懷回應的變數索引為 12）：

```
> tempsub=subset(temp,temp$typegro==" 不明確類型 ")
> print(tempsub[11:15])
```

|  | request | response | typeg | type | typegro |
|:---:|:---:|:---:|:---:|:---:|:---:|
| 12 | 47 | 36 | 4 | 忽視冷漠 | 不明確類型 |
| 17 | 56 | 36 | 2 | 專制權威 | 不明確類型 |
| 52 | 20 | 36 | 4 | 忽視冷漠 | 不明確類型 |
| 76 | 40 | 36 | 4 | 忽視冷漠 | 不明確類型 |
| 77 | 36 | 36 | 4 | 忽視冷漠 | 不明確類型 |
| 91 | 36 | 36 | 4 | 忽視冷漠 | 不明確類型 |
| 149 | 36 | 39 | 4 | 忽視冷漠 | 不明確類型 |
| 160 | 36 | 47 | 3 | 寬鬆放任 | 不明確類型 |
| 169 | 36 | 37 | 4 | 忽視冷漠 | 不明確類型 |
| 177 | 33 | 36 | 4 | 忽視冷漠 | 不明確類型 |
| 207 | 36 | 34 | 4 | 忽視冷漠 | 不明確類型 |
| 208 | 36 | 25 | 4 | 忽視冷漠 | 不明確類型 |
| 218 | 20 | 36 | 4 | 忽視冷漠 | 不明確類型 |
| 219 | 36 | 36 | 4 | 忽視冷漠 | 不明確類型 |
| 228 | 60 | 36 | 2 | 專制權威 | 不明確類型 |

| 239 | 36 | 29 | 4 | 忽視冷漠 | 不明確類型 |
| 256 | 38 | 36 | 4 | 忽視冷漠 | 不明確類型 |
| 271 | 36 | 25 | 4 | 忽視冷漠 | 不明確類型 |
| 284 | 36 | 36 | 4 | 忽視冷漠 | 不明確類型 |
| 289 | 45 | 36 | 4 | 忽視冷漠 | 不明確類型 |
| 340 | 59 | 36 | 2 | 專制權威 | 不明確類型 |
| 362 | 36 | 20 | 4 | 忽視冷漠 | 不明確類型 |
| 433 | 36 | 42 | 4 | 忽視冷漠 | 不明確類型 |
| 460 | 56 | 36 | 2 | 專制權威 | 不明確類型 |
| 468 | 36 | 32 | 4 | 忽視冷漠 | 不明確類型 |
| 472 | 36 | 29 | 4 | 忽視冷漠 | 不明確類型 |
| 552 | 42 | 36 | 4 | 忽視冷漠 | 不明確類型 |
| 592 | 36 | 53 | 3 | 寬鬆放任 | 不明確類型 |
| 642 | 34 | 36 | 4 | 忽視冷漠 | 不明確類型 |
| 673 | 36 | 36 | 4 | 忽視冷漠 | 不明確類型 |
| 751 | 34 | 36 | 4 | 忽視冷漠 | 不明確類型 |
| 752 | 46 | 36 | 4 | 忽視冷漠 | 不明確類型 |
| 757 | 36 | 20 | 4 | 忽視冷漠 | 不明確類型 |
| 765 | 36 | 36 | 4 | 忽視冷漠 | 不明確類型 |
| 771 | 36 | 36 | 4 | 忽視冷漠 | 不明確類型 |
| 810 | 49 | 36 | 4 | 忽視冷漠 | 不明確類型 |

　　「不明確類型」指的是樣本觀察值在「規範要求」分量表或「關懷回應」分量表中的得分，有一個分量表的分數剛好等於 36 分，或二個分量表的得分都等於 36 分（中位數），無法進行父母教養方式的類別分組。

　　以 with( ) 函數指定資料框架物件，配合 length( ) 函數求出父母教養類型為「不明確類型」樣本總數：

```
> with(tempsub,{length(typegro)})
[1] 36
```

　　使用邏輯判斷式將父母教養方式為「不明確類型」者從樣本觀察值中排除，新的資料框架物件設定為 temptype，以 with( ) 函數指定資料框架物件：

```
>temptype=subset(temp,temp$typegro !=" 不明確類型 ")
> with(temptype,{table(typegro)})
typegro
忽視冷漠型  專制權威型  開明權威型  寬鬆放任型
        49        117        585         25
> with(temptype,{length(typegro)})
[1] 776
```

　　排除「不明確類型」樣本觀察值後，有效樣本觀察值 =776 人，776 位樣本觀察值知覺父母教養類型為「忽視冷漠型」、「專制權威型」、「開明權威型」、「寬鬆放任型」者分別為 49、117、585、25 人。

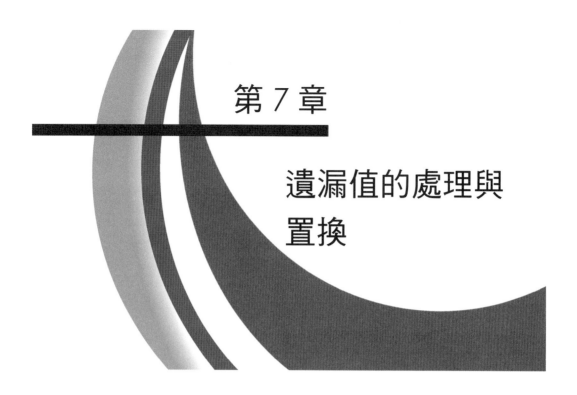

# 第 7 章

## 遺漏值的處理與置換

**遺**漏值（missing）是樣本觀察值未填答的選項或研究者鍵入的錯誤資料。變數如為遺漏值，除直接將橫列觀察值整筆資料刪除外，橫列觀察值的遺漏值若只有一個或二個變數，可將遺漏值變數加以置換，變數如為人口變數（間斷變數）可使用眾數加以置換，變數如為題項可使用中位數或平均數加以置換，變數如為向度（構面）或計量變數可使用平均數加以置換。

李克特態度量表中，選項個數一般為 4（四點量表）至 7（七點量表），題項變數未勾選者一般設定的數值為 99，因為態度量表的選項個數很少超過二位數，學業成就變數中，沒有填答或無法搜集的樣本觀察值資料，一般會設定為 999（成就測驗分數一般不會有超過 100 分）；人口變數（背景變數）未填答者題項資料，一般會設成 99，因為人口變項的水準群組不可能有 99 項，這些數值（99 或 999）因為是無效的數值或編碼，所以進行統計分析或函數運算時，要將其界定為遺漏值，R 軟體樣本觀察值對應之變數欄儲存格若為遺漏值，內定的符號為 NA 而不是空白，試算表中的建檔資料檔之儲存格如為空白，匯入 R 軟體主控台視窗中，會直接以 NA 呈現，表示樣本觀察值對應之變數欄儲存格為遺漏值。

## 壹 常用遺漏值取代方法

 一、遺漏值的設定

範例為界定數值向量變數 varx 中的數值 99 為遺漏值:

```
> varx=c(2,2,1,5,4,99,3,4,5,4,1,99)
> table(varx)
varx
 1  2  3  4  5  99
 2  2  1  3  2  2
> length(varx)
[1] 12
```

變數 varx 的數值元素(觀察值)99 的的次數有 2 個,向量元素的個數共有 12 個(包含二個遺漏值元素)。

使用 which(is.na(變數名稱))語法函數查看第幾筆觀察值 / 第幾個數值向量元素是遺漏值:

```
> which(is.na(varx))
integer(0)
```

由於未界定向量元素數值編碼 99 為遺漏值,因而 12 筆資料均為有效數值。

界定向量元素數值編碼 99 為遺漏值,以 **is.na( )** 函數界定遺漏值,使用 which( ) 函數界定遺漏值的條件:

```
> is.na(varx)=which(varx==99)
> varx
```

```
[1]  2  2  1  5  4 NA  3  4  5  4  1 NA
> table(varx)
varx
1 2 3 4 5
2 2 1 3 2
> which(is.na(varx))
[1] 6 12
```

　　語法函數 is.na(varx)=which(varx==99)，表示變數 varx 的遺漏值是向量元素中數值等於 99 者。向量元素 99 界定為遺漏值後，進行次數統計分析程序時會將遺漏值觀察值排除，如果沒有將 99 數值界定為遺漏值，進行統計分析時會被視為有效樣本觀察值進行運算。使用 table(　) 函數求出各選項（水準數值介於 1 至 5）的次數分配，將編碼數值等於 99 的選項排除，使用 which（is.na（變數名稱））語法函數查看遺漏值筆數分別為第 6 筆與第 12 筆（第 6 個向量元素與第 12 個向量元素）。

　　使用 sum(　) 函數查看遺漏值的總個數共有 2 筆，函數「!is.na（數值向量）」可以求出非遺漏值的個數（有效樣本數）：

```
> sum(is.na(varx))
[1] 2
> sum(!is.na(varx))
[1] 10
```

**[說明]**：向量變數 varx 中的遺漏值元素個數有 2 個，非遺漏值元素個數有 10 個。

　　進行描述性統計分析時，內定的引數選項「na.rm = FALSE」，邏輯選項界定為假，表示標的變數沒有遺漏值，標的變數若有遺漏值，則無法求出描述性統計量，輸出結果為 NA，若將引數選項改為真「na.rm = TRUE」，則可以排除遺漏值筆數，只計算有效的觀察值的統計量：

```
> mean(varx)   ## 內定引數設定為 mean(varx, na.rm = FALSE)
[1] NA
> mean(varx,na.rm=T)
[1] 3.1
> sd(varx)
[1] NA
> sd(varx,na.rm=TRUE)
[1] 1.523884
```

排除 2 筆遺漏值後，有效筆數的平均數等於 3.10、標準差等於 1.52。

另一種遺漏值的界定，以數值變數的上限、下限來界定，如李克特五點量表的水準數值編碼介於 1 至 5，數值超過 6 者均為錯誤值（可能是資料建檔錯誤）：

```
>vary=c(2,2,1,5,4,7,3,4,5,4,1,99)
>is.na(vary)=which(vary>=6)
> vary
 [1]  2  2  1  5  4 NA  3  4  5  4  1 NA
```

使用 na.exclude( ) 函數將變數向量的遺漏值（NA）元素排除：

```
> nvary=na.exclude(vary)
> nvary
 [1] 2 2 1 5 4 3 4 5 4 1
attr(,"na.action")
[1]  6 12
attr(,"class")
[1] "exclude"
```

範例中數值向量元素為遺漏值的觀察值為第 6、第 12 筆資料，二筆觀察值的分類屬性為排除（exclude），變數 nvary 的元素中未包含第 6 筆（數值 7）與第 12 筆（數值 99）元素（觀察值）數據。

　　範例的遺漏值使用「或」函數（|）串連，界定數值變數中的元素（水準數值）小於 0 或大於 6 者均為遺漏值：

```
> varz=c(2,2,1,5,4,99,3,4,5,4,1,99,5,0,-1,3)
> is.na(varz)=which(varz>=6 | varz<=0)
> varz
 [1]  2  2  1  5  4 NA  3  4  5  4  1 NA  5 NA NA  3
```

　　varz 的元素中遺漏值的個數共有 4 個（4 個元素的內容為 NA）。

　　使用 na.omit( ) 函數將變數向量的遺漏值（NA）元素排除：

```
> nvarz=na.omit(varz)
> nvarz
 [1] 2 2 1 5 4 3 4 5 4 1 5 3
attr(,"na.action")
[1]  6 12 14 15
attr(,"class")
[1] "omit"
```

　　範例中數值向量元素為遺漏值的觀察值為 6、12、14、15 筆資料，四筆觀察值的分類屬性為刪排（omit）。

　　文字向量中的元素遺漏值界定增列「" "」符號，如性別變數中的男生樣本以 M 表示、女生樣本以 F 表示，元素符號為 Z 者表示未填答的觀察值：

```
> sex=c("F","Z","M","F","M","F","Z","M","F","F")
> table(sex)
sex
```

```
F M Z
5 3 2
```

**[說明]**：文字向量中 Z 出現的次數為 2，在次數分配表中被視為有效個數。

------------------------------------------------

```
> is.na(sex)=which(sex=="Z")      ## 文字變數元素為 Z 者表示為遺漏值
> sex
 [1] "F" NA  "M" "F" "M" "F" NA  "M" "F" "F"
> table(sex)
sex
F M
5 3
```

**[說明]**：文字向量元素 Z 的次數統計已從次數分配表中排除。

 二、遺漏值的置換

　　李克特量表型態之題項變數中，對於遺漏值處理的簡易方法可以採用量表水準數值的中位數取代，以五點量表型態而言，水準數值介於 1 至 5 之間，中位數為 3，以中位數數值 3 取代遺漏值：

```
> item1=c(2,2,1,5,4,7,3,4,5,4,1,99)
> is.na(item1)=which(item1>=6)
> item1
 [1]  2  2  1  5  4 NA  3  4  5  4  1 NA
> item1[is.na(item1)]=3
> item1
 [1] 2 2 1 5 4 3 3 4 5 4 1 3
```

　　變數 item1 的遺漏值 NA 以中位數 3 取代，被置換的筆數有二筆，第 6 筆觀察值與第 13 筆觀察值。

　　六點量表型態而言，水準數值介於 1 至 6 之間，中位數為 3.5，以中位數數值 3.5

取代遺漏值：

```
> item2=c(1,3,2,5,6,4,3,99,5,6,6,5,99,4,3,2,1,5)
> is.na(item2)=which(item2==99)
> item2
 [1]  1  3  2  5  6  4  3 NA  5  6  6  5 NA  4  3  2  1  5
> item2[is.na(item2)]=3.5
> item2
 [1] 1.0 3.0 2.0 5.0 6.0 4.0 3.0 3.5 5.0 6.0 6.0 5.0 3.5 4.0
3.0 2.0 1.0 5.0
```

範例數值向量變數 item3 為四點量表型態，受試者未勾選者鍵入數值 99：

```
> item3=c(1,3,99,4,2,1,1,2,3,99,4,3,4,4,3,99,4,3,2,1)
> is.na(item3)=which(item3==99)
> item3[is.na(item3)]=2.5
> print(item3)
 [1] 1.0 3.0 2.5 4.0 2.0 1.0 1.0 2.0 3.0 2.5 4.0 3.0 4.0 4.0
3.0 2.5 4.0 3.0
[19] 2.0 1.0
```

**[說明]**：三筆遺漏值 NA 以中位數 2.5 置換。

向量元素為遺漏值（NA），以中位數 2.5 取代的元素位置，使用 which( ) 函數查看：

```
> item3.re=which(item3==2.5)
> item3.re
[1]  3 10 16
```

**[說明]**：三筆被置換的觀察值為第 3 筆、第 10 筆、第 16 筆。

如果樣本觀察值個數夠大，題項遺漏值個數不多，也可以使用眾數取代遺漏值，範例中六個水準數值選項的次數分別為 2、2、3、2、4、3，眾數為 4，水準數值選項為 5（使用 table( ) 函數可以求出水準數值選項的次數）：

```
> item2=c(1,3,2,5,6,4,3,99,5,6,6,5,99,4,3,2,1,5)
> table(item2)
item2
 1  2  3  4  5  6  99
 2  2  3  2  4  3  2
```

**[說明]**：次數分配統計中，數值 99 被視為有效觀察值，次數為 2。

- - - - - - - - - - - - - - - - - - - - - - - - - - - - - - - - - - - - - - - - -

```
> is.na(item2)=which(item2==99)    ## 界定數值向量 99 為遺漏值
> table(item2)
item2
1  2  3  4  5  6
2  2  3  2  4  3
```

**[說明]**：六個水準選項中，被勾選次數最多的選項為選項 5，次數為 4（變數的眾數 = 4，對應的選項為水準數值 5），元素數值 99 界定為遺漏值，在次數統計中被排除。

以眾數選項數值編碼 5 取代遺漏值：

```
> item2[is.na(item2)]=5
> item2
 [1] 1 3 2 5 6 4 3 5 5 6 6 5 5 4 3 2 1 5
> table(item2)
item2
```

```
1   2   3   4   5   6
2   2   3   2   6   3
```

**[ 說明 ]**：水準數值 5（第 5 個選項）的次數由 4 變為 6（原先未勾選的樣本觀察值有二筆）。

研究中搜集 18 位同學的數學能力測驗，其中部分同學未參與測驗，資料鍵入時以 999 表示，數值 999 者視為遺漏值：

```
> score=c(32,25,35,98,100,87,78,65,67,999,57,76,84,92,999,42,35,999)
> is.na(score)=which(score==999)
> score
[1]32 25 35  98 100 87  78  65  67  NA  57  76  84  92  NA  42  35  NA
```

使用遺漏值條件的邏輯判別，查看那幾筆觀察值為遺漏值，函數語法為：which(is.na( 變數名稱 )==TRUE)，邏輯判斷式如改為假（==FALSE），則輸出的觀察值為有效樣本：

```
> score.1=which(is.na(score)==TRUE)
> score.1
[1] 10 15 18
```

**[ 說明 ]**：遺漏值的觀察值為第 10 筆、第 15 筆、第 18 筆。

--------------------------------------------------------------------------

```
> score.2=which(is.na(score)==FALSE)
> score.2
 [1]  1  2  3  4  5  6  7  8  9 11 12 13 14 16 17
```

**[ 說明 ]**：score.2 出現的數值為有效觀察值的編號，而非原始元素數值。

遺漏值函數語法條件直接置放於變數後面，作為變數觀察值選取的條件，可以回傳有效觀察值的元素：

```
> score.5=score[(which(is.na(score)==FALSE))]
> print(score.5)
 [1]  32  25  35  98 100  87  78  65  67  57  76  84  92  42  35
```

如果研究者要直接將遺漏值 NA 的觀察值排除，可以使用 na.exclude( ) 函數、na.omit( ) 函數：

```
> score.3=na.exclude(score)
> print(score.3)
 [1]  32  25  35  98 100  87  78  65  67  57  76  84  92  42  35
attr(,"na.action")
[1] 10 15 18
attr(,"class")
[1] "exclude"
> score.4=na.omit(score)
> print(score.4)
 [1]  32  25  35  98 100  87  78  65  67  57  76  84  92  42  35
attr(,"na.action")
[1] 10 15 18
attr(,"class")
[1] "omit"
```

[說明]：被排除的遺漏值的觀察值為第 10 筆、第 15 筆、第 18 筆。

## 貳 資料框架遺漏值的處理

使用 read.csv( ) 函數載入試算表資料檔 misdata99.csv，R 主控台的資料框架物件名稱為 temp，使用 head( ) 函數呈現前二十一筆樣本觀察值資料：

```
> temp<-read.csv("misdata99.csv",header=T)
> head(temp,21)
```

|    | faith | ranking | faedu | ses | hotype | a1 | a2 | a3 | a4 | a5 | request | response |
|----|-------|---------|-------|-----|--------|----|----|----|----|----|---------|----------|
| 1  | 1     | 4       | 2     | 99  | 99     | 3  | 2  | 99 | 2  | 4  | 48      | 30       |
| 2  | 1     | 99      | 99    | 3   | 1      | 99 | 99 | 5  | 99 | 99 | 58      | 58       |
| 3  | 2     | 4       | 2     | 2   | 99     | 99 | 99 | 5  | 99 | 99 | 60      | 60       |
| 4  | 99    | 4       | 1     | 99  | 1      | 1  | 1  | 1  | 1  | 1  | 60      | 30       |
| 5  | 2     | 1       | 2     | 2   | 1      | 1  | 1  | 1  | 1  | 1  | 39      | 25       |
| 6  | 1     | 4       | 2     | 2   | 1      | 3  | 3  | 4  | 99 | 99 | 47      | 54       |
| 7  | 2     | 99      | 99    | 99  | 1      | 1  | 2  | 2  | 2  | 3  | 58      | 31       |
| 8  | 99    | 4       | 1     | 2   | 99     | 4  | 3  | 2  | 3  | 5  | 32      | 39       |
| 9  | 99    | 4       | 99    | 3   | 1      | 99 | 4  | 99 | 3  | 5  | 55      | 48       |
| 10 | 2     | 3       | 1     | 1   | 99     | 5  | 99 | 5  | 99 | 5  | 60      | 53       |
| 11 | 1     | 99      | 2     | 99  | 99     | 4  | 3  | 4  | 5  | 99 | 55      | 49       |
| 12 | 1     | 99      | 1     | 3   | 3      | 1  | 1  | 1  | 1  | 1  | 47      | 36       |
| 13 | 2     | 99      | 1     | 1   | 3      | 1  | 1  | 1  | 1  | 1  | 58      | 23       |
| 14 | 99    | 2       | 3     | 3   | 3      | 99 | 5  | 5  | 5  | 99 | 56      | 47       |
| 15 | 1     | 1       | 2     | 2   | 99     | 4  | 4  | 5  | 4  | 4  | 50      | 48       |
| 16 | 2     | 2       | 2     | 99  | 99     | 2  | 3  | 99 | 4  | 3  | 59      | 49       |
| 17 | 2     | 3       | 1     | 99  | 1      | 2  | 4  | 2  | 2  | 3  | 56      | 36       |
| 18 | 2     | 4       | 2     | 2   | 1      | 4  | 4  | 5  | 99 | 5  | 44      | 46       |
| 19 | 2     | 4       | 3     | 2   | 1      | 4  | 5  | 5  | 5  | 99 | 60      | 59       |
| 20 | 99    | 4       | 2     | 3   | 1      | 99 | 3  | 3  | 3  | 4  | 44      | 45       |
| 21 | 2     | 2       | 3     | 2   | 1      | 3  | 4  | 3  | 3  | 4  | 52      | 60       |

　　資料檔中的數值 99 為樣本觀察值未勾選的題項，由於 99 是樣本觀察值未勾選的題項，將這些題項界定為遺漏值。

　　資料檔中前五個變數為人口變數，包括有無宗教信仰 faith、樣本觀察值出生排序 ranking、父親教育程度 faedu、家庭社經地位 ses、家庭結構 hotype；第 6 個變

☝表7-1　人口變數

| 人口變數（背景變數） | 項別 |
|---|---|
| 宗教信仰 | 1 有 |
| | 2 無 |
| 出生序 | 1 獨生子女 |
| | 2 老大 |
| | 3 中間子女 |
| | 4 老么 |
| 父親教育程度 faedu | 1. 國中以下 |
| | 2. 高中職 |
| | 3. 專科以上 |
| 社經地位 ses | 1 低社經地位 |
| | 2 中社經地位 |
| | 3 高社經地位 |
| 家庭結構 hotype | 1 大家庭 |
| | 2 核心家庭 |
| | 3 單親家庭 |
| | 4 隔代教養家庭 |
| A1 | 我認為自己是個快樂的人 |
| A2 | 我認為自己是個情緒控制良好的人 |
| A3 | 我常抱持感恩的心 |
| A4 | 我常想幫助他人 |
| A5 | 我認為自己是個樂觀的人 |

數至第 10 個變數為正向情緒分量表的五個指標項，指標題項型態採用李克特五點量表，五個選項分別為非常符合、大部分符合、一半符合、少部分符合、非常不符合，選項數值分別為 5、4、3、2、1。第 11 個變數為父母教養方式之規範要求分量表的得分變數、第 12 個變數為關懷回應分量表的得分變數，如表 7-1。

一、轉換為 R 軟體遺漏值

R 編輯器視窗中使用迴圈界定數值 99 為遺漏值（NA）：

```
1.data99=data.frame(temp)
2.attach(data99)
3.for( i in 1:10)
```

```
4.{
5. is.na(data99[[i]])=which(data99[[i]]==99)
6.}
```

第 1 列複製一個新的資料框架物件，物件名稱界定為 data99。

第 2 列使用 attach( ) 函數將資料框架物件 data99 依附在 R 主控台內。

第 3 列使用 for( ) 函數界定變數索引 1 至變數索引 10（5 個人口變數、5 個正向情緒分量表題項變數）。

第 4 列界定迴圈運算式的起始列。

第 5 列界定資料框架物件中的變數數值 99 為遺漏值，遺漏值以 R 主控台內定的符號 NA 表示。

第 6 列界定迴圈運算式的結束列。

R 主控台執行 R 編輯器視窗語法指令結果如下，增列以 head( ) 函數輸出前 21 筆資料：

```
> data99=data.frame(temp)
> attach(data99)
> for( i in 1:10)
+ {
+  is.na(data99[[i]])=which(data99[[i]]==99)
+ }
> head(data99,21)
```

| | faith | ranking | faedu | ses | hotype | a1 | a2 | a3 | a4 | a5 | request | response |
|---|---|---|---|---|---|---|---|---|---|---|---|---|
| 1 | 1 | 4 | 2 | NA | NA | 3 | 2 | NA | 2 | 4 | 48 | 30 |
| 2 | 1 | NA | NA | 3 | 1 | NA | NA | 5 | NA | NA | 58 | 58 |
| 3 | 2 | 4 | 2 | 2 | NA | NA | NA | 5 | NA | NA | 60 | 60 |
| 4 | NA | 4 | 1 | NA | 1 | 1 | 1 | 1 | 1 | 1 | 60 | 30 |
| 5 | 2 | 1 | 2 | 2 | 1 | 1 | 1 | 1 | 1 | 1 | 39 | 25 |
| 6 | 1 | 4 | 2 | 2 | 1 | 3 | 3 | 4 | NA | NA | 47 | 54 |
| 7 | 2 | NA | NA | NA | 1 | 1 | 2 | 2 | 2 | 3 | 58 | 31 |
| 8 | NA | 4 | 1 | 2 | NA | 4 | 3 | 2 | 3 | 5 | 32 | 39 |

| 9 | NA | 4 | NA | 3 | 1 | NA | 4 | NA | 3 | 5 | 55 | 48 |
| 10 | 2 | 3 | 1 | 1 | NA | 5 | NA | 5 | NA | 5 | 60 | 53 |
| 11 | 1 | NA | 2 | NA | NA | 4 | 3 | 4 | 5 | NA | 55 | 49 |
| 12 | 1 | NA | 1 | 3 | 3 | 1 | 1 | 1 | 1 | 1 | 47 | 36 |
| 13 | 2 | NA | 1 | 1 | 3 | 1 | 1 | 1 | 1 | 1 | 58 | 23 |
| 14 | NA | 2 | 3 | 3 | 3 | NA | 5 | 5 | 5 | NA | 56 | 47 |
| 15 | 1 | 1 | 2 | 2 | NA | 4 | 4 | 5 | 4 | 4 | 50 | 48 |
| 16 | 2 | 2 | 2 | NA | NA | 2 | 3 | NA | 4 | 3 | 59 | 49 |
| 17 | 2 | 3 | 1 | NA | 1 | 2 | 4 | 2 | 2 | 3 | 56 | 36 |
| 18 | 2 | 4 | 2 | 2 | 1 | 4 | 4 | 5 | NA | 5 | 44 | 46 |
| 19 | 2 | 4 | 3 | 2 | 1 | 4 | 5 | 5 | 5 | NA | 60 | 59 |
| 20 | NA | 4 | 2 | 3 | 1 | NA | 3 | 3 | 3 | 4 | 44 | 45 |
| 21 | 2 | 2 | 3 | 2 | 1 | 3 | 4 | 3 | 3 | 4 | 52 | 60 |

**[說明]**：資料檔中原數值 99 者改以 NA 符號表示，NA 符號細格表示觀察值在對應的變數上為遺漏值。

使用 with( ) 函數指定資料框架物件，求出資料框架物件 temp、data99 人口變數的次數分配，R 編輯器視窗語法函數如下：

```
1.for( i in 1:5)
2.{
3.print(paste(" 變數名稱：",names(temp[i])) )
4.print(with(temp,{table(temp[[i]])}))
5.cat(" 水準數值 99 界定為遺漏值 ","\n")
6.print(with(data99,{table(data99[[i]])}))
7.}
```

第 1 列使用 for( ) 函數界定變數索引 1 至變數索引 5（5 個人口變數）。

第 2 列界定迴圈運算式的起始列。

第 3 列使用 names( ) 函數印出變數名稱。

第 4 列使用 with( ) 函數配合 table( ) 函數輸出 temp 資料框架物件人口變數的次數分配。

第 5 列使用 cat( ) 函數輸出界定的遺漏值數值（99 為遺漏值）。

第 6 列使用 with( ) 函數配合 table( ) 函數輸出 data99 資料框架物件人口變數的次數分配。

第 7 列界定迴圈運算式的結束列。

R 主控台視窗執行 R 編輯器語法指令結果如下：

```
> for( i in 1:5)
+ {
+ print(paste(" 變數名稱：",names(temp[i])) )
+ print(with(temp,{table(temp[[i]])}))
+ cat(" 水準數值 99 界定為遺漏值 ","\n")
+ print(with(data99,{table(data99[[i]])}))
+ }
[1] " 變數名稱： faith"
   1    2   99
 351  456    5
水準數值 99 界定為遺漏值
   1    2
 351  456
```

**[ 說明 ]：** 有無宗教信仰人口變數中，勾選「有」宗教信仰選項者有 351 位、勾選「無」宗教信仰者有 456 位，沒有勾選者有 5 位。

```
[1] " 變數名稱： ranking"
   1    2    3    4   99
  71  259  135  342    5
水準數值 99 界定為遺漏值
   1    2    3    4
  71  259  135  342
[1] " 變數名稱： faedu"
```

```
 1     2     3    99
236   384   189    3
```

水準數值 99 界定為遺漏值

```
 1     2     3
236   384   189
```

**[說明]**：父親教育程度人口變數中，勾選「1國中以下」選項者有236位、勾選「2高中職」選項者有384位、勾選「3專科以上」選項者有189位，沒有勾選者有3位。

--------------------------------------------------------------------------------

```
[1] " 變數名稱： ses"
 1     2     3    99
186   443   177    6
```

水準數值 99 界定為遺漏值

```
 1     2     3
186   443   177
[1] " 變數名稱： hotype"
 1     2     3     4    99
367   272   115    51    7
```

水準數值 99 界定為遺漏值

```
 1     2     3     4
367   272   115    51
```

**[說明]**：就家庭結構人口變數而言，大家庭（水準編碼1）群組的人次有367、核心家庭（水準編碼2）群組的人次有272、單親家庭（水準編碼3）群組的人次有115、隔代教養（水準編碼4）群組的人次有51，遺漏值有7位（資料框架物件 temp 水準數值編碼為99、資料框架物件 data99 的細格符號為 NA）。

求出人口變數各水準組別的次數百分比，R 編輯器視窗的語法指令如下：

```
1.for( i in 1:5)
```

```
2.{
3.print(paste(" 變數名稱：",names(temp[i])) )
4.cat("[1] 未排除遺漏值的次數百分比 ","\n")
5.print( with(temp,{round(table(temp[[i]])/sum(table(temp[[i]])),3)}) )
6.cat(" 樣本觀察值總個數 =",with(temp,{sum(table(temp[[i]]))}),"\n")
7.cat("[2] 排除遺漏值的次數百分比 ","\n")
8.print( with(data99,{round(table(data99[[i]])/sum(table(data99[[i]])),3)}) )
9.cat(" 有效觀察值總個數 =",with(data99,{sum(table(data99[[i]]))}),"\n")
10.}
```

第 1 列使用 for( ) 函數界定變數索引 1 至變數索引 5（5 個人口變數）。

第 2 列界定迴圈運算式的起始列。

第 3 列使用 names( ) 函數印出變數名稱。

第 4 列使用 cat( ) 函數輸出文字說明註解。

第 5 列使用 with( ) 函數配合 table( ) 函數輸出資料框架物件 temp 中人口變數的次數分配百分比（輸出到小數第 3 位，轉換為百分比數值為小數第 1 位）。

第 6 列使用 cat( ) 函數輸出資料框架物件 temp 各人口變數的總次數（包含遺漏值個數）。

第 7 列使用 cat( ) 函數輸出文字說明註解。

第 8 列使用 with( ) 函數配合 table( ) 函數輸出資料框架物件 data99 中人口變數的次數分配百分比。

第 9 列使用 cat( ) 函數輸出資料框架物件 data99 各人口變數之有效觀察值總次數（未包含遺漏值個數）。

第 10 列界定迴圈運算式的結束列。

R 主控台視窗執行 R 編輯器語法指令結果如下：

```
> for( i in 1:5)
+ {
+ print(paste(" 變數名稱：",names(temp[i])) )
+ cat("[1] 未排除遺漏值的次數百分比 ","\n")
+ print( with(temp,{round(table(temp[[i]])/sum(table(temp[[i]])),3)}) )
```

```
+ cat(" 樣本觀察值總個數 =",with(temp,{sum(table(temp[[i]]))}),"\n")
+ cat("[2] 排除遺漏值的次數百分比 ","\n")
+ print( with(data99,{round(table(data99[[i]])/sum(table(data99[[i]])),3)}) )
+ #cat(( with(data99,{round(table(data99[[i]])/sum(table(data99[[i]])),3)*100})),"%","\n")
+ cat(" 有效觀察值總個數 =",with(data99,{sum(table(data99[[i]]))}),"\n")
+ }
```

[1] " 變數名稱： faith"

[1] 未排除遺漏值的次數百分比

```
    1      2      99
0.432  0.562  0.006
```

樣本觀察值總個數 = 812

[2] 排除遺漏值的次數百分比

```
    1      2
0.435   0.565
```

有效觀察值總個數 = 807

**[說明]**：就宗教信仰（faith）人口變數勾選的百分比而言，勾選「有」宗教信仰的次數百分比為 43.2%、勾選「無」宗教信仰的次數百分比為 56.2%，沒有勾選的次數百分比為 0.6%，排除沒有勾選的樣本觀察值，807 位有勾選的樣本中，勾選「有」宗教信仰的次數百分比為 43.5%、勾選「無」宗教信仰的次數百分比為 56.5%。

----------------------------------------------------------

[1] " 變數名稱： ranking"

[1] 未排除遺漏值的次數百分比

```
  1      2      3      4      99
0.087  0.319  0.166  0.421  0.006
```

樣本觀察值總個數 = 812

[2] 排除遺漏值的次數百分比

```
  1      2      3      4
0.088  0.321  0.167  0.424
```

有效觀察值總個數 = 807

[1] " 變數名稱： faedu"

[1] 未排除遺漏值的次數百分比

```
     1      2      3     99
0.291  0.473  0.233  0.004
```

樣本觀察值總個數 = 812

[2] 排除遺漏值的次數百分比

```
     1      2      3
0.292  0.475  0.234
```

有效觀察值總個數 = 809

[1] " 變數名稱： ses"

[1] 未排除遺漏值的次數百分比

```
     1      2      3     99
0.229 0.546 0.218 0.007
```

樣本觀察值總個數 = 812

[2] 排除遺漏值的次數百分比

```
     1      2      3
0.231  0.550  0.220
```

有效觀察值總個數 = 806

[1] " 變數名稱： hotype"

[1] 未排除遺漏值的次數百分比

```
     1      2      3      4     99
0.452  0.335  0.142  0.063  0.009
```

樣本觀察值總個數 = 812

[2] 排除遺漏值的次數百分比

```
     1      2      3      4
0.456  0.338  0.143  0.063
```

有效觀察值總個數 = 805

**[說明]**：就家庭結構人口變數而言，有效樣本數為 805，大家庭（水準編碼 1）群組人數的百分比為 45.6%、核心家庭（水準編碼 2）群組人數的百分比為 33.8%、單親家庭（水準編碼 3）群組人數的百分比為 14.3%、隔代教養（水準編碼 4）群組人數的百分比為 6.3（百分比的分母為 805）。

上述包含遺漏值樣本觀察值之人口變數次數分配整理如表 7-2 到表 7-6。

**表 7-2** 宗教信仰變數 faith

| | | 次數 | 百分比 | 有效百分比 | 累積百分比 |
|---|---|---|---|---|---|
| 有效的樣本觀察值 | 1 有 | 351 | 43.2 | 43.5 | 43.5 |
| | 2 無 | 456 | 56.2 | 56.5 | 100.0 |
| | 總和 | 807 | 99.4 | 100.0 | |
| 遺漏值 | NA | 5 | 0.6 | | |
| 總和 | | 812 | 100.0 | | |

**表 7-3** 出生序變數 ranking

| | | 次數 | 百分比 | 有效百分比 | 累積百分比 |
|---|---|---|---|---|---|
| 有效的樣本觀察值 | 1 獨生子女 | 71 | 8.7 | 8.8 | 8.8 |
| | 2 老大 | 259 | 31.9 | 32.1 | 40.9 |
| | 3 中間子女 | 135 | 16.6 | 16.7 | 57.6 |
| | 4 老么 | 342 | 42.1 | 42.4 | 100.0 |
| | 總和 | 807 | 99.4 | 100.0 | |
| 遺漏值 | NA | 5 | 0.6 | | |
| 總和 | | 812 | 100.0 | | |

**表 7-4** 父親教育程度變數 faedu

| | | 次數 | 百分比 | 有效百分比 | 累積百分比 |
|---|---|---|---|---|---|
| 有效的樣本觀察值 | 1. 國中以下 | 236 | 29.1 | 29.2 | 29.2 |
| | 2. 高中職 | 384 | 47.3 | 47.5 | 76.6 |
| | 3. 專科以上 | 189 | 23.3 | 23.4 | 100.0 |
| | 總和 | 809 | 99.6 | 100.0 | |
| 遺漏值 | NA | 3 | 0.4 | | |
| 總和 | | 812 | 100.0 | | |

**表 7-5** 社經地位變數 ses

| | | 次數 | 百分比 | 有效百分比 | 累積百分比 |
|---|---|---|---|---|---|
| 有效的樣本觀察值 | 1 低社經地位 | 186 | 22.9 | 23.1 | 23.1 |
| | 2 中社經地位 | 443 | 54.6 | 55.0 | 78.0 |
| | 3 高社經地位 | 177 | 21.8 | 22.0 | 100.0 |
| | 總和 | 806 | 99.3 | 100.0 | |
| 遺漏值 | NA | 6 | 0.7 | | |
| 總和 | | 812 | 100.0 | | |

🍎 **表 7-6** 家庭結構變數

| | | 次數 | 百分比 | 有效百分比 | 累積百分比 |
|---|---|---|---|---|---|
| 有效的樣本<br>觀察值 | 1 大家庭 | 367 | 45.2 | 45.6 | 45.6 |
| | 2 核心家庭 | 272 | 33.5 | 33.8 | 79.4 |
| | 3 單親家庭 | 115 | 14.2 | 14.3 | 93.7 |
| | 4 隔代教養家庭 | 51 | 6.3 | 6.3 | 100.0 |
| | 總和 | 805 | 99.1 | 100.0 | |
| 遺漏值 | 家庭結構（型態） | 7 | 0.9 | | |
| | 總和 | 812 | 100.0 | | |

## 二、求出變數的眾數

遺漏值置換常見的取代量數為變數的眾數（／中位數／平均數），範例以變數的眾數作為取代的量數，求出敘述統計量的眾數（mode）可以使用下列二種語法函數。

語法一為以 `table( )` 函數輸出選項五個水準數值的次數分配，選項 1 被勾選的次數最少（2 次）、選項 5 被勾選的次數最多（7 次，數值向量變數 item 的眾數為 7）：

```
>item=c(1,3,5,5,2,1,5,2,3,5,4,5,4,4,3,5,4,3,2,5)
> table(item)
item
1  2  3  4  5
2  3  4  4  7
```

使用 `max( )` 函數配合 `which( )` 函數求出次數分配表被勾選最多的選項與次數，使用 `min( )` 函數配合 `which( )` 函數求出次數分配表被勾選最少的選項與次數：

```
> table(item)[which(table(item)==max(table(item)))]
5
7
> table(item)[which(table(item)==min(table(item)))]
1
```

2

**[說明]**：選項 5 被勾選的次數最多（7 次）、選項 1 被勾選的次數最少（2 次）。

---

語法二為使用 sort(  ) 函數結合 table(  ) 函數，進行次數分配的排序，函數語法為：

```
> sort(table(item),decreasing=TRUE)
item
5 3 4 2 1
7 4 4 3 2
```

語法函數中增列元素索引，求出被勾選次數最多的選項與次數，被勾選最多的選項為選項 5，次數為 7：

```
> sort(table(item),decreasing=TRUE)[1]
5
7
```

函數 table(  ) 的引數 decreasing 選項改為「=FALSE」，表示次數分配遞增排序，次數最多的選項位置在第 5 個（最後一個元素），語法函數為：

```
> sort(table(item),decreasing=FALSE)[5]
5
7
```

**[說明]**：次數被勾選最多的選項為 5，被勾選的次數為 7。

---

資料框架變數的眾數，以變數索引 1 至變數索引 10 為例，R 編輯器視窗第一

種語法指令中 table( ) 函數配合 max( ) 函數應用如下：

```
1.for( i in 1:10)
2.{
3.print(paste(" 變數名稱：",names(data99[i])) )
4.var.mode=table(data99[[i]])[which(table(data99[[i]])==max(table(data99[[i]])))]
5. cat(" 眾數量數 =",names(var.mode),"-- 出現次數 =",var.mode,"\n")
6.}
```

第 1 列使用 for( ) 函數界定變數索引 1 至變數索引 10（5 個人口變數、正向情緒分量表 5 個題項）。

第 2 列界定迴圈運算式的起始列。

第 3 列使用 names( ) 函數印出變數名稱。

第 4 列使用 table( ) 函數配合 which( ) 函數求出次數分配表中的最大值，次數分配的最大值為眾數。語法函數使用 max( ) 可以求出次數分配的最大值，使用 min( ) 函數可以求出次數分配的最小值。

第 5 列使用 cat( ) 函數輸出量數文字與眾數。

第 6 列界定迴圈運算式的結束列。

第 4 列語法函數的範例變數索引數值等於 1，表示標的變數為宗教信仰 faith：

```
> max.t=table(data99[[1]])[which(table(data99[[1]])==max(table(data99[[1]])))]
> min.t=table(data99[[1]])[which(table(data99[[1]])==min(table(data99[[1]])))]
> max.t
  2
456
> min.t
  1
351
```

宗教信仰人口變數中，水準數值次數分配最大值者為第 2 組，次數 =456；最小值者為第 1 組，次數 =351，人口變數「宗教信仰」（faith）的眾數為「2」（選項 2）。

語法函數前增列 names( ) 函數可以求出次數分配最大組別的水準數值：

---

```
> names(table(data99[[1]]))[which(table(data99[[1]])==max(table(data99[[1]])))])
[1] "2"
```

**[說明]**：人口變數「宗教信仰」（faith）被勾選較多的選項為「2」（無宗教信仰者）。

---

R 主控台視窗執行 R 編輯器語法指令結果如下：

---

```
> for( i in 1:10)
+ {
+ print(paste(" 變數名稱：",names(data99[i])) )
+ var.mode=table(temp[[i]])[which(table(data99[[i]])==max(table(data99[[i]])))]
+ cat(" 眾數量數 =",names(var.mode),"-- 出現次數 =",var.mode,"\n")
+ }
[1] " 變數名稱： faith"
眾數量數 = 2 -- 出現次數 = 456
[1] " 變數名稱： ranking"
眾數量數 = 4 -- 出現次數 = 342
[1] " 變數名稱： faedu"
眾數量數 = 2 -- 出現次數 = 384
[1] " 變數名稱： ses"
眾數量數 = 2 -- 出現次數 = 443
[1] " 變數名稱： hotype"
眾數量數 = 1 -- 出現次數 = 367
[1] " 變數名稱： a1"
眾數量數 = 3 -- 出現次數 = 198
[1] " 變數名稱： a2"
```

眾數量數 = 5 -- 出現次數 = 287

[1] " 變數名稱：　a3"

眾數量數 = 5 -- 出現次數 = 210

[1] " 變數名稱：　a4"

眾數量數 = 4 -- 出現次數 = 260

[1] " 變數名稱：　a5"

眾數量數 = 5 -- 出現次數 = 284

　　R 編輯器視窗第二種語法指令為使用 table( ) 函數配合引數「decreasing」選項的界定，語法指令如下：

```
1.for( i in 1:10)
2.{
3.print(paste(" 變數名稱：",names(data99[i])) )
4.v.mode=sort(table(factor(data99[[i]])),decreasing=TRUE)[1]
5.cat(" 眾數量數 =",names(v.mode),"-- 出現次數 =",v.mode,"\n")
6.}
```

　　第 1 列使用 for( ) 函數界定變數索引 1 至變數索引 10（5 個人口變數、正向情緒分量表 5 個題項）。

　　第 2 列界定迴圈運算式的起始列。

　　第 3 列使用 names( ) 函數印出變數名稱。

　　第 4 列使用 table( ) 函數配合 sort( ) 函數將次數分配進行遞減排列，再使用擷取元素索引，取出排序後第一個次數（次數出現最多者），以第 2 個人口變數為例，出生序人口變數共四個水準群組，次數分配使用 sort( ) 進行遞減排列：

```
> sort(table(data99[[2]]),decreasing=TRUE)
  4    2    3   1
342  259 135  71
```

出生序變數（ranking）四個水準群組中出現最多的為第4個水準群組「老么」、被勾選次數最少者為「選項1」（獨生子女）。配合元素索引，取出次數最多的第1個水準群組（4.老么組），次數分配表的元素索引為第1個：

---

```
> sort(table(data99[[2]]),decreasing=TRUE)[1]
  4
342
```

[說明]：配合元素索引[1]取出次數被勾選最多的選項與次數（選項4，次數=342）。

---

增列使用 names( ) 函數，求出次數最多群組的水準數值編碼（眾數）：

---

```
> names(sort(table(data99[[2]]),decreasing=TRUE)[1])
[1] "4"
```

[說明]：出生序變數被勾選最多的水準選項為選項4。

---

出生序（ranking）人口變數的眾數量數為4，次數為342。

求出次數分配最少的第4個水準群組（1.獨生子女組），引數進行次數遞減排序，次數最少的元素索引為最後一個，元素為第4個：

---

```
> sort(table(data99[[2]]),decreasing=TRUE)[4]
  1
71
```

[說明]：出生序變數四個選項中被勾選最少的選項為「1.獨生子女組」選項，被勾選的次數為71。

---

第5列使用 cat( ) 函數輸出量數文字與眾數。

第 6 列界定迴圈運算式的結束列。

R 主控台視窗執行 R 編輯器語法指令結果如下：

```
> for( i in 1:10)
+ {
+ print(paste(" 變數名稱：",names(data99[i])) )
+ v.mode=sort(table(factor(data99[[i]])),decreasing=TRUE)[1]
+ cat(" 眾數量數 =",names(v.mode),"-- 出現次數 =",v.mode,"\n")
+ }
[1] " 變數名稱： faith"
眾數量數 = 2 -- 出現次數 = 456
[1] " 變數名稱： ranking"
眾數量數 = 4 -- 出現次數 = 342
[1] " 變數名稱： faedu"
眾數量數 = 2 -- 出現次數 = 384
[1] " 變數名稱： ses"
眾數量數 = 2 -- 出現次數 = 443
[1] " 變數名稱： hotype"
眾數量數 = 1 -- 出現次數 = 367
[1] " 變數名稱： a1"
眾數量數 = 3 -- 出現次數 = 198
[1] " 變數名稱： a2"
眾數量數 = 5 -- 出現次數 = 287
[1] " 變數名稱： a3"
眾數量數 = 5 -- 出現次數 = 210
[1] " 變數名稱： a4"
眾數量數 = 4 -- 出現次數 = 260
[1] " 變數名稱： a5"
眾數量數 = 5 -- 出現次數 = 284
```

## 參 遺漏值置換法

常用遺漏值的置換參數為眾數、平均數、中位數或隨機抽取的亂數。

以眾數插補變數中的遺漏值，範例的數值向量變數為 varx，遺漏值元素（觀察值）有二個，R 編輯器視窗的語法指令如下：

```
1.varx=c(3,2,1,5,4,NA,4,5,3,NA,4,4,3,2,1,5,3,4)
2. cond=which(is.na(varx)==TRUE)
3. novarx=varx[-cond]
4.in.mode=names(sort(table(novarx),decreasing=TRUE)[1])
5.varx[cond]=in.mode
```

第 1 列為數值向量，變數名稱為 varx。

第 2 列界定遺漏值的條件，which（is.na（varx）==TRUE）表示選取元素數值是遺漏值者（如果元素內容為 NA，則 is.na( ) 邏輯判別結果為 TRUE）。

條件 cond 變數的內容為 6、10，表示第 6 筆與第 10 筆元素（觀察值）為遺漏值（數值內容為 NA）：

```
> cond
[1]6 10
> varx[cond]
[1] NA NA
```

第 3 列使用條件負索引功能選取出元素非遺漏值者，觀察值全為有效值的變數名稱界定為 novarx（no misssing data variable）。

第 4 列求出 novarx 變數的眾數，眾數量數名稱設定為 in.mode，眾數為插補的統計量數。

第 5 列對原始數值向量變數 varx 中的遺漏值元素進行置換，以第 4 列求出的眾數取代。

二個遺漏值以眾數 4 取代後的變數元素內容如下：

```
> print(varx)
 [1] "3" "2" "1" "5" "4" "4" "4" "5" "3" "4" "4" "4" "3" "2" "1" "5" "3" "4"
```

**[說明]**：第 6 筆、第 10 筆遺漏值以有效觀察值的眾數 4 取代。

變數 varx 型態變為文字向量，使用 as.numeric( ) 函數可轉為數值向量：

```
> varx=as.numeric(varx)
> varx
 [1] 3 2 1 5 4 4 4 5 3 4 4 4 3 2 1 5 3 4
> class(varx)
[1] "numeric"
```

**[說明]**：向量元素以 as.numeric( ) 函數轉換為數值，向量變數可以求出其描述性統計量。

遺漏值（元素內容為 NA 者）插補前的次數分配表如下：

```
> table(varx)
varx
1 2 3 4 5
2 2 4 5 3
```

**[說明]**：數值向量變數 varx 的眾數量數為 4，出現的次數為 5 次。

遺漏值（元素內容為 NA 者）插補後的次數分配表如下：

```
> table(varx)
```

```
varx
1 2 3 4 5
2 2 4 7 3
```

選項 4（或水準群組 4）的次數為 7。

上述語法函數中的第三列可以直接使用 [which(is.na(變數名稱)==FALSE)] 的條件選取，以選取非遺漏值的樣本，R 編輯器的語法指令修改為：

```
varx=c(3,2,1,5,4,NA,4,5,3,NA,4,4,3,2,1,5,3,4)
cond=which(is.na(varx)==TRUE)
novarx=varx[which(is.na(varx)==FALSE)]
in.mode=names(sort(table(novarx),decreasing=TRUE)[1])
varx[cond]=in.mode
```

以 print( ) 函數輸出 varx 向量元素內容，以 class( ) 函數查看向量變數的型態：

```
> print(varx)
 [1] "3" "2" "1" "5" "4" "4" "4" "5" "3" "4" "4" "4" "3" "2" "1" "5" "3" "4"
> class(varx)
[1] "character"
```

[說明]：varx 的變數型態為文字。

修改第 4 列語法，改以有效觀察值的平均數置換原始數值為遺漏值（NA）的元素（觀察值）：

```
1.varx=c(3,2,1,5,4,NA,4,5,3,NA,4,4,3,2,1,5,3,4)
2. cond=which(is.na(varx)==TRUE)
3. novarx=varx[-cond]
```

```
4. in.mode=round(mean(novarx),1)
5.varx[cond]=in.mode
```

　　第 4 列使用 mean( ) 函數設定有效觀察值元素的平均數,平均數統計量數為 3.3125,配合使用 round( ) 函數四捨五入至小數第 1 位,統計量數的數值為 3.3。

```
> mean(novarx)
[1] 3.3125
> round(mean(novarx),1)
[1] 3.3
```
以平均數插補法進行遺漏值置換,變數 varx 的元素內容如下:
```
> print(varx)
 [1] 3.0 2.0 1.0 5.0 4.0 3.3 4.0 5.0 3.0 3.3 4.0 4.0 3.0 2.0
1.0 5.0 3.0 4.0
```

**[說明]**:二筆遺漏值以有效觀察值的總平均數 3.3 取代。

　　另一種比較簡便的遺漏值插補法為隨機抽取出有效觀察值(向量元素)的數值內容取代遺漏值,第 4 列的語法函數改為「sample(novarx,length(varx[cond]),replace=T)」,語法指令使用 sample( ) 函數,隨機抽取的整體樣本為有效觀察值變數 novarx,隨機抽取的個數為遺漏值的個數,R 主控台中的語法函數「> length(varx[cond])」,執行結果為「[1] 2」,表示遺漏值的個數有二個,從有效觀察值中抽取隨機二個元素,元素(觀察值)可以重複被隨機抽取(引數 replace 選項界定為「=T」):

　　R 編輯器視窗的語法指令如下:

```
1.varx=c(3,2,1,5,4,NA,4,5,3,NA,4,4,3,2,1,5,3,4)
2.cond=which(is.na(varx)==TRUE)
3.novarx=varx[-cond]
4.in.mode=sample(novarx,length(varx[cond]),replace=T)
```

```
5.in.mode
6.varx[cond]=in.mode
7.varx
```

語法指令第 4 列界定從有效觀察值中隨機抽取等於遺漏值個數的元素。

R 主控台執行語法指令後，第 5 列至第 7 列結果如下：

```
> in.mode
[1] 4 5
> varx[cond]=in.mode
> varx
 [1] 3 2 1 5 4 4 4 5 3 5 4 4 3 2 1 5 3 4
```

隨機抽取的二個數值為 4、5。

由於使用的函數為 sample( )，因而每次隨機抽取的數值內容不會完全相同，範例隨機抽取的元素數值為 2、1：

```
> in.mode
[1] 2 1
> varx[cond]=in.mode
> varx
 [1] 3 2 1 5 4 2 4 5 3 1 4 4 3 2 1 5 3 4
```

範例資料檔之資料框架物件名稱為 temp，人口變數為變數索引為 2 的出生序（ranking），使用 is.na( ) 函數配合 sum( ) 函數求出出生序 ranking 變數的遺漏值個數：

```
> sum(is.na(temp[[2]]))
[1] 5
```

```
> sum(is.na(temp$faith))
[1] 5
```

出生序（ranking）變數中樣本觀察值為遺漏值（NA）者的個數共有 5 個。

出生序（ranking）變數中樣本觀察值為遺漏值（NA）者以眾數取代，出生序（ranking）變數的眾數量為 4。R 編輯器視窗之語法指令如下：

```
1.temp<-read.csv("misdata.csv",header=T)
2.missdata<-data.frame(temp)
3.attach(missdata)
4.cond=which(is.na(missdata[[2]])==TRUE)
5.wholedata=missdata[[2]][-cond]
6.in.mode=names(sort(table((wholedata[[2]])),decreasing=TRUE)[1])
7.missdata[[2]][cond]=in.mode
```

第 1 列匯入試算表資料檔 misdata.csv 至 R 主控台中，資料框架物件名稱界定為 temp。

第 2 列使用 data.frame(　) 複製一個新的資料框架物件（新的資料檔），新資料框架物件名稱設定為 missdata。

第 3 列使用 attach(　) 函數將資料框架物件 missdata 附加於 R 主控台中。

第 4 列設定出生序人口變數 ranking 之樣本觀察值為遺漏值者，邏輯條件值設定為真，如果設定為假，表示樣本觀察值不是遺漏值。使用 length(　) 函數，可以求出有效觀察值的個數與遺漏值的個數：

```
> length(missdata[[2]][-cond])
[1] 807
> length(missdata[[2]][cond])
[1] 5
```

出生序人口變數 ranking 中遺漏值的個數有 5 個，有效觀察值的個數有 807，全部樣本數為 812。

第 5 列使用負邏輯條件選取樣本觀察值不是遺漏值者，有效觀察值的資料框架物件設定為 wholedata。

第 6 列求出 wholedata 資料框架中人口變數出生序 ranking 的眾數，眾數量數名稱設定為 in.mode，眾數為插補的統計量數。

第 7 列使用「missdata[[2]][cond]」邏輯判別，選取變數索引 2 出生序變數中的遺漏值，以之前求出的眾數量數（4）進行取代。

原始資料框架物件 temp 前 21 筆資料：

```
> head(temp[1:5],21)
   faith   ranking   faedu   ses   hotype
1     1        4        2      NA     NA
2     1       NA       NA       3      1
3     2        4        2       2     NA
4    NA        4        1      NA      1
5     2        1        2       2      1
6     1        4        2       2      1
7     2       NA       NA      NA      1
8    NA        4        1       2     NA
9    NA        4       NA       3      1
10    2        3        1       1     NA
11    1       NA        2      NA     NA
12    1       NA        1       3      3
13    2       NA        1       1      3
14   NA        2        3       3      3
15    1        1        2       2     NA
16    2        2        2      NA     NA
17    2        3        1      NA      1
18    2        4        2       2      1
19    2        4        3       2      1
```

| 20 | NA | 4 | 2 | 3 | 1 |
|----|----|---|---|---|---|
| 21 | 2  | 2 | 3 | 2 | 1 |

人口變數出生序 ranking 以有效觀察值的眾數（＝4）量數置換遺漏值後，資料框架物件 missdata 前 21 筆資料如下：

```
> head(missdata[1:5],21)
   faith ranking faedu ses hotype
1     1        4     2  NA    NA
2     1        4    NA   3     1
3     2        4     2   2    NA
4    NA        4     1  NA     1
5     2        1     2   2     1
6     1        4     2   2     1
7     2        4    NA  NA     1
8    NA        4     1   2    NA
9    NA        4    NA   3     1
10    2        3     1   1    NA
11    1        4     2  NA    NA
12    1        4     1   3     3
13    2        4     1   1     3
14   NA        2     3   3     3
15    1        1     2   2    NA
16    2        2     2  NA    NA
17    2        3     1  NA     1
18    2        4     2   2     1
19    2        4     3   2     1
20   NA        4     2   3     1
21    2        2     3   2     1
```

以有效觀察值中勾選的選項數值（水準群組），採用隨機置換方法取代遺漏值樣本觀察值，R 編輯器視窗之語法指令如下：

```
1.temp<-read.csv("misdata.csv",header=T)
2.samdata<-data.frame(temp)
3.cond=which(is.na(samdata[[2]])==TRUE)
4.wholedata=samdata[[2]][-cond]
5.sam.mode=sample(wholedata,length(samdata[[2]][cond]),replace=T)
6.sam.mode
7.samdata[[2]][cond]=sam.mode
```

第 2 列使用 data.frame( ) 複製一個新的資料框架物件（新的資料檔），新資料框架物件名稱設定為 samdata（sampleing data）。

第 3 列設定出生序人口變數 ranking 之樣本觀察值為遺漏值者，邏輯條件值設定為真，如果設定為假，表示樣本觀察值不是遺漏值。

第 4 列使用負邏輯條件選取樣本觀察值不是遺漏值者，有效觀察值的資料框架物件設定為 wholedata。

第 5 列使用 sample( ) 函數，從 wholedata 變數中（全部為有效觀察值之變數）隨機抽取出等於遺漏值個數的量數（五個），數值向量變數名稱為 in.mode。

第 6 列使用「missdata[[2]][cond]」邏輯判別，選取變數索引 2 出生序變數中的遺漏值，以隨機抽取的量數取代。

R 主控台執行 R 編輯器視窗語法函數結果如下：

```
> cond=which(is.na(samdata[[2]])==TRUE)
> wholedata=samdata[[2]][-cond]
> sam.mode=sample(wholedata,length(samdata[[2]][cond]),replace=T)
> sam.mode        ## 隨機抽取的五個量數
[1] 3 3 4 4 2
> samdata[[2]][cond]=sam.mode
```

使用 head( ) 函數輸出資料框架物件 samdata 人口變數前 21 筆資料：

```
head(samdata[1:5],21)
   faith ranking faedu ses hotype
1      1       4     2  NA     NA
2      1       3    NA   3      1
3      2       4     2   2     NA
4     NA       4     1  NA      1
5      2       1     2   2      1
6      1       4     2   2      1
7      2       3    NA  NA      1
8     NA       4     1   2     NA
9     NA       4    NA   3      1
10     2       3     1   1     NA
11     1       4     2  NA     NA
12     1       4     1   3      3
13     2       2     1   1      3
14    NA       2     3   3      3
15     1       1     2   2     NA
16     2       2     2  NA     NA
17     2       3     1  NA      1
18     2       4     2   2      1
19     2       4     3   2      1
20    NA       4     2   3      1
21     2       2     3   2      1
```

## 肆　完整遺漏值插補法

　　五個人口變數、五題正向情緒分量表指標題項中的遺漏值，以各變數中有效樣本觀察值的眾數取代（置換），變數索引為 1 至 10。R 編輯器視窗的語法函數如下：

```
1.temp=read.csv("misdata.csv",header=T)
2.modata=data.frame(temp)
3.for( i in 1:10)
4.{
5.   cond=which(is.na(modata[[i]]==TRUE))
6.   nodata=modata[-cond,]
7.   in.mode=names(sort(table(factor(nodata[[i]])),decreasing=TRUE)[1])
8.   modata[[i]][cond]=in.mode
9.}
10.head(modata[1:10],21)
```

第 1 列匯入試算表資料檔 misdata.csv 至 R 主控台中，資料框架物件名稱界定為 temp。

第 2 列使用 data.frame( ) 複製一個新的資料框架物件（新的資料檔），新資料框架物件名稱設定為 modata。

第 3 列使用 for( ) 函數設定 10 個變數索引迴圈。

第 4 列迴圈的起始運算函數指令。

第 5 列設定變數索引中樣本觀察值為遺漏值者之邏輯條件值，選項設定為真。語法指令 i 數值若為 1，則「cond=which（is.na（modata[[i]]==TRUE））」，表示的語法函數為「cond=which（is.na（modata[[1]]==TRUE））」，進行遺漏值插補的標的變數為有無宗教信仰 faith。

第 6 列使用負邏輯條件選取有效樣本觀察值，數值向量變數名稱設定為 nodata。

第 7 列求出標的變數有效觀察值中的眾數，眾數量數向量變數名稱設定為 in.mode，眾數為插補的統計量數。

第 8 列標的變數中的遺漏值，以眾數量數向量變數進行取代。

第 9 列界定迴圈結束。

第 10 列使用 head( ) 函數輸出資料框架物件 modata 十個變數之前 21 筆資料。

R 主控台執行 R 編輯器視窗之語法指令結果如下：

```
> modata=data.frame(temp)
> for( i in 1:10)
+ {
+   cond=which(is.na(modata[[i]]==TRUE))
+   nodata=modata[-cond,]
+   in.mode=names(sort(table(factor(nodata[[i]])),decreasing=TRUE)[1])
+   modata[[i]][cond]=in.mode
+ }
> head(modata[1:10],21)
```

|    | faith | ranking | faedu | ses | hotype | a1 | a2 | a3 | a4 | a5 |
|----|-------|---------|-------|-----|--------|----|----|----|----|----|
| 1  | 1 | 4 | 2 | 2 | 1 | 3 | 2 | 5 | 2 | 4 |
| 2  | 1 | 4 | 2 | 3 | 1 | 3 | 5 | 5 | 4 | 5 |
| 3  | 2 | 4 | 2 | 2 | 1 | 3 | 5 | 5 | 4 | 5 |
| 4  | 2 | 4 | 1 | 2 | 1 | 1 | 1 | 1 | 1 | 1 |
| 5  | 2 | 1 | 2 | 2 | 1 | 1 | 1 | 1 | 1 | 1 |
| 6  | 1 | 4 | 2 | 2 | 1 | 3 | 3 | 4 | 4 | 5 |
| 7  | 2 | 4 | 2 | 2 | 1 | 1 | 2 | 2 | 2 | 3 |
| 8  | 2 | 4 | 1 | 2 | 1 | 4 | 3 | 2 | 3 | 5 |
| 9  | 2 | 4 | 2 | 3 | 1 | 3 | 4 | 5 | 3 | 5 |
| 10 | 2 | 3 | 1 | 1 | 1 | 5 | 5 | 5 | 4 | 5 |
| 11 | 1 | 4 | 2 | 2 | 1 | 4 | 3 | 4 | 5 | 5 |
| 12 | 1 | 4 | 1 | 3 | 3 | 1 | 1 | 1 | 1 | 1 |
| 13 | 2 | 4 | 1 | 1 | 3 | 1 | 1 | 1 | 1 | 1 |
| 14 | 2 | 2 | 3 | 3 | 3 | 3 | 5 | 5 | 5 | 5 |
| 15 | 1 | 1 | 2 | 2 | 1 | 4 | 4 | 5 | 4 | 4 |
| 16 | 2 | 2 | 2 | 2 | 1 | 2 | 3 | 5 | 4 | 3 |
| 17 | 2 | 3 | 1 | 2 | 1 | 2 | 4 | 2 | 2 | 3 |
| 18 | 2 | 4 | 2 | 2 | 1 | 4 | 4 | 5 | 4 | 5 |
| 19 | 2 | 4 | 3 | 2 | 1 | 4 | 5 | 5 | 5 | 5 |
| 20 | 2 | 4 | 2 | 3 | 1 | 3 | 3 | 3 | 3 | 4 |
| 21 | 2 | 2 | 3 | 2 | 1 | 3 | 4 | 3 | 3 | 4 |

五題正向情緒分量表指標題項變數之遺漏值以平均數取代：

```
## 以平均數置換題項遺漏值
1.temp=read.csv("misdata.csv",header=T)
2.medata<-data.frame(temp)
3.for( i in 6:10)
4.{
5.  cond=which(is.na(medata[[i]]==TRUE))
6.  nodata=medata[-cond,]
7.  in.mean=round(mean(nodata[[i]]),1)
8.  cat(" 變數名稱 ",names(nodata[i]),"-- 平均數 =",in.mean,"\n")
9.  medata[[i]][cond]=in.mean
10.}
11.head(medata[1:10],21)
```

第 3 列使用 for( ) 函數設定 5 個指標變數的索引迴圈（從第 6 個變數至第 10 個變數）。

第 7 列求出標的變數有效觀察值的平均數，平均數量數使用 round( ) 函數四捨五入到第小數第 1 位，平均數數值向量變數名稱設定為 in.mean。

第 8 列使用 cat( ) 函數輸出各變數有效觀察值的平均數。

R 主控台執行 R 編輯器視窗之語法指令結果如下：

```
> medata<-data.frame(temp)
> for( i in 6:10)
+ {
+   cond=which(is.na(medata[[i]]==TRUE))
+   nodata=medata[-cond,]
+   in.mean=round(mean(nodata[[i]]),1)
+   cat(" 變數名稱 ",names(nodata[i]),"-- 平均數 =",in.mean,"\n")
+   medata[[i]][cond]=in.mean
```

```
+ }
變數名稱 a1 -- 平均數 = 2.9
變數名稱 a2 -- 平均數 = 3.5
變數名稱 a3 -- 平均數 = 3.4
變數名稱 a4 -- 平均數 = 3.5
變數名稱 a5 -- 平均數 = 3.6
> head(medata[1:10],21)
```

|    | faith | ranking | faedu | ses | hotype | a1  | a2  | a3  | a4  | a5  |
|----|-------|---------|-------|-----|--------|-----|-----|-----|-----|-----|
| 1  | 1     | 4       | 2     | NA  | NA     | 3.0 | 2.0 | 3.4 | 2.0 | 4.0 |
| 2  | 1     | NA      | NA    | 3   | 1      | 2.9 | 3.5 | 5.0 | 3.5 | 3.6 |
| 3  | 2     | 4       | 2     | 2   | NA     | 2.9 | 3.5 | 5.0 | 3.5 | 3.6 |
| 4  | NA    | 4       | 1     | NA  | 1      | 1.0 | 1.0 | 1.0 | 1.0 | 1.0 |
| 5  | 2     | 1       | 2     | 2   | 1      | 1.0 | 1.0 | 1.0 | 1.0 | 1.0 |
| 6  | 1     | 4       | 2     | 2   | 1      | 3.0 | 3.0 | 4.0 | 3.5 | 3.6 |
| 7  | 2     | NA      | NA    | NA  | 1      | 1.0 | 2.0 | 2.0 | 2.0 | 3.0 |
| 8  | NA    | 4       | 1     | 2   | NA     | 4.0 | 3.0 | 2.0 | 3.0 | 5.0 |
| 9  | NA    | 4       | NA    | 3   | 1      | 2.9 | 4.0 | 3.4 | 3.0 | 5.0 |
| 10 | 2     | 3       | 1     | 1   | NA     | 5.0 | 3.5 | 5.0 | 3.5 | 5.0 |
| 11 | 1     | NA      | 2     | NA  | NA     | 4.0 | 3.0 | 4.0 | 5.0 | 3.6 |
| 12 | 1     | NA      | 1     | 3   | 3      | 1.0 | 1.0 | 1.0 | 1.0 | 1.0 |
| 13 | 2     | NA      | 1     | 1   | 3      | 1.0 | 1.0 | 1.0 | 1.0 | 1.0 |
| 14 | NA    | 2       | 3     | 3   | 3      | 2.9 | 5.0 | 5.0 | 5.0 | 3.6 |
| 15 | 1     | 1       | 2     | 2   | NA     | 4.0 | 4.0 | 5.0 | 4.0 | 4.0 |
| 16 | 2     | 2       | 2     | NA  | NA     | 2.0 | 3.0 | 3.4 | 4.0 | 3.0 |
| 17 | 2     | 3       | 1     | NA  | 1      | 2.0 | 4.0 | 2.0 | 2.0 | 3.0 |
| 18 | 2     | 4       | 2     | 2   | 1      | 4.0 | 4.0 | 5.0 | 3.5 | 5.0 |
| 19 | 2     | 4       | 3     | 2   | 1      | 4.0 | 5.0 | 5.0 | 5.0 | 3.6 |
| 20 | NA    | 4       | 2     | 3   | 1      | 2.9 | 3.0 | 3.0 | 3.0 | 4.0 |
| 21 | 2     | 2       | 3     | 2   | 1      | 3.0 | 4.0 | 3.0 | 3.0 | 4.0 |

　　變數名稱 a1 遺漏值觀察值樣本以平均數 2.9 取代，變數名稱 a2 遺漏值觀察值

樣本以平均數 3.5 取代，變數名稱 a3 遺漏值觀察值樣本以平均數 3.4 取代，變數名稱 a4 遺漏值觀察值樣本以平均數 3.5 取代，變數名稱 a5 遺漏值觀察值樣本以平均數 3.6 取代。由於迴圈變數索引的數值從 6 至 10，未包含 1 至 5 個人口變數，因而五個人口變數中樣本觀察值為遺漏值者並未被置換，將迴圈的指令改為「for（ i in 1:10）」可以進行第 1 個變數至第 10 個變數遺漏值的插補，但以平均數量數置換人口變數（間斷變數）的遺漏值，置換後的量數值沒有意義。人口變數變數型態為間斷變數，可以以眾數取代（置換）遺漏值，向度或測量題項等計量變數以平均數取代，此時，可使用二個迴圈或於迴圈中增列 `if( )` 函數進行邏輯判別。

　　人口變數遺漏值以變數有效觀察值中的眾數取代，正向情緒分量表五個題項變數以有效觀察值之平均數取代，R 編輯器視窗的語法指令如下：

```
1.temp<-read.csv("misdata.csv",header=T)
2.newdata=data.frame(temp)
3.for( i in 1:10)
4.{
5.  cond=which(is.na(newdata[[i]]==TRUE))
6.  nodata=newdata[-cond,]
7.  if ( i<6) { in.model=names(sort(table(nodata[[i]]),decreasing=TRUE)[1])
8.  } else { in.model=round(mean(nodata[[i]]),1) }
9.  newdata[[i]][cond]=in.model
10}
11.head(newdata[1:10],21)
```

　　語法函數中的第 7 列至第 8 列為增列的邏輯判斷式，表示變數索引數值小於 6（變數索引 1 至 5）者，插補遺漏值的量數變數 in.model 為眾數，否則插補遺漏值的量數變數 in.model 為平均數（變數索引 6 至 10）。

　　R 主控台執行 R 編輯器語法指令結果如下：

```
> temp<-read.csv("misdata.csv",header=T)
> newdata=data.frame(temp)
```

```
> for( i in 1:10)
+ {
+   cond=which(is.na(newdata[[i]]==TRUE))
+   nodata=newdata[-cond,]
+  if ( i<6) { in.model=names(sort(table(nodata[[i]]),decreasing=TRUE)[1])
+   } else { in.model=round(mean(nodata[[i]]),1) }
+   newdata[[i]][cond]=in.model
+ }
> head(newdata[1:10],21)
```

|    | faith | ranking | faedu | ses | hotype | a1  | a2  | a3  | a4  | a5  |
|----|-------|---------|-------|-----|--------|-----|-----|-----|-----|-----|
| 1  | 1     | 4       | 2     | 2   | 1      | 3.0 | 2.0 | 3.4 | 2.0 | 4.0 |
| 2  | 1     | 4       | 2     | 3   | 1      | 2.9 | 3.5 | 5.0 | 3.5 | 3.6 |
| 3  | 2     | 4       | 2     | 2   | 1      | 2.9 | 3.5 | 5.0 | 3.5 | 3.6 |
| 4  | 2     | 4       | 1     | 2   | 1      | 1.0 | 1.0 | 1.0 | 1.0 | 1.0 |
| 5  | 2     | 1       | 2     | 2   | 1      | 1.0 | 1.0 | 1.0 | 1.0 | 1.0 |
| 6  | 1     | 4       | 2     | 2   | 1      | 3.0 | 3.0 | 4.0 | 3.5 | 3.6 |
| 7  | 2     | 4       | 2     | 2   | 1      | 1.0 | 2.0 | 2.0 | 2.0 | 3.0 |
| 8  | 2     | 4       | 1     | 2   | 1      | 4.0 | 3.0 | 2.0 | 3.0 | 5.0 |
| 9  | 2     | 4       | 2     | 3   | 1      | 2.9 | 4.0 | 3.4 | 3.0 | 5.0 |
| 10 | 2     | 3       | 1     | 1   | 1      | 5.0 | 3.5 | 5.0 | 3.5 | 5.0 |
| 11 | 1     | 4       | 2     | 2   | 1      | 4.0 | 3.0 | 4.0 | 5.0 | 3.6 |
| 12 | 1     | 4       | 1     | 3   | 3      | 1.0 | 1.0 | 1.0 | 1.0 | 1.0 |
| 13 | 2     | 4       | 1     | 1   | 3      | 1.0 | 1.0 | 1.0 | 1.0 | 1.0 |
| 14 | 2     | 2       | 3     | 3   | 3      | 2.9 | 5.0 | 5.0 | 5.0 | 3.6 |
| 15 | 1     | 1       | 2     | 2   | 1      | 4.0 | 4.0 | 5.0 | 4.0 | 4.0 |
| 16 | 2     | 2       | 2     | 2   | 1      | 2.0 | 3.0 | 3.4 | 4.0 | 3.0 |
| 17 | 2     | 3       | 1     | 2   | 1      | 2.0 | 4.0 | 2.0 | 2.0 | 3.0 |
| 18 | 2     | 4       | 2     | 2   | 1      | 4.0 | 4.0 | 5.0 | 3.5 | 5.0 |
| 19 | 2     | 4       | 3     | 2   | 1      | 4.0 | 5.0 | 5.0 | 5.0 | 3.6 |
| 20 | 2     | 4       | 2     | 3   | 1      | 2.9 | 3.0 | 3.0 | 3.0 | 4.0 |
| 21 | 2     | 2       | 3     | 2   | 1      | 3.0 | 4.0 | 3.0 | 3.0 | 4.0 |

以各變數有效觀察值中的量數，採重複隨機取樣方法抽取量數，以抽取量數取代該變數中的遺漏值。R 編輯器視窗中的語法函數如下：

```
1.temp<-read.csv("misdata.csv",header=T)
2.samdata=data.frame(temp)
3.for( i in 1:10)
4.{
5. cond=which(is.na(samdata[[i]]==TRUE))
6. nodata=samdata[[i]][-cond]
7.sam.n=sample(nodata,length(samdata[[i]][cond]),replace=T)
8.cat(" 變數名稱 ",names(samdata[i])," 抽取量數 =",sam.n,"\n")
9. samdata[[i]][cond]=sam.n
10.}
11.head(samdata[1:10],21)
```

第 3 列使用 for( ) 函數設定 10 個變數的索引迴圈（從第 1 個變數至第 10 個變數）。

第 4 列界定迴圈的起始。

第 5 列使用變數索引指定標的變數，當數值 i 等於 1，samdata [[1]] 之標的變數為有無宗教信仰。

第 6 列「samdata[[i]][-cond]」語法函數表示從標的變數中選取沒有遺漏值的樣本觀察值，暫訂的變數（數值向量）名稱為 nodata。

第 7 列「sample（nodata,length（samdata[[i]][cond]）,replace=T）」語法函數表示採用重複取樣方法，從有效觀察值變數 nodata 隨機抽取量數，隨機抽取的個數為標的變數遺漏值的個數，函數語法「length（samdata[[i]][cond]）」界定遺漏值的個數。

第 8 列使用 cat( ) 函數輸出各標的變數隨機抽取的量數。

第 9 列界定以隨機抽取的量數取代標的變數中的遺漏值。

第 10 列界定迴圈的結束。

第 11 列使用 head( ) 函數輸出插補遺漏值後的資料框架物件內容（前二十一筆樣本觀察值）。

R 主控台執行 R 編輯器視窗之語法指令結果如下：

```
> samdata=data.frame(temp)
> for( i in 1:10)
+ {
+   cond=which(is.na(samdata[[i]]==TRUE))
+   nodata=samdata[[i]][-cond]
+ sam.n=sample(nodata,length(samdata[[i]][cond]),replace=T)
+ cat(" 變數名稱 ",names(samdata[i])," 抽取量數 =",sam.n,"\n")
+   samdata[[i]][cond]=sam.n
+ }
變數名稱  faith  抽取量數 = 2 1 2 2 1
變數名稱  ranking  抽取量數 = 4 3 2 2 4
變數名稱  faedu  抽取量數 = 1 1 1
變數名稱  ses  抽取量數 = 1 3 3 1 2 2
變數名稱  hotype  抽取量數 = 1 2 1 1 3 2 1
變數名稱  a1  抽取量數 = 3 1 1 3 3
變數名稱  a2  抽取量數 = 3 3 5
變數名稱  a3  抽取量數 = 1 3 2
變數名稱  a4  抽取量數 = 3 4 5 5 1
變數名稱  a5  抽取量數 = 4 5 5 5 5 2
> head(samdata[1:10],21)
    faith  ranking faedu ses  hotype  a1  a2  a3  a4  a5
1     1        4      2    1       1    3   2   1   2   4
2     1        4      1    3       1    3   3   5   3   4
3     2        4      2    2       2    1   3   5   4   5
4     2        4      1    3       1    1   1   1   1   1
5     2        1      2    2       1    1   1   1   1   1
6     1        4      2    2       1    3   3   4   5   5
7     2        3      1    3       1    1   2   2   2   3
8     1        4      1    2       1    4   3   2   3   5
```

| 9  | 2 | 4 | 1 | 3 | 1 | 1 | 4 | 3 | 3 | 5 |
|----|---|---|---|---|---|---|---|---|---|---|
| 10 | 2 | 3 | 1 | 1 | 1 | 5 | 5 | 5 | 5 | 5 |
| 11 | 1 | 2 | 2 | 1 | 3 | 4 | 3 | 4 | 5 | 5 |
| 12 | 1 | 2 | 1 | 3 | 3 | 1 | 1 | 1 | 1 | 1 |
| 13 | 2 | 4 | 1 | 1 | 3 | 1 | 1 | 1 | 1 | 1 |
| 14 | 2 | 2 | 3 | 3 | 3 | 3 | 5 | 5 | 5 | 5 |
| 15 | 1 | 1 | 2 | 2 | 2 | 4 | 4 | 5 | 4 | 4 |
| 16 | 2 | 2 | 2 | 2 | 1 | 2 | 3 | 2 | 4 | 3 |
| 17 | 2 | 3 | 1 | 2 | 1 | 2 | 4 | 2 | 2 | 3 |
| 18 | 2 | 4 | 2 | 2 | 1 | 4 | 4 | 5 | 1 | 5 |
| 19 | 2 | 4 | 3 | 2 | 1 | 4 | 5 | 5 | 5 | 2 |
| 20 | 1 | 4 | 2 | 3 | 1 | 3 | 3 | 3 | 3 | 4 |
| 21 | 2 | 2 | 3 | 2 | 1 | 3 | 4 | 3 | 3 | 4 |

由於是採用隨機抽取的方法,因而每次從有效觀察值中抽取的量數值不會完全一樣:

```
> samdata=data.frame(temp)
> for( i in 1:10)
+ {
+   cond=which(is.na(samdata[[i]]==TRUE))
+   nodata=samdata[[i]][-cond]
+ sam.n=sample(nodata,length(samdata[[i]][cond]),replace=T)
+ cat(" 變數名稱 ",names(samdata[i])," 抽取量數 =",sam.n,"\n")
+   samdata[[i]][cond]=sam.n
+ }
變數名稱 faith 抽取量數 = 2 2 1 1 1
變數名稱 ranking 抽取量數 = 2 2 4 3 2
變數名稱 faedu 抽取量數 = 2 3 1
變數名稱 ses 抽取量數 = 3 1 2 1 1 2
變數名稱 hotype 抽取量數 = 1 1 2 2 2 2
```

變數名稱 a1 抽取量數 = 4 4 1 3 1

變數名稱 a2 抽取量數 = 4 4 5

變數名稱 a3 抽取量數 = 5 2 5

變數名稱 a4 抽取量數 = 5 3 4 4 5

變數名稱 a5 抽取量數 = 5 4 4 5 5 5

```
> head(samdata[1:10],21)
```

| | faith | ranking | faedu | ses | hotype | a1 | a2 | a3 | a4 | a5 |
|---|---|---|---|---|---|---|---|---|---|---|
| 1 | 1 | 4 | 2 | 3 | 1 | 3 | 2 | 5 | 2 | 4 |
| 2 | 1 | 2 | 2 | 3 | 1 | 4 | 4 | 5 | 5 | 5 |
| 3 | 2 | 4 | 2 | 2 | 1 | 4 | 4 | 5 | 3 | 4 |
| 4 | 2 | 4 | 1 | 1 | 1 | 1 | 1 | 1 | 1 | 1 |
| 5 | 2 | 1 | 2 | 2 | 1 | 1 | 1 | 1 | 1 | 1 |
| 6 | 1 | 4 | 2 | 2 | 1 | 3 | 3 | 4 | 4 | 4 |
| 7 | 2 | 2 | 3 | 2 | 1 | 1 | 2 | 2 | 2 | 3 |
| 8 | 2 | 4 | 1 | 2 | 2 | 4 | 3 | 2 | 3 | 5 |
| 9 | 1 | 4 | 1 | 3 | 1 | 1 | 4 | 2 | 3 | 5 |
| 10 | 2 | 3 | 1 | 1 | 2 | 5 | 5 | 5 | 4 | 5 |
| 11 | 1 | 4 | 2 | 1 | 2 | 4 | 3 | 4 | 5 | 5 |
| 12 | 1 | 3 | 1 | 3 | 3 | 1 | 1 | 1 | 1 | 1 |
| 13 | 2 | 2 | 1 | 1 | 3 | 1 | 1 | 1 | 1 | 1 |
| 14 | 1 | 2 | 3 | 3 | 3 | 3 | 5 | 5 | 5 | 5 |
| 15 | 1 | 1 | 2 | 2 | 2 | 4 | 4 | 5 | 4 | 4 |
| 16 | 2 | 2 | 2 | 1 | 2 | 2 | 3 | 5 | 4 | 3 |
| 17 | 2 | 3 | 1 | 2 | 1 | 2 | 4 | 2 | 2 | 3 |
| 18 | 2 | 4 | 2 | 2 | 1 | 4 | 4 | 5 | 5 | 5 |
| 19 | 2 | 4 | 3 | 2 | 1 | 4 | 5 | 5 | 5 | 5 |
| 20 | 1 | 4 | 2 | 3 | 1 | 1 | 3 | 3 | 3 | 4 |
| 21 | 2 | 2 | 3 | 2 | 1 | 3 | 4 | 3 | 3 | 4 |

若是原始資料檔樣本觀察值很多，研究者可以直接使用 `na.omit( )` 函數將有遺漏值的樣本觀察值刪除，範例為刪除資料框架物件 temp 中之遺漏值樣本後部分

資料檔：

```
> data.1=na.omit(temp)
> head(data.1,10)
     faith  ranking faedu ses hotype  a1 a2 a3 a4 a5  request response
5      2        1      2    2    1     1  1  1  1  1     39       25
21     2        2      3    2    1     3  4  3  3  4     52       60
22     2        4      3    3    1     2  2  1  1  2     52       30
23     1        4      2    2    1     4  5  4  3  5     46       47
24     2        3      2    2    3     4  5  5  5  4     60       52
25     2        4      2    1    1     3  3  4  4  4     51       42
26     1        3      1    1    1     1  3  4  4  3     57       48
27     2        1      2    2    3     2  4  4  4  4     55       45
28     1        4      2    2    3     3  3  4  2  2     44       45
29     1        4      3    3    2     2  4  3  4  4     49       39
```

[說明]：樣本觀察值編號 5、21、22，編號 1 至 4、6 至 20 的樣本觀察值未出現，表示資料檔有遺漏值，已從資料框架物件 data.1 中排除。

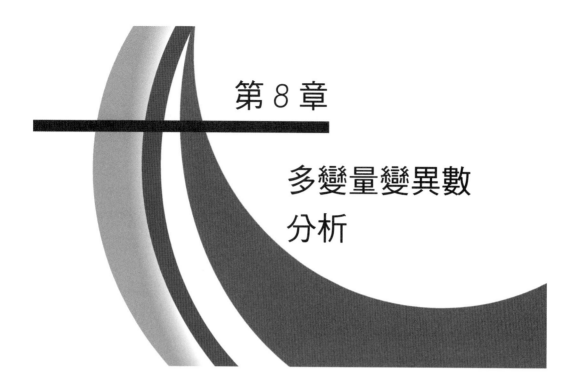

# 第 8 章

# 多變量變異數分析

**變**異數分析主要在檢定三個以上群組在單一依變數平均數的差異是否達到統計顯著水準，多變量變異數分析（multivariate analysis of variance;[MANOVA]）則同時檢定二個以上依變數構成的形心間差異是否達到顯著，自變數（固定因子）如果只有一個，統計方法為單因子多變量變異數分析，自變數（固定因子）有二個，統計方法稱為二因子多變量變異數分析。

在單因子變異數分析檢定中，虛無假設為母群體的平均數相等：$H_0 : \mu_1 = \mu_2 = \mu_3$（假定有三個水準群組），以二個註解標示為：$H_0 : \mu_{11} = \mu_{12} = \mu_{13}$，參數下註標符號中的第一個數字標記表示為變數名稱，第二個數字標記表示為水準群組，單因子變異數程序中為檢定三個水準群組在第一個依變數的差異。在多變量變異數檢定中，假設有二個依變數，則檢定的虛無假設為：$\begin{bmatrix} \mu_{11} \\ \mu_{21} \end{bmatrix} = \begin{bmatrix} \mu_{12} \\ \mu_{22} \end{bmatrix} = \begin{bmatrix} \mu_{13} \\ \mu_{23} \end{bmatrix}$，虛無假設中的參數不是單一變數的平均數，而是二個平均數構成的平均向量（mean vectors），此平均向量又稱為形心，因而多變量變異數分析在考驗多個水準群組之形心是否顯著不相等。三個水準群組在三個依變數之多變量變異數分析檢定的虛無假設為：$\begin{bmatrix} \mu_{11} \\ \mu_{21} \\ \mu_{31} \end{bmatrix} = \begin{bmatrix} \mu_{12} \\ \mu_{22} \\ \mu_{32} \end{bmatrix} = \begin{bmatrix} \mu_{13} \\ \mu_{23} \\ \mu_{33} \end{bmatrix}$，虛無假設為檢定三個水準群組之平均向量間是否有顯著不同，如果多變量變異數檢定統計量達到統計顯著水準（$p < 0.05$），三個虛無假設至少有一個不成立：$H_{01} : \mu_{11} = \mu_{12} = \mu_{13}$、$H_{02} : \mu_{21} = \mu_{22} = \mu_{23}$、$H_{03} : \mu_{31} = \mu_{32} = \mu_{33}$，至於是

那一個虛無假設被拒絕，進一步要進行追蹤檢定才能得知。

多變量變異數分析中進行追蹤檢定程序，可以使用單變量變異數分析或區別分析，因為使用單變量變異數分析方法較為簡便，因而多數研究在追蹤檢定方面都採用單變量變異數分析法。進行追蹤檢定時，單變量變異數分析 $F$ 值統計量的顯著水準為原先顯著水準 $\alpha$ 除以依變數的個數，以控制第一類型錯誤率，此種錯誤率為族系錯誤率，如同時檢定之依變數有二個，則單變量變異數分析 $F$ 值統計量的顯著水準為 $0.05 \div 2 = 0.025$，$F$ 值的顯著性必須小於 0.025，才可拒絕虛無假設。如同時檢定之依變數有四個，則單變量變異數分析 $F$ 值統計量的顯著水準為 $0.05 \div 4 = 0.0125$，$F$ 值的顯著性必須小於 0.0125，才可拒絕虛無假設

匯入試算表資料檔 manova.csv 至 R 主控台中，資料框架物件界定為 temp。使用 head( ) 函數查看資料框架物件前六筆資料：

```
> temp<-read.csv("manova.csv",header=T)
> attach(temp)
The following object is masked _by_ .GlobalEnv:

    Sex
> head(temp)
  m_score p_score c_score eanxious canxious lanxious sex area gpress hotype
1      34      15      50       48       30       40   1    1      1      1
2      31      18      60       46       34       42   1    1      1      2
3      67      49      52       46       18       27   1    1      1      3
4      66      40      80       47       24       28   1    1      1      1
5      34      17      78       45       23       24   1    1      1      2
6      42      18      65       45       22       31   1    1      1      3
```

資料框架物件中的變數 m_score、p_score、c_score 分別為樣本觀察值的數學成績、物理成績、化學成績，三個成績變數均為計量變數；eanxious、canxious、lanxious 三個變數分別為樣本觀察值在「考試焦慮」、「課堂焦慮」、「學習焦慮」構面的得分，測量值分數愈大表示樣本觀察值感受的焦慮感愈高。

人口變數包括性別變數 sex、區域變數 area、學習壓力組別變數 gpress、家庭結構變數 hotype。性別變數 sex 為二分類別變數，水準數值 1 為男生群組、水準數

值 2 為女生群組；區域變數 area 為二分類別變數，水準數值 1 為南區群組、水準數值 2 為北區群組；學習壓力組別變數 gpress 為三分類別變數，水準數值 1 為高學習壓力組、水準數值 2 為中學習壓力組、水準數值 3 為低學習壓力組；家庭結構變數 hotype 為三分類別變數，水準數值 1 為單親家庭群組、水準數值 2 為完整家庭群組、水準數值 3 為他人照顧群組。

使用 `ifelse( )` 函數將因子水準數值改為群組名稱，新資料框架物件設定為 scda，R 編輯器語法指令為：

```
scda=data.frame(temp)
scda$sex=ifelse(scda$sex==1," 男生 "," 女生 ")
scda$area=ifelse(scda$area==1," 南區 "," 北區 ")
scda$gpress=ifelse(scda$gpress==1," 高 學 習 壓 力 組
",ifelse(scda$gpress==2," 中學習壓力組 "," 低學習壓力組 "))
scda$hotype=ifelse(scda$hotype==1," 單 親 家 庭 組
",ifelse(scda$hotype==2," 完整家庭組 "," 他人照顧組 "))
```

R 主控台執行 R 編輯器語法指令若沒有出現錯誤，對應的語法函數前會增列「>」符號，符號字形為紅色：

```
> scda=data.frame(temp)
> scda$sex=ifelse(scda$sex==1," 男生 "," 女生 ")
> scda$area=ifelse(scda$area==1," 南區 "," 北區 ")
>  scda$gpress=ifelse(scda$gpress==1," 高 學 習 壓 力 組
",ifelse(scda$gpress==2," 中學習壓力組 "," 低學習壓力組 "))
>  scda$hotype=ifelse(scda$hotype==1," 單 親 家 庭 組
",ifelse(scda$hotype==2," 完整家庭組 "," 他人照顧組 "))
```

以 `head( )` 函數查看變數索引 4 至變數索引 10 的前十筆觀察值資料：

```
> head(scda[4:10],10)
   eanxious canxious lanxious sex area   gpress    hotype
1      48       30       40 男生 南區 高學習壓力組 單親家庭組
2      46       34       42 男生 南區 高學習壓力組 完整家庭組
3      46       18       27 男生 南區 高學習壓力組 他人照顧組
4      47       24       28 男生 南區 高學習壓力組 單親家庭組
5      45       23       24 男生 南區 高學習壓力組 完整家庭組
6      45       22       31 男生 南區 高學習壓力組 他人照顧組
7      42       12       27 男生 南區 高學習壓力組 單親家庭組
8      41       21       38 男生 南區 高學習壓力組 完整家庭組
9      46       20       32 男生 南區 高學習壓力組 他人照顧組
10     46       19       32 女生 北區 高學習壓力組 單親家庭組
```

以 with( ) 函數指定資料框架物件 scda，使用 table( ) 函數求出人口變數的次數分配：

```
> with(scda,table(sex))
sex
女生 男生
  44   46
> with(scda,table(area))
area
北區 南區
  42   48
> with(scda,table(gpress))
gpress
中學習壓力組  低學習壓力組  高學習壓力組
        30          30          30
> with(scda,table(hotype))
hotype
```

| 他人照顧組 | 完整家庭組 | 單親家庭組 |
|:---:|:---:|:---:|
| 32 | 30 | 28 |

 **壹** 　性別因子在三個科目成績變數之形心的差異檢定

　　依變數為數學成績、物理成績、化學成績，因子變數為學生性別。使用 tapply( ) 函數配合 round( ) 函數求出性別因子變數在三個計量變數的平均數：

```
> round(tapply(m_score,list(sex),mean),2)
    1     2
52.22 51.23
> round(tapply(p_score,list(sex),mean),2)
    1     2
34.83  35.27
> round(tapply(c_score,list(sex),mean),2)
    1     2
73.83  77.23
```

　　使用套件 psych 之函數 describeBy( ) 可以求出人口變數在計量變數完整的描述性統計量：

```
> library(psych)
> with(scda,{describeBy(scda[1:3], group=sex,mat=TRUE,digits=2)})
```

| | item | group1 | vars | n | mean | sd | median | trimmed | mad | min | max | range |
|---|---|---|---|---|---|---|---|---|---|---|---|---|
| m_score1 | 1 | 女生 | 1 | 44 | 51.23 | 14.22 | 48.5 | 51.28 | 13.34 | 24 | 78 | 54 |
| m_score2 | 2 | 男生 | 1 | 46 | 52.22 | 13.25 | 55.0 | 52.53 | 17.79 | 31 | 71 | 40 |
| p_score1 | 3 | 女生 | 2 | 44 | 35.27 | 15.39 | 32.0 | 34.67 | 19.27 | 15 | 65 | 50 |
| p_score2 | 4 | 男生 | 2 | 46 | 34.83 | 14.37 | 37.0 | 34.26 | 17.79 | 15 | 63 | 48 |
| c_score1 | 5 | 女生 | 3 | 44 | 77.23 | 14.41 | 83.0 | 78.44 | 11.12 | 48 | 92 | 44 |

```
c_score2  6   男生   3   46  73.83 10.54  78.0  75.21  4.45  50   84      34
```

**[說明]**：就數學成績而言，女生群組、男生群組的平均數為 51.23、52.22；就物理成績而言，女生群組、男生群組的平均數為 35.27、34.83；就化學成績而言，女生群組、男生群組的平均數為 77.23、73.83，性別變數中，女生群組、男生群組的樣本觀察值個數分別為 44、46。

----------------------------------------------------------------

```
          skew   kurtosis   se
m_score1  -0.01   -0.85    2.14
m_score2  -0.12   -1.38    1.95
p_score1   0.27   -1.21    2.32
p_score2   0.10   -1.07    2.12
c_score1  -0.63   -1.19    2.17
c_score2  -1.26    0.20    1.55
```

進行多變量變異數分析程序模型的函數為 manova( )，函數以引數 cbind 結合依變數，引數 data 界定資料框架物件：

```
> ma.model=manova(cbind(m_score,p_score,c_score) ~ factor(sex),data=temp)
```

使用 summary.manova( ) 函數輸出多變量檢定摘要表：

```
>summary.manova(ma.model)
            Df   Pillai   approx F   num Df   den Df   Pr(>F)
factor(sex)  1  0.022525  0.66059       3       86     0.5785
Residuals   88
```

多變量檢定之 Pillai 統計量 = 0.023（自由度 = 1、誤差自由度 = 88），轉換為近似 $F$ 值統計量 = 0.661，$F$ 值統計量的分子自由度 = 3、分母自由度 = 86，多變量統計量顯著性 $p$ 值 = 0.579 > 0.05，未達統計顯著水準，表示不同性別樣本在數學成績、物理成績、化學成績的形心差異未達統計顯著水準。

使用 summary( ) 函數輸出多變量物件之統計量檢定摘要表：

```
> summary(ma.model)
            Df   Pillai  approx F  num Df  den Df  Pr(>F)
factor(sex)  1  0.022525  0.66059     3      86    0.5785
Residuals   88
```

使用 summary( ) 函數與 summary.manova( ) 函數的功能相同，內定的多變量統計量為 Pillai 統計量 V。

多變量統計量輸出為 Wilks$\Lambda$ 值，summary( ) 函數中的引數 test 選項為「="Wilks"」：

```
> summary(ma.model, test="Wilks")
            Df   Wilks   approx F  num Df  den Df  Pr(>F)
factor(sex)  1  0.97748  0.66059     3      86    0.5785
Residuals   88
```

Wilks$\Lambda$ 值 = 0.977，多變量統計量顯著性 $p$ 值 = 0.579 > 0.05，未達統計顯著水準，二個群組的形心沒有顯著不同。

多變量統計量輸出為 Hotelling-Lawley 值，summary( ) 函數中的引數 test 選項為「="Hotelling-Lawley"」：

```
> summary(ma.model, test="Hotelling-Lawley")
            Df Hotelling-Lawley  approx F  num Df  den Df  Pr(>F)
factor(sex)  1       0.023044   0.66059     3      86    0.5785
Residuals   88
```

Hotelling-Lawley 值 = 0.023，多變量統計量顯著性 $p$ 值 = 0.579 > 0.05，未達統

計顯著水準，二個群組的形心沒有顯著不同。

多變量統計量輸出為 Roy 最大平方根值（$\theta$），summary( ) 函數中的引數 test 選項為「="Roy"」：

```
> summary(ma.model, test="Roy")
              Df       Roy   approx F   num Df   den Df   Pr(>F)
factor(sex)   1   0.023044   0.66059       3       86    0.5785
Residuals     88
```

Roy 最大平方根值（$\theta$）= 0.023，多變量統計量顯著性 $p$ 值 = 0.579 > 0.05，未達統計顯著水準，二個群組的形心沒有顯著不同。

使用套件 broom 中的函數 tidy( )（多變量物件）也可以輸出多變量變異數分析摘要表：

```
> library(broom)
> tidy(ma.model)
      term       df   pillai       statistic   num.df   den.df   p.value
1 factor(sex)    1   0.02252484   0.6605919       3       86     0.5785309
```

多變量檢定之項目欄（term）為固定因子變數性別（sex）、Pillai 統計量 = 0.023（自由度 = 1），轉換為近似 $F$ 值統計量 = 0.661，$F$ 值統計量的分子自由度 = 3、分母自由度 = 86，多變量統計量顯著性 $p$ 值 = 0.579 > 0.05，未達統計顯著水準。

如果多變量摘要表要增列截距項估計參數，summary( ) 函數中的引數 intercept 界定選項為真（內定選項界定為假，不輸出截距項）。

```
> summary(ma.model,test ="Pillai", intercept=TRUE)
              Df   Pillai    approx F   num Df   den Df   Pr(>F)
(Intercept)   1   0.98165   1533.23        3       86    <2e-16 ***
factor(sex)   1   0.02252      0.66        3       86    0.5785
```

```
Residuals    88
> summary(ma.model,test ="Wilks", intercept=TRUE)
             Df    Wilks    approx F  num Df den Df   Pr(>F)
(Intercept)  1   0.01835  1533.23       3      86    <2e-16 ***
factor(sex)  1   0.97748     0.66       3      86    0.5785
Residuals    88
> summary(ma.model,test ="Hotelling-Lawley", intercept=TRUE)
             Df Hotelling-Lawley approx F  num Df  den Df    Pr(>F)
(Intercept)  1      53.485       1533.23      3       86    <2e-16 ***
factor(sex)  1       0.023          0.66      3       86    0.5785
Residuals    88
> summary(ma.model,test ="Roy", intercept=TRUE)
             Df    Roy    approx F  num Df  den Df    Pr(>F)
(Intercept)  1   53.485  1533.23      3       86    <2e-16 ***
factor(sex)  1    0.023     0.66      3       86    0.5785
Residuals    88
```

　　單因子多變量變異數檢定摘要表，如表 8-1。

　　性別變數之男生、女生二個樣本觀察值群體在數學成績、物理成績、化學成績之形心（平均向量）沒有顯著不同。MANOVA 多變量考驗統計量如未達顯著，不用再進行追蹤檢定。

🍎表 8-1　單因子多變量變異數檢定摘要表

| 效果 | | 數值 | F | 假設自由度 | 誤差自由度 | 顯著性 |
|---|---|---|---|---|---|---|
| 截距 | Pillai's 追蹤值 | 0.982 | 1533.23 | 3 | 86 | 0.000 |
| | Wilks' Lambda 值 | 0.018 | 1533.23 | 3 | 86 | 0.000 |
| | Hotelling's 追蹤值 | 53.485 | 1533.23 | 3 | 86 | 0.000 |
| | Roy's 最大根值 | 53.485 | 1533.23 | 3 | 86 | 0.000 |
| sex | Pillai's 追蹤值 | 0.023 | 0.66 | 3 | 86 | 0.579 |
| | Wilks' Lambda 值 | 0.977 | 0.66 | 3 | 86 | 0.579 |
| | Hotelling's 追蹤值 | 0.023 | 0.66 | 3 | 86 | 0.579 |
| | Roy's 最大根值 | 0.023 | 0.66 | 3 | 86 | 0.579 |

# 貳 區域因子在三個科目成績變數之形心的差異檢定

依變數為數學成績、物理成績、化學成績，因子變數為學生所在區域（水準數值 1 為南區、水準數值 2 為北區），使用 manova( ) 函數建立模型物件：

```
> ma.model=manova(cbind(m_score,p_score,c_score) ~ factor(area),data=temp)
> summary.manova(ma.model)
             Df  Pillai   approx F  num Df  den Df    Pr(>F)
factor(area)  1  0.40523  19.531       3      86    9.568e-10 ***
Residuals    88
---
Signif. codes:  0 '***' 0.001 '**' 0.01 '*' 0.05 '.' 0.1 ' ' 1
```

多變量統計量 Pillai 值 = 0.405（自由度 = 1），轉換為近似 $F$ 值統計量 = 19.531（$F$ 值分子自由度、分母自由度分別為 3、86），顯著性機率值 $p$ = 0.000 < 0.05，達到統計顯著水準，南區、北區二個群組之樣本觀察值在三個檢定變數之形心有顯著不同。

使用 summary( ) 函數求出 Pillai 多變量檢定統計量：

```
> summary(ma.model)
             Df  Pillai   approx F  num Df  den Df    Pr(>F)
factor(area)  1  0.40523  19.531       3      86    9.568e-10 ***
Residuals    88
---
Signif. codes:  0 '***' 0.001 '**' 0.01 '*' 0.05 '.' 0.1 ' ' 1
```

多變量統計量 Pillai 值 = 0.405（自由度 = 1），轉換為近似 $F$ 值統計量 = 19.531（$F$ 值分子自由度、分母自由度分別為 3、86），顯著性機率值 $p$ = 0.000 < 0.05，達到統計顯著水準，南區、北區二個群組之樣本觀察值在三個檢定變數之形

心有顯著不同。

使用 summary( ) 函數求出 Wilks 多變量檢定統計量：

```
> summary(ma.model, test="Wilks")
             Df    Wilks   approx F   num Df   den Df     Pr(>F)
factor(area) 1   0.59477   19.531       3        86     9.568e-10 ***
Residuals    88
---
Signif. codes:  0 '***' 0.001 '**' 0.01 '*' 0.05 '.' 0.1 ' ' 1
```

多變量統計量 Wilks 值 = 0.595，顯著性機率值 $p$ = 0.000 < 0.05，達到統計顯著水準，南區、北區二個群組之樣本觀察值在三個檢定變數之形心有顯著不同。二個群組間的形心有顯著差異時，表示群組在三個檢定依變數間至少有一個群組之平均數的差異值顯著不等於 0，至於二個群組在那幾個檢定依變數平均數間的差異值顯著不等於 0，要進行追蹤檢定才能得知，追蹤檢定即進行單因子單變量變異數分析，單變量統計量 $F$ 值的顯著水準 $p$ 不是 0.05，而是 0.017（= 0.05/ 依變數個數 = 0.05/3 = 0.017）。

使用 summary( ) 函數求出 Hotelling-Lawley 多變量檢定統計量：

```
> summary(ma.model, test="Hotelling-Lawley")
             Df   Hotelling-Lawley   approx F   num Df  den Df     Pr(>F)
factor(area) 1       0.68133          19.531      3       86     9.568e-10 ***
Residuals    88
---
Signif. codes:  0 '***' 0.001 '**' 0.01 '*' 0.05 '.' 0.1 ' ' 1
```

多變量統計量 Hotelling-Lawley 值 = 0.681，顯著性機率值 $p$ = 0.000 < 0.05，達到統計顯著水準，南區、北區二個群組之樣本觀察值在三個檢定變數之形心有顯著不同。

使用 summary( ) 函數求出 Roy 多變量檢定統計量：

```
> summary(ma.model, test="Roy")
              Df    Roy      approx F   num Df   den Df     Pr(>F)
factor(area)  1    0.68133   19.531       3        86      9.568e-10 ***
Residuals     88
---
Signif. codes:  0 '***' 0.001 '**' 0.01 '*' 0.05 '.' 0.1 ' ' 1
```

　　多變量統計量 Roy 值 = 0.681，顯著性機率值 $p = 0.000 < 0.05$，達到統計顯著水準，南區、北區二個群組之樣本觀察值在三個檢定變數之形心有顯著不同。

　　單因子多變量變異數分析摘要表，如表 8-2。

**⌘表 8-2** 單因子多變量變異數分析摘要表

| 效果 | | 數值 | $F$ | 假設 $df$ | 誤差 $df$ | 顯著性 |
|---|---|---|---|---|---|---|
| area | Pillai's 追蹤值 | 0.405 | 19.531 | 3.000 | 86.000 | 0.000 |
| | Wilks' Lambda 值 | 0.595 | 19.531 | 3.000 | 86.000 | 0.000 |
| | Hotelling's 追蹤值 | 0.681 | 19.531 | 3.000 | 86.000 | 0.000 |
| | Roy's 最大根值 | 0.681 | 19.531 | 3.000 | 86.000 | 0.000 |

追蹤考驗採用單因子單變量變異數分析，顯著水準採用族系錯誤率（$\alpha_f = 0.017$），單因子單變量變異數分析程序採用 aov( ) 函數，檢定依變數為數學成績（m_score），輸出變異數分析摘要表可使用 summary( ) 函數或 anova( ) 函數：

```
> m_s=aov(m_score ~ factor(area),data=temp)
> summary(m_s)
              Df   Sum Sq   Mean Sq   F value   Pr(>F)
factor(area)  1    494      494.1     2.697     0.104
Residuals     88   16120    183.2
```

**[說明]**：使用 summary( ) 函數輸出 aov( ) 函數物件。
--------------------------------------------------------------------
```
> anova(m_s)
Analysis of Variance Table
```

```
Response: m_score
               Df   Sum Sq   Mean Sq   F value   Pr(>F)
factor(area)   1    494.1    494.06    2.6972    0.1041
Residuals      88   16119.5  183.18
```

**[ 說明 ]**：使用 anova( ) 函數輸出 aov( ) 函數物件。

　　不同地區在數學成績差異的 $F$ 值統計量 = 2.697，顯著性 $p = 0.104 > 0.017$，未達統計顯著水準。

　　檢定依變數為物理成績（p_score）：

```
> p_s=aov(p_score ~ factor(area),data=temp)
> anova(p_s)
Analysis of Variance Table
Response: p_score
               Df   Sum Sq   Mean Sq   F value   Pr(>F)
factor(area)   1    1088.3   1088.29   5.2084    0.02489 *
Residuals      88   18387.5  208.95
---
Signif. codes:  0 '***' 0.001 '**' 0.01 '*' 0.05 '.' 0.1 ' ' 1
```

　　不同地區在物理成績差異的 $F$ 值統計量 = 5.208，顯著性 $p = 0.025 > 0.017$，未達統計顯著水準。

　　檢定依變數為化學成績（c_score）：

```
> c_s=aov(c_score ~ factor(area),data=temp)
> anova(c_s)
Analysis of Variance Table
Response: c_score
               Df   Sum Sq   Mean Sq   F value   Pr(>F)
```

```
factor(area)    1     5328.0    5328.0    52.952      1.353e-10 ***
Residuals      88     8854.5     100.6
---
Signif. codes:  0 '***' 0.001 '**' 0.01 '*' 0.05 '.' 0.1 ' ' 1
```

不同地區群組在化學成績差異的 $F$ 值統計量 $= 52.952$，顯著性 $p = 0.000 < 0.017$（$1.353e - 10 = \dfrac{1.353}{10^{10}} = 0.000$），達到統計顯著水準，南區群組、北區群組之樣本學生在化學成績的平均數差異值顯著不等於 0，北區學生的化學成績平均數顯著高於南區學生化學成績平均數。

追蹤檢定之單因子單變量變異數分析摘要表，如表 8-3。

🍎 **表 8-3** 單因子單變量變異數分析摘要表

| 來源 | 依變數 | 平方和 | $df$ | 平均平方和 | $F$ | 顯著性 | 事後比較 |
|---|---|---|---|---|---|---|---|
| area | m_score | 494.0 | 1 | 494.1 | 2.697 | 0.104 | |
| | p_score | 1088.3 | 1 | 1088.3 | 5.208 | 0.025 | |
| | c_score | 5328.0 | 1 | 5328.0 | 52.952* | 0.000 | 北區 > 南區 |
| 誤差項 | m_score | 16120 | 88 | 183.2 | | | |
| | p_score | 18387.5 | 88 | 208.95 | | | |
| | c_score | 8854.5 | 88 | 100.6 | | | |

*$p < 0.017$

# 參　家庭結構因子在三個科目成績變數之形心的差異檢定

依變數為數學成績、物理成績、化學成績，因子變數為學生家庭結構（水準數值 1 為單親家庭、水準數值 2 為完整家庭、水準數值 3 為他人照顧家庭）。

## 一、多變量檢定

R 主控台語法函數與執行結果如下：

```
> ma.model=manova(cbind(m_score,p_score,c_score) ~ factor(hotype),data=temp)

> summary.manova(ma.model)
```

```
                Df    Pillai    approx F   num Df   den Df   Pr(>F)
factor(hotype)  2    0.055083  0.81188       6       172     0.562
Residuals       87
> summary(ma.model)
                Df    Pillai    approx F   num Df   den Df   Pr(>F)
factor(hotype)  2    0.055083  0.81188       6       172     0.562
Residuals       87
> summary(ma.model, test="Wilks")
                Df    Wilks     approx F   num Df   den Df   Pr(>F)
factor(hotype)  2    0.94544    0.8061       6       170     0.5665
Residuals       87
> summary(ma.model, test="Hotelling-Lawley")
                Df Hotelling-Lawley  approx F   num Df   den Df   Pr(>F)
factor(hotype)  2     0.057159       0.80023      6       168     0.571
Residuals       87
> summary(ma.model, test="Roy")
                Df    Roy       approx F   num Df   den Df   Pr(>F)
factor(hotype)  2    0.044875   1.2864       3       86      0.2842
Residuals       87
```

　　四個多變量檢定統計量，Pillai's 追蹤值 = 0.055、顯著性 $p$ 值 = 0.562 > 0.05；Wilks' Lambda ($\Lambda$) = 0.945、顯著性 $p$ 值 = 0.567 > 0.05；Hotelling's 追蹤值 = 0.057、顯著性 $p$ 值 = 0.571 > 0.05；Roy's 最大根值 = 0.045、顯著性 $p$ 值 = 0.284 > 0.05，均未達統計顯著水準，表示家庭結構三個群組在三個檢定依變數之形心差異沒有顯著不同。

　　家庭結構（／家庭型態）在數學成績、物理成績、化學成績差異之多變量變異數分析摘要表，如表 8-4。

♦ **表 8-4** 多變量變異數分析摘要表

| 效果 | | 參數值 | *F* 值 | 假設 *df* | 誤差 *df* | 顯著性 |
|---|---|---|---|---|---|---|
| hotype | Pillai's 追蹤值 | 0.055 | 0.812 | 6 | 172 | 0.562 |
| | Wilks' Lambda 值 | 0.945 | 0.806 | 6 | 170 | 0.567 |
| | Hotelling's 追蹤值 | 0.057 | 0.800 | 6 | 168 | 0.571 |
| | Roy's 最大根值 | 0.045 | 1.286 | 3 | 86 | 0.284 |

 **二、追蹤檢定**

追蹤檢定之單因子單變量變異數分析結果如下：

```
> m.anova=aov(m_score ~ factor(hotype),data=temp)
> anova(m.anova)
Analysis of Variance Table
Response: m_score
               Df   Sum Sq  Mean Sq  F value  Pr(>F)
              [df   SS      MS       F 值     顯著性 p 值 ]
factor(hotype) 2    665.2   332.61   1.8144   0.169
Residuals      87   15948.4 183.31
> p.anova=aov(p_score ~ factor(hotype),data=temp)
> anova(p.anova)
Analysis of Variance Table
Response: p_score
               Df   Sum Sq  Mean Sq  F value  Pr(>F)
factor(hotype) 2    376.7   188.36   0.858    0.4276
Residuals      87   19099.1 219.53
> c.anova=aov(c_score ~ factor(hotype),data=temp)
> anova(c.anova)
Analysis of Variance Table
Response: c_score
               Df   Sum Sq  Mean Sq  F value  Pr(>F)
factor(hotype) 2    139.7   69.859   0.4328   0.6501
Residuals      87   14042.8 161.411
```

● 表 8-5　單變量變異數分析檢定

| 來源 | 因變數 | 平方和 | df | 平均值平方 | F | 顯著性 |
|------|--------|--------|-----|-----------|-----|--------|
| hotype | m_score | 665.2 | 2 | 332.61 | 1.814 | 0.169 |
| | p_score | 376.7 | 2 | 188.6 | 0.858 | 0.428 |
| | c_score | 139.7 | 2 | 69.86 | 0.433 | 0.650 |

　　單變量變異數分析檢定結果整理，如表 8-5。

家庭結構（家庭型態）三個群組在數學成績、物理成績、化學成績依變數平均數差異之整體考驗的 F 值統計量分別為 1.814、0.858、0.433，顯著性機率值 $p$ 分別等於 0.169（> 0.017）、0.428（> 0.017）、 0.650（> 0.017），均未達統計顯著水準，接受虛無假設，家庭結構（家庭型態）三個群組在數學成績的差異未達顯著，家庭結構（家庭型態）三個群組在物理成績、化學成績的差異也均未達顯著。

## 肆　學習壓力組因子在三個焦慮構面變數之形心的差異檢定

　　學習壓力三個群組在考試焦慮、課堂焦慮、學習焦慮三個依變數之差異比較，學習壓力變數為三分類別變數，水準數值 1 為「高學習壓力組」、水準數值 2 為「中學習壓力組」、水準數值 3 為「低學習壓力組」，考試焦慮、課堂焦慮、學習焦慮三個依變數為計量變數。範例多變量變異數分析程序，如圖 8-1 所示。

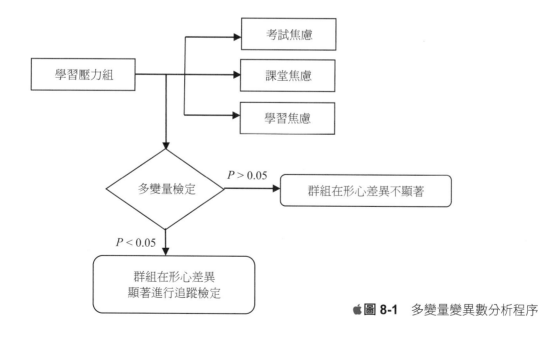

● 圖 8-1　多變量變異數分析程序

**一、多變量檢定**

單因子多變量變異數分析之語法函數與結果如下：

---

```
> ma.model=manova(cbind(eanxious,canxious,lanxious) ~ factor(gpress),data=temp)
> summary.manova(ma.model)
```

|  | Df | Pillai | approx F | num Df | den Df | Pr(>F) |
|---|---|---|---|---|---|---|
| factor(gpress) | 2 | 0.85857 | 21.563 | 6 | 172 | < 2.2e-16 *** |
| Residuals | 87 | | | | | |

```
> summary(ma.model)
```

|  | Df | Pillai | approx F | num Df | den Df | Pr(>F) |
|---|---|---|---|---|---|---|
| factor(gpress) | 2 | 0.85857 | 21.563 | 6 | 172 | < 2.2e-16 *** |
| Residuals | 87 | | | | | |

```
> summary(ma.model, test="Wilks")
```

|  | Df | Wilks | approx F | num Df | den Df | Pr(>F) |
|---|---|---|---|---|---|---|
| factor(gpress) | 2 | 0.201 | 34.864 | 6 | 170 | < 2.2e-16 *** |
| Residuals | 87 | | | | | |

```
> summary(ma.model, test="Hotelling-Lawley")
```

|  | Df | Hotelling-Lawley | approx F | num Df | den Df | Pr(>F) |
|---|---|---|---|---|---|---|
| factor(gpress) | 2 | 3.6787 | 51.502 | 6 | 168 | < 2.2e-16 *** |
| Residuals | 87 | | | | | |

```
> summary(ma.model, test="Roy")
```

|  | Df | Roy | approx F | num Df | den Df | Pr(>F) |
|---|---|---|---|---|---|---|
| factor(gpress) | 2 | 3.5963 | 103.09 | 3 | 86 | < 2.2e-16 *** |
| Residuals | 87 | | | | | |

---

　　四個多變量檢定統計量均達統計顯著水準，Pillai's 追蹤值 = 0.859、顯著性 $p$ 值 = 0.000 < 0.05；Wilks' Lambda ($\Lambda$) = .201、顯著性 $p$ 值 = 0.000 < 0.05；Hotelling's 追蹤值 = 3.679、顯著性 $p$ 值 = 0.000 < 0.05；Roy's 最大根值 = 3.596、顯著性 $p$ 值 = 0.000 < 0.05，由於多變量檢定統計量達到統計顯著水準，表示學習壓力三個群組在三個檢定依變數之形心差異有顯著不同，三個群組的形心有顯著差

**表 8-6**　單因子多變量變異數分析檢定統計量摘要表

| 效果 | | 參數值 | 近似 $F$ 值 | 假設自由度 | 誤差自由度 | 顯著性 |
|---|---|---|---|---|---|---|
| gpress | Pillai's 追蹤值 | 0.859 | 21.563 | 6 | 172 | 0.000 |
| | Wilks' Lambda 值 | 0.201 | 34.864 | 6 | 170 | 0.000 |
| | Hotelling's 追蹤值 | 3.679 | 51.502 | 6 | 168 | 0.000 |
| | Roy's 最大根值 | 3.596 | 103.090 | 3 | 86 | 0.000 |

異，進一步追蹤考驗在檢定學習壓力三個群組在那些依變數平均數有顯著差異。

　　單因子多變量變異數分析檢定統計量摘要表，如表 8-6。

## 二、追蹤檢定

　　使用 tapply( ) 函數配合 round( ) 函數求出三個計量變數的平均數，平均數輸出至小數第二位：

```
> round(tapply(eanxious,list(gpress),mean),2)
    1      2      3
43.53   29.87   18.47
> round(tapply(canxious,list(gpress),mean),2)
    1      2      3
20.07   13.73   9.13
> round(tapply(lanxious,list(gpress),mean),2)
    1      2      3
31.27   27.33   17.40
```

　　構成形心之依變數個數有三個，追蹤檢定之單變量變異數分析的顯著水準必須小於 0.017（$\alpha_f = \dfrac{0.05}{3} = 0.017$）才能拒絕虛無假設（$M_1 = M_2 = M_3$）。

(一) 檢定依變數為考試焦慮（eanxious）

```
> eanx=aov(eanxious ~ factor(gpress),data=temp)
```

```
> anova(eanx)
Analysis of Variance Table
Response: eanxious
                Df  Sum Sq  Mean Sq  F value    Pr(>F)
factor(gpress)   2  9450.8  4725.4    125.55   < 2.2e-16 ***
Residuals       87  3274.4    37.6
```

[說明]：變異數分析摘要表中的 Df 欄為自由度、Sum Sq 欄為平方和、Mean Sq 欄為平均平方和、F value 欄為 $F$ 值統計量、Pr(>F) 欄為顯著性 $p$ 值。

　　單變量檢定之 $F$ 值統計量 =125.55，顯著性機率值 $p = 0.000 < 0.017$，三個學習壓力群組在考試焦慮的平均數有顯著差異。

　　使用基本套件之函數 TukeyHSD( ) 進行群組差異之事後比較：

```
> TukeyHSD(eanx,ordered=TRUE)
  Tukey multiple comparisons of means
    95% family-wise confidence level
    factor levels have been ordered
Fit: aov(formula = eanxious ~ factor(gpress), data = temp)
$'factor(gpress)'
        diff        lwr        upr       p adj
2-3  11.40000   7.622937   15.17706      0
1-3  25.06667  21.289604   28.84373      0
1-2  13.66667   9.889604   17.44373      0
```

[說明]：diff 欄為組別平均數差異值、lwr 欄為 95% 信賴區間下限值、upr 欄為 95% 信賴區間下限值、p adj 欄為顯著性 $p$ 值。

　　就「考試焦慮」變數而言，水準數值 2 群組的平均數（$M = 29.87$）顯著高於水準數值 3 群組的平均數（$M = 18.47$），平均數差異值 = 11.40；水準數值 1 群組的平均數（$M = 43.53$）顯著高於水準數值 3 群組的平均數，平均數差異值 = 25.07；

水準數值 1 群組的平均數顯著高於水準數值 2 群組的平均數，平均數差異值 = 13.67。

## (二) 檢定依變數為課堂焦慮（canxious）

```
> canx=aov(canxious ~ factor(gpress),data=temp)
> anova(canx)
Analysis of Variance Table
Response: canxious
               Df   Sum Sq   Mean Sq   F value   Pr(>F)
factor(gpress)  2   1808.1   904.04    35.894    4.299e-12 ***
Residuals      87   2191.2   25.19
```

單變量檢定之 $F$ 值統計量 = 35.894，顯著性機率值 $p$ = 0.000 < 0.017，三個學習壓力群組在課堂焦慮的平均數有顯著差異。

使用基本套件之函數 TukeyHSD( ) 進行群組差異之事後比較：

```
> TukeyHSD(canx,ordered=TRUE)
  Tukey multiple comparisons of means
    95% family-wise confidence level
    factor levels have been ordered
Fit: aov(formula = canxious ~ factor(gpress), data = temp)
$'factor(gpress)'
         diff       lwr        upr      p adj
2-3    4.600000   1.510207    7.689793  0.0017907
1-3   10.933333   7.843540   14.023126  0.0000000
1-2    6.333333   3.243540    9.423126  0.0000137
```

就課堂焦慮變數而言，水準數值 2 群組的平均數（$M$ = 13.73）顯著高於水準數值 3 群組的平均數（$M$ = 9.13），平均數差異值 = 4.60；水準數值 1 群組的平均數（$M = 20.07$）顯著高於水準數值 3 群組的平均數，平均數差異值 = 10.93；水準數值 1 群組的平均數顯著高於水準數值 2 群組的平均數，平均數差異值 = 6.33。

(三) 檢定依變數為學習焦慮（lanxious）

```
> lanx=aov(lanxious ~ factor(gpress),data=temp)
> anova(lanx)
Analysis of Variance Table
Response: lanxious
               Df  Sum Sq  Mean Sq  F value    Pr(>F)
factor(gpress)  2  3064.3  1532.13  40.841   3.101e-13 ***
Residuals      87  3263.7    37.51
```

單變量檢定之 $F$ 值統計量 = 40.841，顯著性機率值 $p = 0.000 < 0.017$，三個學習壓力群組在學習焦慮的平均數有顯著差異。

使用基本套件之函數 TukeyHSD( ) 進行群組差異之事後比較：

```
> TukeyHSD(lanx,ordered=TRUE)
  Tukey multiple comparisons of means
    95% family-wise confidence level
    factor levels have been ordered
Fit: aov(formula = lanxious ~ factor(gpress), data = temp)
$'factor(gpress)'
          diff        lwr         upr        p adj
2-3   9.933333   6.1624275  13.704239  0.000000
1-3  13.866667  10.0957608  17.637572  0.000000
1-2   3.933333   0.1624275   7.704239  0.038882
```

就學習焦慮變數而言，水準數值 2 群組的平均數（$M = 27.33$）顯著高於水準數值 3 群組的平均數（$M = 17.40$），平均數差異值 = 9.93；水準數值 1 群組的平均

數（ $M = 31.27$ ）顯著高於水準數值 3 群組的平均數，平均數差異值 = 13.87；水準
數值 1 群組的平均數顯著高於水準數值 2 群組的平均數，平均數差異值 = 3.93。

## 伍　學習壓力組因子在三個科目成績變數之形心的差異檢定

　　學習壓力三個群組在數學成績、物理成績、化學成績三個依變數之差異比較，
因子變數為學習壓力組別（gpress）：

```
> ma.model=manova(cbind(m_score,p_score,c_score) ~ factor(gpress))
> summary(ma.model,test ="Pillai",intercept = TRUE )
                Df  Pillai   approx F  num Df  den Df    Pr(>F)
(Intercept)      1  0.98390  1731.12      3      85     < 2.2e-16 ***
factor(gpress)   2  0.59199    12.05      6     172     2.76e-11 ***
Residuals       87
> summary(ma.model, test="Wilks",intercept = TRUE)
                Df   Wilks   approx F  num Df  den Df    Pr(>F)
(Intercept)      1  0.01610  1731.12      3      85     < 2.2e-16 ***
factor(gpress)   2  0.45388    13.72      6     170     1.099e-12 ***
Residuals       87
> summary(ma.model, test="Hotelling-Lawley",intercept = TRUE)
                Df Hotelling-Lawley  approx F  num Df  den Df    Pr(>F)
(Intercept)      1     61.098        1731.12      3      85    < 2.2e-16 ***
factor(gpress)   2      1.102          15.43      6     168    4.667e-14 ***
Residuals       87
---
Signif. codes:  0 '***' 0.001 '**' 0.01 '*' 0.05 '.' 0.1 ' ' 1
> summary(ma.model, test="Roy",intercept = TRUE)
                Df   Roy    approx F  num Df  den Df    Pr(>F)
(Intercept)      1  61.098  1731.1       3      85     < 2.2e-16 ***
factor(gpress)   2   1.001    28.7       3      86     5.907e-13 ***
Residuals       87
```

四個多變量檢定統計量均達統計顯著水準，Pillai's 追蹤值 = 0.592、顯著性 $p$ 值 = 0.000 < 0.05；Wilks' Lambda ($\Lambda$) = 0.454、顯著性 $p$ 值 = 0.000 < 0.05；Hotelling's 追蹤值 = 1.102、顯著性 $p$ 值 = 0.000 < 0.05；Roy's 最大根值 = 1.001、顯著性 $p$ 值 = 0.000 < 0.05，由於多變量檢定統計量達到統計顯著水準，表示學習壓力三個群組在三個檢定依變數之形心差異有顯著不同，三個群組的形心有顯著差異，追蹤考驗在檢定學習壓力三個群組分別在三個檢定依變數平均數差異的情況。

單因子多變量變異數分析檢定統計量摘要表，如表 8-7。

**表 8-7** 單因子多變量變異數分析檢定統計量摘要表

| 效果 | | 參數值 | 近似 $F$ 值 | 假設自由度 | 誤差自由度 | 顯著性 |
|---|---|---|---|---|---|---|
| 截距 | Pillai's 追蹤值 | 0.984 | 1731.12 | 3 | 85 | 0.000 |
| | Wilks' Lambda 值 | 0.016 | 1731.12 | 3 | 85 | 0.000 |
| | Hotelling's 追蹤值 | 61.098 | 1731.12 | 3 | 85 | 0.000 |
| | Roy's 最大根值 | 61.098 | 1731.12 | 3 | 85 | 0.000 |
| gpress | Pillai's 追蹤值 | 0.592 | 12.05 | 6 | 172 | 0.000 |
| | Wilks' Lambda 值 | 0.454 | 13.72 | 6 | 170 | 0.000 |
| | Hotelling's 追蹤值 | 1.102 | 15.43 | 6 | 168 | 0.000 |
| | Roy's 最大根值 | 1.001 | 28.70 | 3 | 86 | 0.000 |

進一步的追蹤考驗，可以分開使用 aov( ) 函數逐一操作，但若是配合迴圈可以簡化操作程序，範例改使用迴圈進行單變量變異數分析之追蹤檢定。

R 編輯器視窗的語法指令如下：

```
[1]varnum=3
[2]testp=round(.05/varnum,3)
[3]for( i in 1:varnum )
[4]{
[5] print(paste(" 檢定依變數：",names(temp[i])))
[6] m.anova=aov(temp[[i]] ~ factor(gpress),data=temp)
[7] m1.anova=anova(m.anova)
[8] print(m1.anova)
[9] cat(" 顯著水準 alpha_f=",testp,"；追蹤考驗顯著性 =",round(m1.anova$Pr[1],3),"\n")
```

```
[10] if (m1.anova$Pr[1] < testp ) {
[11] cat(" 追蹤考驗達統計顯著水準，單變量變異數分析事後比較如下：","\n")
[12] print(TukeyHSD(m.anova,ordered=TRUE))
[13]   }
[14]}
```

第 1 列界定檢定依變數的個數，範例中的依變數有三個。

第 2 列設定追蹤檢定之單變量變異數檢定統計量的顯著性。

第 3 列設定迴圈，迴圈語法可改為「for( i in 1:3)。

第 4 列迴圈運作的起始符號。

第 5 列使用 print( ) 函數與 names( ) 輸出檢定依變數的變數名稱。

第 6 列界定單變量變異數分析的物件變數，名稱設定為 m.anova。

第 7 列使用 anova( ) 函數設定單變量變異數分析摘要表物件，物件名稱為 m1.anova。

第 8 列使用 print( ) 函數輸出單變量變異數分析摘要表。

第 9 列使用 cat( ) 函數輸出文字說明與單變量變異數分析表中的顯著性 *p* 值

第 10 列界定邏輯判別式，如果單變量變異數分析表中的顯著性小於 testp，則執行第 11 列至第 12 列的語法指令。

第 11 列輸出單變量變異數分析達到統計顯著水準的說明文字。

第 12 列使用基本套件 TukeyHSD( ) 函數進行事後比較（多重比較）。

第 13 列界定 if( ) 函數的結束符號。

第 14 列界定迴圈 for( ) 函數的結束符號。

R 主控台執行 R 編輯器視窗語法指令結果如下：

```
[1] " 檢定依變數  m_score"
Analysis of Variance Table
Response: temp[[i]]
               Df    Sum Sq   Mean Sq   F value      Pr(>F)
factor(gpress)  2   5607.2   2803.60   22.161    1.665e-08 ***
Residuals      87  11006.4    126.51
---
```

Signif. codes:  0 '***' 0.001 '**' 0.01 '*' 0.05 '.' 0.1 ' ' 1

顯著水準 alpha_f= 0.017 ；追蹤考驗顯著性 = 0

追蹤考驗達統計顯著水準，單變量變異數分析事後比較如下：

    Tukey multiple comparisons of means

      95% family-wise confidence level

      factor levels have been ordered


Fit: aov(formula = temp[[i]] ~ factor(gpress), data = temp)

$'factor(gpress)'

      diff      lwr        upr        p adj

2-1   6.4   -0.52486   13.32486   0.0761597

3-1  19.0   12.07514   25.92486   0.0000000

3-2  12.6    5.67514   19.52486   0.0001132


[1] " 檢定依變數： p_score"

Analysis of Variance Table

Response: temp[[i]]

                   Df   Sum Sq   Mean Sq   F value      Pr(>F)

factor(gpress)     2   9697.7    4848.8     43.142   9.618e-14 ***

Residuals         87   9778.1     112.4

---

Signif. codes:  0 '***' 0.001 '**' 0.01 '*' 0.05 '.' 0.1 ' ' 1

顯著水準 alpha_f= 0.017 ；追蹤考驗顯著性 = 0

追蹤考驗達統計顯著水準，單變量變異數分析事後比較如下：

    Tukey multiple comparisons of means

      95% family-wise confidence level

      factor levels have been ordered

Fit: aov(formula = temp[[i]] ~ factor(gpress), data = temp)

$'factor(gpress)'

         diff        lwr        upr        p adj

2-1   15.533333    9.006292   22.06037   0.0000005

3-1   25.200000   18.672959   31.72704   0.0000000

```
3-2    9.666667    3.139626    16.19371    0.0019020
```
[1] " 檢定依變數： c_score"

Analysis of Variance Table

Response: temp[[i]]

|  | Df | Sum Sq | Mean Sq | F value | Pr(>F) |
|---|---|---|---|---|---|
| factor(gpress) | 2 | 363.3 | 181.64 | 1.1436 | 0.3234 |
| Residuals | 87 | 13819.2 | 158.84 | | |

顯著水準 alpha_f= 0.017 ；追蹤考驗顯著性 = 0.323

　　就數學成績依變數而言，單變量檢定之 $F$ 值統計量 = 22.161，顯著性機率值 $p$ = 0.000 < 0.017，三個學習壓力群組在數學成績的平均數有顯著差異。事後比較發現：水準數值 2 群組（中學習壓力組）的平均數顯著高於水準數值 1 群組（高學習壓力組）的平均數，平均數差異值 = 6.4；水準數值 3 群組（低學習壓力組）的平均數顯著高於水準數值 1 群組（高學習壓力組）的平均數，平均數差異值 = 19.0；水準數值 3 群組（低學習壓力組）的平均數顯著高於水準數值 2 群組（中學習壓力組）的平均數，平均數差異值 = 12.6。

　　就物理成績依變數而言，單變量檢定之 $F$ 值統計量 = 43.142，顯著性機率值 $p$ = 0.000 < 0.017，三個學習壓力群組在物理成績的平均數有顯著差異。事後比較發現：水準數值 2 群組（中學習壓力組）的平均數顯著高於水準數值 1 群組（高學習壓力組）的平均數，平均數差異值 = 15.53；水準數值 3 群組（低學習壓力組）的平均數顯著高於水準數值 1 群組（高學習壓力組）的平均數，平均數差異值 = 25.20；水準數值 3 群組（低學習壓力組）的平均數顯著高於水準數值 2 群組（中學習壓力組）的平均數，平均數差異值 = 9.67。

　　就化學成績依變數而言，單變量檢定之 $F$ 值統計量 = 1.144，顯著性機率值 $p$ = 0.323 > 0.017，未達統計顯著水準，接受虛無假設，三個學習壓力群組在化學成績的平均數沒有顯著差異。

　　追蹤考驗之單因子單變量變異數分析摘要表整理，如表 8-8。

**◆表 8-8** 追蹤考驗之單因子單變量變異數分析摘要表

| 變異來源 | 依變數 | 平方和（SS） | df | 平均值平方（MS） | F | 顯著性 p | 事後比較 |
|---|---|---|---|---|---|---|---|
| gpress | m_score | 5607.2 | 2 | 2803.60 | 22.161 | 0.000 | 2＞1、3＞1、3＞2 |
| | p_score | 9697.7 | 2 | 4848.80 | 43.142 | 0.000 | 2＞1、3＞1、3＞2 |
| | c_score | 363.3 | 2 | 181.64 | 1.144 | 0.323 | |
| 殘差 | m_score | 11006.4 | 87 | 126.51 | | | |
| | p_score | 9778.1 | 87 | 112.40 | | | |
| | c_score | 13819.2 | 87 | 158.84 | | | |

　　學習壓力組別在三個焦慮構面差異追蹤檢定的語法函數只要修改第三列的數據，三個焦慮構面變數的變數索引為 4 至 6，迴圈範圍數值改為「for（i in 4:6）」，R 編輯器視窗的語法指令為：

```
varnum=3
testp=round(.05/varnum,3)
for( i in 4:6)
{
print(paste(" 檢定依變數：",names(temp[i])))
m.anova=aov(temp[[i]] ~ factor(gpress),data=temp)
m1.anova=anova(m.anova)
print(m1.anova)
cat(" 顯著水準 alpha_f=",testp,"；追蹤考驗顯著性 =",round(m1.anova$Pr[1],3),"\n")
if (m1.anova$Pr[1] < testp ) {
cat(" 追蹤考驗達統計顯著水準，單變量變異數分析事後比較如下：","\n")
print(TukeyHSD(m.anova,ordered=TRUE))
 }
}
```

陸 二因子多變量變異數分析

二因子多變異量變異數分析中的自變數為二個固定因子,二個固定因子均為間斷變數。多變量檢定之交互作用項統計量如未達統計顯著水準,則查看多變量檢定主要效果項統計量是否顯著;如果交互作用項統計量達統計顯著水準($p < 0.05$),多變量統計量主要效果項(A 因子主效果、B 因子主效果)是否達到統計顯著水準,較沒有實質的意涵存在,此程序的詮釋與二因子單變量變異數分析程序與說明相同。

### 一、性別與學習壓力組別在三個科目形心之交互作用檢定

檢定依變數為學生數學成績、物理成績、化學成績,固定因子變數為「性別」(A 因子)與學生「學習壓力組別」(B 因子),二因子多變量變異數分析圖示,如圖 8-2。

以套件 psych 函數 describeBy( ) 求出性別與學習壓力組別二個因子變數在三個計量變數的描述性統計量,引數 group 以 list 列表界定二個因子變數:

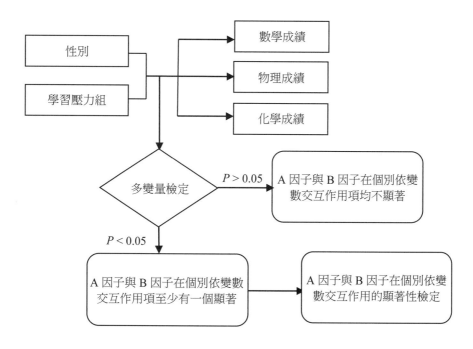

■圖 8-2 二因子多變量變異數分析圖

```
> with(scda,{describeBy(scda[1:3], group=list(sex,gpress),mat=TRUE,digits=2)})
```

|          | item | group1 | group2 | vars | n | mean | sd | median | trimmed | mad |
|----------|------|--------|--------|------|----|-------|-------|--------|---------|-------|
| m_score1 | 1    | 女生   | 中學習壓力組 | 1 | 12 | 49.17 | 5.73 | 50.5 | 49.20 | 6.67 |
| m_score2 | 2    | 男生   | 中學習壓力組 | 1 | 18 | 50.00 | 9.36 | 55.0 | 50.69 | 4.45 |
| m_score3 | 3    | 女生   | 低學習壓力組 | 1 | 20 | 59.10 | 15.91 | 65.5 | 61.12 | 6.67 |
| m_score4 | 4    | 男生   | 低學習壓力組 | 1 | 10 | 68.60 | 2.17 | 69.0 | 68.75 | 1.48 |
| m_score5 | 5    | 女生   | 高學習壓力組 | 1 | 12 | 40.17 | 8.32 | 42.5 | 40.40 | 8.15 |
| m_score6 | 6    | 男生   | 高學習壓力組 | 1 | 18 | 45.33 | 12.70 | 44.0 | 44.88 | 14.83 |
| p_score1 | 7    | 女生   | 中學習壓力組 | 2 | 12 | 35.50 | 5.21 | 32.5 | 35.20 | 1.48 |
| p_score2 | 8    | 男生   | 中學習壓力組 | 2 | 18 | 38.00 | 6.21 | 40.0 | 37.81 | 8.90 |
| p_score3 | 9    | 女生   | 低學習壓力組 | 2 | 20 | 44.80 | 15.57 | 49.5 | 45.50 | 10.38 |
| p_score4 | 10   | 男生   | 低學習壓力組 | 2 | 10 | 50.40 | 10.66 | 55.0 | 50.50 | 11.86 |
| p_score5 | 11   | 女生   | 高學習壓力組 | 2 | 12 | 19.17 | 5.61 | 17.0 | 18.50 | 2.97 |
| p_score6 | 12   | 男生   | 高學習壓力組 | 2 | 18 | 23.00 | 12.10 | 18.0 | 21.88 | 2.97 |
| c_score1 | 13   | 女生   | 中學習壓力組 | 3 | 12 | 73.83 | 13.93 | 72.5 | 73.60 | 19.27 |
| c_score2 | 14   | 男生   | 中學習壓力組 | 3 | 18 | 79.89 | 3.16 | 81.0 | 79.94 | 2.97 |
| c_score3 | 15   | 女生   | 低學習壓力組 | 3 | 20 | 75.70 | 14.89 | 79.0 | 77.12 | 14.83 |
| c_score4 | 16   | 男生   | 低學習壓力組 | 3 | 10 | 77.40 | 2.27 | 78.0 | 77.50 | 2.97 |
| c_score5 | 17   | 女生   | 高學習壓力組 | 3 | 12 | 83.17 | 13.38 | 88.0 | 85.10 | 4.45 |
| c_score6 | 18   | 男生   | 高學習壓力組 | 3 | 18 | 65.78 | 12.90 | 65.0 | 65.62 | 19.27 |

　　二因子多變量變異數分析語法函數與結果如下，manova( ) 函數的因子變數交互作用為「~ factor(sex)*factor(gpress)」：

```
> temp<-read.csv("manova.csv",header=T)
> attach(temp)
> ma.model=manova(cbind(m_score,p_score,c_score) ~ factor(sex)*factor(gpress),data=temp)
> summary(ma.model)
                     Df  Pillai  approx F num Df den Df   Pr(>F)
factor(sex)           1  0.02793  0.7854     3      82    0.50546
```

```
factor(gpress)                  2   0.62685   12.6301      6      166     1.029e-11 ***
factor(sex):factor(gpress)      2   0.19269    2.9497      6      166     0.00922  **
Residuals                      84
---
Signif. codes:  0 '***' 0.001 '**' 0.01 '*' 0.05 '.' 0.1 ' ' 1
```

**[ 說明 ]**：factor（sex）列為 A 因子性別主要效果的差異檢定統計量、factor
（gpress）列為 B 因子學習壓力組別主要效果的差異檢定統計量、factor
（sex）:factor（gpress）列的估計值為 A 因子與 B 因子交互作用檢定統計量。

---------------------------------------------------------------------

```
> summary(ma.model, test="Wilks")
                            Df    Wilks    approx F   num Df  den Df    Pr(>F)
factor(sex)                  1   0.97207    0.7854       3      82     0.505465
factor(gpress)               2   0.43012   14.3438       6     164     4.101e-13 ***
factor(sex):factor(gpress)   2   0.81188    3.0019       6     164     0.008259 **
Residuals                   84
---
Signif. codes:  0 '***' 0.001 '**' 0.01 '*' 0.05 '.' 0.1 ' ' 1
> summary(ma.model, test="Hotelling-Lawley")
                            Df Hotelling-Lawley approx F num Df den Df  Pr(>F)
factor(sex)                  1     0.02873        0.7854      3      82  0.505465
factor(gpress)               2     1.19248       16.0985      6     162  1.751e-14 ***
factor(sex):factor(gpress)   2     0.22608        3.0521      6     162  0.007429 **
Residuals                   84
---
Signif. codes:  0 '***' 0.001 '**' 0.01 '*' 0.05 '.' 0.1 ' ' 1
> summary(ma.model, test="Roy")
                            Df    Roy      approx F num Df den Df  Pr(>F)
factor(sex)                  1   0.02873    0.7854      3      82  0.50546
factor(gpress)               2   1.06852   29.5623      3      83  4.234e-13 ***
factor(sex):factor(gpress)   2   0.19760    5.4669      3      83  0.00177 **
Residuals                   84
---
```

```
Signif. codes:  0 '***' 0.001 '**' 0.01 '*' 0.05 '.' 0.1 ' ' 1
```

　　四個二因子多變量交互作用檢定統計量（factor（area）:factor（hotype）列的數據）均達統計顯著水準，Pillai's 追蹤值 = 0.193、顯著性 $p$ 值 = 0.009 < 0.05；Wilks' Lambda（$\Lambda$）= 0.812、顯著性 $p$ 值 = 0.008 < 0.05；Hotelling's 追蹤值 = 0.226、顯著性 $p$ 值 = 0.007 < 0.05；Roy's 最大根值 = 0.198、顯著性 $p$ 值 = 0.002 < 0.05，A 因子「性別」與 B 因子「學習壓力組別」二個因子變數在形心的交互作用達到顯著，表示 A 因子與 B 因子在個別依變數之二因子單變量變異數分析中至少有一個交互作用顯著。

　　二因子多變量變異數分析摘要表，如表 8-9。

🍎**表 8-9**　二因子多變量變異數分析摘要表

| 效果 | | 數值 | $F$ | 假設自由度 | 誤差自由度 | 顯著性 |
|---|---|---|---|---|---|---|
| sex * gpress | Pillai's 追蹤值 | 0.193 | 2.950 | 6 | 166 | 0.009 |
| | Wilks' Lambda 值 | 0.812 | 3.002 | 6 | 164 | 0.008 |
| | Hotelling's 追蹤值 | 0.226 | 3.052 | 6 | 162 | 0.007 |
| | Roy's 最大根值 | 0.198 | 5.467 | 3 | 83 | 0.002 |

　　追蹤檢定在於檢定二個固定因子在那一個依變數之交互作用項達到統計顯著水準，追蹤檢定統計量 $F$ 值的顯著水準為 $\alpha_f$ = 0.017，二因子單變量變異數分析之交互作用項統計量的顯著性 $p$ < 0.017，才有達到統計顯著水準。

　　使用 `tapply( )` 函數配合 `round( )` 函數輸出三個計量變數的細格平均數至小數第二位：

```
> round(tapply(m_score,list(sex,gpress),mean),2)
      1     2     3
1 45.33 50.00 68.6
2 40.17 49.17 59.1
> round(tapply(c_score,list(sex,gpress),mean),2)
      1     2     3
1 65.78 79.89 77.4
2 83.17 73.83 75.7
```

```
> round(tapply(p_score,list(sex,gpress),mean),2)
      1     2     3
1 23.00  38.0  50.4
2 19.17  35.5  44.8
```

## （一）性別與學習壓力因子在「數學成績」之二因子單變量變異數分析

```
> m.anova=aov(m_score ~ factor(sex)*factor(gpress),data=temp)
> anova(m.anova)
Analysis of Variance Table
Response: m_score
```

|  | Df | Sum Sq | Mean Sq | F value | Pr(>F) |
|---|---|---|---|---|---|
| factor(sex) | 1 | 22.0 | 22.05 | 0.1814 | 0.6712 |
| factor(gpress) | 2 | 6123.9 | 3061.94 | 25.1974 | 2.677e-09 *** |
| factor(sex):factor(gpress) | 2 | 260.1 | 130.07 | 1.0703 | 0.3475 |
| Residuals | 84 | 10207.5 | 121.52 | | |

**[說明]**：交互作用項的 $F$ 值 $= 1.070$（$p > 0.017$）。

## （二）性別與學習壓力因子在「物理成績」之二因子單變量變異數分析

```
> p.anova=aov(p_score ~ factor(sex)*factor(gpress),data=temp)
> anova(p.anova)
Analysis of Variance Table
Response: p_score
```

|  | Df | Sum Sq | Mean Sq | F value | Pr(>F) |
|---|---|---|---|---|---|
| factor(sex) | 1 | 4.5 | 4.5 | 0.0400 | 0.8419 |
| factor(gpress) | 2 | 10019.7 | 5009.8 | 44.6820 | 6.074e-14 *** |

```
factor(sex):factor(gpress)  2      33.4    16.7    0.1489   0.8619
Residuals                   84   9418.3   112.1
```

**[說明]**：交互作用項的 $F$ 值 = 0.149（$p > 0.017$）。

## (三) 性別與學習壓力因子在「化學成績」之二因子單變量變異數分析

```
> c.anova=aov(c_score ~ factor(sex)*factor(gpress),data=temp)
> anova(c.anova)
Analysis of Variance Table
Response: c_score
                            Df   Sum Sq   Mean Sq  F value      Pr(>F)
factor(sex)                  1    260.2    260.15   1.9239   0.1691007
factor(gpress)               2    337.5    168.75   1.2480   0.2923594
factor(sex):factor(gpress)   2   2226.0   1113.00   8.2308   0.0005442 ***
Residuals                   84  11358.8     35.22
```

**[說明]**：交互作用項的 $F$ 值 = 8.231（$p < 0.017$）。

　　追蹤檢定之二因子單變量變異數分析結果顯示，A 因子性別變數與 B 因子學習壓力組別變數在「數學成績」檢定變數之交互作用項統計量 $F$ 值 = 1.070，顯著性 $p$ = 0.348 > 0.017；「物理成績」檢定變數之交互作用項統計量 $F$ 值 = 0.149，顯著性 $p$ = 0.862 > 0.017；「化學成績」檢定變數之交互作用項統計量 $F$ 值 = 8.231，顯著性 $p$ = 0.001 < 0.017，三個二因子單變量交互作用項有一個達到統計顯著水準，此結果與二因子多變量變異數分析摘要表相呼應，當二因子多變異量變異數分析檢定統計量達到統計顯著水準，表示 A 因子與 B 因子在單變量交互作用項至少會有一個依變數達到顯著。上述二因子單變量變異數分析摘要表整理，如表 8-10。

●表 8-10　二因子單變量變異數分析摘要表

| 來源 | 依變數 | 型 III 平方和 | df | 平均平方和 | F | 顯著性 |
|---|---|---|---|---|---|---|
| sex * gpress | m_score | 260.1 | 2 | 130.07 | 1.070 | 0.348 |
| | p_score | 33.4 | 2 | 16.70 | 0.149 | 0.862 |
| | c_score | 2226.0 | 2 | 1113.00 | 8.231 | 0.001 |
| 誤差 | m_score | 10207.5 | 84 | 121.52 | | |
| | p_score | 9418.3 | 84 | 112.10 | | |
| | c_score | 11358.8 | 84 | 135.22 | | |

## 二、區域與家庭結構在三個科目形心之交互作用檢定

以套件 psych 之函數 describeBy( ) 輸出交叉表之描述性統計量,引數 group 以列表「list(area,hotype)」界定二個人口變數(A 因子與 B 因子),引數 mat 界定為假,各組別估計量單獨輸出:

```
> with(scda,{describeBy(scda[1:3], group=list(area,hotype),mat=FALSE,digits=2)})
: 北區
: 他人照顧組
        vars  n  mean     sd  median  trimmed   mad  min max range  skew
m_score    1  16  52.12  17.62    50.0    52.29  20.02  24  78    54  -0.03
p_score    2  16  36.00  14.22    34.5    36.07  15.57  15  56    41   0.09
c_score    3  16  81.75   5.79    80.5    81.64   8.15  74  91    17   0.24
        kurtosis   se
m_score    -1.37  4.41
p_score    -1.35  3.55
c_score    -1.47  1.45

-----------------------------------------------------------

: 南區
: 他人照顧組
        vars  n  mean     sd  median  trimmed   mad  min max range  skew
m_score    1  16  48.88  12.24      44    48.86   9.64  31  67    36   0.31
p_score    2  16  33.38  12.38      32    33.50  16.31  15  50    35  -0.08
c_score    3  16  65.88  11.56      63    65.86  17.05  51  81    30   0.12
```

```
--------------------------------------------------------------
: 北區
: 完整家庭組
          vars  n  mean   sd  median trimmed  mad  min max range  skew
m_score    1  14  55.00 14.32   58    55.67  16.31  30  72   42  -0.43
p_score    2  14  39.14 19.97   41    39.00  29.65  15  65   50  -0.01
c_score    3  14  85.29 5.70    87    85.58   4.45  75  92   17  -0.62
--------------------------------------------------------------
: 南區
: 完整家庭組
          vars  n  mean   sd  median trimmed  mad  min max range  skew
m_score    1  16  44.38 12.43  42.5   43.93  17.05  30  65   35   0.31
p_score    2  16  27.25 12.13  24.0   26.86  12.60  15  45   30   0.38
c_score    3  16  68.75 13.29  71.0   69.14  17.05  48  84   36  -0.23
--------------------------------------------------------------
: 北區
: 單親家庭組
          vars  n  mean   sd  median trimmed  mad  min max range  skew
m_score    1  12  56.17  9.17  53.5   55.9    8.90  47  68   21   0.27
p_score    2  12  42.00 15.63  41.5   42.2   20.02  19  63   44  -0.06
c_score    3  12  84.50  6.97  84.5   84.6   10.38  76  92   16  -0.02
--------------------------------------------------------------
: 南區
: 單親家庭組
          vars  n  mean   sd  median trimmed  mad  min max range  skew
m_score    1  16  55.38 12.13  55.0   55.79  15.57  34  71   37  -0.31
p_score    2  16  34.75 12.15  37.0   35.14  12.60  15  49   34  -0.39
c_score    3  16  70.25 12.85  75.5   70.71  11.12  50  84   34  -0.39
```

　　檢定依變數為學生數學成績、物理成績、化學成績,固定因子變數為區域(area)與學生家庭結構(hotype),二因子多變量變異數分析語法函數與結果如下:

```
> ma.model=manova(cbind(m_score,p_score,c_score) ~ factor(area)*factor(hotype),data=temp)
> summary(ma.model)
```

|  | Df | Pillai | approx F | num Df | den Df | Pr(>F) |
|---|---|---|---|---|---|---|
| factor(area) | 1 | 0.41642 | 19.5040 | 3 | 82 | 1.23e-09 *** |
| factor(hotype) | 2 | 0.08160 | 1.1767 | 6 | 166 | 0.3211 |
| factor(area):factor(hotype) | 2 | 0.05299 | 0.7530 | 6 | 166 | 0.6079 |
| Residuals | 84 |  |  |  |  |  |

```
> summary(ma.model, test="Wilks")
```

|  | Df | Wilks | approxF | num Df | den Df | Pr(>F) |
|---|---|---|---|---|---|---|
| factor(area) | 1 | 0.58358 | 19.5040 | 3 | 82 | 1.23e-09*** |
| factor(hotype) | 2 | 0.91952 | 1.1711 | 6 | 164 | 0.3242 |
| factor(area):factor(hotype) | 2 | 0.94764 | 0.7449 | 6 | 164 | 0.6143 |
| Residuals | 84 |  |  |  |  |  |

**[ 說明 ]**：二因子多變量檢定 $\Lambda$ 統計量 = 0.948，顯著性 $p$ 值 = 0.614 > 0.05，未達統計顯著水準，表示 A 因子「區域」與 B 因子「家庭結構」變數在依變數形心的交互作用未達顯著。

----------------------------------------------------------------

```
> summary(ma.model, test="Hotelling-Lawley")
```

|  | Df | Hotelling-Lawley | approx F | num Df | den Df | Pr(>F) |
|---|---|---|---|---|---|---|
| factor(area) | 1 | 0.71356 | 19.5040 | 3 | 82 | 1.23e-09 *** |
| factor(hotype) | 2 | 0.08631 | 1.1652 | 6 | 162 | 0.3275 |
| factor(area):factor(hotype) | 2 | 0.05458 | 0.7369 | 6 | 162 | 0.6206 |
| Residuals | 84 |  |  |  |  |  |

```
> summary(ma.model, test="Roy")
```

|  | Df | Roy | approx F | num Df | den Df | Pr(>F) |
|---|---|---|---|---|---|---|
| factor(area) | 1 | 0.71356 | 19.5040 | 3 | 82 | 1.23e-09 *** |
| factor(hotype) | 2 | 0.06868 | 1.9001 | 3 | 83 | 0.1359 |
| factor(area):factor(hotype) | 2 | 0.03614 | 1.0000 | 3 | 83 | 0.3971 |
| Residuals | 84 |  |  |  |  |  |

四個二因子多變量交互作用檢定統計量（factor(area):factor(hotype) 列的數據）

均未達統計顯著水準，Pillai's 追蹤值 = 0.053（近似 $F$ 值統計量 = 0.753、自由度分別為 6、166）、顯著性 $p$ 值 = 0.608 > 0.05；Wilks' Lambda $(\Lambda)$ = 0.948、顯著性 $p$ 值 = 0.614 > 0.05；Hotelling's 追蹤值 = 0.055、顯著性 $p$ 值 = 0.621 > 0.05；Roy's 最大根值 = 0.036、顯著性 $p$ 值 = 0.397 > 0.05，由於區域與家庭結構二個因子在形心的交互作用未達統計顯著水準，表示 A 因子與 B 因子在三個檢定依變數之平均數沒有顯著的交互作用存在。

A 因子（區域變數）在形心的差異達到統計顯著水準，Pillai's 追蹤值 = 0.416（顯著性 $p$ 值 = 0.000 < 0.05）；Wilks' Lambda $(\Lambda)$ = 0.584（顯著性 $p$ 值 = 0.000 < 0.05）；Hotelling's 追蹤值 = 0.714（顯著性 $p$ 值 = 0.000 < 0.05）；Roy's 最大根值 = 0.714（顯著性 $p$ 值 = 0.000 < 0.05），不同地區（A 因子）之樣本觀察值群組在數學成績、物理成績、化學成績上至少有一個依變數的平均數差異值顯著不等於 0。

B 因子（家庭結構）在形心差異的主要效果未達統計顯著水準，Pillai's 追蹤值 = 0.082（顯著性 $p$ 值 = 0.321 > 0.05）；Wilks' Lambda $(\Lambda)$ = 0.920（顯著性 $p$ 值 = 0.324 > 0.05）；Hotelling's 追蹤值 = 0.086（顯著性 $p$ 值 = 0.328 > 0.05）；Roy's 最大根值 = 0.069（顯著性 $p$ 值 = 0.136 > 0.05），四個多變量統計量之顯著性機率值均大於 0.05，表示 B 因子（家庭結構）在三個科目之形心的差異未達顯著，如表 8-11。

● 表 8-11　區域與家庭結構在三個科目成績之多變量變異數分析摘要表

| 效果 | | 數值 | $F$ | 假設自由度 | 誤差自由度 | 顯著性 |
|---|---|---|---|---|---|---|
| area * hotype | Pillai's 追蹤值 | 0.053 | 0.753 | 6 | 166 | 0.608 |
| | Wilks' Lambda 值 | 0.948 | 0.745 | 6 | 164 | 0.614 |
| | Hotelling's 追蹤值 | 0.055 | 0.737 | 6 | 162 | 0.621 |
| | Roy's 最大根值 | 0.036 | 1.000 | 3 | 83 | 0.397 |

以個別依變數為檢定變數進行二因子單變量變異數分析，追蹤檢定的顯著水準為 $\alpha_f$ = 0.017，二因子單變量變異數分析之交互作用項統計量的顯著性 $p$ < 0.017，才有達到統計顯著水準。

```
> m.anova=aov(m_score ~ factor(area)*factor(hotype),data=temp)
> anova(m.anova)
Analysis of Variance Table
Response: m_score
                 Df  Sum Sq  Mean Sq  F value  Pr(>F)
```

| | | | | | |
|---|---|---|---|---|---|
| factor(area) | 1 | 494.1 | 494.06 | 2.7637 | 0.1002 |
| factor(hotype) | 2 | 720.7 | 360.36 | 2.0158 | 0.1396 |
| factor(area):factor(hotype) | 2 | 382.2 | 191.08 | 1.0689 | 0.3480 |
| Residuals | 84 | 15016.7 | 178.77 | | |

**[ 說明 ]**：就數學成績而言，A 因子主要效果、B 因子主要效果、A × B 交互作用項的 $F$ 值統計量均未達統計顯著水準。

-------------------------------------------------------------------------

```
> p.anova=aov(p_score ~ factor(area)*factor(hotype),data=temp)
> anova(p.anova)
Analysis of Variance Table
Response: p_score
```

| | Df | Sum Sq | Mean Sq | F value | Pr(>F) | |
|---|---|---|---|---|---|---|
| factor(area) | 1 | 1088.3 | 1088.29 | 5.1860 | 0.02531 | * |
| factor(hotype) | 2 | 428.2 | 214.12 | 1.0203 | 0.36490 | |
| factor(area):factor(hotype) | 2 | 331.8 | 165.92 | 0.7906 | 0.45690 | |
| Residuals | 84 | 17627.5 | 209.85 | | | |

**[ 說明 ]**：就物理成績而言，B 因子主要效果、A × B 交互作用項的 $F$ 值統計量均未達統計顯著水準（A 因子主要效果的顯著性 = 0.025 > 0.017，未達統計顯著水準）。

-------------------------------------------------------------------------

```
> c.anova=aov(c_score ~ factor(area)*factor(hotype),data=temp)
> anova(c.anova)
Analysis of Variance Table
Response: c_score
```

| | Df | Sum Sq | Mean Sq | F value | Pr(>F) | |
|---|---|---|---|---|---|---|
| factor(area) | 1 | 5328.0 | 5328.0 | 52.0857 | 2.182e-10 | *** |
| factor(hotype) | 2 | 242.2 | 121.1 | 1.1841 | 0.3111 | |
| factor(area):factor(hotype) | 2 | 19.6 | 9.8 | 0.0960 | 0.9086 | |
| Residuals | 84 | 8592.6 | 102.3 | | | |

**[ 說明 ]**：就化學成績而言，B 因子主要效果、A × B 交互作用項的 $F$ 值統計量均未達統計顯著水準。

　　追蹤檢定之二因子單變量變異數分析結果顯示，A 因子區域變數與 B 因子家庭結構變數在數學成績檢定變數之交互作用項統計量 $F$ 值 = 1.069，顯著性 $p$ = 0.348 > 0.017；在物理成績檢定變數之交互作用項統計量 $F$ 值 = 0.791，顯著性 $p$ = 0.457 > 0.017；在化學成績檢定變數之交互作用項統計量 $F$ 值 = 0.096，顯著性 $p$ = 0.909 > 0.017，三個二因子單變量交互作用項均未達統計顯著水準。上述二因子單變量變異數分析摘要表整理，如表 8-12。

　　當二因子多變量變異數分析之多變量檢定統計量未達統計顯著水準（$p$ > 0.05），表示二個因子在單變量檢定之交互作用項均未達顯著，交互作用項未達顯著情況下，數據報表應再查看二個因子「主要效果」之多變量檢定統計量是否達到顯著，此時的操作程序與進行單因子多變量變異數分析程序相同，範例為 A 因子（區域因子變數）在數學成績、物理成績、化學成績構成之形心的差異是否顯著；B 因子（家庭結構 / 家庭型態因子變數）在數學成績、物理成績、化學成績構成之形心的差異是否顯著。

　　交互作用項、A 因子主要效果項、B 因子主要效果項均未達統計顯著水準的範例如下，因子變數為學生性別與家庭結構、檢定依變數為學生數學成績、物理成績、化學成績。

　　以 with(　) 函數指定資料框架物件，配合 table(　) 函數求出交叉表的觀察值次數：

```
> with(scda,{table(sex,hotype)})
       hotype
sex     他人照顧組  完整家庭組  單親家庭組
女生       16        16          12
男生       16        14          16
```

🍎 **表 8-12** 二因子單變量變異數分析摘要表

| 來源 | 依變數 | 平方和 | *df* | 平均平方和 | *F* | 顯著性 |
|---|---|---|---|---|---|---|
| area * hotype | m_score | 382.2 | 2 | 191.08 | 1.069 | 0.348 |
| | p_score | 331.8 | 2 | 165.92 | 0.791 | 0.457 |
| | c_score | 19.6 | 2 | 9.82 | 0.096 | 0.909 |
| 誤差 | m_score | 15016.7 | 84 | 178.77 | | |
| | p_score | 17627.5 | 84 | 209.85 | | |
| | c_score | 8592.6 | 84 | 102.30 | | |

使用 manova( ) 函數建立多變量變異數分析函數物件：

```
> ma.model=manova(cbind(m_score,p_score,c_score) ~ factor(sex)
*factor(hotype),data=temp)
> summary(ma.model)
```

|  | Df | Pillai | approx F | num Df | den Df | Pr(>F) |
|---|---|---|---|---|---|---|
| factor(sex) | 1 | 0.023463 | 0.65674 | 3 | 82 | 0.5810 |
| factor(hotype) | 2 | 0.054875 | 0.78051 | 6 | 166 | 0.5863 |
| factor(sex):factor(hotype) | 2 | 0.041920 | 0.59230 | 6 | 166 | 0.7362 |
| Residuals | 84 | | | | | |

```
> summary(ma.model, test="Wilks")
```

|  | Df | Wilks | approx F | num Df | den Df | Pr(>F) |
|---|---|---|---|---|---|---|
| factor(sex) | 1 | 0.97654 | 0.65674 | 3 | 82 | 0.5810 |
| factor(hotype) | 2 | 0.94564 | 0.77471 | 6 | 164 | 0.5909 |
| factor(sex):factor(hotype) | 2 | 0.95816 | 0.59037 | 6 | 164 | 0.7377 |
| Residuals | 84 | | | | | |

**[ 說明 ]**：二因子多變量檢定 Λ 統計量 = 0.958，顯著性 $p$ 值 = 0.738 > 0.05，未達統計顯著水準，表示 A 因子「區域」與 B 因子「家庭結構」變數在依變數形心的交互作用未達顯著。A 因子「區域」主要效果之 Λ 值統計量 = 0.977（$p$ > 0.05）、B 因子「家庭結構」主要效果之 Λ 值統計量 = 0.946（$p$ > 0.05），均未達統計顯著水準，表示 A 因子「區域」在依變數形心的差異未達顯著、B 因子「家庭結構」在依變數形心的差異也未達顯著。

---------------------------------------------------------------

```
> summary(ma.model, test="Hotelling-Lawley")
```

|  | Df | Hotelling-Lawley | approx F | num Df | den Df | Pr(>F) |
|---|---|---|---|---|---|---|
| factor(sex) | 1 | 0.024027 | 0.65674 | 3 | 82 | 0.5810 |
| factor(hotype) | 2 | 0.056949 | 0.76881 | 6 | 162 | 0.5955 |
| factor(sex):factor(hotype) | 2 | 0.043578 | 0.58830 | 6 | 162 | 0.7393 |
| Residuals | 84 | | | | | |

```
> summary(ma.model, test="Roy")
```

|  | Df | Roy | approx F | num Df | den Df | Pr(>F) |
|---|---|---|---|---|---|---|

| factor(sex) | 1 | 0.024027 | 0.65674 | 3 | 82 | 0.5810 |
|---|---|---|---|---|---|---|
| factor(hotype) | 2 | 0.044924 | 1.24289 | 3 | 83 | 0.2995 |
| factor(sex):factor(hotype) | 2 | 0.041504 | 1.14827 | 3 | 83 | 0.3346 |
| Residuals | 84 | | | | | |

　　四個二因子多變量交互作用檢定統計量均未達統計顯著水準，Pillai's 追蹤值 = 0.042、顯著性 $p$ 值 = 0.736 > 0.05；Wilks' Lambda (Λ) = 0.958、顯著性 $p$ 值 = 0.738 > 0.05；Hotelling's 追蹤值 = 0.044、顯著性 $p$ 值 = 0.739 > 0.05；Roy's 最大根值 = 0.042、顯著性 $p$ 值 = 0.335 > 0.05，由於性別與家庭結構二個因子在形心的交互作用未達統計顯著水準，表示 A 因子與 B 因子在三個檢定依變數之平均數沒有顯著的交互作用存在。

　　A 因子（學生性別）主要效果項之單因子多變量變異數檢定統計量 Wilks' Lambda (Λ) = 0.978、顯著性 $p$ 值 = 0.581 > 0.05（近似 $F$ 值統計量 = 0.657，分子、分母自由度分別為 3、82），未達統計顯著水準，不同性別二個群組在三個計量變數之形心的差異不顯著；B 因子（學生家庭結構／家庭型態）主要效果項之單因子多變量變異數檢定統計量 Wilks' Lambda (Λ) = 0.946、顯著性 $p$ 值 = 0.591 > 0.05（近似 $F$ 值統計量 = 0.775，分子、分母自由度分別為 6、164），未達統計顯著水準，不同家庭結構三個群組在三個計量變數之形心的差異不顯著。

　　性別與家庭結構二個因子之多變量變異數分析摘要表，如表 8-13。

🍎表 8-13　性別與家庭結構二個因子之多變量變異數分析摘要表

| 效果 | | 數值 | F | 假設自由度 | 誤差自由度 | 顯著性 |
|---|---|---|---|---|---|---|
| sex * hotype | Pillai's 追蹤值 | 0.042 | 0.592 | 6 | 166 | 0.736 |
| | Wilks' Lambda 值 | 0.958 | 0.590 | 6 | 164 | 0.738 |
| | Hotelling's 追蹤值 | 0.044 | 0.588 | 6 | 162 | 0.739 |
| | Roy's 最大根值 | 0.042 | 1.148 | 3 | 83 | 0.335 |

　　學生性別、家庭結構在三個學業成績變數之描述性統計量如下：

```
> library(psych)
> with(scda,{describeBy(scda[1:3], group=list(sex,hotype),mat=TRUE,digits=2)})
```

|          | item | group1 | group2 | vars | n  | mean  | sd    | median | trimmed | mad   | min |
|----------|------|--------|--------|------|----|-------|-------|--------|---------|-------|-----|
| m_score1 | 1    | 女生   | 他人照顧組 | 1    | 16 | 48.75 | 16.52 | 43.0   | 48.43   | 13.34 | 24  |
| m_score2 | 2    | 男生   | 他人照顧組 | 1    | 16 | 52.25 | 13.65 | 50.0   | 52.50   | 17.05 | 31  |
| m_score3 | 3    | 女生   | 完整家庭組 | 1    | 16 | 50.88 | 15.13 | 51.0   | 50.86   | 19.27 | 30  |
| m_score4 | 4    | 男生   | 完整家庭組 | 1    | 14 | 47.57 | 13.32 | 44.0   | 47.17   | 17.79 | 31  |
| m_score5 | 5    | 女生   | 單親家庭組 | 1    | 12 | 55.00 | 9.01  | 50.5   | 54.60   | 4.45  | 47  |
| m_score6 | 6    | 男生   | 單親家庭組 | 1    | 16 | 56.25 | 12.21 | 58.0   | 56.79   | 13.34 | 34  |
| p_score1 | 7    | 女生   | 他人照顧組 | 2    | 16 | 34.62 | 13.47 | 31.5   | 34.50   | 15.57 | 15  |
| p_score2 | 8    | 男生   | 他人照顧組 | 2    | 16 | 34.75 | 13.33 | 35.0   | 34.71   | 14.08 | 15  |
| p_score3 | 9    | 女生   | 完整家庭組 | 2    | 16 | 33.62 | 18.91 | 27.0   | 32.71   | 17.79 | 15  |
| p_score4 | 10   | 男生   | 完整家庭組 | 2    | 14 | 38.33 | 13.26 | 37.5   | 38.40   | 14.08 | 19  |
| p_score6 | 12   | 男生   | 單親家庭組 | 2    | 16 | 37.50 | 14.89 | 40.0   | 37.29   | 11.12 | 15  |
| c_score1 | 13   | 女生   | 他人照顧組 | 3    | 16 | 78.00 | 11.11 | 80.5   | 78.29   | 9.64  | 61  |
| c_score2 | 14   | 男生   | 他人照顧組 | 3    | 16 | 69.62 | 11.87 | 74.5   | 70.14   | 9.64  | 51  |
| c_score3 | 15   | 女生   | 完整家庭組 | 3    | 16 | 76.12 | 17.00 | 86.0   | 77.00   | 7.41  | 48  |
| c_score4 | 16   | 男生   | 完整家庭組 | 3    | 14 | 76.86 | 7.73  | 78.0   | 77.67   | 4.45  | 60  |
| c_score5 | 17   | 女生   | 單親家庭組 | 3    | 12 | 77.67 | 15.69 | 83.5   | 78.30   | 12.60 | 57  |
| c_score6 | 18   | 男生   | 單親家庭組 | 3    | 16 | 75.38 | 10.52 | 79.5   | 76.57   | 4.45  | 50  |

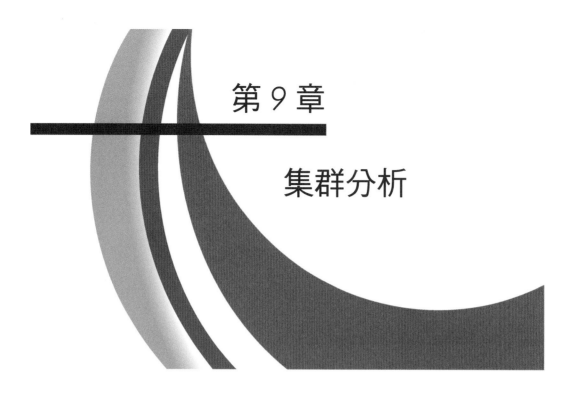

第 9 章

集群分析

集群分析是一種將觀察值分成群組 / 集群（cluster）的方法，各集群內觀察值在依變數上有較高的相似性，集群與集群間的觀察值有較高的差異性（低相似性）。集群分析的目的與探索性因素分析類似，因素分析程序中各共同因素內的題項變數有較高的同質性，共同因素與共同因素間指標變數有較大的異質性。

集群分析之相似性測量值常用的演算法為歐基里德直線距離或距離平方，以（3,10）、（5,7）的二個座標點為例，歐基里德直線距離平方 / 歐基里德距離為：$(3-5)^2 + (10-7)^2 = 13$，$\sqrt{(3-5)^2 + (10-7)^2} = 3.61$，之後再根據觀察值間的相似矩陣將觀察值合併：

```
> (3-5)^2+(10-7)^2
[1] 13
> round(sqrt(13),2)
[1] 3.61
```

在結合或連結集群方法方面，階層式集群分析法提供了七種不同方法：組間連結法（between-groups linkage）或稱組間平均連結法（average linkage between groups）、組內連結法（within-groups linkage）、最近法（nearest neighbor）或稱單一連結法（single linkage）、最遠法（furthest neighbor）或稱完全連結法（complete linkage）、形心集群法（centroid clustering）、中位數集群法（median cluster）、華德法（Ward's method）。R 軟體內定方法為組間連結法，在大部分的研究中，均採用此一方法。在集群分析的每個步驟中，會進行三種不同的合併：一為兩個相似性的觀察值合併，合併後變成一個小集群；二為相異性最小的二個集群合併，合併後變成一個集群；三為一個觀察值與一個集群相似程度最大者合併，合併後變成一個集群。

## 壹　函數語法

### 一、函數 hclust( ) 與函數 dist( )

　　基本套件 stats 中的函數 hclust( ) 可根據觀察值間的差異程度（距離），執行階層集群分析程序。hclust( ) 函數基本語法如下：

```
hclust(d, method = "complete", members = NULL)
```

　　使用 plot( ) 函數繪製階層集群分析圖：

```
plot(x, hang = 0.1, main = "Cluster Dendrogram", xlab = NULL,
ylab = "Height")
```

　　引數 d 為根據 dist( ) 函數建立的差異性距離矩陣物件。引數 method 為觀察值凝聚的演算法，選項有 "ward.D"、"ward.D2"、"single"、"complete"、"average"（= UPGMA）、"mcquitty"（= WPGMA）、"median" = WPGMC）、"centroid"（= UPGMC）等八種。引數 members 內定預設值選項為 NULL，表示每個初始觀察值是一個小集群。

　　引數 x 是 hclust( ) 函數建立的集群物件。引數 hang 界定圖形高度的量數值，最小值為 0。基本套件 stats 的函數 dist( ) 可根據資料框架或資料陣列計算橫列觀察值的距離矩陣，hclust( ) 函數必須配合 dist( ) 函數物件，dist( ) 函數先計算觀察值的距離矩陣後，再以距離矩陣物件作為 hclust( ) 函數的分析物件。dist( ) 基本函數語法如下：

```
dist(x, method = "euclidean", diag = FALSE, upper = FALSE, p = 2)
```

```
print(x, diag = NULL, upper = NULL)
```

　　引數 $x$ 為數值矩陣或數值變數的資料框架。引數 method 為估算距離的方法，可供選取方法有："euclidean"（歐基里德距離）、"maximum"（最大距離）、"manhattan"（曼哈頓距離）、"canberra"（坎培拉距離）、"binary"（雙子星距離）、"minkowski"（明可夫斯基距離），內定選項為 "euclidean"（歐基里德距離）。引數 diag 為邏輯選項，界定距離矩陣的對角線是否呈現，內定選項為 FALSE，表示不估算對角線的距離量數。引數 upper 為邏輯選項，界定上三角距離矩陣是否呈現，內定選項為 FALSE。引數 $p$ 界定 Minkowski distance（明可夫斯基距離）的 power 量數。

　　函數 cutree( ) 輸出 hclust( ) 函數物件之觀察值分組結果，函數 cutree( ) 基本語法為：

```
cutree(tree, k = NULL, h = NULL)
```

　　引數 tree 為 hclust( ) 函數界定的物件名稱。引數 $k$ 為分群的組別數，數值必須為整數（可以為單一集群個數或範圍集群個數，如 $k = 3:5$，表示分為三至五個集群時，觀察值對應的集群組別水準數值）。引數 $h$ 為樹狀圖裁剪的高度。

 ## 二、套件 cluster 函數 agnes( )

　　套件 cluster 中 的 函 數 agnes( ) 可 以 執 行 階 層 集 群 分 析（hierarchical clustering），agnes( ) 函數語法如下：

```
agnes(x, diss = inherits(x, "dist"), metric = "euclidean",
      stand = FALSE, method = "average")
```

　　引數 $x$ 為資料陣列、資料框架或差異陣列（使用 diss 引數界定）。陣列或資料框架物件中的橫列為觀察值、直行為變數名稱，所有變數必須為數值型變數（計量變數）。

　　引數 metric 以文字串界定觀察值間差異值（dissimilarities）的計算方法，選項包括 "euclidean"（歐基里德距離）與 "manhattan"（曼哈頓距離）。歐基里德距離是差異值總平方和的平方根、曼哈頓距離是絕對差異值的總和。引數 stand 為邏輯選項，選項為真（TRUE），表示計算差異值前先進行標準化轉換，新變數的測量值為原始測量值分數減變數的總平均數再除以變數「標準差」量數。引數 method 以文字界定觀察值分群的方法,選項包括 "average"(平均連結法)、"single"(單一連結法)、"complete(完全連結法)、"ward"(Ward's 華德法)、"weighted"(加權平均連結法),內定選項為 "average"(平均連結法)。

## 三、基本套件 kmeans( ) 函數

使用資料矩陣執行 K 平均數集群分析法,基本套件 kmeans( ) 函數語法如下:

```
kmeans(x, centers, iter.max = 10, nstart = 1,
       algorithm = c("Hartigan-Wong", "Lloyd", "Forgy",
                     "MacQueen"), trace=FALSE)
fitted(object, method = c("centers", "classes"))
```

引數 x 為數值性資料陣列,或可以轉化為陣列的數值向量或資料框架。引數 centers 為集群的個數(K 平均數集群分析法要界定分群的數目)或起始集群的形心(cluster centres)。引數 iter.max 為運算疊代次數的最大值,內定疊代次數為 10。引數 nstart 界定多少個隨機排列組(如果形心是一個數值),預測隨機起始中心點的次數為 1。引數 algorithm 界定分群演算法,演算法的文字可以使用簡稱,其中 "Lloyd" 與 "Forgy" 演算法不能同時界定,四種演算法選項為 "Hartigan-Wong"(內定選項)、"Lloyd"、"Forgy"、"MacQueen"。

引數 object 為 kmeans( ) 函數建立的物件。引數 method 估算法中的文字可以使用簡寫,選項 "centers" 回傳集群形心、"classes" 回傳分類排列向量。引數 trace 界定邏輯或整數數值(內定方法為 "Hartigan-Wong"),回傳值為正數且數值愈大,表示追蹤資訊愈多。

## 四、套件 cluster 函數 pam( )

套件 cluster 中的函數 pam( ) 可執行 K 平均數集群分析,此種演算法為 K 平均數集群分析的強韌性取代法一種。簡易 pam( ) 函數語法如下:

```
pam(x, k, metric = "euclidean" ,medoids = NULL, stand = FALSE)
```

引數 k 是分群的個數,數值必須為正整數且不能少於觀察值個數。引數 metric 界定觀察值間差異值的方法,二個選項為 "euclidean"(內定選項)、"manhattan"。引數 stand 內定選項為假(= FALSE),表示計量變數間進行差異值估算前不進行變數標準化轉換。引數 medoids 內定選項為「= NULL」,表示自動採用起始中心

形心點，研究者也可以自行界定一個 $k$ 維向量（形心）。

 **五、套件 tclust 函數 tkmeans( )**

K 平均數集群分析法經過修整，排除極端觀察值以執行觀察值的分群程序稱為截尾 K 平均數集群分析（Trimmed K-means Cluster Analysis）。核心函數為套件 tclust 中的函數 tkmeans( )。函數 tkmeans( ) 的基本語法為：

```
tkmeans (x, k = 3, alpha = 0.05, nstart = 50, iter.max = 20)
```

引數 $x$ 為資料框架或矩陣。引數 $k$ 界定起始搜尋的集群個數。引數 alpha 界定排除的觀察值比例值，內定的比例值為 0.05（排除極端觀察值的比例為 5%）。引數 nstart 界定程序執行時隨機初始的個數，內定數值選項為 50。引數 iter.max 界定疊代運算的最大次數，內定選項數值為 20。

 **六、套件 mclust 函數 Mclust( )**

期望最大化（Expectation-Maximization；[EM]）疊代演算之集群分析法類似最大概似估計法，以參數化高斯混合模型進行觀察值凝聚，經過反覆演算（E-step）估計程序，找出觀察值歸類的最佳群組 $k$ 的集群模式，最適配集群模式的判斷準則為 BIC（Bayesian Information Criterion）指標值，BIC 值是模型參數個數減少的最大對數概似值量數，BIC 指標值可作為不同參數化模式的比較量數或不同集群個數模式的比較量數，BIC 量數的數值愈大，表示對應的集群數之模式最佳。

期望最大化集群分析的核心函數為套件 mclust 函數 Mclust( )，Mclust( ) 函數基本語法為：

```
Mclust(data, G = NULL, modelNames = NULL, control = emControl( ))
```

引數 data 為數值向量（矩陣）或資料框架。引數 G 為界定混合元素（集群數）的整數向量，內定的數值為 1:9（最大集群個數為九個），模式依據 BIC 值選擇最佳數值進行估算。引數 modelNames 界定文字字串向量，模式自動選取參數以適配 EM 集群分析。內定的選項：單一變數資料為 c（"E", "V"）、（n > d）為 mclust. options（"emModelNames"）、多個變數資料（n <= d），球面與診斷模式為 c（"EII", "VII", "EEI", "EVI", "VEI", "VVI"）。引數 control 為 EM 控制參數的列表，內定選項設定為 emControl( )。

套件 mclust 內函數 mclustModelNames( ) 對於模式名稱有完整的描述：

1. 單一混合模式（univariate mixture）：

   "E"= 相等變異數（單層面）。

   "V"= 變項變異數（單層面）。

2. 多個混合模式：

   "EII"= 球面、相等的容積量。

   "VII" = 球面、不相等的容積量。

   "EEI"= 對角的、相等的容積量與形態。

   "VEI"= 對角的、變動的容積量、相同的形態。

   "EVI"= 對角的、相等的容積量、變動的形態。

   "VVI"= 對角的、變動的容積量與形態。

   "EEE"= 橢圓的、相等的容積量、形態與方向。

   "EVE"= 橢圓的、相等的容積量與方向（＊）。

   "VEE"= 橢圓的、相等的形態與方向（＊）。

   "VVE"= 橢圓的、相等的方向（＊）。

   "EEV"= 橢圓的、相等的容積量與相同的形態。

   "VEV"= 橢圓的、相同的形態。

   "EVV"= 橢圓的、相等的容積量（＊）。

   "VVV"= 橢圓的、變動的容積量、形態與方向。

3. 單一元素：

   "X"= 單變項常態性。

   "XII"= 球面的多變項常態性。

   "XXI"= 對角的多變項常態性。

   "XXX"= 橢圓的多變項常態性。

## 貳 階層集群分析法（套件 cluster 函數 agnes( ) 應用）

範例資料檔為二十筆觀察值在學習行為（behavior）、學習投入（engagement）、學習成就（achievement）、學習動機（motivation）四個計量變數的測量值。根據觀察值在學習行為（behavior）、學習投入（engagement）、學習成就（achievement）、學習動機（motivation）四個變數，將樣本觀察值分群。

使用 read.csv( ) 函數將試算表「cluster.csv」資料檔匯入：

```
> temp<-read.csv("cluster.csv",header=T)   ## 匯入資料檔
> head(temp,3)    ## 使用 head() 函數查看前三筆資料
   stid behavior  engagement  achievement  motivation
1  S01       51          45           34          15
2  S02       27          17            8           6
3  S03       31          24           10           5
> data4=temp[2:5]     ## 資料框架物件 data4 保留四個計量變數
> print.data.frame(data4)     ## 輸出二十筆觀察值的資料
      behavior  engagement  achievement  motivation
1          51          45           34          15
2          27          17            8           6
3          31          24           10           5
4          25          16           13           4
5          42          39           18           9
6          26          24           12           3
7          51          42           30          12
8          54          47           32          13
9          35          30           23           7
10         38          32           21           8
11         47          44           30          10
12         28          24           10           4
13         49          47           29          14
14         36          34           23           9
15         38          31           15           7
16         29          23            9           2
17         44          41           25           8
18         50          46           29          11
19         24          18           11           6
20         55          47           30          15
```

資料框架物件 temp 有五個變數，學生編號 stid、behavior、engagement、

achievement、motivation，資料框架物件 data4 只包括四個計量變數：behavior、engagement、achievement、motivation。

　　使用套件 psych 中的函數 describe( ) 求出四個計量變數的描述性統計量：

```
> library(psych)
> describe(data4)
            vars  n   mean    sd  median trimmed   mad  min max range  skew
behavior      1  20  39.00 10.60   38    38.88   15.57  24  55   31   0.04
engagement    2  20  33.55 11.06   33    34.00   14.08  16  47   31  -0.17
achievement   3  20  20.60  8.96   22    20.56   11.86   8  34   26  -0.03
motivation    4  20   8.40  3.97    8     8.31    4.45   2  15   13   0.20
            kurtosis   se
behavior      -1.59   2.37
engagement    -1.58   2.47
achievement   -1.68   2.00
motivation    -1.19   0.89
```

　　使用套件 psych 中的函數 corr.test( ) 求出四個計量變數相關矩陣統計量 $r$ 值、顯著性機率值 $p$：

```
> corr.test(data4)
Call:corr.test(x = data4)
Correlation matrix
            behavior engagement achievement motivation
behavior      1.00      0.97        0.93        0.92
engagement    0.97      1.00        0.93        0.89
achievement   0.93      0.93        1.00        0.91
motivation    0.92      0.89        0.91        1.00
Sample Size
[1] 20
```

**[ 說明 ]**：四個計量變數間的相關介於 0.89 至 0.97 之間，有效樣本數 =20。

------------------------------------------------------------------------

```
Probability values (Entries above the diagonal are adjusted for multiple tests.)
          behavior engagement achievement motivation
behavior         0          0           0          0
engagement       0          0           0          0
achievement      0          0           0          0
motivation       0          0           0          0
 To see confidence intervals of the correlations, print with the short=FALSE option
```

**[ 說明 ]**：相關係數統計量對應的顯著性機率值 $p$ 均等於 0.000 < 0.05，配對變數間的相關均顯著不等於 0。

以 **library( )** 函數載入 cluster 套件，使用 **agnes( )** 函數建立階層集群分析模式物件（物件名稱界定為 m.cluster），相似性的量測值採用內定選項歐基里德距離法，分群方法採用平均連結法。

```
> library(cluster)
>m.cluster=agnes(data4, metric = "euclidean", method = "average")
```

使用 summary( ) 函數輸出階層集群分析的完整量數：

```
> summary(m.cluster)
Object of class 'agnes' from call:
 agnes(x = data4, metric = "euclidean", method = "average")
Agglomerative coefficient:  0.8629165
```

**[ 說明 ]**：聚合係數值 = 0.86

------------------------------------------------------------------------

```
Order of objects:
 [1]  1  8 20  7 11 13 18  5 17  9 10 14 15  2  4 19  3 12 16  6
```

**[說明]**：觀察值合併的次序，空格大小表示合併的前後順序。如 S08 與 S20 先合併，再與 S01 合併（集群名稱為 S01），S07、S11、S13、S18 先合併（集群名稱為 S07），集群 S07 再與集群 S01 合併。觀察值 S04 與 S19 先合併，再與觀察值 S02 合併（集群名稱為 S02），觀察值 S12、S16、S03 先合併再與觀察值 S06 合併（集群名稱為 S03），集群 S02 與集群 S03 再合併。

---

```
Merge:
        [,1] [,2]
 [1,]   -12  -16
 [2,]    -8  -20
 [3,]   -13  -18
 [4,]    -3    1
 [5,]   -10  -14
 [6,]    -4  -19
 [7,]     4   -6
 [8,]    -9    5
 [9,]   -11    3
[10,]    -7    9
[11,]    -2    6
[12,]    -1    2
[13,]    12   10
[14,]    -5  -17
[15,]     8  -15
[16,]    11    7
[17,]    14   15
[18,]    13   17
[19,]    18   16
Height:
[1]5.291288   3.000000   6.799332   5.029610   4.675104   3.316625
20.262400
[8]7.615773 11.545586   4.412608   3.605551   7.922246  32.070771
5.094925
```

[15]3.605551　8.454643　3.517631　2.645751　4.405566

**[說明]**：合併後的高度（組內差異係數）。

-------------------------------------------------------------------------

```
190 dissimilarities, summarized :
   Min. 1st Qu.  Median   Mean   3rd Qu.    Max.
 2.6458  9.2331 20.2360 21.9300  34.1940   47.6550
Metric :   euclidean
Number of objects : 20
```

**[說明]**：相異性量數的描述性統計量，包括最小值、第一個四分位數、中位數、平均數、第三個四分位數、最大值。距離測量方法為歐基里德法，觀察值的個數有 20 個。

-------------------------------------------------------------------------

```
Available components:
[1] "order" "height" "ac" "merge" "diss" "call" "method" "data"
```

**[說明]**：函數 agnes( ) 物件可以使用的元素名稱，使用語法為「物件名稱 $ 元素名稱」。

使用 plot( ) 函數繪出冰柱圖與樹狀圖：

```
>plot(m.cluster)
等待頁面變更的確認 (Waiting to confirm page change...)
等待頁面變更的確認 (Waiting to confirm page change...)
```

出現圖示按鈕對話視窗（圖 9-1），視窗提示語為「按 ENTER 來看下一頁」（Click or hit ENTER for next page）（呈現下個頁面圖示，按滑鼠左鍵或鍵盤 Enter 鍵），按滑鼠左鍵一下，圖示內出現冰柱圖（圖 9-2）。

從冰柱圖可以看出，二十位觀察值以分成二個集群或三個集群較為適宜，若分為三個集群，各集群的觀察值如下：

集群 1 觀察值有七個，包括 {S01、S08、S20、S07、S11、S13、S18}。

集群 2 觀察值有七個，包括 {S02、S04、S19、S03、S12、S16、S06}。

R Click or hit ENTER for next page

 圖 9-1　按鈕對話視窗

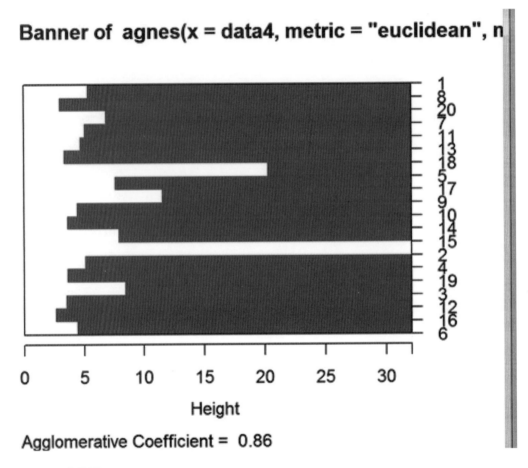

 圖 9-2　冰柱圖

　　集群 3 觀察值有六個，包括 {S05、S17、S09、S10、S14、S15}。

　　按滑鼠左鍵一下，繪圖區內出現第二個圖形（樹狀圖，圖 9-3）：

　　從樹狀圖可以看出，二十位觀察值以分成二個集群或三個集群較為適宜，若分為三個集群，各集群的觀察值如下：

　　集群 1 觀察值包括 {S01、S08、S20、S07、S11、S13、S18}。

　　集群 2 觀察值包括 {S02、S04、S19、S03、S12、S16、S06}。

　　集群 3 觀察值包括 {S05、S17、S09、S10、S14、S15}。

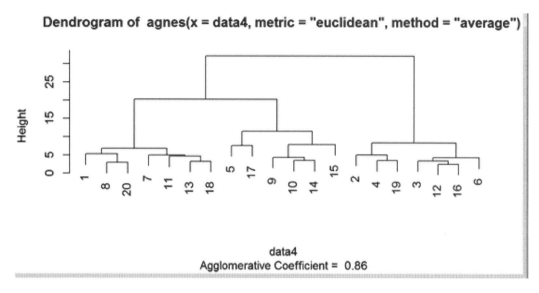

🍎圖 9-3　樹狀圖

　　若分為二個集群，集群的觀察值如下：

　　集 群 1 觀 察 值 包 括 {S01、S08、S20、S07、S11、S13、S18 、S05、S17、S09、S10、S14、S15}（原三個集群組中集群 1 與集群 3 合併，二個集群對應的高度量數較小，會先合併為一個集群）。

　　集群 2 觀察值包括 {S02、S04、S19、S03、S12、S16、S06}。

　　使用 pltree( ) 函數也可以繪製階層集群分析物件的樹狀圖：

```
> pltree(m.cluster)
```

　　使用 cutree( ) 函數求出各觀察值分群的組別，根據冰柱圖與樹狀圖以分為三個群組較適切，引數 k 界定 =3，使用 table( ) 函數求出三個集群的觀察值個數：

```
> hc3=cutree(m.cluster,k = 3)
> print(hc3)
 [1] 1 2 2 2 3 2 1 1 3 3 1 2 1 3 3 2 3 1 2 1
> table(hc3)
hc3
```

```
 1 2 3
 7 7 6
```

從次數分配表可以看出：集群 1 有七個觀察值、集群 2 有七個觀察值、集群 3 有六個觀察值。

如果二十筆觀察值要分為二大群組，函數 cutree(  ) 中的引數 k 數值設定為「=2」：

```
> hc2=cutree(m.cluster,k =2)
> print(hc2)
 [1] 1 2 2 2 1 2 1 1 1 1 1 2 1 1 1 2 1 1 2 1
> table(hc2)
hc2
 1  2
13  7
```

變數 hc2 為二分類別變數，觀察值對應的水準數值為 1 或 2，第 1 集群的觀察值有 13 位、第 2 集群的觀察值有 7 位。

將集群分析之群組變數增列於資料框架物件 temp 中，增列的群組變數界定為 hc3，使用「資料框架物件 $ 變數名稱」語法將集群分析的組別變數 hc3 增列於資料框架 temp 的最後面：

```
> temp$hc3=cutree(m.cluster,k = 3)
> temp
    stid  behavior  engagement  achievement  motivation hc3
1   S01      51         45           34           15      1
2   S02      27         17            8            6      2
3   S03      31         24           10            5      2
4   S04      25         16           13            4      2
5   S05      42         39           18            9      3
```

< 略 >

 **K 平均數集群分析法**

K 平均數集群分析法必須先界定集群的個數，範例中界定集群的個數等於 3（引數為 center），K 平均數集群分析程序使用基本套件函數 kmeans( )。R 主控台的函數與執行結果如下：

---

```
> km=kmeans(data4,center=3)
> print(km)
K-means clustering with 3 clusters of sizes 6, 7, 7
```

[ 說明 ] 三個集群的觀察值個數分別為 6 7 7

```
Cluster means:
  behavior engagement achievement motivation
1 38.83333    34.50000    20.83333    8.000000
2 51.00000    45.42857    30.57143   12.857143
3 27.14286    20.85714    10.42857    4.285714
```

**[ 說明 ]**：三個集群在四個計量變數的平均數，從平均數高低可以看出，第 2 個集群在 behavior、engagement、achievement、motivation 四個變數的平均數均最高，平均數分別為 51.00、45.43、30.57、12.86；第 3 個集群在 behavior、engagement、achievement、motivation 四個變數的平均數均最低，平均數分別為 27.14、20.86、10.43、4.29。集群 2 觀察值成員命名為「積極努力型學生」、集群 3 觀察值成員命名為「消極怠惰型學生」、集群 1 觀察值成員命名為「普通循規型學生」。

---

```
Clustering vector:
 [1] 2 3 3 3 1 3 2 2 1 1 2 3 2 1 1 3 1 2 3 2
```

**[ 說明 ]**：集群的分組，向量元素介於 1 至 3，相同的分組數值表示同一集群。

---

```
Within cluster sum of squares by cluster:
```

```
[1] 235.1667 110.2857 146.8571
 (between_SS / total_SS =  92.2 %)
```

[**說明**]：三個集群組內 SS 量數。

--------------------------------------------------------------------------

```
Available components:
[1] "cluster"       "centers"       "totss"         "withinss"
[5] "tot.withinss" "betweenss"      "size"          "iter"
[9] "ifault"
```

[**說明**]：kmeans( ) 函數物件中的元素，呈現元素內容使用語法為「物件名稱 $ 元素」，如要呈現觀察值分別結果，使用「km$cluster」語法。

使用「km$cluster」元素語法將 K 平均數集群分析結果的組別變數增列於資料框架 temp 中，組別變數名稱界定為 km3，使用 print.data.frame( ) 函數輸出資料框架 temp 所有觀察值的分組結果：

```
> temp$km3=km$cluster
> print.data.frame(temp)
  stid  behavior  engagement  achievement  motivation  hc3  km3
1  S01    51          45          34           15        1    2
2  S02    27          17           8            6        2    3
3  S03    31          24          10            5        2    3
4  S04    25          16          13            4        2    3
5  S05    42          39          18            9        3    1
< 略 >
```

K 平均數集群分析結果如下：

集群 2（群組水準數值編碼為 2 者）包括七個觀察值：{S01、S07、S08、S11、S13、S18、S20}

集群 3（群組水準數值編碼為 3 者）包括七個觀察值：{S02、S03、S04、S06、S12、S16、S19}

集群 1（群組水準數值編碼為 1 者）包括六個觀察值：{S05、S09、S10、S14、S15、S17}

## 肆 K 中心點分群法

K 中心點分群法是一種強韌性之 K 平均數集群分析法，避免凝聚過程受到極端值之觀察值影響，改以中心點取代形心進行觀察值凝聚。套件為 cluster 中的函數 pam( )，K 中心點分群法函數要先界定分群的個數，範例引數 k 界定為「=3」，表示分為三個群組。使用 summary( ) 函數輸出完整的結果：

```
> rkm=pam(data4, k=3)
> summary(rkm)
Medoids:
      ID   behavior engagement achievement motivation
[1,]  18       50         46          29         11
[2,]  12       28         24          10          4
[3,]  10       38         32          21          8
```

[說明]：三個集群的中心點。
--------------------------------------------------------------------------------
```
Clustering vector:
 [1] 1 2 2 2 3 2 1 1 3 3 1 2 1 3 3 2 1 1 2 1
```

[說明]：二十個觀察值分組的組別水準，同一水準數值者表示同一集群。
--------------------------------------------------------------------------------
```
Objective function:
   build     swap
4.755805 4.755805
Numerical information per cluster:
     Size  max_diss   av_diss   diameter  separation
[1,]   8   9.273618  4.926779  15.19868    7.615773
[2,]   7   9.055385  4.718432  10.48809   11.269428
[3,]   5   8.660254  4.534572  12.60952    7.615773
```

**[說明]**：每一個集群的數值資訊，size 欄為集群包含的觀察值個數、max_diss 欄為集群內最大差異值、av_diss 欄為集群平均差異值、diameter 欄為集群直徑值、separation 欄為集群內的不相似值。K中心點分群結果，集群1成員有8位、集群2成員有7位、集群3成員有5位。

---

```
Isolated clusters:
 L-clusters: character(0)
 L*-clusters: [1] 2


Silhouette plot information:
      cluster neighbor  sil_width
8        1       3      0.72807663
18       1       3      0.72515935
13       1       3      0.70912620
1        1       3      0.70046943
20       1       3      0.69855582
7        1       3      0.68209643
11       1       3      0.62654673
17       1       3      0.04488871
19       2       3      0.70625168
2        2       3      0.69694071
12       2       3      0.68933783
16       2       3      0.68063969
4        2       3      0.66708405
6        2       3      0.65932426
3        2       3      0.57387010
10       3       2      0.70969647
14       3       1      0.66277483
9        3       2      0.58428632
15       3       2      0.48162371
5        3       1      0.38044744
```

**[說明]**：三個集群圖的輪廓資訊。cluster 欄為觀察值被分組的結果，水準數值

652

相同的觀察值被歸類為同一集群。

------------------------------------------------------------------

```
Average silhouette width per cluster:
[1] 0.6143649 0.6676355 0.5637658
Average silhouette width of total data set:
[1] 0.6203598
```

**[說明]**：三個集群平均輪廓資訊值與整體平均輪廓資訊值（＝0.62）。

------------------------------------------------------------------

```
190 dissimilarities, summarized :
   Min.  1st Qu.  Median    Mean   3rd Qu.    Max.
 2.6458   9.2331   20.2360  21.9300  34.1940  47.6550
Metric :  euclidean
Number of objects : 20
```

**[說明]**：差異量數的描述性統計量，包括最小值、第一個四分位數、中位數、平均數、第三個四分位數、最大值。

------------------------------------------------------------------

```
Available components:
 [1] "medoids" "id.med" "clustering" "objective" "isolation"
 [6] "clusinfo" "silinfo" "diss" "call" "data"
```

**[說明]**：pam( ) 函數物件的元素名稱。

════════════════════════════════════════════════════════════════

　　K 中心點分群法三個集群的觀察值如下：

　　集群 1 包括八個觀察值：{S01、S07、S08、S11、S13、S17、S18、S20}

　　集群 2 包括七個觀察值：{S02、S03、S04、S06、S12、S16、S19}

　　集群 3 包括五個觀察值：{S05、S09、S10、S14、S15}

　　與 K 平均數集群分析法分組結果的唯一差別在於觀察值 S17，K 平均數集群分析法觀察值 S17 被歸類於與 {S05、S09、S10、S14、S15} 相同集群，但 K 中心點分群法被歸類於與 {S01、S07、S08、S11、S13、S18、S20} 相同集群。

　　使用 plot( ) 函數繪製 pam( ) 模式物件的圖形：

```
> plot(rkm)
等待頁面變更的確認...
等待頁面變更的確認...
```

　　三個集群的圖示，如圖 9-4。

　　從集群分類圖可以看出：○型圖例的觀察值有八個、△ 型圖例的觀察值有七個、＋型圖例的觀察值有五個，圖例符號只有三種，表示分為三個集群，三個集群的觀察值成員分別為八位、七位、五位。

　　冰柱圖的輪廓圖示，如圖 9-5。

　　從冰柱圖的輪廓圖可以看出，所有觀察值分為三個輪廓（輪廓群組與輪廓群組間以空白隔開），每個輪廓圖前面的數字為觀察值的編號，三個集群的觀察值成員分別為八位、七位、五位，三個集群平均輪廓資訊值分別為 0.61、0.67、0.56。

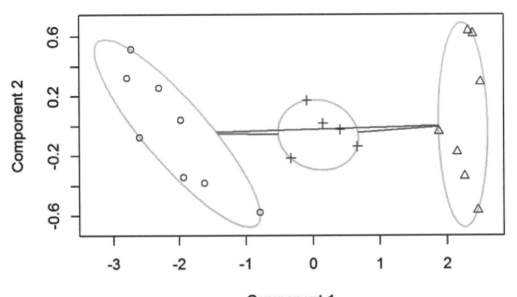

**clusplot(pam(x = data4, k = 3))**

Component 1
These two components explain 97.48 % of the point variability.

🍎 **圖 9-4**　三個集群

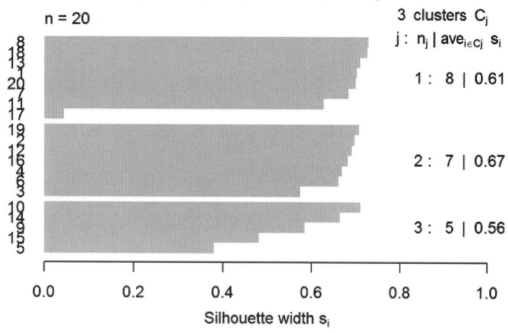

**圖 9-5** 冰柱圖

　　使用 pam( ) 函數物件的元素「$clustering」，將觀察值對應的集群組別變數增列於資料框架 temp 中，增列的組別變數名稱為 rkm3（三分類別變數）：

```
> rkm$clustering
 [1] 1 2 2 2 3 2 1 1 3 3 1 2 1 3 3 2 1 1 2 1
> temp$rkm3=rkm$clustering
> temp
   stid behavior engagement  achievement motivation hc3  km3 rkm3
1  S01      51         45            34          15   1    2    1
2  S02      27         17             8           6   2    3    2
3  S03      31         24            10           5   2    3    2
4  S04      25         16            13           4   2    3    2
```

| 5 | S05 | 42 | 39 | 18 | 9 | 3 | 1 | 3 |
| 6 | S06 | 26 | 24 | 12 | 3 | 2 | 3 | 2 |
| 7 | S07 | 51 | 42 | 30 | 12 | 1 | 2 | 1 |
| 8 | S08 | 54 | 47 | 32 | 13 | 1 | 2 | 1 |
| 9 | S09 | 35 | 30 | 23 | 7 | 3 | 1 | 3 |
| 10 | S10 | 38 | 32 | 21 | 8 | 3 | 1 | 3 |
| 11 | S11 | 47 | 44 | 30 | 10 | 1 | 2 | 1 |
| 12 | S12 | 28 | 24 | 10 | 4 | 2 | 3 | 2 |
| 13 | S13 | 49 | 47 | 29 | 14 | 1 | 2 | 1 |
| 14 | S14 | 36 | 34 | 23 | 9 | 3 | 1 | 3 |
| 15 | S15 | 38 | 31 | 15 | 7 | 3 | 1 | 3 |
| 16 | S16 | 29 | 23 | 9 | 2 | 2 | 3 | 2 |
| 17 | S17 | 44 | 41 | 25 | 8 | 3 | 1 | 1 |
| 18 | S18 | 50 | 46 | 29 | 11 | 1 | 2 | 1 |
| 19 | S19 | 24 | 18 | 11 | 6 | 2 | 3 | 2 |
| 20 | S20 | 55 | 47 | 30 | 15 | 1 | 2 | 1 |

使用 write.csv( ) 函數將原資料框架內容與集群分析增列的組別變數存成試算表「.csv」類型檔案，儲存的檔案名稱設定為「clusterg.csv」：

```
>write.csv(temp,"clusterg.csv",row.names=F)
```

開啟試算表「clusterg.csv」檔案的內容如表 9-1。

## 伍 階層集群分析（基本套件 hclust( ) 函數）

範例為基本套件 dist( ) 函數與 hclust( ) 函數的應用。

🍎 **表 9-1**　試算表

| | A | B | C | D | E | F | G | H |
|---|---|---|---|---|---|---|---|---|
| 1 | stid | behavior | engagement | achievement | motivation | hc3 | km3 | rkm3 |
| 2 | S01 | 51 | 45 | 34 | 15 | 1 | 2 | 1 |
| 3 | S02 | 27 | 17 | 8 | 6 | 2 | 3 | 2 |
| 4 | S03 | 31 | 24 | 10 | 5 | 2 | 3 | 2 |
| 5 | S04 | 25 | 16 | 13 | 4 | 2 | 3 | 2 |
| 6 | S05 | 42 | 39 | 18 | 9 | 3 | 1 | 3 |
| 7 | S06 | 26 | 24 | 12 | 3 | 2 | 3 | 2 |
| 8 | S07 | 51 | 42 | 30 | 12 | 1 | 2 | 1 |
| 9 | S08 | 54 | 47 | 32 | 13 | 1 | 2 | 1 |
| 10 | S09 | 35 | 30 | 23 | 7 | 3 | 1 | 3 |
| 11 | S10 | 38 | 32 | 21 | 8 | 3 | 1 | 3 |
| 12 | S11 | 47 | 44 | 30 | 10 | 1 | 2 | 1 |
| 13 | S12 | 28 | 24 | 10 | 4 | 2 | 3 | 2 |
| 14 | S13 | 49 | 47 | 29 | 14 | 1 | 2 | 1 |
| 15 | S14 | 36 | 34 | 23 | 9 | 3 | 1 | 3 |
| 16 | S15 | 38 | 31 | 15 | 7 | 3 | 1 | 3 |
| 17 | S16 | 29 | 23 | 9 | 2 | 2 | 3 | 2 |
| 18 | S17 | 44 | 41 | 25 | 8 | 3 | 1 | 1 |
| 19 | S18 | 50 | 46 | 29 | 11 | 1 | 2 | 1 |
| 20 | S19 | 24 | 18 | 11 | 6 | 2 | 3 | 2 |
| 21 | S20 | 55 | 47 | 30 | 15 | 1 | 2 | 1 |

 一、dist( ) 函數應用

使用 dist( ) 函數計算二十個觀察值的距離，距離計算方法採用歐基里德距離法，距離矩陣不計算對角線矩陣量數，距離矩陣物件界定為 d.hclust：

```
> d.hclust=dist(data4, method = "euclidean", diag = FALSE)
```

使用 print( ) 函數輸出距離矩陣：

```
> print(d.hclust)
```

```
> print(d.hclust)
            1          2          3          4          5          6          7
2   46.010868
3   38.948684   8.366600
4   45.596052   5.830952  10.488088
5   20.223748  28.600699  20.639767  29.461840
6   41.158231   8.660254   5.744563   8.185353  23.515952
7    5.830952  41.484937  34.249088  41.291646  15.588457  36.796739
8    4.582576  47.476310  40.074930  47.370877  20.493902  42.579338   6.244998
9   25.806976  21.424285  15.000000  20.124612  12.609520  15.937377  21.771541
10  23.579652  22.781571  15.588457  22.472205   8.660254  17.720045  19.131126
11   7.615773  40.360872  32.878564  39.912404  13.964240  34.842503   4.898979
12  40.828911   7.615773   3.162278   9.055385  22.583180   3.000000  36.290495
13   5.830952  43.462628  35.986108  43.508620  16.093477  38.314488   5.830952
14  22.427661  24.576411  17.606817  23.874673   9.273618  18.894444  18.627936
15  28.106939  19.157244  11.269428  20.174241   9.643651  14.764823  23.237900
16  41.976184   7.549834   3.872983   9.219544  23.558438   4.472136  37.229021
17  13.964240  34.029399  26.305893  33.852622   7.615773  28.407745   9.539392
18   6.557439  42.848571  35.242020  42.778499  15.427249  37.589892   4.358899
19  45.475268   4.358899   9.327379   3.605551  28.687977   7.071068  41.255303
20   6.000000  47.423623  40.062451  47.655010  20.322401  42.871902   7.071068
            8          9         10         11         12         13         14
```

● 圖 9-6　R 主控台的視窗界面

　　R 主控台的視窗界面如圖 9-6；觀察值間距離量數的小數點內定為 6 位，觀察值 S01 與觀察值 S02 形心間的距離為 46.010868、觀察值 S01 與觀察值 S08 形心間的距離為 4.582576，形心間的距離愈短表示觀察值的相似性愈高，愈有可能凝聚在同一集群，相反的，集群（/觀察值）間的形心距離愈遠，表示集群（/觀察值）間的差異性愈大。

　　觀察值 S01 在四個變數的數值為 [51,45,34,15]，觀察值 S02 在四個變數的數值為 [27,17,8,6]，觀察值 S01 與觀察值 S02 二點的歐基里德距離平方與歐基里德直線距離量數的求法為：

```
> (51-27)^2+(45-17)^2+(34-8)^2+(15-6)^2
[1] 2117
> sqrt(2117)   ## 歐基里德直線距離
[1] 46.01087
```

　　以 R 編輯器的迴圈語法函數求出二位觀察值間的歐基里德直線距離量數，範例為觀察值 S01 與觀察值 S03 間的距離：

```
s1=c(51,45,34,15)        ## 第 1 位觀察值的數值向量
s2=c(31,24,10,5)         ## 第 2 位觀察值的數值向量
dist_square=0            ## 起始距離平方量數設定 =0
for(i in 1:4){           ## 迴圈的範圍，範例的計量變數有 4 個
dist_square=(s1[i]-s2[i])^2+dist_square     ## 求出直線距離平方量數的加總
}
dist_line=sqrt(dist_square)   ## 求出直線距離
cat(" 歐基里德距離平方 =",dist_square," ","\n")    ## 以 cat() 函數輸出結果
cat(" 歐基里德直線距離 =",dist_line," ","\n")    ## 以 cat() 函數輸出結果
```

R 主控台執行 R 編輯器語法函數的結果如下：

```
> s1=c(51,45,34,15)
> s2=c(31,24,10,5)
> dist_square=0
> for(i in 1:4){
+ dist_square=(s1[i]-s2[i])^2+dist_square
+ }
> dist_line=sqrt(dist_square)
> cat(" 歐基里德距離平方 =",dist_square," ","\n")
歐基里德距離平方 = 1517
> cat(" 歐基里德直線距離 =",dist_line," ","\n")
歐基里德直線距離 = 38.94868
```

配合使用 round( ) 函數（四捨五入函數）輸出距離量數至小數第二位：

```
> print(round(d.hclust,2))
```

R 主控台輸出的距離矩陣畫面如圖 9-7。

```
> print(round(d.hclust,2))
        1       2      3      4       5       6      7      8       9      10      11      12
2   46.01
3   38.95    8.37
4   45.60    5.83  10.49
5   20.22   28.60  20.64  29.46
6   41.16    8.66   5.74   8.19   23.52
7    5.83   41.48  34.25  41.29   15.59   36.80
8    4.58   47.48  40.07  47.37   20.49   42.58   6.24
9   25.81   21.42  15.00  20.12   12.61   15.94  21.77  27.69
10  23.58   22.78  15.59  22.47    8.66   17.72  19.13  25.04    4.24
11   7.62   40.36  32.88  39.91   13.96   34.84   4.90   8.43   19.95   17.61
12  40.83    7.62   3.16   9.06   22.58    3.00  36.29  42.07   16.22   17.35   34.60
13   5.83   43.46  35.99  43.51   16.09   38.31   5.83   5.92   23.87   21.12    5.48   37.83
14  22.43   24.58  17.61  23.87    9.27   18.89  18.63  24.29    4.58    3.61   16.46   18.92
15  28.11   19.16  11.27  20.17    9.64   14.76  23.24  28.93    8.60    6.16   22.00   13.53
16  41.98    7.55   3.87   9.22   23.56    4.47  37.23  43.02   17.49   18.49   35.64    2.65
17  13.96   34.03  26.31  33.85    7.62   28.41   9.54  14.49   14.39   11.53    6.86   28.04
18   6.56   42.85  35.24  42.78   15.43   37.59   4.36   5.48   23.09   20.32    3.87   37.12
19  45.48    4.36   9.33   3.61   28.69    7.07  41.26  47.23   20.25   22.27   39.77    7.55
20   6.00   47.42  40.06  47.66   20.32   42.87   7.07   3.00   28.32   25.38    9.90   42.18
```

```
        13      14     15     16      17      18     19
2
3
4
5
6
7
8
9
10
11
12
13
14  19.97
15  24.94    9.00
16  38.99   20.37  14.35
17  10.63   10.86  15.39  29.00
18   3.32   19.49  24.10  38.09    9.27
19  43.06   23.52  19.54   8.37   33.60   42.53
20   6.16   24.80  28.88  43.15   15.20    6.56  47.37
```

圖 9-7　R 主控台輸出的距離矩陣畫面

## 二、hclust( ) 函數應用

使用 hclust( ) 函數進行觀察值的凝聚（合併或聚合）程序，凝聚方法採用平均連結法，方法引數界定 ="average"：

```
> m.hclust=hclust(d.hclust, method = "average")
> print(m.hclust)
Call:
hclust(d = d.hclust, method = "average")
Cluster method   : average
Distance         : euclidean
Number of objects: 20
```

 三、函數 plot( ) 繪製樹狀圖

使用 plot( ) 函數繪製階層集群分析樹狀圖：

```
> plot(m.hclust)
```

plot( ) 函數繪製的集群分析樹狀圖如圖 9-8。

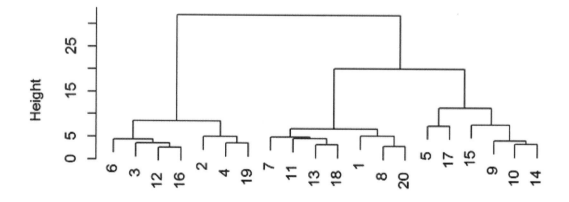

● 圖 **9-8**　plot( ) 函數繪製的集群分析樹狀圖

樹狀圖中高度量數值最低的觀察值先合併,高度量數大小表示的是觀察值或集群間的相似性程度,高度量數值愈小,觀察值或集群間的相似性愈高,以左邊集群而言,合併的過程為 S12、S16 先合併為一個集群,再與觀察值 S03 合併、之後再與觀察值 S06 合併。

 ## 四、rect.hclust( ) 函數應用

基本套件函數 rect.hclust( ) 可以自動繪製階層集群分析之矩形框線,以明確檢視各集群的觀察值成員。函數 rect.hclust( ) 基本語法為:

```
rect.hclust(tree, k = NULL, which = NULL, h = NULL, border = 2)
```

引數 tree 為 hclus( ) 函數建立的物件。引數 k、h 為分群量數,前者為集群個數,後者為分割的高度值。引數 which 界定矩形繪製的集群(樹狀圖從左到右的排序),內定值為「which = 1:k」。引數 border 界定矩形邊框顏色。

範例在樹狀圖中增列繪製三個集群的矩形框線,各矩形框線內的觀察值為同一集群,集群個數界定為三個集群,矩形框線的顏色設定為紅色:

```
> rect.hclust(m.hclust, k = 3, border="red")
```

R 軟體自動繪製的集群矩形框線如圖 9-9。

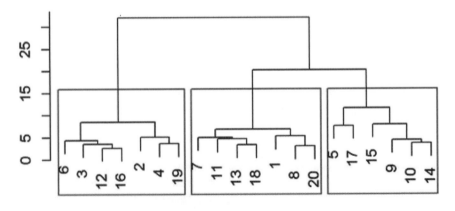

**Cluster Dendrogram**

📖**圖 9-9** R 軟體自動繪製的集群矩形框線

範例界定集群個數 k 等於 2，矩形框線的顏色為藍色（如圖 9-10，引數 border 的參數界定＝4）：

```
> plot(m.hclust)
> rect.hclust(m.hclust, k = 2, border=4)
```

範例語法函數界定集群個數 k 等於 4，繪製第二個集群至第三個集群的矩形框線，框線的顏色為紅色，如圖 9-11。

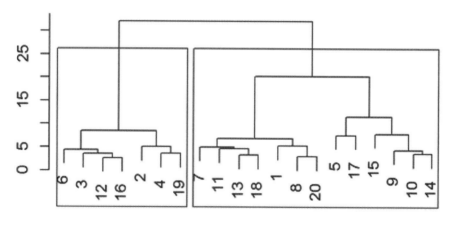

🍎圖 **9-10**
集群個數 k 等於 2，矩形框線的顏色為藍色

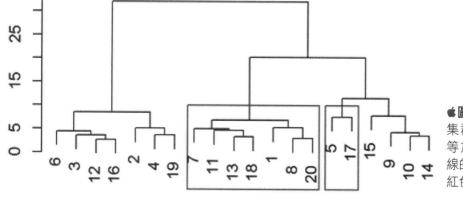

🍎圖 **9-11**
集群個數 k 等於 4，框線的顏色為紅色

```
> plot(m.hclust)
> rect.hclust(m.hclust, k = 4, which=2:3,border=2)
```

　　分為四個集群時，從樹狀圖左邊算起的第二個集群觀察值成員包含 {S07、S11、S13、S18、S01、S08、S20} 等七個、第三個集群觀察值成員包含 {S05、S17} 等二個。

　　範例語法函數界定集群個數 k 等於 4，繪製第一個集群至第四個集群的矩形框線，框線的顏色為紅色，如圖 9-12。

```
> plot(m.hclust)
> rect.hclust(m.hclust, k = 4, which=1:4,border=2)
```

　　從分群樹狀圖可以看出，二十位觀察值以分成二個集群或三個集群較為適宜，若分為三個集群，各集群的觀察值如下：

　　集群 1 觀察值有七個，包括 {S01、S08、S20、S07、S11、S13、S18}。

　　集群 2 觀察值有七個，包括 {S02、S04、S19、S03、S12、S16、S06}。

　　集群 3 觀察值有六個，包括 {S05、S17、S15、S09、S10、S14}。

　　若分為四個集群，集群 3 觀察值有二個，包括 {S05、S17}；集群 4 觀察值有四個，包括 {S15、S09、S10、S14}。

## Cluster Dendrogram

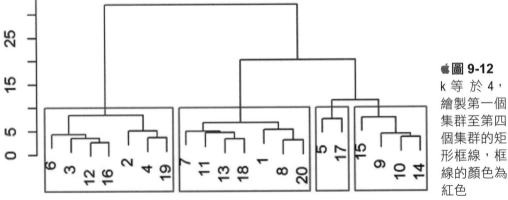

🍎圖 9-12
k 等 於 4，繪製第一個集群至第四個集群的矩形框線，框線的顏色為紅色

五、函數 cutree( ) 應用

使用函數 cutree( ) 直接求出分組的數值向量，以 table( ) 函數求出集群的次數分配：

```
> hclustg3=cutree(m.hclust,k=3)
> hclustg3
 [1] 1 2 2 2 3 2 1 1 3 3 1 2 1 3 3 2 3 1 2 1
> table(hclustg3)
hclustg3
1 2 3
7 7 6
```

集群 1 的觀察值個數有七個、集群 2 的觀察值個數有七個、集群 3 的觀察值個數有六個。

函數 cutree( ) 之引數 k 除可界定單一集群數，也可以界定集層分群數的範圍，範例為集群個數分別界定為 2、3、4 時，觀察值被歸類的情況，引數 k 界定 =「2:4」：

```
> hclustg=cutree(m.hclust,k=2:4)
> hclustg
      2 3 4
 [1,] 1 1 1
 [2,] 2 2 2
 [3,] 2 2 2
 [4,] 2 2 2
 [5,] 1 3 3
 [6,] 2 2 2
 [7,] 1 1 1
 [8,] 1 1 1
```

```
[9,]  1 3 4
[10,] 1 3 4
[11,] 1 1 1
[12,] 2 2 2
[13,] 1 1 1
[14,] 1 3 4
[15,] 1 3 4
[16,] 2 2 2
[17,] 1 3 3
[18,] 1 1 1
[19,] 2 2 2
[20,] 1 1 1
```

　　第一列 2、3、4 表示分為 2 個集群、3 個集群、4 個集群時，觀察值被分組的結果，2 個集群的水準數值編碼為 1、2，3 個集群的水準數值編碼為 1、2、3，4 個集群的水準數值編碼為 1、2、3、4，各直欄變數中同一水準數值，表示觀察值歸類為同一集群。分為 4 個集群時，集群 3 觀察值有二個，包括 {S05、S17}；集群 4 觀察值有四個，包括 {S15、S09、S10、S14}。

　　將觀察值分組結果之組別變數增列於資料框架物件 temp 中，組別變數界定為 hclg2、hclg3、hclg4：

```
> temp$hclg2=cutree(m.hclust,k=2)    ## 組別變數為 hclg2，集群個數為 2
> temp$hclg3=cutree(m.hclust,k=3)    ## 組別變數為 hclg3，集群個數為 3
> temp$hclg4=cutree(m.hclust,k=4)    ## 組別變數為 hclg4，集群個數為 4
```

　　使用 print.data.frame( ) 函數輸出資料框架 temp：

```
> print.data.frame(temp)
   stid  behavior  engagement  achievement  motivation  hclg2  hclg3  hclg4
1  S01   51        45          34           15          1      1      1
```

| 2 | S02 | 27 | 17 | 8 | 6 | 2 | 2 | 2 |
| 3 | S03 | 31 | 24 | 10 | 5 | 2 | 2 | 2 |
| 4 | S04 | 25 | 16 | 13 | 4 | 2 | 2 | 2 |
| 5 | S05 | 42 | 39 | 18 | 9 | 1 | 3 | 3 |
| 6 | S06 | 26 | 24 | 12 | 3 | 2 | 2 | 2 |
| 7 | S07 | 51 | 42 | 30 | 12 | 1 | 1 | 1 |
| 8 | S08 | 54 | 47 | 32 | 13 | 1 | 1 | 1 |
| 9 | S09 | 35 | 30 | 23 | 7 | 1 | 3 | 4 |
| 10 | S10 | 38 | 32 | 21 | 8 | 1 | 3 | 4 |
| 11 | S11 | 47 | 44 | 30 | 10 | 1 | 1 | 1 |
| 12 | S12 | 28 | 24 | 10 | 4 | 2 | 2 | 2 |
| 13 | S13 | 49 | 47 | 29 | 14 | 1 | 1 | 1 |
| 14 | S14 | 36 | 34 | 23 | 9 | 1 | 3 | 4 |
| 15 | S15 | 38 | 31 | 15 | 7 | 1 | 3 | 4 |
| 16 | S16 | 29 | 23 | 9 | 2 | 2 | 2 | 2 |
| 17 | S17 | 44 | 41 | 25 | 8 | 1 | 3 | 3 |
| 18 | S18 | 50 | 46 | 29 | 11 | 1 | 1 | 1 |
| 19 | S19 | 24 | 18 | 11 | 6 | 2 | 2 | 2 |
| 20 | S20 | 55 | 47 | 30 | 15 | 1 | 1 | 1 |

使用邏輯條件選取集群 1 的所有觀察值，範例以組別變數 hclg3 為例，全部觀察值分為三個集群（水準數值為 1、2、3），以 [temp$hclg3==1] 條件或「[temp$hclg3=="1"] 條件輸出所有水準數值編碼為 1（集群 1）的觀察值，三個集群的觀察值成員如下：

```
> temp$stid[temp$hclg3==1]
[1] S01 S07 S08 S11 S13 S18 S20
20 Levels: S01 S02 S03 S04 S05 S06 S07 S08 S09 S10 S11 S12 S13 S14 ... S20
> temp$stid[temp$hclg3==2]
[1] S02 S03 S04 S06 S12 S16 S19
> temp$stid[temp$hclg3==3]
```

```
[1] S05 S09 S10 S14 S15 S17
```

　　上述語法函數可以使用 with( ) 函數先界定資料框架物件 temp，以簡化變數的語法：

```
> with(temp,{stid[hclg3==1]})
[1] S01 S07 S08 S11 S13 S18 S20
20 Levels: S01 S02 S03 S04 S05 S06 S07 S08 S09 S10 S11 S12 S13 S14 ... S20
> with(temp,{stid[hclg3==2]})
[1] S02 S03 S04 S06 S12 S16 S19
> with(temp,{stid[hclg3==3]})
[1] S05 S09 S10 S14 S15 S17
```

　　第一個集群觀察值成員為 { S01、S07、S08、S11、S13、S18、S20}。
　　第二個集群觀察值成員為 {S02、S03、S04、S06、S12、S16、S19}。
　　第三個集群觀察值成員為 {S05、S09、S10、S14、S15、S17}。

## 陸 截尾 K 平均數集群分析

截尾 K 平均數集群分析法可以排除一定比例的極端值之樣本觀察值。

###  一、tkmeans( ) 函數應用

　　R 主控台視窗使用 library( ) 函數載入套件 tclust，截尾 K 平均數集群分析界定集群個數為 3，不排除極端觀察值，引數 alpha 數值設定為 0，函數 tkmeans( ) 建立的物件界定為 tkm：

```
> library(tclust)
> tkm= tkmeans (temp[,-1],k=3,alpha=0)
```

使用 print( ) 函數輸出 tkmeans( ) 函數物件 tkm 的內容，R 主控台視窗的輸出結果如下：

```
> print(tkm)
$centers

               C 1        C 2        C 3
behavior    27.142857   51.00000   38.83333
engagement  20.857143   45.42857   34.50000
achievement 10.428571   30.57143   20.83333
motivation   4.285714   12.85714    8.00000
```

[說明]：三個集群在四個計量變數（集群變數）的平均數，平均數構成的向量稱為集群的形心。三個集群的名稱分別為 C1、C2、C3，集群 C2 在四個計量變數的平均數最高，觀察值成員在 behavior（學習行為）、engagement（學習投入）、achievement（學習成就）、motivation（學習動機）四個集群變數的平均數分別為 51.00、45.43、30.57、12.86；集群 C1 在四個計量變數的平均數最低，觀察值成員在 behavior、engagement、achievement、motivation 四個集群變數的平均數分別為 27.14、20.86、10.43、4.29。集群 C3 在四個計量變數的平均數分別為 38.83、34.50、20.83、8.00。集群 C2 命名為「積極努力型學生」、集群 C1 命名為「消極怠惰型學生」、集群 C3 命名為「普通循規型學生」。

----------------------------------------------------

```
$cluster
 [1] 2 1 1 1 3 1 2 2 3 3 2 1 2 3 3 1 3 2 1 2
```

[說明]：「物件 $cluster」輸出的量數為觀察值分組的集群水準數值編碼，同一數值的觀察值被歸類為同一集群成員。

----------------------------------------------------

```
$par
$par$k
[1] 3
```

[說明]：回傳參數「$par」為凝聚界定的參數，範例「$par$k」回傳數值為集群的個數（＝3）。

----------------------------------------------------

```
$par$alpha
[1] 0
```

**[說明]**：觀察值截尾的比例，設定值「=0」，表示截尾觀察值比例等於 0（進行 K 平均數集群分析程序排除的觀察值比例為 0.00%）。

------------------------------------------------------------

```
$par$nstart
[1] 50
```

**[說明]**：量數為函數引數「nstart」設定的參數值。

------------------------------------------------------------

```
$par$iter.max
[1] 20
```

**[說明]**：量數為函數引數「iter.max」設定的參數值。

------------------------------------------------------------

```
$par$equal.weights
[1] FALSE
```

**[說明]**：邏輯選項為函數引數「equal.weights」設定的選項，表示集群加權是否等值，內定選項為假（FALSE）。

------------------------------------------------------------

```
$par$x
```

|  | behavior | engagement | achievement | motivation |
|---|---|---|---|---|
| [1,] | 51 | 45 | 34 | 15 |
| [2,] | 27 | 17 | 8 | 6 |
| [3,] | 31 | 24 | 10 | 5 |
| [4,] | 25 | 16 | 13 | 4 |
| [5,] | 42 | 39 | 18 | 9 |
| [6,] | 26 | 24 | 12 | 3 |
| [7,] | 51 | 42 | 30 | 12 |
| [8,] | 54 | 47 | 32 | 13 |
| [9,] | 35 | 30 | 23 | 7 |
| [10,] | 38 | 32 | 21 | 8 |
| [11,] | 47 | 44 | 30 | 10 |
| [12,] | 28 | 24 | 10 | 4 |

| | | | |
|---|---|---|---|
| [13,] | 49 | 47 | 29 | 14 |
| [14,] | 36 | 34 | 23 | 9 |
| [15,] | 38 | 31 | 15 | 7 |
| [16,] | 29 | 23 | 9 | 2 |
| [17,] | 44 | 41 | 25 | 8 |
| [18,] | 50 | 46 | 29 | 11 |
| [19,] | 24 | 18 | 11 | 6 |
| [20,] | 55 | 47 | 30 | 15 |

**[說明]**：量數為觀察值與變數構成的矩陣，矩陣為 20 × 4（20 個樣本觀察值、4 個集群計量變數）。

------------------------------------------------------

$k

[1] 3

**[說明]**：元素 k 界定截尾 K 平均數集群分析程序的集群個數。

------------------------------------------------------

$obj

[1] -492.3095

**[說明]**：元素 obj 回傳的量數為最佳解的物件函數值。

------------------------------------------------------

$size

[1] 7 7 6

**[說明]**：元素 size 回傳的量數為各集群的次數（觀察值成員個數），分為三個集群時，三個集群觀察值的人數分別為 7 位、7 位、6 位。

------------------------------------------------------

$weights

[1] 0.35 0.35 0.30

**[說明]**：元素 weights 回傳的量數是每個集群的加權值。

------------------------------------------------------

$int

$int$iter.converged

[1] 50

**[說明]**：元素 int 回傳 tkmeans( ) 函數結果之其他量數次元素的列表。

---

```
$int$iter.successful
[1] 0
$int$dim
[1] 20  4
```

**[說明]**：矩陣的維度為 20 橫列 × 4 個直行（20 個樣本觀察值、4 個集群計量變數）。

---

```
$int$code
[1] 0
<略>
```

## 二、plot( ) 函數應用

使用 plot( ) 函數繪製 tkmeans( ) 函數物件的分群結果，plot( ) 函數中的引數 labels 的選項有三種：''cluster''（以集群編號表示觀察值）、''observation''（直接輸出觀察值）、''none''（以圖例表示集群）。

### (一) labels 選項界定「="cluster"」

```
> plot(tkm,labels="cluster")
```

三個集群的分類圖示如圖 9-13：集群 1 有七個觀察值（數值 1 為紅色）、集群 2 有七個觀察值（數值 2 為綠色）、集群 3 有六個觀察值（數值 3 為藍色）。

### (二) labels 選項界定「="observation"」

```
> plot(tkm,labels="observation")
```

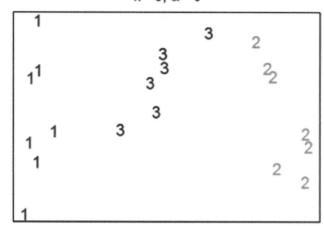

**圖 9-13** 三個集群的分類圖

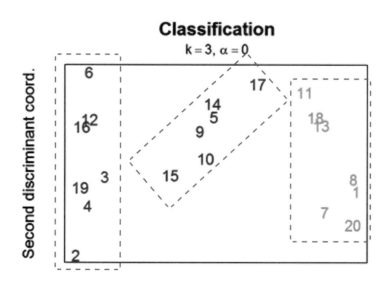

**圖 9-14** 直接輸出觀察值

　　集群 1 觀察值成員為紅色、集群 2 觀察值成員為綠色、集群 3 觀察值成員為藍色（如圖 9-14），同一集群的觀察值編號為同一種顏色，各觀察值的位置為觀察值在四個計量變數的形心處。

(三) labels 選項界定「="none"」

```
> plot(tkm,labels="none")
```

集群 1 觀察值成員圖例符號為紅色△、集群 2 觀察值成員為綠色＋、集群 3 觀察值成員為藍色 ×，如圖 9-15。

函數 tkmeans( ) 物件的元素 $cluster 可以輸出觀察值對應的分群水準數值，將觀察值對應的組別變數增列於資料框架 temp 中，組別變數設定為 tkm3，語法函數如下：

```
> tkm$cluster
 [1] 2 1 1 1 3 1 2 2 3 3 2 1 2 3 3 1 3 2 1 2
> temp$tkm3=tkm$cluster
```

使用邏輯選項界定，求出各集群包含的觀察值成員，以 with() 函數指定資料框

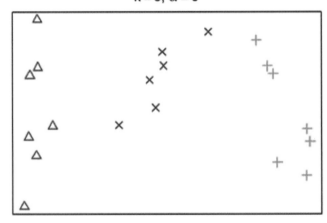

**Classification**

k = 3, α = 0

First discriminant coord.

●圖 **9-15**　以圖例表示集群

架名稱，簡化變數的設定：

```
> with(temp,{stid[tkm3==1]})
[1] S02 S03 S04 S06 S12 S16 S19
20 Levels: S01 S02 S03 S04 S05 S06 S07 S08 S09 S10 S11 S12 S13 S14 ... S20
> with(temp,{stid[tkm3==2]})
[1] S01 S07 S08 S11 S13 S18 S20
> with(temp,{stid[tkm3==3]})
[1] S05 S09 S10 S14 S15 S17
```

### 三、設定截尾的比例

範例資料檔「tcluster.csv」有三十五筆資料，使用 read.csv( ) 函數載入資料檔，資料框架名稱界定為 temp：

```
>temp<-read.csv("tcluster.csv",header=T)
```

後六筆觀察值在 behavior、engagement、achievement、motivation 四個變數的數據如下，使用 tail( ) 函數輸出資料框架後六筆資料：

```
> tail(temp[,1:5])
    stid  behavior  engagement  achievement  motivation
30  S30      42         39          30           14
31  S31      20         23          32           15
32  S32      51         46          12            3
33  S33      27         23           7            6
34  S34      21         21          32           14
35  S35      52         48           5           11
```

截尾 K 平均數集群分析程序，界定集群個數 = 3，截尾觀察值的百分比為 3%（引數 alpha 的參數值設為 0.03）：

```
>library(tclust)
>m.tkm= tkmeans (temp[,-1],k=3,alpha=0.03)
>plot(m.tkm)
```

截尾 K 平均數集群分析之散布圖如圖 9-16，其中 ○ 圖例符號之觀察值表示極端值，測量值的形心無法與其他集群觀察值的形心凝聚在一起，在集群凝聚過程中，將這二個觀察值排除。

圖形繪製標記引數使用「"cluster"」輸出集群水準數值編碼：

```
> plot(m.tkm,labels="cluster")
```

三個集群的水準數值（組別）編碼為 1、2、3（如圖 9-17），集群編碼為 0 的觀察值表示從 K 平均數集群凝聚過程中排除，散布圖出現二個 0，表示被排除的觀察值有二位。

圖形繪製標記引數使用「"observation"」輸出集群觀察值的代碼：

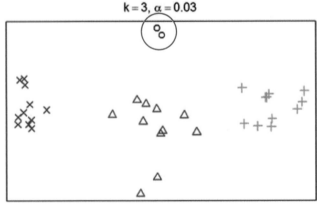

● **圖 9-16** 截尾 K 平均數集群分析之散布圖

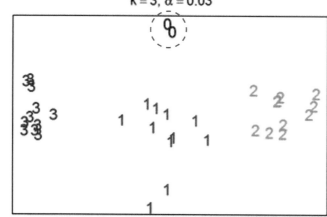

●圖 **9-17**　三個集群的水
準數值

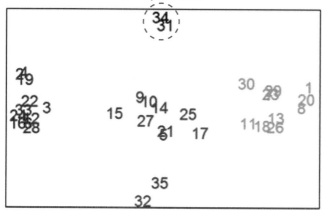

●圖 **9-18**　輸出集群觀察
值

```
> plot(m.tkm,labels="observation")
```

觀察值為極端值（無法凝聚的觀察值）的編號為 S34、S31 二位（如圖 9-18）。
從散布圖可以看出，集群 1 中的觀察值 S32、S35 的形心與同集群中觀察值的形心較遠（中心點距離愈遠，表示觀察值間的相似性愈低），這二個觀察值也可能是極端值，因為之前引數 alpha 值設定較小（alpha = 0.03），所以這二個觀察值沒有被排除。

使用 print( ) 函數輸出各集群的形心與觀察值分組的組別：

```
> print(m.tkm)
$centers
               C 1        C 2        C 3
behavior    41.72727   49.81818   26.909091
engagement  37.45455   44.45455   21.545455
achievement 18.45455   30.45455   10.363636
motivation   8.00000   12.90909    4.181818
$cluster
 [1] 2 3 3 3 1 3 2 2 1 1 2 3 2 1 1 3 1 2 3 2 1 3 2 3 1 2 1 3 2 2 0 1 3 0 1
```

**[說明]**：集群分組的組別中，有二個觀察值的組別水準編碼為 0（觀察值編號 S31、S34），表示這二個觀察值在 K 平均數集群分析程序中被排除。

--------------------------------------------------------------------

```
$par
$par$k
[1] 3
$par$alpha
[1] 0.03
```

**[說明]**：被排除比例的最大值為樣本觀察值之 3%。

截尾 K 平均數集群分析程序，tkmeans( ) 函數中的引數 alpha 設定為「=0.10」，表示資料被截尾（排除極端觀察值）的比例為 10%：

```
>m.tkm= tkmeans (temp[,-1],k=3,alpha=0.10)
>plot(m.tkm)
```

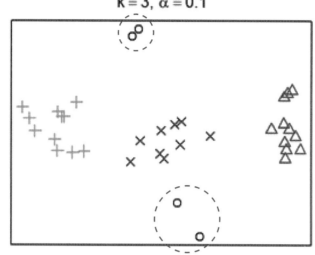

**Classification**

k = 3, α = 0.1

Second discriminant coord.

First discriminant coord.

◉圖 **9-19**　以圖例符號呈現的散布圖

以圖例符號呈現的散布圖如圖 9-19，其中圖例符號 〇 出現的個數有四個，表示被排除的觀察值有四位，四位觀察值與三個集群之觀察值有較高的差異性。

圖形繪製標記引數使用「"observation"」輸出集群觀察值的代碼：

```
> plot(m.tkm,labels="observation")
```

觀察值為極端值（無法凝聚的觀察值）的編號為 S34、S31、S35、S32 四位（如圖 9-20）。

使用 print( ) 函數輸出各集群的形心與觀察值分組的組別：

```
> print(m.tkm)
$centers
            C 1        C 2        C 3
behavior    26.909091  49.81818   39.555556
```

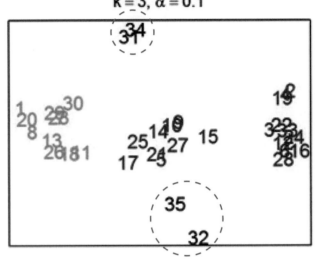

**Classification**

k = 3, α = 0.1

Second discriminant coord.

First discriminant coord.

🍎圖 **9-20** 觀察值為極端值

```
engagement   21.545455   44.45455   35.333333
achievement  10.363636   30.45455   20.666667
motivation    4.181818   12.90909    8.222222
```

**[說明]**：三個集群在四個集群變數的平均數（形心），三個集群的名稱為 C1、C2、C3。

----------------------------------------------------------------

```
$cluster
 [1] 2 1 1 1 3 1 2 2 3 3 2 1 2 3 3 1 3 2 1 2 3 1 2 1 3 2 3 1 2
2 0 0 1 0 0
```

**[說明]**：集群分組的組別中，有四個觀察值的組別水準編碼為 0，表示這四個觀察值在 K 平均數集群分析程序中被排除。

----------------------------------------------------------------

```
$par
$par$k
[1] 3
```

```
$par$alpha
[1] 0.1
```

　　將截尾 K 平均數集群分析之觀察值的集群水準數值增列於資料框架中：

```
> temp$tkmg3=m.tkm$cluster
```

　　使用 tail( ) 函數呈現後六筆觀察值的數據：

```
> tail(temp)
      stid   behavior   engagement   achievement   motivation  tkmg3
30    S30       42          39            30            14        2
31    S31       20          23            32            15        0
32    S32       51          46            12             3        0
33    S33       27          23             7             6        1
34    S34       21          21            32            14        0
35    S35       52          48             5            11        0
```

　　使用 table( ) 函數求出各集群之觀察值成員個數：

```
> table(temp$tkmg3)

 0   1    2   3
 4   11   11   9
```

　　集群 1 觀察值成員有 11 位、集群 2 觀察值成員有 11 位、集群 3 觀察值成員有 9 位，從集群分析中被排除的觀察值有 4 位。集群 1 成員在四個依變數的平均數均最低、集群 2 成員在四個依變數的平均數均最高。集群 2 成員（C2 集群）命名為「積極努力型學生」、集群 1 成員（C1 集群）命名為「消極怠惰型學生」、集群 3 成員（C3

集群）命名為「普通循規型學生」。

以函數 with( ) 指定資料框架物件，使用 mean( ) 函數求出四個集群計量變數的平均數：

```
> with(temp,{mean(behavior)})
[1] 38.4
> with(temp,{mean(engagement)})
[1] 33.77143
> with(temp,{mean(achievement)})
[1] 20.45714
> with(temp,{mean(motivation)})
[1] 8.714286
```

觀察值 S31、S34 二位在 behavior、engagement 二個集群變數的測量值均低於平均數，但在 achievement、motivation 二個集群變數的分數均高於平均數；觀察值 S32 在 behavior、engagement 二個集群變數的測量值均高於平均數，但在 achievement、motivation 二個集群變數的分數均低於平均數；觀察值 S35 在 behavior、engagement、motivation 三個集群變數的測量值均高於平均數，但在 achievement 集群變數的分數遠低於平均數，這四個觀察值的學習型態與其他觀察值學習型態有較大差異性，無法進行凝聚（聚合）過程，把這四個觀察值從集群分析程序中排除更為適宜。如果集群分析結果之觀察值分群後的集群可以進行有意義的命名，且觀察值成員達足夠人數，則集群也可以保留。

## 柒 題項變數集群分析

套件 psych 中的函數 iclust( ) 可以執行題項變數之集群分析（item cluster analysis）。

函數 iclust( ) 基本語法如下：

```
iclust(r.mat, nclusters=0,alpha=3, beta=1,title="ICLUST", plot=TRUE)
```

引數 r.mat 為計量變數的相關矩陣或資料框架。引數 nclusters 界定集群保留的個數。引數 alpha 界定應用 alpha 增值準則，內定的數值為 3（準則的平均值＝2）。引數 beta 界定應用 beta 增值準則，內定的數值為 1（準則的平均值＝2）。引數 title 界定執行結果標題。引數 plot 界定為真，表示同時繪製變數分群圖形。

使用 read.csv( ) 函數匯入試算表資料檔「cluster_v.csv」，資料框架物件界定為 temp：

```
> temp<-read.csv("cluster_v.csv",header=T)
> head(temp)
  A01 A02 A03 A04 A05 B06 B07 B08 B09 B10 C11 C12 C13 C14 C15 C16
1   4   3   3   3   3   4   4   4   5   2   5   4   4   4   3   5
2   4   4   4   4   4   3   3   4   2   3   4   4   4   3   5
3   4   4   4   4   4   4   4   5   2   5   4   4   4   3   5
4   5   5   5   5   4   2   2   2   3   2   2   4   4   4   4   5
5   4   4   4   4   4   4   4   5   2   5   4   4   4   4   5
6   4   4   4   4   4   4   4   5   3   5   4   4   4   4   5
```

指標變數（題項）有十六題，內容效度分為三個向度：知識獲取、知識分享、知識應用。知識獲取向度包括 A01、A02、A03 、A04 、A05 等五題，知識分享向度包括 B06、B07、B08、B09、B10 等五題，知識應用向度包括 C11、C12、C13、C14、C15、C16 等六題。

## 一、iclust( ) 函數應用

使用 library( ) 函數載入 psych 套件，以 iclust( ) 函數進行題項集群分析，集群個數限定為四個，函數物件界定為 m.iclust4：

```
> library(psych)
> m.iclust4=iclust(temp,nclusters =4,title="Force 4 clusters")
```

使用 print( ) 函數輸出 iclust( ) 函數物件內容：

```
> print(m.iclust4)
ICLUST (Item Cluster Analysis)
Call: iclust(r.mat = temp, nclusters = 4, title = "Force 4 clusters")
Purified Alpha:
C10   C11   C12  V10
0.89  0.90  0.84 1.00
```

**[ 說明 ]**：四個集群的集群編號分別為 C10、C11、C12、V10。量數為四個集群單純化的信度係數（標準化內部一致性 $\alpha$ 係數），第四個集群只有一個題項（信度係數值 = 1.00），前三個集群的信度係數分別為 0.89、0.90、0.84。

-------------------------------------------------------------------------

```
G6* reliability:
C10 C11 C12 V10
  1   1   1   1
```

**[ 說明 ]**：四個集群之 Guttman Lambda6 信度係數值。

-------------------------------------------------------------------------

```
Original Beta:
C10   C11   C12  V10
0.84 0.80 0.72 NA
```

**[說明]**：四個集群之原始 Beta 係數，四個集群的 Beta 係數值分別為 0.84、0.80、0.72、NA（無法估計）。

-------------------------------------------------------------------------

```
Cluster size:
 C10 C11 C12 V10
  6   4   5   1
```

**[ 說明 ]**：四個集群包含的題項數，第四個集群 V10 只包含一個題項。

-------------------------------------------------------------------------

```
Item by Cluster Structure matrix:
     O    P   C10   C11   C12   V10
A01 C12 C12  0.18  0.22  0.61  0.47
A02 C12 C12  0.25  0.21  0.79  0.05
A03 C12 C12  0.26  0.24  0.89 -0.01
```

```
A04 C12 C12   0.17   0.20   0.68   0.13
A05 C12 C12   0.28   0.23   0.63  -0.02
B06 C10 C10   0.66   0.65   0.23   0.06
B07 C11 C11   0.56   0.81   0.29   0.28
B08 C11 C11   0.57   0.93   0.22   0.13
B09 C11 C11   0.51   0.73   0.30   0.49
B10 V10 V10  -0.06   0.09   0.06   0.32
C11 C11 C11   0.57   0.94   0.22   0.09
C12 C10 C10   0.77   0.57   0.22  -0.18
C13 C10 C10   0.90   0.40   0.23  -0.29
C14 C10 C10   0.77   0.50   0.29  -0.07
C15 C10 C10   0.83   0.40   0.20  -0.14
C16 C10 C10   0.72   0.48   0.32  -0.28
```

**[說明]**：題項與集群間的結構矩陣，矩陣中的數值為因素負荷量。「O」欄表示初始集群（original clusters）、「P」欄表示結構簡單化的集群（purified (P) clusters）。

----------------------------------------------------------------

```
With eigenvalues of:
 C10  C11  C12  V10
3.67 3.04 2.70 0.79
```

**[說明]**：四個集群的特徵值：3.67、3.04、2.70、0.79。

----------------------------------------------------------------

```
Purified scale intercorrelations
 reliabilities on diagonal
 correlations corrected for attenuation above diagonal:
      C10   C11   C12   V10
C10   0.89  0.67  0.32 -0.06
C11   0.60  0.90  0.31  0.10
C12   0.28  0.27  0.84  0.06
V10  -0.06  0.09  0.05  1.00
```

**[說明]**：四個集群間的相關，矩陣對角線為信度係數。

----------------------------------------------------------------

```
Cluster fit =  0.9   Pattern fit =  0.98  RMSR =  0.06
```

**[說明]**：四個集群之集群適配度量數＝0.9、組型適配度＝0.98、RMSR 適配度指標值＝0.06。

使用函數物件元素「$pattern」求出組型矩陣（樣式矩陣）：

```
> round(m.iclust4$pattern,2)
      C10   C11    C12    V10
A01  0.05 -0.01   0.58   0.44
A02  0.05 -0.03   0.79   0.02
A03  0.01 -0.01   0.89  -0.06
A04 -0.03  0.03   0.67   0.09
A05  0.11  0.00   0.60  -0.05
B06  0.44  0.39   0.00   0.06
B07  0.15  0.69   0.05   0.22
B08  0.02  0.93  -0.04   0.04
B09  0.17  0.56   0.08   0.44
B10 -0.14  0.14   0.04   0.30
C11  0.02  0.94  -0.04   0.01
C12  0.65  0.20  -0.01  -0.16
C13  0.99 -0.17   0.01  -0.22
C14  0.71  0.06   0.08  -0.04
C15  0.92 -0.14  -0.02  -0.07
C16  0.61  0.10   0.13  -0.26
```

 二、ICLUST.sort( ) 函數應用

套件 psych 函數 ICLUST.sort( ) 可以將 iclust( ) 函數物件之結構矩陣排序，內定選項為根據題項變數在對應集群組中的因素負荷量大小進行遞減排序：

```
> ICLUST.sort(m.iclust4)
      item   content   cluster   C10    C11    C12    V10
C13   13     C13       1         0.90   0.40   0.23   -0.29
C15   15     C15       1         0.83   0.40   0.20   -0.14
C12   12     C12       1         0.77   0.57   0.22   -0.18
C14   14     C14       1         0.77   0.50   0.29   -0.07
C16   16     C16       1         0.72   0.48   0.32   -0.28
B06   6      B06       1         0.66   0.65   0.23    0.06
C11   11     C11       2         0.57   0.94   0.22    0.09
B08   8      B08       2         0.57   0.93   0.22    0.13
B07   7      B07       2         0.56   0.81   0.29    0.28
B09   9      B09       2         0.51   0.73   0.30    0.49
A03   3      A03       3         0.26   0.24   0.89   -0.01
A02   2      A02       3         0.25   0.21   0.79    0.05
A04   4      A04       3         0.17   0.20   0.68    0.13
A05   5      A05       3         0.28   0.23   0.63   -0.02
A01   1      A01       3         0.18   0.22   0.61    0.47
B10   10     B10       4        -0.06   0.09   0.06    0.32
```

[說明]：集群（cluster）欄的水準數值為集群編號，水準數值相同的題項變數被歸類為同一集群。集群 1 包含的題項變數有 B06、C12、C13、C14、C15、C16；集群 2 包含的題項變數有 B07、B08、B09、C11；集群 3 包含的題項變數有 A01、A02、A03、A04、A05；集群 4 包含的題項變數有 B10。

 三、factor2cluster( ) 函數應用

套件 psych 函數 factor2cluster( ) 可以將 iclust( ) 函數物件之題項變數分群結果直接顯示：

```
> factor2cluster(m.iclust4)
   C10  C11  C12 V10
```

```
A01    0       0       1       0
A02    0       0       1       0
A03    0       0       1       0
A04    0       0       1       0
A05    0       0       1       0
B06    1       0       0       0
B07    0       1       0       0
B08    0       1       0       0
B09    0       1       0       0
B10    0       0       0       1
C11    0       1       0       0
C12    1       0       0       0
C13    1       0       0       0
C14    1       0       0       0
C15    1       0       0       0
C16    1       0       0       0
```

　　集群編號 C10 包含的題項變數有 B06、C12、C13、C14、C15、C16；集群編號 C11 包含的題項變數有 B07、B08、B09、C11；集群編號 C12 包含的題項變數有 A01、A02、A03、A04、A05；集群編號 V10 包含的題項變數有 B10。

　　第一次題項集群分析結果，第六題（B06）、第十題（B10）、第十一題（C11）三個題項變數與原先內容效度有很大差異，第二次題項集群分析程序，將這三個題項變數排除，`iclust( )` 函數建立的物件界定為 m.iclust3，使用 `factor2cluster( )` 函數輸出題項變數之分群結果：

```
> m.iclust3 <- iclust(temp[,-c(6,10,11)],nclusters =3,title="3 clusters")
> factor2cluster(m.iclust3)
      C9 C10 C7
A01   0    1   0
A02   0    1   0
A03   0    1   0
```

```
A04  0   1   0
A05  0   1   0
B07  0   0   1
B08  0   0   1
B09  0   0   1
C12  1   0   0
C13  1   0   0
C14  1   0   0
C15  1   0   0
C16  1   0   0
```

集群編號 C9 包含的題項變數有 C12、C13、C14、C15、C16 五題；集群編號 C10 包含的題項變數有 A01、A02、A03、A04、A05 等五題；集群編號 C7 包含的題項變數有 B07、B08、B09 等三題。根據題項反映的潛在特質與內容效度，集群編號 C9 命名為「知識應用」、集群編號 C10 命名為「知識獲取」、集群編號 C7 命名為「知識分享」。

使用 print( ) 函數輸出 iclust( ) 函數物件（m.iclust3）：

```
> print (m.iclust3)
ICLUST (Item Cluster Analysis)
Call: iclust(r.mat = temp[, -c(6, 10, 11)], nclusters = 3, title = "3 clusters")
Purified Alpha:
 C9  C10   C7
0.89 0.84 0.85
```

[說明]：三個集群標準化內部係數估計值為 0.89、0.84、0.85。
--------------------------------------------------------------
```
G6* reliability:
 C9 C10   C7
  1   1   1
Original Beta:
 C9   C10   C7
```

```
0.85  0.72  0.80


Cluster size:
 C9  C10  C7
 5    5    3
```

**[說明]**：三個集群編號為 C9、C10、C7，包含的題項變數個數分別為 5 題、5 題、3 題。

--------------------------------------------------------------------

```
Item by Cluster Structure matrix:
       O    P    C9    C10   C7
A01   C10  C10  0.17  0.61  0.25
A02   C10  C10  0.25  0.80  0.24
A03   C10  C10  0.26  0.89  0.26
A04   C10  C10  0.18  0.67  0.22
A05   C10  C10  0.26  0.63  0.26
B07   C7   C7   0.51  0.30  0.87
B08   C7   C7   0.52  0.22  0.74
B09   C7   C7   0.47  0.30  0.78
C12   C9   C9   0.77  0.22  0.61
C13   C9   C9   0.94  0.23  0.42
C14   C9   C9   0.76  0.30  0.54
C15   C9   C9   0.87  0.20  0.42
C16   C9   C9   0.66  0.32  0.50
```

**[說明]**：題項與集群間的相關（結構矩陣，統計量數為因素負荷量）。

--------------------------------------------------------------------

```
With eigenvalues of:
 C9  C10  C7
3.2  2.7  2.1
```

**[說明]**：三個集群的特徵值，特徵值量數分別為 3.2、2.7、2.1。

--------------------------------------------------------------------

```
Purified scale intercorrelations
  reliabilities on diagonal
```

```
correlations corrected for attenuation above diagonal:
     C9   C10   C7
C9   0.89 0.32 0.62
C10  0.28 0.84 0.34
C7   0.54 0.29 0.85
```

[說明]：三個集群間的相關矩陣，對角線為集群內部一致性信度估計值。

------------------------------------------------------------------------

```
Cluster fit =  0.91   Pattern fit =  0.99  RMSR =  0.05
```

[說明]：以十三個指標變數（題項）進行集群分析，集群個數限定為三個，集群分析結果之適配度量數＝0.91、組型適配度＝0.99、RMSR 適配度指標值＝0.05，表示集群分析結果良好。

使用 iclust( ) 函數物件（m.iclust3）的元素「$pattern」求出組型矩陣：

```
> round(m.iclust3$pattern,2)
        C9    C10    C7
A01  -0.05   0.59   0.11
A02   0.04   0.79  -0.01
A03   0.02   0.89   0.00
A04  -0.03   0.66   0.05
A05   0.07   0.60   0.05
B07   0.04   0.04   0.83
B08   0.17  -0.01   0.65
B09   0.05   0.08   0.73
C12   0.63  -0.04   0.28
C13   1.00  -0.01  -0.11
C14   0.64   0.07   0.17
C15   0.92  -0.04  -0.07
C16   0.53   0.12   0.18
```

　　組型矩陣量數顯示，集群 C9 包含的題項變數為 {C12、C13、C14、C15、C16}；集群 C10 包含的題項變數為 {A01、A02、A03、A04、A05}；集群 C7 包含的題項變數為 {C07、C08、C09}。

　　以 `iclust( )` 函數進行題項變數的集群分析，分析程序與斜交轉軸法之因素分析大致類似，二個轉軸後的因素矩陣為結構矩陣與組型矩陣。

## 捌　期望最大化階層集群分析（套件 mclust 函數 Mclust( ) 應用）

### 一、函數 Mclust( ) 應用

　　以 `library( )` 函數載入 mclust 套件，使用套件函數 `Mclust( )` 建立階層集群分析物件，物件名稱界定為 m.em：

```
> library(mclust)
> temp<-read.csv("cluster.csv",header=T)
> m.em=Mclust(temp[,-1])
```

　　使用 `summary( )` 函數輸出模式物件：

```
> summary(m.em,parameters=TRUE)
----------------------------------------------------
Gaussian finite mixture model fitted by EM algorithm
----------------------------------------------------
```

**[說明]**：EM 演算法進行分群程序採用適配高斯有限混合模式的提示訊息。
----------------------------------------------------------------------
```
Mclust VEV (ellipsoidal, equal shape) model with 5 components:
 log.likelihood  n df       BIC        ICL
     -114.6243 20 62 -414.9841 -414.9841
```

**[說明]**：有五個元素之 Mclust VEV 模式，五個元素參數分別為對數概似值、觀察值個數、估計值自由度、BIC 值、ICL 值。
----------------------------------------------------------------------

```
Clustering table:
1 2 3 4 5
3 3 4 6 4
```

**[說明]**：根據 BIC 指標值，觀察值分別為五個集群的模型最佳，五個集群的
觀察值個數分別為 3 個、3 個、4 個、6 個、4 個。

----------------------------------------------------------------------

```
Mixing probabilities:
         1         2         3         4         5
0.1500000 0.1499994 0.2000000 0.3000006 0.2000000
```

**[說明]**：五個集群混合機率估計值。

----------------------------------------------------------------------

```
Means:
                 [,1]       [,2]    [,3]       [,4]    [,5]
behavior     53.33333 25.333327 28.50 38.833310 49.25
engagement   46.33333 17.000000 23.75 34.499966 44.75
achievement  32.00000 10.666677 10.25 20.833308 29.50
motivation   14.33333  5.333331  3.50  7.999996 11.75
```

**[說明]**：五個集群在四個集群變數的平均數，其中集群 1 在四個變數的平均
數最高，集群 5 在四個變數的平均數次高。

----------------------------------------------------------------------

```
Variances:
[,,1]
              behavior engagement achievement   motivation
behavior     1.1581417  0.6358564 -1.04208194 -0.19093917
engagement   0.6358564  0.3931347 -0.48369806 -0.23116730
achievement -1.0420819 -0.4836981  1.12012911 -0.07833922
motivation  -0.1909392 -0.2311673 -0.07833922  0.59572170
<略>
 [,,5]
              behavior engagement achievement motivation
behavior     2.53001081  -1.555432  0.07146401   1.008575
engagement  -1.55543197   9.805187 -2.32291666   4.324091
```

| achievement | 0.07146401 | -2.322917 | 0.59251543 | -1.224451 |
| motivation | 1.00857546 | 4.324091 | -1.22445103 | 3.694173 |

**[說明]**：各集群共變異數矩陣估計值，對角線為變數的變異數，配對變數間的參數為共變數。

 二、函數 plot.Mclust( ) 應用

函數 plot.Mclust( ) 可以繪製 Mclust( ) 函數建立的集群物件圖形，函數 plot.Mclust( ) 基本語法為：

```
plot(x, what = c("BIC", "classification", "uncertainty", "density"),
    dimens = NULL, xlab = NULL, ylab = NULL, ylim = NULL)
```

引數 x 為函數 Mclust( ) 建立的物件。引數 what 界定圖形類型的選項，選項有："BIC"（內定選項）、"classification"（分類圖）、"uncertainty"（機率圖）、"density"（密度圖）。引數 xlab、ylab 界定 X 軸、Y 軸的標記名稱。選項 ylim 界定 BIC 垂直軸的臨界值。

以模式為基礎的分群圖示類型：

1. "BIC"：根據 BIC 數值選擇最佳的集群個數，BIC 值愈大模式愈佳。
2. "classification"：顯示分群的結果，根據界定層面輸出座標軸位置。
3. "uncertainty"：根據觀察值機率值繪製座標軸位置。
4. "density"：繪製估計密度圖形。

```
>plot(m.em,what="BIC",legendArgs=list(x="bottomright",ncol=5))
```

引數 G 內定選項數值為「=1:9」，圖形之元素個數（集群個數）為 1 個至 9 個，引數 legendArgs 界定模式標記出現的位置（範例為右下角），每列五個直行標記，如圖 9-21。

範例集群個數限定為 3 個、4 個、5 個：

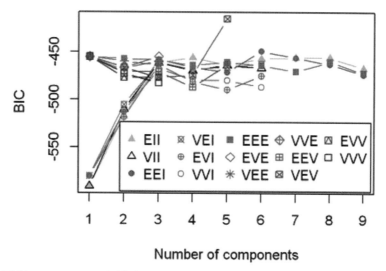

● 圖 **9-21** 引數 *legendArgs* 界定模式標記出現的位置

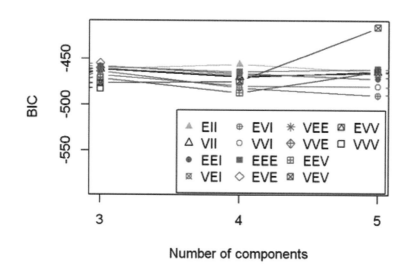

● 圖 **9-22** 各集群之模式的 BIC 指標值位置

```
>plot(m.em,what="BIC",G=3:5,legendArgs=list(x="bottomright",ncol=4))
```

引數 G 界定為「=3:5」，橫軸之元素個數（集群個數）出現 3、4、5，圖形繪
製的是各集群之模式的 BIC 指標值位置，引數「ncol=4」界定圖中標題每列出現四
個直行標記，如圖 9-22。

繪製分類圖，引數 what 選項設為 "classification"：

```
> plot(m.em,what ="classification")
```

集群分析分類圖，如圖 9-23。

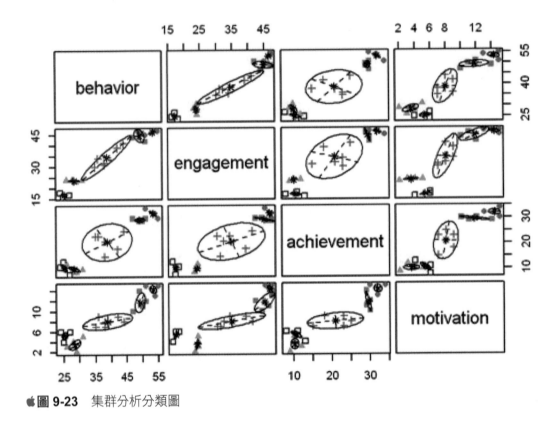

📷 **圖 9-23** 集群分析分類圖

 ## 三、函數 mclustBIC( ) 的應用

使用 mclustBIC( ) 函數輸出 BIC 最高值的模型：

```
> mcBIC=mclustBIC(temp[,-1])
> summary(mcBIC,temp[,-1])
Best BIC values:
```

```
          VEV,5        EEI,6         EVE,3
BIC     -414.9841   -449.15240    -454.68522
BIC diff   0.0000    -34.16835     -39.70117
```

**[ 說明 ]**：最佳三個模型為 VEV5（5 個集群），BIC 值 = − 414.98；六個集群的 EEI（BIC 值 = − 449.15）、三個集群的 EVE（BIC 值 = − 454.69），觀察值分為五個集群時為最佳模型、分為六個集群時為次佳模型，分為三個集群時為第三適配模型。

----

```
Classification table for model (VEV,5):
1 2 3 4 5
3 3 4 6 4
```

**[ 說明 ]**：五個集群的觀察值成員個數，集群 1 至集群 5 的觀察值個數分別有 3、3、4、6、4 位。

## 四、函數 predict( ) 的應用

使用套件函數 predict( ) 輸出各觀察值被歸類的組別（五個集群）：

```
> pred <- predict(m.em)
> pred
$classification
 [1] 1 2 3 2 4 3 5 1 4 4 5 3 5 4 4 3 4 5 2 1
```

**[ 說明 ]** 函數 predict( ) 元素「$classification」可輸出分群結果的水準數值向量，同一水準數值之觀察值歸類為同一集群。

----

```
$z
       [,1]      [,2]      [,3]      [,4]          [,5]
[1,]    1   0.0000000    0    0.000000e+00   0.000000e+00
[2,]    0   0.9999882    0    1.179695e-05   0.000000e+00
[3,]    0   0.0000000    1    8.149425e-38   0.000000e+00
```

```
[4,]    0   1.0000000   0   1.193069e-30    0.000000e+00
[5,]    0   0.0000000   0   1.000000e+00    0.000000e+00
[6,]    0   0.0000000   1   3.437332e-222   0.000000e+00
[7,]    0   0.0000000   0   3.234458e-238   1.000000e+00
[8,]    1   0.0000000   0   4.479318e-252   0.000000e+00
[9,]    0   0.0000000   0   1.000000e+00    0.000000e+00
[10,]   0   0.0000000   0   1.000000e+00    0.000000e+00
[11,]   0   0.0000000   0   1.139041e-26    1.000000e+00
[12,]   0   0.0000000   1   2.332703e-126   0.000000e+00
[13,]   0   0.0000000   0   1.254173e-137   1.000000e+00
[14,]   0   0.0000000   0   1.000000e+00    0.000000e+00
[15,]   0   0.0000000   0   1.000000e+00    0.000000e+00
[16,]   0   0.0000000   1   5.999919e-177   0.000000e+00
[17,]   0   0.0000000   0   1.000000e+00    0.000000e+00
[18,]   0   0.0000000   0   3.565705e-62    1.000000e+00
[19,]   0   1.0000000   0   8.064987e-28    0.000000e+00
[20,]   1   0.0000000   0   0.000000e+00    6.548722e-294
```

**[說明]**：觀察值被分類的機率，數值 1 表示被歸類於該集群。

--------------------------------------------------------------

```
attr(,"logarithm")
[1] FALSE
attr(,"modelName")
[1] "VEV"
attr(,"returnCode")
[1] 0
```

只呈現觀察值被分群的集群水準編碼，使用物件元素 $classification：

```
> pred$classification
 [1] 1 2 3 2 4 3 5 1 4 4 5 3 5 4 4 3 4 5 2 1
```

配合四捨五入函數 round( )，簡化物件元素「$z」的集群分組情況，觀察值
水準數值 1 表示歸於直欄集群編號：

```
> round(pred$z,0)
       [,1]  [,2]  [,3]  [,4]  [,5]
 [1,]    1     0     0     0     0
 [2,]    0     1     0     0     0
 [3,]    0     0     1     0     0
 [4,]    0     1     0     0     0
 [5,]    0     0     0     1     0
 [6,]    0     0     1     0     0
 [7,]    0     0     0     0     1
 [8,]    1     0     0     0     0
 [9,]    0     0     0     1     0
[10,]    0     0     0     1     0
[11,]    0     0     0     0     1
[12,]    0     0     1     0     0
[13,]    0     0     0     0     1
[14,]    0     0     0     1     0
[15,]    0     0     0     1     0
[16,]    0     0     1     0     0
[17,]    0     0     0     1     0
[18,]    0     0     0     0     1
[19,]    0     1     0     0     0
[20,]    1     0     0     0     0
```

　　上述最佳 BIC 指標值的第三個模式為觀察值分為三個集群的「EVE,3」，BIC
指標值為 −454.69。範例 Mclust( ) 函數的引數 G 界定為「=3」，表示集群個數
限定為三個：

```
> mc3=Mclust(temp[,-1],G=3)
> summary(mc3,parameters=T)
----------------------------------------------------
Gaussian finite mixture model fitted by EM algorithm
----------------------------------------------------

Mclust EVE (ellipsoidal, equal volume and orientation) model with 3 components:

 log.likelihood   n df        BIC          ICL
     -182.4066    20 30   -454.6852    -454.6852
```

[說明]：三個集群數模式之 BIC 指標值 =-454.69、ICL 指標值 =-454.69。

------------------------------------------------------------------------

```
Clustering table:
1 2 3
7 7 6
```

[說明]：三個集群的觀察值個數分別為 7 位、7 位、6 位。

------------------------------------------------------------------------

```
Mixing   probabilities:
           1            2            3
0.3500001    0.3499994    0.3000004
```

[說明]：三個集群混合機率量數。

------------------------------------------------------------------------

```
Means:
                [,1]        [,2]        [,3]
behavior     51.00000   27.142859   38.833308
engagement   45.42857   20.857151   34.499963
achievement  30.57143   10.428576   20.833307
motivation   12.85714    4.285712    7.999996
```

[說明]：三個集群在四個計量變數的平均數，集群 1 在四個分群變數的平均數最高、集群 2 在四個分群變數的平均數最低。

------------------------------------------------------------------------

```
Variances:
[,,1]
```

|  | behavior | engagement | achievement | motivation |
|---|---|---|---|---|
| behavior | 4.06165586 | 1.5476384 | -0.08575517 | 0.9829071 |
| engagement | 1.54763844 | 4.7905581 | -0.18706460 | -0.5703699 |
| achievement | -0.08575517 | -0.1870646 | 2.35001220 | 0.1922427 |
| motivation | 0.98290710 | -0.5703699 | 0.19224266 | 3.2066265 |

<略>

**[說明]**：三個集群在四個分群變數的共變異數矩陣，對角線的量數為變數的變異數。

---

使用 `mclustBIC( )` 函數求出不同集群個數模式的 BIC 量數：

```
> mc3BIC=mclustBIC(temp[,-1],G=1:3)
> print(mc3BIC)
Bayesian Information Criterion (BIC):
        EII       VII       EEI       VEI       EVI       VVI       EEE       EVE
1 -591.1147  -591.1147  -580.2957  -580.2957  -580.2957  -580.2957  -454.9656  -454.9656
2 -517.6000  -510.2074  -513.2741  -505.2277  -518.7033  -511.7431  -457.0044  -466.1699
3 -461.0371  -461.3614  -457.8167  -460.9896   463.6503  -467.8961  -458.5116  -454.6852
        VEE       VVE       EEV       VEV       EVV       VVV
1 -454.9656  -454.9656  -454.9656  -454.9656  -454.9656  -454.9656
2 -459.9479  -466.6065  -469.7858  -466.6478  -476.8361  -472.4121
3 -463.7328  -459.8341  -471.1367  -476.8419  -476.6993  -482.5656
attr(,"criterion")
[1] "BIC"
Top 3 models based on the BIC criterion:
    EVE,3      EEE,1      EEV,1
-454.6852  -454.9656  -454.9656
```

**[說明]**：分為 3 個集群的 BIC 指標值 = −454.69，模式為「`EVE,3`」，分為 1 個集群的模式有二種類型「`EEE,1`」、「`EEV,1`」，BIC 指標值為 −454.97，若將集群個數限制為 3 個，最佳的適配集群為分成三個集群、次佳的適配集群為

分成一個集群。

---

使用 summary( ) 函數界定摘要物件，物件名稱界定為 mc3BICs：

---

```
> mc3BICs=summary(mc3BIC,data=temp[,-1])
> mc3BICs
Best BIC values:
             EVE,3        EEE,1        EEV,1
BIC      -454.6852 -454.9656463 -454.9656463
BIC diff    0.0000   -0.2804279   -0.2804279
Classification table for model (EVE,3):
1 2 3
7 7 6
```

[說明]：觀察值分為三個集群的分類表。

---

使用 names( ) 查看物件 mc3BICs 的元素，其中的元素 "classification" 為觀察值分組的情況（向量），元素 "z " 為觀察值被歸類二維陣列情形。

---

```
> names(mc3BICs)
[1] "modelName"     "n"            "d"           "G"     "bic"
[6] "loglik"    "parameters"     "z"   "classification"  "uncertainty"
```

---

使用物件元素「$classification」輸出觀察值分組的水準數值：

---

```
> mc3BICs$classification
[1] 1 2 2 2 3 2 1 1 3 3 1 2 1 3 3 2 3 1 2 1
```

---

使用物件元素「$z$」輸出各觀察值被歸類的矩陣表：

```
> round(mc3BICs$z,0)
       [,1] [,2] [,3]
 [1,]    1    0    0
 [2,]    0    1    0
 [3,]    0    1    0
 [4,]    0    1    0
 [5,]    0    0    1
 [6,]    0    1    0
 [7,]    1    0    0
 [8,]    1    0    0
 [9,]    0    0    1
[10,]    0    0    1
[11,]    1    0    0
[12,]    0    1    0
[13,]    1    0    0
[14,]    0    0    1
[15,]    0    0    1
[16,]    0    1    0
[17,]    0    0    1
[18,]    1    0    0
[19,]    0    1    0
[20,]    1    0    0
```

將觀察值被分組的水準數值以變數 mc3g 增列於資料檔中：

```
> temp$mc3g=mc3BICs$classification
> temp$stid[temp$mc3g==1]     ## 集群 1 觀察值成員
[1] S01 S07 S08 S11 S13 S18 S20
```

```
> temp$stid[temp$mc3g==2]        ## 集群 2 觀察值成員
[1] S02 S03 S04 S06 S12 S16 S19
> temp$stid[temp$mc3g==3]        ## 集群 3 觀察值成員
[1] S05 S09 S10 S14 S15 S17
```

範例為二十位觀察值分為五個集群時，各觀察值成員分組的情形：

```
> mc5=Mclust(temp[,-1],G=1:5)
> mc5
'Mclust' model object:
 best model: ellipsoidal, equal shape (VEV) with 5 components
```

**[說明]**：Mclust( ) 函數的引數 G 界定為「=1:5」時，最佳的集群模式是分為 5 個集群，集群模式為 VEV。

--------------------------------------------------

```
> mc5BIC=mclustBIC(temp[,-1],G=1:5)
> mc5BICs=summary(mc5BIC,data=temp[,-1])
> mc5BICs
Best BIC values:
             VEV,5        EVE,3        EEE,1
BIC      -414.9841 -454.68522 -454.96565
BIC diff    0.0000  -39.70117  -39.98159
Classification table for model (VEV,5):
1 2 3 4 5
3 3 4 6 4
```

**[說明]**：引數 G 界定 =「1:5」（一個集群至五個集群）時，最佳的前三個集群模式為「VEV,5」（分為五個集群）、「EVE,3」（分為三個集群）、「EEE,1」（分為一個集群）。

--------------------------------------------------

```
>temp$mc5g=mc5BICs$classification
> temp$stid[temp$mc5g==1]    ## 集群 1 觀察值成員
[1] S01 S07 S08 S11 S13 S18 S20
```

```
> temp$stid[temp$mc5g==2]    ## 集群 2 觀察值成員
[1] S02 S04 S19
> temp$stid[temp$mc5g==3]    ## 集群 3 觀察值成員
[1] S03 S06 S12 S16
> temp$stid[temp$mc5g==4]    ## 集群 4 觀察值成員
[1] S05 S17
> temp$stid[temp$mc5g==5]    ## 集群 5 觀察值成員
[1] S09 S10 S14 S15
```

　　二十位觀察值分為五個集群、三個集群觀察值成員比較摘要表，如表 9-2。

**表 9-2**　觀察值成員比較摘要表

| | 分為五個集群 | 分為三個集群 |
|---|---|---|
| 集群 1 | S01、S07、S08、S11、S13、S18、S20 | S01、S07、S08、S11、S13、S18、S20 |
| 集群 2 | S02、S04、S19 | S02、S03、S04、S06、S12、S16、S19（分為五個集群時，原集群 2 與集群 3 合併） |
| 集群 3 | S03、S06、S12、S16 | S05、S09、S10、S14、S15、S17（分為五個集群時，原集群 4 與集群 5 合併） |
| 集群 4 | S05、S17 | |
| 集群 5 | S09、S10、S14、S15 | |

## 五、二個集群變數的圖形繪製

　　範例之集群變數為學生學習成就（achievement）、學習動機二個（motivation），使用 Mclust( ) 函數建立集群分析物件 mcd2：

```
> mcd2=Mclust(temp[,4:5])
> summary(mcd2)
----------------------------------------------------
Gaussian finite mixture model fitted by EM algorithm
----------------------------------------------------
Mclust EII (spherical, equal volume) model with 3 components:
```

```
   log.likelihood   n  df        BIC         ICL
     -101.8154  20   9   -230.5924   -230.6118
```

**[說明]**：集群分析的最佳模式是分為三個集群（三個元素），BIC 指標值 = −230.59。

--------------------------------------------------------------------------

```
Clustering table:
1 2 3
7 8 5
```

**[說明]**：三個集群的觀察值成員分為 7 位、8 位、5 位。

## (一) 以函數 mclust2Dplot( ) 繪製圖形

函數 mclust2Dplot( ) 的語法指令為：

```
mclust2Dplot(data, parameters = NULL, z = NULL,classification =
NULL, truth = NULL,what =c("classification","uncertainty","errors"),
,colors = NULL,xlim = NULL, ylim = NULL, xlab = NULL, ylab = NULL,
CEX  = 1, PCH = ".",main = FALSE)
```

引數 data 為數值矩陣或資料框架。引數 parameters 界定為 mclustModel 物件參數元素，顯示於圖形中成分包括：混合元素的混合比例值、集群的平均數、模型變異數參數。引數 z 界定觀察值 i 與其分群的集群 k 關係。引數 classification 為數值或文字向量，表示觀察值（橫列資料）的分類情況。引數 truth 為數值或文字向量，界定每個已知資料檔的分類。引數 uncertainty 界定每個資料點的機率，數值向量介於 0 至 1 間，如果界定引數 z，此引數可以省略。引數 what 界定圖形的型態，有三種選項："classification"（分類圖為內定選項）、"errors"、"uncertainty"（機率）。引數 colors 界定每個集群顏色，可設定為文字向量或數值向量。引數 xlim、ylim 界定座標軸的界限值。引數 xlab、ylab 界定 X 軸、Y 軸的標記名稱。引數 CEX 設定圖示符號的大小，內定的數值 1。引數 PCH 界定集群中的圖例符號型態，內定圖例為小點。引數 main 為邏輯選項，界定是否呈現圖形的標題說明。

範例為繪製分類圖：

```
> mclust2Dplot(temp[,4:5],what="classification",parameters=mcd2$parameters,z=mcd2$z,main=TRUE)
```

　　二維分類圖如圖 9-24，圖中的＊號為集群的形心，三種不同圖例符號分別以不同顏色表示（矩形圖例為紅色、三角形圖例為綠色、圓形圖例為藍色），同一圖例符號之觀察值歸類為同一集群：

　　範例分類圖（圖 9-25）中，引數 CEX 界定為「=1.5」（數值愈大圖例符號愈大），三個集群圖例符號為紅色、藍色、黑色，顏色以數值向量表示

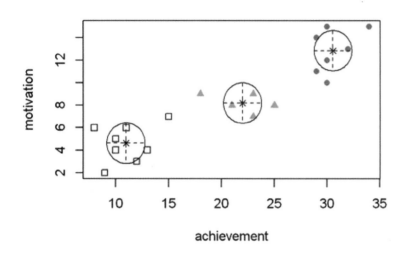

◆圖 9-24　二維分類圖

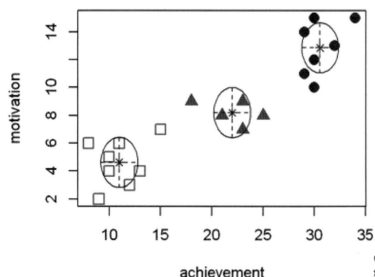

◆圖 9-25　分類圖中，引數 CEX 界定為「=1.5」

## Classification Uncertainty

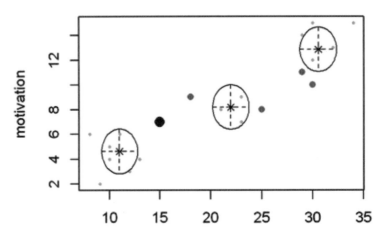

● 圖 **9-26** 繪製機率圖

「colors=c(1,2,4)」：

```
> mclust2Dplot(data=temp[,4:5],what="classification",parameters
=mcd2$parameters,z=mcd2$z,CEX=1.5,colors=c(1,2,4))
```

範例引數 what 界定「="uncertainty"」，表示繪製機率圖，如圖 9-26。

```
>mclust2Dplot(temp[,4:5],what="uncertainty",parameters=
mcd2$parameters,z=mcd2$z,main=TRUE)
```

(二) 以函數 surfacePlot( ) 繪製集群外觀圖

函數 surfacePlot( ) 基本語法為：

```
surfacePlot(data, parameters,type = c("contour", "image", "persp"),
what = c("density", "uncertainty"),transformation = c("none",
"log", "sqrt"),grid = 50, nlevels = 11, col = grey(0.6), xlim =
NULL, ylim = NULL, xlab = NULL, ylab = NULL, main = FALSE)
```

引數 data 為二個計量變數的資料框架。引數 parameters 為 Mclust 模式參數的列表名稱，顯示的成分包括集群的平均數、模型變異數參數列表。引數 type 界定圖形型態，有三種選項："contour"（輪廓圖為內定選項）、"image"（映像圖）、"persp"。引數 what 界定繪製何種類型圖形，有二個選項："density"（內定選項）、"uncertainty"。引數 transformation 界定變數轉換的方法，內定選項為「="none"」，其餘二個選項為 "log"（邏輯轉換）、"sqrt"（平方根轉換）。引數 nlevels 界定繪製 contour 圖形時的水準數值，內定參數為 11。引數 col 界定繪製 contour 圖形時之線條顏色。

範例為繪製密度輪廓圖：

```
> surfacePlot(temp[,4:5], parameters = mcd2$parameters,type =
"contour", what = "density", col=1,main=T)
```

密度輪廓圖如圖 9-27。

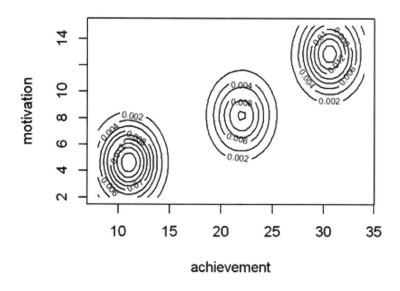

● 圖 **9-27**　密度輪廓圖

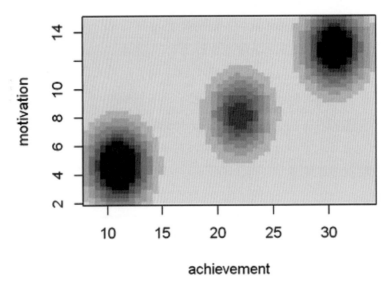

**◀圖 9-28** 密度映像圖

範例為繪製密度映像圖：

```
>  surfacePlot(temp[,4:5], parameters = mcd2$parameters,type =
"image", what = "density", col=1,main=T)
```

密度映像圖如圖 9-28。

(三) 繪製三維圖形

以高斯有限混合模式進行資料點的密度估計，使用函數 densityMclust( )：

```
> mdens=densityMclust(temp[,4:5])
> summary(mdens)
-------------------------------------------------------
Density estimation via Gaussian finite mixture modeling
-------------------------------------------------------
```

```
Mclust EII (spherical, equal volume) model with 3 components:

 log.likelihood   n  df        BIC        ICL
     -101.8154    20   9   -230.5924   -230.6118
Clustering table:
1 2 3
7 8 5
```

**[ 說明 ]**：最佳集群個數為三個集群（Ell3），三個集群的觀察值成員個數分別
為 7 位、8 位、5 位，模式 BIC 指標值 = −230.59、ICL 指標值 = −230.61。

使用 plot( ) 函數繪製三維密度圖，如圖 9-29，引數 type 界定「="persp"」：

```
> plot(mdens, what = "density", type = "persp",main=TRUE)
```

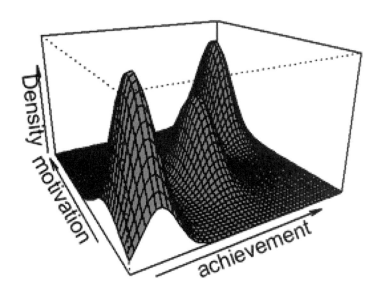

**Density Perspective Plot**

 圖 **9-29**　三維密度圖

　　使 用 plot( ) 函 數 繪 製 二 維 密 度 映 像 圖 ，如 圖 9-30 ，引 數 type 界 定
「="image"」:

```
>plot(mdens, what = "density", type = "image", col = gray.colors(50) ,main=TRUE)
```

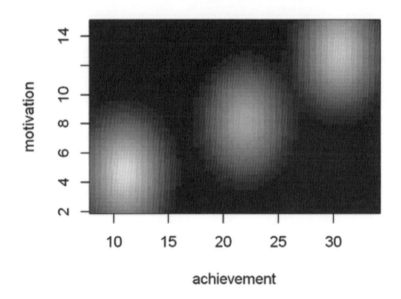

● 圖 9-30　二維密度映像圖

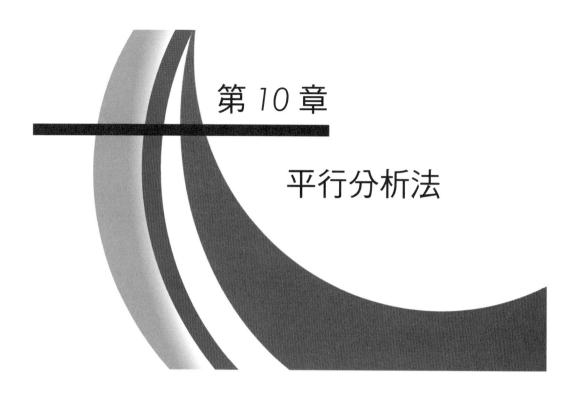

# 第 10 章

# 平行分析法

探索性因素分析程序中，因素保留的個數除參考先前的內容效度或專家效度外，一般共同因素個數決定的準則有以下幾種（Revelle, 2015）：

1. 因素分析抽取共同因素程序，若殘差矩陣的卡方值統計量未達統計顯著水準，則抽取因素不再保留。

2. 因素分析抽取共同因素程序，從 n 個因素增加到 n+1 個因素時，卡方值變化量若未達統計顯著水準，則抽取因素不再保留。

3. 因素分析抽取共同因素程序，若實際資料的特徵值小於相同樣本數之隨機資料（模擬資料）的對應特徵值時，則抽取因素不再保留。

4. 繪製特徵值數值變化的陡坡圖，橫軸為因素個數、縱軸為特徵值量數大小，若是陡坡圖的轉折點很大，且趨於平緩，則轉折點後面的因素可以刪除。

5. 抽取的主成分（principal components）之特徵值（eigen value）若小於 1.00，則成分因素可以刪除。多數應用統計軟體內定因素保留的準則為特徵值大於 1.00，此準則研究證實題項變數介於 20 至 50 之間，較能萃取正確的因素個數，題項個數多於 50 會萃取過多的因素，因素較難命名；相對的，題項個數小於 20 可能會萃取過少的因素。

6. 抽取因素之解釋變異量太低（如低於 5%，特徵值解釋的變異量小於 0.05），則抽取之共同因素可以刪除。

7. 使用非常簡單結構準則（Very Simple Structure Criterion;[VSS]）。非常簡單結構準則可以進行不同抽取因素狀態下，因素解（相關統計量數）的比較，也可以繪製圖形，以圖形檢核不同複雜水準（不同因素）的參數，挑選最佳的因素個數，非常簡單結構準則函數為 VSS( )。

8. 使用 Wayne Velicer's 最小平均淨相關準則（Minimum Average Partial criterion；[MAP]）。MAP 準則法會額外增列抽取因素個數最佳化的檢定參數，VSS 法與 MAP 法決定最佳化因素個數有時會得到不一致的結果。MAP 準則的基本步驟：(1) 求出所有配對變數相關係數平方值的總平均數；(2) 排除第 1 個因素後，求出其餘變數之淨相關係數平方值的總平均數；(3) 重複步驟 (2)，依序排除 1 個因素、2 個因素、……、k 個因素後，求出其餘變數之淨相關係數平方值的總平均數；(4) 淨相關係數平方值之總平均數最小者，表示因素模型為非常簡單結構模型，對應排除的前 k 個因素應予保留。

## 壹　應用函數

###  一、套件 psych 之 VSS( ) 函數

R 主控台視窗中查詢套件 psych 所有函數與函數語法功能，使用 help( ) 函數：

```
> help(package=psych)
starting httpd help server ... done
```

以 help( ) 函數查詢 paran 套件的函數：

```
> help(package=paran)
```

外掛套件要先安裝才能於 R 主控台視窗內載入，載入套件函數為 library( )。

MAP 準則使用的函數為 VSS( )。函數 VSS( ) 也可以使用小寫字母 vss( ) 函數，或 nfactors( ) 函數，函數 VSS( ) 的基本語法為：

```
vss(x, n = 8, rotate = "varimax", diagonal = FALSE, fm = "minres",
n.obs=NULL,plot=TRUE,title="Very Simple Structure",use="pairwise")
VSS(x, n = 8, rotate = "varimax", diagonal = FALSE, fm = "minres",
n.obs=NULL,plot=TRUE,title="Very Simple Structure",use="pairwise")
nfactors(x,n=20,rotate="varimax",diagonal=FALSE,fm="minres",n.
obs=NULL, title="Number of Factors",pch=16,use="pairwise")
```

　　引數中 x 為相關矩陣或資料框架物件矩陣。引數 n 為抽取的因素個數，數值必須比假定（內容效度編製的向度數）的個數還大。引數 rotate 界定使用何種轉軸方法，四種選項為 "none"、"varimax"（直交轉軸）（內定選項）、"oblimin"（斜交轉軸）、"promax"（斜交轉軸）。引數 diagonal 界定相關矩陣之對角線元素，內定選項為「FALSE」，表示相關矩陣之對角線元素 1 沒有鍵入。引數 fm 界定抽取因素的方法，fm="pa" 為主軸因素抽取法（Principal Axis）、fm = "minres" 為最小殘差因素抽取法（OLS）、fm="mle" 為最大概似估計抽取法（Maximum Likelihood）、fm="pc" 為主成分抽取法（Principal Components）。引數 n.obs 界定觀察值的樣本數（只有在標的資料檔採用相關矩陣時，才需要界定觀察值樣本數與對角線元素，VSS 內定樣本數為 1,000）。引數 plot 為邏輯選項，選項為真自動繪製 VSS 圖形，內定選項設定為「plot=TRUE」。引數 title 界定 VSS.plot 圖形的標題文字。引數 pch 界定圖形文字大小（`nfactors( )` 函數物件圖形）。引數 use 界定分析積差相關時，採用配對方法，內定選項為 "pairwise"。

　　相關輸出參數：Velicer's MAP 數值愈小愈佳。dof：使用 FA 法之自由度。chisq：使用 FA 法之卡方值統計量。 prob：殘差矩陣機率值。sqresid：殘差相關的平方值。RMSEA：因素個數的 RMSEA 值。BIC：因素個數的 BIC 值。eChiSq：實際資料的卡方值。eRMS：實際資料的平均殘差值。eCRMS：實際資料的平均殘差間的相關值。eBIC：根據 eChiSq 量值估算的實際資料 BIC 值。fit：因素與完全模型的適配度。cfit.1：VSS 適配於複雜模型 1 的量數。cfit.2：VSS 適配於複雜模型 1 的量數。cresidiual.1：複雜模型 1 之殘差相關值的平均平方和。

 二、套件 psych 之 `fa.parallel( )` 函數

　　在探索性因素分析程序中，採用資料矩陣或相關矩陣作為因素分析的標的資料時，常以漸進特徵值繪製之陡坡圖（scree plot）作為決定抽取因素的個數，陡峭之特徵值個數為因素或成分的保留的數目。平行分析法（Parallel analyis）是另類陡坡

圖判別的方法，以原始資料相同大小的隨機資料矩陣（包含相同的變數個數與觀察值個數）作為假設模擬資料，以多次隨機模擬資料進行探索性因素分析後，可以求得每個共同因素的平均特徵值，以模擬資料所得的平均特徵值與實際資料求得的特徵值進行比較，若是實際資料求得的特徵值大於模擬資料估算所得的平均特徵值，則保留特徵值對應的共同因素。實徵研究顯示，以此模擬資料估算所得之平均特徵值作為判斷準則，可能會保留稍多的因素個數，因而最好採取其百分等級為 95% 之特徵值作為臨界指標值。

平行分析法的函數為 fa.parallel( )，fa.parallel( ) 函數的基本語法為：

```
fa.parallel(x,n.obs=NULL,fm="minres",fa="both",main="Parallel
Analysis Scree Plots", n.iter=20,
SMC=FALSE,ylabel=NULL,show.legend=TRUE,sim=TRUE,quant=.95,cor=
"cor",use="pairwise")
fa.parallel.poly(x ,n.iter=10,SMC=TRUE,fm = "minres", sim=FALSE, fa="both")
plot(x,show.legend=TRUE,fa="both")
```

引數 x 為資料框架矩陣，如果矩陣是方形對稱的矩陣會被視為相關矩陣。引數 n.obs 為觀察值個數，若是 n.obs 界定「=0」表示分析的資料檔為資料框架物件。引數 fm 界定使用何種因素分析法進行共同因素的抽取，方法選項包括：minres（最小殘差法，又稱為 OLS 法）、ml（最大概估因素分析法）、uls（未加權最小平方法）、wls（加權最小平方法）、gls（一般加權最小平方法）、pa（主軸法）。引數 fa 選項界定顯示主成分法（principal components）或主軸法（principal axis）之特徵值，選項界定 fa="pc"，顯示主成分分析法之特徵值，選項界定 fa="fa"，顯示主軸法之特徵值，選項界定 fa="both"，同時顯示主成分分析法與主軸法的特徵值。引數 main 界定分析的標題文字。引數 n.iter 界定執行模擬資料分析的次數。引數 use 界定如何處理遺漏值，內定選項為 use="pairwise"。引數 cor 為相關類型選項，選項 ="cor" 表示皮爾森積差相關，選項 = "cov" 表示分析矩陣為共變數矩陣。引數 sim 內定選項為真，表示重複模擬樣本以產生隨機常態資料。

引數 SMC（Squared Multiple Correlation 多元相關的平方 ;[SMC]）選項界定為真（TRUE），表示根據 SMCs 資料估算共同性後計算因素的特徵值，SMC 選項界定為假（FALSE），表示根據第一個因素估算共同性後計算因素的特徵值，SMC 選項在於設定主軸法中估算各題項變數共同性的起始值的方式。引數 ylabel 界定 Y 軸的文字說明，內定文字標記為「eigen values of factors and components」（因素與成分的特徵值）。引數 show.legend 界定為真，表示圖形要呈現圖例符號。引數 quant 內定選項為「=.95」，表示實際資料的特徵值與再製樣本或模擬資料平均特徵值百分位數點 95 進行比較，引數 quant 界定的數值愈大，保留的因素或成分會愈少。

函數 fa.parallel( ) 自動回傳的參數值：

fa.values：實際資料因素模型的特徵值。

fa.sim：模擬資料因素模型的描述性統計量。

pc.values：實際資料主成分的特徵值。

pc.sim：模擬資料主成分分析的描述性統計量。

nfact: 實際資料因素特徵值大於隨機資料特徵值的個數。

ncomp：實際資料成分特徵值大於隨機資料特徵值的個數。

values：所有模擬試驗之模擬數值。

## 三、套件 psych 之 VSS.plot( ) 函數與 VSS.parallel( ) 函數

繪製 VSS( ) 函數物件適配度圖形，函數語法為 VSS.plot（x, title = "Very Simple Structure"）。

比較實際與隨機 VSS 解，使用函數為 VSS.parallel( )：

```
VSS.parallel(ncases, nvariables,scree=FALSE,rotate="none")
```

引數 ncases 為模擬資料的樣本數。引數 nvariables 為模擬資料變數的個數。引數 scree 界定為假，表示只繪製模擬資料的陡坡圖。引數 rotate 界定因素是否進行轉軸，內定選項為「="none"」，另一個選項為「="varimax"」。

進行陡坡檢定（scree test）並繪製漸進特徵值的陡坡圖，使用函數為 scree( ) 或 VSS.scree( ) 函數，二個函數基本語法為：

```
scree(rx,factors=TRUE,pc=TRUE,main="Scree plot")
VSS.scree(rx, main = "scree plot")
```

引數 rx 為相關矩陣或資料框架物件，遺漏值資料處理採用配對刪除法。引數 factors 為邏輯選項，內定選項為真，表示繪製因素的陡坡圖。引數 pc 為邏輯選項，內定選項為真，表示繪製成分的陡坡圖。引數 main 界定圖形的標題說明文字。

**四、套件 paran 的函數 paran( )**

套件 paran 只有一個函數 paran( )，函數 paran( ) 可以執行 Horn 平行分析程序，以調整後特徵值決定保留主成分或共同因素的個數。paran( ) 函數的基本語法為：

```
paran(x, iterations=0, centile=0, quietly=FALSE,
, all=FALSE, cfa=FALSE, graph=FALSE,
    color=TRUE, col=c("black","red","blue"),
    lty=c(1,2,3), lwd=1, legend=TRUE,
    width=640, height=640, grdevice="png", seed=0)
```

引數 x 為數值矩陣或資料框架物件。引數 iterations 設定使用者界定隨機樣本重製過程中疊代運算的次數，疊代次數愈大，隨機模擬資料的平均特徵值偏誤愈小。引數 centile 界定百分位數的數值，一般保留的參數界定在 95 至 99 之間。引數 quietly 界定是否完整呈現分析的表格或只是回傳估計值偏誤的向量，內定選項為假。引數 all 界定輸出所有特徵值，內定選項為假，表示只呈現保留的成分或因素的特徵值。引數 cfa 內定選項為假，表示執行主成分分析（principal component analysis），內定選項為真，表示執行共同因素分析（common factor analysis），共同因素分析呈現的量數為未轉軸的特徵值。引數 graph 界定繪製未調整特徵值、已調整特徵值或隨機特徵值，三種不同特徵值估計值差距很小，保留的成分或因素會以立體圓形示已調整後特徵值，未保留的成分或因素以中空圓形表示。引數 color 界定圖形的顏色（內定選項為真），未調整的特徵值內定顏色為紅色、調整後特徵值內定顏色為黑色、隨機特徵值的顏色為藍色、所有線條顏色是實線。若是引數 color 界定為假（FALSE）、圖形會以黑色、白色呈現、連結未調整特徵值的線條會以虛線表示、隨機特徵值線條會以黑點呈現、調整後特徵值以實線呈現。

引數 col 以文字向量表示不同特徵值的顏色，三種顏色分別為調整後特徵值（adjusted eigenvalues）、未調整特徵值（unadjusted eigenvalues）、估計隨機特徵值（stimated random eigenvalues）的顏色，引數 col 文字向量的設定，必項配合「color=TRUE」的設定。

引數 lty 界定以整數向量表示調整後、未調整、估計隨機等三種特徵值的線條型態，引數使用要配合「color=FALSE」的設定。引數 lwd 界定線條的寬度，內定的寬度數值為 1。引數 legend 內定選項為真，表示在圖形的右上角呈現圖例說明。

引數 width 界定圖形的寬度，內定數值為 640。引數 height 界定圖形的高度，內定數值為 640。引數 mat 界定實際資料的相關矩陣。引數 n 界定相關矩陣的樣本數，如果直接使用資料框架物件，引數 mat、n 均不用界定。

平行分析物件回傳的元素如下：保留成分或因素：以純整數表示保留的成分或因素。調整後特徵值（Adjusted eigenvalues）：就有限抽樣大小估算的特徵值參數加以調整的數值向量。未調整的特徵值（Unadjusted eigenvalues）：實際資料（觀察資料）未轉軸的主成分分析或未轉軸的因素分析計算所得的特徵值向量。隨機特徵值（Random eigenvalues）：根據隨機資料樣本數與變項數比值估算所得的平均特徵向量或百分位數特徵向量。偏誤值（Bias）：調整後特徵值向量與未調整特徵值向量間的差異值。

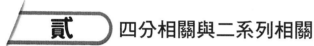

## 貳　四分相關與二系列相關

平行分析第一個範例以「課後照顧班家長滿意度量表」為例。

### 一、套件 psych 之積差相關分析函數

課後照顧班家長滿意度量表，內容效度包括三大向度「單位硬體設施」（第 1 題至第 3 題）、「教師教學專業」（第 4 題至第 7 題）、「學童學習成效」（第 8 題至第 10 題），量表之指標題項內容如表 10-1。

**表 10-1**　課後照顧班家長滿意度量表

| | 非常滿意 5 | 大部分滿意 4 | 一半滿意 3 | 小部分滿意 2 | 非常不滿意 1 |
|---|---|---|---|---|---|
| 01. 課後照顧班的安全設施。 | ☐ | ☐ | ☐ | ☐ | ☐ |
| 02. 課後照顧班的教室照明。 | ☐ | ☐ | ☐ | ☐ | ☐ |
| 03. 課後照顧班教室的多媒體設備。 | ☐ | ☐ | ☐ | ☐ | ☐ |
| 04. 課後照顧班教師的教學技巧能力。 | ☐ | ☐ | ☐ | ☐ | ☐ |
| 05. 課後照顧班教師的常規管理能力。 | ☐ | ☐ | ☐ | ☐ | ☐ |
| 06. 課後照顧班教師的功課輔導能力。 | ☐ | ☐ | ☐ | ☐ | ☐ |
| 07. 課後照顧班教師的事件處理能力。 | ☐ | ☐ | ☐ | ☐ | ☐ |
| 08. 參加課後照顧班後孩童品德行為的正向改變。 | ☐ | ☐ | ☐ | ☐ | ☐ |
| 09. 參加課後照顧班後孩童回家作業的完成程度。 | ☐ | ☐ | ☐ | ☐ | ☐ |

| 10. 參加課後照顧班後孩童學業成就的提升情況。 | □ | □ | □ | □ | □ |
|---|---|---|---|---|---|

以函數 library( ) 載入 psych 套件，以 read.csv( ) 函數匯入試算表資料檔「para_01.csv」，資料框架物件名稱界定為 var10：

---

```
> library(psych)
> var10<-read.csv("para_01.csv",header=T)
> tail(var10)
    A01 A02 A03 B04  B05 B06 B07 C08 C09  C10
142  5   5   4   4    3   4   3   3   4    3
143  4   4   3   3    1   1   1   5   3    3
144  5   5   4   4    4   4   4   5   3    4
145  5   5   4   4    4   4   4   5   3    3
146  4   4   3   4    4   4   4   3   4    5
147  3   3   4   3    4   3   4   3   3    3
```

**[說明]**：以 tail( ) 函數輸出資料框架物件最後六筆資料，有效樣本觀察值 N=147。

---

套件 foreign 可以讀取 Stata（函數 read.dta( )）、Minitab（函數 read.mtp( )）、SPSS 等統計軟體建立的資料檔，範例為讀取 SPSS 資料檔「para_01.sav」檔案，read.spss( ) 函數基本語法為：

read.spss(file, use.value.labels = TRUE, to.data.frame = FALSE)

引數 use.value.labels 界定為真，表示將數值對應的標記名稱匯入，由於引數 to.data.frame 內定選項界定為為假，函數 read.spss( ) 匯入的資料檔物件為列表（list）型態，必須再藉由 as.data.frame( ) 函數轉為資料框架物件：

---

```
> library(forgign)
> data10=read.spss("para_01.sav", use.value.labels = TRUE)
> class(data10)
```

```
[1] "list"
> data10=as.data.frame(data10)
> class(data10)
[1] "data.frame"
> tail(data10)
```

|     | A01 | A02 | A03 | B04 | B05 | B06 | B07 | C08 | C09 | C10 | SEX |
|-----|-----|-----|-----|-----|-----|-----|-----|-----|-----|-----|-----|
| 142 | 5 | 5 | 4 | 4 | 3 | 4 | 3 | 3 | 4 | 3 | 男生 |
| 143 | 4 | 4 | 3 | 3 | 1 | 1 | 1 | 5 | 3 | 3 | 男生 |
| 144 | 5 | 5 | 4 | 4 | 4 | 4 | 4 | 5 | 3 | 4 | 男生 |
| 145 | 5 | 5 | 4 | 4 | 4 | 4 | 4 | 5 | 3 | 3 | 男生 |
| 146 | 4 | 4 | 3 | 4 | 4 | 4 | 4 | 3 | 4 | 5 | 男生 |
| 147 | 3 | 3 | 4 | 3 | 4 | 3 | 4 | 3 | 3 | 3 | 男生 |

函數 read.spss( ) 中內定引數 to.data.frame 界定為假，若是將引數邏輯選項界定為真，表示匯入資料檔物件的屬性為資料框架物件：

```
> dfpara_01=read.spss("para_01.sav", use.value.labels = TRUE,to.data.frame=TRUE)
> class(dfpara_01)
[1] "data.frame"
```

套件 Hmisc 中的函數 spss.get( ) 也可以直接匯入 SPSS 統計軟體建立的資料檔，函數基本語法為：

```
spss.get file, use.value.labels = TRUE, to.data.frame = TRUE
```

引數 use.value.labels 界定數值標記名稱是否匯入、引數 to.data.frame 界定匯入的資料檔屬性是否為資料框架物件。

```
> library(Hmisc)
>datademo=spss.get("para_01.sav")
> tail(datademo)
```

| | A01 | A02 | A03 | B04 | B05 | B06 | B07 | C08 | C09 | C10 | SEX |
|---|---|---|---|---|---|---|---|---|---|---|---|
| 142 | 5 | 5 | 4 | 4 | 3 | 4 | 3 | 3 | 4 | 3 | 男生 |
| 143 | 4 | 4 | 3 | 3 | 1 | 1 | 1 | 5 | 3 | 3 | 男生 |
| 144 | 5 | 5 | 4 | 4 | 4 | 4 | 4 | 5 | 3 | 4 | 男生 |
| 145 | 5 | 5 | 4 | 4 | 4 | 4 | 4 | 5 | 3 | 3 | 男生 |
| 146 | 4 | 4 | 3 | 4 | 4 | 4 | 4 | 3 | 4 | 5 | 男生 |
| 147 | 3 | 3 | 4 | 3 | 4 | 3 | 4 | 3 | 3 | 3 | 男生 |

如果試算表建立的資料檔直接存成內定的「.xlsx」格式，可使用套件 xlsx 函數 read.xlsx( ) 或函數 read.xlsx2( ) 讀取資料檔，二個函數基本語法為：

```
read.xlsx(file, sheetIndex, as.data.frame=TRUE)
read.xlsx2(file, sheetIndex, as.data.frame=TRUE)
```

其中引數 sheetIndex 為工作表的數值索引，工作表 1 的索引數值為 1、工作表 2 的索引數值為 2。

範例試算表資料檔名為「academic.xlsx」，格式副檔名為 Excel 一般存檔類型格式「*.xlsx」，使用 read.xlsx( ) 函數與 read.xlsx2( ) 函數讀取資料檔，試算表資料檔建檔的工作表為「工作表 1」，工作表的索引數值為 1：

```
>library(xlsx)
> acad1=read.xlsx("academic.xlsx", 1)
> acad2=read.xlsx2("academic.xlsx", 1)
```

使用 head( ) 函數查看 acad1 資料框架物件前六筆資料：

```
> head(acad1)
```

| | stid | sex | year | hometype | resource | climate | concentrate | peer | motivation | tactic |
|---|---|---|---|---|---|---|---|---|---|---|
| 1 | s01 | 1 | 1 | 1 | 7 | 8 | 7 | 9 | 10 | 6 |
| 2 | s02 | 1 | 1 | 1 | 6 | 10 | 11 | 15 | 11 | 4 |
| 3 | s03 | 1 | 1 | 1 | 9 | 10 | 7 | 20 | 12 | 13 |

| | | | | | | | | | | |
|---|---|---|---|---|---|---|---|---|---|---|
| 4 | s04 | 1 | 1 | 1 | 5 | 14 | 8 | 19 | 12 | 4 |
| 5 | s05 | 1 | 1 | 1 | 5 | 13 | 7 | 22 | 5 | 14 |
| 6 | s06 | 1 | 1 | 1 | 5 | 9 | 9 | 16 | 5 | 10 |

| | academic |
|---|---|
| 1 | 20 |
| 2 | 20 |
| 3 | 27 |
| 4 | 29 |
| 5 | 29 |
| 6 | 35 |

使用 tail( ) 函數查看 acad2 資料框架物件後六筆資料：

```
> tail(acad2)
```

| | stid | sex | year | hometype | resource | climate | concentrate | peer | motivation |
|---|---|---|---|---|---|---|---|---|---|
| 235 | s235 | 2 | 3 | 2 | 11 | 13 | 25 | 32 | 14 |
| 236 | s236 | 2 | 3 | 1 | 20 | 16 | 25 | 29 | 15 |
| 237 | s237 | 2 | 3 | 3 | 14 | 16 | 27 | 30 | 15 |
| 238 | s238 | 2 | 3 | 3 | 14 | 35 | 27 | 31 | 15 |
| 239 | s239 | 2 | 3 | 3 | 16 | 27 | 30 | 35 | 16 |
| 240 | s240 | 2 | 1 | 3 | 17 | 35 | 32 | 40 | 10 |

| | tactic | academic |
|---|---|---|
| 235 | 18 | 94 |
| 236 | 18 | 95 |
| 237 | 19 | 94 |
| 238 | 19 | 96 |
| 239 | 18 | 96 |
| 240 | 19 | 98 |

套件 psych 函數 corr.test( ) 可以求出計量變數間的相關矩陣與進行相關係

數是否顯著等於 0 的檢定。corr.test( ) 函數語法為：

corr.test(x,method="pearson", alpha=.05)

　　引數 x 為資料框架物件。引數 method 內定選項為「="pearson"」，另二個選項為等級相關，選項為 "=spearman" 或 "=kendall"。引數 alpha 界定信賴區的 $\alpha$ 顯著水準（內定顯著水準 =0.05）。

　　輸出參數元素 r 為 A 相關矩陣、元素 n 為配對組相關係數的有效觀察值人數、元素 ci 為相關係數的信賴區間。元素 t 為相關係數對應的顯著性統計量 t 值、元素 p 為相關係數對應的顯著性機率值、元素 se 為相關係數的標準誤。

```
> cor.m=corr.test(var10)
> names(cor.m)
[1] "r"        "n"        "t"        "p"        "se"       "adjust"   "sym"      "ci"
[9] "Call"
```

　　使用函數物件元素「$r」輸出相關係數值 r 至小數第二位：

```
> round(cor.m$r,2)
      A01   A02   A03   B04   B05   B06   B07   C08   C09   C10
A01  1.00  0.64  0.49  0.14  0.06  0.08  0.05  0.08  0.00  0.06
A02  0.64  1.00  0.50  0.20  0.10  0.10  0.09 -0.03 -0.04  0.01
A03  0.49  0.50  1.00  0.22  0.12  0.19  0.06 -0.07 -0.07  0.01
B04  0.14  0.20  0.22  1.00  0.72  0.74  0.70  0.38  0.29  0.28
B05  0.06  0.10  0.12  0.72  1.00  0.59  0.96  0.39  0.32  0.30
B06  0.08  0.10  0.19  0.74  0.59  1.00  0.61  0.25  0.26  0.23
B07  0.05  0.09  0.06  0.70  0.96  0.61  1.00  0.41  0.34  0.30
C08  0.08 -0.03 -0.07  0.38  0.39  0.25  0.41  1.00  0.62  0.62
C09  0.00 -0.04 -0.07  0.29  0.32  0.26  0.34  0.62  1.00  0.81
C10  0.06  0.01  0.01  0.28  0.30  0.23  0.30  0.62  0.81  1.00
```

使用函數物件元素「$p」輸出相關係數對應的 t 值統計量顯著性 *p* 值：

```
> round(cor.m$p,2)
      A01   A02   A03  B04 B05  B06 B07   C08   C09   C10
A01  0.00  0.00  0.00 1.00   1 1.00   1 1.00  1.00  1.00
A02  0.00  0.00  0.00 0.28   1 1.00   1 1.00  1.00  1.00
A03  0.00  0.00  0.00 0.17   1 0.42   1 1.00  1.00  1.00
B04  0.10  0.01  0.01 0.00   0 0.00   0 0.00  0.01  0.02
B05  0.47  0.25  0.14 0.00   0 0.00   0 0.00  0.00  0.01
B06  0.35  0.21  0.02 0.00   0 0.00   0 0.05  0.04  0.10
B07  0.52  0.29  0.46 0.00   0 0.00   0 0.00  0.00  0.01
C08  0.32  0.69  0.41 0.00   0 0.00   0 0.00  0.00  0.00
C09  0.97  0.66  0.43 0.00   0 0.00   0 0.00  0.00  0.00
C10  0.48  0.92  0.87 0.00   0 0.00   0 0.00  0.00  0.00
```

以 corr.test(　) 函數求出的相關矩陣為方形矩陣，如果研究中只需用到下三角相關矩陣，可以將上述方形矩陣中的上三角矩陣參數刪除，或直接使用套件 lowerCor(　) 函數求出下三角相關矩陣，相關矩陣對角線的相關係數為 1.00，對應的顯著性為 0.00。

```
> lowerCor(var10)
      A01   A02   A03   B04   B05   B06   B07   C08   C09   C10
A01  1.00
A02  0.64  1.00
A03  0.49  0.50  1.00
B04  0.14  0.20  0.22  1.00
B05  0.06  0.10  0.12  0.72  1.00
B06  0.08  0.10  0.19  0.74  0.59  1.00
B07  0.05  0.09  0.06  0.70  0.96  0.61  1.00
C08  0.08 -0.03 -0.07  0.38  0.39  0.25  0.41  1.00
```

| C09 | 0.00 | -0.04 | -0.07 | 0.29 | 0.32 | 0.26 | 0.34 | 0.62 | 1.00 |
| C10 | 0.06 | 0.01 | 0.01 | 0.28 | 0.30 | 0.23 | 0.30 | 0.62 | 0.81 | 1.00 |

　　使用 lowerCor( ) 函數建立的函數物件可以配合 lowerMat( ) 函數輸出更有彈性輸出表格，範例先以 cor( ) 函數求出課後照顧班家長滿意度量表題項間方形相關矩陣，再以 lowerMat( ) 函數輸出至小數第三位：

```
> lowerMat(cor(var10),digits=3)
        A01    A02    A03    B04    B05    B06    B07    C08    C09
A01   1.000
A02   0.642  1.000
A03   0.492  0.499  1.000
B04   0.136  0.202  0.217  1.000
B05   0.060  0.096  0.124  0.717  1.000
B06   0.078  0.105  0.188  0.736  0.588  1.000
B07   0.054  0.088  0.062  0.700  0.961  0.610  1.000
C08   0.082 -0.033 -0.069  0.379  0.392  0.251  0.410  1.000
C09   0.003 -0.037 -0.065  0.290  0.324  0.256  0.340  0.622  1.000
C10   0.059  0.008  0.014  0.279  0.296  0.234  0.300  0.622  0.815
[1]   1.000
```

[說明]：題項變數之相關矩陣，相關係數輸出至小數第三位，相關矩陣對角線數值為 1.000。

　　使用套件 psych 函數 cor.plot( ) 可以繪製題項變數間相關結構圖，函數 cor.plot( ) 第一個引數為相關矩陣，第二個引數 numbers 界定為真，表示輸出相關係數估計值：

```
> cor.plot(cor(var10),numbers=TRUE)
```

## Correlation plot

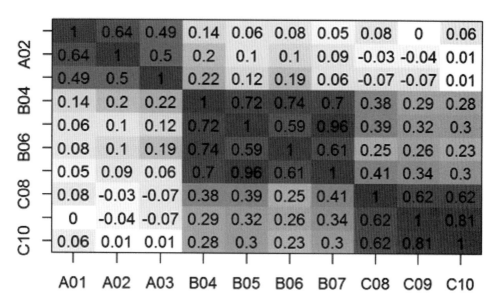

●圖 **10-1**　家長滿意度量表 10 個題項變數間的相關矩陣圖

　　家長滿意度量表 10 個題項變數間的相關矩陣圖如圖 10-1，圖示中相關係數方框的顏色愈深，表示對應的顯著性 $p$ 值愈小，相關係數估計值方框的顏色愈淡，表示對應的顯著性 $p$ 值愈大，淡色或白色方框的相關係數均未達統計顯著水準（$p > 0.05$）。

　　使用套件 psych 函數 `cor.ci(　)` 可以求出採用拔鞋法（bootstrapped）估算的相關係數與相關係數估計值的信賴區間：

```
> cor.ci(var10)
Call:cor.ci(x = var10)
 Coefficients and bootstrapped confidence intervals
      A01   A02   A03   B04   B05   B06   B07   C08   C09   C10
A01  1.00
A02  0.64  1.00
A03  0.49  0.50  1.00
B04  0.14  0.20  0.22  1.00
B05  0.06  0.10  0.12  0.72  1.00
B06  0.08  0.10  0.19  0.74  0.59  1.00
```

```
B07  0.05   0.09   0.06   0.70   0.96   0.61   1.00
C08  0.08  -0.03  -0.07   0.38   0.39   0.25   0.41   1.00
C09  0.00  -0.04  -0.07   0.29   0.32   0.26   0.34   0.62   1.00
C10  0.06   0.01   0.01   0.28   0.30   0.23   0.30   0.62   0.81   1.00
```

**[說明]**：原始相關矩陣。

--------------------------------------------------------------

scale correlations and bootstrapped confidence intervals

|        | lower.emp | lower.norm | estimate | upper.norm | upper.emp | p |
|--------|-----------|------------|----------|------------|-----------|------|
| A01-A02 | 0.54 | 0.53 | 0.64 | 0.74 | 0.73 | 0.00 |
| A01-A03 | 0.33 | 0.33 | 0.49 | 0.62 | 0.61 | 0.00 |
| A01-B04 | -0.04 | -0.02 | 0.14 | 0.30 | 0.29 | 0.10 |
| A01-B05 | -0.15 | -0.12 | 0.06 | 0.24 | 0.23 | 0.52 |
| <略> | | | | | | |
| B07-C10 | 0.16 | 0.16 | 0.30 | 0.45 | 0.46 | 0.00 |
| C08-C09 | 0.49 | 0.49 | 0.62 | 0.72 | 0.71 | 0.00 |
| C08-C10 | 0.47 | 0.49 | 0.62 | 0.72 | 0.71 | 0.00 |
| C09-C10 | 0.73 | 0.71 | 0.81 | 0.89 | 0.90 | 0.00 |

**[說明]**：輸出引數中 rho 為原始相關矩陣。means 數據為以 Fisher 法轉換的相關係數估計。means 參數估計值 95% 信賴區間的參數符號為 lower.emp、upper.emp；z 分數導出之相關係數估計值 95% 信賴區間的參數符號為 lower.norm、upper.norm。estimate 欄為相關係數估計值、p 欄為相關係數顯著性 $p$。輸出估計值中的第一直欄為配對變數，如「A01-A02」為題項變數 A01 與題項變數 A02 間的相關，lower.emp、upper.emp 估計值的信賴區間為 [0.54, 0.73]；lower.norm、upper.norm 估計值的信賴區間為 [0.53, 0.74]，積差相關點估計值 = 0.64，顯著性 $p = 0.00 < 0.05$，積差相關參數值顯著不等於 0。

函數 cor.ci( ) 繪製的相關矩陣圖中（圖 10-2），相關係數估計值字形較小者，表示對應的顯著性 $p > 0.05$，相關係數估計值顯著等於 0：

使用套件函數 pairs.panels( ) 可以輸出資料框架物件的矩陣散布圖（scatter plot of matrices;[SPLOM]）與相關係數參數值，引數 bg 界定散布圖中的顏色、引數 pch 界定圖形圖例符號大小、引數 cex.cor 界定相關係數參數值的大小：

## Correlation plot

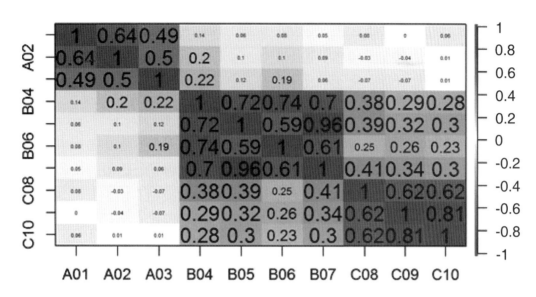

🍎圖 **10-2**　函數 cor.ci( ) 繪製的相關矩陣圖

```
> pairs.panels(var10,bg=c("red","yellow","blue"),pch=21,cex.cor=1)
```

　　矩陣散布圖的左下角為配對變數的散布圖（圖 10-3），右上角為散布圖的相關係數估計值，題項變數 A01、A02 間的相關係數 $r = 0.64$、題項變數 A01、A03 間的相關係數 $r = 0.49$：

　　套件 Hmisc 函數 rcorr( ) 可以求出數值矩陣（至少要 5 列 2 行矩陣）的相關矩陣，輸出結果包括相關係數估計值、有效樣本數、相關係數值對應的顯著性 $p$ 值：

```
>library(Hmisc)
> rcorr(as.matrix(var10))
      A01    A02    A03   B04  B05  B06  B07   C08    C09   C10
A01 1.00   0.64   0.49 0.14 0.06 0.08 0.05  0.08  0.00 0.06
A02 0.64   1.00   0.50 0.20 0.10 0.10 0.09 -0.03 -0.04 0.01
A03 0.49   0.50   1.00 0.22 0.12 0.19 0.06 -0.07 -0.07 0.01
B04 0.14   0.20   0.22 1.00 0.72 0.74 0.70  0.38  0.29 0.28
```

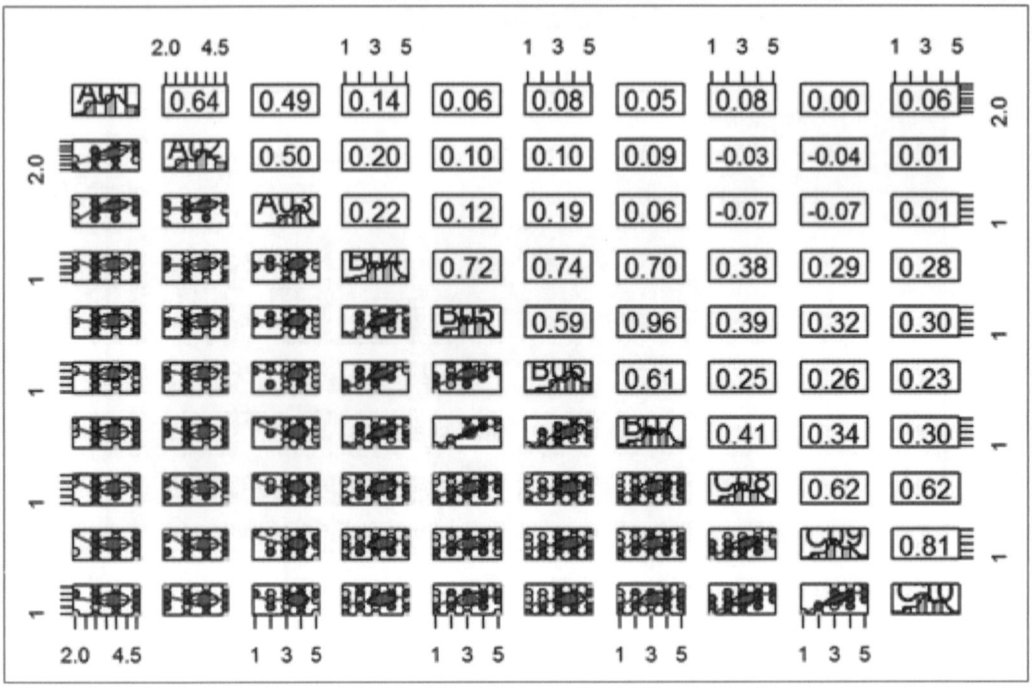

 圖 **10-3** 矩陣散布圖

```
B05 0.06   0.10   0.12 0.72 1.00 0.59 0.96  0.39  0.32 0.30

B06 0.08   0.10   0.19 0.74 0.59 1.00 0.61  0.25  0.26 0.23

B07 0.05   0.09   0.06 0.70 0.96 0.61 1.00  0.41  0.34 0.30

C08 0.08  -0.03  -0.07 0.38 0.39 0.25 0.41  1.00  0.62 0.62

C09 0.00  -0.04  -0.07 0.29 0.32 0.26 0.34  0.62  1.00 0.81

C10 0.06   0.01   0.01 0.28 0.30 0.23 0.30  0.62  0.81 1.00
```

**[ 說明 ]**：相關係數估計值輸出至小數第二位。

---------------------------------------------------------------------

n= 147

P

|     | A01 | A02 | A03 | B04 | B05 | B06 | B07 | C08 | C09 | C10 |
|-----|-----|-----|-----|-----|-----|-----|-----|-----|-----|-----|
| A01 |     | 0.0000 | 0.0000 | 0.1002 | 0.4679 | 0.3457 | 0.5165 | 0.3240 | 0.9666 | 0.4777 |
| A02 | 0.0000 |     | 0.0000 | 0.0142 | 0.2456 | 0.2072 | 0.2876 | 0.6874 | 0.6561 | 0.9194 |
| A03 | 0.0000 | 0.0000 |     | 0.0083 | 0.1358 | 0.0223 | 0.4577 | 0.4077 | 0.4335 | 0.8653 |
| B04 | 0.1002 | 0.0142 | 0.0083 |     | 0.0000 | 0.0000 | 0.0000 | 0.0000 | 0.0004 | 0.0006 |
| B05 | 0.4679 | 0.2456 | 0.1358 | 0.0000 |     | 0.0000 | 0.0000 | 0.0000 | 0.0000 | 0.0003 |

```
B06 0.3457 0.2072 0.0223 0.0000 0.0000        0.0000 0.0022 0.0018 0.0043
B07 0.5165 0.2876 0.4577 0.0000 0.0000 0.0000        0.0000 0.0000 0.0002
C08 0.3240 0.6874 0.4077 0.0000 0.0000 0.0022 0.0000        0.0000 0.0000
C09 0.9666 0.6561 0.4335 0.0004 0.0000 0.0018 0.0000 0.0000        0.0000
C10 0.4777 0.9194 0.8653 0.0006 0.0003 0.0043 0.0002 0.0000 0.0000
```

**[說明]**：相關係數顯著性 $p$ 值內定輸出至小數第四位。

使用套件 psych 函數 describe( ) 可以求出量表題項變數的描述性統計量：

```
> describe(var10)
     vars  n mean   sd median trimmed  mad min max ange skew kurtosis   se
A01    1 147 3.85 0.75      4    3.84 1.48   2   5    3 -0.04    -0.68 0.06
A02    2 147 3.85 0.76      4    3.86 0.00   2   5    3 -0.21    -0.40 0.06
A03    3 147 3.72 0.70      4    3.71 0.00   1   5    4 -0.51     0.96 0.06
B04    4 147 3.41 0.93      3    3.44 1.48   1   5    4 -0.48     0.17 0.08
B05    5 147 3.20 0.98      3    3.25 1.48   1   5    4 -0.41    -0.23 0.08
B06    6 147 3.66 0.99      4    3.74 1.48   1   5    4 -0.63     0.12 0.08
B07    7 147 3.23 1.03      3    3.26 1.48   1   5    4 -0.36    -0.31 0.08
C08    8 147 3.20 0.94      3    3.20 1.48   1   5    4 -0.12    -0.15 0.08
C09    9 147 3.20 0.89      3    3.20 1.48   1   5    4 -0.10     0.08 0.07
C10   10 147 3.13 0.90      3    3.17 1.48   1   5    4 -0.31    -0.09 0.07
```

**[說明]**：第 1 直欄為題項名稱（item name）、vars 欄為題項編號數字（item number）、n 欄為有效觀察值個數（number of valid cases，範例資料檔有效觀察值 N = 147）、其餘參數包括：平均數（mean）、標準差（standard deviation）、截尾平均數（trimmed mean）、中位數（median）、中位數絕對差異值（mad: median absolute deviation）、最小值（minimum）、最大值（maximum）、偏態（skew）、峰度（kurtosis）、標準誤（standard error）。

使用 describe( ) 函數物件元素「$mean」、「$sd」求出量表 10 個題項變數的平均數、標準差，配合 round( ) 函數輸出到小數第二位：

```
> DES=describe(var10)
> names(DES)
 [1] "vars"     "n"        "mean"     "sd"       "median"   "trimmed"
 [7] "mad"      "min"      "max"      "range"    "skew"     "kurtosis"
[13] "se"
> round(DES$mean,2)
 [1] 3.85 3.85 3.72 3.41 3.20 3.66 3.23 3.20 3.20 3.13
> round(DES$sd,2)
 [1] 0.75 0.76 0.70 0.93 0.98 0.99 1.03 0.94 0.89 0.90
```

 二、四分相關

　　套件 psych 除可進行積差與等級相關外，函數 tetrachoric( ) 可以進行四分相關（tetrachoric correlation）分析，四分相關的二個變數原屬於常態分配的計量變數，因研究需要，以人為方法強迫將計量變數轉換為二分類別變數（間斷變數）（如考試成績分為及格、不及格；焦慮量表分數分為高焦慮組、低焦慮組），四分相關常用於試題反應理論之中。範例為心理學考試二個試題的作答情形，每個試題的分數測量值原為連續變數，轉換為間斷變數時，數值 1 表示答對、數值 0 表示答錯，研究問題為「二個試題間是否具有顯著相關？」

|  |  | 第 1 題 | |
|---|---|---|---|
|  |  | 0（答錯） | 1（答對） |
| 第 2 題 | 1（答對） | 205 | 380 |
|  | 0（答錯） | 320 | 130 |

　　使用 matrix( ) 函數建立矩陣交叉表：

```
> n.table=matrix(c(380,205,130,320),2,2)
> n.table
     [,1] [,2]
```

```
[1,]  380   130
[2,]  205   320
```

使用 tetrachoric( ) 函數求出四分相關係數 rho，函數中的引數為交叉表細格次數：

```
> tetrachoric(n.table)
Call: tetrachoric(x = n.table)
tetrachoric correlation
[1] 0.54
 with tau of
[1] -0.018  0.164
```

**[說明]**：四分相關係數值（rho）=0.54，tau 參數為臨界點之常態均等值。

四分相關估計值的計算公式如下：

|  |  | 第 1 題 | |
|---|---|---|---|
|  |  | 0（答錯） | 1（答對） |
| 第 2 題 | 1（答對） | 205(A) | 380(B) |
|  | 0（答錯） | 320(C) | 130(D) |

A 細格交叉表為（0,1）（表示第 1 題答錯、第 2 題答對的人次）、B 細格交叉表為（1,1）（表示第 1 題答對、第 2 題答對的人次）、C 細格交叉表為（0,0）（表示第 1 題答錯、第 2 題答錯的人次）、D 細格交叉表為（1,0）（表示第 1 題答對、第 2 題答錯的人次）。

$$r_{tetr} = \cos\left(\frac{180°}{1+\sqrt{\dfrac{BC}{AD}}}\right) = \cos\left(\frac{180°}{1+\sqrt{\dfrac{380 \times 320}{205 \times 130}}}\right) = \cos(57.39°) = 0.538$$

以 R 主控台執行運算式為：

```
> cosa=180/(1+sqrt(380*320/(205*130)))
```

```
> cosa
[1] 57.39643
> cos(cosa*3.14159/180)
[1] 0.5388239
```

函數 draw.tetra（r, tau1, tau2）可以繪製四分相關的分布圖：

```
> draw.tetra(0.54,-0.018,0.164)
```

四分相關分布圖如圖 10-4，rho = 0.54 為四分相關係數估計值、phi = 0.35 為以觀察值之測量值求出的積差相關估計值。

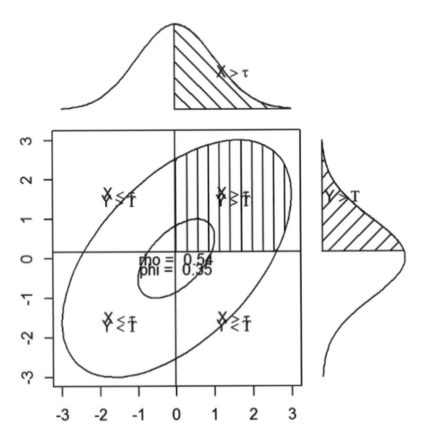

 圖 **10-4** 四分相關分布圖

　　範例為受試者在情緒量表二個構面測得的數據，原始構面的測量值愈大，表示
受試者正向情緒愈多，研究需要將每位受試者在情緒量表二個構面的感受分為「正
向情緒」（水準數值編碼為 1）、「負向情緒」（水準數值編碼為 0）。請依此分
類求出二個情緒構面間是否有顯著相關？

```
> patt<-read.csv("tet_1.csv",header=T)
> table(patt)
   Y
X     0    1
  0  106  89
  1   72  132
> sum(table(patt))
[1] 399
```

**[說明]**：樣本觀察值 N = 399。

　　使用 tetrachoric( ) 函數求出四分相關係數值，引數以 table( ) 函數求出
四個細格的人次：

```
> tetrachoric(table(patt))
Call: tetrachoric(x = table(patt))
tetrachoric correlation
[1] 0.3
 with tau of
     0        0
-0.028 -0.135
```

**[說明]**：四分相關估計值 = 0.30，tau1 = −0.028、tau1 = −0.135。

　　使用四分相關公式計算四分相關估計值：

```
> cosa=180/(1+sqrt(132*106/(72*89)))
> cos(cosa*3.14159/180)
[1] 0.2982293
```

　　四分相關係數估計值也可以使用 polychoric( ) 函數求出：

```
> polychoric(patt)
Call: polychoric(x = patt)
Polychoric correlations
   X   Y
X 1.0
Y 0.3 1.0
 with tau of
        0
X -0.028
Y -0.135
```

**[說明]**：四分相關估計值 = 0.30，tau1 = −0.028、tau1 = −0.135。

　　四分相關估計值的顯著性檢定直接使用卡方檢定法較為方便，因為四分相關的資料分類與 2×2 列聯表相似，若是卡方值統計量達到統計顯著水準（$p < 0.05$），表示四分相關參數值顯著不等於 0。

```
> chisq.test(table(patt))
        Pearson's Chi-squared test with Yates' continuity correction
data:  table(patt)
X-squared = 13.904, df = 1, p-value = 0.0001924
```

**[說明]**：卡方值統計量 = 13.904、自由度 = 1、顯著性 $p = 0.000 < 0.05$，達到統計顯著水準，表示四分相關參數值顯著不等於 0，情緒量表二個構面間不是

零相關，二個構面間有顯著相關存在。

使用 draw.tetra( ) 函數繪製四分相關分布圖：

```
> draw.tetra(0.3,-0.028,-0.135)
```

四分相關分布圖如圖 10-5，rho = 0.30 為四分相關係數估計值、phi = 0.18 為以觀察值之測量值求出的積差相關估計值。

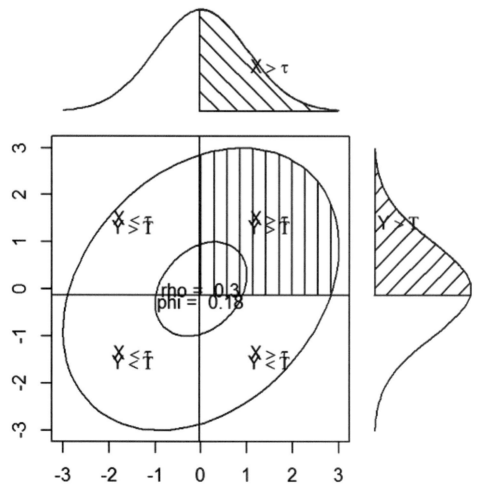

 **圖 10-5** 四分相關分布圖

### 三、點二系列相關與二系列相關

套件 psych 函數 biserial（x,y）（x 為計量變數、y 為人為二分類別變數）可以進行二系列相關分析（biserial correlation）。若是名義變數為真正二分類別變數之相關方法稱為點二系列相關，真正二分類別變數如性別人口變數中二個群體為男生、女生；婚姻人口變數中二個群體為已婚、未婚；有無宗教信仰人口變數中二個群體為「有」宗教信仰、「無」宗教信仰等。點二系列相關估計值的公式為：

$$r_{pb} = \frac{M_p - M_q}{SD_{total}} \times \sqrt{pq}$$

其中 $p$ 為類別變數中編碼水準等於 1 人次的百分比、$q$ 為編碼水準等於 0 人次的百分比、$M_p$ 為群組 1（水準數值編碼 =1）在計量變數的平均數、$M_q$ 為群組 2（水準數值編碼 = 0）在計量變數的平均數、 $SD_{total}$ 為全體樣本在計量變數的標準差（不是 $\sigma$ 的不偏估計值）。

根據點二系列相關估計值可以換算二系列相關估計值，轉換公式為：

$$r_{bi} = \frac{r_{pb} \times \sqrt{p(1-p)}}{h} = \frac{r_{pb} \times \sqrt{pq}}{h}$$

公式中的 $r_{pb}$ 為點二系列相關估計值，$p$ 為群組 1（一般水準數值編碼為 1）佔有效樣本的百分比，$p(1-p)$ 為群組 2（一般水準數值編碼為 0）佔有效樣本的百分比，$h$ 為面積為 $p$ 時的標準常態分配曲線高度，根據常態分配曲線公式，標準分數 $z$ 與曲線高度的關係為：

$$h = 0.398942 \times 2.718282^{(-\frac{z^2}{2})} = 0.398942 \times \frac{1}{2.718282^{(\frac{z^2}{2})}}$$

檢定二系列相關係數是否顯著不等於 0，檢定統計量 $z$ 值的求法公式為：

$$z = \frac{r_{bi} \times h}{\sqrt{pq/N}} = \frac{r_{bi} \times h}{\sqrt{p(1-p)/N}}$$

樣本資料計算所得的 $z$ 值統計量如大於臨界值 1.96，表示虛無假設等於 0 的機率很低，拒絕虛無假設，二系列相關係數顯著不等於 0；相對的，若是樣本資料計算所得的 $z$ 值統計量小於臨界值 1.96，表示虛無假設等於 0 的機率很高，沒有足夠證據拒絕虛無假設，二系列相關係數顯著等於 0。

　　範例向量變數中，學生英文成績變數為 score、性別變數為 sex，性別變數為真正二分名義變數（非人為分類之二分變數），水準數值 0 為男生、水準數值 1 為女生，計量變數與真正名義二分變數間的相關為點二系列相關，點二系列相關估計值可以直接使用積差相關函數求出，除可使用基本套件 cor.test( ) 函數外，許多外掛套件也有估算積差相關參數值的函數：

```
> score=c(64,65,68,28,58,28,48,48,18,38,28,48,10,78,68,45,12,52)
> sex=c(0,1,1,0,1,0,1,1,0,1,1,1,0,1,1,0,0,1)
```

　　使用 cbind( ) 函數將二個數值向量合併為矩陣，再以 as.data.frame( ) 函數轉換為資料框架物件：

```
> cdata=as.data.frame(cbind(sex,score))
> with(cdata,{cor.test(sex,score)})

        Pearson's product-moment correlation

data:  sex and score
t = 3.139, df = 16, p-value = 0.006339
alternative hypothesis: true correlation is not equal to 0
95 percent confidence interval:
 0.2114272  0.8416445
sample estimates:
      cor
0.6173584
```

[說明]：點二系列相關係數值 = 0.62，顯著性 $p = 0.006 < 0.05$，達到統計顯著水準，表示點二系列相關估計值顯著不等於 0，性別變數與英文成績變數間有顯著相關。

　　使用 with( ) 函數指定資料框架物件，配合套件 psych 函數 describeBy( ) 求出二個群組英文成績的描述性統計量：

```
> with(cdata,{describeBy(score, group=sex)})
group: 0
 vars n mean   sd    median trimmed  mad  min max range skew kurtosis  se
1  1  7 29.29 19.38   28    29.29  23.72  10  64   54  0.63  -1.22   7.32
------------------------------------------------------------
group: 1
 vars  n mean   sd    median trimmed  mad  min max range skew kurtosis   se
1  1  11 54.45 14.65   52    54.78  19.27  28  78   50 -0.13  -1.12   4.42
```

**[說明]**：男生群組（水準數值編碼為 0）英文成績平均數為 29.29、標準差為 19.38；女生群組（水準數值編碼為 1）英文成績平均數為 54.45、標準差為 14.65，當點二系列相關係數顯著不等於 0 時，表示二個水準群組在計量變數平均數的差異值顯著不等於 0，進行獨立樣本 t 檢定程序，*t* 值統計量會達到統計顯著水準。

以點二系列相關公式直接計算點二系列相關係數值，R 編輯器語法函數為：

```
x=c(0,1,1,0,1,0,1,1,0,1,1,1,0,1,1,0,0,1)
y=c(64,65,68,28,58,28,48,48,18,38,28,48,10,78,68,45,12,52)
pbc=data.frame(cbind(x,y))
ssr=0
sst=0
for ( i in 1:length(pbc$x) ) {
ssr= pbc$y[i]^2+ssr
sst= pbc$y[i]+sst }
ss=ssr-sst^2/length(pbc$x)
sd=sqrt(ss/length(pbc$x))   ## 求出標準差
p=sum(pbc$x)/length(pbc$x)   ## 求出 p 值
q=1-p    ## 求出 q 值
xp=sum(pbc$y[pbc$x==1])/sum(pbc$x)   ## 群組 1 在計量變數的平均數
xq=sum(pbc$y[pbc$x==0])/(length(pbc$x)-sum(pbc$x)) ## 群組 2 在計量變數的平均數
```

```
rpb=(xp-xq)/sd*sqrt(p*q)    ## 求出點二系列相關係數值
cat(" 點二系列相關係數 rpb=",round(rpb,3),"\n")
```

　　R 主控台執行 R 編輯器語法函數結果如下：

```
> x=c(0,1,1,0,1,0,1,1,0,1,1,1,0,1,1,0,0,1)
> y=c(64,65,68,28,58,28,48,48,18,38,28,48,10,78,68,45,12,52)
> pbc=data.frame(cbind(x,y))
> ssr=0
> sst=0
> for ( i in 1:length(pbc$x) ) {
+ ssr= pbc$y[i]^2+ssr
+ sst= pbc$y[i]+sst }
> ss=ssr-sst^2/length(pbc$x)
> sd=sqrt(ss/length(pbc$x))
> p=sum(pbc$x)/length(pbc$x)
> q=1-p
> xp=sum(pbc$y[pbc$x==1])/sum(pbc$x)
> xq=sum(pbc$y[pbc$x==0])/(length(pbc$x)-sum(pbc$x))
> rpb=(xp-xq)/sd*sqrt(p*q)
> cat(" 點二系列相關係數 rpb=",round(rpb,3),"\n")
點二系列相關係數 rpb= 0.617
```

**[說明]**：統計實務上，研究者要計算點二系列相關參數值，不必使用上述的
語法函數公式，可直接使用積差相關函數，語法公式只是提供讀者參考或學習
R 軟體語法指令之用。

　　範例群組變數為學生學業成就高低二組，水準數值 1 為高成就組、水準數值 0
為低成就組，受試者學業成就原為計量變數（連續變數），根據研究需要，將其強
迫分為二個群組：高成就組（分數大於等於 80 分）、低成就組（分數小於 80 分），
學業成就高低二組與英文成績相關之二系列相關估計值求法為：

```
> score=c(64,65,68,28,58,28,48,48,18,38,28,48,10,78,68,45,12,52)
>group=c(0,1,1,0,1,0,1,1,0,1,1,1,0,1,1,0,0,1)
> biserial(score,group)
  Biserial |
       |    0%
          [,1]
[1,] 0.7629275
```

**[說明]**：二系列相關係數估計值 = 0.763。

## (一) biserial( ) 函數應用

套件 psych 函數 **biserial( )** 的基本語法為：biserial（計量變數, 人為二分類別變數）。

範例為教師正向心理資本（教師正向心理特質）與教師工作投入、教師教學效能的相關研究。教師正向心理資本的操作型定義為受試者在量表的得分愈高，教師正向心理資本特質（教師正向心理特質）愈多，教師正向心理資本量表為計量變數，為研究需要，以中位數為分類點，將教師正向心理資本分為高正向心理資本傾向、低正向心理資本傾向，水準數值編碼分別為 1、0，變數名稱為 PPC。教師工作投入、教師教學效能變數均為計量變數，受試者在量表的得分愈高，表示受試者的工作投入愈多、教學效能愈佳，變數名稱分別為 INV、TTE。

研究假定：教師正向心理資本高於中位數的受試者在工作投入程度會顯著高於教師正向心理資本低於中位數的受試者；高正向心理資本教師在教學效能知覺也會顯著高於低正向心理資本教師。

**研究問題 1**：高、低正向心理資本與教師工作投入間是否有顯著相關？
**研究問題 2**：高、低正向心理資本與教師教學效能間是否有顯著相關？

以 cbind( ) 函數結合三個數值向量，配合 **data.frame( )** 函數將物件轉換為資料框架（資料檔）：

```
> PPC=c(1,1,1,0,0,0,1,0,1,0,1,1,0,1,0,1,0,1,1,0,1,1,0,1,0)
> INV=c(9,9,8,5,2,1,6,3,4,8,9,9,9,8,2,3,5,8,7,2,6,7,6,5,1)
```

```
> TTE=c(7,6,8,2,5,3,9,4,6,5,7,8,6,9,4,2,6,4,2,3,7,8,2,8,2)
> ppcda=data.frame(cbind(PPC,INV,TTE))
> ppcda
    PPC INV TTE
1     1   9   7
2     1   9   6
<略>
24    1   5   8
25    0   1   2
```

　　使用 psych 套件 corr.test( ) 函數執行點二系列相關：

```
> library(psych)
> m.cor=corr.test(ppcda)
> print(m.cor,digits=3)
Call:corr.test(x = ppcda)
Correlation matrix
      PPC   INV   TTE
PPC 1.000 0.550 0.568
INV 0.550 1.000 0.551
TTE 0.568 0.551 1.000
Sample Size
[1] 25
Probability values (Entries above the diagonal are adjusted for multiple tests.)
       PPC   INV   TTE
PPC 0.000 0.009 0.009
INV 0.004 0.000 0.009
TTE 0.003 0.004 0.000
To see confidence intervals of the correlations, print with the short=FALSE option
```

[說明]：高低教師正向心理資本群組變數與教師工作投入計量變數之點二系列

相關估計值 $r_{pb} = 0.550$，顯著性 $p = 0.004 < 0.05$，達到統計顯著水準，點二系列相關估計值 $r_{pb}$ 顯著不等於 0。

高低教師正向心理資本群組變數與教師教學效能計量變數之點二系列相關估計值 $r_{pb} = 0.568$，顯著性 $p = 0.003 < 0.05$，達到統計顯著水準，點二系列相關估計值 $r_{pb}$ 顯著不等於 0。

教師工作投入與教師教學效能間之積差相關係數 $r = 0.551$，顯著性 $p = 0.004 < 0.05$，達到統計顯著水準，積差相關估計值 $r$ 顯著不等於 0，教師工作投入與教師教學效能間有顯著正相關。

直接使用點二系列相關公式計算點二系列相關參數值：

```
ppcda=data.frame(cbind(PPC,INV,TTE))
pbc=data.frame(ppcda)
pbc$x=ppcda$PPC    ## 界定資料框架物件 pbc 中的二分類別變數
pbc$y=ppcda$INV    ## 界定資料框架物件 pbc 中的計量變數
ssr=0
sst=0
for ( i in 1:length(pbc$x) ) {
ssr=pbc$y[i]^2+ssr
sst=pbc$y[i]+sst }
ss=ssr-sst^2/length(pbc$x)
sd=sqrt(ss/length(pbc$x))
p=sum(pbc$x)/length(pbc$x)
q=1-p
xp=sum(pbc$y[pbc$x==1])/sum(pbc$x)
xq=sum(pbc$y[pbc$x==0])/(length(pbc$x)-sum(pbc$x))
rpb=(xp-xq)/sd*sqrt(p*q)
cat(" 點二系列相關係數 rpb=",round(rpb,3),"\n")
```

R 主控台執行結果如下：

```
> ppcda=data.frame(cbind(PPC,INV,TTE))
> pbc=data.frame(ppcda)
> pbc$x=ppcda$PPC
> pbc$y=ppcda$INV
> ssr=0
> sst=0
> for ( i in 1:length(pbc$x) ) {
+ ssr=pbc$y[i]^2+ssr
+ sst=pbc$y[i]+sst }
> ss=ssr-sst^2/length(pbc$x)
> sd=sqrt(ss/length(pbc$x))
> p=sum(pbc$x)/length(pbc$x)
> q=1-p
> xp=sum(pbc$y[pbc$x==1])/sum(pbc$x)
> xq=sum(pbc$y[pbc$x==0])/(length(pbc$x)-sum(pbc$x))
> rpb=(xp-xq)/sd*sqrt(p*q)
> cat(" 點二系列相關係數 rpb=",round(rpb,3),"\n")
點二系列相關係數 rpb= 0.55
```

　　求二分類別變數與教師教學效能之點二系列相關係數，R 編輯器中的語法函數計量變數「pbc$y」的界定由「=ppcda$INV」改為「=ppcda$TTE」：

```
pbc$y=ppcda$TTE
```

　　R 主控台的執行結果如下：

```
> ppcda=data.frame(cbind(PPC,INV,TTE))
> pbc=data.frame(ppcda)
> pbc$x=ppcda$PPC
```

```
> pbc$y=ppcda$TTE
> ssr=0
> sst=0
> for ( i in 1:length(pbc$x) ) {
+ ssr=pbc$y[i]^2+ssr
+ sst=pbc$y[i]+sst }
> ss=ssr-sst^2/length(pbc$x)
> sd=sqrt(ss/length(pbc$x))
> p=sum(pbc$x)/length(pbc$x)
> q=1-p
> xp=sum(pbc$y[pbc$x==1])/sum(pbc$x)
> xq=sum(pbc$y[pbc$x==0])/(length(pbc$x)-sum(pbc$x))
> rpb=(xp-xq)/sd*sqrt(p*q)
> cat(" 點二系列相關係數 rpb=",round(rpb,3),"\n")
點二系列相關係數 rpb= 0.568
```

使用 biserial( ) 函數求出教師正向心理資本二分類別變數與計量變數教師工作投入間之二系列相關，以 with( ) 函數指定資料框架物件，配合 round( ) 函數輸出估計值至小數第二位：

```
> round(with(ppcda,{biserial(INV,PPC)}),2)
   Biserial |   |   0%
          [,1]
[1,] 0.68
```

**[ 說明 ]**：教師正向心理資本二分類別變數與教師工作投入計量變數間之二系列相關係數估計值 = 0.68。

檢定二系列相關係數 $r_{bi}$ 是否顯著不等於 0 的 $z$ 值統計量公式為：

```
pvar=.56    ## 界定 p 值
nvar=25     ## 界定樣本觀察值人數 N
rbi=.68     ## 界定二系列相關參數值
zvar=qnorm(pvar,mean = 0, sd = 1)
hvar=0.398942*2.7185282^(-zvar^2/2)    ## 求出標準常態曲線高度
zvalue=rbi*hvar/sqrt(pvar*(1-pvar)/nvar)   ## 估算 z 值統計量
round(zvalue,3)    ## 輸出 z 值統計量至小數第三位
```

　　R 編輯器語法函數要界定三個參數值：$p$（水準數值編碼為 1 的百分比）、$N$（有效樣本數）、$r_{bi}$（二系列相關估計值）。

　　R 主控台執行 R 編輯器語法函數結果如下：

```
> pvar=.56
> nvar=25
> rbi=.68
> zvar=qnorm(pvar,mean = 0, sd = 1)
> hvar=0.398942*2.7185282^(-zvar^2/2)
> zvalue=rbi*hvar/sqrt(pvar*(1-pvar)/nvar)
> round(zvalue,3)
[1] 2.702
```

**[說明]**：$z$ 值統計量＝ 2.702，大於臨界值 1.96，表示虛無假設等於 0 的機率很低，拒絕虛無假設，二系列相關係數顯著不等於 0。

　　使用 biserial( ) 函數求出教師正向心理資本二分類別變數與計量變數教師教學效能間之二系列相關，以 with( ) 函數指定資料框架物件，配合 round( ) 函數輸出估計值至小數第二位：

```
>round(with(ppcda,{biserial(TTE,PPC)}),2)
 Biserial |   |   0%
```

```
            [,1]
[1,] 0.70
```

**[說明]**：教師正向心理資本與教師教學效能間之二系列相關係數估計值 = 0.70。

---

$p$（水準數值編碼為 1 的百分比）= 0.56、$N$（有效樣本數）= 25、$r_{bi}$ = 0.70（二系列相關估計值）之 $z$ 值統計量求法如下：

---

```
> pvar=.56
> nvar=25
> rbi=.70
> zvar=qnorm(pvar,mean = 0, sd = 1)
> hvar=0.398942*2.7185282^(-zvar^2/2)
> zvalue=rbi*hvar/sqrt(pvar*(1-pvar)/nvar)
> round(zvalue,3)
[1] 2.781
```

**[說明]**：$z$ 值統計量 = 2.781，大於臨界值 1.96，表示虛無假設等於 0 的機率很低，拒絕虛無假設，二系列相關係數顯著不等於 0。

---

範例中的 $p$（變數名稱為 pvar）為受試者在正向心理資本量表大於中位數人次的百分比（水準數值編碼為 1 佔有效樣本本數的比值），使用 sum(  ) 函數進行二分類別變數的加總，加總次數為水準數值編碼為 1 的樣本數，以 length(  ) 函數求出有效樣本觀察值總數：

---

```
> sum(PPC)
[1] 14
> length(PPC)
[1] 25
> sum(PPC)/length(PPC)
[1] 0.56
```

**[說明]**：$p$ 比例值為 0.56，pvar 變數列的界定可改為「`pvar=sum(PPC)/length(PPC)`」。

以自訂函數 `biz( )` 界定二系列相關係數值之 $z$ 值統計量求法公式，R 編輯器函數語法為：

```
biz=function(pvar,nvar,rbi) {
zvar=qnorm(pvar,mean = 0, sd = 1)
hvar=0.398942*2.7185282^(-zvar^2/2)
zvalue=rbi*hvar/sqrt(pvar*(1-pvar)/nvar)
cat("z 值統計量 =",round(zvalue,3),"\n")
}
```

執行 R 編輯器語法指令之自訂函數後，在 R 主控台中直接界定三個參數值，可求出二系列相關係數值對應的 $z$ 值統計量：

```
> biz(.56,25,.68)
z 值統計量 = 2.702
> biz(.56,25,.70)
z 值統計量 = 2.781
```

參數 $p$ 值假定 = 0.60、樣本數 $N = 15$，$r_{bi} = 0.35$；參數 $p$ 值假定 = 0.60、樣本數 $N = 50$，$r_{bi} = 0.30$，對應的顯著性統計量 $z$ 值分別為 1.069、1.673，統計量 $z$ 值均小於 1.96，表示顯著性機率值 $p > 0.05$，二系列相關係數值均顯著等於 0，二分類別變數與計量變數間沒有顯著相關。

```
> biz(.60,15,.35)
z 值統計量 = 1.069
> biz(.60,50,.30)
```

z 值統計量 = 1.673

使用套件 psych 函數 describeBy( ) 求出高低教師正向心理資本二個群組在教師工作投入的描述性統計量：

```
> with(ppcda,{describeBy(INV, group=PPC)})
group: 0
   vars  n mean  sd median trimmed  mad min max range skew kurtosis   se
1     1 11    4 2.79      3    3.78 2.97   1   9     8  0.5    -1.34 0.84
-----------------------------------------------------------
group: 1
   vars  n mean   sd median trimmed  mad min max range  skew kurtosis   se
1     1 14    7 1.96    7.5    7.17 2.22   3   9     6 -0.62    -0.96 0.52
```

**[說明]**：低正向心理資本群組（水準數值編碼 = 0）的樣本有 11 位、低分組群組在教師工作投入的平均數 = 4.00、標準差 = 2.79；高正向心理資本群組（水準數值編碼 = 1）的樣本有 14 位、高分組群組在教師工作投入的平均數 = 7.00、標準差 = 1.96。如果二系列相關係數估計值達到統計顯著水準，以高、低正向心理資本群組為自變數、教師工作投入計量變數為依變數進行獨立樣本 t 檢定，t 檢定統計量也會達到統計顯著水準，二個群組在工作投入計量變數之平均數差異值顯著不等於 0。

使用套件 psych 函數 describeBy( ) 求出高低教師正向心理資本二個群組在教師教學效能的描述性統計量：

```
> with(ppcda,{describeBy(TTE, group=PPC)})
group: 0
   vars  n mean   sd median trimmed  mad min max range skew kurtosis   se
1     1 11 3.82 1.54      4    3.78 1.48   2   6     4 0.12    -1.65 0.46
-----------------------------------------------------------
```

```
group: 1
    vars  n mean  sd median trimmed  mad min max range skew kurtosis   se
1      1 14  6.5 2.31      7    6.67 1.48   2   9     7 -0.88    -0.61 0.62
```

[說明]：低正向心理資本群組（水準數值編碼 = 0）的樣本有 11 位、低分組群組在教師教學效能的平均數 = 3.82、標準差 = 1.54；高正向心理資本群組（水準數值編碼 = 1）的樣本有 14 位、高分組群組在教師教學效能的平均數 = 6.50、標準差 = 2.31。

---

使用 bartlett.test( ) 函數進行高、低正向心理資本群組在教師工作投入、教師教學效能之變異數同質性檢定，之後再以 t.test( ) 函數進行獨立樣本檢定：

---

```
> with(ppcda,{bartlett.test(INV~PPC)})
        Bartlett test of homogeneity of variances
data:   INV by PPC
Bartlett's K-squared = 1.3664, df = 1, p-value = 0.2424
```

[說明]：高、低正向心理資本二個群組在教師工作投入依變數之變數異同質（變異數相等）。

-------------------------------------------------------------------------

```
> with(ppcda,{bartlett.test(TTE~PPC)})
        Bartlett test of homogeneity of variances
data:   TTE by PPC
Bartlett's K-squared = 1.6967, df = 1, p-value = 0.1927
```

[說明]：高、低正向心理資本二個群組在教師教學效能依變數之變數異同質（變異數相等）。

---

以 t.test( ) 函數進行獨立樣本檢定，引數 var.equal 界定為真：

---

```
> t.test(INV ~ PPC, data = ppcda,var.equal = TRUE)
        Two Sample t-test
```

```
data:   INV by PPC
t = -3.1562, df = 23, p-value = 0.004416
alternative hypothesis: true difference in means is not equal to 0
95 percent confidence interval:
 -4.966253  -1.033747
sample estimates:
mean in group 0    mean in group 1
        4                   7
```

[**說明**]：教師正向心理資本低分組、高分組二個群組在教師工作投入的平均
數分別為 4.00、7.00，t 值統計量 = −3.16、顯著性 $p$ 值 = 0.004 < 0.05，達到統
計顯著水準，低正向心理資本、高正向心理資本二個樣本群組在工作投入的平
均數有顯著差異存在。

------------------------------------------------------------

```
>  t.test(TTE ~ PPC, data = ppcda,var.equal = TRUE)
        Two Sample t-test
data:   TTE by PPC
t = -3.3077, df = 23, p-value = 0.003073
alternative hypothesis: true difference in means is not equal to 0
95 percent confidence interval:
 -4.359053  -1.004583
sample estimates:
mean in group 0    mean in group 1
   3.818182            6.500000
```

[**說明**]：教師正向心理資本低分組、高分組二個群組在教師教學效能的平均
數分別為 3.82、6.50，t 值統計量 = −3.31、顯著性 $p$ 值 = 0.003 < 0.05，達到統
計顯著水準，低正向心理資本、高正向心理資本二個樣本群組在教學效能的平
均數有顯著差異存在。

(二) 以點二系列相關係數估算

以點二系列相關係數估算二系列相關係數估計值的 R 編輯器函數語法為：

```
[1]pvar=.56
[2]rpb=.550
[3]qvar=1-pvar
[4]zvar=qnorm(pvar,mean = 0, sd = 1)
[5]hvar=0.398942*2.7185282^(-zvar^2/2)
[6]rbi=rpb*sqrt(pvar*qvar)/hvar
[7]round(rbi,2)
```

[1] 界定水準數值編碼為 1 的樣本佔有效樣本數的百分比。

[2] 界定點二系列相關係數值（積差相關估計值）。

[3] 界定水準數值編碼為 0 的樣本佔有效樣本數的百分比。

[4] 以 qnorm( ) 函數求出標準常態分配面積為 p 時的 $z$ 值。

[5] 根據 $z$ 值求出標準常態曲線的高度。

以自訂函數 curh( ) 測試標準常態曲線面積分別為 0.1587、0.5000、0.8413 的 $z$ 值與曲線高度值：

```
> curh=function(pvar){
+ zvar=qnorm(pvar,mean = 0, sd = 1)
+ hvar=0.398942*2.7185282^(-zvar^2/2)
+ cat("z 值 =",round(zvar,2)," 常態曲線高度 =",round(hvar,4),"\n")
+ }
```

R 主控台自訂函數 curh( ) 中輸入標準常態分配的面積比例：

```
> curh(.1587)
z 值 = -1　常態曲線高度 = 0.242
> curh(.50)
z 值 = 0　常態曲線高度 = 0.3989
> curh(.8413)
z 值 = 1　常態曲線高度 = 0.242
```

[6] 求出二系列相關估計值 $r_{bi}$。

[7] 以 round( ) 函數輸出二系列相關係數值至小數第二位。

R 主控台執行 R 編輯器語法指令結果如下：

```
> pvar=.56
> rpb=.550
> qvar=1-pvar
> zvar=qnorm(pvar,mean = 0, sd = 1)
> hvar=0.398942*2.7185282^(-zvar^2/2)
> rbi=rpb*sqrt(pvar*qvar)/hvar
> round(rbi,2)
[1] 0.69
```

**[說明]**：教師正向心理資本二分類別變數與教師工作投入間之二系列相關係數估計值 = 0.69，使用 biserial( ) 函數求出的二系列相關係數值為 0.68，小數點的差異在於進位時不同。

教師正向心理資本與教師教學效能間之點二系列相關係數值 = 0.568、$p$ 值 = 0.56，根據公式估算二系列相關係數值之 R 主控台視窗為：

```
> pvar=.56
> rpb=.568
> qvar=1-pvar
> zvar=qnorm(pvar,mean = 0, sd = 1)
> hvar=0.398942*2.7185282^(-zvar^2/2)
> rbi=rpb*sqrt(pvar*qvar)/hvar
> round(rbi,2)
[1] 0.71
```

**[說明]**：教師正向心理資本二分類別變數與教師教學效能計量變數間之二系列相關係數估計值 = 0.71。

　　二系列相關係數估計值與點二系列相關係數估計值類似，若是二系列相關係數估計值 $r_{bi}$ 顯著不等於 0，表示人為分類的二個群組（水準編碼 1 群組、水準編碼 0 群組或高分組、低分組群體）在計量變數之平均數差異值顯著不等於 0，即高分組與低分組二個群體在計量變數的平均數差異值會達到統計顯著水準（$p < 0.05$）。

　　研究生常用的統計應用軟體如 SPSS、Minitab 等可以估算變數間的積差相關係數，二個變數間若有一個為二分類別變數，積差相關係數值即為點二系列相關係數值，研究者可使用書中的轉換公式估算二系列相關係數與係數顯著性檢定統計量 $z$ 值，或直接使用 R 軟體函數求出二系列相關係數值。

　　範例 R 編輯器的語法指令為直接使用二系列相關公式計算二系列相關係數估計值，教師正向心理資本二分類別變數與教師工作投入計量變數之二系列相關係數估算公式為：$r_{bi} = \dfrac{(M_p - M_{total}) \times p}{SD_{total} \times h}$，其中 $p$ 為二分類別變數中水準數值編碼等於 1 的樣本佔總樣本的比值、$M_p$ 為水準數值編碼為 1 的樣本群組在計量變數之平均數、$M_{total}$ 為全體受試者在計量變數的總平均數、$SD_{total}$ 為全體受試者在計量變數的標準差、$h$ 為標準常態分配中面積為 $p$ 時的曲線高度值。

```
ppcda=data.frame(cbind(PPC,INV,TTE))
pbc=ppcda
pbc$x=ppcda$PPC
pbc$y=ppcda$INV   ## pbc$y=ppcda$TTE
ssr=0
sst=0
for ( i in 1:length(pbc$x) ) {
ssr=pbc$y[i]^2+ssr
sst=pbc$y[i]+sst }
ss=ssr-sst^2/length(pbc$x)
sd=sqrt(ss/length(pbc$x))   ## 求出受試者在計量變數的標準差
p=sum(pbc$x)/length(pbc$x)   ## 求出水準數值 1 樣本佔總樣本的比值
zvar=qnorm(p,mean = 0, sd = 1) ## 根據面積比例 p 求出常態分配對應的 z 值
hvar=0.398942*2.7185282^(-zvar^2/2)   ## 求出標準常態分配曲線的高度
xp=sum(pbc$y[pbc$x==1])/sum(pbc$x)   ## 水準數值 1 群組在計量變數的平均數
xt=mean(pbc$y)   ## 全體觀察值在計量變數的平均數
```

```
rbi=(xp-xt)*p/(sd*hvar)   ## 求出二系列相關係數值
cat("xp=",xp,"--xt=",xt,"--p=",p,"--sd=",sd,"\n")
cat(" 二系列相關係數 rbi=",round(rbi,3),"\n")
```

　　R 主控台執行結果如下，二系列相關係數值 = 0.692。

```
> cat("xp=",xp,"--xt=",xt,"--p=",p,"--sd=",sd,"\n")
xp= 7 --xt= 5.68 --p= 0.56 --sd= 2.7088
> cat(" 二系列相關係數 rbi=",round(rbi,3),"\n")
二系列相關係數 rbi= 0.692
```

　　教師正向心理資本二分類別變數與教師教學效能計量變數之二系列相關係數值 = 0.715（語法指令中更改 pbc$y=ppcda$INV 列語法為「pbc$y=ppcda$TTE」）。

```
> cat("xp=",xp,"--xt=",xt,"--p=",p,"--sd=",sd,"\n")
xp= 6.5 --xt= 5.32 --p= 0.56 --sd= 2.344696
> cat(" 二系列相關係數 rbi=",round(rbi,3),"\n")
二系列相關係數 rbi= 0.715
```

## (三) 資料檔的應用

　　範例資料檔為 SPSS 統計軟體建檔的資料，資料檔名為「pass_1.sav」，使用套件 Hmisc 函數 spss.get( ) 讀取匯入 R 軟體主控台，資料框架物件為 exam。

```
> library(Hmisc)
> exam=spss.get("pass_1.sav")
Warning message:
In read.spss(file, use.value.labels = use.value.labels,
to.data.frame = to.data.frame,  :
```

pass_1.sav: Unrecognized record type 7, subtype 18 encountered in system file

**[說明]**：讀取 SPSS 資料檔雖出現警告訊息但不會影響資料檔匯入的完整性。

--------------------------------------------------------------------

```
> tail(exam)
    sex hcp ach read  tactic  pass
235   1  13  25   14      18     1
236   1  16  25   15      18     1
237   1  16  27   15      19     1
238   1  35  27   15      19     1
239   1  27  30   16      18     1
240   1  35  32   10      19     1
```

**[說明]**：依變數為應考者參加證照考試成績，成績介於 0 至 100 分，以 60 分為及格標準，分數大於等於 60 分者為通過（pass 變數水準數值編碼為 1）、分數小於 60 分者為未通過（pass 變數水準數值編碼為 0）。二分變數 pass 為一種人為的二分類別變數，非真正二分類別變數；應考者性別 sex 水準數值編碼 1 為男生、sex 水準數值編碼 0 為女生，性別變數為真正二分變數；計量自變數包括應考者家庭文化資本（hcp）、高職畢業學業成績（ach）、每日讀書時間（read）、讀書策略（tactic）。

**研究問題**：應考者家庭文化資本與證照考試通過與否是否有顯著相關？

以 with( ) 函數指定資料框架物件，使用 biserial( ) 函數求出二系列相關係數：

```
> with(exam,{biserial(hcp,pass)})
Biserial |    |   0%
        [,1]
[1,] 0.3790227
```

**研究問題**：應考者高職學業成就與證照考試通過與否是否有顯著相關？

以 with( ) 函數指定資料框架物件，使用 biserial( ) 函數求出二系列相關係數：

```
> with(exam,{biserial(ach,pass)})
 Biserial |      |    0%
           [,1]
 [1,] 0.4739613
```

　　二系列相關係數值之顯著性檢定採用 $z$ 值統計量，自訂函數三個參數分別為 p、N、二系列相關係數值。有效樣本數 N 可以使用函數 `length( )` 直接求出，水準數值編碼 1 之樣本群組的 p 比例值以水準數值 1 的人次除以總樣本數：

```
> length(pass)
[1] 240
> round(sum(pass)/length(pass),3)
[1] 0.433
```

**[說明]**：樣本 N = 240、$z$ 值統計量公式算式中的 $p$ 值 = 0.433。

　　自訂函數的函數名稱為 `biz( )`，函數三個參數值 pvar = 0.433、nvar = 240、rbi = .379，R 主控台執行結果如下：

```
> biz=function(pvar,nvar,rbi) {
+ zvar=qnorm(pvar,mean = 0, sd = 1)
+ hvar=0.398942*2.7185282^(-zvar^2/2)
+ zvalue=rbi*hvar/sqrt(pvar*(1-pvar)/nvar)
+ cat("z 值統計量 =",round(zvalue,3),"\n")
+ }
>
> biz(.433,240,.379)
z 值統計量 = 4.661
```

**[說明]**：二系列相關係數 $r_{bi}$ = 0.379（N = 240）、檢定統計量 $z$ 值大於 1.96，

對應的顯著性 $p$ 值 < 0.05，達到統計顯著水準，表示受試者家庭文化資本與證照考試通過與否有顯著相關，證照考試對於受試者家庭文化資本高低具有鑑別作用，通過證照考試的受試者有較高的家庭文化資本；未通過證照考試的受試者有較低的家庭文化資本。

---

自訂函數的函數名稱為 `biz( )`，函數三個參數值 pvar = 0.433、nvar = 240、rbi = 0.474，R 主控台執行結果如下：

```
> biz(.433,240,.474)
z 值統計量 = 5.829
```

[說明]：二系列相關係數 $r_{bi}$ = 0.4749（N = 240）、檢定統計量 $z$ 值大於 1.96，對應的顯著性 $p$ 值 < 0.05，達到統計顯著水準，表示受試者高職學業成績與證照考試通過與否有顯著相關，證照考試對於受試者高職學業成績具有鑑別作用，通過證照考試的受試者高職學業成績傾向有較高的分數；未通過證照考試的受試者傾向於有較差的高職學業成績。

---

如果研究者探究受試者性別變數與其家庭文化資本（hcp）、畢業學業成績（ach）、每日讀書時間（read）、讀書策略（tactic）計量變數的關係，使用點二系列相關，範例為使用套件 Hmisc 的函數 `rcorr( )` 求出變數間的點二系列相關係數（或積差相關係數）：

```
> library(Hmisc)
> rcorr(as.matrix(exam[1:5]))
          sex   hcp   ach   read   tactic
sex      1.00  0.15  0.19  0.36    0.17
hcp      0.15  1.00  0.43  0.33    0.58
ach      0.19  0.43  1.00  0.45    0.49
read     0.36  0.33  0.45  1.00    0.22
tactic   0.17  0.58  0.49  0.22    1.00
```

**[說明]**：性別變數與家庭文化資本（hcp）、畢業學業成績（ach）、每日讀書時間（read）、讀書策略（tactic）間之點二系列相關係數值分別為 0.15、0.19、0.36、0.17。

----------------------------------------------------------------

```
n= 240
P
          sex    hcp    ach    read   tactic
sex              0.0194 0.0031 0.0000 0.0101
hcp      0.0194        0.0000 0.0000 0.0000
ach      0.0031 0.0000        0.0000 0.0000
read     0.0000 0.0000 0.0000        0.0005
tactic   0.0101 0.0000 0.0000 0.0005
```

**[說明]**：性別變數與家庭文化資本（hcp）、高職畢業學業成績（ach）、每日讀書時間（read）、讀書策略（tactic）間之點二系列相關係數值的顯著性 $p$ 分別為 0.019、0.003、0.000、0.010，均達到統計顯著水準，表示性別類別變數二個群組在家庭文化資本（hcp）、畢業學業成績（ach）、每日讀書時間（read）、讀書策略的平均數均有顯著差異存在。

---

## 参 家長滿意度量表因素保留個數

### 一、VSS( ) 函數應用

使用函數 VSS( ) 求出非常簡單結構統計量數，因素抽取方法為主成分分析法，引數 fm 界定「="pc"」，因素轉軸方法為直交轉軸之最大變異法，R 主控台視窗函數應用與輸出結果為：

---

```
> pc.vss=VSS(var10,rotate = "varimax",fm="pc")
> print(pc.vss)
Very Simple Structure
Call: vss(x = x, n = n, rotate = rotate, diagonal = diagonal, fm = fm,
```

```
      n.obs = n.obs, plot = plot, title = title, use = use, cor = cor)
VSS complexity 1 achieves a maximimum of 0.84  with  3  factors
VSS complexity 2 achieves a maximimum of 0.95  with  4  factors
The Velicer MAP achieves a minimum of 0.09  with  3  factors
```

**[說明]**：VSS 複雜性 1 模型指標值 = 0.84（最大量數），保留的因素個數為 3；
VSS 複雜性 2 模型指標值 = 0.95（最大量數），保留的因素個數為 4；Velicer
MAP 準則指標值（平均淨相關四次方值）最小值為 0.09，對應的因素個數為
保留 3 個共同因素。

----------------------------------------------------------------

```
BIC achieves a minimum of  NA  with    factors
Sample Size adjusted BIC achieves a minimum of  NA  with    factors
Statistics by number of factors
```

| | vss1 | vss2 | map | dof | chisq | prob | sqresid | fit | RMSEA |
|---|---|---|---|---|---|---|---|---|---|
| 1 | 0.66 | 0.00 | 0.124 | 0 | NA | NA | 8.058 | 0.66 | NA |
| 2 | 0.82 | 0.86 | 0.142 | 0 | NA | NA | 3.390 | 0.86 | NA |
| 3 | 0.84 | 0.95 | 0.094 | 0 | NA | NA | 1.008 | 0.96 | NA |
| 4 | 0.79 | 0.95 | 0.128 | 0 | NA | NA | 0.622 | 0.97 | NA |
| 5 | 0.66 | 0.92 | 0.148 | 0 | NA | NA | 0.383 | 0.98 | NA |
| 6 | 0.60 | 0.88 | 0.211 | 0 | NA | NA | 0.194 | 0.99 | NA |
| 7 | 0.57 | 0.87 | 0.358 | 0 | NA | NA | 0.081 | 1.00 | NA |
| 8 | 0.53 | 0.84 | 0.532 | 0 | NA | NA | 0.033 | 1.00 | NA |

| | BIC | SABIC | complex | eChisq | SRMR | eCRMS | eBIC |
|---|---|---|---|---|---|---|---|
| 1 | NA | NA | NA | NA | NA | NA | NA |
| 2 | NA | NA | NA | NA | NA | NA | NA |
| 3 | NA | NA | NA | NA | NA | NA | NA |
| 4 | NA | NA | NA | NA | NA | NA | NA |
| 5 | NA | NA | NA | NA | NA | NA | NA |
| 6 | NA | NA | NA | NA | NA | NA | NA |
| 7 | NA | NA | NA | NA | NA | NA | NA |
| 8 | NA | NA | NA | NA | NA | NA | NA |

R 主控台視窗界面，如圖 10-6。

R 圖形（R Graphics）視窗繪製之非常簡單結構圖形，如圖 10-7。

```
> print(pc.vss)

Very Simple Structure
Call: vss(x = x, n = n, rotate = rotate, diagonal = diagonal, fm = fm,
    n.obs = n.obs, plot = plot, title = title, use = use, cor = cor)
VSS complexity 1 achieves a maximimum of 0.84  with  3  factors
VSS complexity 2 achieves a maximimum of 0.95  with  4  factors

The Velicer MAP achieves a minimum of 0.09  with  3  factors
BIC achieves a minimum of  NA  with    factors
Sample Size adjusted BIC achieves a minimum of  NA  with    factors

Statistics by number of factors
  vss1 vss2    map dof chisq prob sqresid  fit RMSEA BIC SABIC complex eChisq
1 0.66 0.00 0.124   0    NA   NA   8.058 0.66    NA  NA    NA      NA     NA
2 0.82 0.86 0.142   0    NA   NA   3.390 0.86    NA  NA    NA      NA     NA
3 0.84 0.95 0.094   0    NA   NA   1.008 0.96    NA  NA    NA      NA     NA
4 0.79 0.95 0.128   0    NA   NA   0.622 0.97    NA  NA    NA      NA     NA
5 0.66 0.92 0.148   0    NA   NA   0.383 0.98    NA  NA    NA      NA     NA
6 0.60 0.88 0.211   0    NA   NA   0.194 0.99    NA  NA    NA      NA     NA
7 0.57 0.87 0.358   0    NA   NA   0.081 1.00    NA  NA    NA      NA     NA
8 0.53 0.84 0.532   0    NA   NA   0.033 1.00    NA  NA    NA      NA     NA
   SRMR eCRMS eBIC
1    NA    NA   NA
```

 圖 10-6　R 主控台視窗界面

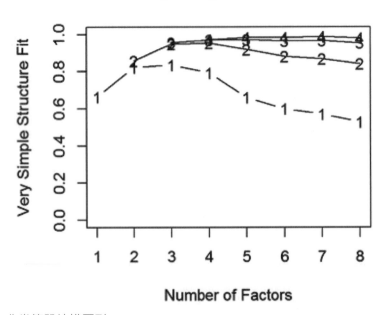

 圖 10-7　非常簡單結構圖形

　　因素抽取方法採用內定最小殘差法，引數 fm 界定「="minres"」，以 print( ) 函數輸出 VSS( ) 函數物件參數至小數第二位：

```
>mr.vss=VSS(var10,rotate = "varimax",fm="minres")
> print(mr.vss,digits=2)
```

　　R 主控台視窗界面，如圖 10-8。
　　VSS 複雜性 1 模型指標值 = 0.79，保留的因素個數為 3；VSS 複雜性 2 模型指標值 = 0.91，保留的因素個數為 3；Velicer MAP 準則指標值（平均淨相關四次方值）最小值為 0.09，對應的因素個數為 3 個共同因素。
　　R 圖形（R Graphics）視窗繪製之非常簡單結構圖形，如圖 10-9。
　　因素抽取方法為主軸法，引數 fm 界定「="pa"」，以 print( ) 函數輸出 VSS( ) 函數物件參數至小數第二位：

```
> pa.vss=VSS(var10,rotate = "varimax",fm="pa",SMC=FALSE)
> print(pa.vss,digits=2)
Very Simple Structure
Call: vss(x = x, n = n, rotate = rotate, diagonal = diagonal, fm = fm,
    n.obs = n.obs, plot = plot, title = title, use = use, cor = cor,
```

```
> print(mr.vss,digits=2)

Very Simple Structure
Call: vss(x = x, n = n, rotate = rotate, diagonal = diagonal, fm = fm,
    n.obs = n.obs, plot = plot, title = title, use = use, cor = cor)
VSS complexity 1 achieves a maximimum of 0.79  with  3  factors
VSS complexity 2 achieves a maximimum of 0.91  with  3  factors

The Velicer MAP achieves a minimum of 0.09  with  3  factors
BIC achieves a minimum of  NA  with  5  factors
Sample Size adjusted BIC achieves a minimum of  NA   with  5  factors

Statistics by number of factors
  vss1 vss2   map dof  chisq    prob sqresid  fit RMSEA   BIC SABIC complex eChisq    SRMR eCRMS eBIC
1 0.60 0.00 0.124  35 4.2e+02 2.0e-67    9.66 0.60  0.28 244.9 355.7     1.0 5.8e+02 2.1e-01 0.238  407
2 0.64 0.76 0.142  26 2.2e+02 1.8e-33    5.69 0.76  0.23  94.6 176.9     1.2 2.9e+02 1.5e-01 0.195  161
3 0.79 0.91 0.094  18 9.1e+01 8.6e-12    1.73 0.93  0.17   1.4  58.4     1.2 2.8e+01 4.6e-02 0.073  -62
4 0.79 0.90 0.128  11 7.5e+01 1.5e-11    1.79 0.93  0.21  19.9  54.7     1.2 3.8e+01 5.3e-02 0.108  -17
5 0.67 0.88 0.148   5 1.2e+01 3.1e-02    1.01 0.96  0.10 -12.6   3.2     1.3 3.7e+00 1.7e-02 0.050  -21
6 0.67 0.87 0.211   0 3.5e+00      NA    0.80 0.97    NA    NA    NA     1.4 8.7e-01 8.1e-03    NA   NA
7 0.61 0.87 0.358  -4 9.5e-04      NA    0.50 0.98    NA    NA    NA     1.5 1.1e-04 9.0e-05    NA   NA
8 0.67 0.84 0.532  -7 8.2e-12      NA    0.64 0.97    NA    NA    NA     1.5 2.0e-12 1.2e-08    NA   NA
```

🍎圖 10-8　R 主控台視窗界面

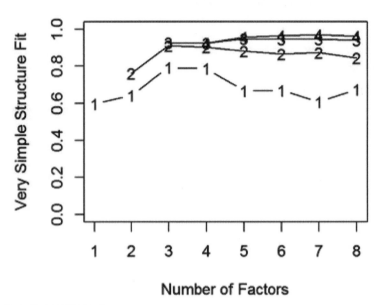

**Very Simple Structure**

圖 **10-9** 非常簡單結構圖形

```
      SMC = FALSE)
VSS complexity 1 achieves a maximimum of 0.81  with  3  factors
VSS complexity 2 achieves a maximimum of 0.93  with  3  factors
The Velicer MAP achieves a minimum of 0.09  with  3  factors
BIC achieves a minimum of  NA  with  4  factors
Sample Size adjusted BIC achieves a minimum of  NA  with  5  factors
```

**[ 說明 ]**：VSS 複雜性 1 模型指標值 = 0.81，保留的因素個數為 3；VSS 複雜性 2 模型指標值 = 0.93，保留的因素個數為 3；Velicer MAP 準則指標值（平均淨相關四次方值）最小值為 0.09，對應的因素個數為 3 個共同因素。

函數 VSS( ) 的引數 SMC 內定選項為真，若是採用內定選項，執行非常簡單結構程序，會出現警告訊息：

```
> pa.vss=VSS(var10,rotate = "varimax",fm="pa",SMC=TRUE)
Error in La.svd(B) : infinite or missing values in 'x'
```

```
In addition: Warning messages:
1: In sqrt(eigens$values[1:nfactors]) : NaNs produced
2: In fac(r = r, nfactors = nfactors, n.obs = n.obs, rotate = rotate,  :
   imaginary eigen value condition encountered in fa
 Try again with SMC=FALSE
 exiting fa
```

**[說明]**：警告訊息最後提醒使用者可以嘗試將 SMC 選項設定為假（=FALSE）。

 二、scree( ) 函數應用

使用 scree( ) 函數繪製陡坡圖，引數 factors 選項界定為真，表示繪製抽取因素的陡坡圖；引數 pc 選項界定為真，表示繪製抽取主成分的陡坡圖：

```
> scree(var10,factors=TRUE,pc=TRUE)
```

R 軟體繪製的陡坡圖（圖 10-10）中，簡寫符號 PC 的圖例為抽取的主成分、

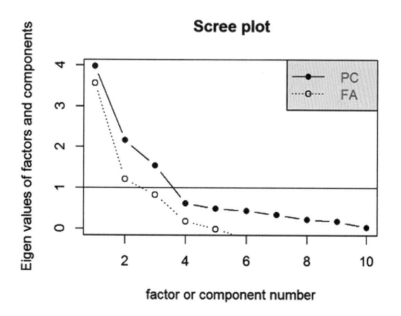

● **圖 10-10**　使用 scree( ) 函數繪製陡坡圖

簡寫符號 FA 的圖例為抽取的因素，特徵值大於 1 的主成分有三個、特徵值大於 1 的共同因素有二個。

函數 scree( ) 的引數中，factors 選項界定為真、pc 選項界定為假，表示只繪製抽取因素的陡坡圖：

```
> scree(var10,factors=TRUE,pc=FALSE)
```

只繪製抽取因素的陡坡圖，如圖 10-11。

使用 VSS.scree( ) 函數繪製主成分的陡坡圖：

```
> VSS.scree(var10)
```

陡坡圖（圖 10-12）的橫軸說明文字為抽取成分（component number）的編號，縱軸為成分的特徵值。

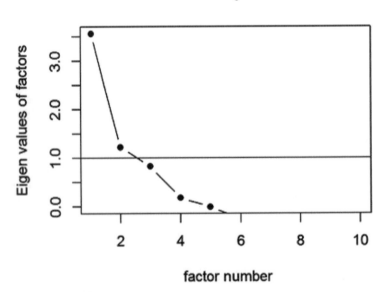

**● 圖 10-11** 只繪製抽取因素的陡坡圖

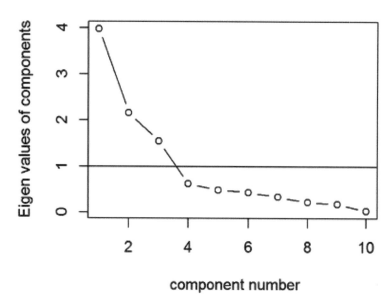

**scree plot**

● 圖 **10-12** 　使用 VSS.scree( ) 函數繪製主成分的陡坡圖

## 三、平行分析

使用 `fa.parallel( )` 函數執行平行分析程序，引數 fm 界定「="pa"」，表示因素萃取方法為主軸法；引數 fa 界定「="both"」，表示同時輸出因素（factors）與主成分（components）的個數：

```
>fa.parallel(var10,fm="pa",fa="both")
Parallel analysis suggests that the number of factors =  4
and the number of components =  3
```

**[ 說明 ]**：平行分析法建議家長滿意度量表的因素個數保留四個、成分個數保留三個。

平行分析法的陡坡圖，如圖 10-13。

## Parallel Analysis Scree Plots

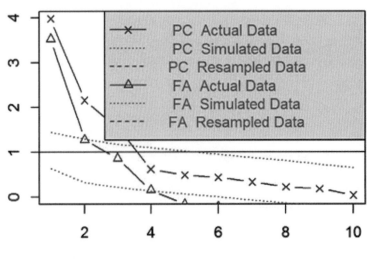

🍎圖 10-13　平行分析法的陡坡圖

引數 fa 界定「="fa"」，只進行萃取「因素」（factors）平行分析的程序：

```
>fa.parallel(var10,fm="pa",fa="fa")
Parallel analysis suggests that the number of factors =  4
and the number of components =  NA
```

[說明]：根據平行分析法建議保留的因素個數為 4。

平行分析法繪製的陡坡圖，如圖 10-14。

使用 fa.parallel( ) 函數進行平行分析法，引數 fm 界定「="pa"」，表示因素抽取方法為主軸法，引數 fa 界定「="both"」，表示同時輸出主成分（principal components）與主軸因素分析的特徵值：

```
> mpa.para=fa.parallel(var10,fm="pa",fa="both")
> print(mpa.para)
Call: fa.parallel(x = var10, fm = "pa", fa = "both")
```

**Parallel Analysis Scree Plots**

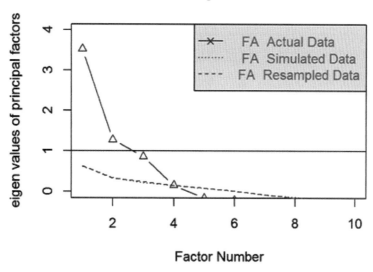

🍎圖 **10-14** 平行分析法繪製的陡坡圖

```
Parallel analysis suggests that the number of factors =  4
and the number of components =  3
```

**[ 說明 ]**：平行分析法建議最佳因素萃取個數為 4，最佳成分個數為 3。

------------------------------------------------------------

Eigen Values of

| | Original factors | Simulated data | Original components | simulated data |
|---|---|---|---|---|
| 1 | 3.53 | 0.68 | 3.98 | 1.44 |
| 2 | 1.28 | 0.34 | 2.16 | 1.31 |
| 3 | 0.86 | 0.23 | 1.54 | 1.19 |
| 4 | 0.15 | 0.14 | 0.62 | 1.10 |

**[ 說明 ]**：原始資料（實際資料）四個共同因素的特徵值為 3.53、1.28、0.86、0.15，模擬資料四個共同因素的特徵值為 0.68、0.34、0.23、0.14，樣本資料四個特徵值均大於模擬資料四個對應的特徵值；原始資料（實際資料）四個成分的特徵值為 3.98、2.16、1.54、0.62，模擬資料四個成分的特徵值為 1.44、1.31、1.19、1.10，樣本資料前三個特徵大於模擬資料前三個對應的特徵值，樣本資料成分第四個特徵值小於模擬資料成分第四個特徵值，實際資料的成分只保留三個。

平行分析之因素萃取的方法為最小殘差法（minimum residual ;[OLS]）：

```
> mmin.para=fa.parallel(var10,fm="minres",fa="both")
> print(mmin.para)
Call: fa.parallel(x = var10, fm = "minres", fa = "both")
Parallel analysis suggests that the number of factors =4  and
the number of components = 3
  Eigen Values of
  Original factors   Simulated data   Original components   simulated data
1       3.56             0.71                3.98                1.43
2       1.22             0.34                2.16                1.31
3       0.83             0.24                1.54                1.20
4       0.18             0.12                0.62                1.08
```

**[說明]**：平行分析法建議最佳因素萃取個數為 4，最佳成分個數為 3，以最小殘差法萃取因素與主軸法萃取因素得到的結果相同。

 四、探索性因素分析

使用 fa( ) 函數進行探索性因素分析，因素萃取方法為主軸法，因素個數限定為 4，轉軸法採用直交轉軸之最大變異法：

```
> m.pa=fa(var10,nfactors=4,rotate="varimax",fm="pa")
> print(m.pa,sort=T)
```

R 主控台視窗輸出結果，如圖 10-15。

因素 3（PA3）包含的題項變數為 C08、C09、C10；因素 1（PA1）包含的題項變數為 B05、B07；因素 2（PA2）包含的題項變數為 A01、A02、A03；因素 4（PA4）包含的題項變數為 B04、B06。從內容效度的向度名稱與題項內容檢核，因素 3、因素 2 包含的題項變數與原先內容效度符合，因素 3 的名稱為「孩童學習成效」滿

```
Standardized loadings (pattern matrix) based upon corr
     item  PA3  PA1   PA2   PA4   h2    u2  com
C10   10 [0.89] 0.08  0.03  0.09 0.82 0.184 1.0
C09    9 [0.88] 0.12 -0.05  0.10 0.81 0.193 1.1
C08    8 [0.66] 0.26 -0.02  0.10 0.52 0.480 1.4
B07    7  0.22 [0.92] 0.03  0.29 0.98 0.020 1.3
B05    5  0.21 [0.89] 0.06  0.31 0.94 0.064 1.4
A01    1  0.06 0.03  [0.81]-0.03 0.65 0.346 1.0
A02    2 -0.03 0.06  [0.80] 0.04 0.64 0.360 1.0
A03    3 -0.06 0.02  [0.62] 0.18 0.42 0.580 1.2
B06    6  0.15 0.38   0.09 [0.73]0.71 0.291 1.6
B04    4  0.21 0.50   0.17 [0.68]0.79 0.211 2.2

                      PA3  PA1  PA2  PA4
SS loadings           2.19 2.12 1.71 1.25
Proportion Var        0.22 0.21 0.17 0.12
Cumulative Var        0.22 0.43 0.60 0.73
Proportion Explained  0.30 0.29 0.24 0.17
Cumulative Proportion 0.30 0.59 0.83 1.00

Mean item complexity =  1.3
Test of the hypothesis that 4 factors are sufficient.
```

🍎**圖 10-15** R 主控台視窗輸出結果

意度,因素 2 的名稱為「單位硬體設施」滿意度,原向度「教師教學專業」向度被
拆成二個因素(因素 1 與因素 4),因素 1(PA1)包含 <05. 課後照顧班教師的常
規管理能力 >、<07. 課後照顧班教師的事件處理能力 > 二題,因素名稱命名為「教
師班級經營知能」;因素 4(PA4)包含 <04. 課後照顧班教師的教學技巧能力 >、
<06.課後照顧班教師的課輔導能力 > 二題,因素名稱命名為「教師教學專業知能」。
萃取四個因素(PA1、PA2、PA3、PA4)的特徵值分別為 2.12、1.71、2.19、1.25,
四個因素可以解釋量表題項變數的變異量為 73.0%。

　　使用 fa( ) 函數進行探索性因素分析,因素萃取方法為主軸法,因素個數限
定為 4,轉軸法採用斜交轉軸法,進行斜交轉軸法要先載入套件 GPArotation:

```
> library(GPArotation)
>mo.pa=fa(var10,nfactors=4,rotate="oblimin",fm="pa")
```

```
> print(mo.pa,sort=t,cut=0.45)
```

　　R 主控台視窗輸出結果，如圖 10-16。

　　因素 3（PA3）包含的題項變數為 C08、C09、C10；因素 1（PA1）包含的題項變數為 B05、B07；因素 2（PA2）包含的題項變數為 A01、A02、A03；因素 4（PA4）包含的題項變數為 B04、B06。萃取四個因素（PA1、PA2、PA3、PA4）的特徵值分別為 2.04、1.68、2.10、1.45，四個因素可以解釋量表題項變數的變異量為 73.0%。因素 1（PA1）的指標變數 B07 的因素負荷量為 0.99，大於 0.95 的臨界標準值，題項的共同性易出現不合理的解值（大於 1.00 的參數值），進一步的 EFA 可考慮將題項 B07 刪除。

　　使用 fa( ) 函數進行探索性因素分析，因素萃取方法為主軸法，因素個數限定為 3，轉軸法採用斜交轉軸法（直接斜交法），因素負荷量小於 0.45 者以空白表示，題項排除第 7 題，如圖 10-17。

```
> print(mo.pa,sort=T,cut=0.45)
Factor Analysis using method =  pa
Call: fa(r = var10, nfactors = 4, rotate = "oblimin", fm = "pa")
Standardized loadings (pattern matrix) based upon correlation ma
    item   PA3   PA1   PA2   PA4    h2    u2   com
C10   10   0.92                    0.82 0.184 1.0
C09    9   0.89                    0.81 0.193 1.0
C08    8   0.63                    0.52 0.480 1.2
B07    7         0.99              0.98 0.020 1.0
B05    5         0.94              0.94 0.064 1.0
A01    1               0.82        0.65 0.346 1.0
A02    2               0.80        0.64 0.360 1.0
A03    3               0.59        0.42 0.580 1.4
B06    6                     0.87  0.71 0.291 1.0
B04    4                     0.73  0.79 0.211 1.1

                      PA3   PA1   PA2   PA4
SS loadings          2.10  2.04  1.68  1.45
Proportion Var       0.21  0.20  0.17  0.15
Cumulative Var       0.21  0.41  0.58  0.73
Proportion Explained 0.29  0.28  0.23  0.20
Cumulative Proportion 0.29 0.57  0.80  1.00
```

**圖 10-16**　R 主控台視窗輸出結果

```
> mo.pa=fa(var10[-7],nfactors=3,rotate="oblimin",fm="pa")
> print(mo.pa,sort=T,cut=0.45)
Factor Analysis using method =  pa
Call: fa(r = var10[-7], nfactors = 3, rotate = "oblimin",
Standardized loadings (pattern matrix) based upon correlat
     item   PA1   PA3   PA2   h2    u2   com
B04    4   0.95             0.90 0.10 1.0
B06    6   0.78             0.60 0.40 1.0
B05    5   0.74             0.60 0.40 1.0
C10    9         0.91       0.81 0.19 1.0
C09    8         0.90       0.81 0.19 1.0
C08    7         0.64       0.52 0.48 1.1
A01    1               0.81 0.65 0.35 1.0
A02    2               0.79 0.64 0.36 1.0
A03    3               0.60 0.41 0.59 1.2

                      PA1   PA3   PA2
SS loadings          2.14  2.11  1.67
Proportion Var       0.24  0.23  0.19
Cumulative Var       0.24  0.47  0.66
```

🍎圖 **10-17** R 主控台視窗輸出結果（題項排除第 7 題）

---

```
> mo.pa=fa(var10[-7],nfactors=3,rotate="oblimin",fm="pa")
> print(mo.pa,sort=T,cut=0.45)
```

---

　　因素 1（PA1）包含的題項變數為 B04、B05、B06；因素 3（PA3）包含的題項變數為 C08、C09、C10；因素 2（PA2）包含的題項變數為 A01、A02、A03，根據題項反映的潛在特質或構念，因素 1 命名為「教師教學專業」、因素 2 命名為「單位硬體設施」、因素 3 命名為「學童學習成效」。

　　斜交轉軸法為 promax（最優斜交法），因素個數限定為 3 個：

---

```
> mp.pa=fa(var10[-7],nfactors=3,rotate="promax",fm="pa")
> print(mp.pa,sort=F)
Factor Analysis using method =  pa
Call: fa(r = var10[-7], nfactors = 3, rotate = "promax", fm = "pa")
Standardized loadings (pattern matrix) based upon correlation matrix
```

---

```
        PA1     PA3     PA2    h2     u2     com
A01   -0.08    0.10    0.82   0.65   0.35   1.0
A02    0.02   -0.02    0.80   0.64   0.36   1.0
A03    0.13   -0.09    0.60   0.41   0.59   1.1
B04    0.96   -0.04    0.02   0.90   0.10   1.0
B05    0.75    0.07   -0.05   0.60   0.40   1.0
B06    0.80   -0.05   -0.02   0.60   0.40   1.0
C08    0.14    0.65   -0.02   0.52   0.48   1.1
C09   -0.02    0.91   -0.02   0.81   0.19   1.0
C10   -0.07    0.93    0.07   0.81   0.19   1.0
```

**［說明］**：因素 1（PA1）包含的題項變數為 B04、B05、B06；因素 3（PA3）包含的題項變數為 C08、C09、C10；因素 2（PA2）包含的題項變數為 A01、A02、A03，根據題項反映的潛在特質或構念，因素 1 命名為「教師教學專業」、因素 2 命名為「單位硬體設施」、因素 3 命名為「學童學習成效」。

----------------------------------------------------------------

```
                        PA1    PA3    PA2
SS loadings            2.15   2.11   1.67
Proportion Var         0.24   0.23   0.19
Cumulative Var         0.24   0.47   0.66
Proportion Explained   0.36   0.36   0.28
Cumulative Proportion  0.36   0.72   1.00
```

**［說明］**：PA1、PA2、PA3 三個因素的特徵值分別別 2.15、2.11、1.67，萃取三個因素可以解釋的變異量為 66.0%。

 五、fa.diagram( ) 函數應用

函數 fa.diagram( ) 可以繪製 EFA 之因素與對應題項的因素負荷量圖形，fa.diagram( ) 函數的基本語法為：

```
fa.diagram(fa.results,sort=TRUE,labels=NULL,cut=.3,
errors=FALSE,g=FALSE,digits=1,e.size=.05,rsize=.15,main="Factor
```

Analysis")

　　引數 fa.results 為因素分析或主成分分析的結果物件。引數 labels 界定變數標記名稱。引數 cut 界定繪製圖形的因素負荷量臨界值，內定數值 = 0.3，表示因素負荷量小於 0.30 者的箭號不予繪製。引數 g 內定選項為假，界定因素矩陣反映因素的路徑，題項變數全部在左邊，因素變數在右邊。引數 size 界定圖形大小。引數 sort 界定繪製圖形時是否根據因素負荷量大小排序。引數 errors 界定是否繪製誤差估計值。引數 e.size 界定橢圓形（因素）大小。引數 rsize 界定長方形（題項）大小。引數 cex 界定字形大小。引數 l.cex 界定箭號參數字形大小，內定大小與字形大小一樣。引數 gap.size 界定標記箭號間距大小。引數 main 界定圖形的標題文字，內定文字為「 "Factor Analyis"」。

　　範例以 **fa.diagram( )** 函數繪製斜交轉軸因素路徑圖（圖 10-18），引數誤差項界定為真、萃取因素的大小為 0.08：

```
> fa.diagram(mp.pa,sort=T,cut=.45,errors=T,digits=2,e.size=.08)
```

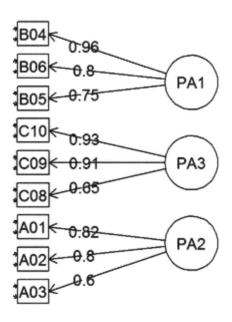

◎**圖 10-18**　以 **fa.diagram( )** 函數繪製斜交轉軸因素路徑圖

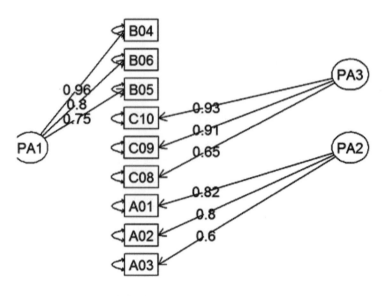

**Factor Analysis**

● 圖 10-19　引數 g 邏輯選項界定為真

　　引數 g 邏輯選項界定為真，萃取的第一個因素（PA1）的位置在左邊，所有題項變數在中間，第二個因素（PA2）與第三個因素（PA3）的位置在右邊（圖 10-19）：

```
> fa.diagram(mp.pa,sort=T,cut=.45,errors=T,digits=2,g=T)
```

 **六、探索性階層因素程序**

　　探索性因素分析程序採用斜交轉軸，表示萃取因素間有某種程度的相關（一般建議因素間相關係數絕對值 ≥ 0.30 以上，又能達到簡單結構目標，則採取斜交轉軸），萃取一階因素（初階因素）間可能反映更高階的潛在因素構念（高階因素或二階因素），此種因素結構稱為雙因素解（bifactor solution），雙因素解也稱為階層因素模型。套件 psych 中函數 omega( ) 可求出雙因素解的估計值。omega( ) 函數的基本語法為：

```
omega(m,nfactors=3,fm="minres",plot=TRUE,rotate="oblimin")
```

函數 omega( ) 引數內定因素萃取方法為最小殘差法、因素轉軸法為直接斜交法，繪製雙因素解值圖形。

課後照顧班家長滿意度量表採用 MAP 準則與平行分析法分析結果建議保留四個因素，範例的因素個數限定為 4，題項變數為 10，因素萃取方法為主軸法，因素轉軸為內定選項「="oblimin"」：

```
>omega(var10,nfactors=4,fm="pa")
Omega
Call: omega(m = var10, nfactors = 4, fm = "pa")
Alpha:                  0.8
G.6:                    0.9
Omega Hierarchical:     0.6
Omega H asymptotic:     0.65
Omega Total             0.92
```

[說明]：Cronbach's $\alpha$（內部一致性信度係數）= 0.80、G.6 信度係數 = 0.90，Omega 階層模型信度係數 = 0.60、Omega 總信度係數 = 0.92。

----------------------------------------------------------------------------

```
Schmid Leiman Factor loadings greater than  0.2
```

|  | g | F1* | F2* | F3* | F4* | h2 | u2 | p2 |
|---|---|---|---|---|---|---|---|---|
| A01 |  |  |  | 0.81 |  | 0.65 | 0.35 | 0.02 |
| A02 |  |  |  | 0.79 |  | 0.64 | 0.36 | 0.03 |
| A03 |  |  |  | 0.58 |  | 0.42 | 0.58 | 0.06 |
| B04 | 0.79 |  |  |  | 0.39 | 0.79 | 0.21 | 0.79 |
| B05 | 0.85 |  | 0.47 |  |  | 0.94 | 0.06 | 0.77 |
| B06 | 0.70 |  |  |  | 0.47 | 0.71 | 0.29 | 0.70 |
| B07 | 0.86 |  | 0.49 |  |  | 0.98 | 0.02 | 0.75 |
| C08 | 0.40 | 0.58 |  |  |  | 0.52 | 0.48 | 0.31 |
| C09 | 0.36 | 0.82 |  |  |  | 0.81 | 0.19 | 0.16 |
| C10 | 0.33 | 0.84 |  |  |  | 0.82 | 0.18 | 0.14 |

[說明]：雙因素解的因素負荷量，因素負荷量小於 0.2 者以空白表示，g 欄為高階因素（普通因素）之因素負荷量，h2 欄為共同性、u2 欄為無法解釋的變

異量。

------------------------------------------------------------

```
With eigenvalues of:
   g   F1*   F2*   F3*   F4*
3.02  1.74  0.48  1.62  0.39
```

**[說明]**：雙因素解的特徵值，普通因素的特徵值為 3.02，F1、F2、F3、F4 四個初階因素的特徵值為 1.74、0.48、1.62、0.39。

------------------------------------------------------------

```
general/max  1.74   max/min =    4.47
mean percent general =  0.37    with sd =  0.34 and cv of  0.9
Explained Common Variance of the general factor =  0.42
```

**[說明]**：普通因素可以解釋的變異量為 42%。

------------------------------------------------------------

```
The degrees of freedom are 11  and the fit is  0.19
The number of observations was  147  with Chi Square =   27.12
with prob <  0.0044
The root mean square of the residuals is  0.02
The df corrected root mean square of the residuals is  0.03
RMSEA index =  0.104  and the 90 % confidence intervals are  0.053 0.148
BIC =  -27.78
Compare this with the adequacy of just a general factor and no group factors
The degrees of freedom for just the general factor are 35  and the fit is  3.82
The number of observations was  147  with Chi Square =  538.55  with prob <  1.8e-91
The root mean square of the residuals is  0.21
The df corrected root mean square of the residuals is  0.24
RMSEA index =  0.32  and the 90 % confidence intervals are  0.29 0.336
BIC =  363.89
```

**[說明]**：EFA 雙因素解值模型之適配度統計量，包括 RMSR、RMSEA、BIC 值、卡方值。

------------------------------------------------------------

```
Measures of factor score adequacy
                                      g    F1*   F2*   F3*   F4*
```

| Correlation of scores with factors | 0.91 | 0.94 | 0.68 | 0.90 | 0.66 |
| Multiple R square of scores with factors | 0.82 | 0.88 | 0.46 | 0.82 | 0.44 |
| Minimum correlation of factor score estimates | 0.64 | 0.75 | -0.09 | 0.63 | -0.13 |

**[說明]**：因素分數適切性量數，包括因素分數間的相關、因素分數間多元相關係數的平方、因素分數估計值最小相關等。

---

Total, General and Subset omega for each subset

| | g | F1* | F2* | F3* | F4* |
|---|---|---|---|---|---|
| Omega total for total scores and subscales | 0.92 | 0.88 | 0.98 | 0.78 | 0.85 |
| Omega general for total scores and subscales | 0.60 | 0.17 | 0.74 | 0.02 | 0.64 |
| Omega group for total scores and subscales | 0.32 | 0.71 | 0.23 | 0.76 | 0.21 |

**[說明]**：整體分數與因素間之 Omega 量數。

課後照顧班家長滿意度量表 10 個題項 EFA 之雙因素解值因素路徑圖，如圖 10-20。

引數 sl 界定為假，表示繪製階層式因素模型圖，因素萃取方法採用主軸法：

```
>omega(var10,nfactors=4,fm="pa",sl=FALSE)
```

EFA 階層模型解值之路徑圖，如圖 10-21。

函數 omega( ) 引數內定因素萃取方法為主軸法、因素轉軸法為直接斜交法。範例的因素個數限定為 3（九個題項，題項第 7 題移除）：

```
> omega(var10[-7],nfactors=3,fm="pa",sl=FALSE)
maximum iteration exceeded
The estimated weights for the factor scores are probably
incorrect. Try a different factor extraction method.
```

**[說明]**：達到最大疊代次數時參數估計無法順利估算，因素分數的估計加權值可能不正確，建議採用不同的因素抽取方法。

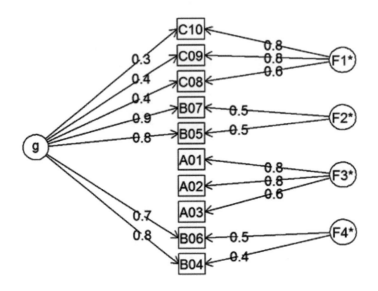

●圖 **10-20** EFA 之雙因素解值因素路徑圖

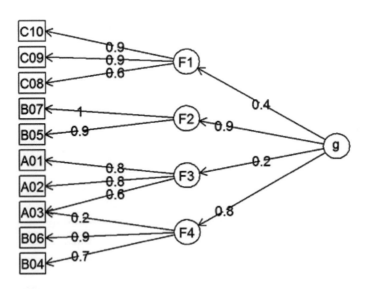

●圖 **10-21** EFA 階層模型解值之路徑圖

因素抽取方法改採用主成分分析法，函數 omega( ) 中的引數 fm 界定為「="pc"」：

```
>omega(var10[-7],nfactors=3,fm="pc",sl=FALSE)
```
factor method not specified correctly, minimum residual (unweighted least squares used
The estimated weights for the factor scores are probably incorrect. Try a different factor extraction method.

**[ 說明 ]**：採用主成分分析法萃取共同因素繪製階層因素分析路徑圖，omega( ) 函數執行結果出現警告訊息：因素萃取方法界定不正確，建議使用最小殘差法或未加權最小平方法。

引數 sl 界定為假，表示繪製階層式因素模型圖，因素萃取方法採用內定最小殘差法：

```
> omega(var10[-7],nfactors=3,fm="minres",sl=FALSE)
```

函數 omega( ) 繪製之 EFA 階層解值圖，如圖 10-22。

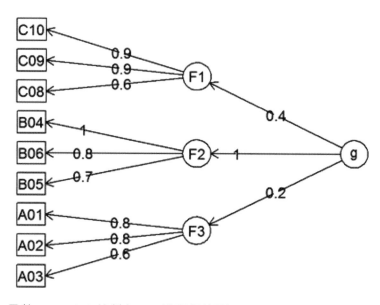

**⚫圖 10-22**　函數 omega( ) 繪製之 EFA 階層解值圖

使用 omega( ) 函數進行探索性階層因素模型時，如果出現警告訊息或參數無法順利估算，可以改用其他因素萃取方法，以得到正確的估計值。

 七、套件 paran 的應用

使用 paran 套件函數 paran( ) 執行平行分析法程序，引數疊代次數設定為 5000、cfa 界定為假，進行主成分的平行分析，引數 graph 界定為真，表示繪製平行分析圖：

```
> paran(var10,centile=95, iterations=5000,cfa=FALSE, graph=TRUE)
Using eigendecomposition of correlation matrix.
Computing: 10%  20%  30%  40%  50%  60%  70%  80%  90%  100%
Results of Horn's Parallel Analysis for component retention
5000 iterations, using the 95 centile estimate
--------------------------------------------------
Component  Adjusted    Unadjusted   Estimated
           Eigenvalue  Eigenvalue   Bias
--------------------------------------------------
1          3.429012    3.982527     0.553515
2          1.780735    2.160665     0.379930
3          1.283788    1.543430     0.259642
--------------------------------------------------
```

[說明]：調整後特徵值為使用蒙地卡羅方法隨機抽取的模擬資料特徵值（與實際資料相同的樣本數與變項數），疊代次數愈多，平均特徵值愈精確；未調整的特徵值為根據實際資料（觀察資料）計算所得的特徵值，未調整的特徵值（實際資料）與調整後特徵值（隨機模擬資料）的差異量為估計偏誤值，估計偏誤值為正，表示實際資料計算所得的特徵值大於模擬資料估算的特徵值，特徵值對應的成分或共同因素有實質意義，必須加以保留。

```
Adjusted eigenvalues > 1 indicate dimensions to retain.
(3 components retained)
```

[說明]：調整後特徵值大於 1.00 者有三個，建議保留的成分個數為 3。

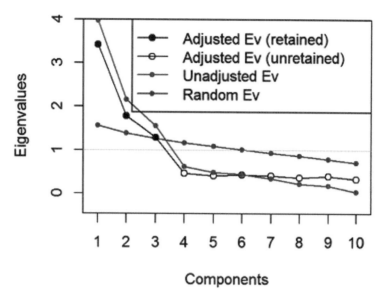

**●圖 10-23** 平行分析圖

　　R 軟體繪製的平行分析圖，如圖 10-23，圖示中調整後特徵值被保留者以黑色實心點表示，未保留者以中空白色點表示，紅色點為未調整的特徵值、藍色點為隨機成分特徵值。

　　使用模擬資料進行多次疊代運算，估計所得的平均特徵值，可能會保留稍多的成分或因素，因而一般會以百分位數 95 或百分位數 90 之特徵值作為平均特徵值，paran( ) 函數之引數 centile（百分位數值）一般界定在 95 至 99 之間，若是引數 centile 界定的數值為 0，則估算模擬資料的平均特徵值，平均特徵值通常會大於百分位數的平均特徵值：

```
paran(var10,centile=0,iterations=5000,cfa=FALSE)
Using eigendecomposition of correlation matrix.
Computing: 10%  20%  30%  40%  50%  60%  70%  80%  90%  100%
Results of Horn's Parallel Analysis for component retention
5000 iterations, using the mean estimate
--------------------------------------------------
Component    Adjusted    Unadjusted    Estimated
```

|   | Eigenvalue | Eigenvalue | Bias |
|---|---|---|---|
| 1 | 3.552371 | 3.982527 | 0.430156 |
| 2 | 1.867657 | 2.160665 | 0.293007 |
| 3 | 1.352864 | 1.543430 | 0.190566 |

Adjusted eigenvalues > 1 indicate dimensions to retain.
(3 components retained)

**[說明]**：模擬資料前三個平均特徵值為 3.55、1.87、1.35，百分位數設為 95 時，平均特徵值為 3.98、1.78、1.28，未調整的特徵值為實際資料的特徵值，特徵值參數值不會改變。

引數 all 界定為真「=TRUE」，輸出所有特徵值的參數：

```
> paran(var10,centile=95, iterations=5000,all=TRUE,cfa=FALSE, graph=TRUE)
Using eigendecomposition of correlation matrix.
Computing: 10%  20%  30%  40%  50%  60%  70%  80%  90%  100%
Results of Horn's Parallel Analysis for component retention
5000 iterations, using the 95 centile estimate
```

| Component | Adjusted Eigenvalue | Unadjusted Eigenvalue | Estimated Bias |  |
|---|---|---|---|---|
| 1 | 3.423284 | 3.982527 | 0.559243 | [ 保留 ] |
| 2 | 1.780363 | 2.160665 | 0.380301 | [ 保留 ] |
| 3 | 1.282002 | 1.543430 | 0.261428 | [ 保留 ] |
| 4 | 0.456492 | 0.621109 | 0.164617 | [ 刪除 ] |
| 5 | 0.411142 | 0.488431 | 0.077289 | [ 刪除 ] |
| 6 | 0.435048 | 0.435227 | 0.000178 | [ 刪除 ] |
| 7 | 0.407985 | 0.335741 | -0.07224 | [ 刪除 ] |

| 8 | 0.362009 | 0.218824 | -0.14318 | [ 刪除 ] |
|---|---|---|---|---|
| 9 | 0.396776 | 0.179399 | -0.21737 | [ 刪除 ] |
| 10 | 0.331865 | 0.034641 | -0.29722 | [ 刪除 ] |

```
--------------------------------------------------
Adjusted eigenvalues > 1 indicate dimensions to retain.
(3 components retained)
```

**[ 說明 ]**：調整後特徵值大於 1.00 者有三個，建議保留的成分個數為 3。調整後特徵值由於是隨機抽選的模擬資料，因而即使百分位數參數設為相同、疊代次數一樣，調整後特徵值都會有稍許不同。

使用套件 psych 中的函數 **principal( )** 進行主成分分析，求出所有成分的特徵值：

```
> principal(var10, nfactors = 10,rotate="none")
< 略 >
               PC1  PC2  PC3  PC4  PC5  PC6  PC7  PC8  PC9  PC10
SS loadings    3.98 2.16 1.54 0.62 0.49 0.44 0.34 0.22 0.18 0.03
Proportion Var 0.40 0.22 0.15 0.06 0.05 0.04 0.03 0.02 0.02 0.00
Cumulative Var 0.40 0.61 0.77 0.83 0.88 0.92 0.96 0.98 1.00 1.00
```

**[ 說明 ]**：10 個變數進行主成分分析程序，引數 nfactors 界定「**= 10**」，「**SS loadings**」列的參數為主成分的估計值，特徵值大於 1.00 的主成分有三個，三個參數值為上述「Unadjusted Eigenvalue」（未調整特徵值）直欄中的數值，數值為根據實際調查資料計算所得的特徵值。

引數 cfa 界定為真「=TRUE」，表示進行共同因素的平行分析：

```
> paran(var10,centile=95, iterations=5000,cfa=TRUE, graph=TRUE)
Using eigendecomposition of correlation matrix.
Computing: 10%  20%  30%  40%  50%  60%  70%  80%  90%  100%
Results of Horn's Parallel Analysis for factor retention
```

```
5000 iterations, using the 95 centile estimate
--------------------------------------------------
Factor      Adjusted    Unadjusted    Estimated
            Eigenvalue  Eigenvalue    Bias
--------------------------------------------------
No components passed.
--------------------------------------------------
1           3.075305    3.729805      0.654500
2           1.190730    1.660489      0.469758
3           0.869544    1.207309      0.337765
4           0.066224    0.299119      0.232894
--------------------------------------------------
Adjusted eigenvalues > 0 indicate dimensions to retain.
(4 factors retained)
```

**[ 說明 ]**：調整後特徵值大於 0.00 者有四個，建議保留的共同因素個數為 4。

R 軟體繪製的平行分析圖，如圖 10-24，圖示中調整後共同因素特徵值被保留

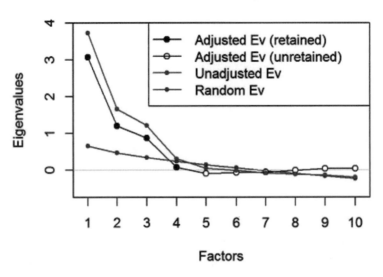

**圖 10-24**　R 軟體繪製的平行分析圖

者以黑色實心點表示（有四個），未保留者以中空白色點表示，紅色點為未調整的特徵值、藍色點為隨機成分特徵值。

函數 paran(　) 中的引數 all 界定為真，輸出所有模擬資料與樣本資料因素的特徵值：

```
> paran(var10,centile=95, iterations=5000,cfa=TRUE, graph=TRUE,all=TRUE)
Using eigendecomposition of correlation matrix.
Computing: 10%  20%  30%  40%  50%  60%  70%  80%  90%  100%
Results of Horn's Parallel Analysis for factor retention
5000 iterations, using the 95 centile estimate
--------------------------------------------------
Factor    Adjusted    Unadjusted    Estimated
          Eigenvalue  Eigenvalue    Bias
--------------------------------------------------
No components passed.
--------------------------------------------------
1         3.077373    3.729805      0.652432   [ 保留 ]
2         1.193374    1.660489      0.467114   [ 保留 ]
3         0.868882    1.207309      0.338426   [ 保留 ]
4         0.066230    0.299119      0.232889   [ 保留 ]
5        -0.097704    0.039944      0.137648   [ 刪除 ]
6        -0.069732   -0.01568       0.054045   [ 刪除 ]
7        -0.061908   -0.08469      -0.02278    [ 刪除 ]
8        -0.019732   -0.11554      -0.09581    [ 刪除 ]
9         0.027531   -0.13965      -0.16718    [ 刪除 ]
10        0.033659   -0.20753      -0.24119    [ 刪除 ]
--------------------------------------------------
Adjusted eigenvalues > 0 indicate dimensions to retain.
(4 factors  retained)
```

**[說明]**：模擬資料之資料採用隨機抽取方式，因而每次調整後特徵值一欄中的參數不會完全相同，但最後結果是一樣的，課後照顧班家長滿意度量表若進

行因素分析，建議保留的因素個數為 4 個。

平行分析圖示中（圖 10-25），黑色點為調整後特徵值（模擬資料特徵值）保留的因素，特徵值大於 0.00 以上的黑點有四個，保留的因素個數為 4（圖示中紅色圓點為未調整的特徵值，紅色圓點共有 10 個，空心白點為調整後特徵值未保留的因素，範例的空心白點有 6 個）。

函數 paran( ) 的引數 centile( ) 的數值必須介於 1 至 99 之間，數值若設定為 0，表示以模擬資料特徵值的總平均特徵值為估計值，範例引數設定為 100：

```
> paran(var10,centile=100, iterations=5000,cfa=TRUE, graph=FALSE)
Using eigendecomposition of correlation matrix.Error in paran(var10,
centile = 100, iterations = 5000, cfa = TRUE, graph = FALSE) :
You must specify a centile value between 1 and 99.
(Specifying centile 0 will use the mean.)
```

[說明]：錯誤訊息提醒研究者 centile 參數值必須界定 1 至 99 之間，設定為 0 時，模擬資料的特徵值為平均特徵值。

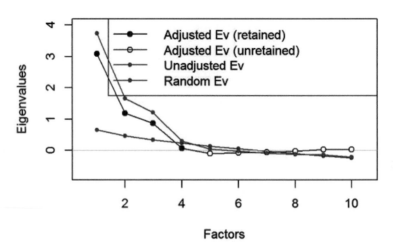

🍎圖 **10-25** 平行分析圖

範例的百分位數數值設定為 90：

```
> paran(var10,centile=90, iterations=5000,cfa=TRUE, graph=FALSE)
Using eigendecomposition of correlation matrix.
Computing: 10%  20%  30%  40%  50%  60%  70%  80%  90%  100%
Results of Horn's Parallel Analysis for factor retention
5000 iterations, using the 90 centile estimate
--------------------------------------------------------
Factor      Adjusted      Unadjusted      Estimated
            Eigenvalue    Eigenvalue      Bias
--------------------------------------------------------
No components passed.
--------------------------------------------------------
1           3.113929      3.729805        0.615875
2           1.214489      1.660489        0.445999
3           0.889182      1.207309        0.318126
4           0.084167      0.299119        0.214952
--------------------------------------------------------
Adjusted eigenvalues > 0 indicate dimensions to retain.
(4 factors retained)
```

**[說明]**：平行分析法建議，家長滿意度量表十個題項變數建議保留的共同因素個數為 4。

## 肆　平行分析──以學習壓力量表為例

以 read.csv( ) 函數匯入試算表資料檔，資料框架物件名稱界定為 temp：

```
> temp<-read.csv("para_02.csv",header=T)
> names(temp)
```

```
[1]  "SEX"   "YEAR"  "HOME"  "VA01"  "VA02"  "VA03"  "VA04"  "VA05"  "VA06"  "VA07"
[11] "VA08"  "VA09"  "VA10"  "VA11"  "VA12"  "VA13"  "VA14"  "VA15"  "VB1"   "VB2"
[21] "VB3"   "VB4"   "VB5"   "VB6"   "VB7"   "VB8"   "VB9"
```

　　國中學生學習壓力量表，九個測量題項如表 10-2。

　　「國中學生學習壓力量表」九個測量題項變數的索引在資料框架物件 temp 的第 19 至第 27，以變數索引擷取量表的九個題項變數，量表資料框架物件名稱設為 var9，使用 tail( ) 函數查看最後六筆資料：

```
> var9=temp[19:27]
> tail(var9)
      VB1 VB2 VB3 VB4 VB5 VB6 VB7 VB8 VB9
148     5   5   4   4   5   2   3   4   2
149     4   2   4   2   5   2   4   2   2
150     3   4   4   3   5   3   4   3   4
151     4   4   4   4   3   2   4   2   3
152     5   5   5   5   5   3   3   2   2
153     2   4   5   3   2   2   2   2   2
```

🍎 表 10-2　國中學生學習壓力量表

| | 從不如此 | 很少如此 | 有時如此 | 經常如此 | 總是如此 |
|---|---|---|---|---|---|
| 1. 我常擔心學業成績表現不好。 | 1 | 2 | 3 | 4 | 5 |
| 2. 父母常拿他人小孩的成績與我比較，讓我覺得壓力很大。 | 1 | 2 | 3 | 4 | 5 |
| 3. 我很擔心考試的分數會輸給同學。 | 1 | 2 | 3 | 4 | 5 |
| 4. 我很擔心考試未達父母的標準而被責罰。 | 1 | 2 | 3 | 4 | 5 |
| 5. 課堂學習聽不懂，我感到壓力很大。 | 1 | 2 | 3 | 4 | 5 |
| 6. 父母會強迫我去補習，我覺得很有壓力。 | 1 | 2 | 3 | 4 | 5 |
| 7. 放學後趕補習，我覺得身心俱疲。 | 1 | 2 | 3 | 4 | 5 |
| 8. 每次補習回來，我都覺得很累、很想睡覺。 | 1 | 2 | 3 | 4 | 5 |
| 9. 我擔心如果不補習，成績會趕不上同學。 | 1 | 2 | 3 | 4 | 5 |

**[ 說明 ]**：有效樣本數 N = 153、題項個數有 9 題。

使用 KMO( ) 函數查看因素分析資料矩陣之取樣適切性量數（Measure of Sampling Adequacy;[MSA]）：

```
> KMO(var9)
Kaiser-Meyer-Olkin factor adequacy
Call: KMO(r = var9)
Overall MSA =  0.8
MSA for each item =
VB1    VB2    VB3    VB4    VB5    VB6    VB7    VB8    VB9
0.80   0.78   0.83   0.79   0.39   0.83   0.85   0.78   0.80
```

**[ 說明 ]**：整體量表的 KMO 值 = 0.80，表示量表適合因素分析。個別題項變數的 MSA 值第 5 題（VB5）= 0.39，顯示第 5 題與其他題項變數的同質性不高。

使用套件 psych 之 lowerCor( ) 函數或 lowerMat( ) 函數求出量表題項變數間的下三角相關矩陣：

```
> lowerCor(var9)
     VB1    VB2    VB3    VB4    VB5    VB6    VB7    VB8    VB9
VB1  1.00
VB2  0.70   1.00
VB3  0.48   0.49   1.00
VB4  0.48   0.54   0.58   1.00
VB5  0.01   0.05   0.00   0.04   1.00
VB6  0.25   0.20   0.25   0.19   0.05   1.00
VB7  0.38   0.36   0.39   0.21  -0.08   0.36   1.00
VB8  0.27   0.24   0.29   0.16   0.06   0.64   0.48   1.00
VB9  0.30   0.24   0.26   0.14   0.03   0.55   0.55   0.69   1.00
```

```
> lowerMat(cor(var9), digits = 2)
      VB1    VB2    VB3    VB4    VB5    VB6    VB7    VB8    VB9
VB1  1.00
VB2  0.70  1.00
VB3  0.48  0.49  1.00
VB4  0.48  0.54  0.58  1.00
VB5  0.01  0.05  0.00  0.04  1.00
VB6  0.25  0.20  0.25  0.19  0.05  1.00
VB7  0.38  0.36  0.39  0.21 -0.08  0.36  1.00
VB8  0.27  0.24  0.29  0.16  0.06  0.64  0.48  1.00
VB9  0.30  0.24  0.26  0.14  0.03  0.55  0.55  0.69  1.00
```

[說明]：函數 lowerMat( ) 的引數中，第一個引數 R 為方形相關矩陣，第二個引數 digits 界定小數位數（內定選項＝2）。

使用 pairs.panels( ) 函數繪製學習壓力量表題項變數之散布圖與相關係數參數值：

```
> pairs.panels(temp[19:27],bg=c("red","yellow","blue"),pch=21,cex.cor=1.2)
```

學習壓力量表題項變數之散布圖矩陣，如圖 10-26。

函數 pairs.panels( ) 增列引數「show.points= FALSE」界定，表示不繪製散布圖黑點：

```
> pairs.panels(var9,pch=21,cex.cor=1.2,show.points=FALSE)
```

學習壓力量表題項變數之散布圖矩陣，如圖 10-27。

使用 describe( ) 函數物件元素求出量表 9 個題項變數的平均數、標準差、偏態係數：

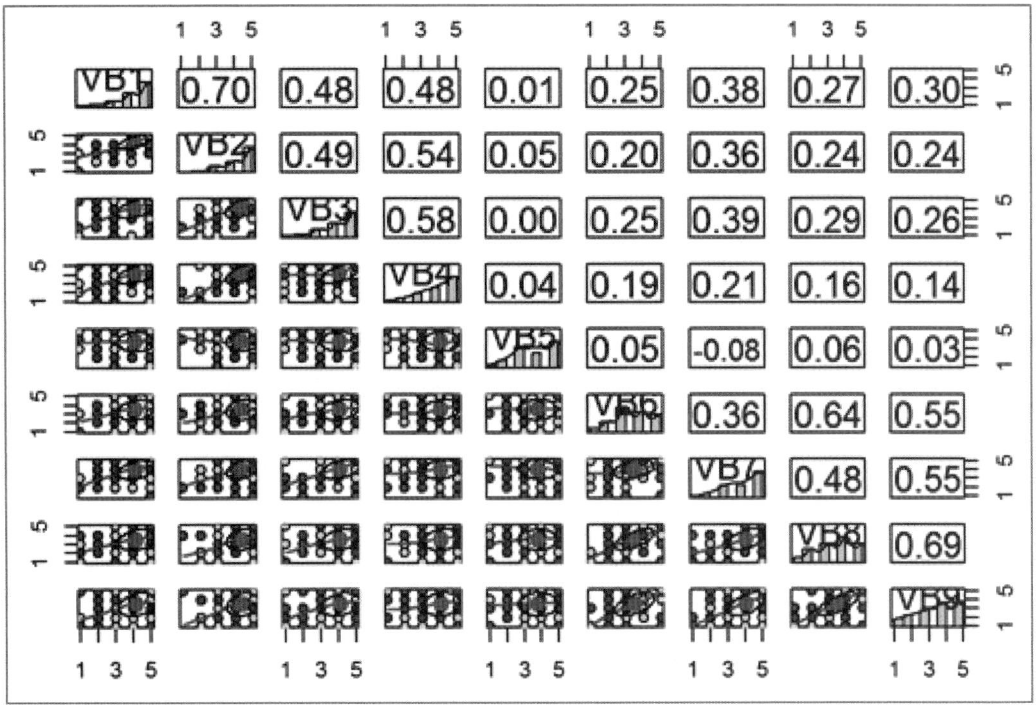

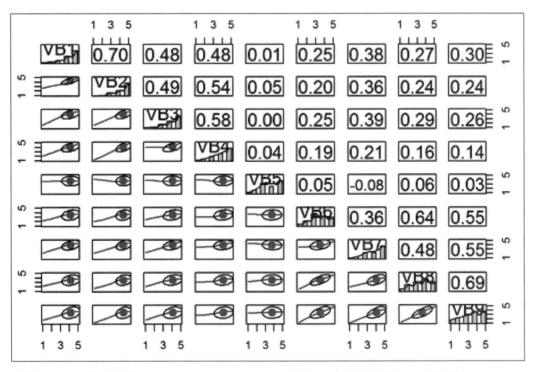

●圖 **10-26**　學習壓力量表題項變數之散布圖矩陣

●圖 **10-27**　增列引數「show.points= FALSE」界定，表示不繪製散布圖黑點

```
> DES=describe(var9)
> round(DES$mean,2)
[1] 4.19 4.35 4.12 4.06 3.78 3.46 4.04 3.49 3.52
> round(DES$sd,2)
[1] 1.04 0.88 1.08 1.08 1.13 1.16 1.08 1.18 1.30
> round(DES$skew,2)
[1] -1.26 -1.25 -1.19 -0.96 -0.44 -0.29 -0.80 -0.39 -0.51
```

 一、非常簡單結構

(一) 未進行轉軸、因素抽取方法為主成分 ( Principal Components )

```
> pcn.vss=VSS(var9,rotate = "none",fm="pc")
> print(pcn.vss)
Very Simple Structure
Call: vss(x = x, n = n, rotate = rotate, diagonal = diagonal, fm = fm,
    n.obs = n.obs, plot = plot, title = title, use = use, cor = cor)
VSS complexity 1 achieves a maximimum of 0.8  with  3  factors
VSS complexity 2 achieves a maximimum of 0.93  with  4  factors
The Velicer MAP achieves a minimum of 0.05  with  2  factors
```

**[說明]**：VSS 複雜性 1 模型指標值 = 0.80（最大量數），保留的因素個數為 3；
VSS 複雜性 2 模型指標值 = 0.93（最大量數），保留的因素個數為 4；Velicer
MAP 準則指標值（平均淨相關四次方值）最小值為 0.05，對應的因素個數為
保留 2 個共同因素。

    使用 nfactors( ) 函數進行非常簡單結構分析，增列引數 ylim（Y 軸數值範
圍）：

```
> pcn.nfa=nfactors(var9,rotate = "none",fm="pc",ylim=c(0,1))
> print(pcn.nfa)
Number of factors
Call: vss(x = x, n = n, rotate = rotate, diagonal = diagonal, fm = fm,
    n.obs = n.obs, plot = FALSE, title = title, use = use, cor = cor,
    ylim = ..1)
VSS complexity 1 achieves a maximimum of 0.8  with  3  factors
VSS complexity 2 achieves a maximimum of 0.93  with  4  factors
The Velicer MAP achieves a minimum of 0.05  with  2  factors
```

[**說明**]：Velicer MAP 準則指標值（平均淨相關四次方值）最小值為 0.05，對應的因素個數為保留 2 個共同因素。

## (二) 未進行轉軸、因素抽取方法為主軸法（Principal Axis Factor Analysis）

```
> pan.vss=VSS(var9,rotate = "none",fm="pa",SMC=FALSE)
> print(pan.vss)
Very Simple Structure
Call: vss(x = x, n = n, rotate = rotate, diagonal = diagonal, fm = fm,
    n.obs = n.obs, plot = plot, title = title, use = use, cor = cor,
    SMC = FALSE)
VSS complexity 1 achieves a maximimum of 0.78  with  8  factors
VSS complexity 2 achieves a maximimum of 0.92  with  5  factors
The Velicer MAP achieves a minimum of 0.05  with  2  factors
```

[**說明**]：VSS 複雜性 1 模型指標值 = 0.78（最大量數），保留的因素個數為 8；VSS 複雜性 2 模型指標值 = 0.92（最大量數），保留的因素個數為 5；Velicer MAP 準則指標值（平均淨相關四次方值）最小值為 0.05，對應的因素個數為保留 2 個共同因素。

　　因素抽取方法如果使用主軸法進行非常簡單結構分析，引數 SMC 若沒有設定為「=FALSE」，有時無法順利估計參數，錯誤的訊息如下：

---

```
> pan.vss=VSS(var9,rotate = "none",fm="pa")
Error in if (max(abs(loadings) > 1) && !covar) warning(" A
Heywood case was detected.  Examine the loadings carefully.") :
```

**[說明]**：參數值估計時偵測到不合理的解值稱為「Heywood case」，如因素負荷量絕對值大於 1.00，共變異數矩陣之變異數為負值，出現此種情形時，可改為其他因素抽取方法。

- - - - - - - - - - - - - - - - - - - - - - - - - - - - - - - - - - - - - - - - - - - - - - - -

```
   missing value where TRUE/FALSE needed
In addition: Warning messages:
1: In sqrt(eigens$values[1:nfactors]) : NaNs produced
2: In fac(r = r, nfactors = nfactors, n.obs = n.obs, rotate = rotate,  :
   imaginary eigen value condition encountered in fa
 Try again with SMC=FALSE
 exiting fa
```

**[說明]**：採用主軸法抽取因素時，出現 Heywood case，R 軟體建議可增列「SMC=FALSE」的引數設定，以變更起始估計值。

---

　　使用 nfactors( ) 函數進行非常簡單結構分析，增列引數 ylim（Y 軸數值範圍）：

---

```
> pan.nfa=nfactors(var9,rotate = "none",fm="pa",SMC=FALSE,ylim=c(0,1))
There were 18 warnings (use warnings() to see them)
> print(pan.nfa)
Number of factors
Call: vss(x = x, n = n, rotate = rotate, diagonal = diagonal, fm = fm,
    n.obs = n.obs, plot = FALSE, title = title, use = use, cor = cor,
    SMC = FALSE, ylim = ..2)
```

```
VSS complexity 1 achieves a maximimum of 0.78  with  9  factors
VSS complexity 2 achieves a maximimum of 0.92  with  5  factors
The Velicer MAP achieves a minimum of 0.05  with  2  factors
Empirical BIC achieves a minimum of  -76.67  with  2  factors
Sample Size adjusted BIC achieves a minimum of  -0.71  with  5  factors
```

**[ 說明 ]**：Velicer MAP 準則指標值（平均淨相關四次方值）最小值為 0.05，對應的因素個數為保留 2 個共同因素，實際資料的 BIC 指標值最小者為 −76.67，建議保留的因素個數為 2。

## ( 三 ) 進行直交轉軸、因素抽取方法為主成分分析法

```
> pcv.vss=VSS(var9,rotate = "varimax",fm="pc")
> print(pcv.vss)
Very Simple Structure
VSS complexity 1 achieves a maximimum of 0.8  with  3  factors
VSS complexity 2 achieves a maximimum of 0.93  with  4  factors
The Velicer MAP achieves a minimum of 0.05  with  2  factors
```

**[ 說明 ]**：Velicer MAP 準則指標值（平均淨相關四次方值）最小值為 0.05，建議保留的因素個數為 2。

## ( 四 ) 進行直交轉軸、因素抽取方法為主軸法

```
> pav.vss=VSS(var9,rotate = "varimax",fm="pa",SMC=FALSE)
> print(pav.vss)
Very Simple Structure
VSS complexity 1 achieves a maximimum of 0.77  with  3  factors
VSS complexity 2 achieves a maximimum of 0.91  with  3  factors
```

```
> print(pav.vss)

Very Simple Structure
Call: vss(x = x, n = n, rotate = rotate, diagonal = diagonal, fm = fm,
    n.obs = n.obs, plot = plot, title = title, use = use, cor = cor,
    SMC = FALSE)
VSS complexity 1 achieves a maximimum of 0.77  with  3  factors
VSS complexity 2 achieves a maximimum of 0.91  with  3  factors

The Velicer MAP achieves a minimum of 0.05  with  2  factors
BIC achieves a minimum of  NA  with  2  factors
Sample Size adjusted BIC achieves a minimum of  NA  with  5  factors

Statistics by number of factors
  vss1 vss2   map dof  chisq    prob sqresid  fit RMSEA   BIC   SABIC
1 0.71 0.00 0.084  27 2.0e+02 1.7e-28    5.50 0.71 0.209  65.1 150.553
2 0.71 0.85 0.050  19 3.5e+01 1.2e-02    2.74 0.85 0.078 -60.2  -0.014
3 0.77 0.91 0.090  12 3.1e+01 1.9e-03    1.70 0.91 0.105 -29.3   8.671
4 0.65 0.88 0.131   6 1.1e+01 9.5e-02    1.27 0.93 0.076 -19.4  -0.399
5 0.60 0.82 0.183   1 1.2e+00 2.8e-01    0.93 0.95 0.038  -3.9  -0.709
6 0.59 0.82 0.339  -3 5.9e-01      NA    0.64 0.97    NA    NA      NA
7 0.54 0.82 0.455  -6 1.7e-01      NA    0.34 0.98    NA    NA      NA
8 0.48 0.75 1.000  -8 1.7e-04      NA    0.20 0.99    NA    NA      NA
```

圖 **10-28**　R 主控台視窗界面的輸出結果

```
The Velicer MAP achieves a minimum of 0.05  with  2  factors
```

**[說明]**：Velicer MAP 準則指標值（平均淨相關四次方值）最小值為 0.05，建議保留的因素個數為 2。

R 主控台視窗界面的輸出結果，如圖 10-28。

## (五) 進行斜交轉軸、因素抽取方法為主成分分析法

```
> pco.vss=VSS(var9,rotate = "oblimin",fm="pc")
> print(pco.vss)
Very Simple Structure
Call: vss(x = x, n = n, rotate = rotate, diagonal = diagonal, fm = fm,
    n.obs = n.obs, plot = plot, title = title, use = use, cor = cor)
VSS complexity 1 achieves a maximimum of 0.97  with  7  factors
```

VSS complexity 2 achieves a maximimum of 0.99  with  7  factors

The Velicer MAP achieves a minimum of 0.05  with  2  factors

**[ 說明 ]**：Velicer MAP 準則指標值（平均淨相關四次方值）最小值為 0.05，建議保留的因素個數為 2。

## ( 六 ) 進行斜交轉軸、因素抽取方法為主軸法

```
> pao.vss=VSS(var9,rotate = "oblimin",fm="pa",SMC=FALSE)
Warning message:
In fac(r = r, nfactors = nfactors, n.obs = n.obs, rotate = rotate,  :
    A Heywood case was detected.  Examine the loadings carefully.
> print(pao.vss)
Very Simple Structure
Call: vss(x = x, n = n, rotate = rotate, diagonal = diagonal, fm = fm,
    n.obs = n.obs, plot = plot, title = title, use = use, cor = cor,
    SMC = FALSE)
VSS complexity 1 achieves a maximimum of 0.77  with  3  factors
VSS complexity 2 achieves a maximimum of 0.82  with  3  factors
The Velicer MAP achieves a minimum of 0.05  with  2  factors
```

**[ 說明 ]**：Velicer MAP 準則指標值（平均淨相關四次方值）最小值為 0.05，建議保留的因素個數為 2。

## 二、繪製陡坡圖

　　使用 scree( ) 函數繪製因素（FA）與主成分（PC）的漸進特徵值：

```
>scree(var9,factors=TRUE,pc=TRUE)
```

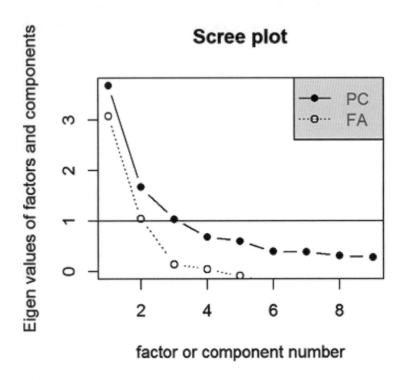

● 圖 **10-29** 陡坡圖

　　主成分（PC）特徵值大於 1.00 者有三個，抽取因素之特徵值大於 1.00 者有二個，如圖 10-29。

　　使用 `principal( )` 函數查看各主成分的特徵值，量表有 9 個題項，抽取的因素個數限定為 9，未進行因素轉軸：

```
> principal(var9, nfactors = 9,rotate="none")
Principal Components Analysis
< 略 >
                        PC1   PC2   PC3   PC4   PC5   PC6   PC7   PC8   PC9
SS loadings            3.68  1.66  1.03  0.68  0.60  0.39  0.38  0.31  0.27
Proportion Var         0.41  0.18  0.11  0.08  0.07  0.04  0.04  0.03  0.03
Cumulative Var         0.41  0.59  0.71  0.78  0.85  0.89  0.94  0.97  1.00
Proportion Explained   0.41  0.18  0.11  0.08  0.07  0.04  0.04  0.03  0.03
Cumulative Proportion  0.41  0.59  0.71  0.78  0.85  0.89  0.94  0.97  1.00
```

**[說明]**：九個主成分之特徵值大於 1.00 者共有三個（PC1、PC2、PC3），實際資料若以成分之特徵值大於 1.00 者為決定依據，則保留的共同因素有三個。

 **三、平行分析法**

使用 fa.parallel( ) 函數進行平行分析，顯示主軸因素分析的特徵值，引數 fa 界定「="fa"」：

```
> fa.parallel(var9,fm="pa",fa="fa")
Parallel analysis suggests that the number of factors =   2
and the number of components =   NA
```

**[說明]**：平行分析法建議主軸因素分析保留的因素個數為 2。

R 圖形視窗繪製的實際資料與模擬資料的漸進特徵值，如圖 10-30。

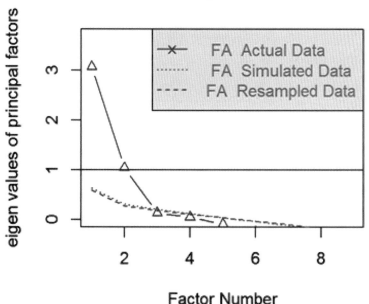

**圖 10-30** 平行分析圖，引數 fa 界定「="fa"」

從平行分析圖中可以看出，模擬資料萃取因素中，前二個因素的特徵值小於實際資料估算前二個因素的特徵值。

使用 `fa.parallel( )` 函數進行平行分析，顯示主成分的特徵值，引數 fa 界定「`="pc"`」：

---

```
> fa.parallel(var9,fm="pa",fa="pc")
Parallel analysis suggests that the number of factors =   NA
and the number of components =  2
```

[**說明**]：平行分析法建議保留二個主成分。

---

R 圖形視窗繪製的實際資料與模擬資料的漸進特徵值，如圖 10-31。

輸出實際資料與模擬資料的因素特徵值與成分特徵值：

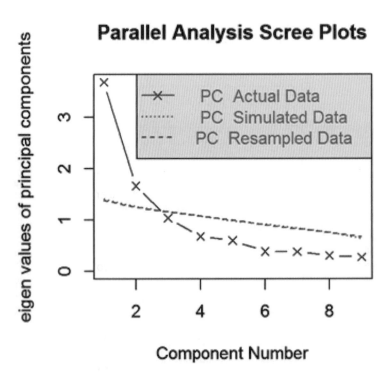

🍎圖 **10-31**　平行分析圖，引數 fa 界定「`="pc"`」

---

```
> mpa.para=fa.parallel(var9,fm="pa",fa="both")
Parallel analysis suggests that the number of factors =  2
and the number of components =  2
> print(mpa.para,digits=2)
Call: fa.parallel(x = var9, fm = "pa", fa = "both")
Parallel analysis suggests that the number of factors =  2
and the number of components =  2
 Eigen Values of
   Original factors   Simulated data   Original components   simulated data
1          3.07             0.60                3.68               1.39
2          1.04             0.28                1.66               1.25
```

[說明]：實際資料的二個因素特徵值為 3.07、1.04，模擬資料的二個因素特徵值為 0.60、0.28，實際資料計算所得的特徵值均大於模擬資料估算所得的特徵值，抽取的二個共同因素有實質的意義，二個因素均予以保留。

平行分析法在因素抽取方法（fm 引數）分別使用最小殘差法（minres）、最大概似估計法（ml）、未加權最小平方法（uls）均得到相同的結果（保留二個因素），且參數估計值沒有出現不合理的解值：

```
> print(fa.parallel(var9,fm="minres",fa="both"))
Call: fa.parallel(x = var9, fm = "minres", fa = "both")
Parallel analysis suggests that the number of factors =  2
and the number of components =  2
 Eigen Values of
     Original factors   Simulated data   Original components   simulated data
1          3.07             0.81                3.68               1.37
2          1.04             0.29                1.66               1.26
> print(fa.parallel(var9,fm="ml",fa="both"))
Parallel analysis suggests that the number of factors =  2
and the number of components =  2
```

```
Call: fa.parallel(x = var9, fm = "ml", fa = "both")
Parallel analysis suggests that the number of factors =  2
and the number of components =  2
 Eigen Values of
        Original factors   Simulated data   Original components   simulated data
1            3.07              0.70                3.68               1.38
2            1.03              0.28                1.66               1.24
> print(fa.parallel(var9,fm="uls",fa="both"))
Parallel analysis suggests that the number of factors =  2
and the number of components =  2
Call: fa.parallel(x = var9, fm = "uls", fa = "both")
Parallel analysis suggests that the number of factors =  2
and the number of components =  2
 Eigen Values of
        Original factors   Simulated data   Original components   simulated data
1            3.07              0.65                3.68               1.37
2            1.04              0.27                1.66               1.25
```

**[ 說明 ]**：上述三種不同因素抽取方法，實際資料計算所得的特徵值均大於模擬資料估算所得的特徵值，抽取的二個共同因素有實質的意義，二個因素均予以保留。

---

　　平行分析法在因素抽取方法（fm 引數）使用加權最小平方法（wls），雖然也會輸出實際資料與模擬資料的特徵值參數，但參數估計值中會出現不合理的解值（Heywood case）：

---

```
> print(fa.parallel(var9,fm="wls",fa="both"))
The estimated weights for the factor scores are probably
incorrect.  Try a different factor extraction method.
```

**[ 說明 ]**：因素分析的加權估計值可能是不正確的，建議採用不同的因素抽取方法。

---

```
Call: fa.parallel(x = var9, fm = "wls", fa = "both")
Parallel analysis suggests that the number of factors =  2
and the number of components =  2
 Eigen Values of
  Original factors Simulated data Original components simulated data
1            3.07          0.72                3.68             1.38
2            1.04          0.28                1.66             1.25
Warning message:
In fac(r = r, nfactors = nfactors, n.obs = n.obs, rotate = rotate,  :
   A Heywood case was detected.  Examine the loadings carefully.
```

**[說明]**：參數估計值有不合理的解值（Heywood case），因素負荷量可能有大於 1.00 的估計值，要小心檢查因素負荷量矩陣。若是平行分析法中出現此警告訊息，最佳的解決策略就是使用其他因素抽取方法。

## 四、進行探索性因素分析

　　根據 MAP 準則與平行分析法結果，「學習壓力量表」的 EFA 建議保留二個因素，使用函數 fa( )，轉軸法為最大變異法，因素萃取方法為主軸法：

```
> m.pa=fa(var9,nfactors=2,rotate="varimax",fm="pa")
> print(m.pa,sort=T)
Factor Analysis using method =  pa
Call: fa(r = var9, nfactors = 2, rotate = "varimax", fm = "pa")
Standardized loadings (pattern matrix) based upon correlation matrix
```

|      | item | PA1  | PA2  | h2     | u2   | com |
|------|------|------|------|--------|------|-----|
| VB8  | 8    | 0.85 | 0.12 | 0.7348 | 0.27 | 1.0 |
| VB9  | 9    | 0.82 | 0.14 | 0.6858 | 0.31 | 1.1 |
| VB6  | 6    | 0.67 | 0.14 | 0.4719 | 0.53 | 1.1 |
| VB7  | 7    | 0.55 | 0.33 | 0.4071 | 0.59 | 1.6 |
| VB5  | 5    | 0.03 | 0.02 | 0.0011 | 1.00 | 1.8 |

```
VB2    2   0.16   0.80   0.6594   0.34   1.1
VB1    1   0.23   0.74   0.5943   0.41   1.2
VB4    4   0.08   0.69   0.4874   0.51   1.0
VB3    3   0.24   0.65   0.4765   0.52   1.3
```

**[說明]**：第 5 題（VB5）在二個因素的因素負荷量均小於 0.45，共同性 = 0.00，表示第 5 題無法有效反映因素的心理特質或潛在構念，此種情形表示第 5 題可能單獨成一個因素。

----------------------------------------------------------------

|  | PA1 | PA2 |  |
|---|---|---|---|
| SS loadings | 2.28 | 2.23 | [ 特徵值 ] |
| Proportion Var | 0.25 | 0.25 | [ 萃取個別因素的解釋變異量 ] |
| Cumulative Var | 0.25 | 0.50 | [ 萃取個別因素的累積解釋變異量 ] |
| Proportion Explained | 0.51 | 0.49 | [ 個別特徵值佔總特徵值的比值 ] |
| Cumulative Proportion | 0.51 | 1.00 | [ 個別特徵值佔總特徵值比值的累加 ] |

使用 principal( ) 函數進行因素分析，因素萃取方法為主成分、因素個數限定為 3（特徵值大於 1.00 的成分有三個），轉軸法為最大變異法：

```
> principal(var9, nfactors = 3,rotate="varimax")
Principal Components Analysis
      PC1    PC2    PC3    h2     u2      com
VB1   0.79   0.21   -0.02  0.68   0.324   1.1
VB2   0.84   0.14    0.03  0.72   0.279   1.1
VB3   0.74   0.22   -0.05  0.61   0.394   1.2
VB4   0.81   0.03    0.07  0.66   0.345   1.0
VB5   0.03   0.03    0.97  0.95   0.051   1.0
VB6   0.12   0.79    0.10  0.64   0.360   1.1
VB7   0.35   0.64   -0.25  0.59   0.411   1.9
VB8   0.12   0.87    0.07  0.78   0.218   1.1
VB9   0.13   0.86   -0.01  0.76   0.241   1.0
```

```
                    PC1    PC2    PC3
SS loadings         2.70   2.64   1.03
```

[說明]：第三個因素（PC3）的特徵值雖大於 1.00，但只包含題項 VB5，因素負荷量高達 0.97，表示第 5 題可以有效反映共同因素 3，但由於因素 3（PC3）只包含一個測量題項，進一步的因素分析要將第 5 題刪除，此結果與採用主軸法萃取因素，因素個數限定為二個的結果相同，題項 5（VB5）無法與其他題項歸屬於同一個因素構面。

刪除第五題（VB5），使用函數 fa( ) 進行 EFA，轉軸法為最大變異法，因素萃取方法為主軸法：

```
> mv.pa=fa(var9[-5],nfactors=2,rotate="varimax",fm="pa")
> print(mv.pa,sort=T)
Factor Analysis using method =  pa
Call: fa(r = var9[-5], nfactors = 2, rotate = "varimax", fm = "pa")
Standardized loadings (pattern matrix) based upon correlation matrix
      item  PA1    PA2    h2     u2     com
VB8   7     0.85   0.13   0.73   0.27   1.0
VB9   8     0.82   0.14   0.69   0.31   1.1
VB6   5     0.67   0.14   0.47   0.53   1.1
VB7   6     0.55   0.33   0.41   0.59   1.7
VB2   2     0.16   0.80   0.66   0.34   1.1
VB1   1     0.22   0.74   0.59   0.41   1.2
VB4   4     0.08   0.69   0.49   0.51   1.0
VB3   3     0.24   0.65   0.48   0.52   1.3
                    PA1    PA2
SS loadings         2.27   2.25
Proportion Var      0.28   0.28
Cumulative Var      0.28   0.56
```

[說明]：因素 1（PA1）包含的題項變數為 VB6、VB7、VB8、VB9，因素 2（PA2）

包含的題項變數為 VB1、VB2、VB3、VB4，因素 1（PA1）、因素 2（PA2）的特徵值為 2.27、2.25，累積解釋變異量為 56%。從題項變數反映的潛在心理特質檢核，因素 1（PA1）的因素名稱命名為「補習壓力」、因素 2（PA2）的因素名稱命名為「考試壓力」。原第 5 題 <5. 課堂學習聽不懂，我感到壓力很大>（VB5）反映的是受試者於課堂上的壓力情況，因素構念名稱界定為「課堂壓力」較為適切。

刪除第五題（VB5），使用函數 fa( ) 進行 EFA，轉軸法為直交斜交法，因素萃取方法為主軸法，進行斜交轉軸時，要先載入 GPArotation 套件：

```
> library(GPArotation)
> mo.pa=fa(var9[-5],nfactors=2,rotate="oblimin",fm="pa",oblique.scores=TRUE)
> print(mo.pa,sort=T)
Factor Analysis using method =  pa
Call: fa(r = var9[-5], nfactors = 2, rotate = "oblimin", fm = "pa",
    oblique.scores = TRUE)
Standardized loadings (pattern matrix) based upon correlation matrix
       item    PA1    PA2    h2    u2    com
VB2     2     0.82   -0.03  0.66  0.34   1.0
VB1     1     0.75    0.06  0.59  0.41   1.0
VB4     4     0.73   -0.09  0.49  0.51   1.0
VB3     3     0.65    0.10  0.48  0.52   1.0
VB8     7    -0.03    0.87  0.73  0.27   1.0
VB9     8    -0.01    0.83  0.69  0.31   1.0
VB6     5     0.02    0.68  0.47  0.53   1.0
VB7     6     0.25    0.50  0.41  0.59   1.5
                     PA1    PA2
SS loadings          2.29   2.23
Proportion Var       0.29   0.28
Cumulative Var       0.29   0.56
```

**[說明]:**因素2（PA2）包含的題項變數為 VB6、VB7、VB8、VB9，因素1（PA1）包含的題項變數為 VB1、VB2、VB3、VB4，因素 1（PA1）、因素 2（PA2）的特徵值為 2.29、2.23，累積解釋變異量為 56%。從題項變數反映的潛在心理特質檢核，因素 2（PA2）的因素名稱命名為「補習壓力」、因素 1（PA1）的因素名稱命名為「考試壓力」。

使用 `fa.plot( )` 函數可以繪製 9 個題項變數在共同因素的分組情況，因素萃取方法為主成分法，轉軸法為最大變異法：

```
>m.prin=principal(var9, nfactors = 2,rotate="varimax")
> fa.plot(m.prin,pch=14)
```

題項變數分組情況如下，其中第 5 題在二個共同因素的因素負荷量均很低，單獨被歸類於一個因素組別，如圖 10-32。

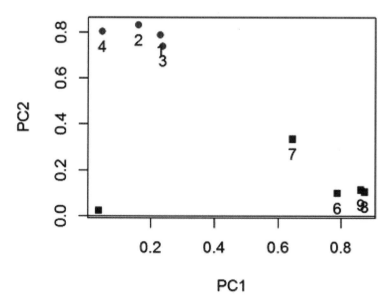

⚫圖 **10-32**　使用 `fa.plot( )` 函數可以繪製 9 個題項變數

使用 `fa.diagram( )` 函數繪製因素結構圖,因素負荷量輸出至小數第二位,臨界值之因素負荷量設定為 0.01:

```
> fa.diagram(m.prin,cut=0.01,digits=2)
```

因素結構圖如圖 10-33,題項 VB5 在共同因素 PC1 的因素負荷量只有 0.03,表示題項 VB5 無法有效反映潛在特質 PC1。

因素負荷量引數臨界值設定 = 0.45:

```
> fa.diagram(m.prin,cut=0.45,digits=2)
```

因素結構圖中,題項 VB5 無法有效反映共同因素 PC1 或 PC2,如圖 10-34。

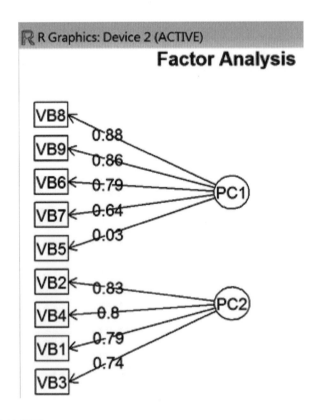

◆ **圖 10-33**　因素結構圖

**Factor Analysis**

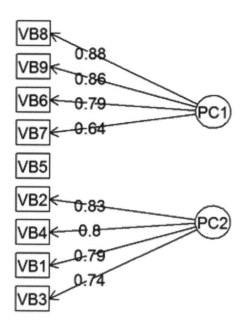

🍎圖 10-34　因素結構圖中，題項 VB5 無法有效反映共同因素 PC1 或 PC2

　　使用 `fa.plot( )` 函數可以繪製題項變數在共同因素的分組情況，因素萃取方法為主軸法，轉軸法為直接斜交法：

```
> library(GPArotation)
> mo.pa=fa(var9,nfactors=2,rotate="oblimin",fm="pa")
> fa.plot(mo.pa,pch=20)
```

　　題項變數分組情況如下，其中第 5 題在二個共同因素的因素負荷量均很低，單獨被歸類於一個因素組別，如圖 10-35。

　　以 `print( )` 函數輸出斜交轉軸估計值：

```
> print(mo.pa,digits=2)
Factor Analysis using method =  pa
Call: fa(r = var9, nfactors = 2, rotate = "oblimin", fm = "pa")
```

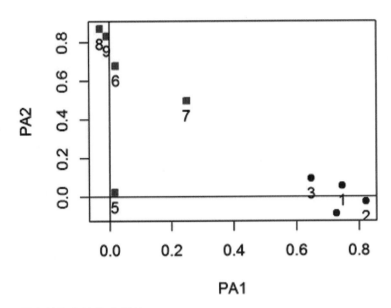

 圖 **10-35**　因素萃取方法為主軸法

```
Standardized loadings (pattern matrix) based upon correlation matrix
        PA1      PA2      h2       u2      com
VB1     0.75     0.06     0.5943   0.41    1.0
VB2     0.82    -0.03     0.6594   0.34    1.0
VB3     0.65     0.10     0.4765   0.52    1.0
VB4     0.73    -0.09     0.4874   0.51    1.0
VB5     0.02     0.02     0.0011   1.00    1.7
VB6     0.02     0.68     0.4719   0.53    1.0
VB7     0.25     0.50     0.4071   0.59    1.5
VB8    -0.03     0.87     0.7348   0.27    1.0
VB9    -0.01     0.83     0.6858   0.31    1.0
```

**[說明]**：第 5 題 VB5 的共同性只有 0.0011，在二個共同因素的因素負荷量分別為 0.02、0.02。平行分析法建議「國中學生學習壓力量表」保留二個因素或保留二個成分，此種建議是最佳因素個數／最佳成分個數保留法，萃取因素包含的指標變數還是要應用逐題刪除法，以求出與內容效度或專家效度最接近的構念效度。

以 omega( ) 函數建立二階因素構念圖函數物件：

```
> m.oga=omega(var9,nfactors=2,fm="pa",rotate="oblimin")
Three factors are required for identification -- general factor loadings set to be equal.
Proceed with caution.
```

[說明]：omega( ) 函數內定萃取因素個數為 3，範例函數界定萃取因素個數等於 2，出現警告訊息。

使用 omega.diagram( ) 函數繪製階層（多層次）結構因素構念圖：

```
> omega.diagram(m.oga,digits=2,sl=FALSE,cut=.40)
```

「國中生學習壓力量表」階層（多層次）結構因素構念圖如圖 10-36，初階因

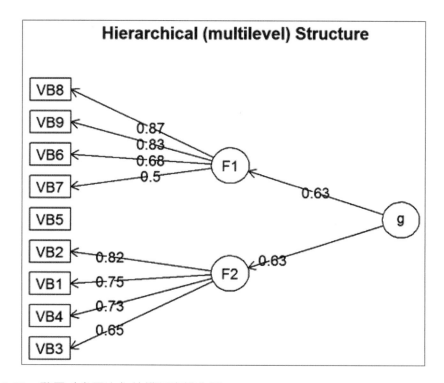

●圖 **10-36** 階層（多層次）結構因素構念圖

素 F1 為 fa( ) 函數輸出結果之 PA2 因素、初階因素 F2 為 fa( ) 函數輸出結果之 PA1 因素，初階因素 F1、F2 指向題項變數的參數值為因素負荷量，高階因素 g 指向二個初階因素的參數值為二階因素負荷量，二個初階因素可以有效反映高階因素的潛在特質，此潛在特質或心理構念稱為「學習壓力」。

## 伍 nFactors 套件的應用

R 軟體套件 nFactors 中的函數可以進行平行分析與圖示 Cattell 陡坡檢定。

 一、plotuScree( ) 函數

函數 plotuScree( ) 的基本語法為：

```
plotuScree(x,model="components", ylab= "Eigenvalues",xlab="
Components",main= "Scree Plot")
```

引數 x 為資料框架物件（相關矩陣或共變數矩陣）。引數 model 界定為繪製成分（="components"）或因素（="factors"）漸進特徵值，內定選項為成分。引數 main 界定圖形標題文字，內定選項為「Scree Plot」。引數 xlab 界定 X 軸文字說明，內定文字為「Component」。引數 ylab 界定 Y 軸文字說明，內定文字為「Eigenvalue」。以 library( ) 函數載入套件 psych、nFactors：

```
> library(psych)
> library(nFactors)
```

使用 plotuScree( ) 函數繪製學習壓力量表九個題項的成分陡坡圖，陡坡圖中配合 lines( ) 函數繪製一條水平線（Y 軸特徵值為 1.00 的水平軸）：

```
> plotuScree(var9,model="components",xlab=" 成分 ")
>lines(c(0,9),c(1,1))
```

學習壓力量表九個題項的成分陡坡圖，如圖 10-37。

## Scree Plot

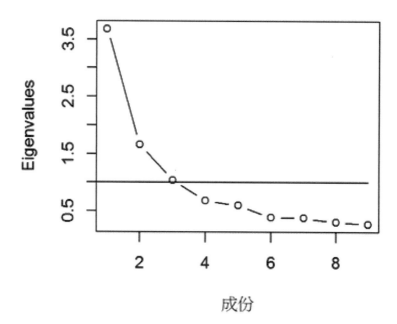

成份

 圖 **10-37** 成分陡坡圖

## 二、nSeScree( ) 函數

函數 nSeScree( ) 根據 Nelson（2005）之 R 平方決定係數指標值保留成分或因素的個數，採用的量數為標準誤陡坡圖（standard error scree）。nSeScree( ) 函數基本語法為：

```
nSeScree(x,cor=TRUE, model="components")
```

引數 x 為資料框架物件，引數 cor 為邏輯選項，內定選項為真，表示根據相關矩陣計算特徵值，選項界定為假，則根據共變數矩陣計算特徵值。引數 model 選項有二種："components"（成分）、"factors"（因素），內定選項為計算成分的特徵值。

使用 nSeScree( ) 函數決定保留成分個數，引數 model 界定「="components"」，配合 summary( ) 函數輸出 nSeScree( ) 函數物件參數至小數第二位：

```
> comc=nSeScree(var9,model="components")
> summary(comc,digits=2)
Report For a nFactors Class
Details:
  v values  seScree  R2
1 1    3.68   0.702  0.64
2 2    1.66   0.235  0.79
3 3    1.03   0.113  0.86
4 4    0.68   0.058  0.90
5 5    0.60   0.060  0.83
6 6    0.39   0.019  0.92
7 7    0.38   0.017  0.95
Number of factors retained by index
se  R2
 3   1
```

[**說明**]：根據 R 平方準則建議保留的成分個數為 3 個。

使用 nSeScree( ) 函數決定保留因素個數，引數 model 界定「="factors"」，配合 summary( ) 函數輸出 nSeScree( ) 函數物件參數至小數第二位：

```
> comf=nSeScree(var9,model="factors")
> summary(comf,digits=2)
Report For a nFactors Class
Details:
  v  values  seScree  R2
1 1   3.180   0.774  0.58
2 2   1.175   0.305  0.62
3 3   0.187   0.059  0.88
4 4   0.130   0.060  0.81
5 5  -0.036   0.029  0.84
```

```
6  6  -0.136    0.014    0.85
7  7  -0.151    0.017    0.83
 Number of factors retained by index
se  R2
 2   2
```

[**說明**]：根據 R 平方準則建議保留的因素個數為 2 個。

 三、nScree( ) 函數

函數 nScree( ) 進行探索性主成分分析或因素分析程序時，同時根據 Kaiser 準則（Kaiser rule）及平行分析法（parallel analysis）決定保留成分或因素的個數。nScree( ) 的基本語法為：

```
nScree(eig=NULL, x=eig,  model="components")
```

引數 x 為資料框架物件（或資料的相關矩陣或共變數矩陣）。引數 model 界定成分（="components"）或因素（="factors"）分析。

使用 nScree( ) 函數進行成分個數分析，引數 model 界定「="components"」，配合 summary( ) 函數輸出參數：

```
> nsc=nScree(eig=NULL,var9,model="components")
> summary(nsc)
Report For a nScree Class
Details: components
```

|   | Eigenvalues | Prop | Cumu | Par.Analysis | Pred.eig | OC | Acc.factor | AF |
|---|---|---|---|---|---|---|---|---|
| 1 | 4 | 0 | 0 | 1 | 2 |  | NA | (< AF) |
| 2 | 2 | 0 | 1 | 1 | 1 |  | 1 |  |
| 3 | 1 | 0 | 1 | 1 | 1 | (< OC) | 0 |  |
| 4 | 1 | 0 | 1 | 1 | 1 |  | 0 |  |
| 5 | 1 | 0 | 1 | 1 | 0 |  | 0 |  |
| 6 | 0 | 0 | 1 | 1 | 0 |  | 0 |  |

| | | | | | | |
|---|---|---|---|---|---|---|
| 7 | 0 | 0 | 1 | 1 | 0 | 0 |
| 8 | 0 | 0 | 1 | 1 | NA | 0 |
| 9 | 0 | 0 | 1 | 1 | NA | NA |

**[說明]**：參數元素中的 Analysis\$Eigenvalues 為特徵值（Eigenvalues）、Analysis\$Prop 為特徵值可以解釋的比值、Analysis\$Cumu 為特徵值累積解釋比值、Analysis\$Par.Analysis 為平行分析隨機特徵值的百分位數、Analysis\$Pred.eig 為每個最佳同類型迴歸線之預測特徵值、Analysis\$OC 為最佳同類型準則臨界值、Analysis\$Acc.factor 為加速因素、Analysis\$AF 為加速因素分析臨界值。

----------------------------------------------------------------

```
 Number of factors retained by index

  noc  naf  nparallel nkaiser
1  3    1       3        3
```

**[說明]**：noc 欄為根據最佳同類型準則保留成分或因素個數（建議保留的成分個數為 3）。naf 欄為根據加速因素準則保留成分或因素個數。nparallel 直欄為根據平行分析法準則保留成分或因素個數（建議保留的成分個數為 3）。nkaiser 直欄為根據 Kaiser 準則（特徵值大於 1.00）保留成分或因素個數（建議保留的成分個數為 3）。

使用 nScree( ) 函數進行因素個數分析，引數 model 界定「="factors"」，配合 summary( ) 函數輸出物件參數：

```
> nsf=nScree(eig=NULL,var9,model="factors")
> summary(nsf)
Report For a nScree Class
Details: factors
    Eigenvalues Prop Cumu Par.Analysis Pred.eig OC  Acc.factor AF
1        3       1    1        1           1        NA (< AF)
2        1       0    1        1           0 (< OC) 1
3        0       0    1        1           0        1
4        0       0    1        1           0        0
```

| 5 | 0 | 0 | 1 | 1 | 0 | 0 |
| 6 | 0 | 0 | 1 | 1 | 0 | 0 |
| 7 | 0 | 0 | 1 | 1 | 0 | 0 |
| 8 | 0 | 0 | 1 | 1 | NA | 0 |
| 9 | 0 | 0 | 1 | 1 | NA | NA |

```
 Number of factors retained by index
    noc naf   nparallel nkaiser
1   2   1        2         2
```

**[ 說明 ]**：noc 欄為根據最佳同類型準則建議保留的因素個數為 2。根據平行分析法準則建議保留的因素個數為 2（nparallel 欄）。nkaiser 直欄為根據 Kaiser 準則建議保留的因素個數為 2。

## 四、parallel( ) 函數

函數 parallel( ) 可以求出隨機沒有相關之標準化常態變數的相關矩陣或共變數矩陣特徵值之分配，回傳分配的平均數與百分位數等。parallel( ) 函數基本語法為：

```
parallel(subject = 100,var= 10,rep= 100,cent= 0.05, quantile =
cent,model ="components", sd= diag(1,var))
```

引數 subject 界定觀察值個數（內定數值為 100）。引數 var 界定變數的個數（內定數值為 10）。引數 rep 界定相關矩陣資料重製的次數（內定次數為 100）。引數 cent 界定無法預測的百分比，內定的參數為 0.05，對應的百分位數為 0.95（使用 quantile 界定），平行分析程序中百分位數的參數界定較小時，重製相關矩陣的次數要界定較大參數，才能得到精確的估計值。引數 quantile 界定決策的百分位數。引數 model 界定特徵值的型態為成分（"components"）或因素（"factors"）。引數 sd 為模擬資料共變數矩陣的標準差。

使用 parallel( ) 函數求出模擬資料成分的特徵值參數，有效樣本數 N=153、題項變數有 9 題，隨機抽取樣本次數 500，百分位數設定 0.95：

```
> para.c<-parallel(var=9,subject = 153,rep=500,quantile=0.95)
> print(para.c)
$eigen
        mevpea       sevpea      qevpea        sqevpea
V1   1.3880706   0.07363757   1.5214303    0.006959090
V2   1.2496068   0.04660125   1.3293600    0.004404034
V3   1.1494839   0.03928875   1.2170921    0.003712969
V4   1.0679249   0.03453765   1.1260793    0.003263968
V5   0.9855065   0.03215630   1.0330576    0.003038919
V6   0.9127194   0.03285081   0.9675446    0.003104553
V7   0.8324606   0.03582862   0.8887366    0.003385970
V8   0.7534200   0.03929838   0.8163556    0.003713878
V9   0.6608074   0.05256453   0.7401058    0.004967591
```

**[說明]**：eigen$mevpea 為特徵值分配（eigenvalues distribution）的平均數。eigen$sevpea 為特徵值分配平均數的標準誤。eigen$qevpea 為特徵值分配的百分位數。eigen$sqevpea 為特徵值分配百分位數的標準誤。

------------------------------------------------------------

```
$subject
[1] 153
```

**[說明]**：觀察值個數 N=153。

------------------------------------------------------------

```
$variables
[1] 9
```

**[說明]**：變數的個數 VAR=9

------------------------------------------------------------

```
$centile
[1] 0.05
```

**[說明]**：排除的分位數為 0.05（對應的百分位數為 95%）。

------------------------------------------------------------

```
attr(,"class")
[1] "parallel"
```

**[ 說明 ]**：物件函數屬性為 parallel。

上述語法函數之引數「quantile=0.95」也可改為「cent=0.05」：

```
> para.c <-parallel(var=9,subject = 153,rep=500,cent=0.05)
```

使用 parallel( ) 函數求出模擬資料因素的特徵值參數：

```
> para.f<-parallel(var=9,subject = 153,rep=500,quantile=0.95,model="factors")
> print(para.f)
$eigen
        mevpea        sevpea       qevpea        sqevpea
V1    0.45412074    0.08029627   0.592092340   0.007588368
V2    0.30867079    0.05629345   0.406705473   0.005319991
V3    0.20220605    0.04996617   0.288450519   0.004722034
V4    0.10793588    0.04052049   0.179251367   0.003829373
V5    0.02682087    0.03429472   0.087290065   0.003241009
V6   -0.04684747    0.03169053   0.003113216   0.002994902
V7   -0.11822126    0.03010395  -0.069321671   0.002844963
V8   -0.19008178    0.03155457  -0.140939938   0.002982052
V9   -0.27411638    0.03557639  -0.218944742   0.003362134
$subject
[1] 153
$variables
[1] 9
$centile
[1] 0.05
attr(,"class")
[1] "parallel"
```

　　結合 parallel( ) 函數物件與圖形函數 plotuScree( )、lines( ) 繪製平行分析陡坡圖，R 編輯器語法指令為：

```
m.eig=eigenComputes(var9)     ## 求出實際資料的特徵值
subject  <- 153   ## 模擬資料觀察值個數
var      <- 9     ## 模擬資料題項變數個數
rep      <- 100   ## 模擬資料隨機重製次數
quantile <- 0.95 ## 模擬資料隨機特徵值百分位數
results  <- parallel(subject, var, rep, quantile)     ## 平行分析
plotuScree(x=m.eig,main = "Parallel Analysis")     ## 繪製實際資料特徵值
lines(1:var,results$eigen$qevpea,type="o",col="red")    ## 繪製模擬資料特徵值圖例
lines(1:var,results$eigen$qevpea,type="l",col="red")     ## 繪製模擬資料特徵值線條
```

　　學習壓力量表九個題項變數平行分析陡坡圖，如圖 10-38，實際資料特徵值大於模擬資料特徵值者有二個，建議保留二個成分（因素）。

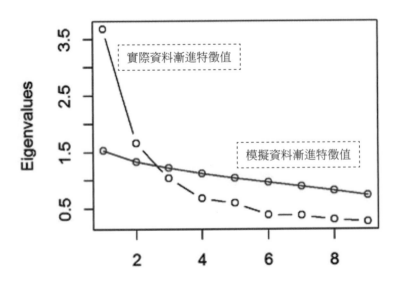

　圖 **10-38**　學習壓力量表九個題項變數平行分析陡坡圖

課後照顧班家長滿意度量表 10 個題項變數的平行分析語法指令為：

```
m.eig=eigenComputes(var10)
subject  <- 147
var      <- length(var10)
rep      <- 100
quantile <- 0.95
results  <- parallel(subject, var, rep, quantile)
plotuScree(x=m.eig,main = "Parallel Analysis")
lines(1:var,results$eigen$qevpea,type="o",col="red")
lines(1:var,results$eigen$qevpea,type="l",col="red")
```

平行分析陡坡圖，如圖 10-39，實際資料特徵值大於模擬資料特徵值者有三個，建議保留三個成分（因素）。

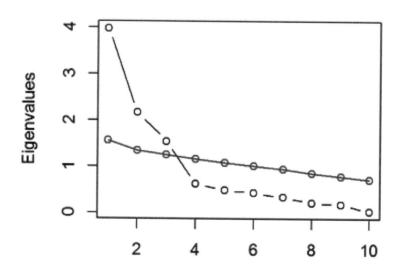

 圖 **10-39** 平行分析陡坡圖

## 五、plotParallel( ) 函數

使用 plotParallel( ) 函數可以繪製平行分析圖，函數 plotParallel( )
基本語法為：

```
plotParallel(parallel,x= eig,model="components",legend = TRUE,
ylab= "Eigenvalues",xlab= "Components",main="Parallel Analysis")
```

引數 parallel 為平行分析建立的函數物件。引數 x 為特徵值向量、相關矩陣
（／共變數矩陣）或資料框架物件。引數 model 的選項有二個："components"、
"factors"。引數 ylab 界定 Y 軸的說明文字內定選項為特徵值（="Eigenvalues"）；
引數 xlab 內定選項為「= "Components"」，界定 X 軸的說明文字。引數 legend 為邏
輯選項，界定是否呈現圖例。

範例繪製 parallel( ) 函數物件 para.f 的圖形：

```
>plotParallel(para.f,x=var9,model="factors",xlab= "Factors")
```

R 圖形視窗繪製的平行分析圖，如圖 10-40，圖示中模擬資料的特徵值均小於

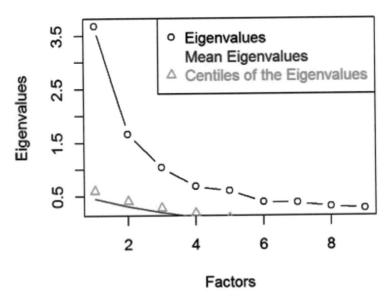

**圖 10-40** R 圖形視窗繪製的平行分析圖

實際資料的特徵值,實際資料特徵值大於 1 的因素有二個,二個因素均保留。圖例中的圓點為實際資料的特徵值、三角形為模擬資料特徵值百分位數、紅色線為模擬資料平均特徵值。

## 六、componentAxis( ) 函數

使用 eigenComputes( ) 函數可以直接求出資料框架物件成分或因素的特徵值數值向量,引數 cor 界定為真,表示根據變數間的相關矩陣計算特徵值,引數 model 的內定選項為 "components",表示計算成分的特徵值,引數選項設定為 "factors",向量值為因素的特徵值:

```
> round(eigenComputes(var9,cor=TRUE,model="components"),2)
[1] 3.68  1.66  1.03  0.68  0.60  0.39  0.38  0.31  0.27
```

[**說明**]:量表九個題項變數萃取的成分。

--------------------------------------------------------------------------------

```
> round(eigenComputes(var9,cor=TRUE,model="factors"),2)
[1] 3.18  1.18  0.19  0.13  -0.04  -0.14  -0.15  -0.16  -0.21
```

[**說明**]:量表九個題項變數萃取的因素。

使用基本套件 cor( ) 函數輸出方形的相關矩陣:

```
> round(cor(var9),2)
     VB1   VB2   VB3   VB4   VB5   VB6   VB7   VB8   VB9
VB1  1.00  0.70  0.48  0.48  0.01  0.25  0.38  0.27  0.30
VB2  0.70  1.00  0.49  0.54  0.05  0.20  0.36  0.24  0.24
VB3  0.48  0.49  1.00  0.58  0.00  0.25  0.39  0.29  0.26
VB4  0.48  0.54  0.58  1.00  0.04  0.19  0.21  0.16  0.14
VB5  0.01  0.05  0.00  0.04  1.00  0.05 -0.08  0.06  0.03
VB6  0.25  0.20  0.25  0.19  0.05  1.00  0.36  0.64  0.55
VB7  0.38  0.36  0.39  0.21 -0.08  0.36  1.00  0.48  0.55
VB8  0.27  0.24  0.29  0.16  0.06  0.64  0.48  1.00  0.69
```

| VB9 | 0.30 | 0.24 | 0.26 | 0.14 | 0.03 | 0.55 | 0.55 | 0.69 | 1.00 |

函數 componentAxis( ) 可以使用題項變數間的相關矩陣求出主成分分析（principal component analysis）的特徵值，基本語法為：「componentAxis(R, nFactors=2)」，內定保留的成分個數為前 2 個，引數 R 為相關矩陣或共變數數矩陣，R 編輯器視窗的語法指令為：

```
varR=matrix(c(1.00,0.70,0.48, 0.48, 0.01, 0.25, 0.38, 0.27, 0.30,
             0.70,1.00,0.49, 0.54, 0.05, 0.20, 0.36, 0.24, 0.24,
             0.48,0.49,1.00, 0.58, 0.00, 0.25, 0.39, 0.29, 0.26,
             0.48,0.54,0.58, 1.00, 0.04, 0.19, 0.21, 0.16, 0.14,
             0.01,0.05,0.00, 0.04, 1.00, 0.05,-0.08, 0.06, 0.03,
             0.25,0.20,0.25, 0.19, 0.05, 1.00, 0.36, 0.64, 0.55,
             0.38,0.36,0.39, 0.21, -0.08, 0.36,1.00, 0.48, 0.55,
             0.27,0.24,0.29, 0.16, 0.06, 0.64, 0.48, 1.00, 0.69,
             0.30,0.24,0.26, 0.14, 0.03, 0.55, 0.55, 0.69, 1.00)
             ,nrow=9,byrow=TRUE)
componentAxis(varR,nFactors=3)
```

將函數物件 componentAxis（varR,nFactors=9）界定為 comA，R 主控台輸出結果如下：

```
>comA=componentAxis(varR,nFactors=9)
> comA
$values
[1] 3.6789859 1.6679822 1.0342481 0.6820640 0.5967694 0.3910774 0.3746484
[8] 0.3060135 0.2682112
```

**[說明]**：主成分特徵值的向量，特徵值大於 1.00 的主成分有三個。
--------------------------------------------------------------
```
$varExplained
```

[1] 40.88 18.53 11.49 7.58 6.63 4.35 4.16 3.40 2.98

**[說明]**：主成分特徵值可以解釋的變異量百分比（比值為特徵值除以題項數）。

--------------------------------------------------

$cumVarExplained

[1] 40.88 59.41 70.90 78.48 85.11 89.46 93.62 97.02 100.00

**[說明]**：主成分特徵值可以解釋題項變數的累積變異量百分比。

--------------------------------------------------

$loadings

＜略＞

$communalities

[1] 1 1 1 1 1 1 1 1 1

**[說明]**：主成分的共同性。

以 componentAxis( ) 函數物件的元素「$values」作為特徵值向量值，使用 parallel( ) 函數進行平行分析，R 編輯器視窗的語法指令如下：

```
comA=componentAxis(varR,nFactors=9)
eigenvalues  <- comA$values
apar<- parallel(var= length(eigenvalues),subject  = 153,
            rep= 100,quantile = 0.95,model="components")$eigen$qevpea
res.c <- nScree(x=eigenvalues,aparallel = apar)
plotnScree(res.c)
```

語法指令的平行分析 parallel( ) 函數增列函數物件「$eigen$qevpea」，為模擬資料特徵值參數中的特徵值百分位數，特徵值百分位數平均估計值次元素為「$ qevpea」。平行分析程序的參數設定如下：

```
> apar<- parallel(var= length(eigenvalues),subject  = 153,rep=
100,quantile = 0.95,model="components")
```

函數物件元素「**$eigen**」有四個次元素，其中 mevpea 為特徵值平均估計值、qevpea 為特徵值百分位數平均估計值：

```
> apar$eigen
       mevpea      sevpea     qevpea      sqevpea
V1  1.3883817  0.07837709  1.5211339  0.016562548
V2  1.2497711  0.04622148  1.3324260  0.009767465
V3  1.1519103  0.03963070  1.2093069  0.008374709
V4  1.0707749  0.03546227  1.1218275  0.007493843
V5  0.9860246  0.03465204  1.0326523  0.007322625
V6  0.9080710  0.03839529  0.9705379  0.008113644
V7  0.8315530  0.03085834  0.8823118  0.006520946
V8  0.7510848  0.04344143  0.8122677  0.009179988
V9  0.6624286  0.05376373  0.7582977  0.011361284
```

使用 print( ) 函數輸出平行分析結果：

```
> print(res.c)
   noc naf  nparallel  nkaiser
1   2   1       2          3
```

**[說明]**：Kaiser 準則建議保留的成分個數為 3、平行分析法準則保留的成分個數為 2。

使用 plotnScree( ) 函數繪製 nScree( ) 函數物件圖形，如圖 10-41，引數 main 內定的標題文字為「Non Graphical Solutions to the Scree Test）：

```
> plotnScree(res.c)
```

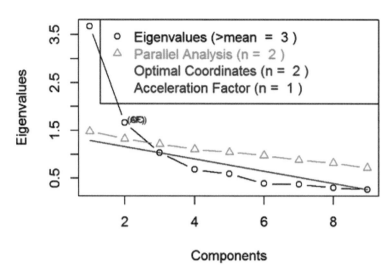

**Non Graphical Solutions to Scree Test**

● 圖 **10-41** 使用 plotnScree( ) 函數繪製 nScree( ) 函數物件圖形

平行分析模式界定為因素（模式選項為 factors），R 編輯器視窗的語法指令為：

```
eig<- eigen(corFA(varR))$values
apar<- parallel(var= length(eig),subject   = 153,
        rep= 100,quantile = 0.95,model="factors")$eigen$qevpea
res.f <- nScree(x=eig,aparallel = apar,model="factors")
plotnScree(res.f)
```

第一列函數「(corFA(varR))」的功能在於在原始相關矩陣的對角線元素插入共同性參數值，函數「eigen(corFA(varR))」求出變數的特徵值，函數物件二個元素為「$values」（特徵值數值）、$vectors（特徵值向量），「eigen(corFA)varR))$values」建立特徵值數值向量：

```
> eig<- eigen(corFA(varR))$values
> eig
[1] 3.18117982  1.18138838  0.18855318  0.13170666 -0.03684225 -0.12939456
```

```
[7] -0.14666020   -0.15538938   -0.21174303
```

　　使用 print( ) 函數輸出平行分析結果：
```
> print(res.f)
  noc naf    nparallel   nkaiser
1   2   1          2         2
```

**[ 說明 ]**：Kaiser 準則建議保留的因素個數為 2、平行分析法準則保留的成分個
數為 2。

　　使用 plotnScree( ) 函數輸出 nScree( ) 函數物件圖形，如圖 10-42。

```
> plotnScree(res.f)
```

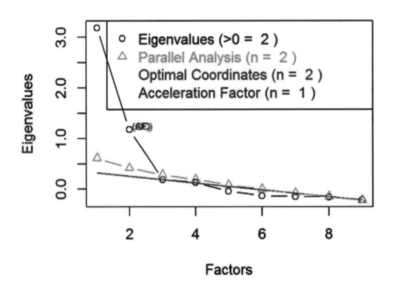

**◉圖 10-42**　使用 plotnScree( ) 函數輸出 nScree( ) 函數物件圖形

## 七、nBartlett( ) 函數與 nBentler( ) 函數

函數 nBartlett( ) 根據 Bartlett、Anderson 與 Lawley 準則保留成分或因素的個數。nBartlett( ) 函數的基本語法為：

```
nBartlett(x, N, alpha=0.05, cor=TRUE, correction=TRUE)
```

引數 x 為特徵值向量、相關矩陣 / 共變數矩陣，或 eigenFrom( ) 函數之資料框架物件。引數 N 為觀察值個數。引數 alpha 為顯著統計水準，內定數值為 0.05。引數 cor 內定選項為真，表示根據相關矩陣計算特徵值，選項為假，根據共變數矩陣計算特徵值。引數 correction 內定選項為真，表示估算參數時，進行第一個特徵值參數估算後進行自由度參數的校正。

---

```
> m.nBart <- nBartlett(x=var9,N= 153)
> names(m.nBart)
[1] "detail"   "nFactors"
```

[說明]：nBartlett( ) 函數物件有二個元素，$nFactors 元素為根據 Bartlett、Anderson 與 Lawley 程序準則建議保留的因素個數；$detail 元素為詳細每個指標值矩陣的參數。

---

以 nBartlett( ) 函數物件元素「**$nFactors**」輸出因素個數：

---

```
> m.nBart$nFactors
bartlett     anderson     lawley
    5            5            5
```

[說明]：根據 Bartlett、Anderson 與 Lawley 程序準則保留的因素個數均為 5 個。

---

以 nBartlett( ) 函數物件元素「**$detail**」輸出因素數值的所有參數：

```
> round(m.nBart$detail,2)
```

| v | values | bartlett | bartlett.chi | bartlett.df | bartlett.p | anderson.chi |
|---|--------|----------|--------------|-------------|------------|--------------|
| 1 1 | 3.68 | 0.03 | 512.47 | 36 | 0.00 | 529.19 |
| 2 2 | 1.66 | 0.22 | 220.95 | 35 | 0.00 | 229.19 |
| 3 3 | 1.03 | 0.48 | 106.41 | 27 | 0.00 | 110.88 |
| 4 4 | 0.68 | 0.71 | 49.30 | 20 | 0.00 | 51.61 |
| 5 5 | 0.60 | 0.83 | 27.71 | 14 | 0.02 | 29.14 |
| 6 6 | 0.39 | 0.96 | 6.00 | 9 | 0.74 | 6.34 |
| 7 7 | 0.38 | 0.97 | 3.92 | 5 | 0.56 | 4.16 |
| 8 8 | 0.31 | 1.00 | 0.41 | 2 | 0.81 | 0.44 |
| 9 9 | 0.27 | 1.00 | 0.00 | 0 | 1.00 | 0.00 |

| | anderson.df | anderson.p | lawley.chi | lawley.df | lawley.p |
|---|-------------|------------|------------|-----------|----------|
| 1 | 44 | 0.00 | 512.47 | 36 | 0.00 |
| 2 | 35 | 0.00 | 220.98 | 28 | 0.00 |
| 3 | 27 | 0.00 | 106.45 | 21 | 0.00 |
| 4 | 20 | 0.00 | 49.33 | 15 | 0.00 |
| 5 | 14 | 0.01 | 27.73 | 10 | 0.00 |
| 6 | 9 | 0.71 | 6.01 | 6 | 0.42 |
| 7 | 5 | 0.53 | 3.93 | 3 | 0.27 |
| 8 | 2 | 0.80 | 0.41 | 1 | 0.52 |
| 9 | 0 | 1.00 | 0.00 | 0 | 1.00 |

**[說明]**：v 數值等於 5 時，bartlett 估計值 = 0.83、bartlett 卡方值 = 27.71（自由度 = 14），顯著性 $p = 0.02 < 0.05$；anderson 卡方值 = 29.14（自由度 = 14），顯著性 $p = 0.01 < 0.05$；lawley 卡方值 = 27.73（自由度 = 10），顯著性 $p = 0.00 < 0.05$，以萃取因素之顯著性檢定，建議保留五個因素。

函數 nBentler( ) 根據 Bentler、Yuan 準則決定保留成分或因素的個數。nBentler( ) 的基本語法為：

```
nBentler(x, N, log=TRUE, alpha=0.05, cor=TRUE, details=TRUE)
```

引數 log 內定選項為真，表示將對數數值（log values）最大化。引數 details 內定選項為真，表示輸出每個特徵值完整的參數值。函數 nBentler( ) 與函數 nBartlett( ) 的語法引數十分類似，輸出函數物件元素也相同。

範例的資料框架物件為學習壓力量表，有效觀察值個數 N = 153，使用函數物件元素「$nFactors」輸出保留的因素個數：

```
> m.nBen <- nBentler(x=var9,N= 153)
> m.nBen$nFactors
[1] 2
```

**[說明]**：回傳參數值 2，表示二個共同因素。

使用函數物件元素「$$detail」輸出完整的參數估計值，配合 round( ) 函數輸出參數估計值至小數第二位：

```
> round(m.nBen$detail,2)
```

|   | q | k | LRT | a | b | p | convergence |
|---|---|---|------|------|------|------|-------------|
| 1 | 8 | 1 | 1576.75 | 3.68 | 0.32 | 0.00 | 0 |
| 2 | 7 | 2 | 14.78 | 0.24 | 0.09 | 0.01 | 1 |
| 3 | 6 | 3 | 5.32 | 0.25 | 0.07 | 0.26 | 1 |
| 4 | 5 | 4 | 4.09 | 0.26 | 0.06 | 0.25 | 1 |
| 5 | 4 | 5 | 0.41 | 0.27 | 0.04 | 0.82 | 1 |
| 6 | 3 | 6 | 0.22 | 0.27 | 0.05 | 0.64 | 1 |

**[說明]**：k = 2 時，概似比檢定值 LRT（likelihood ratio test）= 14.78，顯著性 $p = 0.01 < 0.05$，達到統計顯著水準，建議保留的因素個數為 2。

## 八、函數 nMreg( ) 的應用

函數 nMreg( ) 根據複迴歸程序原理估算 $\beta$ 係數，以決定成分或因素保留的個數。nMreg( ) 的基本語法為：

R 軟體統計進階分析實務

```
nMreg(x, cor=TRUE, model="components", details=TRUE)
```

引數 x 為特徵值向量、相關矩陣／共變數矩陣，或資料框架物件。引數 model 界定的型態有二種："components"（成分）或 "factors"（因素）。

---

```
> m.com=nMreg(var9,model="components")
> print(m.com)
  b  t.p  p.b
  4   2    2
```

[說明]：$\beta$ 係數估計值 = 4，t 檢定顯著性指標值建議保留的成分個數為 2、機率顯著性指標值建議保留的成分個數為 2。

---

```
> m.com$detail
    v    values       mreg       tmreg       pmreg
1   1  3.6799812  1.2495749   3.116135   -3.107891
2   2  1.6635546  0.9219864   3.360574   -3.240488
3   3  1.0346587  0.6626922   3.097399   -3.097407
4   4  0.6795442  0.5408554      NaN         NaN
```

[說明]：使用次元素「$detail」輸出指標值的矩陣。

---

```
> f.com=nMreg(var9,model="factors")
> print(f.com)
  b  t.p  p.b
  4   1    1
```

[說明]：$\beta$ 係數估計值 = 4，t 檢定顯著性指標值建議保留的因素個數為 1、機率顯著性指標值建議保留的因素個數為 1。

---

```
> f.com$detail
    v    values       mreg       tmreg       pmreg
1   1  3.1803125  1.4606069   4.971603   -3.959178
2   2  1.1751706  0.9924002   3.220608   -3.165500
3   3  0.1872540  0.7205865   3.061976   -3.077455
```

| 4 | 4 | 0.1301617 | 0.5308205 | NaN | NaN |

[說明]：使用次元素「`$detail`」輸出指標值的矩陣。

使用套件 nFactors 中的函數進行平行分析，決定量表因素保留的建議，不同函數執行結果有稍許的差異，研究者可優先使用套件 paran 函數 paran(  ) 與套件 psych 函數 fa.parallel(  ) 執行平行分析，以 paran(  ) 函數與 fa.parallel(  ) 函數執行結果為主，其餘函數執行結果為輔可能較為適當。

## 陸　paran( ) 函數

使用套件 paran 的函數 paran(  ) 進行平行分析，引數 cfa 設為「TRUE」，執行共同因素之平行分析：

```
> paran(var9,centile=95, iterations=5000,cfa=TRUE, graph=TRUE)
Using eigendecomposition of correlation matrix.
Computing: 10%  20%  30%  40%  50%  60%  70%  80%  90%  100%
Results of Horn's Parallel Analysis for factor retention
5000 iterations, using the 95 centile estimate
-------------------------------------------------
Factor      Adjusted     Unadjusted    Estimated
            Eigenvalue   Eigenvalue    Bias
-------------------------------------------------
No components passed.
-------------------------------------------------
1           2.586216     3.180312      0.594095
2           0.760999     1.175170      0.414171
-------------------------------------------------
Adjusted eigenvalues > 0 indicate dimensions to retain.
(2 factors retained)
```

[說明]：平行分析建議保留的共同因素個數為 2。

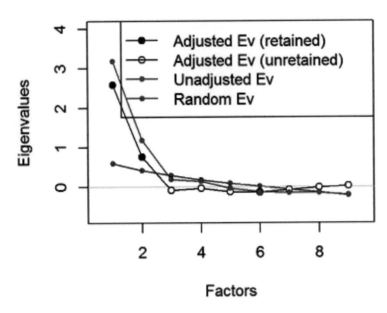

圖 **10-43** 函數 paran( ) 繪製的平行分析圖

　　函數 paran( ) 繪製的平行分析圖，如圖 10-43，調整後特徵值之黑色實心點有二個，建議保留的共同因素為 2。

　　函數 paran( ) 引數 centile 界定「=0」，使用模擬資料的平均特徵值作為平行分析檢核的參數：

```
> paran(var9,centile=0, iterations=5000,cfa=TRUE, graph=FALSE)
Using eigendecomposition of correlation matrix.
Computing: 10%  20%  30%  40%  50%  60%  70%  80%  90%  100%
Results of Horn's Parallel Analysis for factor retention
5000 iterations, using the mean estimate
-------------------------------------------------
Factor      Adjusted    Unadjusted    Estimated
            Eigenvalue  Eigenvalue    Bias
-------------------------------------------------
No components passed.
```

```
----------------------------------------------------
1              2.724267      3.180312       0.456045
2              0.864159      1.175170       0.311010
----------------------------------------------------
Adjusted eigenvalues > 0 indicate dimensions to retain.
(2 factors retained)
```

[說明]：平行分析建議保留的共同因素個數為 2。

使用套件 paran 的函數 paran( ) 進行平行分析，引數 cfa 設為「FALSE」，執行主成分分析之 EFA 平行分析：

```
> paran(var9,centile=95, iterations=5000,cfa=FALSE, graph=TRUE)
Using eigendecomposition of correlation matrix.
Computing: 10%  20%  30%  40%  50%  60%  70%  80%  90%  100%
Results of Horn's Parallel Analysis for component retention
5000 iterations, using the 95 centile estimate
----------------------------------------------------
Component   Adjusted    Unadjusted    Estimated
            Eigenvalue  Eigenvalue    Bias
----------------------------------------------------
1           3.171245    3.679981      0.508735
2           1.326710    1.663554      0.336844
----------------------------------------------------
Adjusted eigenvalues > 1 indicate dimensions to retain.
(2 components retained)
```

[說明]：建議保留的成分個數為二個。

函數 paran( ) 繪製的平行分析圖，如圖 10-44，調整後特徵值之黑色實心點有二個，建議保留的成分個數為 2：

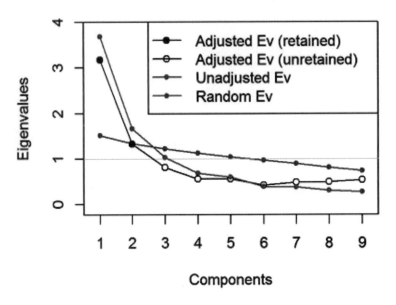

**Parallel Analysis**

● 圖 **10-44** 函數 paran( ) 繪製的平行分析圖

　　函數 paran( ) 引數 centile 界定「=0」，使用模擬資料的平均特徵值作為平行分析檢核的參數：

```
> paran(var9,centile=0, iterations=5000,cfa=FALSE, graph=FALSE)
Using eigendecomposition of correlation matrix.
Computing: 10%  20%  30%  40%  50%  60%  70%  80%  90%  100%
Results of Horn's Parallel Analysis for component retention
5000 iterations, using the mean estimate
-------------------------------------------------
Component    Adjusted     Unadjusted    Estimated
             Eigenvalue   Eigenvalue    Bias
-------------------------------------------------
1            3.292661     3.679981      0.387319
2            1.410270     1.663554      0.253283
-------------------------------------------------
Adjusted eigenvalues > 1 indicate dimensions to retain.
```

```
(2 components retained)
```

[**說明**]：建議保留的成分個數為二個。

 柒　平行分析──以「教師人格特質量表」為例

　　教師人格特質量表包含 15 個題項，內效效度包括「友善性」、「嚴謹自律性」、「聰穎開放性」、「外向性」四個向度，變數索引位於資料框架物件 temp 第 4 個至第 18 個，只包含教師人格特質量表題項變數的資料框架物件名稱界定為 var15：

```
> var15=temp[4:18]
> tail(var15)
```

|  | VA01 | VA02 | VA03 | VA04 | VA05 | VA06 | VA07 | VA08 | VA09 | VA10 | VA11 | VA12 | VA13 | VA14 |
|---|---|---|---|---|---|---|---|---|---|---|---|---|---|---|
| 148 | 4 | 3 | 4 | 4 | 4 | 3 | 1 | 4 | 4 | 4 | 4 | 5 | 2 | 2 |
| 149 | 2 | 2 | 2 | 2 | 5 | 2 | 5 | 1 | 2 | 1 | 3 | 4 | 5 | 2 |
| 150 | 5 | 5 | 4 | 4 | 4 | 3 | 3 | 4 | 5 | 5 | 4 | 5 | 5 | 4 |
| 151 | 4 | 4 | 4 | 3 | 5 | 5 | 5 | 5 | 5 | 5 | 4 | 4 | 4 | 3 |
| 152 | 3 | 3 | 3 | 2 | 3 | 2 | 2 | 1 | 1 | 1 | 1 | 3 | 4 | 4 |
| 153 | 2 | 2 | 2 | 2 | 2 | 2 | 2 | 2 | 2 | 2 | 3 | 3 | 3 | 3 |

|  | VA15 |
|---|---|
| 148 | 2 |
| 149 | 1 |
| 150 | 4 |
| 151 | 3 |
| 152 | 4 |
| 153 | 3 |

　　使用 psych 套件函數 KMO(　) 求出 KMO 參數與 MSA 參數：

```
> KMO(var15)
Kaiser-Meyer-Olkin factor adequacy
Call: KMO(r = var15)
Overall MSA =  0.85
MSA for each item =
VA01 VA02 VA03 VA04 VA05 VA06 VA07 VA08 VA09 VA10 VA11 VA12 VA13 VA14 VA15
0.89 0.87 0.91 0.88 0.62 0.63 0.61 0.85 0.88 0.81 0.93 0.85 0.83 0.84 0.86
```

**[說明]**：量表之 KMO 參數值 = 0.85 > 0.80，表示量表題項間有共同因素存在，各題項的 MSA 值介於 0.61 至 0.93 之間（元素為 $MSAi）。

------------------------------------------------------------------------

```
> range(round(KMO(var15)$MSAi,2))
[1] 0.61 0.93
```

 一、fa.parallel( ) 函數應用

使用 fa.parallel( ) 函數進行平行分析，因素萃取方法為主軸法，如圖 10-45。

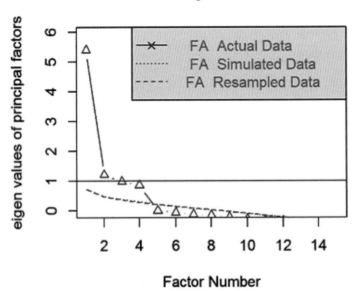

**Parallel Analysis Scree Plots**

**圖 10-45** 使用 fa.parallel( ) 函數進行平行分析

```
> fa.parallel(var15,fm="pa",fa="fa")
Parallel  analysis  suggests  that  the  number  of  factors  =   4
and the number of components =  NA
```

使用 print( ) 函數輸出 fa.parallel( ) 函數物件的參數估計值，引數 fm
界定「="pa"」，引數 fa 選項界定為「="fa"」：

```
> mf=fa.parallel(var15,fm="pa",fa="fa")
Parallel  analysis  suggests  that  the  number  of  factors  =   4
and the number of components =  NA
> print(mf,digit=2)
Call: fa.parallel(x = var15, fm = "pa", fa = "fa")
Parallel  analysis  suggests  that  the  number  of  factors  =   4
and the number of components =  NA
 Eigen Values of
 eigen values of factors
 [1]  5.39  1.21  0.98  0.84 -0.01 -0.07 -0.13 -0.17 -0.23 -0.29 -0.32 -0.36
[13] -0.42 -0.42 -0.60
```

**[說明]**：實際資料萃取因素的特徵值。
--------------------------------------------------------------------
```
 eigen values of simulated factors
 [1]  0.73  0.47  0.38  0.29  0.20  0.14  0.08  0.02 -0.05 -0.10 -0.16 -0.22
[13] -0.28 -0.34 -0.43
```

**[說明]**：模擬資料萃取因素的特徵值。
--------------------------------------------------------------------
```
   eigen values of components
 [1] 5.92 1.95 1.76 1.44 0.75 0.54 0.48 0.46 0.36 0.34 0.25 0.23 0.21 0.18
[15] 0.13
```

**[說明]**：實際資料成分的特徵值。
--------------------------------------------------------------------

```
eigen values of simulated components
[1] NA
```

使用 fa.parallel( ) 函數進行平行分析，因素萃取方法為主軸法，引數 fm 界定「="pa"」，引數 fa 選項界定為「="both"」，配合 print( ) 函數輸出 fa.parallel( ) 函數物件的參數估計值：

```
> mf=fa.parallel(var15,fm="pa",fa="both")
Parallel analysis suggests that the number of factors =   4
and the number of components =   4
> print(mf,digits=2)
Eigen Values of
```

| | Original factors | Simulated data | Original components | simulated data |
|---|---|---|---|---|
| 1 | 5.39 | 0.73 | 5.92 | 1.57 |
| 2 | 1.21 | 0.47 | 1.95 | 1.44 |
| 3 | 0.98 | 0.38 | 1.76 | 1.34 |
| 4 | 0.84 | 0.29 | 1.44 | 1.26 |

**[說明]**：實際資料因素四個特徵值均大於模擬資料因素四個特徵值、萃取成分四個特徵值也均大於模擬資料成分四個特徵值，平行分析法建議最佳因素個數保留四個、成分個數保留四個。

平行分析法繪製的陡坡圖，如圖 10-46。

 **二、各種萃取方法的平行分析結果比較**

使用 fa.parallel( ) 函數進行平行分析，因素萃取方法為「一般最小平方法」，引數 fm 界定「="gls"」：

```
> mf.gls=fa.parallel(var15,fm="gls",fa="both")
Parallel analysis suggests that the number of factors =   4
```

## Parallel Analysis Scree Plots

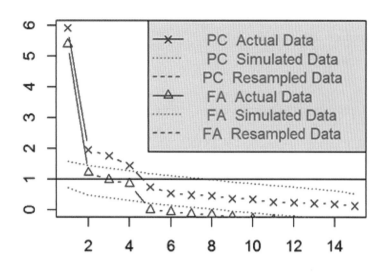

**Factor/Component Number**

🍎 **圖 10-46**　平行分析法繪製的陡坡圖

```
and the number of components =  4
> print(mf.gls)
 Eigen Values of
   Original factors   Simulated data   Original components   simulated data
1           5.40              0.70                5.92             1.58
2           1.23              0.49                1.95             1.45
3           0.98              0.38                1.76             1.34
4           0.85              0.30                1.44             1.28
```

**[說明]**：實際資料因素四個特徵值均大於模擬資料因素四個特徵值（0.70、
0.49、0.38、0.30）、萃取成分四個特徵值也均大於模擬資料成分四個特徵值，
平行分析法建議最佳因素個數保留四個、成分個數保留四個。

使用 `fa.parallel(  )` 函數進行平行分析，因素萃取方法為「最大概似估計
法」，引數 fm 界定「 `="ml"` 」：

```
> mf.ml=fa.parallel(var15,fm="ml",fa="both")
Parallel analysis suggests that the number of factors =  4
and the number of components =  4
> print(mf.ml)
 Eigen Values of
     Original factors   Simulated data   Original components   simulated data
1           5.39             0.88                5.92                1.57
2           1.18             0.48                1.95                1.45
3           0.97             0.36                1.76                1.33
4           0.82             0.28                1.44                1.25
```

[說明]：實際資料因素四個特徵值均大於模擬資料因素四個特徵值（0.88、0.48、0.36、0.28）、萃取成分四個特徵值也均大於模擬資料成分四個特徵值，平行分析法建議最佳因素個數保留四個、成分個數保留四個。

使用 fa.parallel( ) 函數進行平行分析，因素萃取方法為「最小殘差法」，引數 fm 界定「 ="minres"」：

```
> mf.minres=fa.parallel(var15,fm="minres",fa="both")
Parallel analysis suggests that the number of factors =  4
and the number of components =  4
> print(mf.minres)
 Eigen Values of
     Original factors   Simulated data   Original components   simulated data
1           5.39             0.80                5.92                1.58
2           1.20             0.48                1.95                1.44
3           0.97             0.37                1.76                1.34
4           0.84             0.28                1.44                1.25
```

[說明]：實際資料因素四個特徵值均大於模擬資料因素四個特徵值、萃取成分四個特徵值也均大於模擬資料成分四個特徵值，平行分析法建議最佳因素個

數保留四個、成分個數保留四個。

---

使用 fa.parallel( ) 函數進行平行分析，因素萃取方法為「未加權最小平方法」，引數 fm 界定「="uls"」：

---

```
> mf.uls=fa.parallel(var15,fm="uls",fa="both")
Parallel analysis suggests that the number of factors =  4
and the number of components =  4
> print(mf.uls)
 Eigen Values of
```

|   | Original factors | Simulated data | Original components | simulated data |
|---|---|---|---|---|
| 1 | 5.39 | 0.78 | 5.92 | 1.60 |
| 2 | 1.19 | 0.46 | 1.95 | 1.43 |
| 3 | 0.97 | 0.38 | 1.76 | 1.34 |
| 4 | 0.83 | 0.29 | 1.44 | 1.26 |

**[說明]**：實際資料因素四個特徵值均大於模擬資料因素四個特徵值、萃取成分四個特徵值也均大於模擬資料成分四個特徵值，平行分析法建議最佳因素個數保留四個、成分個數保留四個。

---

平行分析中，R 軟體提供萃取因素的六種方法：最小殘差法（minimum residual;[OLS]）、加權最小平方法（weighted least squares;[WLS]）、一般加權最小平方法（generalized weighted least squares;[GLS]）、主軸因素法（principal factor）、最大概似估計法（maximum likelihood）、未加權最小平方法，函數 fa.parallel( ) 以六種不同萃取方法進行平行分析，建議保留的因素個數與成分個數均相同，函數估算所得的特徵值估計值有稍許差異，但差異值甚小。

 三、非常簡單結構

使用 VSS( ) 函數求出 MAP 量數，因素萃取方法為主軸法，未進行因素轉軸：

```
> pan.vss=VSS(var15,rotate = "none",fm="pa",SMC=FALSE)
> print(pan.vss)
Very Simple Structure
Call: vss(x = x, n = n, rotate = rotate, diagonal = diagonal, fm = fm,
    n.obs = n.obs, plot = plot, title = title, use = use, cor = cor,
    SMC = FALSE)
VSS complexity 1 achieves a maximimum of 0.84  with  8  factors
VSS complexity 2 achieves a maximimum of 0.91  with  8  factors
The Velicer MAP achieves a minimum of 0.04  with  4  factors
BIC achieves a minimum of  -183.28  with  4  factors
```

[**說明**]：Velicer MAP 指標值為 0.04，建議保留四個因素。

教師人格特質量表非常簡單結構的適配度圖示，如圖 10-47。

使用 VSS( ) 函數求出 MAP 量數，因素萃取方法為「主軸法」，因素轉軸法

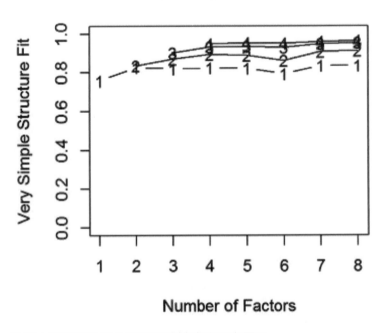

**◢圖 10-47** 教師人格特質量表非常簡單結構的適配度圖示

為最大變異法：

---

```
> pav.vss=VSS(var15,rotate = "varimax",fm="pa",SMC=FALSE)
The estimated weights for the factor scores are probably
incorrect.  Try a different factor extraction method.
```

[說明]：因素分數的估計加權值可能不正確，建議改採不同的因素萃取方法。

---

```
> print(pav.vss)
Very Simple Structure
Call: vss(x = x, n = n, rotate = rotate, diagonal = diagonal, fm = fm,
    n.obs = n.obs, plot = plot, title = title, use = use, cor = cor,
    SMC = FALSE)
VSS complexity 1 achieves a maximimum of 0.83  with  2  factors
VSS complexity 2 achieves a maximimum of 0.9  with  3  factors
The Velicer MAP achieves a minimum of 0.04  with  4  factors
```

[說明]：Velicer MAP 指標值為 0.04，建議保留四個因素。

使用 VSS( ) 函數求出 MAP 量數，因素萃取方法為「主成分」，未進行因素轉軸：

---

```
> pcn.vss=VSS(var15,rotate = "none",fm="pc")
> print(pcn.vss,digits=2)
Very Simple Structure
Call: vss(x = x, n = n, rotate = rotate, diagonal = diagonal, fm = fm,
    n.obs = n.obs, plot = plot, title = title, use = use, cor = cor)
VSS complexity 1 achieves a maximimum of 0.84  with  2  factors
VSS complexity 2 achieves a maximimum of 0.91  with  3  factors
The Velicer MAP achieves a minimum of 0.04  with  4  factors
```

[說明]：Velicer MAP 指標值為 0.04，建議保留四個因素。

　　使用 VSS( ) 函數求出 MAP 量數，因素萃取方法為「主成分」，因素轉軸法為最大變異法：

```
> pcv.vss=VSS(var15,rotate = "varimacx",fm="pc")
> print(pcv.vss,digits=2)
Very Simple Structure
Call: vss(x = x, n = n, rotate = rotate, diagonal = diagonal, fm = fm,
    n.obs = n.obs, plot = plot, title = title, use = use, cor = cor)
VSS complexity 1 achieves a maximimum of 0.84  with  2  factors
VSS complexity 2 achieves a maximimum of 0.91  with  3  factors
The Velicer MAP achieves a minimum of 0.04  with  4  factors
```

**[說明]**：Velicer MAP 指標值為 0.04，建議保留四個因素。

## 四、套件 nFactors 函數應用

　　使用套件 nFactors 函數 nScree( ) 進行平行分析法：

```
> library(nFactors)
> nsf=nScree(eig=NULL,var15,model="factors")
> summary(nsf)
< 略 >
 Number of factors retained by index
   noc naf    nparallel  nkaiser
1  1   1       4          4
```

**[說明]**：潛在根準則（Kaiser 準則法）建議保留的因素個數為 4 個，平行分析法建議保留的因素個數為 4 個。

　　使用套件 nFactors 函數 nSeScree( ) 進行平行分析法：

```
> comf=nSeScree(var15,model="factors")
> summary(comf,digits=2)
Report For a nFactors Class
Details:
      v    values   seScree     R2
1     1    5.577     1.127      0.47
2     2    1.448     0.331      0.70
3     3    1.327     0.306      0.63
4     4    1.033     0.230      0.57
5     5    0.187     0.027      0.96
6     6    0.111     0.018      0.97
7     7    0.021     0.012      0.98
8     8    0.002     0.012      0.98
9     9   -0.037     0.013      0.97
10   10   -0.073     0.014      0.96
11   11   -0.085     0.012      0.97
12   12   -0.109     0.015      0.94
13   13   -0.159     0.016      0.88
 Number of factors retained by index
se  R2
 4   4
```

**[說明]**：R 平方準則建議保留的因素個數為 4。

使用 parallel( ) 函數進行平行分析，以 eigenComputes( ) 求出成分特徵值，配合 plotuScree( ) 函數（實際資料的特徵值，以白色點表示）與 lines( ) 函數（模擬資料的特徵值，以紅色點表示）繪製圖形：

```
m.eig=eigenComputes(var15)
subject  <- 153
var      <- 15
```

## Parallel Analysis

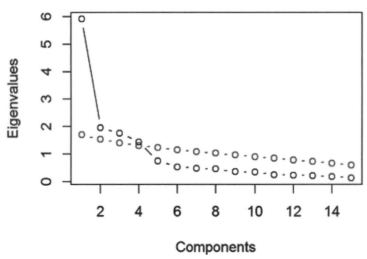

 **圖 10-48**　平行分析圖

```
rep       <- 100
quantile <- 0.95
results  <- parallel(subject, var, rep, quantile)
plotuScree(x=m.eig,main = "Parallel Analysis")
lines(1:var,results$eigen$qevpea,type="b",col="red")
```

從平行分析圖（圖 10-48）可以看出，保留的成分個數為 4 個。

## 五、套件 paran 函數的應用

使用套件 paran 的函數 paran( ) 進行主成分分析的平行分析程序：

```
> paran(var15,centile=95, iterations=5000,cfa=FALSE,graph=TRUE)
Using eigendecomposition of correlation matrix.
Computing: 10%  20%  30%  40%  50%  60%  70%  80%  90%  100%
Results of Horn's Parallel Analysis for component retention
5000 iterations, using the 95 centile estimate
--------------------------------------------------
```

```
Component    Adjusted     Unadjusted   Estimated
             Eigenvalue   Eigenvalue   Bias
-----------------------------------------------------
1            5.219618     5.919453     0.699834
2            1.418413     1.947383     0.528969
3            1.345594     1.756962     0.411367
4            1.121392     1.437068     0.315676
-----------------------------------------------------
Adjusted eigenvalues > 1 indicate dimensions to retain.
(4 components retained)
```

[ 說明 ]：平行分析法建議保留四個主成分。

　　套件 paran 函數 paran( ) 繪製之主成分平行分析圖示如圖 10-49，圖示中調整後共同因素特徵值被保留者以黑色實心點表示（有四個），未保留者以中空白色點表示，紅色點為未調整的特徵值、藍色點為隨機成分特徵值。

　　使用套件 paran 的函數 paran( ) 進行共同因素分析的平行分析程序：

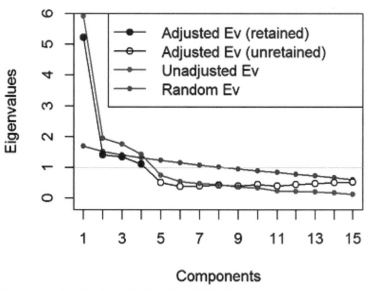

● 圖 **10-49**　套件 paran 函數繪製之主成分平行分析圖

```
> paran(var15,centile=95, iterations=5000,cfa=TRUE,graph=TRUE)
Using eigendecomposition of correlation matrix.
Computing: 10%  20%  30%  40%  50%  60%  70%  80%  90%  100%
Results of Horn's Parallel Analysis for factor retention
5000 iterations, using the 95 centile estimate
--------------------------------------------------
Factor      Adjusted     Unadjusted    Estimated
            Eigenvalue   Eigenvalue    Bias
--------------------------------------------------
No components passed.
--------------------------------------------------
1           4.752577     5.577457      0.824880
2           0.803361     1.448201      0.644840
3           0.803951     1.327393      0.523442
4           0.611370     1.033244      0.421873
--------------------------------------------------
Adjusted eigenvalues > 0 indicate dimensions to retain.
(4 factors    retained)
```

**[說明]**：平行分析法建議保留共同因素的個數為 4。

　　套件 paran 函數 paran( ) 繪製之共同因素平行分析圖，如圖 10-50。

 六、探索性因素分析

　　以 **fa( )** 函數進行探索性因素分析，因素萃取方法為主軸法、轉軸法為最大變異法、因素個數限定為 4，配合 **print( )** 函數輸出因素分析結果，引數 sort 選項設定為真，表示依據因素負荷量大小排序：

```
> mv.pa=fa(var15,nfactors=4,rotate="varimax",fm="pa")
> print(mv.pa,sort=T)
```

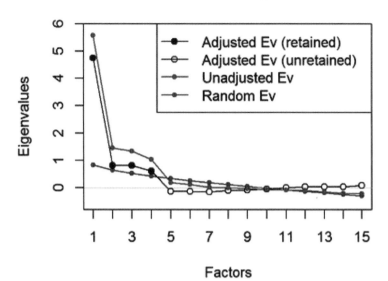

**Parallel Analysis**

● 圖 **10-50**　套件 paran 函數繪製之共同因素平行分析圖

主軸法因素分析結果，如圖 10-51。

```
Call: fa(r = var15, nfactors = 4, rotate = "varimax", fm = "pa")
Standardized loadings (pattern matrix) based upon correlation ma
     item   PA1   PA2   PA4    PA3   h2   u2  com
VA02    2   0.83  0.23  0.28   0.11 0.84 0.16 1.4
VA01    1   0.83  0.09  0.21  -0.04 0.75 0.25 1.2
VA03    3   0.76  0.24  0.30   0.03 0.73 0.27 1.5
VA04    4   0.75  0.22  0.25  -0.01 0.67 0.33 1.4
VA10   10   0.16  0.90  0.19   0.02 0.87 0.13 1.2
VA08    8   0.13  0.86  0.20   0.01 0.79 0.21 1.2
VA09    9   0.42  0.73  0.01   0.08 0.72 0.28 1.6
VA11   11   0.15  0.63  0.39   0.01 0.57 0.43 1.8
VA15   15   0.28  0.24  0.72   0.01 0.65 0.35 1.5
VA12   12   0.15  0.31  0.67  -0.01 0.57 0.43 1.5
VA14   14   0.24  0.12  0.67  -0.10 0.53 0.47 1.4
VA13   13   0.24  0.03  0.67   0.16 0.53 0.47 1.4
VA07    7   0.08 -0.02  0.05   0.87 0.76 0.24 1.0
VA06    6  -0.02  0.07  0.06   0.63 0.40 0.60 1.0
VA05    5   0.00  0.00 -0.05   0.55 0.31 0.69 1.0


                   PA1  PA2  PA4  PA3
SS loadings       3.00 2.81 2.37 1.50
Proportion Var    0.20 0.19 0.16 0.10
Cumulative Var    0.20 0.39 0.55 0.65
```

● 圖 **10-51**　主軸法因素分析結果

萃取四個因素中，因素 1（PA1）包含的題項為 VA01、VA02、VA03、VA04；因素 2（PA2）包含的題項為 VA08、VA09、VA10、VA11；因素 3（PA3）包含的題項為 VA05、VA06、VA07；因素 4（PA4）包含的題項為 VA12、VA13、VA14、VA15，四個萃取因素的特徵值分別為 3.00、2.81、1.50、2.37，萃取因素可以解釋 15 個題項變數的解釋變異量為 65.0%。

以 principal( ) 函數進行探索性因素分析，因素萃取方法為主成分分析法、轉軸法為最大變異法、因素個數限定為 4，配合 print( ) 函數輸出因素分析結果，引數 cut 選項參數設定為 0.40，表示因素負荷量小於 0.40 者以空白表示：

```
> library(GPArotation)
> mv.pc=principal(var15, nfactors = 4,rotate="varimax")
> print(mv.pc,sort=F,cut=.40)
```

主成分因素分析結果，如圖 10-52。

| Standardized loadings (pattern matrix) based | | | | | | | |
|---|---|---|---|---|---|---|---|
| | PC1 | PC3 | PC4 | PC2 | h2 | u2 | com |
| VA01 | 0.88 | | | | 0.82 | 0.18 | 1.1 |
| VA02 | 0.85 | | | | 0.85 | 0.15 | 1.4 |
| VA03 | 0.81 | | | | 0.79 | 0.21 | 1.4 |
| VA04 | 0.82 | | | | 0.76 | 0.24 | 1.3 |
| VA05 | | | | 0.74 | 0.55 | 0.45 | 1.0 |
| VA06 | | | | 0.78 | 0.62 | 0.38 | 1.0 |
| VA07 | | | | 0.86 | 0.75 | 0.25 | 1.0 |
| VA08 | | 0.89 | | | 0.84 | 0.16 | 1.1 |
| VA09 | 0.44 | 0.78 | | | 0.80 | 0.20 | 1.6 |
| VA10 | | 0.90 | | | 0.87 | 0.13 | 1.1 |
| VA11 | | 0.71 | | | 0.68 | 0.32 | 1.6 |
| VA12 | | | 0.74 | | 0.68 | 0.32 | 1.5 |
| VA13 | | | 0.77 | | 0.68 | 0.32 | 1.3 |
| VA14 | | | 0.76 | | 0.66 | 0.34 | 1.3 |
| VA15 | | | 0.75 | | 0.71 | 0.29 | 1.5 |
| | PC1 | PC3 | PC4 | PC2 | | | |
| SS loadings | 3.29 | 3.08 | 2.73 | 1.96 | | | |
| Proportion Var | 0.22 | 0.21 | 0.18 | 0.13 | | | |
| Cumulative Var | 0.22 | 0.42 | 0.61 | 0.74 | | | |

圖 10-52 主成分因素分析結果

萃取四個因素中，因素 1（PC1）包含的題項為 VA01、VA02、VA03、VA04；因素 2（PC2）包含的題項為 VA05、VA06、VA07；因素 3（PC3）包含的題項為 VA08、VA09、VA10、VA11；因素 4（PC4）包含的題項為 VA12、VA13、VA14、VA15，四個萃取因素（PC1、PC2、PC3、PC4）的特徵值分別為 3.29、1.96、3.08、2.73，萃取因素可以解釋 15 個題項變數的解釋變異量為 74.0%。

 ## 七、高階因素選取

EFA 程序中，因素萃取方法為主軸法、因素轉軸法為直接斜交法，萃取因素的個數限定為 4 個：

```
> fa(var15,nfactors=4,rotate="oblimin",fm="pa")
Factor Analysis using method =  pa
Call: fa(r = var15, nfactors = 4, rotate = "oblimin", fm = "pa")
Standardized loadings (pattern matrix) based upon correlation matrix
        PA1    PA2    PA4    PA3    h2     u2     com
VA01   0.90  -0.09   0.00  -0.06   0.75   0.25   1.0
VA02   0.85   0.05   0.06   0.08   0.84   0.16   1.0
VA03   0.77   0.07   0.10   0.01   0.73   0.27   1.0
VA04   0.77   0.06   0.05  -0.03   0.67   0.33   1.0
VA05  -0.03   0.02  -0.08   0.55   0.31   0.69   1.0
VA06  -0.10   0.08   0.04   0.63   0.40   0.60   1.1
VA07   0.03  -0.04   0.01   0.87   0.76   0.24   1.0
VA08  -0.05   0.89   0.06  -0.01   0.79   0.21   1.0
VA09   0.34   0.72  -0.20   0.05   0.72   0.28   1.6
VA10  -0.02   0.92   0.04   0.00   0.87   0.13   1.0
VA11  -0.03   0.60   0.31   0.00   0.57   0.43   1.5
VA12  -0.03   0.21   0.67  -0.01   0.57   0.43   1.2
VA13   0.12  -0.12   0.67   0.16   0.53   0.47   1.2
VA14   0.13  -0.02   0.67  -0.11   0.53   0.47   1.1
VA15   0.13   0.09   0.70   0.00   0.65   0.35   1.1
```

[說明]：萃取四個因素中，因素 1（PA1）包含的題項為 VA01、VA02、

VA03、VA04，因素負荷量分別為 0.90、0.85、0.77、0.77；因素 3（PA3）包含的題項為 VA05、VA06、VA07 ，因素負荷量分別為 0.55、0.63、0.87；因素 2（PA2）包含的題項為 VA08、VA09、VA10、VA11，因素負荷量分別為 0.89、0.72、0.92、0.60；因素 4（PA4）包含的題項為 VA12、VA13、VA14、VA15，因素負荷量分別為 0.67、0.67、0.67、0.70（h2 欄為題項變數的共同性、u2 欄為題項變數無法解釋因素構念的變異量）。

------------------------------------------------------------

```
             PA1  PA2  PA4  PA3
SS loadings  3.13 2.79 2.25 1.51
Proportion Var  0.21 0.19 0.15 0.10
Cumulative Var  0.21 0.39 0.54 0.65
```

**[說明]**：四個萃取因素（PA1 、PA2、PA3、PA4）的特徵值分別為 3.13、2.79、1.51、2.25，萃取因素可以解釋 15 個題項變數的解釋變異量為 65.0%。

使用 omega( ) 函數與 omega.diagram( ) 函數繪製階層模式圖，omega( ) 函數之引數 nfactors 界定等於 4，表示萃取 4 個共同因素，引數 fm 界定「="pa"」，表示因素萃取方法為主軸法，引數 rotate 界定「="oblimin"」，表示因素轉軸方法為直接斜交法：

```
> m.oga=omega(var15,nfactors=4,fm="pa",rotate="oblimin")
> omega.diagram(m.oga,digits=2,sl=FALSE)
```

階層模式圖，如圖 10-53，一階因素（初階因素）F1、F2、F3、F4 反映一個高階因素（二階因素）g，因素負荷量分別為 0.73、0.57、0.64、0.11，高階因素 g 對初階因素 F4 的解釋變異量只有 1.21%（= 0.11 × 0.11 = 0.0121）。

階層（多層次）結構因素模式圖中，初階因素與高階因素均為潛在變數（無法觀察變數），圖形為圓形，15 個題項變數為指標變數，圖形為矩形，初階因素 F1、F2、F3、F4 在 fa( ) 函數中，對應的因素名稱為 PA1、PA2、PA4、PA3，初階因素指向題項變數的參數估計值為 fa( ) 函數中的因素負荷量，omega. diagram( ) 函數內定的因素負荷量為絕對值大於或等於 0.20 以上，虛線紅色的線

## Hierarchical (multilevel) Structure

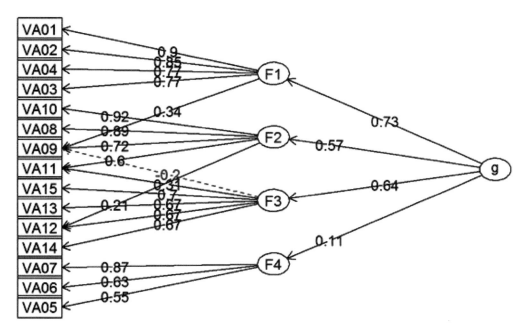

●圖 **10-53**　階層模式圖

條表示因素負荷量為負值（F3/PA4 → VA09，因素負荷量 = −0.20），一個題項變
數在二個因素均有較高的因素負荷量（一般臨界標準值為大於或等於 0.45 以上），
表示題項變數具有跨因素效度，此種題項變數由於同時有效反映二種潛在特質或心
理構面，在探索性因素分析程序時可以考慮刪除（因素之題項變數若少於 3 題，也
可以保留）。

　　函數 omega.diagram(　) 增列引數「cut=0.45」，表示因素負荷量絕對值大
於或等於 0.45 者才繪製線條與輸出參數估計值：

```
> omega.diagram(m.oga,digits=2,sl=FALSE,cut=0.45)
```

　　階層（多層次）結構因素模式圖，如圖 10-54。

　　omega.diagram(　) 函數中的引數 sl 界定為真，繪製雙因素模式圖：

```
> omega.diagram(m.oga,digits=2,sl=TRUE)
```

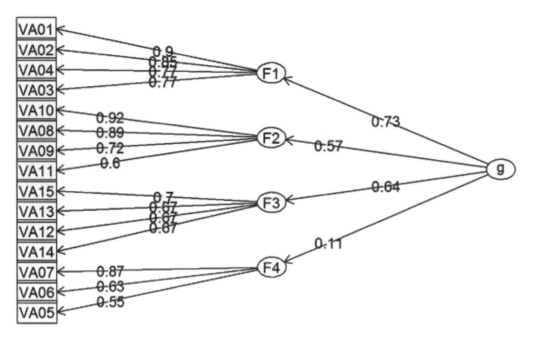

**Hierarchical (multilevel) Structure**

 圖 **10-54** 階層結構因素模式圖，函數 omega.diagram( ) 增列引數「cut=0.45」

　　雙因素模式圖（圖 10-55）中的左邊為題項變數的共同因素，一階因素（初階因素）F1、F2、F3 有效反映一個高階因素 g，F1、F2、F3 等三個初階因素反映的高階因素與 F4 初階因素（題項變數 VA05、VA06、VA07）反映的高階因素有較大的差異，此結果與上述階層（多層次）結構因素模式圖顯示情況相同，高階因素測量值的加總中，F1、F2、F3 等三個初階因素的題項變數（共 12 題）加總為一個高階因素變數可能更為適切。

　　使用套件 psych 中的函數 alpha( ) 求出教師人格特質量表 15 個題項變數的信度係數：

```
> alpha(var15)
Reliability analysis
Call: alpha(x = var15)
  raw_alpha  std.alpha  G6(smc)  average_r  S/N   ase mean   sd
      0.86       0.87     0.92        0.3   6.5  0.025  3.5  0.69
```

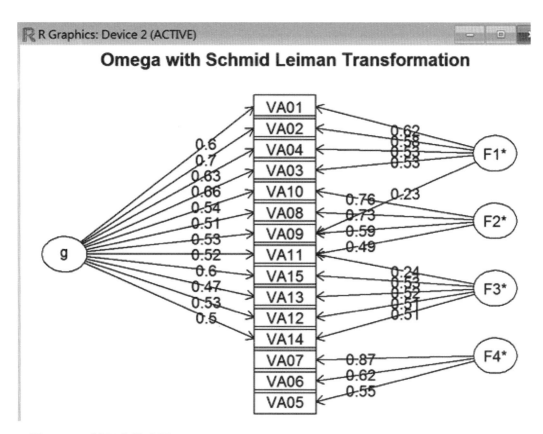

**Omega with Schmid Leiman Transformation**

●圖 **10-55** 雙因素模式圖

[ 說明 ]：根據共變數估算的信度係數 $\alpha$ 值 = 0.86、根據相關矩陣估算的標準化信度係數 $\alpha$ 值 = 0.87、Guttman's Lambda 6 信度係數 $\alpha$ 值 = 0.92、題項變數內在相關的平均值 = 0.3，信度係數平均標準誤 = 0.025、量表的總平均數 = 3.50、標準差 = 0.69。

------------------------------------------------------------

```
lower alpha upper      95% confidence boundaries
0.81  0.86  0.9
```

[ 說明 ]：信度係數 95% 信賴區間值 = [0.81、0.90]，信度係數估計值 = 0.86。

------------------------------------------------------------

```
Reliability if an item is dropped:
      raw_alpha  std.alpha  G6(smc)  average_r  S/N   alpha se
VA01    0.84       0.86       0.91      0.30     5.9    0.026
VA02    0.84       0.85       0.91      0.28     5.6    0.027
```

| | | | | | | |
|---|---|---|---|---|---|---|
| VA03 | 0.84 | 0.85 | 0.91 | 0.29 | 5.7 | 0.027 |
| VA04 | 0.84 | 0.85 | 0.91 | 0.29 | 5.8 | 0.027 |
| VA05 | 0.87 | 0.88 | 0.93 | 0.34 | 7.3 | 0.024 |
| VA06 | 0.86 | 0.87 | 0.92 | 0.33 | 7.0 | 0.024 |
| VA07 | 0.86 | 0.87 | 0.92 | 0.33 | 6.9 | 0.024 |
| VA08 | 0.84 | 0.86 | 0.91 | 0.30 | 5.9 | 0.027 |
| VA09 | 0.84 | 0.85 | 0.91 | 0.29 | 5.8 | 0.027 |
| VA10 | 0.84 | 0.85 | 0.91 | 0.29 | 5.8 | 0.027 |
| VA11 | 0.84 | 0.85 | 0.91 | 0.30 | 5.9 | 0.027 |
| VA12 | 0.84 | 0.86 | 0.91 | 0.30 | 6.0 | 0.027 |
| VA13 | 0.85 | 0.86 | 0.92 | 0.30 | 6.1 | 0.026 |
| VA14 | 0.85 | 0.86 | 0.92 | 0.30 | 6.1 | 0.026 |
| VA15 | 0.84 | 0.85 | 0.91 | 0.29 | 5.8 | 0.027 |

**[說明]**：題項變數刪除後，原始信度係數估計值 $\alpha$、標準化信度係數估計值 $\alpha$、Guttman's Lambda 6 信度係數估計值的變化情況。題項變數 VA05 刪除後，餘 14 題的信度係數估計值 $\alpha = 0.87$、題項變數 VA06 刪除後，餘 14 題的信度係數估計值 $\alpha = 0.86$、題項變數 VA07 刪除後，餘 14 題的信度係數估計值 $\alpha = 0.86$，刪除 F4 初階因素三個指標變數後，對量表信度係數估計值似乎影響不大。

刪除 F4 初階因素三個指標變數（VA05、VA06、VA07）後，教師人格特質之信度係數估計值如下：

```
> alpha(var15[-c(5:7)])
Reliability analysis
Call: alpha(x = var15[-c(5:7)])
  raw_alpha std.alpha G6(smc) average_r S/N   ase  mean   sd
    0.9       0.9      0.94     0.44    9.5  0.021  3.7   0.8
```

**[說明]**：根據共變數估算的信度係數 $\alpha$ 值 = 0.90、根據相關矩陣估算的標準化信度係數 $\alpha$ 值 = 0.90、Guttman's Lambda 6 信度係數 $\alpha$ 值 = 0.94、題項變數內

在相關的平均值＝ 0.44，信度係數平均標準誤＝ 0.021、量表的總平均數＝ 3.70、標準差＝ 0.80。

------------------------------------------------------------------------

```
lower alpha upper      95% confidence boundaries
0.86  0.9   0.95
```

[ 說明 ]：信度係數 95% 信賴區間值＝ [0.86、0.95]，信度係數估計值＝ 0.90。

------------------------------------------------------------------------

```
Reliability if an item is dropped:
```

|      | raw_alpha | std.alpha | G6(smc) | average_r | S/N | alpha se |
|------|-----------|-----------|---------|-----------|-----|----------|
| VA01 | 0.90      | 0.90      | 0.93    | 0.44      | 8.8 | 0.023    |
| VA02 | 0.89      | 0.89      | 0.93    | 0.43      | 8.2 | 0.024    |
| VA03 | 0.89      | 0.89      | 0.93    | 0.43      | 8.3 | 0.024    |
| VA04 | 0.89      | 0.89      | 0.93    | 0.44      | 8.5 | 0.023    |
| VA08 | 0.90      | 0.90      | 0.93    | 0.44      | 8.8 | 0.023    |
| VA09 | 0.90      | 0.90      | 0.93    | 0.44      | 8.7 | 0.023    |
| VA10 | 0.89      | 0.90      | 0.93    | 0.44      | 8.6 | 0.023    |
| VA11 | 0.89      | 0.90      | 0.93    | 0.44      | 8.7 | 0.023    |
| VA12 | 0.90      | 0.90      | 0.93    | 0.45      | 8.8 | 0.023    |
| VA13 | 0.90      | 0.90      | 0.94    | 0.46      | 9.3 | 0.022    |
| VA14 | 0.90      | 0.90      | 0.93    | 0.45      | 9.1 | 0.023    |
| VA15 | 0.89      | 0.90      | 0.93    | 0.44      | 8.5 | 0.023    |

[ 說明 ]：高階因素測量值的加總中，F1、F2、F3 三個初階因素的題項變數（共 12 題）的信度係數值（＝ 0.90）高於 F1、F2、F3、F4 四個初階因素的題項變數的信度係數值（＝ 0.86），信度係數估計值的高低結果與 omega.diagram( ) 函數繪圖的結果前後呼應。

使用套件 psych 中的函數 splitHalf( ) 求出教師人格特質量表 15 個題項變數與 12 個題項變數（F1、F2、F3 三個因素）的折半信度：

```
> splitHalf(var15)
```

```
Split half reliabilities
Call: splitHalf(r = var15)
Maximum split half reliability (lambda 4) =   0.95
Guttman lambda 6                          =   0.92
Average split half reliability            =   0.86
Guttman lambda 3 (alpha)                  =   0.87
Minimum split half reliability  (beta)    =   0.67
> splitHalf(var15[-c(5:7)])
Split half reliabilities
Call: splitHalf(r = var15[-c(5:7)])
Maximum split half reliability (lambda 4) =   0.96
Guttman lambda 6                          =   0.94
Average split half reliability            =   0.9
Guttman lambda 3 (alpha)                  =   0.9
Minimum split half reliability  (beta)    =   0.76
```

**[說明]**：二種不同高階因素的題項加總中，F1、F2、F3 三個初階因素反映的高階因素，比 F1、F2、F3、F4 四個初階因素反映的高階因素之五種折半信度係數值均較佳，前者之 lambda 4 折半信度係數值、lambda 6 折半信度係數值、平均折半信度係數值、lambda 3 折半信度係數值、beta 值分別為 0.96、0.94、0.90、0.90、0.76；後者五個參數估計值分別為 0.95、0.92、0.86、0.87、0.67。

---

學者 Berge and Zergers （1978）提出 mu0 至 mu3 四種量表信度係數估計值，使用套件 psych 中的函數 tenberge( ) 可以求出四種估計值參數：

---

```
> tenberge(var15)
$mu0
[1] 0.8670217
$mu1
[1] 0.8822042
$mu2
```

```
[1] 0.8833948
$mu3
[1] 0.8835274
> tenberge(var15[-c(5:7)])
$mu0
[1] 0.9046629
$mu1
[1] 0.9093807
$mu2
[1] 0.9101523
$mu3
[1] 0.9102756
```

**[說明]**：就 mu0 至 mu3 四種量表信度係數估計值而言， F1、F2、F3 三個初階因素反映的高階因素，比 F1、F2、F3、F4 四個初階因素反映的高階因素之四種信度係數值均較高。

 八、函數 random.polychor.pa( ) 的應用

　　套件 random.polychor.pa 中的函數 random.polychor.pa( ) 採用隨機產製多系列相關矩陣（Polychoric Correlation Matrices）方法進行平行分析，範例語法之引數 data.matric 界定資料框架物件，q.eigen 界定百分位數，數值如 0.50、0.95 或 0.99。課後照顧班家長滿意度量表 10 個題項平行分析結果如下：

```
>library(random.polychor.pa)
> random.polychor.pa(nrep=3, data.matrix=var10, q.eigen=.95)
***** RESULTS FOR PARALLEL ANALYSIS *****
*** computation starts at: 上午 09:07:09
*** number of units (rows) in data.matrix: 147
*** No missing values found
*** SINGLE sample Parallel Analysis
```

```
*** simulation method: RANDOM

*** distribution: UNIFORM

*** difficulty factor: FALSE

*** number of variables (cols) in data.matrix: 10

*** Groups of items with diffent number of categories found in your data.matrix:

        Items  Categories   Min.Cat  Max.Cat

1 GROUP   2        4           2        5

2 GROUP   8        5           1        5
```

**[ 說明 ]**：Items 欄的數字為變數個數（NVAR = 10）。

------------------------------------------------------------------------

```
The first simulation for FA took: 0.593 secs.

The first simulation for PCA took: 2.153 secs.

computation ended at: 上午 09:07:13

Elapsed Time: 0 min

 Comparison between RANDOM eigenvalues and EMPIRICAL eigenvalues
```

**[ 說明 ]**：隨機資料特徵值與樣本資料（實徵資料）特徵值間的比較。

------------------------------------------------------------------------

```
****** RESULTS for PARALLEL ANALYSIS:


sample.1
```

| | |
|---|---|
| # of factors (PCA) for Velicer MAP criterium (Pearson corr)...: | 3[ 第一列 ] |
| # of factors (PCA) for Velicer MAP(4th power)(Polychoric corr): | 2 |
| # of factors (PCA) for Velicer MAP criterium (Polychoric corr): | 3[ 第三列 ] |
| # of factors (PCA) for Velicer MAP(4th power)(Pearson corr)...: | 3 |
| # of factors (PCA) for PA method (Polychoric Corr.)...........: | 3 |
| # of factors (PCA) for PA method (Pearson Corr.)..............: | 3 |
| # of factors for PA method (Polychoric Corr.)................: | 3[ 第七列 ] |
| # of factors for PA method (Pearson Corr.)...................: | 3[ 第八列 ] |

**[ 說明 ]**：以積差相關矩陣估算的 Velicer MAP 準則值而言（主成分分析），保留的因素個數為 3（第一列參數值）；以多系列相關矩陣估算的 Velicer MAP 準則值而言（主成分分析），保留的因素個數為 3（第三列參數值）；以主軸

法萃取因素，採用多系列相關矩陣估算結果，保留的因素個數為 3（第七列參數值）：以主軸法萃取因素，採用積差相關矩陣估算結果，保留的因素個數為 3（第八列參數值）。

國中學生學習壓力量表 9 個題項變數平行分析結果如下：

```
> random.polychor.pa(nrep=3, data.matrix=var9, q.eigen=.95)
***** RESULTS FOR PARALLEL ANALYSIS *****
*** computation starts at: 上午 09:09:42
*** number of units (rows) in data.matrix: 153
*** No missing values found
*** SINGLE sample Parallel Analysis
*** simulation method: RANDOM
*** distribution: UNIFORM
*** difficulty factor: FALSE
*** number of variables (cols) in data.matrix: 9
*** Groups of items with diffent number of categories found in your data.matrix:
```

|   | Items | Categories | Min.Cat | Max.Cat |
|---|---|---|---|---|
| 1 GROUP | 9 | 5 | 1 | 5 |

**[說明]**：題項變數共有 9 題，選項類別為五點量表，最小類別數值為 1、最大類別數值為 5。

------------------------------------------------------------------------

```
The first simulation for FA took: 0.546 secs.
The first simulation for PCA took: 1.919 secs.
computation ended at: 上午 09:09:46
Elapsed Time: 0 min
 Comparison between RANDOM eigenvalues and EMPIRICAL eigenvalues
******* RESULTS for PARALLEL ANALYSIS:

sample.1
# of factors (PCA) for Velicer MAP criterium (Pearson corr)...:     2[ 第一列]
```

```
# of factors (PCA) for Velicer MAP(4th power)(Polychoric corr):    2

# of factors (PCA) for Velicer MAP criterium (Polychoric corr):    2[ 第三列 ]

# of factors (PCA) for Velicer MAP(4th power)(Pearson corr)...:    2

# of factors (PCA) for PA method (Polychoric Corr.)...........:    4

# of factors (PCA) for PA method (Pearson Corr.)..............:    4

# of factors for PA method (Polychoric Corr.).................:    4[ 第七列 ]

# of factors for PA method (Pearson Corr.)....................:    4[ 第八列 ]
```

**[ 說明 ]**：以積差相關矩陣估算的 Velicer MAP 準則值而言（主成分分析），保留的因素個數為 2（第一列參數值）；以多系列相關矩陣估算的 Velicer MAP 準則值而言（主成分分析），保留的因素個數為 2（第三列參數值）；以主軸法萃取因素，採用多系列相關矩陣估算結果，保留的因素個數為 4（第七列參數值）；以主軸法萃取因素，採用積差相關矩陣估算結果，保留的因素個數為 4（第八列參數值）。

教師人格特質量表 15 個題項變數平行分析結果如下：

```
> random.polychor.pa(nrep=3, data.matrix=var15, q.eigen=.95)
***** RESULTS FOR PARALLEL ANALYSIS *****
*** computation starts at: 上午 09:10:49
*** number of units (rows) in data.matrix: 153
*** No missing values found
*** SINGLE sample Parallel Analysis
*** simulation method: RANDOM
*** distribution: UNIFORM
*** difficulty factor: FALSE
*** number of variables (cols) in data.matrix: 15
*** Groups of items with diffent number of categories found in your data.matrix:
        Items   Categories   Min.Cat   Max.Cat
1 GROUP   15         5           1         5
```

**[ 說明 ]**：題項變數共有 15 題，選項類別為五點量表，最小類別數值為 1、最

大類別數值為 5。

----------------------------------------------------------------------

```
The first simulation for FA took: 1.404 secs.
The first simulation for PCA took: 5.351 secs.
computation ended at: 上午 09:10:58
Elapsed Time: 0 min
 Comparison between RANDOM eigenvalues and EMPIRICAL eigenvalues
****** RESULTS for PARALLEL ANALYSIS:


sample.1
# of factors (PCA) for Velicer MAP criterium (Pearson corr)...:    4[ 第一列 ]
# of factors (PCA) for Velicer MAP(4th power)(Polychoric corr):    4
# of factors (PCA) for Velicer MAP criterium (Polychoric corr):    4[ 第三列 ]
# of factors (PCA) for Velicer MAP(4th power)(Pearson corr)...:    4
# of factors (PCA) for PA method (Polychoric Corr.)...........:    4
# of factors (PCA) for PA method (Pearson Corr.)..............:    4
# of factors for PA method (Polychoric Corr.)................:    4[ 第七列 ]
# of factors for PA method (Pearson Corr.)...................:    4[ 第八列 ]
```

**[ 說明 ]**：以積差相關矩陣估算的 Velicer MAP 準則值而言（主成分分析），保留的因素個數為 4（第一列參數值）；以多系列相關矩陣估算的 Velicer MAP 準則值而言（主成分分析），保留的因素個數為 4（第三列參數值）；以主軸法萃取因素，採用多系列相關矩陣估算結果，保留的因素個數為 4（第七列參數值）；以主軸法萃取因素，採用積差相關矩陣估算結果，保留的因素個數為 4（第八列參數值）。

## 參考書目

Revelle，W.(2015). *An overview of psych package*. Department of Psychology Northwestern University.

Ten Berge, J. M. F., & Zegers, F. E. (1978). *A series of lower bounds to the reliability of a test*. Psychometrika, 43 (4), 575-579.

# 職場專門店

 五南文化事業機構 WU-NAN CULTURE ENTERPRISE

 書泉出版社 SHU-CHUAN PUBLISHING HOUSE

國家圖書館出版品預行編目資料

R軟體統計進階分析實務 / 吳明隆, 張毓仁著.
-- 初版. -- 臺北市：五南, 2016.09
　　面；　公分
ISBN 978-957-11-8678-8(平裝)

1.統計套裝軟體 2.統計分析

512.4　　　　　　　　　105011516

1HA5

# R軟體統計進階分析實務

作　　者－吳明隆　張毓仁
發 行 人－楊榮川
總 編 輯－王翠華
主　　編－侯家嵐
責任編輯－劉祐融
文字校對－鐘秀雲　許宸瑞
封面設計－盧盈良
排版設計－張明蕙

出 版 者－五南圖書出版股份有限公司
地　　址：106 台北市大安區和平東路二段 339 號 4 樓
電　　話：(02)2705-5066
傳　　真：(02)2706-6100
網　　址：http://www.wunan.com.tw
電子郵件：wunan@wunan.com.tw
劃撥帳號：01068953
戶　　名：五南圖書出版股份有限公司
法律顧問　林勝安律師事務所　林勝安律師

出版日期：2016 年 9 月初版一刷
定　　價　新臺幣 980 元